天

Borderless

下

天下，在乎正义和你

天
Borderless
下

法学新经典

诈骗犯罪论

张明楷 著

法律出版社 LAW PRESS · CHINA
北京

图书在版编目（CIP）数据

诈骗犯罪论 / 张明楷著. -- 北京：法律出版社，2021 (2024.12重印)
ISBN 978-7-5197-5032-9

Ⅰ. ①诈… Ⅱ. ①张… Ⅲ. ①诈骗罪－研究－中国－Ⅳ. ①D924.354

中国版本图书馆CIP数据核字(2020)第196276号

诈骗犯罪论
ZHAPIAN FANZUI LUN

作　　者：张明楷
责任编辑：黄琳佳
装帧设计：乔智炜
出版发行：法律出版社
编辑统筹：学术·对外出版分社
责任校对：晁明慧　王　皓
责任印制：胡晓雅　宋万春
经　　销：新华书店
开　　本：710毫米×1000毫米　1/16
印　　张：75.25
字　　数：1139千
版　　本：2021年4月第1版
印　　次：2024年12月第6次印刷
印　　刷：天津嘉恒印务有限公司
书　　号：ISBN 978-7-5197-5032-9
定　　价：228.00元

销售电话：010-83938349　客服电话：010-83938350　咨询电话：010-63939796
地　　址：北京市丰台区莲花池西里7号(100073)
网　　址：www.lawpress.com.cn
投稿邮箱：info@lawpress.com.cn
举报盗版邮箱：jbwq@lawpress.com.cn
凡购买本社图书，如有印装错误，我社负责退换。电话：010-83938349

作者简介

张明楷 1959年生，湖北仙桃人。1982年毕业于湖北财经学院（现中南财经政法大学）法律系。曾是日本东京大学客员研究员、日本东京都立大学客员研究教授、德国波恩大学高级访问学者和中南政法学院（现中南财经政法大学）教授。现为清华大学法学院教授、博士生导师，中国刑法学研究会副会长、中国警察法学研究会副会长、中国检察理论研究会副会长。独著《犯罪论原理》（武汉大学出版社1991年版）、《刑事责任论》（中国政法大学出版社1992年版）、《刑法的基础观念》（中国检察出版社1995年版）、《市场经济下的经济犯罪与对策》（中国检察出版社1995年版）、《刑法学》（法律出版社1997年第1版、2003年第2版、2007年第3版、2011年第4版、2016年第5版）、《未遂犯论》（法律出版社·成文堂1997年联合出版）、《刑法格言的展开》（法律出版社1999年第1版、2003年第2版、北京大学出版社2013年第3版）、《外国刑法纲要》（清华大学出版社1999年第1版、2007年第2版、法律出版社2020年第3版）、《刑法学（教学参考书）》（法律出版社1999年版）、《法益初论》（中国政法大学出版社2000年第1版、2003年修订版，商务印书馆2021年增订版）、《全国律师资格考试指定用书·刑法》（法律出版社2001年版）、《刑法的基本立场》（中国法制出版社2002年版、商务印书馆2019年修订版）、《刑法分则的解释原理》（中国人民大学出版社2004年第1版、2011年第2版）、《全国高等教育自学考试指定教材·刑法学》（北京大学出版社2006年第1版，2014年新版）、《诈骗罪与金融诈骗罪研究》（清华大学出版社2006年版）、《刑法学教程》（北京大学出版社2007年第1版、2010年第2版、2011年第3版、2016年第4版）、《罪刑法定与刑法解释》（北京大学出版社2009年版）、《犯罪构成体系与构成要件要素》（北京大学出版社2010年版）、《刑法原理与实务》（北京大学出版社2010年版）、《刑法原理》（商务印书馆2011年第1版、2017年第2版）、《行为无价值论与结果无价值论》（北京大学出版社2012年版）；《刑法的私塾》（北京大学出版社2014年版）、《责任刑与预防刑》（北京大学出版社2015年版）、《犯罪论的基本问题》（法律出版社2017年版）、《刑法的私塾（之二）》（北京大学2017年版）、《侵犯人身罪与侵犯财产罪》（北京大学2021年版）、《诈骗犯罪论》（法律出版社2021年版），译《日本刑法典》（法律出版社1998年第1版、2006年第2版）；在《中国社会科学》、《法学研究》、《中国法学》等刊物上发表学术论文400余篇。

简　目

序　说　1

第一章　诈骗罪的基本问题　7

第一节　基本构造　7

第二节　行为对象　13

第三节　欺骗行为　65

第四节　陷入错误　114

第五节　处分财产　166

第六节　取得财产　277

第七节　财产损失　293

第八节　主观要素　362

问题索引　429

第二章　金融诈骗罪的共性问题　437

第一节　法条关系　437

第二节　客观要件　464

第三节　主体要件　485

第四节　主观要素　514

第五节　犯罪形态　541

第六节　共同犯罪　559

第七节　罪数区分　582

第八节　量刑规则　607

问题索引　619

第三章　金融诈骗罪的特殊问题 623
第一节　集资诈骗罪 623
第二节　贷款诈骗罪 662
第三节　票据诈骗罪 707
第四节　金融凭证诈骗罪 750
第五节　信用证诈骗罪 763
第六节　信用卡诈骗罪 789
第七节　有价证券诈骗罪 945
第八节　保险诈骗罪 963
问题索引 1012

第四章　其他诈骗犯罪的主要问题 1023
第一节　合同诈骗罪 1023
第二节　组织、领导传销活动罪 1059
第三节　骗取出口退税罪 1076
第四节　骗取贷款罪 1087
问题索引 1151

事项索引 1153
案例索引 1177
原版后记 1184
后　记 1186

目　录

序　说　1

第一章　诈骗罪的基本问题　7

第一节　基本构造　7

第二节　行为对象　13

一、财物的一般界定　13

二、财产性利益　18

三、财物的性质　51

第三节　欺骗行为　65

一、欺骗的实质　65

二、欺骗的内容　69

三、欺骗的方式　81

四、欺骗的类型　108

五、欺骗的程度　111

第四节　陷入错误　114

一、受骗者的范围　114

二、受骗者与被害人不必为同一人　141

三、受骗者陷入或强化认识错误　148

四、认识错误与恐惧心理的竞合　155

第五节　处分财产　166

一、处分行为要素的根据与机能　166

二、财产处分者的范围与资格　171

三、处分行为的客观面　209

四、处分行为的主观面　224

五、处分行为的判断 246
第六节 取得财产 277
一、取得财产的含义 277
二、取得财产的类型 278
三、取得财产的主体 289
第七节 财产损失 293
一、被害人 294
二、财产损失 298
三、“财产”损失 301
四、财产“损失” 334
第八节 主观要素 362
一、诈骗故意的认识内容 362
二、诈骗故意的意志因素 378
三、非法占有目的的要否 383
四、非法占有目的的内容 395
五、共犯的故意与目的 421
问题索引 429

第二章 金融诈骗罪的共性问题 437
第一节 法条关系 437
一、普通法条与特别法条概述 437
二、特别关系的确定 444
三、特别法条的适用前提 451
四、特别关系的处理原则 454
五、特别法条内容不周全的处理 456
第二节 客观要件 464
一、客观行为 464
二、行为对象 478
三、危害结果 480
第三节 主体要件 485
一、争议问题 485
二、本书立场 489

三、合理限制 510
第四节 主观要素 514
一、金融诈骗罪的故意内容 514
二、金融诈骗罪的认识错误 515
三、非法占有目的 529
第五节 犯罪形态 541
一、金融诈骗未遂犯的成立范围 542
二、金融诈骗罪的着手 545
三、金融诈骗罪的既遂标志 550
第六节 共同犯罪 559
一、金融诈骗罪的身份犯与共犯 560
二、金融票证的伪造者与使用者的共同犯罪 579
第七节 罪数区分 582
一、区分罪数的标准与方法 582
二、伪造、变造金融票证并使用的情形 586
三、伪造、变造多种金融票证并使用其中一种票证的情形 598
四、盗窃、骗取金融票证并冒用的情形 601
五、连续使用各种不同的票证进行诈骗的情形 603
六、利用同一金融票证分别对机器与对人使用的情形 605
第八节 量刑规则 607
一、法定刑的一般分析 607
二、量刑的基本规则 610
问题索引 619

第三章 金融诈骗罪的特殊问题 623
第一节 集资诈骗罪 623
一、诈骗方法 623
二、非法集资 627
三、数额较大 641
四、行为主体 647
五、非法占有目的 649
六、集资诈骗的罪数 656

第二节　贷款诈骗罪　662
一、行为对象　663
二、诈骗行为　669
三、危害结果　676
四、非法占有目的　679
五、争议问题　687
第三节　票据诈骗罪　707
一、明知是伪造、变造的汇票、本票、支票而使用　707
二、明知是作废的汇票、本票、支票而使用　716
三、冒用他人的汇票、本票、支票　721
四、签发空头支票或者与其预留印鉴不符的支票，骗取财物　723
五、汇票、本票的出票人签发无资金保证的汇票、本票或者在出票时作虚假记载，骗取财物　734
六、非法“补记”空白支票的行为性质　738
七、盗窃支票并使用的行为性质　740
八、内外勾结使用伪造、变造票据等行为的性质　748
第四节　金融凭证诈骗罪　750
一、伪造、变造的金融凭证范围　751
二、使用的认定　754
三、相关犯罪的界限　760
第五节　信用证诈骗罪　763
一、基本行为类型　764
二、骗取信用证　767
三、其他方法　783
四、其他问题　787
第六节　信用卡诈骗罪　789
一、刑法中的信用卡　790
二、使用伪造的信用卡或者使用以虚假的身份证明骗领的信用卡　795
三、使用作废的信用卡　806
四、冒用他人信用卡　808
五、恶意透支　826
六、盗窃信用卡并使用　889

七、以其他非法方法获得信用卡并使用 916
八、银行职员与特约商户职员的信用卡犯罪 934
九、非法利用信用卡资料取得财物的行为性质 940
第七节 有价证券诈骗罪 945
一、犯罪工具 945
二、使用行为 956
三、其他问题 960
第八节 保险诈骗罪 963
一、行为类型 964
二、具体认定 977
三、着手标准 990
四、共犯认定 999
五、罪数区分 1008
问题索引 1012

第四章 其他诈骗犯罪的主要问题 1023
第一节 合同诈骗罪 1023
一、合同范围 1024
二、行为类型 1031
三、争议问题 1052
第二节 组织、领导传销活动罪 1059
一、问题所在 1060
二、传销活动的认定 1063
三、罪数关系的判断 1070
四、参与人员的刑事责任 1075
第三节 骗取出口退税罪 1076
一、成立条件 1076
二、罪数关系 1080
第四节 骗取贷款罪 1087
一、问题所在 1087
二、保护法益 1089
三、基本构造 1094

四、欺骗手段 1108
五、实行行为 1117
六、争议问题 1126
七、共犯认定 1137
问题索引 1151

事项索引 1153

案例索引 1177

原版后记 1184

后　记 1186

序　说

诈骗罪是国民身边较常见的犯罪之一,却并不像盗窃罪、抢劫罪那样,具有悠久的历史。在大陆法系国家,虽然罗马法中就存在诈骗罪的原型,但即使是《加罗林纳刑法典》(Constitutio Criminalis Carolina),也仅处罚与诈骗相关联的伪造铸币、伪造印章、不正当使用度量衡的犯罪;直到1851年,《普鲁士刑法典》第241条才将诈骗罪从伪造罪中独立出来规定为财产犯罪。在英美法领域,作为财产犯罪的诈骗概念,在19世纪以后才得以确立,而且其发展过程相当复杂:从伪造罪、不正当使用度量衡罪中分离出来的一部分,与盗窃罪的一部分相结合,形成现在的诈骗罪。① 我国奴隶制时代的刑法、封建制时代的秦汉刑律中也不存在诈骗罪,只是在隋唐刑法中可见诈欺官私以取财、诈为官私文书以求财、诈疗疾病以取财等诈骗犯罪。②

诈骗罪又是一种发展变化十分迅速的犯罪类型。换言之,随着社会构造、经济、文化以及人们生活观念与生活方式等方面的变迁,诈骗犯罪的手段、对象、发生率等必然且立即发生变化。例如,在我国由计划经济转变为商品经济之后,合同成为交易的重要依据,合同诈骗犯罪数量迅速增长;在商品流通发达后,以伪劣商品冒充合格商品的诈骗犯罪频繁发生;同样,随着保险业的

---

① 参见[日]木村光江:《财产犯论の研究》,日本评论社1988年版,第313页以下。

② 参见张晋藩等:《中国刑法史新论》,人民法院出版社1992年版,第368页、第410页、第439页、第457页。

发展,保险诈骗随之也越来越严重;信用卡使用与信用卡诈骗几乎同时越来越多;在电信业务越来越普及的当下,电信诈骗也越来越普遍。“可以说,诈骗罪正是‘社会的一面镜子’。”①

刑法总是对犯罪作出敏感的反应,因而也敏感地反映着社会的变化。我国旧《刑法》只是在第151条、第152条规定了诈骗罪与惯骗罪。随着经济体制与经济形势的变化,诈骗罪出现了许多新情况,刑事立法上不可避免地作出了反应。全国人大常委会1993年7月2日颁布的《关于惩治生产、销售伪劣商品犯罪的决定》,实际上将部分诈骗行为规定为新的犯罪类型;②全国人大常委会1995年6月30日通过的《关于惩治破坏金融秩序犯罪的决定》,将金融诈骗罪从普通诈骗罪中独立出来,在刑事立法上确立了新的犯罪类型;1997年的新刑法不仅吸纳了上述两个决定的全部内容,而且增加了有价证券诈骗罪与合同诈骗罪。③

诈骗罪是基于被害人(广义)有瑕疵的意思而处分财产的犯罪(被害人处分财产、行为人或第三者取得财物)。单纯从被害人的意志这一点来衡量,其当罚性或许小于违反被害人意志而转移财产的盗窃罪。可是,诈骗罪属于智能犯,而且渗透到经济交易中,就造成的财产损失而言,比盗窃罪更为严重。虽然在经济交易中不得不容忍某种程度的诈欺,但容忍的结局是,诈骗也因此堂而皇之地进入交易世界并具有其根基,这便严重扰乱了交易秩序。所以,日本判例指出:“处罚诈骗罪这样的以侵害他人财产权为本质的犯罪,不只是为了单纯保护被害人的财产权,而且因为采取这种违法手段的行为具有扰乱社会秩序的危险。”④在德国,也有学者(如Mezger)认为,诈骗罪的保护法益除财产外,还包括财产交易中的诚实信用。⑤ 或许也是基于这样的考虑,我国现行刑法将各种金融诈骗罪、合同诈骗罪独立于普通诈骗罪之外,规定

---

① [日]木村光江:《詐欺罪の研究》,东京都立大学出版会2000年版,第12页。

② 在本书看来,销售伪劣商品犯罪与诈骗罪是一种想象竞合关系。

③ 除此之外,还有其他一些犯罪也可以归入诈骗犯罪(如骗取出口退税罪,组织、领导传销活动罪,骗取贷款罪等)。

④ 日本最高裁判所1950年7月4日判决,载日本《最高裁判所刑事判例集》第4卷第7号,第1168页。

⑤ 参见[日]团藤重光:《刑法纲要各论》(第3版),创文社1990年版,第605页。当然,德国也有学者认为,保障交易安全与诚实信用,只是处罚诈骗罪的反射效果。Vgl. Cramer, in: SchÖnke/SchrÖder, Strafgesetzbuch, 26 Aufl., C. H. Beck, 2001, S. 2052.

于"破坏社会主义市场经济秩序罪"之中;于是,金融诈骗罪、合同诈骗罪的法益不只是财产,还包括金融秩序、市场经济秩序。

在世界范围内,像我国刑法这样将合同诈骗罪规定为独立的犯罪,将各种具体的金融诈骗行为系统地类型化在刑法典中,实属罕见。我国刑法关于金融诈骗罪构成要件的规定,大体上存在以下特点:

首先,即使一些国家的刑法特别规定了部分金融诈骗罪,也不是将金融诈骗罪规定为普通诈骗罪的特别类型,而是规定为普通诈骗罪的补充类型,即将不符合普通诈骗罪的构成要件的行为,补充规定为独立的犯罪类型(如《德国刑法》第265条、第265b条)。而我国刑法显然是将金融诈骗罪作为普通诈骗罪的特别类型予以规定的。[①] 正因如此,在研究、认定金融诈骗罪时,应予充分注意的是,金融诈骗罪原本属于诈骗罪,或者说,规定金融诈骗罪的法条与规定普通诈骗罪的法条,一般属于特别法条与普通法条的关系,而特别法条的适用以符合普通法条为前提。所以,只有符合普通诈骗罪构成要件的行为,才可能因为具备其他特别要素而成立金融诈骗罪。

其次,我国刑法对金融诈骗罪的规定,大多使用普通用语,而没有使用规范用语;而且,对金融诈骗罪构成要件(罪状)的表述都比较具体、复杂。这就需要解释者与适用者透过字面含义,发现刑法的真实含义。

最后,由于刑法对金融诈骗罪的分类细致,对金融诈骗罪的构成要件规定得相当具体,必然出现理解上的困难、解释上的分歧。对此,解释者应当耐心、细心地通过归纳刑法的规定,提升刑法理论,以指导司法实践,而不应以旧刑法时代形成的刑法理论命题为标准,衡量关于金融诈骗罪刑事立法的得失。

但是,我国刑法学忽视体系解释的现象比较严重,突出表现之一便是不考虑相关条文之间的关系。这一点在金融诈骗罪的研究领域也相当明显。例如,有人认为《刑法》第193条第5项所规定的"以其他方法"包括事先合法取得贷款、事后拒不归还的行为。这种解释不仅没有考虑贷款诈骗罪与普通诈骗罪的关系,而且忽视了《刑法》第193条第5

---

① 如后所述,本书认为,在某些情况下,普通诈骗罪与金融诈骗罪也可能是想象竞合关系。

项"以其他方法"之后的"诈骗贷款"的表述。再如,在司法实践中,只要借款人提供了虚假的贷款材料,即使金融机构工作人员知情,也会认定借款人的行为构成骗取贷款罪;只要行为人故意使用了伪造的票据,就会被认定为票据诈骗罪,即使行为人与金融机构的负责人、具体经办人串通也不例外,几乎不考虑行为人欺了谁、骗了谁。可是,既然行为人没有欺骗金融机构的任何人,就不可能认定为"进行金融票据诈骗活动"。解释者应当知道,使刑法相协调是最好的解释方法;而要使刑法相协调,就必须将刑法作为一个整体,尤其要注重相关条文之间的关系;只有将刑法作为整体,才能理解各个条文的含义;对各个条文的理解,又依赖于对刑法整体的理解;孤立地解释一个条文,不可能得出妥当结论。

我国从汉语字面含义理解法学的现象过于普遍,不少解释者完全按照法条的字面含义解释法律,将法条的字面含义等同于法律的真实含义。这一点在金融诈骗罪的研究领域也不例外。例如,不考虑诈骗罪的特点,对"使用""冒用"等概念作字面含义解释;不考虑财产犯罪的特点,对"骗取信用证"作字面含义解释;不考虑条文的性质,对"盗窃信用卡并使用"作字面含义解释;如此等等,不胜枚举。在一些人看来,所谓坚持罪刑法定原则,就是指按照法条字面含义理解和适用刑法。可是,这种做法不可能发现刑法的真实含义与立法精神。"不论神学或法学的教义学史都清楚显示,教义学的作用'并不在束缚精神,毋宁要在处理各种经验及文化时,提高其自由程度'。只有坚守教义学扭曲形象者才会对这项说明感到惊讶,任何曾严肃从事教义学的工作者都会证实前述说法。大家都知道,相较于受教义学训练的法律家,非法律家往往更'忠于文字本身',会对规定作严格,但经常并不合适的解释。因此,当卢曼提及:'即使在,并且恰好在社会期待拘束性之处,教义学经常可促使大家对此保持距离',我们必须同意其见解。"①解释者应当懂得,语言是不准确的,常常包含一些可能被误解的因素;仅仅抓住文字的字面含义,并不能揭示刑法条文的真实含义。刑事立法是将正义理念与将来可能发生的生活事实相对应,从而形成刑法规范;刑事司法是将已经发生的社会生活事实与刑法规范相对应,从而形成刑事判决。

---

① ［德］卡尔·拉伦茨:《法学方法论》,陈爱娥译,商务印书馆2003年版,第109页。

所以,“通晓正义的诸方面,或者如果人们愿意,通晓自然法,是法律解释的一个必要的基础;解释犹如法律本身,也服务于正义,正义的各种原则表现在实在法的解释里”。[①] 活生生的正义需要从活生生的社会生活中发现,或者说,解释者必须联系社会生活事实理解正义理念。不仅如此,即使解释者单纯根据法条文字得出的结论具有正义性,也只是一般正义;而刑法的适用除了实现一般正义外,还必须在具体的个案中实现个别正义。“我们必须维护正义的一般品质,也要保留它兼顾个性与特性的能力。尽管先例或成文法无论多么苛刻也应当得到严格遵守,但公正与良知的良好规诫同样应当得到尊重,而后者在很多时候都不能拘泥于文字。”[②]所以,作为解释者,心中当永远充满正义,目光得不断往返于刑法规范与生活事实之间;[③]而不能大脑一片空白,目光仅往返于法条文字与汉语字典之间。

我国刑法学界对金融诈骗罪刑事立法的批判从未停止,形成了“研究某条文的结局必然批判某条文”的现象。例如,有人一直批判《刑法》第196条第3款的规定,认为对盗窃信用卡并使用的应以信用卡诈骗罪论处。又如,有人批判《刑法》第196条没有规定使用变造的信用卡,因而存在漏洞。再如,有人批判《刑法》第198条将预备行为规定为实行行为。如此等等,不胜枚举。概言之,我国刑法学界习惯于用各种既定的理论命题判断刑事立法合理与否(甚至用旧刑法时代形成的各种理论命题判断新刑法的得失),而不考量理论命题是否符合现行刑事立法;用各种既定的理论命题推演案件结论,而不考虑结论的妥当性。可是,这种自觉或不自觉地将某种理论命题作为不可动摇的真理的做法,难以取得理论创新成果;没有创新就没有发展,这或许是我国刑法学相对落后的重要原因。解释者应当明白,所谓的刑法缺陷,大多不是立法者制定出来的,而是解释者制造出来的;非正义的解释结论并不是刑事立法本身得出的,而是解释者得出的;所以,解释者应当反思自己的解释方法与观念,而不是批判刑事立法。刑事立法的发展、社会生活事实

---

① [德]H. 科殷:《法哲学》,林荣远译,华夏出版社2003年版,第213页。

② [美]本杰明·N. 卡多佐:《法律的成长 法律科学的悖论》,董炯、彭冰译,中国法制出版社2002年版,第86~87页。

③ 张明楷:《刑法分则的解释原理》(第2版),中国人民大学出版社2011年版,序说,第1页。

的变化,必然导致刑法理论的变化;以固定不变的理论为依据,要求刑事立法与社会生活事实适应固定不变的理论,是本末倒置的做法。

正是基于上述考虑,本书将“行为人实施欺骗行为→对方陷入或者继续维持认识错误→对方基于认识错误处分财产→行为人取得或者使第三者取得财产→被害人遭受财产损失”作为各种诈骗犯罪的基本构造,以“心中永远充满正义、目光不断地往返于刑法规范与生活事实之间”“与其批判刑法不如解释刑法”为解释观念,对各种诈骗犯罪的疑难问题展开研究。第一章研究诈骗罪的基本问题,主要讨论普通诈骗罪基本构造、构成要件与责任要素。之所以专设此章,是因为在笔者看来,如果仅以《刑法》第192条至第198条的规定为依据,不将金融诈骗罪作为诈骗罪的特别类型展开讨论,必然导致许多疑难问题得不到解决。同样,对合同诈骗罪以及其他诈骗罪的研究,也要以普通诈骗罪的研究为基础。第二章研究金融诈骗罪的共性问题、一般问题、宏观问题。第三章研究各种具体金融诈骗罪的个性问题、特殊问题、微观问题。之所以将金融诈骗罪分为两个部分研究,是因为在笔者看来,如果在论述每个具体的金融诈骗罪时,都分别讨论法益、要件、形态、共犯、罪数、处罚等问题,既会叠床架屋,又易自相矛盾。将共性问题与个性问题分开论述,正是为了避免这种现象。第四章研究其他几个诈骗犯罪,包括合同诈骗罪,骗取出口退税罪,组织、领导传销活动罪与骗取贷款罪。

尽管笔者倾力探讨了诈骗犯罪的刑法规范及其他相关法规范,尽管笔者竭力收集了各种诈骗犯罪案例,尽管笔者尽力借鉴了国外刑法学的解释方法,但由于刑法对各种诈骗犯罪的规定相当具体,而现实的各种诈骗案件相当复杂,且笔者的解释能力十分有限,本书就诈骗罪的基本问题所提出的各种理论观点、对金融诈骗罪以及其他诈骗犯罪的疑难问题所提出的各种解决方案,也不可能尽如人意,理论观点之间可能存在矛盾,解决方案之间或许存在冲突。若刑法理论界与司法实践界同仁不吝赐教,笔者会感激不尽。

第一章　诈骗罪的基本问题

规定金融诈骗罪以及其他特殊诈骗罪的法条与规定普通诈骗罪的法条,一般处于特别法条与普通法条的关系(在某些情形下也可能是想象竞合),而特别法条的适用以符合普通法条为前提。所以,明确普通诈骗罪的基本构造及其基本要素,是研究金融诈骗罪与其他诈骗罪的前提。①

第一节　基本构造

各国刑法分则对诈骗罪构成要件的描述繁简不一。比较完整地规定诈骗罪构成要件的是《瑞士刑法》第146条第1款。该款规定:“以使自己或他人非法获利为目的,以欺骗、隐瞒或歪曲事实的方法,使他人陷入错误之中,或恶意地增加其错误,以致决定被诈骗者的行为,使被诈骗者或他人遭受财产损失的,处五年以下重惩役或者监禁刑。”据此,诈骗罪的成立,除了主观上必须具有非法占有、非法获利的意图以外,客观上必须:(1)实施欺骗等行为;(2)使受骗者陷入或者强化认识错误;(3)受骗者作出行为人期待的财产处分行为;(4)受骗者或者其他人(被害人)遭受财产损失。再如,

---

① 本章讨论的内容虽然是普通诈骗罪的基本问题,但由于金融诈骗等犯罪是诈骗罪的特殊类型,故也会涉及金融诈骗等犯罪。

《德国刑法》第 263 条第 1 款规定:“意图使自己或第三者获得不法财产利益,以虚构、歪曲或者隐瞒事实的方法,使他人陷入或者维持错误,从而造成他人财产损失的,处五年以下自由刑或者罚金。”据此,诈骗罪的成立,除了主观上必须具有不法所有的意图外,客观上必须具备以下要素:(1)实施虚构、歪曲或隐瞒事实的欺骗行为;(2)导致对方陷入或者继续维持认识错误;(3)造成被害人的财产损失。但是,许多国家的刑法没有完整地规定诈骗罪的全部构成要件要素。例如,《日本刑法》第 246 条第 1 项的规定较为简单:“欺骗他人使之交付财物的,处十年以下惩役。”《韩国刑法》第 347 条第 1 款也是如此:“欺骗他人而接受他人交付之财物或者取得财产上之利益的,处十年以下劳役或者二百万元以下罚金。”1968 年《英国盗窃罪法》第 15 条第 1 款规定:“以永久性剥夺他人财产的意图,通过欺骗方法不诚实地取得属于他人的财物的,处十年以下监禁。”我国《刑法》第 266 条仅将诈骗罪的罪状表述为“诈骗公私财物,数额较大”。

尽管大多数国家的刑法对诈骗罪的构成要件规定得比较简短,但大陆法系国家的刑法理论与审判实践普遍认为,除了行为对象与行为人的故意与目的之外,诈骗罪(既遂)在客观上必须表现为一个特定的行为发展过程:行为人实施欺骗行为→对方陷入或者继续维持[①]认识错误→对方基于认识错误处分(或交付)财产→行为人取得或者使第三者取得财产→被害人遭受财产损失。[②] “通说认为,交付行为的存在是必要的;交付行为这一要素,是‘没有记述的构成要件要素’。”[③]日本的判例主张,“成立诈骗罪,要求被欺骗者基于错误实施某种财产处分行为”。[④] 旧中国的判例指出:“诈欺取财罪之构成要件,在行为者欺罔他

---

① 在他人已有错误的情况下,英美刑法要求强化错误。事实上,强化错误与继续维持错误的本质意义相同,所以,本书除少数场合外,通常在相同意义上使用这两个表述。

② Vgl. ,Gunther Arzt/Ulrich Weber,Strafrecht Besonderer Teil Lehrbuch,Verlag Ernst und Werner Gieseking,2000,S. 458ff;[日]平野龙一:《刑法概说》,东京大学出版会 1977 年版,第 212 页以下;[日]西田典之著、桥爪隆补订:《刑法各论》(第 7 版),弘文堂 2018 年版,第 206 页以下;[韩]吴昌植编译:《韩国侵犯财产罪判例》,清华大学出版社 2004 年版,第 99 页以下。财产损失是不是既遂要素,还存在争议。

③ [日]平野龙一:《犯罪论の诸问题(下)各论》,有斐阁 1982 年版,第 329 页。

④ 日本最高裁判所 1970 年 3 月 26 日判决,载日本《最高裁判所刑事判例集》第 24 卷第 3 号,第 55 页。

人,使其陷于错误,而为交付,从而取得本人或第三者所持之财物是也。故本罪之成立,要以加害者有不法而取得财物之意思,实施诈欺行为,被害者因此行为致表意有所错误,而其结果为财产上之处分受其损害,若取得之财物不由于被害者交付之决意,不得认为本罪之完成。”[①]英美刑法理论也认为,成立诈骗财物罪,除了主观上必须故意或者轻率地实施欺骗行为,不诚实地取得财物并怀有永久性剥夺他人财产的意图之外,客观上必须存在欺骗行为,欺骗行为必须作用于人的大脑,行为人或第三者取得了财物(结果),欺骗行为与被禁止的结果之间必须存在因果关系。[②] 对诈骗罪的基本构造作出上述解释,显然不是任意的。

体系解释是一项非常重要的解释方法。从解释论上而言,首先,“整体只能通过对其各部分的理解而理解,但是对其各部分的理解又只能通过对其整体的理解”。[③] 这便是在整体与部分之间应当进行的解释循环。例如,如果离开了规定“贩卖”“倒卖”概念的条文,解释者便不能理解《刑法》第 363 条所规定的“贩卖”是否包括单纯的出卖行为,因为“法律条文只有当它处于与它有关的所有条文的整体之中才显出其真正的含义,或它所出现的项目会明确该条文的真正含义。有时,把它与其他的条文——同一法令或同一法典的其他条款——一比较,其含义也就明确了”。[④] 其次,只有进行体系解释,才能使各种犯罪的构成要件之间避免交叉与重叠,维持罪与罪之间的协调关系。再如,对抢劫罪构成要件的解释结论,是考虑了其与敲诈勒索罪的关系后才作出的;对抢夺的解释,则取决于对抢夺与抢劫、盗窃之间关系的理解。再次,当解释者对某个用语得出某种解释结论时,常常会心存疑虑,在这种情况下,如果解释结论能够得到其他条文的印证,解释者便会解消疑虑,因为“对一个本文某一部分的诠释如果为同一本文的其他部分所证实的

---

① 大理院 1913 年上字第 34 号,转引自褚剑鸿:《刑法分则释论》(第二次增订版),台北,台湾商务印书馆 1995 年版,第 1239 页。

② Janet Dine & James Gobert, *Cases & Materials on Criminal Law*, 2nd ed., Blackstone Press Limited, 1998, pp. 391 – 393; Richard Card, *Criminal Law*, 14th ed., Butterwords, 1998, pp. 303 – 316.

③ 金克木:《比较文化论集》,生活 · 读书 · 新知三联书店 1984 年版,第 243 页。

④ [法]亨利 · 莱维 · 布律尔:《法律社会学》,许钧译,上海人民出版社 1987 年版,第 70 页。

话，它就是可以接受的；如果不能，是应舍弃”。[①] 例如，孤立地将《刑法》第363条的“贩卖”解释为出卖时，解释者或许有些不安的感觉，因为“贩卖”的通常含义是买进后再卖出。但当将“贩卖”解释为出卖能够得到《刑法》第155条、第240条、第347条的印证时，[②]不仅会消除解释者不安的感觉，而且会使解释者坚定其解释结论。最后，面对一些所谓不明确的规定时，可以通过明确的规定来阐释不明确的规定。明确性是罪刑法定原则的要求，但是，要想一部刑法明确到不需要解释的程度，那只是一种幻想。刑法的明确性需要由立法者与解释者共同努力实现，体系解释有助于通过明确的规定阐释不明确的规定。

从实质上说，成文法是正义的文字表述。尽管人们对于正义存在不同的理解，但大体可以肯定的是，正义的基本要求是对于相同的案件必须得到相同的或者至少是相似的处理，只要这些案件按照普遍的正义标准在事实上是相同的或者相似的。换言之，对于相同的事项应相同处理，对于不同的事项应不同处理，是正义的基本要求。所以，使刑法条文之间保持协调，使相同的犯罪得到相同的处理，就是正义的；否则就是非正义的。例如，在刑法上，如果某种解释导致严重侵害法益的行为无罪，而轻微侵害法益的行为有罪，或者解释导致重罪只能判处轻刑，[③]轻罪反而判处重刑，那么这种解释就是不协调的，因而也是不正义的。要实现刑法的正义性，就必须保持刑法的协调性，所以，“使法律之间相协调是最好的解释方法”（Concordare leges legibus est optimus interpretandi modus）；而要保持刑法的协调，就必须进行体系解释。对诈骗罪的基本结构得出上述解释结论，正是将刑法关于诈骗罪的规定与关于其他财产罪的规定予以比较，进行体系解释的结果。

侵犯财产罪主要分为两种类型，即取得财产的犯罪（取得罪，aneignungsdelikte）与毁损财产的犯罪（毁弃罪，vermÖgesschä-digungs-delikte）。取得财产的犯罪又可以分为违反被害人意志取得财产的犯罪

---

① 奥古斯丁在《论基督教义》中所述，转引自［意］艾科等：《诠释与过度诠释》，王宇根译，生活·读书·新知三联书店1997年版，第78页。

② 例如，将祖辈遗留下来的毒品予以出卖的，成立贩卖毒品罪。这说明，贩卖不以买进后再卖出为条件。

③ 当然，由于责任的减轻、特殊预防必要性的减少等原因而判处轻刑，则是合理的。

与基于被害人有瑕疵的意志而取得财产的犯罪。[①] 抢劫罪、盗窃罪、抢夺罪属于前者;诈骗罪、敲诈勒索罪属于后者。由于诈骗罪与盗窃罪属于两种不同的犯罪类型,所以需要严格区别。[②] 首先,并非只要行为人实施了欺骗行为进而取得了财产就成立诈骗罪,因为盗窃犯也可能实施欺骗行为。例如,A 打电话欺骗在家休息的老人 B:"您的女儿在前面马路上出车祸了,您赶快去看看。"B 连门也没有锁便急忙赶到马路边,A 趁机取走了 B 家中的财物(谎称车祸案)。虽然 A 实施了欺骗行为,但 B 没有因为受骗而陷入处分财产的认识错误,更没有基于认识错误处分财产。所以,A 取走财产的行为,只能成立盗窃罪。此例说明,并不是"只要有欺骗行为就成立诈骗罪"。其次,并非只要行为人使用欺骗手段,导致对方将财产"转移"给自己或者第三人就成立诈骗罪,因为盗窃罪也有间接正犯,盗窃犯完全可能使用欺骗手段、利用不具有处分财产权限或地位的人取得财产。例如,洗衣店经理 A 发现 B 家的走廊上晒着西服,便欺骗本店临时工 C 说:"B 要洗西服,但没有时间送来,你到 B 家去将走廊上晒的西服取来。"C 信以为真,取来西服交给 A,A 将西服据为已有(骗盗西服案)。C 显然受骗了,但他只是 A 实施盗窃行为的工具而已,并不具有将 B 的西服处分给 A 占有的权限或地位。所以,A 成立盗窃罪(间接正犯)。由此可见,并不是只要受骗者将财物"转移"给行为人就成立诈骗罪。最后,即使是财产的占有者、所有者形式上将财产"交给"他人,但如果没有处分财产,即财产实际上仍然处于占有者、所有者占有时,行为人趁机通过违法手段取得财产的,也不成立诈骗罪。例如,A 假装在商店购买西服,要求试穿西服,售货员 B 将西服递给 A 让其试穿,A 穿上西服后声称去照镜子,在 B 接待其他顾客时,A 趁机溜走(试穿西服案)。A 显然不成立诈骗罪,只成立盗窃

---

① 取得包括自己取得与使第三者取得(drittzueignung)。

② 司法实践中常常有人认为,当某种行为既可能成立此罪,也可能构成彼罪时,如果实在不能区别,任意选定一罪或者从轻选定一罪即可。但是,这种观念不符合罪刑法定原则。因为既然实行罪刑法定主义,就要求行为符合刑法规定的某种犯罪的构成要件。一方面,构成要件本身不能模棱两可;另一方面,行为究竟符合何种犯罪的构成要件,也不能模棱两可,否则,便导致刑法规定的犯罪构成要件缺乏定型性,从而使构成要件丧失罪刑法定主义的机能。因此,当某个行为既像盗窃又像诈骗时,司法工作人员必须明确区分盗窃罪与诈骗罪的构成要件,认定该行为是构成盗窃罪还是诈骗罪。如果随便认定为其中一罪,就意味着没有判断该行为符合何种犯罪的构成要件,因而不符合罪刑法定主义。

罪。因为尽管B受骗了,形式上也将西服“交给”了A,但此时西服仍然处于B占有下,B并没有将西服处分给A占有,A是通过进一步实施违反B的意志转移西服的行为才占有该西服的,所以,A的行为成立盗窃罪。显而易见,如果不能认定被骗者基于认识错误“处分”财产,就不能认定为诈骗罪(既遂)。[①]

不难看出,诈骗罪与盗窃罪的关键区别在于,受骗者是否基于处分财产的认识错误而处分(交付)财产。[②]受骗者虽然陷入了认识错误,但认识错误的内容并不是处分财产,受骗者也并未因此而处分财产的,行为人的行为不成立诈骗罪(如谎称车祸案、试穿西服案)。受骗者虽然陷入了认识错误,但倘若不具有处分财产的权限或者地位时,其帮助转移财产的行为不属于诈骗罪中的处分行为,行为人的行为也不成立诈骗罪(如骗盗西服案)。虽然受骗者陷入了认识错误,也具有处分财产的权限或地位,甚至将财物“转移”给行为人,但这种“转移”并不属于财产处分行为时,行为人的行为也不成立诈骗罪(如试穿西服案)。所以,日本学者平野龙一正确地指出:“交付行为(处分行为——引者注)的有无,划定了诈骗罪与盗窃罪的界限。被害人交付财物时是诈骗罪而不是盗窃罪;被害人没有交付财物时,即行为人夺取财物时是盗窃罪。诈骗罪与盗窃罪处于这样一种相互排斥的关系,不存在同一行为同时成立诈骗罪与盗窃罪,二者处于观念竞合关系的情况。”[③]当然,所谓不能处于观念竞合关系,是就同一对象而言,而不是就同一行为而言。

金融诈骗、合同诈骗等诈骗犯罪是诈骗罪的特殊类型,其基本构造与普通诈骗罪的基本构造应当完全相同,只是诈骗的对象、欺骗的方法等存在区别。明确了诈骗罪的基本构造,不意味着明确了诈骗罪的构成要件及其要素。易言之,由于只有符合普通诈骗罪的构成要件的行为,才可能进一步符合金融诈骗、合同诈骗等罪的构成要件,所以,还需要讨论普通诈骗罪的基本构成要件要素。普通诈骗罪的基本构成要件

---

① 当然,在行为人实施了旨在使他人陷入认识错误进而处分财产的欺骗行为后,被骗者没有陷入错误或者没有处分财产的,可能成立诈骗未遂。

② 本书中的“受骗者”,有时指诈骗罪中的受骗者,有时指盗窃罪间接正犯中作为工具的受骗者,在受骗者同时也是被害人时也可能称之为被害人,相信读者可以轻易分辨。

③ [日]平野龙一:《犯罪论の诸问题(下)各论》,有斐阁1982年版,第330页。

要素,除了客观方面必须符合前述基本构造中的五个要素(欺骗行为、陷入错误、处分财产、取得财产、财产损失)外,还有行为对象需要说明。此外,普通诈骗罪的主观要素也是需要说明的问题。下面一并探讨。[①]

第二节　行为对象

根据我国刑法的规定,诈骗罪的行为对象是公私财物。其中存在三个问题:第一,如何理解一般意义上的财物?第二,财产性利益是否属于财物,从而成为诈骗罪的对象?第三,公私财物是指“公私占有的财物”还是“公私所有的财物”?

一、财物的一般界定

财物是一种物质,一般表现为有体形态,但刑法上的财物是否仅限于有体物,理论上存在争议。有体性说(Körperlichkeit)认为,刑法上的财物只限于有体物,包括固体物、液体物与气体物。无体物不是刑法上的财物,不能成为侵犯财产罪的对象。液化气、蒸汽等是财物,但光、热等不是财物。管理可能性说(Beherrschbarleit)认为,只要是可能管理的物,都属于财物。其中,物理管理可能性说认为,刑法上的财物并不限于有体物,还包括其他具有物理管理可能性的财物,或者说在物理上属于物的,就是刑法上的财物。有体物以及光、热、水力、冷气等是财物,但债权、人的劳动力、牛马的牵引力等不是财物。事务管理可能性说认为,凡是可以作为一种事务进行管理的物,都是刑法上的财物。有体物、无体物以及债权、人的劳动力、牛马的牵引力等都是财物。[②]

在19世纪末至20世纪初,德国、法国与日本都出现了窃电案件。在刑法均将盗窃对象限定为“物”或“财物”,且民法将“物”限定为有体物的情况下,虽然德国法院以电不是有体物为由否认电属于财物,[③]但

---

① 普通诈骗罪的主体要件不存在疑难问题,故不展开讨论。

② 参见[日]西田典之著、桥爪隆补订:《刑法各论》(第7版),弘文堂2018年版,第151页以下。

③ 据理工科学者说,“电是有体物,而不是无体物”。果真如此,则是某些国家的刑法学者们在此问题上开了一个“国际玩笑”。

法国与日本法院将电解释为财物。日本大审院的判决指出:“作为对我国刑法的解释,既然没有确实证据将盗窃的目的物限定为有体物,就应当将可以实现盗窃目的的物作为盗窃罪的目的物。而且,刑法第366条所规定的盗窃,意味着将他人占有的物不法转移为自己的占有内的行为。不言而喻,仅存在于人的理想中的无形物,如果不能占有就不能实现盗窃的目的。但是,为了使占有成为可能,只要是通过五官的作用可以认识的形而下的物就够了,而不要求是有体物。因为当这种物具有独立的存在,具有以人力能够进行任意支配的特性时,就能够占有,并持续占有和转移占有。简言之,应当以有无可动性与管理可能性,作为区分能否成为盗窃罪的目的物的唯一标准。电流虽然不是有体物,但可以通过五官的作用认识到其存在,能够将其收容于容器使其具有独立的存在,不仅如此,还能将其蓄积于容器然后予以占有,能够通过人力进行从一个场所转移至其他场所等任意的支配。由于同时具有可动性与管理可能性,确实能够充足成立盗窃罪所必要的窃取的要件。因此,不法夺取他人占有的他人的电流,将之置于自己的占有内的人,无疑是窃取了刑法第366条所谓的他人的所有物,应当作为盗窃罪的犯人受到刑罚制裁。”①这一判旨既得到一些学者的赞成,也受到了一些学者的批评。

本书认为,刑法上的财物应包括有体物与无体物。因为,在当今社会,无体物不仅可以成为所有权的对象,而且许多无体物的经济价值越来越明显和重要,既然如此,刑法就有必要规制窃取、骗取无体物的行为。无体物虽然无体,但既可以对之进行管理,也可以进行处分,因此,行为人既可能盗窃无体物,也可能诈骗无体物。无体物还可以用金钱计算其价值,故盗窃、诈骗无体物的,也能计算其数额大小。② 而且,在数字化时代,一方面,原来的有体物完全可能变成无体物;另一方面,有体物与无体物的划分也越来越模糊。如果仅将财物限定为有体物,则

① 日本大审院1903年5月21日判决,载日本《大审院刑事判决录》第9辑,第874页。

② 如最高人民法院1997年11月4日通过的《关于审理盗窃案件具体应用法律若干问题的解释》规定:“以牟利为目的,盗接他人通信线路、复制他人电信码号的,盗窃数额按当地邮电部门规定的电话初装费、移动电话入网费计算。”(已废止)

既不符合社会发展需要，也会导致处罚的不均衡。[①] 此外，将无体物包含在财物概念之内，也符合我国的刑法规定与司法实践。例如，《刑法》第 265 条规定："以牟利为目的，盗接他人通信线路、复制他人电信码号或者明知是盗接、复制的电信设备、设施而使用的，依照本法第二百六十四条的规定定罪处罚。"盗接他人的通信线路，与窃电行为一样，都是非法取得了他人的无体物。再如，已废止的最高人民法院 1997 年 11 月 4 日通过的《关于审理盗窃案件具体应用法律若干问题的解释》第 1 条第 3 项规定："盗窃的公私财物，包括电力、煤气、天然气等。"[②]一般认为，电力属于无体物。既然电力可以成为盗窃对象，那么，其他无体物也可能成为盗窃对象（是否均值得科处刑罚，则是另外的问题）；既然无体物可以成为盗窃罪的对象，当然也可以成为诈骗罪的对象。

在我国，得出上述结论不存在刑法规定上的障碍。但如前所述，由于德国法院不承认电力属于财物，所以，德国国会不得不颁布了一项特别法（现行《德国刑法》第 248c 条），规定了盗用电力罪。尽管如此，德国刑法关于财物是否包含无体物仍然存在争论。《日本刑法》在经过了前述大审院的判例（旧刑法时代）之后，其现行刑法在"盗窃与强盗罪"一章的最后一条（第 245 条）规定："就本章犯罪，电气也视为财物。"而且该规定也适用于诈骗罪与恐吓罪。于是，刑法理论对该规定的性质产生了疑问。主张财物仅限于有体物的学者认为，该条属于特别规定或法律拟制，即将原本不属于财物的电力拟制为财物，所谓电气"也视为"财物正好表达了这一含义。换言之，"'电气也视为财物'的文言，是以电气不是财物为前提的"。[③] 而主张财物包含无体物的学者则认为，该条属于注意规定，即该条旨在说明，像电气这样的无体物也属于财物。[④] 但是，将"电气也视为财物"理解为注意规定确实存在疑问，因此，应当说，在日本，采取物理管理可能性说，将电气以外的无体物解释

① 商标权、专利权、著作权、商业秘密等实际上是无形财产，但由于侵犯这些权利的犯罪主要表现为侵犯市场竞争秩序，故刑法没有将其规定为侵犯财产罪的对象。不过，在本书看来，也不能一概排除其中的一些无形财产能够成为财产犯罪的对象。换言之，侵犯知识产权罪与财产犯罪并不是对立犯罪，完全可能是想象竞合关系。

② 最高人民法院、最高人民检察院 2013 年 4 月 2 日公布的《关于办理盗窃刑事案件适用法律若干问题的解释》第 4 条也肯定了这一点。

③ ［日］西田典之著、桥爪隆补订：《刑法各论》（第 7 版），弘文堂 2018 年版，第 152 页。

④ ［日］福田平：《刑法各论》（全订第 3 版增补），有斐阁 2002 年版，第 214 页。

祭物的行为有进行刑法规制的必要。葬祭物似乎表明所有权人已经放弃了所有权,但这种放弃是附条件的,而且根据社会的一般观念,葬祭物仍然由死者遗族占有和所有。因此,葬祭物可以成为诈骗罪的对象。

人的身体本身不是财物,不能成为诈骗罪的对象。但是,从人的身体上分离出来的部分可能属于财物。例如,从人的体内抽出的血液可能成为诈骗罪的对象。至于安装在人体上作为人体一部分而使用的假肢、假牙等,当然也可能成为诈骗罪中的财物。

二、财产性利益

根据刑法的文字表述,诈骗罪的对象是财物。上文所说的财物,其实是指狭义的财物。至于财物是否包含财产性利益,则是值得研究的问题。所谓财产性利益,大体是指普通(狭义)财物以外的财产上的利益,包括积极财产的增加与消极财产的减少。例如,使他人负担某种债务(使自己或第三者取得某种债权),使他人免除自己所负担的债务(不限于民法意义上的债务),使债务得以延期履行,如此等等。关于诈骗罪对象的立法,外国刑法存在以下几种体例:

一是将财物与财产性利益分别规定。例如,《日本刑法》第 246 条规定的诈骗罪的对象仅限于"财物",但该条第 2 项规定:"以前项方法,取得财产上的不法利益,或者使他人取得的,与前项同。"在日本刑法分则关于财产犯罪的规定中,如果某种犯罪的对象既可以是财物,也可以是财产性利益,那么,分则条文通常是在第 1 项规定对财物的犯罪,在第 2 项规定对财产性利益的犯罪。所以,对财产性利益的犯罪被称为"二项犯罪"。[①] 因此,一方面,"财物"不包含财产性利益;另一方面,如果没有"二项犯罪"的规定,则侵犯财产性利益的行为不成立犯罪。例如,《日本刑法》第 235 条规定的盗窃罪的对象仅限于"财物",故盗窃财产性利益的行为不可能成立盗窃罪。1968 年的《英国盗窃罪法》也是将诈骗财物与诈骗财产性利益分别规定,其第 15 条规定的是诈骗财物的犯罪,第 16 条规定的是诈骗财产性利益的犯罪。

二是将财物与财产性利益规定在同一款中。例如,《韩国刑法》第

---

① 但也有个别条文例外,如其第 246 条之二(只有一项)规定的使用电子计算机诈骗的对象就是财产性利益,故难以称为"二项犯罪"。

347 条第 1 款，规定诈骗罪的对象为“财物”或者“财产上之利益”（其第 329 条所规定的盗窃罪的对象仅限于“财物”）。《俄罗斯联邦刑法典》第 159 条第 1 款规定的诈骗罪对象包括“他人财产”与“他人财产权利”（其第 158 条所规定的盗窃罪的对象仅限于“财产”）。

三是以“财产”“不正当利益”等概念指称财物和财产性利益。例如，《德国刑法》第 242 条与第 249 条规定的盗窃罪与抢劫罪的对象限于“动产”（或“可移动的物品”），而第 263 条所规定的诈骗罪的对象是“财产”，这里的“财产”便包含了动产、不动产等财物以及财产性利益。再如，《意大利刑法》第 624 条与第 628 条规定的盗窃罪与抢劫罪的对象仅限于“他人的动产”，但第 640 条规定的诈骗罪的对象则为“不正当利益”，后者显然包括财物与财产性利益。

上述三种立法体例虽然形式不同，但也有共同点。其一，财物与财产性利益（或财产上的利益、不正当利益）是两个不同的概念。如果刑法明文规定的对象为财物或动产，那么，侵害财产性利益的行为则不成立犯罪。根据上述规定，在日本、韩国、德国、意大利等国家，盗窃财产性利益不成立盗窃罪（也不成立其他犯罪）；至于抢劫财产性利益的行为是否成立抢劫罪，也取决于刑法分则有无明文规定。① 其二，诈骗罪的对象宽于盗窃罪的对象，即盗窃罪的对象仅限于财物，而诈骗罪的对象除包含财物外，还包含财产性利益。单从财物的角度而言，如果说盗窃罪的对象仅限于动产，那么诈骗罪的对象还包含不动产。在本书看来，在上述立法例中，诈骗罪的对象之所以宽于盗窃罪，主要原因在于：盗窃罪是违反被害人意志而转移占有，在以往，没有经过被害人同意，几乎不可能转移不动产和财产性利益，即使在某些情形下转移了不动产和财产性利益，也难以产生实际效果，况且很容易通过民事手段恢复原状；但诈骗罪则不同，由于转移不动产和财产性利益的行为，得到了受骗者或被害人的同意（尽管存在瑕疵），行为人不仅能够取得不动产和财产性利益，而且难以通过民事手段补救。由此可见，在以往，诈骗罪对象宽于盗窃罪对象的立法例具有一定的合理性。

---

① 例如，日本、韩国刑法将抢劫财产性利益的行为规定为犯罪，而德国与意大利刑法没有规定财产性利益可以成为抢劫罪的对象（但规定了财产性利益可以成为敲诈勒索罪的对象，而其敲诈勒索罪似乎可能包含我国的抢劫罪的部分情形）。

我国刑法分则第五章的标题为“侵犯财产罪”，但第 266 条以及该章的其他条文都仅使用了“财物”一词。于是，需要回答以下问题：作为诈骗罪对象的“财物”是否包含财产性利益？[①] 如果作出否定回答，是否符合法益保护的原理与司法实践的需要？如果得出肯定结论，是否违反罪刑法定原则？

依本书之见，主张诈骗罪的对象包含狭义财物与财产性利益具有合目的性与具体的妥当性。[②]

首先，刑法分则第五章规定的是侵犯财产罪，反过来说，刑法分则第五章的目的在于保护财产（当然需要具体化）。刑法分则中的章节标题，对理解该章节法条的保护法益具有不可低估的作用。例如，刑法分则第四章是为了保护公民的各种人身权利与民主权利，故该章具体法条的保护法益原则上应在各种人身权利与民主权利中予以确定。因此，得到被害人有效承诺的诬告陷害行为虽然侵犯了司法活动，但由于没有侵犯公民的人身权利与民主权利，不得认定为诬告陷害罪。刑法分则第五章的标题指明了其保护的法益为财产。“财产一词在各国立法和法学著作中，往往具有多重的含义。第一，财产是指有货币价值的权利客体，在这个意义上，财产和有体物是相通的。第二，财产是指人们对物享有的所有权，在这个意义上，财产与没有权利归属的物是相对的，一个没有形成权利的而仅仅是被事实上占有的物，并不是财产，财产就是指所有权，德文的‘eigentum’、英文的‘property’，既可以译为财产，又可以译为所有权。在英美法系国家，法律和法学中很少使用所有权的概念，更多地使用了财产的概念。第三，财产还可以用于指物和权利的总和，在这个意义上，所有权不过是一种财产。”[③]我国法律在不同的意义上使用“财产”概念。《民法典》第 3 条规定：“民事主体的人身权利、财产权利以及其他合法权益受法律保护，任何组织或者个人不得

① 在诈骗罪的对象是否包含财产性利益的问题上，我国刑法理论存在两种对立观点。否定说认为，诈骗罪“侵犯的对象，限于各种具体的公私财物”，参见杨春洗、杨敦先主编：《中国刑法论》（第 2 版），北京大学出版社 1998 年版，第 504 页；肯定说认为，“凡是有价值或有效用的财物，甚至财产性利益都可作为诈骗罪的对象”，参见高铭暄、马克昌主编：《刑法学》（下编），中国法制出版社 1999 年版，第 906 页。但是，这两种对立观点没有进行具体论证，因而没有充分展开争论。

② 在本书看来，其他财产犯罪的对象也包括狭义财物与财产性利益。

③ 王利明等：《民法新论》（下），中国政法大学出版社 1988 年版，第 33 页。

侵犯。”其中的“财产”是从广义而言的,不仅包括物权,而且包括债权、继承权、知识产权等,但不包括财产义务。而《民法典》第 1122 条规定的“遗产是自然人死亡时遗留的个人合法财产”中的“财产”,则泛指有体物、财产权利与财产义务。事实上,现代社会对财产的衡量已由对实物的占有让位于主体实际享有利益的多寡,财产权表现为庞大的权利系统,并可抽象为具有财产性质的利益。换言之,财产是主体在物上的权利或及于其他人的非人身性权利,前者包括主体在物上的所有权或其他排他性权利,后者则包括债权和其他含有财产内容的请求权。[①] 既然如此,从逻辑上说,作为刑法分则第五章的保护法益,财产当然不能排除财产性利益。进一步而言,既然刑法分则第五章标题表明其保护法益是上述意义上的财产,那么,该章各条所表述的“财物”就应当作为财产的表现形式来理解,即将财物解释为“具有财产性质的利益”,包括狭义财物与具有财产价值的能够满足人的需要的利益。[②]

其次,财产性利益是法所保护的一种重要利益,将其作为诈骗罪的对象,具有现实的妥当性。因为财产性利益与狭义财物对人的需要的满足,并没有本质差异。况且,财产性利益具有财产价值,甚至可以转化为现金或其他财物,如果不将财产性利益作为诈骗罪的对象,就会导致处罚的不公平。例如,甲使用欺骗手段取得他人 1 万元现金;乙采用欺骗手段使他人免除自己 1 万元的债务;丙利用欺骗手段使银行职员将他人 1 万元的存款转入自己的账户。可以说,甲、乙、丙三人的行为都是给他人造成了 1 万元的财产损失,法益侵害性质与程度没有区别。如果对甲的行为以诈骗罪论处,对乙、丙的行为只是追究民事责任,则违反了刑法的公平正义性。正因如此,司法实践中一般将骗取财产性利益的行为认定为诈骗罪。例如,根据最高人民法院2002 年4 月10 日公布的《关于审理非法生产、买卖武装部队车辆号牌等刑事案件具体应用法律若干问题的解释》第 3 条第 2 款的规定:“使用伪造、变造、盗窃的武装部队车辆号牌,骗免养路费、通行费等各种规费,数额较大的,依

---

① 以上参见马俊驹、梅夏英:《财产权制度的历史评析和现实思考》,载《中国社会科学》1999 年第 1 期,第 90 页以下。

② 财产性利益的概念,在广义上包含财物,是财物与财物以外的财产性利益的上位概念;但在刑法理论上,一般不认为财产性利益包含狭义财物,而是在狭义上理解财产性利益(一般财物之外的财产性利益)。

照刑法第二百六十六条的规定定罪处罚。"所谓"骗免"养路费、通行费等各种规费,实际上是指使用欺骗方法,使他人免除自己的债务。债务的免除意味着行为人取得了财产性利益。虽然上述司法解释被最高人民法院、最高人民检察院2011年7月20日公布的《关于办理妨害武装部队制式服装、车辆号牌管理秩序等刑事案件具体应用法律若干问题的解释》所取代,但该新的司法解释第6条规定:"实施刑法第三百七十五条规定的犯罪行为,同时又构成逃税、诈骗、冒充军人招摇撞骗等犯罪的,依照处罚较重的规定定罪处罚。"这显然肯定了骗免养路费、通行费等各种规费的行为构成诈骗罪。诚然,在司法实践中,也有一些判决将骗取财产性利益的行为认定为其他犯罪,但实际上认定为诈骗罪更为妥当。例如,2003年8月,市民李某来到某区检察院民行科申诉,称她近几年陆续借给邻居潘某18万元,经多次催讨,潘某一直未还。2002年5月,李某向某区法院申请对潘某的房屋予以财产保全,不料夏某等人也持潘某的借条要求偿还债务,法院据此进行民事调解,致使李某的债权无法得到全额偿还。李某不服,声称自己从没听说潘某还向其他人借了钱。办案检察官调查发现,2003年5月至7月,潘某在与李某债务纠纷一案中,为少还债务,伪造了向夏某等3人借款共计16万元的3张假借条,同时指使这3人向法院起诉,致使李某的18万元债权只能与虚构的16万元债权共同从潘某价值仅14万余元的房屋中得到清偿(虚构债权诈骗案)。某区检察院依法将该案提起公诉后,2003年1月9日,某区法院以妨害作证罪判处潘某有期徒刑8个月。[①]但在本书看来,如果承认财产性利益是诈骗罪的对象,则认定潘某的行为构成诈骗罪更为妥当。[②] 因为潘某使用欺骗手段使法官陷入认识错误,从而进行调解,导致李某的债权无法得到全额偿还,这更符合诈骗罪(三角诈骗)的特征。

再次,从刑法与民法的关系来考察,刑法也应当保护财产性利益。根据刑法的谦抑性原则,凡是适用其他法律足以抑止某种违法行为,足以保护法益时,就不要将其规定为犯罪。[③] 据此,如果民法能够抑止所

---

① 周一苇:《为少还钱虚构债权　聪明反被聪明误》,载《检察日报》2004年1月14日,第2版。

② 在刑法增设虚假诉讼罪之后,这种行为可能是诈骗罪与虚假诉讼罪的想象竞合。

③ 参见张明楷:《刑法的基础观念》,中国检察出版社1995年版,第143页。

有侵犯财产的行为,刑法就没有必要将侵犯财产的行为规定为犯罪。财产关系是民法调整的重要内容,民法保护所有权、债权及其他财产性利益。但是,民法对所有权、债权及其他财产性利益的保护不是万能的;民法不足以保护债权及其他财产性利益的情况是大量存在的。在财产关系极为复杂的当今社会,认为完全可以通过民法补救被害人的债权、财产性利益的损害,也是不现实的。前述外国立法例在否认财产性利益可以成为盗窃罪的对象的同时,肯定了财产性利益可以成为诈骗罪、敲诈勒索罪的对象,这也说明民法并不足以保护债权及其他财产性利益。所以,当民法不足以保护所有权、债权及其他财产性利益时,就需要刑法保护。如果认为只有财物才能成为侵犯财产罪的对象,就意味着,只有当民法不足以保护所有权时,才由刑法保护;而当民法不足以保护债权及其他财产性利益时,不能由刑法保护,只能放任不管。这显然不利于保护财产。另外,我国《刑法》第 2 条宣布保护财产,第 13 条宣布侵犯财产的行为构成犯罪,第 20 条、第 21 条也间接表明刑法保护财产。所以,当民法不足以保护债权及其他财产性利益时,由刑法予以保护实属理所当然。

最后,刑法的相关规定表明财产性利益可以成为诈骗罪的对象。例如,《刑法》第 224 条规定的合同诈骗罪的表现形式之一是“收受对方当事人给付的货物、货款、预付款或者担保财产后逃匿”。货物、货款、预付款都是财物,但担保财产则不限于普通财物,而是包括了债权等财产性利益。这表明,合同诈骗罪的对象可以是财产性利益。再如,《刑法》第 210 条第 2 款规定:“使用欺骗手段骗取增值税专用发票或者可以用于骗取出口退税、抵扣税款的其他发票的,依照本法第二百六十六条的规定定罪处罚。”增值税等发票本身虽然是有形的,但上述规定并不是旨在保护这种有形的发票本身,而是保护这种有形发票所体现的财产上的利益(抵扣税款、出口退税)。或许有人认为,上述规定属于法律拟制,亦即财产性利益原本不是诈骗罪的对象,只是在有拟制规定的情况下,财产性利益才能成为诈骗罪的对象;而拟制规定的适用范围必须受到严格限制,只能在法条明文规定的特定范围内适用。诚然,拟制规定的内容不可“推而广之”,只能在特定的范围内适用。但是,如果认为《刑法》第 266 条所规定的诈骗罪对象本身包含财产性利益,那么,第

210 条第 2 款的规定就不是法律拟制,而是注意规定。[①] 既然将财产性利益解释为财物具有合目的性与具体的妥当性,就应认为《刑法》第 266 条所规定的财物原本包含财产性利益,故第 210 条第 2 款只是注意规定,而不是法律拟制。

此外,有的教科书主张诈骗的"犯罪对象仅限于公私财物,不包括其他利益",同时认为,敲诈勒索的"犯罪对象具体表现为多种多样,有动产,有不动产;有有形财产,有无形财产"。[②] 但诈骗罪与敲诈勒索罪的基本结构相同,前者是行为人使用欺骗手段使被欺骗者陷入认识错误进而处分财产,后者是行为人使用恐吓手段使被恐吓者产生恐惧心理进而处分财产;既然敲诈勒索时对方可能处分财产性利益,那么,诈骗时对方也可能处分财产性利益。所以,没有理由认为敲诈勒索罪的对象可以是财产性利益,而诈骗罪的对象不能是财产性利益。事实上,从外国刑法的规定也可以看出,敲诈勒索罪的对象与诈骗罪的对象是完全相同的。

但问题是,将财产性利益解释为财物是否属于类推解释?是否违反罪刑法定原则?

如果认为,"刑法第 266 条规定的对象是'财物',尽管'财物'只限于有体物与无体物,但为了处罚犯罪的需要,对于骗取财产性利益的,也应以犯罪论处",那么,这显然是类推解释的思维。[③] 因为,如果解释者明知财产性利益不包含于刑法所规定的"财物"之中,仍然主张对骗取财产性利益以诈骗罪论处,就意味着解释者明知刑法没有将诈骗财产性利益的行为规定为犯罪,但鉴于处罚的需要以及财产性利益与财物的相似性或类似性,主张对其以犯罪论处。在这种思维中,即使刑法没有明文规定的行为,也可能成立犯罪。但是,本书以上的讨论明显不是基于这种思维,而是认为,《刑法》第 266 条的"财物"包含有体物、无体物与财产性利益。所以,问题的关键在于:将"财物"解释为包含财产性利益,是否属于类推解释因而违反罪刑法定原则?或者说,将"财物"

---

① 至于第 210 条第 1 款的规定是法律拟制还是注意规定,则取决于对第 264 条的解释。换言之,认为第 210 条第 2 款是注意规定,并不意味着该条第 1 款也是注意规定。

② 王作富主编:《刑法》,中国人民大学出版社 1999 年版,第 404 页、第 412 页。因为"无形财产"显然包含了财产性利益。

③ 参见[日]山口厚:《刑法总论》(第 3 版),有斐阁 2016 年版,第 14 页。

解释为包含财产性利益，是被允许的扩大解释，还是被禁止的类推解释？疑问显然是存在的。正如有的教科书所言："有的学者主张，勒索的对象除财物外，也可以是'财产性利益'，例如，用威胁或要挟方法强迫他人为自己无偿提供劳务（如开荒、种地、修建房屋、下海捕捞等）。我国刑法对此无明文规定。我们认为，用勒索的方法迫使他人交付具有经济价值的财物，同用同样的方法迫使他人无偿提供劳务，占有其劳动价值相比较，前者行为人的财产增加了（积极增加），后者行为人应当付出而不付出，实质上是以另一种方式使财产增加（消极增加），二者没有本质区别。但是，因为我国刑法没有规定'财产性利益'，而且这一概念的内涵、外延不易确定，从贯彻罪刑法定原则考虑，上述主张是否可行，还有待研究。"①

罪刑法定原则是刑法的生命。它既是立法机关制定刑法、司法机关适用刑法必须遵循的原则，也是刑法解释者必须遵循的原则（即使是立法解释，也不能采取类推解释方法）。要判断某种解释是否属于类推解释，因而违反罪刑法定原则，首先必须明确罪刑法定原则的思想基础，以及类推解释与扩大解释的区别。

罪刑法定原则的思想基础是民主主义与尊重人权主义，或者说是民主与自由。民主主义要求，国家的重大事务应由人民自己决定，各种法律应由人民自己制定。刑法的处罚范围与程度直接关系每一个人的生命、身体、自由、财产与名誉，属于特别重大的事项。"在特别重大的问题上，公民继续保留其否决权：这属于人权与基本权利，可以被理解为民主的创造性存在（而非像在传统自由主义中被作为对民主的提防）。"②所以，应当由人民决定什么行为是犯罪、对犯罪科处何种刑罚。但社会现实表明，不可能每一个人都是直接的立法者，人民不可能直接决定犯罪与刑罚；妥当的做法是由人民选举其代表组成立法机关，由立法机关制定刑法；由于立法机关代表人民的意志，故其制定的刑法也反映了人民的要求。刑法一经制定，便由司法机关适用，司法机关适用刑法的过程也是实现人民意志的过程。为了保障人权，不致阻碍国民的

---

① 高铭暄主编：《新编中国刑法学》（下册），中国人民大学出版社 1998 年版，第 802 ~ 803 页。

② ［德］乔治·恩德勒等主编：《经济伦理学大辞典》，李兆雄、陈泽环译，上海人民出版社 2001 年版，第 89 页。

自由行动,不致使国民产生不安感,就必须使国民事先能够预测自己行为的性质与后果,必须事先明确规定犯罪与刑罚。与此同时,只有事先明确规定犯罪与刑罚,才能限制司法权力,从而保护人权。具体地说,一方面,国民的预测可能性是其自由的前提之一,因为当国民事先能够根据成文刑法预测自己的行为性质时,就不会因为不知道自己的行为是否会受到刑罚处罚而感到不安,也不会因为不知道自己的行为是否会受到刑罚制裁而不敢实施合法行为,从而导致行为萎缩的效果。在此意义上,尊重人权主义与使国民具有预测可能性(预测可能性原理)是同一含义。另一方面,也是更为重要的一方面,事先明文规定犯罪与刑罚,就可以限制司法权力,即对于法无明文规定的行为,司法机关不能定罪量刑;即使是法有明文规定的犯罪,司法机关也只能依法定罪量刑。显然,如果在具有成文法的前提下实行类推解释,则意味着立法者通过文字表述其立法的意图成为泡影,因而违反了人民意志;意味着国民不能预测自己的行为是否会被类推解释为犯罪;意味着司法机关的权力没有受到限制,因而侵犯了国民的自由,故必须禁止类推解释。事实上,"类推超越了法律含义的界限,已经不是解释……而是重新创造法",①所以,禁止类推解释的要求,一直包含在许多思想家、理论家所提出的法治原则之内。②

罪刑法定原则虽然禁止类推解释,但允许扩大解释。扩大解释也称扩张解释,是指刑法条文所使用的文字失于狭隘,不足以表明刑法的真实意义,于是扩张其意义,使其符合刑法的真实意义的解释方法。扩大解释的特点是,对用语的解释较之其通常含义更为宽泛。扩大解释是刑法解释不可缺少的一种方法。可是,现行刑法规定罪刑法定原则以后,人们习惯于认为,罪刑法定原则禁止扩大解释方法。其实,罪刑法定原则不可能禁止扩大解释。首先,由于语言具有局限性,对用语进行扩大解释,是人们在日常生活中经常使用的方法;由于人们在日常生活中对扩大解释习以为常,在刑法上进行一定的扩大解释时,不会超出国民的预测可能性范围。其次,虽然扩大解释会扩张刑法的处罚范围,

---

① H. Jescheck, T. Weigend, *Lehrbuch des Strafrecht Allgemeiner Teil*, 5 Aufl., Duncker & Humblot, 1996, S. 158.

② 参见[美]约翰·罗尔斯:《正义论》,谢延光译,上海译文出版社 1991 年版,第 260 页;吕世伦主编:《现代西方法学流派》(上卷),中国大百科全书出版社 2000 年版,第 68 页。

在此意义上说,不利于保障行为人的自由;但是,刑法不只是为了保障行为人的自由,还要保护一般人的法益,二者之间必须均衡;或者说,罪刑法定原则的思想基础不只是保障人权主义,还有民主主义,解释刑法时必须兼顾二者。当不进行扩大解释就不足以保护法益,而且扩大解释无损国民的预测可能性时,理所当然要进行扩大解释。最后,成文刑法是以固定的文字对应现实社会可能发生的犯罪,固守文字通常含义的解释方法必然不能使刑法适应社会的发展、犯罪的变化。不能适应社会需要的法律,不是正义的法律;要使刑法不断地满足人们对正义的要求,就必须根据社会变化不断地解释刑法,其中不可避免要使用扩大解释方法。此外,如果禁止采用扩大解释方法,而通过频繁修改刑法使之与社会相适应,必然损害刑法的相对稳定性,从另一侧面侵害国民的预测可能性,反而违反罪刑法定原则。

罪刑法定原则并不禁止扩大解释,但这并不意味着扩大解释的结论必然符合罪刑法定原则。换言之,虽然扩大解释方法本身并不违反罪刑法定原则,但其解释结论可能与罪刑法定原则相抵触。因为不合理的扩大解释结论,可能超出国民的预测可能性,侵犯国民的自由,从而违反罪刑法定原则。例如,将淫秽物品扩大解释为包括一切色情物品,就必然侵犯国民的自由。

要使扩大解释不违反罪刑法定原则,最重要的是区分扩大解释与类推解释。关于二者的区别,我们可以列举许多:其一,从形式上说,扩大解释所得出的结论,并未超出刑法用语可能具有的含义,而是在刑法文义的"射程"之内进行解释;类推解释所得出的结论,超出了用语可能具有的含义,是在刑法文义的"射程"之外进行解释。其二,从着重点上说,扩大解释着眼于刑法规范本身,仍然是对规范的逻辑解释;类推解释着眼于刑法规范之外的事实,是对事实的比较。其三,从与立法者的意思的关系上说,扩大解释是为了使立法者的意思明确化;类推解释是在立法者的意思之外主张解释者自己所设定的原理。其四,从理论方法上说,扩大解释是扩张性地界定刑法的某个概念,使应受处罚的行为包含在该概念中;类推解释则是认识到某行为不是刑法处罚的对象,而以该行为与刑法规定的相似行为具有同等的恶害性为由,将其作为处罚对象。其五,从实质上而言,扩大解释没有超出公民预测可能性的范围;类推解释则超出了公民预测可能性的范围。尽管如此,类推解释与扩大解释的界限仍然难以区分。同一种解释，有人认为是类推解释，有人则认为是扩大解释。例如，将《刑法》第259条的"同居"概念，解释为包括长期通奸或导致严重后果的通奸，既可能被人们认为是类推解释，也可能被人们认为是扩大解释。

本书以为，如果同时从罪刑法定原则的形式侧面与实质侧面出发，将作为诈骗罪对象的"财物"解释为包含有体物、无体物与财产性利益，并不违反罪刑法定原则。

第一，某种解释是否违反罪刑法定原则，在考虑用语可能具有的含义的同时，还必须考虑处罚的必要性。对于一个行为而言，其处罚的必要性越高，将其解释为犯罪的可能性越大，但如果行为离刑法用语核心含义的距离越远，则解释为犯罪的可能性越小。换言之，"解释的实质容许范围，与实质的正当性（处罚的必要性）成正比，与法条通常语义的距离成反比"。[①] 因此，处罚的必要性越高，作出扩大解释的可能性就越大。但是，如果行为超出了刑法用语可能具有的含义，则不管处罚的必要性有多高，都不得解释为犯罪。因为即使是危害再严重的行为，如果事先没有将其可罚性告知国民，就不得对该行为定罪科刑。考虑处罚的必要性，是民主主义原理决定的；考虑用语可能具有的含义，是尊重人权主义原理要求的。"用语可能具有的含义"，是指依一般语言用法，或者立法者标准的语言用法，该用语还能够指称的意义。[②] "用语可能具有的含义"大体分为三种情况：第一种情况是一般人都能预想到的含义（核心部分）；第二种情况是一般人都难以想到的边缘部分；第三种情况是上述二者的中间部分。在第一种情况下，应当肯定构成要件符合性；在第二种情况下，原则上应否定构成要件符合性；[③]对于第三种情况，则应通过考虑处罚的必要性来决定。[④] 如前所述，诈骗数额较大的财产性利益的行为具有处罚的必要性，所以，对"财物"有作广义或扩大解释的必要性。

---

① ［日］前田雅英：《刑法总论讲义》（第6版），东京大学出版会2015年版，第60页。

② 参见［德］卡尔·拉伦茨：《法学方法论》，陈爱娥译，台北，五南图书出版股份有限公司1996年版，第227页。

③ 能否在处罚的必要性很高，且没有侵犯国民的预测可能性的情况下，肯定构成要件符合性，则是需要慎重处理的问题。

④ 参见［日］前田雅英：《罪刑法定主义と实质的构成要件解释》，载《现代刑事法》2001年第1期，第31页。

第二，要通过一般人的接受程度来判断是否会侵犯国民的预测可能性，进而判断某种解释是否违反罪刑法定原则。一种解释结论能否被一般人接受，常常是判断解释结论是否侵犯国民的预测可能性的重要线索。因为当解释结论被一般人接受时，就说明没有超出一般人预测可能性的范围；当一般人对某种解释结论大吃一惊时，常常表明该解释结论超出了一般人预测可能性的范围。例如，旧中国与国外刑法都将非法侵入住宅罪的构成要件规定为“无故侵入他人住宅或者经要求退出但仍不退出”。我国的新旧刑法均只有“非法侵入他人住宅”的表述，但刑法理论千篇一律地将该罪定义为“未经允许非法进入他人住宅或者经要求退出无故拒不退出的行为”，①人们对此习以为常而没有异议。但当笔者提出，非法吸收公众存款，包括“公众有权提取存款时不允许公众提取存款”时，②人们却提出了疑问。③ 其实，两者的解释原理完全相同。如果说将不支付存款解释为“非法吸收”存在疑问，那么，将不退出解释为“侵入”也存在问题。反之，如果将不退出解释为“侵入”是合理的，那么，将不支付存款解释为“非法吸收”也是合理的。由此看来，一种解释结论被人们接受的程度是一个重要问题。但笔者所要强调的是，就某种解释结论而言，不仅要考虑刑法学家、司法人员的接受程度，更要考虑一般人的接受程度。由于诈骗财产性利益的行为本身具有明显的法益侵犯性，将其作为诈骗罪处罚并没有侵犯国民的预测可能性。司法实践对类似犯罪的处理，也表明了这一点。

犯罪可以大体上分为自然犯与法定犯。一般人容易认识自然犯的可罚性，故对有关自然犯的法条作扩大解释，不致侵害国民的预测可能性；一般人难以认识法定犯的可罚性，故对有关法定犯的法条作扩大解释，容易侵害国民的预测可能性。所以，相对于对有关法定犯的法条扩大解释的允许程度与范围而言，对有关自然犯的法条扩大解释的允许程度与范围可以略为缓和、宽泛。诈骗罪属于自然犯(金融诈骗罪也属于自然犯)，对“财物”进行扩大解释，使之包含财产性利益，也不至于侵

---

① 参见高铭暄、马克昌主编：《刑法学》(第8版)，北京大学出版社、高等教育出版社2017年版，第479页。

② 参见张明楷：《刑法学》(第1版)(下)，法律出版社1997年版，第633页。

③ 参见马克昌主编：《经济犯罪新论：破坏社会主义市场经济秩序罪研究》，武汉大学出版社1998年版，第321页。

害国民的预测可能性。

第三,解释结论与刑法的相关条文内容以及刑法的整体精神相协调时,不宜认定为类推解释。当扩大解释与相关条文产生冲突,与刑法的整体精神相矛盾时,很容易形成类推解释。例如,当A条文规定对某种行为按B条文所规定的犯罪处罚时,如果不是法律拟制,而是注意规定,那么,对A条文所使用的用语能否作出扩大解释,要取决于B条文的规定。如《刑法》第241条第2款规定:“收买被拐卖的妇女,强行与其发生性关系的,依照本法第二百三十六条的规定定罪处罚。”“发生性关系”的通常含义是发生性交,但即使是在日常生活中,也会对该用语作扩大解释,即完全可能存在性交以外的性关系。但是,由于《刑法》第236条规定的是强奸罪,《刑法》第237条又规定了强制猥亵、侮辱罪与猥亵儿童罪,故强奸罪只能限于性交行为。既然如此,对《刑法》第241条第2款中的“发生性关系”就不能作扩大解释,只能按通常含义解释。又如,当刑法条文一直明确将两种现象分别规定时,如果某个分则条文只是规定了一种现象,那么,原则上就不能将没有规定的另一现象解释成刑法分则条文所规定的现象,或者说不能将该分则条文的规定扩大解释为其没有规定的现象,否则,会被人们视为类推解释。例如,《刑法》第67条第2款所规定的准自首的主体为“被采取强制措施的犯罪嫌疑人、被告人和正在服刑的罪犯”,第316条第1款规定的犯罪主体为“依法被关押的罪犯、被告人、犯罪嫌疑人”,第2款规定的对象为“押解途中的罪犯、被告人、犯罪嫌疑人”,第400条规定的是“在押的犯罪嫌疑人、被告人或者罪犯”。这说明,刑法严格将罪犯与被告人、犯罪嫌疑人相区别。因此,当刑法明文将犯罪主体限于“依法被关押的罪犯”时(《刑法》第315条),不能将“罪犯”解释为罪犯、被告人与犯罪嫌疑人,否则便有类推解释之嫌。不过,刑法对“犯罪分子”与“犯罪的人”“有罪的人”的规定,则并不限于已被法院依法判决有罪的罪犯,因而可能包括被告人与犯罪嫌疑人。① 这种解释不是类推解释,甚至不是扩大解释。如前所述,将作为诈骗罪对象的“财物”解释为包含财产性利益,与刑法的相关规定(《刑法》第2条、第13条)是协调的,不会产生任何

① 参见张明楷:《刑法分则的解释原理》(第2版)(下),中国人民大学出版社2011年版,第822页以下。

矛盾。下面再举若干条文来说明。

《刑法》第 92 条规定："本法所称公民私人所有的财产，是指下列财产：（一）公民的合法收入、储蓄、房屋和其他生活资料；（二）依法归个人、家庭所有的生产资料；（三）个体户和私营企业的合法财产；（四）依法归个人所有的股份、股票、债券和其他财产。"显然，公民私人所有的财产实际上包含了财产性利益。第 92 条虽有"本法所称公民私人所有的财产"的表述，但分则条文却没有类似"私人财产"的术语，相反，侵犯财产罪的对象都被表述为"公私财物"。在本书看来，一方面，作为侵犯财产罪对象的"公私财物"就是指财产；这样理解，才能使刑法的总则与分则保持协调。另一方面，《刑法》第 115 条、第 133 条规定的结果之一是"使公私财产遭受重大损失"，第 339 条、第 408 条规定的结果为"致使公私财产遭受重大损失"，第 304 条、第 397 条、第 403 条规定的结果为"致使公共财产、国家和人民利益遭受重大损失"，还有 20 余个条文将使各种利益遭受重大损害规定为构成要件的结果或者法定刑升格的条件，这说明刑法保护"财物"与"利益"。既然如此，就不能认为侵犯财产罪的对象只能是财产中的财物。换言之，没有理由认为，刑法分则有关其他犯罪的规定（如上述第 339 条、第 408 条、第 304 条、第 397 条、第 403 条）保护公私财产、保护财产性利益，而关于侵犯财产罪的规定反而不保护财产性利益。相反，只有认为侵犯财产罪的对象包括财产性利益，才能使侵犯财产罪与其他相关犯罪相协调。既然如此，就不应认为这种解释属于类推解释。①

第四，是扩大解释还是类推解释，应当根据本国的刑法及其用语进行判断，而不能根据外国刑法用语得出结论。例如，日本有学者认为，具有事务管理可能性的利益或价值也是财物，根据这一学说（事务管理可能性说），像债权这样的权利也是财物。② 这种观点之所以没有得到日本刑法理论与审判实践的普遍认可，是因为日本刑法明文将财产犯

---

① 将财物作扩大解释，使之包含财产性利益，也与宪法相协调。《宪法》第 12 条规定："社会主义的公共财产神圣不可侵犯。国家保护社会主义的公共财产。禁止任何组织或者个人用任何手段侵占或者破坏国家的和集体的财产。"第 13 条第 1 款规定："公民的合法的私有财产不受侵犯。"显然，这两个条文所规定的财产，并不限于狭义的财物，而是包含了财物以外的其他财产（如债权等财产性利益）。

② 参见［日］牧野英一：《刑法各论》（下卷），有斐阁 1951 年版，第 614 页以下。

罪的对象区别规定为财物与财产性利益。既然如此,当然不能认为财产性利益属于财物。再如,韩国刑法也区别规定了财物与财产性利益,盗窃罪的对象不包括财产性利益,所以,韩国大法院的判例指出:“擅自使用他人电话通话的行为,是利用电信事业者的通信线路和电话交换机等电信设备,以及通过电信技术电话和对方通话的行为。甲使用他人电话通话的行为,是不当利用电信事业者给用户提供的音响收发机能的行为。由于电信服务只不过是无形利益而不是物理的管理对象,因此不是财物,因而不能成为盗窃罪的对象。”①不难看出,日本、韩国等国刑法理论与审判实践之所以认为“财物”概念不包含“财产性利益”,是因为其刑法明文将“财物”与“财产性利益”并列规定。在我国刑法没有将财物与财产性利益并列规定的情况下,就不可能照搬日本、韩国的解释。直截了当地说,在刑法明文区分财物与财产性利益的情况下,不可能将财产性利益解释为财物;但在刑法没有明文区分财物与财产性利益的情况下,反而可以将财产性利益解释为财物。② 反过来也能说明这一点。例如,德国、日本刑法没有规定抢夺罪,而是将通常的抢夺行为解释为盗窃,将利用机动车抢夺的解释为抢劫。③ 用我们的眼光来看,德国、日本的刑法理论与审判实践似乎在进行类推解释,但事实上并非如此,因为在刑法没有规定抢夺罪的情况下,完全可能将抢夺行为解释为盗窃或抢劫。再如,我国刑法常常将伪造与变造并列规定,因此,在通常情况下,伪造并不包含变造(但也有例外④)。俄罗斯刑法分则条文只使用伪造概念而未使用变造概念,但刑法理论仍然认为伪造包含变造,而这种解释并不被认为是类推解释。⑤ 所以,不能以国外刑法将财产性利益排除在财物之外为由,否认我国刑法中的财物概念包括财产性利益。

---

① [韩]吴昌植编译:《韩国侵犯财产罪判例》,清华大学出版社2004年版,第2页。

② 正因如此,本书认为,在我国,财产性利益也可以成为盗窃罪的对象。

③ 参见[日]西田典之著、桥爪隆补订:《刑法各论》(第7版),弘文堂2018年版,第194~195页。

④ 如《刑法》第227条的“伪造”便包含变造。参见最高人民法院2000年11月15日通过的《关于对变造、倒卖变造邮票行为如何适用法律问题的解释》;另参见张明楷:《刑法分则的解释原理》(第2版),中国人民大学出版社2011年版,第787页以下。

⑤ [俄]俄罗斯联邦总检察院编:《俄罗斯联邦刑法典释义》,黄道秀译,中国政法大学出版社2000年版,第503页、第809页。

况且，即使在刑法分则条文明确区分了财物与财产性利益概念的国家，也存在将财产性利益（如债权）解释为财物的判例。例如，1971年《瑞士刑法》没有规定计算机诈骗罪，其第141条规定的侵占罪对象为财物（动产）。著名的*Nehmad*案的案情是，被告人没有将他人误转入其存折中的3万瑞士法郎返还给他人（也没有取出存款）。瑞士联邦法院指出，《瑞士刑法》第141条侵占罪中的财物（Sache，Chose，Cose）概念不限于有体物，也包括债权。其理由是，刑法上的概念具有与民法上的概念不同的独特性，从经济方面来说，从一个存折到另一个存折的债权转移，可以与现金的支付等同看待。① 这一判例虽然也遭到了一些人的反对，但对我国刑法理论与刑事司法上处理财物与财产性利益的关系还是有借鉴意义的。

第五，实际上，在我国刑法条文中，财物与财产两个概念并没有明显区分，甚至可以认为，二者基本上是在相同意义上使用的概念。例如，《刑法》第64条规定："犯罪分子违法所得的一切财物，应当予以追缴或者责令退赔；对被害人的合法财产，应当及时返还；违禁品和供犯罪所用的本人财物，应当予以没收。没收的财物和罚金，一律上缴国库，不得挪用和自行处理。"其中"犯罪分子违法所得的一切财物"当然包括财物以外的财产与财产性利益，不可能只追缴财物而不追缴财产性利益；②将其中的"一切财物"理解为财产，正好与后述"对被害人的合法财产，应当及时返还"的表述相一致。"供犯罪所用的本人财物"，也应当包含财物以外的财产性利益。例如，行为人为了骗取100万元贷款，用自己的真实的10万元存单和伪造的90万元存单作担保的，对其中的10万元存单也应当没收。再如，《刑法》第224条规定："有下列情形之一，以非法占有为目的，在签订、履行合同过程中，骗取对方当事人财物，数额较大的，处三年以下有期徒刑或者拘役，并处或者单处罚金……（四）收受对方当事人给付的货物、货款、预付款或者担保财产后逃匿的……"如前所述，担保财产并不限于财物，而是包括债权等财产性利益。所以，虽然前面的表述似乎表明合同诈骗罪的对象

---

① ［德］Ulrich Sieber：《コンピエ－タ犯罪と刑法Ⅰ》，［日］西田典之、山口厚译，成文堂1986年版，第204页。

② 联系《刑法》第395条的规定，也应认为违法所得的一切财产都应追缴。

是"对方当事人财物",但后面的表述肯定了诈骗对象不限于财物,还包括了债权等财产与财产性利益。既然刑法并未严格区分财物与财产概念,那么,认为财物包含财产性利益就不属于类推解释。

从以上论述可以看出,某种解释是类推解释还是扩大解释,并不是一个单纯的用语含义问题。换言之,某种解释是否被罪刑法定原则所禁止,要通过权衡刑法条文的目的、行为的处罚必要性、国民的预测可能性、刑法条文的协调性、解释结论与用语核心含义的距离等诸多方面得出结论。在许多情况下,甚至不是用语的问题,而是如何考量法条目的与行为性质,如何平衡保护机能与保障机能的问题。相同类型的行为,既可能因为其处罚的必要性小而不被解释为犯罪,也可能因为其处罚的必要性大而被解释为犯罪。所以,类推解释与扩大解释并无绝对的固定界限,只有相对的区分标准。

总之,作为诈骗罪对象的"财物",可以包含财产性利益。[①]

一般来说,财产性利益是指普通财物以外的无形财产上的利益,包括积极利益的增加(获得债权)与消极利益的减少(减少或免除债务)。此外,财产性利益既可以是永久性的利益,也可以是一时性的利益。我国台湾地区学者褚剑鸿指出:"关于获得财产上不法利益之形态,可分为五种:(一)对被害人设定权利,如使被害人房屋出租交与使用。(二)使被害人免除加害人或第三人债务,如使书立免除债务字据或退还借据。(三)使被害人提供劳务,如使演员演出。(四)使被害人满足加害人或第三人之欲望,如给付白饮白食,免费观剧、乘车等。(五)其他获得财产上之受益,如窃占他人之土地耕种之收益,占据他人房屋居住等,均属财产罪之不法利益范围。"[②]但是,联系我国的刑法规定与司法实践,即使认为财产性利益可以成为诈骗罪的对象,也应对财产性利益的范围作适当限制,而不能作如此宽泛的解释。换言之,认为财物概念包含财产性利益,并不意味着任何侵犯财产性利益的行为都成立侵犯财产罪,不意味着任何骗取财产性利益的行为都成立诈骗罪。如同普通财物是诈骗罪的对象,但骗取财物也不一定成立诈骗罪一样,诈骗

① 本书以下所述"财物",既可能指狭义的财物,也可能是包含了财产性利益的广义的财物。相信读者能够轻易辨别。

② 褚剑鸿:《刑法分则释论》(第二次增订版),台北,台湾商务印书馆1995年版,第1088~1089页。

财产性利益的行为是否成立诈骗罪,还要通过考量欺骗的程度、数额的大小、被害人是否遭受财产损害等因素来决定。这里所要讨论的是,对于作为诈骗罪对象的财产性利益应否作出一定限制?本书初步认为,对于作为诈骗罪对象的财产性利益,作出如下限定是必要的:

首先,财产性利益的内容必须是财产权本身,即行为人通过诈骗行为取得他人的财产权或者使他人免除债务因而导致他人丧失财产权时,才可能成立诈骗罪。因为刑法将诈骗罪规定在侵犯财产罪中,如果利益的内容不是财产权本身,就难以认定行为侵犯了财产。所以,劳务本身不是财产性利益,基于劳务所产生的财产权才能成为财产性利益。例如,诈称自己急病,使邻居开车将自己送往医院的行为,并不成立诈骗罪。因为邻居在开车将行为人送往医院时,并没有与行为人形成给付对价的约定,所以,邻居并没有丧失任何财产权。反之,基于劳务或服务产生的财产权能够成为财产性利益。例如,行为人获得某种应当支付对价的服务时,以签发空头支票的方式使对方误以为行为人支付了对价,因而免除行为人的债务的,应认定为骗取了财产性利益。所以,乘坐交通工具后,使用欺骗手段使提供运输的人免除交通费用的,属于骗取了财产性利益。

其次,财产性利益应限于具有管理可能性、转移可能性的情形。因为诈骗罪与盗窃罪、抢劫罪、敲诈勒索罪等取得罪(不法取得财产的犯罪)有一个共同点,即将财物从占有者处转移到行为人或者第三者占有。也正是因为行为人或者第三者取得了财物的占有,才使原占有者的法益受到侵害。例如,存款债权具有管理可能性与转移可能性,行为人完全可能采取欺骗手段使他人将存款债权转移到行为人存折中。当行为人将他人存款债权转移到自己或第三者存折中时,应认定行为人的行为成立诈骗罪。不具有管理可能性时,就不存在转移可能性,也便不存在处分财产性利益的可能性,当然不可能成立诈骗罪。

再次,虽然能够满足人的需要与欲望,但不具有经济价值的利益,不能成为作为诈骗罪对象的财产性利益。因为诈骗罪属于侵犯财产罪,如果所骗取的利益不具有经济价值,就不能认为侵犯了被害人的财产。只有客观上评价具有经济价值的利益,才可能成为作为诈骗罪对象的财产性利益。例如,2000年2月2日,某私营企业经理甲将其单位招工时留下的外地人乙的身份证复印件拿到其所在市的移动通信公司营业部办理了手机入网登记手续，并得到一张手机 SIM 卡和手机号码。甲使用至同年 5 月 22 日因欠费被停机，使用费达 5800 余元，甲一直未缴。至 2001 年 5 月被查获，滞纳金为 6800 余元。甲没有缴纳话费的意思，利用他人身份证取得了 SIM 卡的使用权，并意图利用他人身份证免除自己的债务（骗免移动话费案）。这种债务完全可以用金钱计算，应认为甲的行为骗取的是财产性利益。反之，欺骗卖淫女使之提供性服务的，不属于骗取财产性利益的行为。[①]

最后，取得利益同时导致他人遭受财产损失的，才能认定该利益为财产性利益。换言之，行为人取得财产性利益意味着妨碍被害人享受利益时，才可能认定为诈骗罪。例如，行为人欺骗被害人使其免除债务而取得财产性利益的行为，同时使被害人丧失相应的债权（如前述转移存款债权的情形）。如果行为人虽然取得了某种利益，但并没有使被害人遭受财产损害时，并不能以诈骗罪论处。例如，欺骗他人使之提供劳务的行为，不属于骗取财产性利益，因为对方没有丧失相应的财产权利。再如，使用欺骗手段复印他人情报的，不成立诈骗罪，因为被害人并未因此丧失情报。联系《刑法》第 219 条的规定，也可以说明这一点。行为人窃取他人商业秘密的行为本身并不成立盗窃罪，因为对方并没有因为行为人的窃取而丧失商业秘密。所以，只有窃取后进一步实施使用等行为，使权利人遭受经济损失的，才认定为侵犯商业秘密罪。基于同样的理由，单纯骗取他人商业秘密的，也不成立诈骗罪。又如，在事先提交入场券才能进入现场观看演唱会的情况下，行为人使用欺骗手段进入演唱会现场观看演出的，演唱会的举办者并没有因此丧失财产，所以，行为人的行为不成立诈骗罪。提出这一限制的理由是，就诈骗罪而言，行为人并不仅仅因为取得普通财物或财产性利益而当然成立犯罪，而是因为剥夺进而取得他人的普通财物或财产性利益才成立诈骗罪。在骗取普通财物的场合，行为人取得财物时，被害人同时丧失财物，二者之间存在明确的对应关系。但在骗取财产性利益的场合，并不必然存在这种对应关系，即在许多情况下，行为人表面上获得了财产性利益，但事实上被害人并没有丧失财产性利益。而诈骗普通财物与

---

① 行为人嫖宿卖淫者后，使用欺骗手段使对方免除嫖宿费用的，是否成立诈骗罪，在国外存在争议。这取决于如何理解“财产”概念以及如何看待刑法与其他法律的关系。如果采取法律的财产说，则该行为不成立诈骗罪；但如果采取经济的财产说，则该行为成立诈骗罪。

诈骗财产性利益同属于诈骗罪，二者性质相同，应当作相同的理解。所以，只有当行为人取得利益时，被害人同时丧失利益的，才能认定财产性利益的转移，进而认定为诈骗罪。①

对财产性利益作出上述限定后，还需要讨论几个特殊问题：

一是债权凭证的性质问题。

首先，能否认为债权凭证都是普通财物？根据我国的刑事立法与司法实践，不能作出肯定回答。就债权凭证本身而言，作为一种文书，它是物，而且是有体物，在此意义上说，它是普通财物（狭义财物）。可是在我国，财产犯罪的成立常常以数额较大为起点，而债权凭证本身作为普通财物时的价值并不大，所以，难以认为债权凭证都是普通财物，或者说认定为普通财物没有实际意义。但是，有些债权凭证，如不记名、不挂失的国库券等有价证券，它们虽不同于货币，但却具有与货币相似的功能，持有人丧失国库券无异于丧失货币。在这种情况下，应当认为不记名、不挂失的国库券等有价证券属于普通财物。即使不认定为普通财物，也应认定为财产性利益，因为被害人对国库券的丧失，就是对财产的丧失。我国司法实践也是这样处理的。如最高人民法院、最高人民检察院2013年4月2日公布的《关于办理盗窃刑事案件适用法律若干问题的解释》（以下简称《盗窃罪解释》）第5条规定："盗窃有价支付凭证、有价证券、有价票证的，按照下列方法认定盗窃数额：（一）盗窃不记名、不挂失的有价支付凭证、有价证券、有价票证的，应当按票面数额和盗窃时应得的孳息、奖金或者奖品等可得收益一并计算盗窃数额……"

其次，债权凭证是否都可以成为诈骗罪对象中的财产性利益？本书持否定回答，即只有在骗取债权凭证的同时导致被害人财产损失的，才宜认定为诈骗罪。以骗取存折为例，行为人骗取存折的，并不成立诈骗罪。一方面，存折作为普通财物，其财产价值并不能达到数额较大的要求。另一方面，存折确实体现了一种财产性利益，但是，当行为人骗取了存折后，被害人并不因此同时遭受财产损失（被害人对存折所记载的银行债权并未减少）。因为如果行为人不利用所骗取的存折提取存款，被害人就不会遭受财产损失（被害人因丧失存折而忘记存款债权

---

① 参见［日］町野朔：《刑法各论の现在》，有斐阁1996年版，第133页。

的,也不能认定行为人骗取了财产性利益,只涉及是否构成故意毁坏财物罪的问题)。但是,一旦行为人利用存折骗取存款,则不是取得财产性利益,而是取得了现金,即普通财物。因此,对于存折这类债权凭证本身,没有必要作为财产性利益进行保护。

如已废止的最高人民法院 1997 年 11 月 4 日通过的《关于审理盗窃案件具体应用法律若干问题的解释》第 5 条就盗窃罪的数额计算有如下规定:"记名的有价支付凭证、有价证券、有价票证,如果票面价值已定并能即时兑现的,如活期存折、已到期的定期存折和已填上金额的支票,以及不需证明手续即可提取货物的提货单等,按票面数额和案发时应得的利息或者可提货物的价值计算。如果票面价值未定,但已经兑现的,按实际兑现的财物价值计算;尚未兑现的,可作为定罪量刑的情节。不能即时兑现的记名有价支付凭证、有价证券、有价票证或者能即时兑现的有价支付凭证、有价证券、有价票证已被销毁、丢弃,而失主可以通过挂失、补领、补办手续等方式避免实际损失的,票面数额不作为定罪量刑的标准,但可作为定罪量刑的情节。"据此,一方面,盗窃可以即时兑现的活期存折、已到期的定期存折后,即使没有支取存款,也应按存折上的数额认定为盗窃罪。但这种解释的妥当性值得怀疑,因为盗窃或者拾取存折并不等于盗窃、拾取了存折所记载的存款,丧失存折的被害人也并不因此丧失存款。另一方面,这种解释结论并不符合司法现状。例如,以前不少行为人专门在商店行窃,他们窃取他人手提包之后,将现金与手机等财物取出,将存折、储蓄卡等债权凭证置于商店保安容易发现的场所。尽管他们在盗窃时认识到他人的手提包中会有存折、储蓄卡,但并不打算利用存折提取存款。在这种情况下,按存折上的数额认定盗窃数额,并不符合罪刑相适应原则,也有违反责任主义之嫌。骗取邮政汇款取款通知单(以下简称汇款单)的行为也是如此。如果行为人骗取汇款单之后并不采用欺骗手段领取汇款,被害人也不会遭受财产损害。一方面,被害人可能通过适当途径领取汇款;另一方面,在被害人不能领取的情况下,汇款会退回给汇款人。所以,只有当行为人通过欺骗手段领取汇款时,被害人才因此遭受财产损失。但在这种情况下,行为人已经取得了现金即普通财物,而不是骗取财产性利益。2013 年《盗窃罪解释》第 5 条第 2 项规定:"盗窃记名的有价支付凭证、有价证券、有价票证,已经兑现的,按照兑现部分的财物价值计算盗窃数额;没有兑现,但失主无法通过挂失、补领、补办手续等方式避免损失的,按照给失主造成的实际损失计算盗窃数额。”但是,这一解释仍然存在疑问。行为人在持盗窃的记名债权凭证兑现时,只要是通过自然人兑现的,显然是一种诈骗行为,而不是盗窃行为。将诈骗行为获得的利益计算在盗窃数额中,明显不当。

由此看来,在现行刑事政策与立法体例之下,还没有必要将存折、汇款单之类的记名、可挂失的债权凭证作为财产性利益来对待。[①] 但是,如前所述,使用欺骗手段使他人将现金存入行为人名下的存折或者通过转账使行为人的存款数额增加的,即使行为人没有取出现金,也应认为骗取了财产性利益。这是因为,行为人名下的存折上的存款数额增加,意味着行为人对银行所享有的存款债权的数额增加,同时意味着被害人的财物或存款债权的数额减少。对此认定为诈骗罪,应当没有疑问。

二是财物的返还请求权是否是财产性利益的问题。

例如,乙无偿地将名画借给甲观赏。后来,当乙要求甲返还名画时,甲使用欺骗手段使乙免除自己名画的返还义务(骗免返还名画案)。甲的行为是就名画成立侵占罪,还是就名画的返还请求权成立诈骗罪?一种观点认为,甲的行为就名画成立侵占罪,而不就名画的返还请求权存在诈骗罪。这是因为,财物的返还请求权是被害人的财物所有权的一种效果,换言之,财物的返还请求权包含在财物的所有权之中;将违法取得财物的行为作为财产犯罪予以处罚时,就已经将被害人对该财物包括的权利作为法益评价在其中,不能再将行为对其中个别权利的侵害进行重复评价。例如,行为人骗取他人财物后又毁坏该财物的,作为诈骗罪处罚时,就已经包含了对其后毁坏财物的处罚,因而不另认定为故意毁坏财物罪。在骗免返还名画案中,不能以侵占财物(名画)的犯罪轻于诈骗财产性利益(名画的返还请求权)为由,通过处罚诈骗罪吸收侵占罪。因为在不可罚的事后行为的情形下,[②]之所以仅按前行为

---

① 行为人入户盗窃、扒窃、携带凶器盗窃了存折、汇款单之类的记名、可挂失的债权凭证的,则应认定为盗窃罪(不计算数额)。

② 不可罚的事后行为,也称共罚的事后行为,是指在状态犯的场合,利用该犯罪行为的结果的行为,如果孤立来看,符合其他犯罪的构成要件,具有可罚性,但由于被综合评价在该状态犯中,故没有必要认定为其他犯罪。例如,行为人盗窃他人财物后又毁损该财物,毁坏财物的行为属于不可罚的事后行为,不另成立故意毁坏财物罪。

的性质认定犯罪,而不比较刑罚的轻重,是因为在法益侵害的时点,前行为的违法已经包含、吸收了后行为的违法,而不是刑罚吸收问题。例如,侵占罪的法定刑轻于故意毁坏财物罪的法定刑,但行为人侵占他人财物后又毁坏该财物的,不能认定为故意毁坏财物罪,只能认定为侵占罪。所以,骗免返还名画案中的甲仅就名画成立侵占罪,而不就名画的返还请求权成立诈骗罪。概言之,如果将侵害财物所有权的行为作为财产犯罪处罚,那么,对于侵害作为财物所有权的部分内容的返还请求权的行为,不能另作为独立的财产犯罪处罚。[①] 但是,在本书看来,上述观点的合理性值得怀疑。一方面,难以认为行为人骗免返还义务的行为没有侵犯新的法益,也难以认为行为人缺乏期待可能性。另一方面,与单纯骗免债务的行为构成诈骗罪相比,对上述行为仅以侵占罪论处,明显不协调。因此,另一种有力的观点认为,后面的欺骗行为所获得的是财产性利益,因而不属于共罚的事后行为,而是包括的一罪,应以诈骗罪论处。[②] 这种观点具有一定的合理性。又如,行为人采取以租代购的方式,购得一辆所有权归租车公司的汽车后,伪造购车发票等手续,将汽车出卖给他人。由于汽车仍然由租车公司所有,行为人只是占有了汽车,故行为人对租车公司成立侵占罪。但是,行为人隐瞒真相出卖汽车的行为,则是对购买人的诈骗行为。在这种情况下,显然不能仅认定为侵占罪,否则就没有保护购车人的法益。换言之,将行为人的行为认定为包括的一罪,以诈骗罪处罚,才是合适的。[③] 再如,行为人接受委托代为保管他人财物,非法将财物占为己有后,在被害人请求返还时,行为人使用暴力、胁迫等足以压制他人反抗的手段,迫使他人免除自己的返还义务的,触犯了抢劫罪(抢劫对象为财产性利益)。对此,应作为狭义的包括的一罪,以抢劫罪论处。

三是货款请求权是否是财产性利益的问题。

返还请求权与货款请求权虽然大多可能并存,但也存在不能行使返还请求权,只能行使货款请求权的情形。这里仅限于讨论后一情形(不能行使返还请求权时的货款请求权)。例如,如果行为人事先以不

---

① 参见[日]町野朔:《刑法各论の现在》,有斐阁1996年版,第142页以下。

② 参见林幹人:《刑法各论》(第2版),东京大学出版会2007年版,第304页。

③ 我国司法实践中也有将类似行为认定为诈骗罪的判例,参见郭秀峰:《租车转卖骗钱东窗事发领刑》,载《检察日报》2016年4月26日,第2版。

支付对价的意图,欺骗饭店提供食物的,就食物(财物)成立诈骗罪(当然以数额较大为前提)。同样,行为人事先打算支付对价,但在吃完后发现没钱付费而使用欺骗手段,使对方不行使食物价款请求权的,理当成立诈骗罪。但在这种场合,受骗者不存在食物返还请求权,只有货款(餐费)请求权。行为人所骗取的不是食物本身,而是对方的货款请求权这一财产性利益。[1] 又如,行为人正常大量用电后,在电力公司人员即将按电表收取电费时,产生不缴或少缴电费之念,使用不法手段将电表显示数调至极小额度,使收费人员误以为行为人没有用电,从而免除行为人的电费缴纳义务的,也应当成立诈骗罪。在这种场合,电力公司不存在电力返还请求权,只有货款(电费)请求权。行为人所骗取的不是电力本身,而是对方的电费请求权这一财产性利益。恳请读者注意,这种情形与一般的窃电不同。行为人为了不缴或者少缴电费,事先采用不法手段,使电表停止运行的,所窃取的是电力本身,而不是财产性利益。[2] 但在上述场合,行为人事先没有窃电的意图,而是正常使用电力;事后骗取的也不是电力,而是对方的电费请求权这一财产性利益。二者不宜混淆。[3]

四是财物的交付请求权是否是财产性利益的问题。

这里所要讨论的问题是,行为人以骗取普通财物为目的而实施欺骗行为,与受骗者形成了交付财物的约定,取得了财物的交付"请求权"时,是否成立诈骗罪?[4] 例如,行为人甲企图非法取得乙的现金,便欺骗被害人乙,进而形成了乙向甲交付若干现金的约定。如果此后乙基于约定向甲交付了若干现金,甲取得现金的行为当然成立诈骗罪。问题是,甲使用欺骗手段获得现金交付"请求权"的行为是否另成立诈骗财产性利益的犯罪?日本的审判实践上持肯定回答,但将二者作为包括

---

① 参见[日]町野朔:《刑法各论の现在》,有斐阁1996年版,第144页。

② 行为人在开始用电时即存在不缴电费的想法,并在电力公司人员查表前拨回电表的,也成立诈骗罪。

③ 我国常常以"窃电"一词涵盖真正的盗窃电力(普通财物)与骗免电费(财产性利益)两种情形,司法实践中也将后一种情形认定为盗窃。其实,二者的对象与行为性质并不相同。

④ 显然,这里的"请求权"并不是民法认可和保护的一种权利,只是形式上与支付请求权相似。

宜认定为财产性利益。[①] 从我国的现状来看,将债务的延缓履行本身作为财产性利益可能还为时过早。因为,从客观上说,债务的延缓履行并不意味着行为人的债务被免除,因而债权人未必遭受财产上的损害;[②] 从主观上说,行为人仍然具有履行债务的意思,从刑事政策上考虑,这种行为似乎也没有必要由刑法规制。但是,一方面,如果表面上属于债务的延缓履行,实际上导致债务的部分免除或者全部免除的,则应认定为财产性利益。另一方面,随着经济秩序、财产秩序不断安定化,也不排除将来可能将债务的延缓履行作为财产性利益予以刑法保护。

与此相关的问题是,使用欺骗手段,使他人提前履行债务的,能否认定为骗取了财产性利益?日本最高裁判所的著名判例指出,在行为人有权领取承包费的情况下,如果行为人使用欺骗手段提前领取期间,在社会一般观念上被认为领取了另一种支付时,则可以认定为诈骗罪。[③] 从我国的各方面现状来考虑,使他人提前履行债务的,现在还不能认定为骗取了财产性利益。

七是虚拟财产的性质问题。

虚拟财产是否属于刑法上的财物(能否成为财产犯罪的对象),在刑法理论上一直存在争议。本书认为,虚拟财产属于刑法上的财物(可以归入财产性利益)。[④]

首先可以肯定的是,虚拟财产符合财物的特征。(1)虚拟财产具有

---

① [日]平野龙一:《刑法概说》,东京大学出版会1977年版,第219页;[日]西田典之著、桥爪隆补订:《刑法各论》(第7版),弘文堂2018年版,第207~208页;[日]山口厚:《刑法各论》(第2版),有斐阁2010年版,第249~250页。

② 我国台湾地区学者赵琛指出,"债务人到期未能履行债务,欺骗债权人展延清偿期间,对于债务人固然有利,对于债权人未必有损,此不过民事上履行债务是否违约问题,未可遽以诈得财产上不法利益论罪也"。参见赵琛:《刑法分则实用》(第13版)(下册),作者发行1979年版,第920页。

③ 日本最高裁判所2001年7月19日判决,载日本《最高裁判所刑事判例集》第55卷第5号,第371页。

④ 虚拟财产究竟属于狭义财物还是属于财产性利益,还值得进一步研究。笔者以前一直有一个疑惑:如果说虚拟财产是无形的、无体的,为什么U盘可以存满?为什么手机、电脑不能无限储存虚拟财产?2019年中秋节,笔者向清华大学的一位物理学教授请教:"虚拟财产是有体的还是无体的?"对方立即斩钉截铁地回答道:"当然是有体的!我可以给你提供论据。"我又问"电是不是有体的",对方同样回答说"是有体的"。如果虚拟财产是有体的,就应当属于狭义财物。鉴于当下的刑法学术现状,本书暂且将虚拟财产归入财产性利益。

管理可能性。众所周知,虚拟财产的管理可能性主要是通过账户实现的。一个人只要注册了账户,就可以将自己购买的或者通过其他途径获得的虚拟财产存在该账户,形成对该虚拟财产的支配与控制。换言之,账户既是存放虚拟财产的“仓库”或者方式,也是主体占有、管理虚拟财产的标志。(2)虚拟财产具有转移可能性。如已废止的文化部2010年6月3日颁布的《网络游戏管理暂行办法》也指出:“网络游戏虚拟货币是指由网络游戏经营单位发行,网络游戏用户使用法定货币按一定比例直接或者间接购买,存在于游戏程序之外,以电磁记录方式存储于服务器内,并以特定数字单位表现的虚拟兑换工具。”正是因为虚拟财产具有转移可能性,才使侵害虚拟财产成为可能。(3)虚拟财产具有使用价值。例如,Q币可以供人们用于电话充值或者购买网络产品,游戏币可以供人们用于购买游戏产品或者玩游戏。再如,游戏装备以及网络游戏中的角色不仅可以满足玩家的精神需求,而且可以通过游戏过程使游戏装备升值或者通过升级攻关来提高自己的等级、获得更多游戏装备。夫妻离婚时双方都争着要游戏装备而不要房产的案件更是表明,对于游戏玩家来说,虚拟财产的价值可能重于现实生活中的财产价值。况且虚拟财产的有偿转让已经成为普遍现象,所以,虚拟财产事实上具有客观价值(交换价值)。

当然,承认虚拟财产是刑法上的财物,并不意味着任何虚拟产品都是刑法上的财物。虚拟财产的类型很多,如网络游戏的虚拟财产(游戏账号、武器装备、角色属性、身份、等级、宠物等)、虚拟货币(Q币、百度币、U币等)、网络账号(QQ号、EMAIL账号、BBS论坛账号、微博账号、微信账号等)以及域名等。我们没有必要定义虚拟财产的概念,只要在个案中判断行为人所侵害的虚拟财产是否具有管理可能性、转移可能性与价值性即可。如果得出肯定结论,就能将其认定为财物;否则,即使被公认为虚拟财产,也不应认定为刑法上的财物。例如,普通的QQ号码、EMAIL账号虽然具有管理可能性与转移可能性,但不具有价值性,只是通信手段,故不能认定为刑法上的财物。所以,并不是任何虚拟产品都是刑法上的财物。本书也只是认为,具备财物特征的虚拟财产才是刑法上的财物。

否认虚拟财产属于刑法中的财物的观点,提出了许多具体理由,但都难以成立。

有的学者指出:“价值是由劳动创造的,没有劳动就没有价值。所以,判断虚拟财产有没有价值,只要看看虚拟财产是不是劳动创造的就清楚了……虚拟财产不是劳动创造的。”①

然而,即使肯定论者的这一前提,也不可能否认虚拟财产具有价值。虚拟的游戏装备等虚拟财产都不是凭空产生的,而是通过诸多人的编程、设计等而形成的,说“虚拟财产不是劳动创造的”恐怕并不符合事实。况且,认为娱乐性的劳动不能创造价值的观点,实在不能被人接受。按照这种观点,歌唱家、相声演员都不应当获得报酬。劳动的目的并不是排他的,为了娱乐劳动与为了创造价值劳动并无任何冲突,将事业与兴趣相结合是最理想的状态。如果通过游戏活动创造更高级别的武器装备,满足其他人的需要,也确实会给现实世界增加价值。例如,如果玩家出卖游戏装备获得了金钱,就需要缴纳所得税,②从而增加国库收入。况且,即使某些虚拟财产没有交换价值,也具有使用价值,因而值得刑法保护。

有的学者指出:“现今的社会上存在着一些虚拟财产与真实财产交换的现象,但那是违背价值规律的。明摆着的一个现实是,交易的一方用真实货币购买的虚拟财产(比如一把虚拟的魔剑)在现实世界中毫无用处,虽然经过交换,但它的使用价值仍然只能在虚拟世界中才能体现出来,而不能体现在现实世界。”③其实,这种观点基本上是以虚拟财产不具备有体性特征为由否认虚拟财产属于财物的。

事实上,任何人都是在现实生活中使用虚拟财产,使虚拟财产为现实世界中的人们服务。既然如此,就能够肯定虚拟财产对人的作用与价值。至于人们能否从电脑中取出虚拟财产,则并不重要。不同的财物有不同的表现与存在方式,不能以能否在现实世界中体现为标准区分对象是否属于财物。例如,电属于财物,但我们无法把它拿到电路、蓄电池之外。同样,记账式国库券是财物,我们现在也无法将它拿到电

① 侯国云:《论网络虚拟财产刑事保护的不正当性》,载《中国人民公安大学学报(社会科学版)》2008年第3期,第34页。

② 参见2008年《国家税务总局关于个人通过网络买卖虚拟货币取得收入征收个人所得税问题的批复》。

③ 侯国云、么惠君:《虚拟财产的性质与法律规制》,载《中国刑事法杂志》2012年第4期,第57~58页。

脑之外。诚然,否定论者会说,人们虽然不能取出国库券,但可以将国库券变换为现金。其实,虚拟财产也可能变换成现金。当然,否定论者又会说,国家禁止将虚拟财产变换成现金,所以,虚拟财产仍然不是财物。可是,国家更禁止将毒品变换成现金,我们却不能否认毒品是财物。显然,某个对象是不是财产,关键不在于它能否在现实世界体现,也不在于它能否变换成现金。否定论者实际上是将通常的有体物作为大前提判断虚拟财产是否属于财产,因而其理由难以成立。

其实,虚拟财产是真实存在的,它不仅是动态的数据组合,具有可视性,而且具有特定的功能。它与其他有体物的区别在于,其只能存在于计算机信息系统中,而不可能存在于计算机信息系统外。即便如此,也不能否认虚拟财产是一种客观存在。例如,网络中的武器装备在电脑中占有一定内存空间,如果电脑的储存空间不够,就不可能再存入武器装备。这清楚地表明,虚拟财产也是一种客观存在,而不是一种虚无的现象。"在虚拟财产的概念中使用'虚拟'二字,并不是指这种财产的价值是虚幻的,更不是指此种财产的法律性质是虚幻的,而是为了与传统的财产形态进行适当的区分,表明虚拟财产因网络空间而存在,虚拟财产与传统形态财产在存在形态上有很大差别。"①但这种差别并不意味着存在于计算机信息系统中的东西就是虚假的,也不能认为只有能从计算机信息系统中取出来的东西才是财物,如同我们不能要求将现实中的一张桌子存放入计算机信息系统中一样。所以,面对这样的现实,我们必须改变观念,而不应当让"财物"适应我们陈旧的观念。

有学者指出:"文化部、公安部、原信息产业部等14个部委在2007年联合印发的《关于进一步加强网吧及网络游戏管理工作的通知》也明确指出,网络游戏服务商不得提供以虚拟货币等方式变相兑换现金、财物的服务……既然我国的相关规范性文件禁止用网络游戏中的虚拟物品来交易,那就表明它不是财物,而只是网络游戏运营商家已经或即将提供的游戏服务,窃取网络游戏装备等虚拟物品(包括虚拟货币)的实质是剥夺了玩家本来可以享受的游戏服务,因而侵犯的主要不是财产

---

① 于志刚主编:《网络空间中虚拟财产的刑法保护》,中国人民公安大学出版社2009年版,第92页。

所有权,也就不可能构成盗窃罪。”①

但是,其一,这种观点误读了相关规定。用户从网络服务商那里购买游戏产品,完全是合法的。其二,事实上,虚拟财产和其他财产之间的交易已经相当普遍且日益盛行。“表现为:(1)游戏中的虚拟物品存在离线交易的机制。不但游戏参与者群体之间流行着以现实金钱来交易‘网络货币’、‘宝物’、‘武器’等虚拟物品,运营商为了开拓市场也向玩家出售虚拟道具和财物,离线交易迅速发展并形成一定的规模。(2)虚拟财物已成为现实化的商品,具有现实价格。(3)虚拟财产与真实货币的固定的兑换方式已经存在。某些网络游戏开始尝试一种新的机制:游戏程序与参与者之间形成财产由虚拟向真实之间过渡的机制。游戏方式是由玩家通过运营商将真实货币兑换成虚拟货币,再利用虚拟货币在游戏的虚拟社区中从事商业活动,然后将得到的虚拟货币通过运营商兑换成真实货币。在中国,此类网站也现实存在着。”②其三,一种物品是不是财物,与法律是否禁止这种物品的交易,完全是两回事。例如,毒品、淫秽物品是被禁止买卖的物品,但是依然可以成为财产罪的对象。

有学者认为,虚拟财产属于债权,而不属于财物。“因为债权不同于物权,它是一种请求权,必须以相对人的意志作为中介,并需要他人的积极协助才能实现。而网络虚拟财产得依附于网络空间存在,人们行使任何网络虚拟财产的权利,都必须依靠特定的网络运营商的配合。如果运营商不再维持服务器的运行,不再积极地处理玩家发布的每一条指令,那么玩家对网络虚拟财产的任何权利都将无法实现甚至连删除都不可能。由此可见,网络虚拟财产权的本质是一种需要网络运营商积极配合才能实现的权利,是请求权而不是支配权,是债权而不是物权。”③

可是,债权当然是财产性利益。如前所述,我国刑法没有区分狭义财物与财产性利益,如果认为刑法不保护财产性利益、不保护债权,这显然是不符合刑法规定的。我国刑法对盗窃罪与诈骗罪规定的对象完

① 刘明祥:《窃取网络虚拟财产行为定性探究》,载《法学》2016 年第 1 期,第 155 页。
② 林旭霞:《虚拟财产解析》,载《东南学术》2006 年第 6 期,第 101 页。
③ 刘明祥:《窃取网络虚拟财产行为定性探究》,载《法学》2016 年第 1 期,第 154 页。

全相同,这一点不同于德国、日本、韩国等国刑法。在解释债权是否属于财物时,显然不能照搬其他国家的规定。例如,按照上述学者的观点,诈骗罪中的财物包括债权等财产性利益,而盗窃罪中的财物则不包括债权等财产性利益。但是,这一结论由来于德国、日本刑法的规定,而不是由来于我国刑法的规定。我国刑法既没有说盗窃罪是对物权或者所有权的犯罪,也没有说诈骗罪的对象与盗窃罪的对象不同,相反,二者的对象都是财物,既然如此,为什么要将债权等财产性利益排除在财物之外呢?

有学者指出:"侵犯虚拟财产必然要通过修改计算机信息系统的数据才能完成,在其造成严重后果的情况下,应该被认定为破坏计算机信息系统罪,从而既避免了虚拟财产法律属性的争议,也能很好地体现罪责刑相适应原则。"①但是,将针对虚拟财产实施的盗窃等行为一概以计算机犯罪论处,存在明显的局限性。

其一,非法获取计算机信息系统数据罪属于扰乱公共秩序罪,是对公法益的犯罪,但窃取他人虚拟财产的行为主要侵犯的是被害人的个人法益。通过将某种行为认定为侵害公法益的犯罪来保护个人法益,明显不当,因为这种做法必然侵害被害人的诉讼参与权利,也不利于附带民事诉讼的提起。例如,张三花5万元购买了Q币等虚拟财产后,随即被李四骗取。如果对李四的行为仅认定为非法获取计算机信息系统数据罪,那么,张三就难以行使相关的诉讼权利。这种做法不仅忽视了对张三财产的保护,而且进一步侵害了张三的相关诉讼权利。

其二,当行为人采用其他方法非法获取他人的网络游戏币、Q币等虚拟财产时,不可能认定为计算机犯罪。例一:A等人在游戏厅以暴力相威胁,让被害人说出网络账户与密码,然后通过设置新密码的方法,将其价值数万元的Q币据为己有。这种行为并没有非法侵入计算机信息系统,也不符合非法获取计算机信息系统数据罪的构成要件,更没有破坏计算机信息系统。例二:B以欺骗手段让他人将价值数万元的Q币转入自己账户的,也不可能认定为计算机方面的犯罪。例三:网络运营商的工作人员C利用职务上的便利,合法进入计算机信息系统盗卖

① 陈云良、周新:《虚拟财产刑法保护路径之选择》,载《法学评论》2009年第2期,第144页。

虚拟财产的,也不能以计算机犯罪论处。显然,认为“适用非法获取计算机信息系统数据等罪可以解决一切问题”的观点,建立在没有全面了解各种可能发生的案件基础上,因而不可取。

其三,将针对虚拟财产实施的盗窃、诈骗等行为一概以计算机犯罪论处,并不能做到罪刑相适应。例如,A 准备了 50 万元现金,打算用于购买 Q 币,但在购买之前被甲悉数盗走。B 准备了 50 万元现金后立即购买了价值 50 万元的 Q 币,但购买后还没有使用,乙立即侵入计算机信息系统,一次性盗走了 B 的全部 Q 币。按照否定说的观点,对甲应认定为盗窃罪,适用“十年以上有期徒刑或者无期徒刑”的法定刑,对乙应认定为非法获取计算机信息系统数据罪,适用“三年以下有期徒刑或者拘役”的法定刑。这显然不协调、不公平。或许有人认为,对乙可以适用该罪情节特别严重的法定刑(“三年以下七年以下有期徒刑”)。可是,对乙非法获取计算机信息系统数据的行为本身并不能认定为情节特别严重。倘若认定为情节特别严重,一定是考虑了行为人所侵害的财产价值与被害人遭受的财产损失,这反过来说明应当重视对被害人财产的保护。况且,即使适用情节特别严重的法定刑,也难以做到罪刑相适应。

不可否认的是,将虚拟财产认定为刑法上的财物,以及将非法获取他人虚拟财产的行为认定为财产犯罪,虽然具有合理性,但面临可行性的问题。亦即由于刑法对多数财产犯罪都有数额规定,量刑也取决于数额多少,所以如果无法计算虚拟财产的数额,那么将非法获取虚拟财产的行为认定为财产犯罪就缺乏可行性。当下,如何计算虚拟财产的价值已成为刑法学与民法学的共同话题。

“虚拟财产价值的确定,目前学界有两种看法:一种是虚拟财产价值的确定应依据玩家为生产虚拟财产消耗的成本(体现为时间、精力、金钱等)确定。另一种则认为,应该依据虚拟财产本身的价值,即市场交易价格来确定。”①但是,这种不区分虚拟财产类型、不区分虚拟财产的法益主体是用户还是网络服务商,采取相同方法计算虚拟财产价值的做法,事实上行不通,也特别容易导致量刑畸重的现象。本书主张按

① 陶信平、刘志仁:《论网络虚拟财产的法律保护》,载《政治与法律》2007 年第 4 期,第 99 页。

照虚拟财产与法益主体的不同类型分别采用不同的判断方法。第一类是用户从网络服务商或者第三者那里购买的价格相对稳定、不因用户的行为而产生价值变化的虚拟财产(如Q币、U币、游戏币等),按官方价格计算虚拟财产的数额。第二类是用户从网络服务商或者第三者那里购买的,经过加工后使之升级的虚拟财产(如游戏装备、用Q币装饰过的QQ空间等),按市场平均价格确定虚拟财产的数额。第三类是行为人非法获取网络服务商的虚拟财产时,在具备数额较大(可以按官方价格计算)或者其他成立犯罪所必需的条件(如多次盗窃虚拟财产)的前提下,按情节量刑而不按数额量刑。[①]

三、财物的性质

刑法规定的诈骗罪对象为“公私财物”,那么,“公私财物”是指公私所有的财物还是公私占有的财物?如果是指前者,那么,行为人采取欺骗手段骗取自己所有而由他人合法占有的财物的,便不成立诈骗罪。如果是指后者,那么,上述行为仍然有成立犯罪的可能性。再如,骗取他人无权所有的违禁品的行为,是否成立诈骗罪?这不仅与诈骗罪的对象有关,更重要的是诈骗罪的法益问题,本书在此作简短讨论。[②]

在这个问题上,国外刑法理论存在形形色色的学说。

本权说认为,诈骗罪、盗窃罪的法益是所有权及其他本权。本权,是指合法占有的权利(如担保物权、用益物权等)。根据本权说,行为人以欺骗、盗窃等不法手段取回自己所有而由他人不法占有的财物的,不成立财产犯罪(狭义的本权说);诈骗罪、盗窃罪的法益只限于在民法上具有权原的利益(作为形式的保护法益论的本权说);诈骗罪、盗窃罪的成立只限于具有实质的财产侵害的场合(作为实质的保护法益论的本权说)。据此,诈骗罪的被害人从诈骗犯那里骗回被骗财物的,不成立诈骗罪;债权人在合同期满后骗回财产的,不成立诈骗罪;如此等等。本权说的理由主要有:(1)从沿革与字面含义来看,作为财产犯罪对象

---

① 对此的详细说明,参见张明楷:《非法获取虚拟财产的行为性质》,载《法学》2015年第3期,第12页以下。

② 本部分是侧重于诈骗对象为有体物(狭义财物)时所展开的讨论。

的“他人的财物”，是指“他人所有的财物”。[1] (2)只有采取本权说，才能说明不可罚的事后行为。即只有将诈骗、盗窃等财产犯罪的法益理解为所有权及其他本权，才能解释为什么行为人实施诈骗、盗窃等罪后又毁坏该财物的，不另构成毁坏财物罪，而是评价在诈骗等罪中，使事后的毁坏行为成为不可罚的行为。(3)刑法关于财产犯罪的各种规定以宪法为依据，而宪法所保护的是以所有权为核心的财产制度，所以，刑法主要保护财产所有权。与此同时，作为补充，也保护所有权以外的本权。[2] 但是，随着财产关系日益复杂化，尤其是占有与所有相分离的现象普遍存在，特别需要保护占有关系，而不能仅保护所有权。本权说过于缩小财产犯罪的处罚范围，不利于维护财产秩序，因为根据本权说，任何人骗取他人不法占有的财物，或者骗取他人占有的违禁品，都不成立财产犯罪，这显然没有财产秩序可言。因此，占有说逐步取代了本权说。

占有说认为，诈骗、盗窃等罪的保护法益是他人对财物事实上的占有本身。根据占有说，行为人以欺骗等不法手段取回自己所有而由他人不法占有的财物的，成立财产犯罪(狭义的占有说)；诈骗、盗窃等罪的法益不限于在民法上具有权原的利益，他人没有合法根据占有的利益乃至非法利益也是诈骗、盗窃罪的法益(作为形式的保护法益论的占有说)。占有说的主要理由有：(1)刑法没有将诈骗、盗窃等罪的对象限定为“他人的所有物”，旨在说明诈骗、盗窃等罪的对象不限于他人所有的财物，因而说明诈骗、盗窃等罪的法益不限于财产所有权及其他本权。(2)虽然从历史沿革上看，诈骗、盗窃等财产犯罪的保护法益是所有权及其他本权，但那是由于以往的时代财产关系较为简单的缘故。随着社会的发展，这种观点已经不能适应现在的形势。(3)占有说表面上可能使被害人骗取、窃取被骗、被盗财物的行为也构成犯罪，但在不应作为犯罪处理的情况下，可以根据自救行为的法理，排除行为的违法性。[3]

---

① 日本旧刑法规定的盗窃罪对象是“他人所有的财物”，而现行刑法规定的是“他人的财物”。

② 参见日本早稻田司法考试研究室：《刑法各论》，早稻田经营出版株式会社 1990 年版，第 108 页。显然，本权说不同于所有权说。

③ 参见日本早稻田司法考试研究室：《刑法各论》，早稻田经营出版株式会社 1990 年版，第 108 页以下。

当然,占有说也存在缺陷:首先,它可能扩大处罚范围。例如,根据占有说,被害人骗取自己的被盗财物的行为,符合诈骗罪的构成要件,以犯罪论处,这难以被国民接受。其次,占有说确实难以说明不可罚的事后行为为什么不可罚。在本权说与占有说都存在缺陷的情况下,中间说的产生便不可避免。

中间说是为了克服本权说与占有说的缺陷而产生的学说,意在既不扩大也不缩小财产犯罪的处罚范围。既然是立足于本权说与占有说之间的学说,就不可能不偏向某一学说,即或者是以本权说为基础的中间说,或者是以占有说为基础的中间说。

基于本权说的中间说中存在形形色色的学说。有人说,所有权以及其他至少大体上有理由的占有,才是诈骗、盗窃等罪的保护法益。有人讲,诈骗、盗窃等罪的保护法益,首先是所有权,其次是作为占有的基础的本权以及作为占有的实质所反映的财产利益。有人道,诈骗、盗窃等罪的法益是显示了具有权利人外观的占有本身。有人曰,基于法秩序,不直接受非难所享有的财产上的利益,是诈骗、盗窃罪的保护法益。有人言,刑法所保护的财产,只限于民事法上合法的、由民事法秩序保护的财产。因此,诈骗、盗窃等罪的成立与否,取决于被害人的占有是否受民事法的保护。有人称,诈骗、盗窃等罪的保护法益,原则上是所有权及其他本权与占有(第一原则);在本权与占有发生冲突时,只有可以与本权相对抗的合法占有,才值得以法律保护,赤裸裸的违法占有在本权面前必须让步(第二原则);例外地存在单纯的占有就是保护法益的情况(第三原则),对违禁品的占有就属于这种情况。

基于占有说的中间说同样存在五花八门的观点。有人认为,诈骗、盗窃等罪的保护法益是平稳的占有,即在法律关系需要通过民事诉讼强制恢复的场合,一方对财物的占有应作为平稳的占有予以刑法上的保护。有人提出,保护所有权及其他本权的前提,是保护对财物的占有本身,所以占有本身是保护法益。但是,在事实上的占有与本权相对立的场合,事实上的占有者一方如果没有可以与本权者对抗的合理理由,则其占有不受保护。有人指出,当侵害占有的行为达到了值得科处刑罚的程度时,被侵害的占有便是诈骗、盗窃等罪的保护法益。具体地说,作为构成要件的解释,侵害并非基于权原的占有,也构成诈骗、盗窃等罪,因为在没有任何理由的情况下侵犯他人缺乏法律根据的占有,同样具有财产罪的可罚性。但是,基于权利而取得他人没有法律根据占有的财物时,则可能成为正当化事由。[①]

在英美,关于诈骗、盗窃罪的法益,也出现了由本权说向占有说转变的倾向。例如,根据英国盗窃罪法的规定,诈骗罪的对象是“他人的财物”。判例认为,“他人的财物”只要求是他人占有、支配、使用的财物即可,而不要求是他人所有的财物。因此,行为人窃回、骗回自己所有而由他人占有的财物的,成立盗窃罪、诈骗罪。在美国,对于以暴力手段实现债权的行为,也认定为抢劫罪。[②]

尽管存在理论上的争论,但可以肯定的是,本权说已被附有某种限定的占有说(以占有说为基础的中间说)取代;换言之,本权说早已退出历史舞台。想必有读者认为,上述各种学说都是资本主义社会的产物,不符合中国特色社会主义的国情。其实,各种占有说都可谓市场经济的产物,因为在市场经济下,所有权的各项权能相分离的现象极为普遍,物权与债权难以区分的现象也大量存在,只有以占有说为基础的学说,才能适应市场经济下财产关系复杂化的现状,才能有效地保护财产与财产秩序。我国现在实行的是市场经济,显然有必要借鉴占有说。

众所周知,我国刑法理论一直没有争议地认为,诈骗罪的法益是公私财产的所有权,换言之,诈骗罪是对公私财产所有权全部权能的侵犯,对所有权整体的侵犯。所有权说源于苏联的刑法理论,[③]但是,所有权说在理论上存在疑问。

第一,物权可以分为自物权与他物权。自物权是指权利人依法对自有物享有的物权,他物权是指权利人根据法律或合同的具体约定,对他人所有之物享有的物权;所有权是唯一的自物权种类,即自物权就是所有权。根据所有权说,刑法只保护自物权,而不保护他物权。然而,他物权的内容比所有权丰富,应当受到刑法的保护。例如,动产质权是债权人为担保债权而根据合同占有债务人或第三者的动产,当债务人到期不履行债务时,能够以该动产折价或者以拍卖、变卖该动产的价款

---

① 参见张明楷:《法益初论》(修订版),中国政法大学出版社2003年版,第504页以下。

② 参见[日]木村光江:《财产犯论の研究》,日本评论社1988年版,第192页以下。

③ 参见[苏联]A. H. 特拉伊宁:《犯罪构成的一般学说》,薛秉忠等译,中国人民大学出版社1958年版,第106页。

优先受偿的权利。质权人享有占有质物、优先受偿、收取孳息等权利，同时负有妥善保管质物、返还质物的义务。显然，债务人或者第三人窃取、骗取质权人所占有的质物的，侵害了质权人对质物的占有与收益，应以盗窃罪、诈骗罪论处。但是，根据所有权说，他物权都不是刑法保护的法益。这显然过于缩小了刑法保护的范围，不利于发挥刑法保护法益的作用。

第二，我国刑法没有将财产罪的对象分为财物和财产性利益予以规定，如前所述，应当肯定财产性利益属于财物，即财产性利益完全可以成为诈骗罪的对象，债权当然可能成为诈骗罪的法益。例如，行为人采取欺骗手段使他人免除自己的债务（不限于民法意义上的债务）的，应当以诈骗罪论处。对此，司法解释也持肯定态度。[①] 再如，行为人通过银行的电脑终端将他人的存款转移至自己名下的存折中，使其成为自己的存款。在还没有取出存款时，行为人只是非法取得了存款债权，而没有取得狭义的财物。这种行为虽然没有侵犯所有权，但无疑构成财产犯罪。可是，通说仅将财产所有权作为诈骗罪的法益，这必然使得刑法的保护范围过窄。因为通说是根据民法理论来论述所有权含义的，而民法上的所有权与债权相并列；如果认为刑法只保护所有权，就意味着刑法并不保护债权，这当然不符合刑事立法精神与刑事司法实践。

第三，所有权的权能包括占有、使用、收益和处分；所有权说认为，诈骗等大部分财产犯罪所侵犯的并不仅仅是四项权能中的某一项，而是侵犯了财产所有权整体，使财产所有权人在事实上永久、完全地丧失对财产占有、使用、收益和处分的可能性。但是，一方面，既然占有、使用、收益、处分是所有权的权能，故只要侵害其中一个权能，就是对所有权的侵犯，如同对一个人肢体的伤害就是对人的伤害一样。另一方面，市场经济的发展使所有权的部分权能与作为整体的所有权在一定时空条件下发生分离；这种分离是有条件的、暂时的，它既可能给所有权人带来相应的价值，也会给占有、使用该财产的非所有权人带来利益。对于这种相对独立的从所有权中分离出来的权能，刑法当然应当保护。如果认为刑法只是保护所有权整体，结局只是保护

① 参见最高人民法院 2002 年 4 月 10 日公布的《关于审理非法生产、买卖武装部队车辆号牌等刑事案件具体应用法律若干问题的解释》（已废止）。

处分权，那么，实际上就否认了所有权的权能可以分离，也过于缩小了刑法的保护范围。

所有权说是计划经济的产物。在计划经济下，所有权与占有权几乎不曾分离，财物的占有者往往就是财产的所有者，财物的所有者常常占有财物，财产所有权的各种权能一般融为一体而并不分离，凭借所有权获取收益同占有、支配和处分财产的权利体现在同一个主体身上。[①] 在这种财产关系极为简单的背景下，所有权说得以盛行。随着财产关系的复杂化，所有权说在实践上也遇到了许多具体难题。

第一，根据所有权说，对于骗取、盗取自己所有而由他人合法占有的财物的行为，不能认定为诈骗罪、盗窃罪，因而缺乏合理性。例如，在分期付款购买钢琴的情况下，被害人 B 与店主 A 约定，在 B 交付 20% 的首付款之后、付清全部货款以前，钢琴由 B 占有、使用，但所有权属于 A，即只有当 B 付清全部货款时，钢琴的所有权才转移给 B。而在 B 交付首付款将钢琴合法占有之后，A 利用第三者将 B 占有的钢琴骗回。根据所有权说，A 只是骗取了自己所有的财物，没有侵犯他人的财产所有权，不成立诈骗罪。这不仅不利于保护被害人的财产，而且导致无财产秩序可言。

第二，根据所有权说，对于骗取、窃取他人占有的毒品等违禁品的行为，不能认定为诈骗罪、盗窃罪，因为这种行为没有侵犯占有者的所有权。可事实上，司法机关对骗取、窃取毒品、淫秽物品等违禁品的行为依然认定为诈骗罪、盗窃罪。[②] 于是，所有权说不得不认为，这种行为侵犯了国家的财产所有权。但这种观点难以成立。首先，国家机关没收、追缴毒品、淫秽物品等违禁品后予以销毁时，并不是以所有权人的身份处分违禁品。这反过来说明，骗取、窃取违禁品的行为并没有侵犯国家对违禁品的所有权。其次，退一步说，即使国家可能对毒品等违禁品具有所有权，但在国家还没有没收该违禁品时，国家对该违禁品实际上也没有所有权。因为动产所有权取得的具体时间应以交付的时间为

---

① 胡永明：《试论财产权的分裂与“两权分离”》，载胡志国等编：《论财产股份制》，辽宁大学出版社 1988 年版，第 115 页。

② 参见最高人民法院、最高人民检察院 2013 年 4 月 2 日公布的《关于办理盗窃刑事案件适用法律若干问题的解释》第 1 条；最高人民法院 2000 年 4 月 4 日印发的《全国法院审理毒品犯罪案件工作座谈会纪要》（已废止）。

标准来确定,所谓交付,是指将具体的财产或所有权凭证移转给他人的行为。就没收而言,国家现实地实施了没收行为时,才取得对所没收之物的所有权;在国家应当没收但并未没收的情况下,国家对应当没收之物实际上并没有所有权。最后,如果说骗取、窃取毒品等违禁品的行为侵犯了国家对其所有权,那么,非法持有毒品就等同于非法占有国有财产,吸食毒品就意味着侵吞国有财产,贩卖淫秽物品就是非法出售国有财产。这恐怕不可思议。

第三,所有权说难以回答骗取他人用于违法犯罪的财物(主要包括犯罪工具与犯罪组成之物)的行为是否构成诈骗罪的问题。以犯罪组成之物为例。赌博(以构成赌博罪为前提)时所使用的赌资属于犯罪组成之物或组成犯罪行为之物,没有赌资就不可能有赌博罪。显然,诈骗、抢劫赌资的行为构成诈骗罪、抢劫罪。但是,所有权说并不能说明该诈骗罪、抢劫罪侵犯了谁的所有权。当然,通说也会认为该行为侵犯了国家的所有权。但如前所述,在国家还没有没收赌资的情况下,国家对赌资根本不享有所有权,诈骗、抢劫国家还没有没收的赌资的行为,当然没有侵犯国家的财产所有权。如果认为国家尚未没收的赌资也是国有财产,那么,以赌博为业并赢得他人赌资的行为,不仅成立赌博罪,而且成立侵占罪(将国有财产据为己有)。这或许令人费解。

第四,所有权说不能回答行为人(甲)以欺骗手段从盗窃犯(乙)处骗取其所盗财物(丙所有)的行为是否构成诈骗罪的问题。根据所有权说,A 从盗窃犯 B 处盗窃其所盗窃的 C 的财物时,仍然成立盗窃罪,因为 A 的行为仍然侵犯了 C 的财产所有权。但是,一旦将盗窃案变为诈骗案,所有权说就存在疑问。如前所述,诈骗罪的基本构造为:行为人实施欺骗行为→对方陷入认识错误→基于认识错误处分财产→行为人或第三者取得财产→被害人遭受财产损失。诈骗罪的受骗者与被害人既可能是同一人(两者间诈骗),也可能不是同一人(三角诈骗)。当受骗者与被害人不是同一人时,受骗者必须具有处分被害人财产的权限或者地位,否则,行为人的行为不成立诈骗罪,只能成立盗窃罪或者其他犯罪(参见本章第一节的骗盗西服案)。[①] 在本段开头所举的甲骗取

---

① 参见张明楷:《论三角诈骗》,载《法学研究》2004 年第 2 期,第 93 页以下。本章第四节、第五节还将详细论述。

乙所盗财产的设例中,应当肯定甲的行为构成诈骗罪。但是,由于丙并没有被骗,也没有处分财产,所以,如果根据所有权说认定甲的行为侵犯了丙的财产所有权,就必须肯定受骗者乙具有处分丙的财产的权限或者地位。但是,无论如何也难以肯定乙具有处分丙的财产的权限或地位,否则便肯定了乙占有该财物的合法性。不难看出,所有权说原本不能就上述设例得出甲成立诈骗罪的结论,但所有权说却偏偏得出了这种结论。这似乎自相矛盾。

第五,所有权说不能说明正当防卫问题。例如,甲盗窃了乙的财物,丙正在盗窃甲所盗窃的财物时,甲能否进行正当防卫?再如,A在运输毒品过程中遇到B抢劫其毒品时,A能否进行正当防卫?如果否认甲与A能够进行正当防卫,则意味着任何人都可以非法占有甲的非法所得与A运输的毒品,这显然不合适。如果肯定甲与A可以进行正当防卫,则必须具备两个前提:一是丙与B的行为属于不法侵害。对此恐怕没有疑问。二是甲与A的防卫行为必须属于保护国家、公共利益、本人或者他人的人身、财产和其他权利的行为。这便存在疑问了。如果说甲是为了保护乙的财产所有权而进行正当防卫,A是为了保护国家对毒品的所有权而进行正当防卫,显然过于牵强。所以,要肯定甲与A的行为是正当防卫,必须肯定甲占有的赃物、A占有的毒品本身就是一种财产、一种利益。而这正是所有权说不愿意看到的局面和不能说明的现象。

当然,所有权说是"深入人心"的学说,也是检察官、法官最先并一直接受的学说,成为检察官、法官的先前理解。可是,一方面,对于在中国只有结论、没有论证并人云亦云的所有权说,刑法理论是需要反思的。另一方面,法律的含义是在社会生活事实中不断被发现的。人们之所以一直在解释现行有效的刑法,是因为"一个词的通常的意义是在逐渐发展的,在事实的不断出现中形成的";[①]活生生的正义还需要从活生生的社会生活中发现;制定法的真实含义不只是隐藏在法条文字中,而且同样隐藏在具体的生活事实中。"法学家必须把他应当判决的、个别的具体的个案与组成实在法的法制的或多或少是抽象把握的各种规则联系起来。规则和案件是他的思维的两个界限。他的考虑从案件到

---

① [法]基佐:《欧洲文明史》,程洪逵、沅芷译,商务印书馆1998年版,第7页。

基于上述解释理念，本书认为，诈骗、盗窃等财产罪的法益首先是财产所有权及其他本权，其次是需要通过法定程序恢复应有状态的占有；但在相对于本权者的情况下，如果这种占有不存在与本权者相对抗的合理理由，相对于本权者恢复权利的行为而言，则不是财产罪的法益。这里的“财产所有权”可以根据民法的规定来确定，即包括财产的占有权、使用权、收益权与处分权，而且将其作为整体来理解和把握。这里的“本权”包括合法占有财物的权利（如他物权）以及债权；在合法占有财物的情况下，占有者虽然享有占有的权利，却没有其他权利尤其没有处分权，否则就是享有所有权了。“需要通过法定程序恢复应有状态”既包括根据法律与事实，通过法定程序恢复原状，也包括通过法定程序形成合法状态。① 前者如甲骗取了乙的财物后，在不符合自救行为条件的情况下，需要通过法定程序将甲所骗取的财物返还给乙；甲对所骗财物的占有，就是需要通过法定程序恢复原状的占有。后者如 A 骗取了他人占有的淫秽物品，由于对淫秽物品不存在返还与收归国有的问题，故需要通过法定程序销毁淫秽物品；A 对淫秽物品的占有，就是需要通过法定程序形成合法状态的占有。“占有”包括事实上的支配与法律上的支配；事实上的支配不仅包括物理支配范围内的支配，而且包括社会观念上可以推知财物的支配人的状态；事实上的支配并不要求现实地握有，根据主体对财物的支配力、财物的形状、性质，可以认为主体占有财物的，就属于事实上的占有。

不难看出，本书并不主张单纯的占有说。财产关系相当明确，不需要通过法定程序即可恢复应有状态的占有，相对于本权者行使权利的行为而言，就不是财产罪的法益。例如，在通过法律难以或者不可能恢复应有状态的紧急情况下，于现场还来得及挽回损失时，对方对财物的占有就不属于需要通过法定程序恢复应有状态的占有，被害人采取措施取回财物的，不成立财产罪。不仅如此，在需要通过法定程序恢复应有状态的情况下，如果占有者对财物的占有不存在与本权者相对抗的合理理由，相对于本权者恢复权利的行为而言，也不是财产罪的法益。例如，甲盗窃了乙的一辆摩托车，一个星期后，乙发现甲盗窃了自己的

---

① 该用语不一定合适，旨在与恢复原状概念相区别，相信读者能够通过下面的事例予以理解。

严重违反其他法律的行为,也可能成为刑法的规制对象;况且,刑法是根据自身的目的与任务选择规制对象的,在某些情况下,并不违反其他法律的行为也可能被刑法规定为犯罪行为。

第五,占有说往往被人们认为扩大了处罚范围,最为典型的是,根据占有说,诈骗罪的被害人从诈骗犯处骗回自己被骗财物的行为,也成立诈骗罪。但本书对占有作了两个限制:一是应当通过法定程序恢复应有状态的占有;二是如果对财物的占有不存在与本权者相对抗的合理理由时,相对于本权者恢复权利的行为而言,不属于财产犯的法益。因此,本书的观点不会扩大处罚范围。

第六,根据本书的观点,司法实践上的一些难题可以得到解决。例如,当自己所有的财物由他人合法占有时,行为人骗取他人占有的该财物的,当然成立诈骗罪。诈骗他人占有的违禁品的行为,应认定为诈骗罪。诈骗他人用于违法犯罪的财物的行为,构成诈骗罪。行为人(甲)以欺骗方法从盗窃犯(乙)处骗取其所盗财物(丙所有的财物)的,构成诈骗罪。运输毒品的罪犯对于抢劫其毒品的不法侵害者,能够进行正当防卫。

或许有人认为,本书的观点不能说明挪用资金罪与职务侵占罪的区别。笔者不以为然。首先,就挪用资金罪而言,在行为人没有事实上支配单位资金的情况下,其行为侵犯的法益是单位资金的占有权与使用权;在行为人事实上支配了单位资金的情况下,其行为只是侵犯了单位资金的使用权。就职务侵占而言,如果只是狭义的侵占,即将自己由于职权占有的财产据为己有,则侵占行为侵犯的法益是占有以外的权能;如果是利用职务上的便利窃取、骗取单位资金,根据本书的观点,只要侵犯单位对资金的合法占有即可。例如,A 公司合法留置 B 的财物时,A 公司的工作人员甲利用职务上的便利,将该留置物骗归己有。甲的行为只是侵犯了 A 公司对留置物的占有,但依然成立职务侵占罪。[①]其次,挪用行为本身并不将占有转移为所有;而职务侵占行为则表现为将单位财物转移为自己或第三者所有。最后,挪用资金罪不具有非法占有目的;而职务侵占罪具有非法占有目的。所以,二者的区别仍然是明显的。需要指出的是,并不是说,只要行为人具有非法占有目的,其

① 由于甲的行为侵犯了 A 公司的利益,所以,不能认定甲的行为对 B 成立诈骗罪。

行为就必然或者必须侵犯财产所有权，因为对财产罪的法益是采取本权说还是占有说，与是否要求行为人具有不法所有目的没有必然联系。“即使仅将占有作为保护法益，也可能要求不法领得的意思。”[①]

以上主要是针对狭义财物所作的说明。就财产性利益而言，一般不存在明显的分歧，因为狭义财物存在所有与占有分离的现象，而财产性利益一般不存在这种现象。所以，只要是他人享有的财产性利益，就可以成为诈骗罪的保护法益与对象。

第三节　欺骗行为

按照诈骗罪的基本构造，诈骗行为首先表现为欺骗行为。中华民国1928年刑法第363条使用的是“诈术”一词，1936年刑法第339条改为“诈欺”一语。现行《日本刑法》第246条原本使用的是“欺罔”一词，1995年实行刑法用语的平易化时，将“欺罔”改为“欺く”，但二者的含义没有区别。我国《刑法》第266条仅表述为“诈骗公私财物”，所以，人们对作为引起受骗者认识错误进而处分财产的行为，可能存在不同称谓，如欺诈、诈欺等。本书除引文外统一使用“欺骗”一词。

一、欺骗的实质

诈骗罪中的欺骗行为，表现为向受骗者[②]表示虚假的事项，或者说向受骗人传递不真实的资讯。事项的虚假，既可以表现为全部事项的虚假，也可以表现为部分事项的虚假。虚假的表示既可以通过提出某种证据予以证明，也可以不提出任何证据。如果所表示的事项具有真实性，则不成立诈骗罪的欺骗行为。

诈骗罪中的欺骗行为，必须是使他人（受骗者）产生与客观真实不相符的观念（认识错误）的行为。如果行为不具有这种性质，即使客观上使用了欺诈手段，也不是诈骗罪中的欺骗行为。例如，行为人没有购

① ［日］平野龙一：《刑法概说》，东京大学出版会1977年版，第206页。

② 如后所述，诈骗罪的受骗者并不一定是被害人，所以本书一般将欺骗行为的对方称为受骗者；当然，在行为人实施了欺骗行为后，对方也可能没有受骗，但本书仍然称其为受骗者。

买车票，趁列车人员未注意时溜进列车车厢的，不属于诈骗罪中的欺骗行为；行为人没有购买入场券，趁检票人员未注意溜进剧场的，也不属于诈骗罪中的欺骗行为。[①]

诈骗罪中的欺骗行为，必须是使他人（受骗者）陷入或者继续维持（或强化）处分财产的认识错误的行为。如果行为人实施了某种"欺骗行为"，但其内容不是使对方作出财产处分行为，便不属于诈骗罪中的欺骗行为。换言之，诈骗罪的"'欺骗'行为，是作为取得财物、财产上利益的手段而实施的，故必须有使受骗者实施交付或者其他财产处分行为的'欺骗行为'。因此，即使是使对方陷入错误的行为，但如果不是使对方基于该错误实施交付或者其他财产处分行为，就不能说该行为是作为诈骗罪实行行为的'欺骗'行为。例如，欺骗他人，使其转移注意力，并乘机取得其占有的财物的行为，由于不是通过其行为引起对方错误并基于该错误实施交付或者其他财产处分行为，不能说是诈骗罪的实行行为，所以，不成立诈骗罪，只能成立盗窃罪"。[②]

欺骗行为与受骗者的财产处分行为之间具有因果关系，即如果没有行为人的欺骗行为，受骗者便不会基于认识错误处分财产。反过来说，如果对方知道真相将不处分财产时，那么，导致对方处分财产的行为便是欺骗行为。[③] 因此，欺骗行为的实质在于使受骗者陷入或继续维持处分财产的认识错误并进而处分财产。

只要欺骗行为的实质是使受骗者陷入或继续维持处分财产的认识错误并进而处分财产，就可能成立诈骗罪；至于欺骗行为是否同时属于民事欺诈，不影响诈骗罪的成立。这是因为，民事欺诈与刑事诈骗并不是对立关系，而是包容关系，亦即民事欺诈包含了刑事诈骗。既然如此，二者就不存在如何区分的问题。或许有人认为，区分民事欺诈与刑事诈骗，是指不构成刑事诈骗的民事欺诈与刑事诈骗的区分，即使如此，也只需要判断什么样的行为符合刑事诈骗的犯罪构成，而不需要区分二者。例如，人们无法区分电脑与财物，因为电脑包含在财物之中。

---

① 参见［日］大塚仁等编：《大コンメタール刑法》（第13卷）（第2版），青林书院2000年版，第30页。

② ［日］福田平：《刑法各论》（全订第3版增补），有斐阁2002年版，第252页。

③ 如果行为人实施了足以使他人陷入处分财产的认识错误的欺骗行为，但对方并没有陷入认识错误，则属于诈骗未遂。

当人们说要区分电脑与不属于电脑的财物时,则只需要判断某种物品是否符合电脑的特征,符合了就是电脑,不符合就不是电脑,也就不存在如何区分的问题。

例如,2016年5月15日至7月20日,被告人夏迎某、夏海某等人窜至河南洛阳市、焦作市、平顶山市等地,租用酒楼,以家纺产品展销会的名义,通过免费赠送礼品为由聚拢老年人群参加。夏迎某、夏海某在此过程中负责购买礼品、租赁场地并安排夏宾某、冯明某、刘福某等其他被告人负责发传单、发送礼品、维持现场秩序、看车等工作。夏迎某、权红某通过讲课的方式,虚构其产品具有治疗疾病方面等功效,再以退还货款、出资赴少林寺旅游、去郑州看梨园春节目等名义,骗取多名被害人货款共计352,220元(假营销诈骗案)。在本案审理过程中,争议焦点之一是,本案是民事欺诈行为还是诈骗行为?法官正确地指出,诈骗罪与民事欺诈不是对立或互斥的关系,而是一般与特殊的关系,是可以同时成立的。故在司法实践中判断一行为是否构成诈骗罪时,不能从证明其是民事欺诈来否定其是诈骗罪,而应从诈骗罪的构成要件入手,以是否符合诈骗罪的构成要件来进行判断。就本案而言,被告人夏迎某等人不具备进行真实交易的主观意图,在其开展的所谓家纺展销活动中,采取虚构商品具有治病功效、发放小礼品等形式吸引众多老年人参加,并通过承诺退还货款的手段促使老年人积极付款,当所收款项达到一定程度后即卷钱逃离,并且事先对逃离的路线、方式、次序精心谋划。另外,其所谓的带被害人旅游、现场观看知名节目纯属编造。因此,可以认定被告人夏迎某等人主观上具有非法占有他人财物的目的,客观上实施了虚构事实的欺骗手段,其行为不是正常的市场营销行为。本案一审法院以诈骗罪判处被告人有期徒刑,二审认定一审判决定性准确。①

只要欺骗行为的实质是使受骗者陷入或继续维持处分财产的认识错误并进而处分财产,就可能成立诈骗罪,至于欺骗行为是否同时成立其他犯罪,只是罪数认定问题,不影响诈骗罪的成立。

例如,2016年下半年,许某经汪某介绍,假借为上海交通大学转化

---

① 参见刘岩:《民事欺诈行为符合诈骗罪构成要件的应入罪》,载《人民法院报》2017年12月21日,第6版。

医学研究院(以下简称研究院)副院长崔某介绍研究病例为由,租借上海交通大学两间办公室为办公地点。许某与汪某商议后,决定由汪某为其制作提供干细胞注射液,由许某以研究院名义对外招揽神经系统病患,谎称使用纳米生物疗法已经治愈众多病患。嗣后,许某委托李某等人负责现场运作事宜;张某冒充主任医师身份,负责接待病患、诊断病情,借纳米生物疗法名义推销使用干细胞注射液,以人民币2.98万元至6.1万元不等的价格收取病患诊疗费用。同期,汪某在上海某实验室内制作干细胞注射液,供许某等人为病患进行静脉注射。截至2017年4月案发,许某、汪某等人使用上述方法为患有渐冻症等疾病的患者有偿注射干细胞注射液,收取费用共计134.8万元。后查明,许某、汪某、李某、张某等人均无医师资格,研究院也非医疗机构;经鉴定,涉案产品“纳米生物因子”干细胞注射液属于依照《药品管理法》必须批准而未经批准生产的情形,应认定为假药(制售干细胞注射液行医案)。第一种观点认为,许某等人的行为构成生产、销售假药罪;第二种观点认为,许某等人的行为构成非法行医罪;第三种观点认为,许某等人的行为构成诈骗罪。①

其实,许某等人的行为同时成立上述三种犯罪,而不是仅成立其中一种犯罪。换言之,不能因为其中一种犯罪的成立,就否认其他犯罪的成立。首先,许某等人的行为当然成立生产、销售假药罪;其次,许某等人的行为无疑成立非法行医罪;最后,没有理由否认许某等人的行为成立诈骗罪,因为许某等人虚构事实、隐瞒真相,使病患信以为真,进而处分了财产。但是,许某等人的行医行为、销售假药的行为以及诈骗行为其实是同一个行为,故应宣告许某等人的行为成立非法行医罪和生产、销售假药罪,诈骗罪,然后按一个重罪处罚。

特别要指出的是,一方面,不能因为刑法规定了生产、销售伪劣产品罪,就认为销售伪劣产品的行为不可能成立诈骗罪。相反,只要行为人隐瞒了伪劣产品的真相进而销售给他人的,就完全具备欺骗的实质。另一方面,也不能因为刑法规定了生产、销售伪劣产品罪,就认定该罪与诈骗罪是特别关系。因为二者侵害的法益明显不同,不符合法条竞合的基本特征,只能认定为想象竞合。

---

① 庄永廉等:《制售干细胞注射液牟利如何定性》,载《人民检察》2019年第8期。

二、欺骗的内容

应否对行为人实施欺骗的内容进行限定，或者说，行为人所欺骗的内容有无限定，是需要研究的问题。大体来说，欺骗的内容可以分为两大类：一类是就事实进行欺骗；另一类是就价值判断进行欺骗。但其中存在许多疑问，需要讨论。

（一）就事实进行欺骗

行为人可能就事实进行欺骗，我国刑法理论都将欺骗行为表述为"虚构事实、隐瞒真相"，而所谓的"虚构事实"便是就事实进行欺骗。但是，对"事实"不能理解得过于狭窄。

1. 事实的一般含义

事实不限于自然事实，还包括行为人或者他人已经实施的行为、行为人的身份、行为人的能力等。例如，行为人没有为他人垫付某种款项，但谎称已为他人垫付某种款项，从而使他人交付所谓"垫付款"的，当然属于欺骗行为。再如，行为人没有履行合同的能力，但谎称具有履行合同的能力而通过合同骗取他人财物的，当然成立合同诈骗罪。

事实不限于事物的过程，而且包括规则及其含义。就规则进行欺骗，是指行为人通过对法律、法令以及其他规则的虚假陈述或解释，使对方陷入认识错误。例如，根据法律规定，行为人的某种行为原本属于无效的法律行为，但行为人通过歪曲法律使他人误认为其行为属于有效的法律行为，从而使他人处分财产；反之亦然。根据法律规定，被害人的某种行为原本属于有效的法律行为，但行为人通过曲解法律使被害人误认为自己的行为属于无效的法律行为，从而免除行为人的债务。这些都属于欺骗行为。

事实不限于客观的外在的事实，还包括主观的心理的事实。后者是指行为人就本人或者第三者的意思作虚假表示，从而使对方陷入或者继续维持认识错误。德国刑法理论将这种意思称为主观的内在事实（innere tatsache）[①]。例如，顾客在消费时无钱支付对价的"支付能力"（zahlungsfähigkeit）属于客观的外在事实；顾客在消费时没有打算支付对价的"支付意愿"（Zahlungsbereitschaft）属于主观的内在事实。无论

---

① Cramer, in: Schönke/Schröder, Strafgesetzbuch, 26 Aufl., C. H. Beck, 2001, S. 2055.

顾客是就支付能力的客观事实进行欺骗,还是就支付意愿的内心意思进行欺骗,都可能构成诈骗罪中的欺骗行为。① 英美刑法以往的主导性规则是,诈骗犯罪并不适用于关于将来行为的错误陈述,即行为人怀有违背承诺的意图而作出承诺的,并不构成诈骗罪。但是,越来越多的制定法规定,可以就将来行为的虚假许诺提起刑事诉讼,换言之,行为人作出有悖于当时意图的虚假承诺的,能够成立诈骗罪。②

就意思进行欺骗的常见形式是对将来行为的虚假许诺,包括就自己的意思作虚假表示和就第三者的意思作虚假表示。首先,行为人就自己的意思作虚假表示的,无疑属于欺骗。例如,在采取“借用”形式骗取他人汽车时,声称日后归还的,或者根本没有偿还贷款的意思而谎称一定偿还贷款的,属于就自己的意思进行欺骗。其次,行为人就第三者的意思作虚假表示的,也属于欺骗。再如,店主向买方作虚假承诺:“在收到货款后,商店的雇员会将商品送至买方指定的地方。”但是,雇员并无送货的意思,店主在收到买方货款后也不安排雇员送货。这便属于就第三者的意思作虚假表示。就行为人或第三者的意思所作的虚假承诺,并不一定要求有语言或者文字的陈述,完全可以通过行为人参与的交易行为予以认定。又如,行为人内心不打算归还贷款,却向银行申请贷款的,意味着向银行作出了归还贷款的虚假承诺;行为人内心里不准备支付货款,却在商店选购商品的,意味着向商店作出了支付货款的虚假承诺;如此等等。③

行为人是否就其意思作了虚假表示,应当综合案件全部事实进行客观判断。不能认为,只要行为人有实现诺言的某种行为,就不成立欺骗。换言之,即使行为人为实现诺言实施了某种行为的,也不能一概排除行为的欺骗性。例如,在20世纪80年代汽车十分紧俏时,李某在银行贷款买了一辆东风140汽车,因交通事故导致汽车严重损坏,便将汽

① Wessels/Hillenkamp, Strafrecht Besonderer Teil/2, 23 Aufl., C. F. Müller, 2000, S. 202.

② Richard Card, *Criminal Law*, 14th ed., Butterwords, 1998, p. 306; Joshua Dressler, *Understanding Criminal Law*, Mattew Bender, 1994, p. 513.《美国模范刑法典》第223.1条规定的欺骗行为就包括这种情形,只是就行为的认定作了限制性规定:“关于履行约定之意思的欺骗行为不得仅以其未履行约定的事实予以推定。”笔者将德国学者所称的主观的内在事实表述为“意思”,但“意思”不同于下述“意见”。

③ See Richard Card, *Criminal Law*, 14th ed., Butterwords, 1998, p. 305.

车拖至汽车制造厂的大修厂修理，由于各种原因，李某已无力偿还银行贷款。不久，李某认识了前往汽车制造厂购买汽车的陈某，李某谎称自己是某公司的采购员，能够找关系帮陈某购买一台东风140汽车，价格为4.5万元。陈某信以为真，便按李某的要求将购车款汇至大修厂财务科。李某将其中部分款项交付修理费后，将剩下的钱款据为己有。陈某到大修厂财务科了解情况后发现受骗，便立即报案。公安机关抓获李某后，李某声称："我没有骗，我将自己的那台车留给了陈某"（代购汽车诈骗案）。显然，即使李某将自己的旧车留给陈某，也应认定其就自己的意思实施了欺骗行为。前几年，利用学术会议骗取财物的现象比较常见。行为人从报纸杂志上寻找相关资料，确定参会人选，按照论文的作者姓名、单位、地址等一一发出邀请，通知入选者的论文获奖，还声称有国家领导人出席会议，让参会人员缴纳高额会务费，此外还按获奖等级缴纳高昂的奖品费。待会议开始时，行为人声称国家领导人临时有要事不能出席会议，然后让参会者自行讨论，最后颁发某种虚假名义的奖品、奖章。本书认为，这类行为成立诈骗罪。

2. 就将来事实的欺骗

事实分为过去的事实、现在的事实与将来的事实，那么，是否就任何事实作出虚假表示的，都成立欺骗？可以肯定的是，就过去的事实与现在的事实作出虚假表示的，都成立欺骗。例如，投保人就已经发生的保险事故夸大损失程度的，就属于对过去事实的欺骗。再如，受益人在被保险人还活着的时候谎称其已经死亡，就属于对现在事实的欺骗。问题在于，能否就将来的事实进行欺骗？或者说行为人就将来的事实陈述意见的，是否构成欺骗？

德国刑法理论认为，事实（tatsachen）是指能够验证其为真或为假的性质的，现在或过去的具体历程或状态。与事实相对的是意见；只有事实才有所谓真假。现在或过去的事实，都具有验证其为真或为假的性质。"将来"或"未来"则是相对于现在与过去的概念，不符合事实的定义；而且对将来事实的预测或表示，在预测或表示的当时并不能证明其为真还是为假；只有所预测或表示的事实发生或不发生时，才能验证真假，而此时已属于现在或过去之事实，并非将来之事实；但行为是否成立欺骗属于行为当时的问题。因此，关于将来事实的预测或表示，不属于诈骗罪所欲规范的事实，即使事后发现当时预测有误，也不成立欺骗。[1] 不过,科学上的、自然规律上的将来的事实,会被认定为现在的事实。例如,谎称几天后会发生月全食或者日全食,从而向他人兜售望远镜或者墨镜的,也成立诈骗罪。这是因为,虽然几天后发生月全食或者日全食是将来的事实,但这种将来的事实是以现在的天体配置为前提的。

我国台湾地区也有不少学者持相同观点,认为欺骗行为是以作为或不作为的方式传递与事实不符合的资讯(虚假的资讯),其中的事实只能是现在或者过去的事实,不包括将来的事实。因为只有与事实相对照才能判断是否虚假,而对于未来的事实,在欺骗的当下没有能够对照的事实基础,所以不成立欺骗。[2] 如有学者指出:“对于景气或产业前景的预估,多半属于未来的臆测。例如,投顾经理人估算明年第一季度景气复苏,鼓励投资客在今年夏季逢低进场购买半导体股票,即使事后发现景气循环不如预期乐观,投资客率皆不堪亏损认赔杀出,也不足以认为投顾经理人施用诈术。……类似案例,诸如售屋小姐以增值前景而说动顾客购买房屋,银楼老板娘以新台币势将贬值而游说顾客购买金条保值,无论事后如何发展,这些对于未来前景的臆测,只是意见而已,并非事实。此外,算命通常也是臆测未来的意见而已,如江湖郎中收取三千元对价,对未婚少女说‘在三十五岁以前,你会嫁给一个医生,婚后有两个儿子’,纵使尔后发现根本是一派胡言,江湖郎中也不会构成诈欺罪。”但持该观点的学者同时指出:“如果行为人在单纯的未来臆测之外,加上某些‘现在或过去事实要素的欺瞒’,还是可能构成施用诈术。”[3]

日本虽有少数学者赞同上述观点,但日本刑法理论的通说与判例则承认可以就将来的事实成立欺骗。如大谷实教授指出:欺骗行为“不限于就过去、现实的事实进行欺骗,也包含就将来的事实进行欺骗”。[4] 大塚仁教授指出:欺骗行为“不限于就有关过去的事实和现在的事实进

---

① Cramer, in: Schönke/Schröder, Strafgesetzbuch, 26 Aufl., C. H. Beck, 2001, S. 2054.

② 这是我国台湾地区学者陈志龙、林东茂的观点,参见蔡律师:《刑法分则》,台北,高点文化事业有限公司 2001 年版,第 347 页。

③ 林钰雄:《论诈欺罪之施用诈术》,载《台大法学论丛》2003 年第 32 卷第 3 期,第 127 页。

④ [日]大谷实:《刑法各论》,成文堂 2001 年版,第 154 ~ 155 页。

行欺骗,只要行为人违反现在的意思状态而告知,足以使对方陷入错误,即使就将来的事实进行欺骗也可以”。[1] 日本大审院 1917 年 12 月 24 日的判决指出:“成立诈骗罪所要求的欺骗,只要通过虚伪的意思表示,使他人陷入错误就够了。其意思表示不以与现在或者过去的事实有关为必要,即使关于将来的事项,如果违反自己现在的意思状态而告知他人,足以使他人陷入错误,也不能认为欠缺诈骗罪的欺骗手段。”[2]

本书认为,诈骗罪中的欺骗行为包含就将来的事实实施的欺骗。

第一,如上所述,诈骗罪中的欺骗行为的实质,是使他人陷入或者继续维持处分财产的认识错误;如果他人知道真相将不处分财产时,导致他人处分财产的行为便是欺骗行为。所以,只要虚假表示使他人陷入或者维持处分财产的认识错误,便属于欺骗。事实上,就将来事实所作的陈述或表示,完全可能使他人陷入处分财产的认识错误。例如,行为人声称自己将来具有履行合同的能力而与他人签订合同,骗取他人财物的,应当认定为(合同)诈骗罪,因为对方是基于相信行为人将来的“履行能力”这一事实而处分财物的。再如,行为人贷款诈骗之所以能够得逞,也常常是因为行为人就将来的归还能力实施欺骗,使被害人误以为行为人将来具有还本付息的能力。

第二,将来的事实仍然可能存在真假之分。在行为人具有诈骗故意的情况下,就将来的事实进行欺骗时,可以分为两种情况:一种情况是,在行为的当时就能判断真假。因为将来的事实并非都是前所未有的,所以,在许多情况下,人们根据以往的经验、经历以及生活规律,就能判断将来事实的真假。例如,三人冒充“尼姑”,拦住被害人刘某并与交谈。取得刘某的信任后,她们称刘某的幼子数日内有“大灾”。在刘某的恳求下,她们“勉强”答应帮忙消灾,并告知刘某取出家中的全部款项,一是以示诚意,二是兼为“作法”道具。收受刘某交付的 10 余万元现金后,三人逃之夭夭(冒充尼姑消灾诈骗案)。应当认为,在行为的当时,根据科学的因果法则,就可以判断出行为人就将来的事实的陈述具有虚假性。另一种情况是,虽然由于认识能力的局限性,在行为当时难以分辨行为人就将来事实所作的陈述是否虚假,但事后完全可能证明

---

① [日]大塚仁:《刑法概说(各论)》(第 3 版),有斐阁 1996 年版,第 246 页。

② 日本《大审院刑事判决录》第 23 辑,第 1621 页。

行为人在行为当时就将来事实所作的是虚假陈述或虚构了事实。在这种情况下,应当肯定行为当时就具有欺骗性,只是事后才有证据而已。例如,A 对犯有赌博罪的 B 说:"听一个知情朋友讲,你赌博的事已被公安局知道,他们正在侦查,本周五下午要来没收你赢的 2 万元钱,还要抓你走。与其坐牢,还不如花钱消灾。你将 2 万元给我,我帮你活动,避免公安局抓你。"B 信以为真,将 2 万元交给 A。事后 B 托人打听,得知公安局没有发现 B 的赌博事实(欺骗赌徒案)。不难看出,事后的证据完全能够表明,A 就将来事实所作的陈述在行为当时便具有欺骗性。再如,甲有一个规模较小的装修公司,因生意不好,不想继续经营,但又想"挣钱",于是四处张贴广告:"本装修公司信誉良好,如果业主提前三个月预定房屋装修,并预交 5000 元装修定金,则在装修完工后,对房屋全部装修款享受七折优惠。"甲收到了十余人的装修定金后,携款潜逃(骗取装修定金案)。事后携款潜逃的事实也表明,甲在行为当时就将来的事实作了虚假陈述。所以,如果将行为性质是否为欺骗与欺骗性质能否由证据证明两个问题分开,就应当肯定行为人可能就将来的事实进行欺骗。

第三,日本少数学者虽然认为不能就将来的事实进行欺骗,但同时认为,"如果就将来的事实发生'可能性'进行欺骗,就应当说这已经是就现在的事实进行欺骗"。[①] 然而,将来事实的发生可能性与将来事实的真假是难以区分的问题。例如,行为人将来没有归还贷款的可能性,却声称将来具有归还能力。这便是就将来的事实作了虚假陈述,属于就将来的事实进行欺骗,也可以说是就将来事实(归还贷款)发生的可能性进行欺骗。所以,这种观点在结论上与日本刑法理论的通说没有实质区别。

第四,如果就将来的事实进行的欺骗被排除在诈骗罪的欺骗行为之外,就会因为界限不明确而导致不当缩小诈骗罪的处罚范围。

首先,如前所述,行为人完全可能就自己或者第三者的意思内容进行欺骗,但就将来事实进行欺骗与就意思进行欺骗是难以区分的。例如,甲女通过网上聊天认识了乙男。甲女为了骗取乙男的财物,在几次见面后,主动提出将来嫁给乙男,同时要求乙男为其购买戒指。待乙男

① [日]林幹人:《刑法各论》(第 2 版),东京大学出版会 2007 年版,第 227 页。

将戒指送给甲女之后,甲女逃之夭夭(骗取戒指案)。虽然在甲女声称将来要嫁给乙男时,还难以辨明真伪,但事后的情况却清楚地表明甲女就将来的事实进行了欺骗。在事后认定甲女的行为成立诈骗罪时,甲女仍然是就将来的事实进行欺骗,而不当然变成就现在或过去的事实进行的欺骗。否认可以就将来的事实进行欺骗的学者,认为类似这样的行为(允诺交友、结婚)是一种针对未来,又接近价值的陈述,所以不能认定为欺骗。[①] 但这种行为也可以说是就行为人的意思进行的欺骗。所以,如果否认可以就将来的事实进行欺骗,则会进一步否认可以就行为人的意思进行欺骗,从而不当缩小诈骗罪的处罚范围。再如,甲、乙、丙三人与丁一、丁二有隙,遂于某日绑架了丁二,索要现金30万元。后丁一书面承诺付款6万元后,丁二被解救。之后,丁一没有付款。于是,甲、乙、丙三人扬言绑架丁一的儿子。A得知此事后,将此事告知丁一,并声称自己可以摆平此事,但要求丁一出资3万元进行协调活动。A还向丁一出具保证书:“保证不让绑架事件发生。”A得款后并未从事协调活动,并将3万元据为己有(谎称摆平绑架诈骗案)。A的行为既是就自己的意思内容(是否从事协调活动)进行欺骗,同时也是就将来的事实(可否“摆平此事”)进行欺骗,二者难以区分。如果认为就将来的事实进行欺骗不成立诈骗罪,就会导致许多诈骗行为逍遥法外。

其次,事实上,就将来事实的欺骗一般都伴随有其他具体事实的欺骗,将前者排除在诈骗罪之外,也会不当缩小诈骗罪的成立范围。例如,刘某为某市某局除名工人,1996年4月,他经人介绍结识了香港某装饰设计工程公司总经理伍某。当时,刘某仍称自己是某局职工,认识局领导,能承揽到装修工程,骗取了伍某的信任。不久,刘某以收中介费的名义,骗取伍某30余万元(谎称中介诈骗案)。刘某声称能承揽装修工程,可谓就将来的事实发表意见,同时,这种就将来事实的欺骗又伴随有“仍称自己是某局职工”的具体事实的欺骗。刘某的行为显然成立诈骗罪。如果一概认为,就将来事实进行欺骗的行为不属于诈骗罪的欺骗行为,就有可能导致刘某的行为不成立诈骗罪。这便导致处罚范围过于窄小。此外,“将来之事实与过去及现在之事实有所关联,因此欺瞒过去及现在之事实,令人就将来事实之判断,发生错误,亦非不

① 参见蔡律师:《刑法分则》,台北,高点文化事业有限公司2001年版,第348页。

可能。在此意义上，将来之事实亦可为诈术之内容”。[①]

第五，前述我国台湾地区学者所举之例，有的不构成欺骗并不是因为行为人就将来事实进行欺骗，而是因为欺骗行为没有达到成立诈骗罪的程度（如鼓励投资者购买股票、购房增值、购买金条保值），有的是因为行为本身就不属于欺骗而不成立诈骗罪（如为他人算命后收取费用）。[②] 因此，以这类事实否认可以就将来的事实进行欺骗，并不具有说服力。

第六，我国刑法关于诈骗罪的规定，并没有将欺骗行为限定为就过去或现在的事实进行欺骗，相反，《刑法》分则的某些条文实际上肯定了可能就将来的事实进行欺骗。例如，根据《刑法》第300条的规定，“组织、利用会道门、邪教组织或者利用迷信破坏国家法律、行政法规实施……又有奸淫妇女、诈骗财物等犯罪行为的，依照数罪并罚的规定处罚。”而利用迷信诈骗财物，大多表现为就将来的事实进行欺骗，如声称对方或者其亲属未来几天会有重病甚至死亡等，使对方交付财物以“消灾”。所以，对于就将来的事实进行欺骗持肯定态度，符合我国刑法的规定。

总之，即使是将来的事实，也会存在真假之分，故就这种将来的事实进行欺骗的，也能成立诈骗罪。当然，如果某种将来的事实不存在真假之分，则不可能就该事实进行欺骗。

（二）就价值判断进行欺骗

价值判断不同于事实，因为价值是由人作出的评价与判断。而个人的价值判断互不相同、见仁见智，于是，能否就价值判断进行欺骗就成为问题。

否定说认为，只有事实才有真假之别，故只有就事实进行欺骗才可能成立诈骗罪。与事实相对的是意见（或观点），无论是纯粹的价值判断（bloße werturteile），还是单纯的意见表述（reine meinungsäußerungen），都不属于欺骗。例如，欠缺真假性质的某些夸大广告（如“世界上洗得最

---

① 吴正顺：《诉讼欺诈之诈术问题》，载刁荣华主编：《刑事判决评释》（修正版），台北，汉林出版社1983年版，第212页。

② 但是，在人们普遍相信算命时，算命人成为一种特殊身份的人。如果有人根本不会算命，却欺骗他人说自己会算命，从而使他人交付财物的，仍然可能成立欺骗；但如果他人所请托者的确为算命人时，算命人的臆测真假都在请托人的意料之中，当然无所谓欺骗。

洁白的洗衣粉”“历史上最棒的美容圣品”等）不属于欺骗。[①]《德国刑法》第263条将欺骗方法限定为“以虚构、歪曲或者隐瞒事实的方法”，所以，德国刑法理论的通说与判例不认为虚构价值判断属于欺骗。[②] 日本也有少数学者持否定说，如植松正教授认为，只有对事实的欺骗才是诈骗罪中的欺骗，不可能就价值判断进行欺骗。例如，行为人将一匹驽马声称为“体格实在健壮之马”，使对方以为该马为骏马而高价购买的，并不构成诈骗罪；但如果谎称“该马去年在东京赛马时取得冠军”，使人信以为真，进而高价购买，则成立诈骗罪。[③]

肯定说认为，就价值判断进行虚假陈述或表示的，也可以成立欺骗。如日本学者平野龙一指出：“欺骗行为，是指使人陷入错误的行为。除此之外没有特别限定。因此，不仅可以是有关事实的欺骗，而且可以是有关评价的欺骗。不仅包含因要素的错误法律行为无效的场合，而且包含理由的错误而只是可以取消法律行为的场合。”[④]福田平教授指出：“‘欺骗’行为的内容，并不限于事实的表示，而是包含价值判断及其他意见的表示。”[⑤]日本的判例也持肯定说。[⑥] 我国台湾地区学者甘添贵指出：“诈术之内容，无论系有关事实之表示，抑或有关价值判断或其他意见之表示，凡足以使人陷于错误者，均得成立诈欺罪。例如，劣马论言良驹，粗物诈称精品等是。”[⑦]《美国模范刑法典》第223.1条规定的欺骗行为包括“造成或加强包括法律、价值、意思及其他有关心理状态之错误之印象”。

本书赞成肯定说，即对于价值判断与其他意见（观点）的表示都可能构成诈骗罪中的欺骗。

首先，欺骗行为的实质，是使他人陷入或者继续维持处分财产的认识错误；如果他人知道真相将不处分财产时，导致他人处分财产的行为便是欺骗行为。既然如此，就不能将欺骗限定在真假之间，即没有理由认为只有将虚假的表示为真实的或者相反的才构成欺骗；而应认为，只

---

① 林钰雄：《论诈欺罪之施用诈术》，载《台大法学论丛》2003年第32卷第3期，第124页。

② Cramer, in: Schönke/Schröder, Strafgesetzbuch, 26 Aufl., C. H. Beck, 2001, S. 2054.

③ ［日］植松正：《刑事法讲座》（第4卷），有斐阁1952年版，第866页。

④ ［日］平野龙一：《刑法概说》，东京大学出版会1977年版，第21页。

⑤ ［日］福田平：《刑法各论》（全订第3版增补），有斐阁2002年版，第252～253页。

⑥ 日本大审院1913年12月6日判决，载日本《法律新闻》1913年第13号，第25页。

⑦ 甘添贵：《体系刑法各罪论》（二），作者发行2000年版，第283页。

要行为人表示的内容导致他人陷入或继续维持认识错误进而处分财产的,就可以认定为欺骗。换言之,在此问题上,没有必要强行区分事实的表示与价值的判断,只要某种表示使他人陷入或者继续维持错误,就应当属于欺骗。

其次,价值判断虽然因人而异,但通常情况下也有大体的公认标准。人们之所以将某种广告称为夸大广告,显然是因为该广告宣称的内容与事实存在不相符合之处。所以,行为人完全可能就价值判断作出虚假表示。也正因如此,价值判断及其他意见的表示的确可能使他人陷入认识错误进而处分财产。例如,将驽马声称为骏马,使他人高价购买的,也应当认为属于诈骗罪中的欺骗行为,因为既然有驽马与骏马之分,就表明对马的优劣有评价标准,并不是任何马都可以称为驽马,也不是任何马都可以称为骏马;当行为人将驽马诈称为骏马时,便可以认定其对价值判断作出了虚假表示。再如,对于古董、文物等物品,事实上也存在大体的价值标准。行为人将清代文物声称为宋代文物时,固然属于欺骗行为;而当行为人声称某清代文物比故宫博物院的所有文物或者比世界上的一切文物都有价值时,也不能否认其欺骗性。

再次,从社会关系的复杂化以及刑法对现实的适应性来考察,也应承认诈骗罪中的欺骗行为包括就价值判断进行欺骗。在现代社会,产品更新换代特别迅速,消费者不可能像产品的制造者、销售者那样掌握相关信息,于是消费者面临的危险因素越来越多,因而其利益也越来越依赖国家的保护;如果期待消费者完全自行保护利益,既不现实,也不公平。英美普通法上,也明确区分事实与意见。例如,不能对所谓的“销售者的言论”或“夸大”(如“这是有史以来所制造的最好的汽车”)提起指控,[①]因为这种言论严格来说表述的不是事实,而只能视为销售者的意见。在英美法的传统上,销售者关于其商品价值的陈述被认为是意见的表述。[②] 之所以存在这一规则,是因为商品价值是由买卖双方基于有关价格的意愿通过合同所决定的。因此,关于价值的表述应被

---

① State v. Nash, 110 Kan., pp. 550, 554, 204, 736, 738 (1922); Regina v. Bryan, 7 Cox. Crim. Cas. 312, 317 (1857) (Eng.); Herrick v. State, 159 Me. 499, 506-07, 196 A. 2d 101, 105-06 (1963).

② Carr v. State, 60 Ga. App. 590, 4 S. E. 2d 500 (1939); Commonwealth v. Quinn, 222 Mass. 504, 512-13, 111 N. E. 405, 407 (1916).

认为是说话者意见的表达,即说话者认为该商品将在市场上得到什么价格。这种观点之所以存在于普通法上,或许是由于19世纪的法学家们希望给商人在从事交易过程中留有余地;后来则是因为"买主自行当心(商品品质)"的伦理观念十分有力。但是,现在人们更普遍地承认,倘若僵化地遵循这一规则,可能导致聪明人能够进行诈骗而逃避处罚。[①] 所以,随着对待消费者态度的转变,美国一些州已经扩张了诈骗罪的范围。此外,根据《美国模范刑法典》的有关规定,倘若行为人制造或强化了关于其财产价值的虚假印象,他就犯有"欺骗盗窃罪"(theft by deception)。[②] 刑法理论应当直面和应对社会现实,在社会现实要求将价值判断的虚假表示认定为欺骗的情况下,不应当墨守成规。

复次,某些夸大广告并不构成诈骗罪的欺骗,并不是因为其属于对价值判断的表示,而是因为其法益侵害性比较轻微,因而没有达到诈骗罪所要求的欺骗程度。例如,当行为人声称某种药品或食品能够"健体强身",劝诱他人购买时,不是因为其中没有欺骗行为,而是因为欺骗行为没有达到诈骗罪所要求的欺骗程度。

最后,德国刑法的通说由来于其刑法第263条将欺骗方法限定为"以虚构、歪曲或者隐瞒事实的方法",所以,需要严格区分就事实进行欺骗与就价值判断进行欺骗;而我国《刑法》第266条并没有对欺骗方法进行特别限定,因而没有严格区分的必要。在承认诈骗罪中的欺骗行为包含就价值判断进行欺骗,既不违反罪刑法定原则,也符合保护法益目的的情况下,我们没有理由将就价值判断进行欺骗的行为排除在诈骗罪之外。

(三)关于短信诈骗与小概率原理

我国传统刑法理论认为,欺骗行为表现为"虚构事实、隐瞒真相"。但鉴于短信诈骗的特点,有学者提出,诈骗行为并不限于"虚构事实、隐瞒真相"。详言之,在短信诈骗中,有少数骗子是以自己的真名或真实卡号取财的。在这种特殊情形下,传统刑法理论关于诈骗行为特征的概括显得并不适当或并不完全。换言之,诈骗犯罪的客观方面应该随着社会的进步而有所扩展,不仅包括传统的"虚构事实或者隐瞒真相"

---

① American Law Institute, Comment to §223.3 at 192.

② Joshua Dressler, *Understanding Criminal Law*, Mattew Bender, 1994, p.514.

的方法,还应包括“致他人产生错误认识”的方法。诈骗犯罪的核心就在于主观上具有非法占有目的,客观上实施了能够致使他人产生错误认识从而骗取他人财物的行为,欺骗的方法可以是虚构事实,可以是隐瞒真相,也可以是利用现代技术手段使他人产生错误认识的行为;在错误认识的标准上,既要考虑客观说,即能使社会上一般人限于错误认识的境地,又要考虑统计学上的小概率原理。例如,行为人发送的短信内容为:“直接汇到农业银行622848075127883××××李少某就可以了。来电号码131××××××××。”这是一种借助现代技术的新类型,即犯罪嫌疑人和被害人不见面,嫌疑人基于非法占有他人财产的目的,通过短信群发系统向不特定对象发布大量或海量信息,诱使其中的人产生极小概率的错误认识并处分财产,在犯罪行为人和被害人之间,隔着一个机器、系统组成的网络,这种行为在刑法上应该评价为“诈骗”。但这种方法不属于“虚构事实或者隐瞒真相”的方法,所以,欺骗行为还应当包括“致他人产生错误认识”的方法。[①]

诚然,传统刑法理论将欺骗方法归纳为“虚构事实、隐瞒真相”并非特别理想(如没有包含歪曲事实的情形),但也难以否认上述短信诈骗属于“虚构事实、隐瞒真相”。从理论上说,凡是“致他人产生错误认识”的方法,要么虚构(包括歪曲)了事实(广义的事实),要么隐瞒了真相。反之,如果行为人所陈述的事实是真实的,使真相呈现在对方面前,就不可能存在欺骗行为。从事实上说,没有理由否认上述短信“虚构事实、隐瞒真相”。这是因为,在他人收到这样的短信时,只有原本应当汇款给“李少某”的人才会产生认识错误。例如,甲原本应当向李少某(债权人)汇款,当行为人以李少某的名义向无数人发送短信时,如果甲收到了这一短信,就可能产生认识错误,误以为发送短信的行为人就是自己的债权人,于是向行为人汇款。在这样的场景中,行为人虚构了自己是债权人的事实,隐瞒了自己不是债权人的真相。

诚然,上述短信的内容本身似乎没有“虚构事实、隐瞒真相”。但是,一个行为是不是“虚构事实、隐瞒真相”,要联系语言、文字的语境来判断。例如,当T大学法学院教授甲要进入B大学时,保安会问“你是

---

① 卢建平:《诈骗行为并不限于“虚构事实隐瞒真相”》,载《法治研究》2011年第11期,第22页以下。

谁”。甲回答说“我是法学院教授”时,似乎讲出了真相,其实也是虚构事实、隐瞒真相。因为从语境来看,这个回答隐瞒了自己不是B大学法学院教授的事实,使保安误以为甲是B大学法学院教授。但是,只要离开了这个语境,甲所说的“我是法学院教授”的确是真实的。上述诈骗短信其实就是利用了特殊的语境,虚构了行为人是债权人的事实,使原本应当向李少某汇款的人产生了认识错误,进而作出了财产处分。所以,没有必要否认上述短信诈骗属于“虚构事实、隐瞒真相”的方法。

三、欺骗的方式

欺骗行为既可以是语言的陈述,也可以是文字的表述,既可以直接向受骗者陈述或者表述,也可以通过第三者向受骗者转述。在此需要讨论的是举动的虚假表示与不作为可否成立欺骗行为的问题。此外,也顺便说明利用职务的诈骗问题。

(一)举动的虚假表示

欺骗行为可以是举动的虚假表示,包括明示的举动欺骗与默示的举动欺骗(默示的表示)。前者如一个无业人员穿上工商人员或警察制服的行为,就可能成为诈骗罪中的欺骗行为。① 后者如行为人在饭店点菜就默示了他(或其他人)打算支付餐费;行为人在出卖某项财物时就默示了他是有权处分财物的人;行为人在外币兑换处拿出一张外国纸币交给负责兑换的职员时,就默示了这张纸币在该外国是法定的流通货币。如果行为默示的内容与事实相反,就属于默示的举动欺骗。②

是否存在举动的虚假表示,需要根据行为时、行为前乃至行为后的各种状况进行判断。明示的举动欺骗往往容易认定。例如,出票人签发形式真实的支票的行为是否属于欺骗,取决于该支票是否属于空头支票。空头支票,是指出票人所签发的支票超过其付款时在付款人处实有的存款金额。因此,(1)如果出票人在签发支票时,其在付款人处根本没有存款,而且在付款期截止前也不会向付款人处交付存款,则签发支票的行为属于举动的虚假表示。(2)如果出票人在签发支

---

① 英国有一个著名案例:D通过穿戴有牛津大学标记的帽子和长袍而使V误认为D是牛津大学的学生,从而取得财物的,也成立诈骗罪。See Rex v. Barnard,173 Eng. Rep. 342 [1837](Eng.).

② Richard Card,*Criminal Law*,14th ed.,Butterwords,1998,p.305.

票时，其在付款人处确有存款，但出票人签发支票后，立即将其存款转出，导致持票人不可能提现的，也属于举动的虚假表示。(3)如果出票人在出票时，其在付款人处有存款，或者虽然没有存款，但在提款期限截止前向付款人处转入存款的，则不属于举动的虚假表示。再如，行为人由于某种原因已经不具有使用支票的权限，但仍然装出具有使用权限的模样购买商品的，属于举动的虚假表示。① 同样，行为人没有使用他人信用卡的权限，却装出自己是信用卡持卡人的模样，在特约商户购买商品的，也属于举动的虚假表示。

默示的表示则难以认定。何种行为可称得上默示的表示，不能一概而论，往往取决于具体的交易内容。"交易的内容，(客观地看)由当事人的交易目的决定。这样理解时，尽管属于被害人的交易目的的对象，但行为人就被害人难以认识的事实，不作任何特别表示时，应当认为行为人默示地表示为符合被害人目的的事实。其结局引起了错误时，均为作为犯。"②

(二)不作为的欺骗行为

需要重点讨论的是，不作为能否成立欺骗？所谓不作为能否成立欺骗，不是指诈骗罪本身能否由不作为构成，而是指诈骗罪中的欺骗行为能否表现为不作为。对此，国外刑法理论上存在不同学说。

全面否认说一概否认欺骗行为可以表现为不作为，但理由各不相同。如赫尔穆特·迈耶(Hellmuth Mayer)认为，不作为只有在意思方面与作为等价时，才可能与作为等价；而不真正不作为犯只有直接包含在构成要件的记述中时，才能与作为等价。但是，许多犯罪的构成要件行为是不可能由不作为实施的，如不作为的夺取行为几乎是不可能的，诈骗罪也是如此。如果以不允许的方法对构成要件行为进行变更解释，就会使构成要件的外延扩大。例如，倘若认为具有说明义务的人因为保持沉默而使他人陷入错误就构成诈骗罪，那么，诈骗罪构成要件的界限就被无限扩张。此外，立法者特别记述了欺骗的行为样态，这表明立法者的历史的意图是不处罚单纯利用他人错误的行为。瑙克(Naucke)也认为，对刑罚法规的解释应当受立法者意思的拘束。如果探求立法

① See R. V. Charles[1977]A. C. 177,[1976]3 all E. R. 112, HL.

② [日]林幹人:《刑法各论》(第2版)，东京大学出版会2007年版，第231页。

者意思,就会发现只有作为才能被视为欺骗行为,因为立法者对欺骗行为的描述表明,行为人没有作用于被欺骗者的表象能力时,就不应当认为存在欺骗行为;将不作为解释为欺骗行为违反立法者的意思,因而违反罪刑法定原则。格伦瓦尔德(Grünwald)否认不作为可以构成欺骗的主要理由有:故意的要素是对因果经过的目的性操纵的意欲,不作为并不存在这种意欲;不仅如此,诈骗罪还是目的犯,目的是引起外界事象的目的实现意思,而不作为的领域不可能存在这种目的;换言之,构成要件要求作为超过的内心倾向的目的时,不作为不可能实现该构成要件。①

但是,上述观点与理由难以成立。首先,不作为能否与作为等价或者等置,主要取决于行为人是否有法律性质的作为义务,如果行为人负有作为义务,而且能够履行义务,其不作为便与作为等价。而且,现行《德国刑法》第13条的规定表明,所有的结果犯都可能表现为不真正不作为犯。其次,基于相同的理由,认为欺骗可以由不作为构成,也不会导致诈骗罪的构成要件界限被无限扩张,因为并不是任何人都具有法律性质的说明义务。再次,探求立法者历史的意思的主观解释论,在德国没有得到认可。相反,德国刑法理论的通说与判例都采取客观解释论。② 正如格伦特·雅科布斯(Günther Jakobs)所言,法律草案的理由与议会审议时发表的意见,充其量只是若干议员意见的征表;多数议员因为欠缺专门知识或利害关系的考量而没有顾及法律规定的目的;作为制定法律的前提的状况事后会发生变化,采取主观解释论便不合适。③ 而且,认为立法者不承认不作为可以成立欺骗也是没有充分根据的。立法者都会预想到其所制定的法律不能涵摄所有的新事例,故立法者绝对不会宣布对于立法当初未能预想的事例不得适用已经制定的法律。立法者一方面使用抽象性、概括性的用语,以使法律适用于未能预测的事例;另一方面常常对未能预想的事例保持沉默。在这种情况下,根据刑法用语可能具有的含义进行客观解释,反而尊重了立法者的

① 以上参见[日]岩间康夫:《不作为による诈欺罪について》,载《爱媛法学会杂志》第32卷(1996年)第3、4合并号,第130页以下。

② 参见[德]卡尔·恩吉施:《法律思维导论》,郑永流译,法律出版社2004年版,第108页;[德]伯恩·魏德士:《法理学》,丁小春、吴越译,法律出版社2003年版,第346页。

③ Günther Jakobs, Strafrecht Allgemeiner teil, 2 Aufl., Walter de Gruyter, 1993, S. 76.

意思。况且,违反立法者的历史(立法时)的意思也并不等于违反罪刑法定原则,因为罪刑“法”定而不是“立法者”定,法治意味着人们受法的支配,而不是受立法者支配。最后,认为故意、超过的内心倾向不能存在于不作为犯的观点难以成立。从论理构造上说,不作为犯完全可能具有故意与超过的内心倾向。从客观事实来说,行为人实施不作为的欺骗行为时,完全可能具有故意与特定目的。例如,在他人即将处分财产时,行为人违反说明义务,旨在使自己非法获得他人处分的财产的行为,就表明行为人具有诈骗罪的故意与目的。①

部分否认说只承认特定的部分不作为可以成立欺骗行为。博克尔曼(Bockelmann)以是否存在保证人的义务为中心展开讨论。他认为,不作为的实行,只有在行为人就结果的实现可能答责的场合才可以考虑,其他的考虑方法则不允许,因为在行为人以其态度引起某种结果属于刑法特别规定的构成要件时,只有能够将结果的发生归属于行为人时,才能认定构成要件的符合性。因此,只有通过不阻止他人陷入认识错误时,才成立不作为的欺骗。如果他人已经陷入了认识错误而不履行说明义务使其继续维持认识错误的,则不成立不作为的欺骗。如果处罚单纯使他人维持错误的不作为,就会导致不当处罚对他人错误进行经济利用的一切行为。概言之,不作为不可能引起已经发生的结果,而且也不可能避免已经发生的结果。所以,在他人已经陷入认识错误的情况下,具有说明义务的人不履行说明义务,使他人继续维持认识错误的,不成立诈骗罪。赫茨伯格(Herzberg)设定了以下案例展开说明。在某个公司,每天早晨秘书B都将需要付款的账单放在公司经理C的桌上。某天早晨,与付款事项无关的高级职员A偶然发现了C桌上的账单,并认识到是已经付款的账单。但是,由于A与收款方的债权人相识,他便退出了C的办公室。稍后C进入办公室,依据账单再度付款给对方。在这种场合,A虽然具有保证人义务,但他只是C陷入错误经过的旁观者,充其量只成立背信罪,但不成立诈骗罪。所以,除了保证人义务以外,还有其他类似于给虚假事实制造假象或者歪曲、隐瞒真相的

① Lackner, Strafgesetzbuch (Leipziger Kommentar), 10 Aufl., Berlin, 1988. § 263, Rn. 52.

行为时,才能认定为欺骗。[①]

博克尔曼的见解似乎存在误解,这种误解表现在博克尔曼将财产处分人的认识错误视为诈骗罪的结果。诈骗罪的结果是被害人的财产遭受侵害,认识错误充其量只是诈骗罪中必要的因果发展过程中的"中间结果"。因此,如果行为人在他人陷入认识错误时履行说明义务,就可以避免被害人的财产遭受侵害。在这种场合,依然能够将结果的发生归属于不履行说明义务的行为。赫茨伯格的观点也存在缺陷,因为诈骗罪不是表现犯,即使在作为的情况下,虚假陈述也不是无条件地成立诈骗罪。不作为的场合也是如此。根据德国刑法理论的通说,赫茨伯格设想的案件也不构成诈骗罪,以此案为例要求除具有保证人义务外还具有类似于给虚假事实制造假象或者歪曲、隐瞒真相的行为,并没有说服力。[②]

肯定说认为,诈骗罪中的欺骗行为完全可能由不作为构成。德国刑法理论的通说与判例都采取肯定说。[③] 日本刑法理论承认不作为的欺骗;[④]日本判例的立场是,当行为人具有告知事实的法律上的义务时,单纯对事实的沉默也成立欺骗。[⑤] 如行为人隐瞒既往病史签订生命保险合同的行为,行为人隐匿准禁治产者身份而借款的行为,行为人不说明已经设定抵押权的事实而出卖土地的行为,都被认定为不作为的欺骗行为。[⑥] 英美刑法以往认为沉默(不披露)不构成欺骗,即使行为人明知被害人是基于不明真相而交付财物的,也不成立诈骗罪。但是,这

---

① 参见[日]岩间康夫:《不作为による诈欺罪について》,载《爱媛法学会杂志》(1996年)第32卷第3、4合并号,第139页以下。

② Lackner, Strafgesetzbuch (Leipziger Kommentar), 10 Aufl., Berlin, 1988. § 263, Rn. 68.

③ Cramer, in: Schönke/Schröder, Strafgesetzbuch, 26 Aufl., C. H. Beck, 2001, S. 2059f.

④ 参见[日]大塚仁:《刑法概说(各论)》(第3版),有斐阁1996年版,第244页;[日]大谷实:《刑法各论》,成文堂2001年版,第155页;[日]西田典之著、桥爪隆补订:《刑法各论》(第7版),弘文堂2018年版,第210页;[日]前田雅英:《刑法各论讲义》(第6版),东京大学出版会2015年版,第228页。

⑤ 日本大审院1917年11月29日判决,载日本《大审院刑事判决录》第23辑,第1449页。

⑥ 参见日本大审院1918年2月19日判决,载日本《大审院刑事判决录》第24辑,第85页;日本大审院1918年7月17日判决,载日本《大审院刑事判决录》第24辑,第939页;日本大审院1925年3月23日判决,载日本《大审院刑事判例集》第14卷,第294页;日本大审院1929年3月7日判决,载日本《大审院刑事判例集》第18卷,第107页。

一规则发生了变化,一些案例表明,当被告人有义务向被害人披露信息时,如果被告人不披露的,也成立诈骗罪。①

本书赞成肯定说。从欺骗行为的实质考察,如果对方知道真相将不处分财产,而行为人具有告知义务却不告知,使对方不能知道真相时,当然属于欺骗行为。从现实上考察,不告知真相的不作为,的确能够使他人陷入或者继续维持认识错误。例如,“在金钱借贷等关系,借用人预见若告知担保物上之瑕疵,贷与人将不致于贷与金钱,故隐秘担保物之瑕疵而借用金钱者,其瑕疵之不告知,相当于不作为之欺罔”。②

不作为的欺骗,大多表现为在他人事前已经陷入认识错误,或者由于欺骗行为以外的事实陷入认识错误的情况下,由于行为人没有履行说明真相的义务,导致他人继续维持或强化认识错误。例如,出卖人与他人就标的物的权属存在争议的物品签订买卖合同时,他人以为该物品的权属没有争议,出卖人负有告知标的物权属存在争议的义务,但出卖人隐匿事实,使对方维持认识错误的,便属于这种情况。生活事实总是纷繁复杂的,也不能排除不作为的欺骗使他人陷入认识错误的情况,即在他人没有任何认识错误的情况下,由于行为人不履行说明真相的义务而使他人陷入认识错误。

不作为的欺骗要达到值得科处刑罚的程度,就必须与作为具有等价性,因为不作为的欺骗属于不真正不作为犯,而在不真正不作为犯中,并非只要不作为与侵害结果之间存在因果关系,就能肯定构成要件符合性。例如,在婴儿没有得到喂养而饿死的场合,并非只是没有喂奶的母亲的不作为与婴儿的死亡之间具有因果关系,其他可能喂养婴儿而没有喂养的人的不作为都可能与婴儿的死亡之间具有因果关系,因为只要有人喂养婴儿,该婴儿就不会死亡。但是,如果认定所有可能喂养婴儿而没有喂养的人的不作为都成立杀人罪,显然不妥当,只有应当保证侵害结果不发生的人的不作为,才可能成立杀人罪。所以,不真正不作为犯的成立,要求行为人存在基于保证人的地位的作为义务。只有处于保证人地位的人的不作为引起侵害结果,才能与作为引起侵害

---

① States v. Stettheimer, 94 N. M. 149, 152, 607 P. 2d 1167, 1170 [1980]; State v. Robbinson, 183 N. W. 2d 190, 192 [lowa 1971].

② 吴正顺:《诉讼欺诈之诈术问题》,载刁荣华主编:《刑事判决评释》(修正版),台北,汉林出版社1983年版,第215页。

结果同等看待,才能肯定这种不作为符合构成要件。[①] 一方面,保证人地位是法律赋予其作为义务的根据;另一方面,在具有发生某种侵害结果的危险的情况下,具有防止其发生的特别义务的人就是保证人,保证人在能够履行义务的情况下不履行特定义务,便成立不作为的犯罪。[②]

不作为成立欺骗,显然以行为人具有告知真相义务(或说明义务)为前提。日本刑法理论与判例认为,不作为的欺骗的告知义务来源,除了基于法律、法令等明文规定产生的告知义务以外,还包括基于合同、交易习惯、条理特别是诚实信用原则引起的义务。[③] 德国刑法理论认为,不作为的欺骗的告知义务来源主要有:基于法律的明文规定,基于违反义务的前行为即危险前行为(Ingerenz),基于合同的约定,基于诚实信用原则,基于合同以外的特别信赖关系。[④] 韩国的判例主张:"属于消极行为的不作为欺诈,是指法律上负有告知义务的人,明知相对方陷入错误状态而不告知的行为;从一般交易的经验来看,如果相对方知道事实真相,就不会做出该法律行为时,就能认定行为人有告知事实真相的法律义务。"[⑤]在本书看来,从实质上说,当行为人对他人的财产具有保护义务,或者对他人财产被骗的危险具有防止义务时,如果不履行义务就可能属于不作为的诈骗。例如,甲明知自己15岁的儿子乙正在对13岁的丙实施诈骗行为但放任不管的,就属于不作为的诈骗行为。根据我国刑法总论的理论以及民法原理,不作为的欺骗的作为义务来源,[⑥]主要有法律明文规定的义务、职务或职业要求的义务、基于合同产生的义务、基于先前行为产生的义务以及基于诚实信用原则产生的义务。

法律明文规定的义务。例如,《保险法》第16条规定:订立保险合同,保险人就保险标的或者被保险人的有关情况提出询问的,投保人应当如实告知。投保人故意或重大过失未履行前款规定的如实告知义

---

① 参见[日]山口厚:《刑法总论》(第3版),有斐阁2016年版,第81页以下。

② 参见[日]大谷实:《刑法总论》,黎宏译,法律出版社2003年版,第111页。

③ 参见[日]大谷实:《刑法各论》,成文堂2001年版,第155页。

④ Volker Krey, Strafrecht Besonderer Teil, Band 2, 12 Aufl., Kohlhammer, 1999, S. 190; Wessels/Hillenkamp, Strafrecht Besonderer Teil/2, 23 Aufl., C. F. Müller, 2000, S. 205f.

⑤ [韩]吴昌植:《韩国侵犯财产罪判例》,清华大学出版社2004年版,第102页。

⑥ 不作为欺骗中的告知义务的来源,似应与刑法总论所讨论的作为义务的来源一致;但是,刑法总论应当通过归纳具体个罪的不作为犯的作为义务确定不作为犯的一般义务来源。

务,足以影响保险人决定是否同意承保或者提高保险费率的,保险人有权解除合同……投保人故意不履行如实告知义务的,保险人对于合同解除前发生的保险事故,不承担赔偿或者给付保险金的责任,并不退还保险费……显然,投保人不就保险的相关情况履行告知义务的,可能成立不作为的欺骗行为。

职务、职业要求的义务。例如,不应当交纳某种费用的人误以为自己应当交纳某种费用而交付费用时,收受费用的工作人员负有告知真相的义务,否则也可能成立不作为的欺骗。再如,顾客以为摆在柜台上的一部无法使用的手提电脑是合格产品,便要求购买。此时,售货员具有告知义务;如果不说明真相,将该手提电脑以合格产品的价格出售给顾客的,成立不作为的欺骗。不过,这种职务、职业要求的义务可能与法律明文规定的义务重合(或重叠)。例如,我国《消费者权益保护法》第20条规定,经营者应当向消费者提供有关商品或者服务的真实信息,不得作引人误解的虚假宣传。据此,经营者的告知义务也是一种法定义务。

基于合同产生的义务。合同完全可能约定,在履行合同的过程中,一方必须将有关事实的真相告知另一方。在这种情况下,一方便具有基于合同产生的义务。例如,作者B与出版社签订版税合同,约定出版社按印数码洋的15%支付稿酬给B。出版社实际印刷3万册,但出版社的有关人员A没有向B说明真相,只付1万册印数稿酬给B,使B陷入认识错误,进而免除了出版社支付2万册印数稿酬的债务(骗免支付稿酬案)。A的行为应成立诈骗罪。

基于先前行为产生的义务。当行为人故意、过失或者无意识的先前行为使他人陷入认识错误,存在处分财产的危险时,行为人负有告知真相、使他人避免危险的义务。例如,A为集邮爱好者,收集了一枚仿真度极高的清代邮票。某日,集邮爱好者B来看A的邮票,A出于虚荣心吹嘘该邮票为真品。B动心后提出购买该邮票,并提出以2万元购买该邮票。A同意后,将赝品以2万元卖给B(赝品邮票诈骗案)。A起初并没有诈骗的故意,但其吹嘘行为导致B陷入了认识错误。在B提出购买因而存在处分财产(付款)的危险时,A负有告知真相的义务,但没有告知,使B的财产遭受损失。A的行为成立诈骗罪。

基于诚实信用原则产生的义务。例如,“出卖不动产,隐秘不动产规则,又从规范到案件,对二者进行比较、分析、权衡。案件通过那些可能会等着拿来应用的、可能决定判别判决的规则进行分析;反之,规则则是通过某些特定的个案或者案件类型进行解释。”[①]换言之,在刑法解释、适用的过程中,必须对刑法规范与案例事实交互地分析处理,一方面,使抽象的法律规范经由解释成为具体化的构成要件;另一方面,要将具体的案例事实经由结构化成为类型化的案情。二者的比较者就是事物的本质、规范的目的,正是在这一点上,形成构成要件与案例事实的彼此对应和相符。即“规范成为‘符合存在的’,案件成为‘符合规范的’。并且逐步地规范变成较具体的、较接近现实的,案件变成轮廓较清楚的,成为类型”。[②] 也就是说,一方面,要将生活事实与规范相拉近,另一方面,将规范与生活事实相拉近。二者是一种同时且连续发展的由事实自我开放的向规范前进和规范向事实前进。“只有在规范与生活事实、应然与实然,彼此互相对应时,才产生实际的法律:法律是应然与实然的对应。”[③]

为了从生活事实中发现法律的真实含义,学者、法官必须正确对待先前理解。“相对于裁判的字义,法官在案件中有先前判断与先前理解。法官有这些判断或理解,并不必对其责难,因为所有的理解都是从一个先前理解开始,只是我们必须把它——这是法官们所未作的——开放、反思、带进论证中,而且随时准备作修正。”[④]大部分刑法用语都具有多种含义,其可能具有的含义也会比较宽泛,而解释者总是对刑法用语(尤其是并不陌生的用语)存在先前理解;但是,解释者不可固守先前理解,不可将先前理解视为永恒不变的真理,而应当将自己的先前理解置于正义理念之下、相关条文之间、生活事实之中进行检验。如果这种先前理解符合正义理念、与相关条文相协调、能够公平地处理现实案件,便可以坚持这种先前理解。但是,当自己的先前理解有悖正义理念(或违背普遍的正义标准)时,必须放弃它;当先前理解与刑法的相关条

---

① [德]H.科殷:《法哲学》,林荣远译,华夏出版社2003年版,第196页。

② [德]亚图·考夫曼:《法律哲学》,刘幸义等译,台北,五南图书出版股份有限公司2000年版,第237页。

③ [德]亚图·考夫曼:《法律哲学》,刘幸义等译,台北,五南图书出版股份有限公司2000年版,第148页。

④ [德]亚图·考夫曼:《法律哲学》,刘幸义等译,台北,五南图书出版股份有限公司2000年版,第58页。

文存在矛盾与冲突时,也必须放弃它;当自己的先前理解不能公平地处理现实案件时(按先前理解处理案件不能被一般人接受时),也必须放弃它(那种明知按照先前理解得出的结论不正义、不协调、不妥当,却依然要维持先前理解的做法,不是一种科学态度,也不可能取得理论创新)。解释者放弃先前理解之后,应当寻求新的解释结论,再将新的解释结论置于正义理念之下、相关条文之间、生活事实之中进行检验,直到得出满意的结论为止。例如,面对行为人组织他人向同性卖淫的案件时,解释者可能认为向同性卖淫不属于卖淫,因为其先前理解常常是向异性卖淫才属于卖淫。然而,从文字含义上来说,卖淫是指以营利为目的,满足不特定对方的性欲的行为,故向同性卖淫也属于卖淫。从实质上说,组织他人向同性卖淫的行为,同样侵害了刑法规定组织卖淫罪所意欲保护的法益。所以,解释者必须放弃先前理解,重新解释法条。易言之,解释者必须注意到正义的诸多层次、各种不同的可能;面对有疑问的条文时,应当想到各种可能的意义,提出各种不同的假设,对各种观点进行充分的论证、反复权衡,看哪一种解释结论最符合正义理念。仅将所有权作为诈骗罪的保护法益的所有权说,似乎并没有将其理论置于正义理念之下、相关条文之间、生活事实之中进行检验。

由于法律的真实含义是在社会生活事实中不断被发现的,所以学者、法官不能使刑法用语封闭化,导致不能根据生活事实的变化作出符合刑法理念的解释。解释者应当懂得,生活事实在不断变化,刑法用语的含义也在不断变化。“一个制定法的解释一定不必永远保持相同。谈论什么某个排他性的正确解释,一个将从这个制定法的一开始到其结束都是正确的含义,这是彻底错误的。”①所以,不能认为刑法条文具有固定不变的含义。“任何一种解释如果试图用最终的、权威性的解释取代基本文本的开放性,都会过早地吞噬文本的生命。”②解释者应当正视法律文本的开放性,懂得生活事实会不断地填充法律的含义,从而实现刑法理念。而将诈骗罪的法益限定为财产所有权的做法,正是忽视了法律文本的开放性,导致刑法不能适应社会生活事实的变化。

---

① 柯勒(Kohler)语,转引自[美]本杰明·卡多佐:《司法过程的性质》,苏力译,商务印书馆1998年版,第51~52页。

② [英]韦恩·莫里森:《法理学》,李桂林等译,武汉大学出版社2003年版,第555页。

上抵押权设定之事实者,其事实之不告知,违反于交易上诚实信用之原则,相当于违反法律上告知义务之欺罔。不动产上抵押权之设定,若阅览土地登记簿即可查明,买受人纵疏忽于此项调查,亦不碍于诈欺罪之成立"。①

不作为的欺骗与通过举动的作为的欺骗是应当区分的,尤其是要区分不作为的欺骗与作为的默示表示。当根据社会的一般观念,行为人要求他人提供需要代价的某种商品或服务时就意味着行为人具有支付对价的意思与能力,行为人虽然没有支付的意思与能力,却仍然要求他人提供某种商品或者服务的,就应认定为举动的作为欺骗,而非不作为的欺骗。我国台湾地区学者林山田指出:"进入餐馆订餐食用,或进入旅社订房住宿,在通常观念上总认为食客或住宿人对于餐费或住宿费具有支付能力,故若食客或住宿人明知自己身无分文,根本无支付能力,但竟不明告店主,使店主依据通常观念而误认食客或住宿人有支付能力,而供其食宿,至结账时,无钱可付,自可构成不作为之施诈。"②但本书认为,这一观点不妥当,因为行为人订餐食用或者订房住宿的举动本身,就使对方陷入了认识错误,构成诈骗罪中的欺骗行为。正如日本学者西田典之所言:"应当与不作为诈骗相区别的是通过举动进行的诈骗。例如,一开始就没有支付的意思与能力,而在食堂点菜吃饭的行为,看上去是不作为的诈骗,但由于点菜时通常具有支付的意思,所以应当认为属于假装成有支付意思的样子的作为形式的诈骗。就购买商品不付钱的诈骗来说,判例认定,没有支付的意思与能力却订购并接受商品等,是作为形式的诈骗。"③再如,行为人手持伪造的国库券到金融机构兑换货币时,即使一言不发,也应认定为通过举动实施的欺骗,而不能认定为不作为的欺骗。④

下面讨论一个具体案例。被告人陈某为个体运输驾驶员。某日上午,一供销社批发部仓库保管员李某交给被告人陈某一张某糖业烟酒

---

① 吴正顺:《诉讼欺诈之诈术问题》,载刁荣华主编:《刑事判决评释》(修正版),台北,汉林出版社1983年版,第215页。

② 林山田:《刑法各罪论》(上册)(增订2版),作者自版1999年版,第411页。另参见赵琛:《刑法分则实用》(下册)(第13版),作者自版1979年版,第906页。

③ [日]西田典之著、桥爪隆补订:《刑法各论》(第7版),弘文堂2018年版,第210页。

④ 即使认为行为人具有说明真相的义务,也没有必要认定为作为与不作为的结合。

公司的销售发票提货联,委托他到该公司提运扬州粮食白酒200箱,计5000瓶。陈某与个体运输驾驶员闵某一起,各开一辆手扶拖拉机前去提货。两辆手扶拖拉机满载,共装上80箱(2000瓶)白酒,尚有120箱白酒不能一次提完,糖业烟酒公司仓库发货员杨某遂开出一张120箱扬州粮食白酒暂存收据,交给陈某。随后,供销社的一辆货车开来公司,陈某即要求杨某将暂存的120箱白酒装上货车一并带走。杨某在发出120箱白酒后,因一时疏忽,未将交给陈某的暂存收据收回。当天上午,供销社仓库保管员李某即将由陈某等人提回的200箱白酒收讫。当天晚上,陈某在整理有关单据时,发现发货方未将120箱白酒的暂存收据收回,便产生了重复提取120箱白酒后占为已有的想法。后来,陈某怕自己亲自前往提取会被识破,遂将暂存收据交给个体运输驾驶员闵某,由闵某将120箱白酒提出,运到陈某指定的地点。陈某将这批价值5250元的白酒销售后得款4490余元(扬州粮食白酒案)。在本案中,陈某不仅没有履行告知义务,而且有举动的作为欺骗。因为陈某让闵某从仓库提出白酒的行为,意味着向被害人表示自己还有120箱白酒没有提走,这本身就是虚构事实的作为欺骗,不属于不作为的诈骗。

(三)利用职务的欺骗

虽然欺骗行为不以利用职务为条件,但这并不意味着利用职务的行为就不属于诈骗罪中的欺骗行为。下面说明四个观点。

第一,即使利用职务上的便利实施欺骗行为,也仍然可能构成诈骗罪,只不过存在是否与其他犯罪构成竞合关系问题。

例如,韩某是某市公安消防支队防火监督处处长。2014年年初,该市某建设单位经理晏某找到韩某商议办理消防审批手续事宜,韩某提出需交纳20万元消防设施配套费。虽然《消防法》已明令禁止公安消防机构及其工作人员进行消防设计审核、消防验收和消防安全检查时收取费用,但是该市消防支队在此之前一直收取消防设施配套费。于是,韩某产生截留该20万元配套费的想法。韩某向消防支队长朱某汇报时,谎称晏某知道《消防法》规定消防部门不能收取消防设施配套费。随后朱某同意该项目免收消防设施配套费。后来,晏某将20万元交给韩某,几天后,韩某将《消防审核意见书》交给晏某(骗取消防设施配套费案)。

首先,韩某的行为并非利用职务上的便利将公共财物据为已有,因而不成立贪污罪。换言之,在韩某收受20万元时,该20万元并非公共财物,而且韩某也不是为了消防支队的利益收受该20万元,故不能认定为贪污罪。其次,韩某实施了欺骗行为,导致晏某产生了需要交纳20万元消防设施配套费的错误认识,进而处分了财产。就此而言,韩某的行为成立诈骗罪。最后,韩某的行为也同时触犯了受贿罪,亦即韩某利用职务上的便利,索取他人财物,为他人谋取利益,完全符合受贿罪的构成要件。由于韩某的欺骗行为与索贿行为是一个行为,故韩某的行为是诈骗罪与受贿罪的想象竞合。

第二,对没有达到贪污罪数额标准的诈骗行为,应当认定为诈骗罪。

最高人民法院、最高人民检察院2016年4月18日公布的《关于办理贪污贿赂刑事案件适用法律若干问题的解释》(以下简称《贪污贿赂解释》)明显提高了贪污罪、职务侵占罪的数额起点之后,贪污罪、职务侵占罪与盗窃罪、诈骗罪之间存在明显不协调的现象。亦即普通盗窃罪、诈骗罪的定罪数额起点较低,国家工作人员利用职务上的便利盗窃、诈骗公共财物或者本单位财物的,定罪数额起点较高。可是,后者利用了职务上的便利,不仅侵害了财产法益,而且侵害了职务行为的廉洁性,其定罪数额标准无论如何不能低于普通盗窃罪与诈骗罪。一方面,《贪污贿赂解释》公布后,在对贪污贿赂罪只能维持现有定罪数额标准的前提下,要想通过全面提高普通盗窃罪、诈骗罪的定罪数额起点来维持贪污罪与盗窃罪、诈骗罪的协调关系,既不合适,也无可能。另一方面,既然不协调、不均衡的现象明显存在,就必须想办法解决。① 所以,当下要讨论的是,对于国家工作人员利用职务上的便利骗取公共财物,没有达到贪污罪的定罪数额起点,但达到诈骗罪的定罪数额起点的行为,应当如何处理?

《刑法》第266条将数额较大作为诈骗罪的成立条件之一,《刑法》

---

① 最高人民法院的相关人员指出:“不平衡的问题怎么解决呢?是不是要把盗窃罪、诈骗罪的定罪数额标准提高到与贪污罪、受贿罪、职务侵占罪一样高?我觉得这是不可能也是没有必要的,因为这是两类不同性质的犯罪。职务犯罪与财产犯罪侵害的客体不一样,具有不同的社会危害性。盗窃犯罪有具体直接的被害人,而贿赂犯罪通常没有被害人,两者不能相提并论。”参见《苗有水解析〈贪贿解释〉二十个疑点》,载 http://toutiao.com/i6285832430754464257/,2019年11月25日最后访问。可是,贪污罪是有被害人的财产犯罪,当然可以与盗窃罪、诈骗罪相提并论。

第 383 条关于贪污罪的规定也是如此。但是,司法解释对贪污罪所规定的数额较大的标准基本上是诈骗罪的 10 倍。在贪污罪以 3 万元为数额较大起点,诈骗罪以 3000 元为数额较大起点的既有规定之下,国家工作人员利用职务上的便利诈骗 8000 元的,应当如何处理?

不管认为贪污罪与诈骗罪是什么关系,都必须就上述问题提出解决方案。

第一种方案是修改司法解释,使数额标准保持一致。在本书看来,该方案可谓上策。但众所周知,一方面,公布不久的司法解释(包括《贪污贿赂解释》在内)即使完全错误,也不可能立即再修改;另一方面,如前所述,根本不可能将诈骗罪的定罪数额起点提高到 3 万元。因此,这一方案不能解决现实发生的案件。如果能及时修改司法解释,也就不存在本问题了。

第二种方案是对上述行为宣告无罪。理由可能是,既然刑法规定了贪污罪的构成要件,案件事实也属于贪污,在行为没有达到贪污罪数额标准的情况下,当然只能宣告无罪。这一回答显得很轻松,似乎也维护了罪刑法定原则,但回答者的心情或许很沉重。首先,从整体上说,贪污罪实际上是比诈骗罪更为严重的犯罪,不管是从法益侵害的角度来考察,还是从刑法的规定方式来考虑,都可以得出这一结论。既然如此,对于普通诈骗 3000 元以上的便以诈骗罪论处,而对于国家工作人员利用职务上的便利诈骗 8000 元乃至 2.8 万元的,反而不以犯罪论处,便有悖于刑法的公平正义性。其次,既然行为已经符合了普通诈骗罪的构成要件,就不能因为该行为比普通诈骗罪的构成要件多出一个"国家工作人员利用职务上的便利"的事实,就否认普通诈骗罪的构成要件符合性。因为所谓构成要件符合性,不是指案件事实与构成要件完全吻合,而是指案件事实并不缺少相关犯罪的构成要件要素。案件事实满足了构成要件的全部要素及其关联性要求,就完全符合了构成要件。多于构成要件的事实,并不影响构成要件符合性。既然国家工作人员利用职务上的便利诈骗 8000 元的行为符合诈骗罪的构成要件,也没有违法阻却事由与责任阻却事由,就能够以诈骗罪论处,而不能宣告无罪。否则,国家工作人员利用职权迫使下属故意杀害他人的,也因为比故意杀人罪的构成要件多出一个利用职权的事实,而不成立故意杀人罪。这是本书难以接受的。

第三种方案是以贪污罪的未遂犯论处。此方案具有部分合理性。从司法实践来看,大体可以分为两种情形:一是国家工作人员客观上足以贪污数额较大甚至巨大的财物,但由于意志以外的原因未得逞。对此,能够以贪污罪的未遂犯追究刑事责任。二是国家工作人员主观上没有打算利用职务上的便利骗取贪污罪所要求的数额较大的财物,故未能骗取数额较大财物。例如,国家工作人员 A 打算利用职务上的便利骗取 8000 元的公款,也只骗取了 8000 元公款。显然,在这种情形下,不能认为 A 由于意志以外的原因而未得逞,故不能认定 A 的行为属于犯罪未遂。由此可见,第三种方案仍然存在缺陷。

第四种方案是对上述行为以普通诈骗罪论处。此方案虽然可以克服第三种方案中的缺陷,但又会出现新的问题,即贪污的未遂犯均成立普通诈骗罪,既遂与未遂具有区分此罪与彼罪的机能。这多少有点类似于故意杀人既遂的成立故意杀人罪,故意杀人未遂的成立故意伤害罪的不当结论。此外,果真如此,还会出现以下局面:普通诈骗罪可能处罚犯罪未遂,而贪污罪则不可能处罚犯罪未遂。这似乎不合适,因为如前所述,从整体上说,贪污罪的法益侵害性重于普通诈骗罪,既然普通诈骗罪都可能处罚犯罪未遂,那么,贪污罪也应可能处罚犯罪未遂。

基于上述分析,本书采取以下方案:国家工作人员利用职务上的便利骗取公共财物时,主观上打算(包括概括故意等情形)、客观上也足以骗取数额较大甚至巨大的财物,但由于意志以外的原因未得逞的,宜以贪污罪的未遂犯定罪处罚。例如,国家工作人员打算利用职务上的便利骗取 100 万元现金,并实施了相应的诈骗行为,但没有得逞。对此,宜以贪污罪的未遂犯定罪处罚。而且,在《贪污贿赂解释》大幅度提高了贪污、受贿等罪的数额标准之后,应当全面处罚贪污、受贿等罪的未遂犯。国家工作人员利用职务上的便利实施诈骗行为时,主观上没有打算骗取贪污罪所要求的数额较大的财物,客观上所骗取的财产数额没有达到贪污罪的定罪标准,但达到了普通诈骗罪的数额标准的,应认定为普通诈骗罪。如对于前述仅打算诈骗 8000 元公款的 A,应认定为普通诈骗罪。①

---

① 参见张明楷:《诈骗罪与金融诈骗罪研究》,清华大学出版社 2006 年版,第 335 页以下;张明楷:《法条竞合中特别关系的确定与处理》,载《法学家》2011 年第 1 期,第 33 ~ 50 页。

人们习惯于认为,贪污罪是诈骗罪的特别法条,根据特别法条优于普通法条的原则,对于贪污行为不得以诈骗罪论处。但在本书看来,即使承认贪污罪是诈骗罪的特别法条,上述处理方案也没有违反特别法条优于普通法条的原则。

首先,特别关系的基本特征是,甲法条(刑罚法规)记载了乙法条的全部特征(或要素),但同时至少还包含一个进一步的特别特征(要素)使之与乙法条相区别。[①] 其中的甲法条是特别法条,乙法条是普通法条。不可否认,数额较大既是贪污罪的构成要件要素,也是诈骗罪的构成要件要素。在贪污罪的数额较大标准为3万元、诈骗罪的数额较大标准为3000元的情况下,只有当国家工作人员利用职务上的便利骗取的公共财物既符合诈骗罪的数额标准,也符合贪污罪的数额标准(3万元以上)时,才可能成立法条竞合的特别关系。没有达到3万元数额标准的诈骗行为,即使行为人是国家工作人员并且利用了职务上的便利,也没有满足贪污罪的构成要件。一方面,既然这种行为并不符合贪污罪的构成要件,只符合诈骗罪的构成要件,就表明二者之间不存在竞合关系,当然也不可能存在特别关系。另一方面,不符合特别法条的行为完全可能符合普通法条的构成要件,上述A的行为虽然不符合贪污罪的构成要件,但完全符合诈骗罪的构成要件。既然如此,对A的行为当然应以诈骗罪论处。在并不存在法条竞合关系的情况下,这样处理显然不违反特别法条优于普通法条的原则。

其次,在此问题上,涉及如何判断构成要件符合性的问题。对事实进行归纳时,必须以可能适用的构成要件为指导,而不能单纯凭借以往的经验或者观念事先给案件事实下结论。例如,当行为人A以假币换取他人真币时,不能认为对事实进行归纳的唯一结论就是"以假币换取货币";相反,A的行为完全可能是盗窃、诈骗或者使用假币。换言之,当行为人A不是银行或者其他金融机构工作人员时,就不能进行如下推理:该行为属于"以假币换取货币",但《刑法》第171条第2款规定,只有当"银行或者其他金融机构的工作人员""以伪造的货币换取货币"时,才构成犯罪,所以,A的行为不成立犯罪。相反,司法机关需要判断该行为是否符合盗窃罪、诈骗罪、使用假币罪的构成要件。再如,

---

① Vgl., C. Roxin, Strafrecht Allgemeiner Teil, Band Ⅱ, C. H. Beck, 2003, S. 848.

遇到行为人在特约商户冒用他人信用卡时,不能认为对事实进行归纳的唯一结论就是“信用卡诈骗”,因为当冒用他人信用卡的行为没有骗取数额较大财产时,该行为就不符合信用卡诈骗罪的构成要件。于是,必须进一步考察这种行为可能符合其他某种犯罪的构成要件。当解释者能够得出该行为符合诈骗罪的全部构成要件的结论时,就没有理由不以诈骗罪论处。换言之,在对一个事实可能适用多个法条时,不能因为排除了一个法条的适用可能性,就得出无罪的结论;只有排除了所有法条的适用可能性,才能得出无罪的结论。

总之,对于国家工作人员利用职务上的便利骗取公共财物,没有达到贪污罪的定罪数额起点,但达到诈骗罪的定罪数额起点的案件,以诈骗罪论处,不存在任何法律障碍,也不违反特别法条优于普通法条的原则,而且有利于实现贪污罪与诈骗罪之间的协调。①

第三,可以将诈骗行为排除在职务侵占罪之外。

按照刑法理论的通说,职务侵占罪是利用职务上的便利骗取财物的行为。在《贪污贿赂解释》大幅度提高职务侵占罪的定罪数额标准之后,倘若将诈骗行为排除在职务侵占罪之外,就有利于减少职务侵占罪与诈骗罪之间的不协调现象。②

《刑法》第 382 条第 1 款明文规定:“国家工作人员利用职务上的便利,侵吞、窃取、骗取或者以其他手段非法占有公共财物的,是贪污罪。”据此,贪污罪包含了国家工作人员利用职务上的便利诈骗公共财物的行为。《刑法》第 271 条第 1 款规定:“公司、企业或者其他单位的工作人员,利用职务上的便利,将本单位财物非法占为己有,数额较大的,处五年以下有期徒刑或者拘役并处罚金;数额巨大的,处五年以上十年以下有期徒刑,并处罚金;数额特别巨大的,处十年以上有期徒刑或者无期徒刑,并处罚金。”显然,本款并没有明文将诈骗行为纳入职务侵占罪中。一直以来,刑法理论的通说与司法实践的做法是,将公司、企业或者其他单位的人员利用职务上的便利骗取本单位财物的行为认定为职务侵占罪。于是,贪污罪与职务侵占罪只是主体与对象不同,其他方面

---

① 对国家工作人员利用职务上的便利的盗窃行为,也应当这样处理。

② 按照笔者的观点,也应将盗窃行为排除在职务侵占罪之外。参见张明楷:《贪污受贿罪的司法与立法发展方向》,载《政法论坛》2017 年第 1 期,第 3 页以下。

完全相同,贪污罪成为职务侵占罪的特别法条。

然而,将职务侵占罪的行为类型作出与贪污罪相同的理解,只是一种价值判断,而不是逻辑结论。在本书看来,完全有理由将利用职务便利实施的诈骗行为排除在职务侵占罪之外,直接以诈骗罪论处。

其一,旧中国刑法与国外刑法所规定的侵占罪包括三种类型,即委托物侵占、脱离占有物的侵占以及职务(业务)侵占,其中的侵占均指狭义的侵占,而不包括盗窃与诈骗。我国《刑法》第 270 条规定了委托物侵占与遗忘物、埋藏物侵占,第 271 条第 1 款规定了公司、企业或者其他单位的人员非法将本单位财物占为己有的行为。从立法体例上看,第 271 条第 1 款规定的职务侵占罪也应限于狭义的侵占,即限于将自己基于职务或业务所占有的财物非法占为己有(包括使第三者所有)的行为。

其二,《刑法》第 271 条第 1 款并没有写明"利用职务上的便利,侵吞、窃取、骗取或者以其他手段非法占有本单位财物",只是表述为"利用职务上的便利,将本单位财物非法占为己有"。从文理上看,完全可以将《刑法》第 271 条第 1 款的表述解释为"将基于职务(包括业务)占有的本单位财物非法据为己有",这便是典型的职务侵占罪。基于这样的解释结论,对公司、企业或者其他单位的人员利用职务上的便利骗取本单位财物的行为,只能认定为诈骗罪。

其三,贪污罪之所以可以包括利用职务上的便利骗取公共财物,是因为贪污罪的法定最高刑高于诈骗罪,故将诈骗行为包含在贪污罪中可以更严厉地处罚该行为。但职务侵占罪的法定最高刑却低于诈骗罪,将利用职务便利实施的诈骗行为包含在职务侵占罪中,必然导致处罚的不协调。换言之,利用职务便利的诈骗行为对法益的侵害不可能轻于诈骗罪,所以没有理由将利用职务便利的诈骗行为纳入法定刑更轻的职务侵占罪;只有将其排除在职务侵占罪之外,直接以诈骗罪论处,才能够实现罪刑相适应。

事实上,在《贪污贿赂解释》公布之前,将利用职务便利的诈骗行为以职务侵占罪论处,就存在明显的不均衡现象。因此,有的学者提出,职务侵占罪与盗窃罪、诈骗罪之间存在交叉式法条竞合的关系,一行为同时符合职务侵占罪与盗窃罪、诈骗罪的数额标准时,应按照重法条处理;如不符合特殊法条的数额标准但符合普通法条的数额标准时,完全可按照普通法条定罪量刑。[①] 有的学者主张大竞合的概念,即不区分法条竞合与想象竞合,因此,行为同时触犯诈骗罪与职务侵占罪的,从一重罪处罚。[②] 上述观点旨在协调处理职务侵占罪与诈骗罪的关系,其结论是值得肯定的。但是,其一,只要承认职务侵占罪包含了利用职务便利的诈骗行为,就难以完全否认二者之间存在法条竞合的特别关系。例如,当公司、企业人员利用职务便利骗取的财物数额既符合职务侵占罪的数额标准,也符合诈骗罪的数额标准时,就必须肯定二者之间存在法条竞合的特别关系,而不是所谓交叉式法条竞合。[③] 这不仅因为此种情况下的职务侵占行为完全符合诈骗罪的构成要件,而且因为职务侵占罪与诈骗罪侵害的法益都是财产。但根据特别法条优于普通法条的原则,对于上述行为依然应认定为职务侵占罪,因而导致处罚不协调。此外,法条竞合与想象竞合的法律效果并不相同,必须区分。[④] 其二,从长远来说,将利用职务便利的诈骗行为包含在职务侵占罪之中,也并不理想,因为诈骗是转移占有的犯罪,而侵占是不转移占有的犯罪,二者属于不同的犯罪类型,不应当包含在一个构成要件中。

或许有人认为,将利用职务便利的诈骗行为排除在职务侵占罪之外,仍然存在处罚不协调的问题,因为职务侵占行为利用职务上的便利,其危害性比诈骗罪更为严重,但诈骗罪的最高刑为无期徒刑,而职务侵占罪的最高刑为15年有期徒刑。其实,将诈骗行为排除在职务侵占罪之外后,职务侵占罪就只剩下一种行为类型,即将基于职务或者业务占有的财物据为己有。首先,由于行为人已经占有了本单位财物,其职务侵占行为没有侵害“占有”这一法益,所以法益侵害并不重于诈骗罪。其次,由于行为人已经占有了本单位财物,占有事实本身成为其侵占行为的诱因,故其期待可能性或许略有减少,因此,可以认为其非难可能性轻于诈骗罪。最后,职务侵占罪的一般预防必要性小于诈骗罪,

---

① 参见付立庆:《交叉式法条竞合关系下的职务侵占罪与盗窃罪——基于刑事实体法与程序法一体化视角的思考》,载《政治与法律》2016年第2期,第44页以下。

② 参见陈洪兵:《不必严格区分法条竞合与想象竞合——大竞合论之提倡》,载《清华法学》2012年第1期,第39页以下。

③ 交叉式法条竞合只是就法条之间的形式关系而言,与特别关系、补充关系并不处于同一层面。

④ 参见张明楷:《法条竞合与想象竞合的区分》,载《法学研究》2016年第1期,第127页以下。

故其法定刑可以轻于诈骗罪。此外,将诈骗行为排除在职务侵占罪之外,至少可以大量减少二者之间的不协调现象。

根据本书的观点,只有狭义的侵占行为才能构成职务侵占罪,亦即只有将基于职务或者业务所占有的本单位财物非法据为己有的,才成立职务侵占罪。《刑法》第271条规定的"利用职务上的便利",并不是指据为己有的行为本身利用了职务上的便利,而是指据为己有的财物是基于行为人的职务(或业务)所占有的本单位财物。其中的占有,既包括事实上的占有,也包括法律上的占有。对于事实上的占有,应按照社会的一般观念判断(与盗窃罪中的事实上的占有相同,也包括对财产性利益的占有)。例如,单位出纳将其基于职务而占有的单位现金据为己有的,成立职务侵占罪。单位的仓库管理员将仓库内的单位财物据为己有的,成立职务侵占罪。再如,由于业务需要将单位公款以行为人名义存入银行时,行为人取出公款据为己有的,成立职务侵占罪。反之,单位工作人员将自己没有基于职务或者业务占有的本单位财物据为己有的,则视行为特点认定为盗窃罪或者诈骗罪。例如,单位工作人员欺骗单位会计、出纳,虚报申领出差费用的;保险员虚构保险合同骗取保险公司奖励款的;单位销售人员虚构销售业绩骗取单位奖励款的,均成立诈骗罪。

本书上述观点遇到的法律障碍是《刑法》第183条第1款,该款规定:"保险公司的工作人员利用职务上的便利,故意编造未曾发生的保险事故进行虚假理赔,骗取保险金归自己所有的,依照本法第二百七十一条的规定定罪处罚。"据此,公司、企业人员利用职务上的便利骗取本单位财物的,应当以职务侵占罪论处。显然,倘若《刑法》第271条所规定的职务侵占行为包括了利用职务上便利的诈骗,《刑法》第183条第1款的规定就纯属多余。即便将《刑法》第183条第1款视为注意规定,也缺乏充分的理由。所以,本书将该款规定视为特别规定或拟制规定,亦即该款将原本成立诈骗罪的行为拟制为职务侵占罪。这样的拟制规定在刑法分则中并不少见。例如,携带凶器抢夺的,原本也仅成立抢夺罪,但《刑法》第267条第2款将其拟制规定为抢劫罪。但是,特别规定或者拟制规定是不可以类比适用的,只能适用于刑法有明文的拟制规定的情形。所以,除了《刑法》第183条第1款规定的情形以外,公司、企业或者其他单位的人员利用职务上的便利诈骗本单位财物的情形,依然应认定为诈骗罪。

至于《刑法》第 271 条第 2 款的规定，则不能成为本书上述观点的法律障碍。如上所述，《刑法》第 271 条第 1 款规定了职务侵占罪，第 2 款规定："国有公司、企业或者其他国有单位中从事公务的人员和国有公司、企业或者其他国有单位委派到非国有公司、企业以及其他单位从事公务的人员有前款行为的，依照本法第三百八十二条、第三百八十三条的规定定罪处罚。"表面上看，虽然国家工作人员"有前款行为的"以贪污罪论处，但是贪污罪的客观行为是"利用职务上的便利，侵吞、窃取、骗取或者以其他手段非法占有公共财物"，所以，职务侵占罪也包括"利用职务上的便利，侵吞、窃取、骗取或者以其他手段非法占有本单位财物"。然而，倘若将第 271 条第 1 款的职务侵占行为限定为狭义的侵占行为，那么，第 2 款中的"有前款行为"就意味着国家工作人员利用职务上的便利侵占公共财物的以贪污罪论处。这在解释论上没有任何矛盾。

总之，从解释论上来说，完全可以将利用职务便利实施的诈骗行为排除在职务侵占罪之外，直接以诈骗罪论处，从而使职务侵占罪与诈骗罪之间保持协调。

至于行为人利用职务上的便利欺骗他人，非法占有他人财物，而非占有本单位的财物的，则更不应当认定为职务侵占罪。

例如，廖某系厦门国际银行上海黄浦支行的客户经理，在经办与世纪新城公司、东方投资公司的贷款业务中，向对方宣称，要获得贷款，除了签订贷款合同外，尚需支付一定比例的"财务顾问费"给第三方公司，由第三方公司再转给银行。为骗取对方信任，廖某特意伪造了厦门国际银行的公函，载明华清同仁公司系银行指定的第三方财务顾问公司，要求对方将 500 万余元的"财务顾问费"支付给这家公司。世纪新城公司、东方投资公司相信了廖某的说辞，在 2015 年 6 月、9 月获取银行贷款后，先后将所谓的"财务顾问费"打给了华清同仁公司。除了支付给华清同仁公司一定的开票费用，以及被同案犯王某私自截留了 40 万元，廖某实得 420 万余元(廖某合同诈骗案)。一种观点认为，廖某的行为构成职务侵占罪。另一种观点认为，廖某在与世纪新城公司、东方投资公司签订合同过程中，隐瞒真实贷款利率，虚构还需支付"财务顾问费”等事实,诱骗对方支出了不必要的花销,成立合同诈骗罪。①

可以肯定的是,职务侵占罪的行为对象只能是本单位财物,或者说被害人必须是本单位。而本案的被害人明显是世纪新城公司与东方投资公司。即使廖某的欺骗行为利用了职务上的便利,在民法上也难以认为廖某的行为属于表见代理。退一步说,即使属于表见代理,在廖某不能将赃款退还给世纪新城公司与东方投资公司的情况下,厦门国际银行上海黄浦支行应当对两个公司承担赔偿责任,这也是因为廖某对两个公司实施了欺骗行为,使两个公司遭受了财产损失,因而对两个公司成立诈骗罪。反过来说,廖某并没有利用职务上的便利直接骗取银行的财产。既然如此,当然不可能对银行构成职务侵占罪。特别要强调的是,即使最终由厦门国际银行上海黄浦支行承担了赔偿责任,也不得认定廖某的行为成立职务侵占罪,因为廖某没有对上海黄浦支行实施任何职务侵占行为。

此外,行为人实施欺骗行为时没有利用职务便利,取得财物时利用了职务便利或者工作便利的,更不得认定为职务侵占罪,只能认定为诈骗罪。例如,快递公司配送站站长孙某为偿还赌债,以编造收货人姓名、收货地址、联系电话等信息的方式,在购物平台虚构货到付款的订单订购各种品牌的手机,货物到达配送站后,孙某利用配送站站长可延迟(3日内)交付货款的制度漏洞以及分派发货任务的便利,将货物截留后低价卖与他人。所得款项除偿还上期应交纳货款外,剩余部分用于偿还赌债和个人挥霍(虚构订单案)。②本案中孙某的欺骗行为与职务行为没有任何关系,因为任何人都可以在购物平台虚构货到付款的订单订购各种商品。在本书看来,即使退一步承认利用职务便利的诈骗行为可以构成职务侵占罪,也应当仅限于欺骗行为利用了职务上的便利,否则就过于扩大了职务侵占罪的范围。一方面,孙某在取得货物时似乎利用了职务上的便利,但其实只是利用了工作上的便利条件,因为其他快递员也可以偷偷地这样做。另一方面,手机到达配送站后,孙某没有障碍地取得了手机(符合后述直接性要件)。倘若将快递公司作

---

① 姚翔宇:《单位工作人员对外业务中双向欺骗行为性质的认定——上海二中院裁定廖某合同诈骗案》,载《人民法院报》2018年8月30日,第6版。

② 杨赞:《快递配送站长虚构订单侵财如何定性》,载《检察日报》2018年1月12日,第3版。

为被害人,认定孙某的行为成立职务侵占罪或者盗窃罪,则不符合电商是被害人的客观事实。

第四,应当限制骗取行为成立贪污罪的范围。

由于《刑法》第382条第1款有明文规定,故对于符合贪污罪构成要件的窃取、骗取行为,仍然应认定为贪污罪。就此而言,解释者无能为力。[①] 但在本书看来,当下的刑事司法应当朝着限制适用"利用职务上的便利的窃取、骗取公共财物"的方向发展。[②]

其一,关于利用职务上的便利。最高人民检察院1999年9月16日公布的《人民检察院直接受理立案侦查案件立案标准的规定(试行)》指出:在贪污罪中,"'利用职务上的便利'是指利用职务上主管、管理、经手公共财物的权力及方便条件"。刑法理论也一直使用这样的表述。但是,这样解释"利用职务上的便利"必然导致扩大贪污罪的范围,缩小盗窃罪、诈骗罪的范围。

首先,可以肯定的是,以下两种情形属于利用职务上的便利:一是利用本人主管公共财物的职务便利非法占有公共财物。例如,国有企业主管财务的负责人,编造虚假公务用途(如用于所谓疏通关系)指使出纳将公款转移给自己,然后以虚假发票抵账。需要说明的是,在这种情况下,行为人必须利用自己主管公共财物的权力,而不是其他方面的权力,否则,也不能认定其利用了职务上的便利。二是利用本人直接管理(占有)公共财物的便利将公共财物据为己有。例如,国有企业的出纳将自己管理的公款据为己有,利用虚假发票抵账。这两种情形可谓利用职务上主管、管理公共财物的权力贪污公共财物。

其次,"经手"公共财物的表述极不明确。倘若行为人直接管理公共财物,就没有必要使用"经手"这一概念。例如,国家工作人员因为出差而预支差旅费时,该差旅费就由其管理,没有必要使用"经手"这一概念。在日常生活中,"经手"也可能只是表示占有的辅助行为,因而与行为人的职务并不具有关联性。所以,不应当将"经手"公共财物作为利用职务上的便利贪污的一种表现形式。

最后,将利用职务上主管、管理、经手公共财物的"方便条件"作为

---

① 当然,也有可能认为,《刑法》第382条中的"窃取、骗取",与《刑法》第264条的"盗窃"、第266条的"诈骗"并不是等同含义。

② 同时也应限制"窃取"行为的范围,但下文主要以诈骗为例展开说明。

利用职务上的便利贪污的一种表现形式，也是值得商榷的。这是因为，当行为人具有主管、管理公共财物的职务时，就已经享有一种权力；在这种权力之外的“方便条件”就只是工作便利，而不是职务便利。例如，有学者指出：“某机关领导干部没有出差，却谎称自己出差开会将子女外出旅游的收据向本单位报销差旅费，应以贪污论处。因为，正是由于他的职务使他有资格和条件以执行公务为名在单位报销差旅费，所以，他报销差旅费是利用他的职务上的便利，并且其行为不仅侵犯了国有财产，而且侵犯了职务行为的廉洁性。”①诚然，该领导干部之所以能够报销差旅费，就是因为他在机关担任某种职务，但是，他并没有主管、管理公共财物的权力或者职务（即使具有这种权力或者职务，他也没有利用），所以，难以认定其行为构成贪污罪。换言之，该领导干部只是利用工作上的便利实施了骗取公共财物的行为，故只能认定为诈骗罪。

其二，关于公共财物。贪污罪的对象是公共财物，但并不是任何公共财物都可以成为贪污罪的对象。与上一点相联系，只有行为人主管、管理的公共财物，才可能成为贪污罪的对象。亦即利用职务上的便利与公共财物之间，并不是一种简单的相加关系（不是任何利用职务上的便利非法占有公共财物的行为都能成立贪污罪），而是具有内在的关联性，即只有当国家工作人员基于职务直接管理（占有）了公共财物，或者基于职务对公共财物享有支配权、决定权，或者对具体支配财物的人员处于领导、指示、支配地位，进而利用了职务上的便利的，才能认定为贪污罪，否则，只能认定为诈骗等罪。**例如，村民乙谎称危房翻新，村长甲代其填写虚假材料并以村长名义签字同意后上报镇政府，从镇政府骗取1万元的危房补助给乙（骗取危房补贴案）。**虽然甲因为从事扶贫管理工作而属于国家工作人员，也利用了职务上的便利，但不能认定为贪污罪，对甲与乙的行为应以诈骗罪论处。**再如，乡镇领导A利用职务上的便利，骗取县市财政的经费据为己有的，不能认定为贪污罪，只能认定为诈骗罪（骗取财政拨款案）。**这是因为在上述两例中，甲没有主管、管理镇政府财产的权力与职务，A没有主管、管理县市政府财产的权力与职务，即使认为他们利用了职务上的便利，但由于这种职务与其所骗

① 王作富主编：《刑法分则实务研究》（下）（第5版），中国方正出版社2013年版，第1547页。

取的公共财物缺乏内在的关联性，只能以诈骗罪论处。

其三，关于利用职务上的便利的骗取。贪污罪中的骗取，是指假借职务上的合法形式，采用欺骗手段，使具有处分权的受骗人产生认识错误并处分财产，进而取得公共财物。按照《刑法》第183条第2款的规定，国有保险公司工作人员和国有保险公司委派到非国有保险公司从事公务的人员，利用职务上的便利，故意编造未曾发生的保险事故进行虚假理赔，骗取保险金归自己所有的，属于骗取形式的贪污。利用职务上的便利骗取财物时，行为人并不具有处分财物的权限与地位，所以，其必须欺骗具有处分权限与地位的人使之处分财物，并且在实施欺骗行为时利用了职务上的便利。国有单位会计、出纳等管理现金的人员通过做假账直接取得国有单位现金的，不属于骗取，而是侵吞。值得注意的是，必须区分利用职务便利的骗取与没有利用职务便利的骗取。传统观点认为，国家工作人员多报出差费用骗取公款的，成立贪污罪。但本书认为，这种行为并没有利用职务上的便利，应当以诈骗罪论处。诚然，出差是一种职务行为，但是，多报出差费用并不是职务行为，也没有利用职务上的便利。例如，国家工作人员的亲属或者普通员工完全可以帮助国家工作人员报销出差费用，这表明，报销出差费用的行为本身与职务没有关系。更为重要的是，伪造出差费用发票等行为与职务行为没有关系。所以，对于这类行为也只能认定为普通诈骗罪。概言之，利用职务上的便利骗取公共财物，只限于与《刑法》第183条第2款规定相当的行为类型，即国家工作人员基于职务处理有关财产的事项，但其对财产并没有直接的处分权限，进而利用职务上的便利使上级处分财产，使自己或者第三者取得财产的，才能认定为贪污罪。例如，国有银行负责贷款事项的国家工作人员甲与贷款人乙共谋骗取银行贷款，在没有担保的情况下谎称有担保，欺骗主管贷款事项的副行长，使其同意发放贷款的，对甲、乙应以贪污罪的共犯论处。

(四)冒充身份的欺骗

我国刑法规定了冒充国家机关工作人员的招摇撞骗罪与冒充军人的冒充军人招摇撞骗罪(以下仅以前者为例展开说明)，但不能据此认为，凡是冒充国家机关工作人员骗取财物的，就只能认定为招摇撞骗罪。换言之，诈骗罪中的欺骗方法，并不排斥冒充国家机关工作人员的这种欺骗方法。

招摇撞骗罪与诈骗罪所侵犯的法益不同,前者侵犯的是国家机关的威信及其正常活动;后者侵犯的是财产。因此,两者的构成要件不同:招摇撞骗罪必须是冒充国家机关工作人员进行招摇撞骗;而诈骗罪的行为可以是虚构事实、隐瞒真相的任何手段。招摇撞骗罪不要求客观上骗取财物,也不要求以非法占有为目的;而诈骗罪(既遂)要求客观上骗取财物,并要求以非法占有为目的。因此,本书认为,虽然在冒充国家机关工作人员招摇撞骗的过程中,偶然骗取少量财物的,不影响招摇撞骗罪的认定,但只要冒充国家机关工作人员骗取财物的行为符合了诈骗罪的构成要件,就应认定为想象竞合,从一重罪处罚,而不能仅认定为招摇撞骗罪。因为冒充国家机关工作人员骗取数额较大以上财物的行为,侵犯了两个法益(国家机关的威信及其正常活动与他人财产),而招摇撞骗罪的保护法益仅仅是国家机关的威信及其正常活动,诈骗罪的保护法益仅仅是他人财产,两个法条原本没有包容关系,一个行为并不必然同时触犯两个法条。所以,不管从实质上考虑,还是从形式上判断,冒充国家机关工作人员骗取数额较大以上财物的行为都属于招摇撞骗罪与诈骗罪的想象竞合。

一种观点指出:“招摇撞骗罪与诈骗罪之间有法条竞合关系,如果冒充国家机关工作人员主要是为了骗取财物,而且数额特别巨大,则其侵犯的客体已主要不是国家机关的威信,而是财产权利,而且对这种行为,按照招摇撞骗罪处理会失之过轻,所以应依照诈骗罪论处。”[①]亦即“在招摇撞骗骗取数额较大的公私财物的情况下,本罪与诈骗罪之间存在法条竞合关系,应按照重法优于轻法的原则适用法条”。[②] 但是,规定诈骗罪的《刑法》第266条指出:“……本法另有规定的,依照规定。”这意味着只能采取特别法条优于普通法条的原则,即诈骗行为符合其他条文规定的,应依照其他条文规定处理。如果采取重法优于轻法的原则,便违反《刑法》第266条的规定。然而,诈骗罪的法定最高刑为无期徒刑,而招摇撞骗罪的法定最高刑为10年有期徒刑,如果对冒充国家

---

① 周光权:《刑法各论》,中国人民大学出版社2008年版,第357页。但周光权教授后来修改了上述观点,认为二者“有想象竞合关系,而不宜理解为法条竞合”,参见周光权:《刑法各论》(第3版),中国人民大学出版社2016年版,第341页。

② 陈兴良:《刑法疏议》,中国人民公安大学出版社1997年版,第457页。另参见陈兴良:《规范刑法学》(上册)(第3版),中国人民大学出版社2017年版,第281页以下。

机关工作人员骗取财物的行为均以招摇撞骗罪论处,则会造成明显的罪刑不均衡现象。例如,冒充国家机关工作人员骗取他人500万元现金的,成立招摇撞骗罪,最高处10年有期徒刑;而冒充国家机关工作人员的亲属骗取他人500万元现金的,成立诈骗罪,最高处无期徒刑。这明显不协调。显然,只有将冒充国家机关工作人员骗取数额较大以上财物的行为作为想象竞合处理,才有利于正确处理招摇撞骗罪与诈骗罪的关系,有利于公平处理相关案件,也不至于违反刑法规定。

有的论著针对笔者的观点提出了批判性意见。该论著首先分析了想象竞合与法条竞合的区别,认为区分想象竞合与法条竞合的关键在于,想象竞合所触犯的规定不同种罪名的数个法条之间,不存在重合或交叉关系;法条竞合所涉及的规定不同种罪名的数个法条之间,必然存在重合或交叉关系。想象竞合中规定不同种罪名的数个法条发生关联,是以行为人实施特定的犯罪行为为前提或中介;法条竞合所涉及的规定不同种罪名的法条的重合或交叉,并不以犯罪行为的实际发生为转移。进而,该论著得出结论:"《刑法》第279条关于招摇撞骗罪的规定与《刑法》第266条关于诈骗罪的规定,存在交叉关系,即行为人以冒充国家机关工作人员的手段诈骗他人财物数额较大的行为既触犯了《刑法》第279条又触犯了第266条,而这种交叉不是由特定的具体发生的犯罪行为所引起的,是由于刑法的直接规定所引起的,因此,我们认为,招摇撞骗罪与诈骗罪的关系不是想象竞合犯,而是法条竞合关系。"①其实,《刑法》第279条与第266条是否存在法条竞合关系,取决于如何解释招摇撞骗罪:如果认为骗取数额较大以上财物不是招摇撞骗罪的构成要件内容,则二者之间没有法条竞合关系;如果认为骗取数额较大财物本身就是招摇撞骗罪的构成要件内容,则二者之间存在法条竞合关系。既然如此,关键便在于,认为骗取数额较大财物属于招摇撞骗罪的构成要件内容是否合适。本书持否定回答。

首先,刑法规定诈骗罪是为了保护财产,不管行为人采取何种方法骗取财产,除另有规定的以外,都应以诈骗罪论处,因此,冒充国家机关工作人员骗取数额较大财物的,也成立诈骗罪。其次,刑法在诈骗罪之

---

① 王作富主编:《刑法分则实务研究》(中)(第5版),中国方正出版社2013年版,第1049页。

外另规定招摇撞骗罪,是为了保护国家机关的威信及其正常活动;而冒充国家机关工作人员骗取财产的行为,不仅侵犯了国家机关的威信及其正常活动,而且侵犯了更为重要的财产法益,不应认为这种行为仅符合招摇撞骗罪的构成要件。持上述观点的论著还指出:“从《刑法》第279条规定的招摇撞骗罪的罪状中,无法将骗取财物排除出去,而为了处理招摇撞骗罪与诈骗罪的关系将招摇撞骗行为限制解释为不包括骗取财物情况的观点,未免牵强。”[①]实际上,招摇撞骗罪的法益决定了骗取财物不是招摇撞骗罪的构成要件内容。而主张骗取数额较大以上财物本身属于招摇撞骗罪的构成要件内容的观点,似乎只是注重了条文中的“骗”字,而忽视了本罪的法益。再次,从文理解释的角度而言,“招摇撞骗”一词是无须宾语的,亦即行为人冒充国家机关工作人员到处炫耀,即使没有任何人相信其是国家机关工作人员,也不妨碍招摇撞骗罪的成立。复次,冒充国家机关工作人员骗取数额较大以上财物这种特定的具体事实,才引起了一个行为符合两个犯罪的构成要件的现象,这刚好符合想象竞合的基本特征。认为“这种交叉不是由特定的具体发生的犯罪行为所引起的,是由于刑法的直接规定所引起的”的观点,也难以成立。最后,更为重要的理由是,如前所述,如果认为骗取数额较大以上财物是招摇撞骗罪的构成要件内容,则因为《刑法》第266条明文规定了特别法条优于普通法条的适用原则,会导致处罚上的不协调。对此,持上述观点的论著指出:“至于《刑法》第266条所规定的‘本法另有规定的,依照规定’,我们认为,第一,对这一规定,立法者的本意在于将合同诈骗罪、金融诈骗罪与诈骗罪区别开来,并不是对招摇撞骗罪与诈骗罪关系的规定,之所以出现招摇撞骗罪与诈骗罪在处理上的矛盾,其实质是立法技术问题;第二,我国刑法理论通说认为,法条竞合中的交叉竞合处断原则重法优于轻法,因依据特别法优于普通法,吸收法优于被吸收法原则适用法律有悖于基本原则而适用重法优于轻法原则又符合基本原则时,应适用重法,排斥轻法。”[②]可问题是,是否存在“立法者的本意”?我们如何知道“立法者的本意”?既然认为骗取数额较大

---

① 王作富主编:《刑法分则实务研究》(中)(第5版),中国方正出版社2013年版,第1049页。

② 王作富主编:《刑法分则实务研究》(中)(第5版),中国方正出版社2013年版,第1049页。

以上财物属于招摇撞骗罪的构成要件内容，为什么又认为《刑法》第266条的“本法另有规定”仅指合同诈骗罪、金融诈骗罪的规定，而不包括招摇撞骗罪的规定？我们通过何种信息得知了这一“立法者的本意”？我们可不可以说，《刑法》第266条的“本法另有规定”的本意是仅包括金融诈骗罪的规定，而不包括合同诈骗罪的规定？或者可不可以认为，《刑法》第266条的“本法另有规定”的本意是仅包括合同诈骗罪的规定，而不包括金融诈骗罪的规定？抑或可不可以认为，《刑法》第266条的“本法另有规定”的本意是仅包括招摇撞骗罪的规定，而不包括合同诈骗罪、金融诈骗罪的规定？答案大概不可能是肯定的。实际上，只要人们将骗取数额较大以上财物解释为招摇撞骗罪的构成要件内容，第279条关于招摇撞骗罪的规定就属于《刑法》第266条的“本法另有规定”；否则，《刑法》第266条以及类似条文中的“本法另有规定”便没有明确的界限，从而导致刑法适用的恣意性。

事实上，只要认为骗取数额较大以上财物不是招摇撞骗罪的构成要件内容，一切问题都迎刃而解了：首先，这样解释不会存在漏洞。冒充国家机关工作人员骗取数额较大以上财物的，成立招摇撞骗罪与诈骗罪的想象竞合，从一重罪处罚；同样，冒充国家机关工作人员为境外刺探国家秘密的，成立招摇撞骗罪与为境外刺探国家秘密罪的想象竞合，从一重罪处罚；冒充国家机关工作人员实施其他招摇撞骗行为，没有触犯其他罪名的，或者招摇撞骗所取得的财物数额没有达到较大的标准的，仅成立招摇撞骗罪。其次，这样解释避免同样的行为因为骗取的财物数额不同而适用不同条文的局面，亦即避免了定罪不协调的现象。再次，这样解释还有利于处理与《刑法》第269条的关系（冒充国家机关工作人员骗取财物的，也能“转化为”抢劫罪）。最后，这样解释避免了对《刑法》第266条的“本法另有规定”作出不合理的限制解释，也避免了违反《刑法》第266条。

总之，不管是冒充国家机关工作人员还是冒充其他人员骗取财物的，均成立诈骗罪；如果同时触犯其他犯罪，则是想象竞合，而非法条竞合。[①]

---

① 最高人民法院、最高人民检察院2011年3月1日公布的《关于办理诈骗刑事案件具体应用法律若干问题的解释》第8条规定：“冒充国家机关工作人员进行诈骗，同时构成诈骗罪和招摇撞骗罪的，依照处罚较重的规定定罪处罚。”按照本书的观点，为了发挥想象竞合的明示机能，对想象竞合应当认定为数罪，仅按一个重罪处罚，而不是仅认定为一个重罪。

四、欺骗的类型

根据受骗者事前是否存在认识错误,可以将欺骗类型分为两种:一是在他人没有任何认识错误的情况下,行为人使用欺骗手段使他人陷入处分财产的认识错误。二是在他人已经由于某种原因陷入认识错误的情况下,行为人通过欺骗手段使他人继续维持或者强化处分财产的认识错误。不管是作为还是不作为,都存在这两种欺骗类型。

在司法实践中,欺骗通常表现为前一种类型,但不能因此而否认后一种类型。例如,行为人与对方签订合同,约定交付一定物品后,政府基于某种原因,将该物品规定为管制物品,导致不能履行合同。对方由于不知道政府的规定,误认为行为人能够履行合同。但行为人不将该事实告知对方,导致对方继续维持认识错误进而交付货款的,成立不作为的欺骗。"因在此等情形,关于其契约不能履行之事实,依交易上诚实信用原则,应负法律上告知义务,仍利用对造已陷入错误,请求契约上之对价,其嗣后之不能履行契约,与单纯之民事上契约不履行,不可同日而语,应负诈欺罪之刑责。"①

之所以肯定使他人继续维持或者强化认识错误的行为属于欺骗行为,是因为这种欺骗能够成为使受骗者处分财产进而造成财产损害的原因。也正是基于这样的理由,这种类型的欺骗行为的成立范围也是存在界限,而非漫无边际的。

首先,就作为的欺骗而言,在他人已经陷入了认识错误的情况下,具有下列情形之一的,能够成立欺骗行为:(1)他人虽陷入认识错误,但在原本可以立即发现认识错误的状态下,行为人通过欺骗行为使其不能或者难以发现认识错误而继续维持认识,进而处分财产。例如,乙在某古玩商店购买物品时,误以为某民国时期的普通物品为清代文物,乙一边向店主甲确认该物品是否为清代文物,一边继续察看该物品。由于该物品印有"民国十年制造"字样,所以,乙会立即发现该物品不是清代文物。但店主甲马上走过来,一边用手指掩盖物品的制造年份,一边声称是清代物品,使乙信以为真。甲将物品包装后交付给乙,按清代文

---

① 吴正顺:《诉讼欺诈之诈术问题》,载刁荣华主编:《刑事判决评释》(修正版),台北,汉林出版社1983年版,第216页。

物收取货款(清代文物诈骗案)。甲的行为成立诈骗罪。(2)欺骗行为进一步强化他人的认识错误,进而处分财产。例如,B在书画市场购画时,以为标价很高的某幅画为名家亲笔画,同时也心存怀疑,未下决心购买。但店主A拿出虚假证据证明该幅画为名家亲笔画,使B的认识错误进一步强化,从而以高价购买了仿制品(名家亲笔画诈骗案)。A的行为符合诈骗罪的构成要件。又如,“债务人忘却已经清偿,误向债权人再度清偿,债权人利用机会,蒙骗债务人而再度受其清偿之类,均不能免除诈欺罪之责任”。[①] 债权人接受清偿的举止,是一种使债务人强化错误的作为。

其次,就不作为的欺骗而言,在他人已经陷入认识错误的情况下,行为人没有履行告知义务,使他人继续维持或者强化认识错误,进而处分财产的,成立诈骗罪。例如,首饰店将真金首饰与镀金首饰并陈橱窗中,顾客以为镀金首饰为真金首饰而提出购买;店员不履行告知义务,以真金首饰价格出售镀金首饰的(镀金首饰诈骗案),符合诈骗罪的构成要件。但是,如果他人陷入认识错误并不是行为人的行为所引起,而且行为人对于他人的认识错误没有说明义务,只是单纯利用他人的认识错误取得财物的,不宜认定为诈骗罪。

在这个问题上,特别值得讨论的是所谓找钱诈骗。例如,顾客在商店购物时,店员多找钱给顾客,顾客当场就发现店员多找钱,但没有告知店员。顾客的行为是否属于诈骗罪中的欺骗行为?日本刑法理论的多数说认为,根据社会生活的条理,顾客有义务将多找钱的事实告知店员,顾客没有履行告知义务,应成立诈骗(财物)罪。[②] 少数学者认为,在这种场合,肯定顾客具有告知义务,意味着肯定行为人具有保护交易对方财产的义务,因而认定为诈骗罪存在疑点,宜认定为侵占脱离占有物罪。[③] 我国台湾地区则存在形形色色的观点。第一种观点主张成立不作为的诈骗财物罪,因为根据诚实信用原则,顾客在店员找钱时负有告知真相的义务。第二种观点主张成立诈骗财产性利益罪,因为顾客并非最初以诈术使店员交付财物,而是在店员交付后以诈术不法取得

---

① 赵琛:《刑法分则实用》(下册)(第13版),作者自版1979年版,第907页。

② 参见[日]大塚仁:《刑法概说(各论)》(第3版),有斐阁1996年版,第244页;[日]前田雅英:《刑法各论讲义》(第6版),东京大学出版会2015年版,第230页。

③ [日]山口厚:《刑法各论》(第2版),有斐阁2010年版,第254页。

了财产上利益,即在取得财物后以诈术使店员免除自己的返还义务。第三种观点主张成立普通侵占罪,因为店员多找钱并非顾客的欺骗行为所致,但收受后加以侵占的,应成立普通侵占罪。第四种观点主张成立侵占脱离占有物罪,因为店员多找钱不是由顾客的欺骗行为引起,而是由于店员的错误所致,多找的钱属于脱离店员占有的财物。第五种观点认为应区分不同情形处理:如果店员是记错数额,并未数错,则其交付时对于全部金额具有交付意思,产生物权变动之效果,顾客不成立犯罪;如果店员未记错数额,而是点付时数错,则其就多找的钱没有交付的意思,顾客成立侵占脱离占有物罪。第六种观点认为,顾客的行为仅产生民法上不当得利问题,既不成立诈骗罪,也不成立其他犯罪。至于不成立诈骗罪的理由,则各不相同。有人认为,店员并非因为顾客不予告知而陷入错误,顾客对于店员陷入错误的单纯事实不予告知的,不构成刑法上的诈骗罪。有人指出,顾客单纯利用店员的错误而受领多余款项时,与作为的欺骗并无等价性,故不成立不作为的欺骗。有人提出,作为义务应该严格认定,如果不是因为自己的因素而制造了风险,则不承担责任,而顾客不告知多余款项的行为没有制造任何风险;义务的分配必须合理,店员负有数清款项的义务,但顾客没有促使店员数清款项的义务。①

本书认为,在上述案例中,顾客的行为不成立诈骗罪。首先,如果将钱款本身作为诈骗对象,不可能认定顾客的行为构成诈骗罪,因为店员已经处分了钱款,顾客已经取得了店员误付的款项。如果将顾客的行为认定为诈骗罪,则意味着顾客在被害人处分钱款后实施了欺骗行为,导致欺骗行为产生或存在于被害人的财产处分行为之后,这难以被人接受。其次,如果将返还请求权作为诈骗对象,也难以认定顾客的行为构成诈骗罪。因为店员多找钱并不是顾客的欺骗行为所引起,所以,如果肯定顾客成立诈骗罪,只能认定为不作为的欺骗。可是,当今时代的刑法不再是权威主义刑法,而应是自由主义刑法。因此,原则上只有当行为人实施了积极的法益侵害行为才应受刑罚处罚,以刑罚手段强制国民实施一定的积极行为,只能限于特别情形。所以,不能过于扩大不真正不作为犯的作为义务来源。联系我国的刑事政策考虑,认为顾

① 参见蔡律师:《刑法分则》,台北,高点文化事业有限公司2001年版,第362~363页。

有这种危险性,使对方陷入或维持认识错误进而处分财产的,则成立诈骗既遂。反之,倘若行为不具有这种程度的危险性的,不属于诈骗罪的欺骗行为,如声称自己的商品"物美价廉"而劝他人购买的,就没有达到成立诈骗罪所要求的欺骗程度。

随即产生的一个问题是,其中的"他人"是指一般人还是特定的受骗者?换言之,对欺骗程度的判断是采取客观的标准还是主观的标准?如果说应当根据特定的受骗者的情况进行判断,那么,一方面,行为人向幼儿、精神病患者作出虚假表示时,也可能被认定为诈骗罪中的欺骗行为,结局便导致诈骗罪与盗窃罪丧失明确的界限;另一方面,行为人向非常精明或戒备心极强的人作虚假表示时,即使足以使一般人陷入或维持错误认识进而处分财产,也不成立诈骗罪,这恐怕不合适。而且,根据受骗者的情况判断欺骗的程度,也会导致作为构成要件要素的欺骗行为丧失统一的标准,从而使诈骗罪的构成要件丧失定型性,不利于维护罪刑法定原则。所以,虚假表示行为在具体的事态下足以使一般人陷入或者维持处分财产的认识错误时,便达到了诈骗罪中的欺骗程度。换言之,能否称为欺骗行为,应进行客观判断,不受被害人是否特别容易受欺骗等因素左右,对方实际上是否受骗则是既遂与未遂的区分问题。但是,这里的"一般人"不是指普通的一般人,而是包括了一切可能成为受骗者的一般人,即如后所述,包括知虑浅薄的未成年人与精神耗弱者,但不包含完全没有认识与处分能力的幼儿与精神病人。也可以说,这里的"一般人"是指像受骗者那样的具体的一般人,而不是抽象的一般人。

某种行为是否属于诈骗罪中足以使一般人陷入或者维持错误认识的欺骗行为,要根据行为当时的各种具体情况判断,其中最重要的当然是虚假表示的内容。(1)如果行为人对商品等只是极为抽象的夸张,通常不足以使一般人陷入认识错误。例如,声称某种商品"性能良好、经久耐用",声称某种营养品"营养丰富、延年益寿"等,其告知的内容非常抽象,不属于诈骗罪中的欺骗行为。但是,如果夸大的内容比较具体,就足以使一般人陷入认识错误。例如,将野山椒说成抗肝癌物质,将一般物品说成文物,如此等等,都是足以使一般人陷入认识错误的欺骗行为。(2)对于需要鉴别力才能从事的交易,单纯的沉默不能认定为欺骗行为。例如,在书画、古董交易市场,"书画、古董品等之交易,须要自己对物品之专业知识来判断其价值,一般而言,任当事人之鉴定而成立,故其相互间之保持沉默或隐蔽事实,未必均足以构成诈欺罪。例如,在古玩店发现价值甚钜之古玩,认为奇货,仍对店主不告知其事实,趁店主之不识其货,以廉价购买者,并不发生诈欺问题。但在此等交易,若就其交易之重要事项,积极的虚构事实,如诈称模造之书画、古董为真品,诈称古董之来历等,均足于成立欺罔行为”。[①] (3)所谓客观地判断,并非不考虑受骗者的性格、年龄、能力、知识、经验等事项。相反,应当将受骗者的一切情况作为判断资料,再根据客观标准进行判断。尤其当受骗者为知虑浅薄的未成年人与精神耗弱者时,应当缓和欺骗行为的程度要求。欺骗的程度必须在与受骗者的关系上进行限定,即在与受骗者的关系上,行为人是否作出了虚假表示或没有履行告知义务。例如,当受骗者为缺乏知识、经验的未成年人时,应当以一般未成年人的知识、经验等作为基准,客观地判断行为人是否实施了足以使人陷入或者维持错误认识进而处分财产的行为。换言之,行为人所实施的欺骗行为虽然能被具有社会经验的人识破,但具体的被害人由于缺乏社会经验因而陷入认识错误时,在与该受骗者的关系上,应当肯定达到了诈骗罪的欺骗程度。

第四节　陷 入 错 误

根据诈骗罪的基本构造,欺骗行为必须使受骗的对方(他人、受骗者)陷入或者继续维持(强化)认识错误进而处分财产。所以,下面讨论受骗者的范围及其认识错误。

一、受骗者的范围

诈骗罪中包含使他人(受骗者)陷入认识错误进而处分财产的要素,故诈骗罪的受骗者只能是自然人,而且必须是具有处分能力的自然人。因为只有具有处分能力的自然人,才可能陷入认识错误;不仅自然

---

① 吴正顺:《诉讼欺诈之诈术问题》,载刁荣华主编:《刑事判决评释》(修正版),台北,汉林出版社1983年版,第220页。

人以外的动物、机器、组织体等不可能陷入认识错误,而且不具有处分能力的婴幼儿、严重精神病患者也无所谓陷入认识错误和处分财产。此外,不要求受骗者具有特定性。下面就存在或者可能存在争议的若干问题展开讨论。

(一)法人能否成为诈骗罪的受骗者

不可否认,法人完全可能成为诈骗罪的被害人,但是,这并不意味着法人本身也可以成为诈骗罪的受骗者。①

关于法人的本质,民法上存在三种主要学说。法人拟制说认为,法人为观念的存在,其人格是基于法律的拟制,换言之,是出于法律上的目的而承认法人的人格。法人否认说是不承认法人存在的各种学说。其中,目的财产说认为,法人不过是为了一定的目的而存在的无主财产,法人本身不具有独立的人格;受益人主体说认为,法人仅仅是形式上的权利义务的主体,而实际上的权利义务的归属者,只是享有法人财产利益的多数个人;管理人主体说认为,法人的财产并不是属于法人本身所有,而属于管理其财产的自然人。法人实在说认为,法人并不是法律虚构的,也并非没有团体意思和利益,而是一种客观存在的主体。其中的有机体说认为,法律主体是与意思能力联系在一起的,自然人有意思能力,成为自然的有机体,而法人有团体意思,因此应成为社会有机体。组织体说认为,法人是一种具体区别于其成员的个体意志和利益的组织体。我国《民法通则》可谓采取了组织体说。②《民法典》延续了《民法通则》对法人的界定。

在刑法上,也应当承认法人是一种客观存在的主体,是一种组织体,具有区别于其成员个人利益的团体利益,也具有区别于其成员意思的集合意思。但是,法人的意思是由法人机关实现的,法人机关是根据法律或法人章程的规定,对内管理法人事务,对外代表法人从事民事活动的个人或集体,而其中的“集体”也是由个人组成的。所以,法人的集合意思虽然不是自然人意思的简单相加,但可以说是自然人意思的沟通与协商。也正因如此,刑法对单位犯罪实行双罚制。如果

---

① 不具有法人资格的单位,也不能成为诈骗罪的受骗者。为了论述上的方便,以下仅以法人为例讨论。

② 参见王利明主编:《民法》,中国人民大学出版社 2000 年版,第 77 页以下。

认为单位犯罪中并不存在自然人的意思与行为,便缺乏对直接负责的主管人员与其他直接责任人员追究刑事责任的根据。基于同样的理由,诈骗罪的行为人要骗取法人的财产,必须欺骗法人中具有处分财产权限或地位的自然人。不欺骗法人中的自然人,进而使其陷入认识错误,就不可能骗取法人财产。即使在某些情况下,财产处分决定是基于法人的集合意思作出的,但事实上,诈骗罪的行为人也是通过欺骗形成集合意思的部分自然人或者全部自然人,使之形成所谓处分财产的集合意思。

刑法分则的一些条文,也能佐证本书的上述观点。例如,《刑法》第167条规定:"国有公司、企业、事业单位直接负责的主管人员,在签订、履行合同过程中,因严重不负责任被诈骗,致使国家利益遭受重大损失的,处三年以下有期徒刑或者拘役;致使国家利益遭受特别重大损失的,处三年以上七年以下有期徒刑。"与此条规定相类似的是《刑法》第406条:"国家机关工作人员在签订、履行合同过程中,因严重不负责任被诈骗,致使国家利益遭受重大损失的,处三年以下有期徒刑或者拘役;致使国家利益遭受特别重大损失的,处三年以上七年以下有期徒刑。"这两个条文直接表明,当诈骗罪的被害人是国有公司、企业、事业单位或者国家机关时,其受骗者是国有公司、企业、事业单位直接负责的主管人员或者国家机关工作人员。如果认为受骗者是国有企业等单位,那么,就没有理由追究其中的自然人的刑事责任。或许有人以《刑法》第193条为例反驳笔者的观点。《刑法》第193条规定,"以非法占有为目的,诈骗银行或者其他金融机构的贷款,数额较大的",构成贷款诈骗罪。表面上看,受骗者似乎是银行或者其他金融机构,但仔细阅读条文就会发现并非如此。因为"诈骗银行或者其他金融机构的贷款"只是表明行为人所骗取的是银行或者其他金融机构的贷款,而没有说明受骗者就是银行或者其他金融机构。换言之,诈骗"银行或者其他金融机构的贷款",是对贷款诈骗罪对象的规定(被害人为银行或者其他金融机构),而不是对受骗者的规定(参见本书第四章第四节)。

在法人是诈骗罪被害人的情况下,将受骗者限定为自然人有利于维持诈骗罪的基本构造,有利于合理地区分此罪与彼罪。这是因为,任何人采取任何手段非法获取法人的财产时,法人本身并无意志内容的不同。例如,不管是外部人员骗取法人财产,还是内部人员盗窃法人财产,法人意志不会存在什么区别。只有当外部人员欺骗了法人中具有处分权限的自然人时,该自然人基于有瑕疵的意志处分了财产,才会认定行为人的行为构成诈骗罪;只有当内部人员的盗窃违反了法人财产占有者的意志时,才会认定为盗窃罪。如若将法人本身当作受骗者,则不可能正确区分诈骗罪与盗窃罪。

在法人是诈骗罪被害人的情况下,将受骗者限定为自然人有利于合理认定诈骗罪的构成要件行为。这是因为,一方面,行为人不可能直接对法人本身实施欺骗行为,只能对法人中具有财产处分权限的自然人实施欺骗行为。倘若将法人本身作为受骗者,无异于否认了行为人实施的构成要件行为。另一方面,也不可能将行为人对自然人实施的欺骗行为,直接认定为对法人本身实施的欺骗行为。即使自然人的意志能够体现法人的意志,但在行为人仅对自然人实施了欺骗行为,或者行为人与法人中具有处分权限的自然人相通谋进而取得财物的情况下,认定为行为人对法人本身实施了欺骗行为,明显不符合客观事实。

在法人是诈骗罪被害人的情况下,将受骗者限定为自然人还有利于合理认定诈骗罪的着手时期。应当认为,行为人开始实施可能导致他人陷入处分财产认识错误的欺骗行为时,就是诈骗罪的着手。但是,即使采取组织体说,行为人对法人中的自然人的欺骗总是早于对法人集合意思的欺骗。如果认为当法人是诈骗罪的被害人时,法人本身也是受骗者,那么,行为人开始向法人中的自然人实施欺骗行为时,就还没有着手实行欺骗行为,只有待法人开始形成集合意思时才是诈骗罪的着手。这不仅不当推迟了诈骗罪的着手时期,而且导致诈骗自然人财产与诈骗法人财产时的着手时间不一致,恐怕不合适。

概言之,欺骗行为只有作用于法人中的自然人,即作用于法人中具有处分财产的权限或地位的自然人,才可能骗取法人的财产。

(二)机器能否成为诈骗罪的受骗者

电子计算机、自动取款机等机器已被普遍使用,利用这类机器非法占有他人财产的案件也不断增加,于是需要讨论:机器能否成为诈骗罪的受骗者?

大陆法系国家刑法理论与审判实践公认“机器不能被骗”,只有对自然人实施欺骗行为,才可能构成诈骗罪,对此不存在任何争议。如日本学者平野龙一指出:“诈骗罪以欺骗行为使他人陷入‘错误’为要件。

因此,采用吸铁石从老虎机中吸出并取得弹子时,或者以铁片取代硬币从自动贩卖机中取得香烟时,由于不存在错误,所以不是诈骗,而是盗窃。"①福田平教授指出:"'欺骗'是使人陷入错误的行为。此外,在他人已经陷入错误的情况下,使之继续维持错误的行为也包含在内。'错误'是指观念与真实不一致,因此,'欺骗'就是指欺骗对方使之产生与真实不一致的观念。所以,例如,将硬币以外的金属片投入自动贩卖机而取出财物的行为,使用拾得的他人的现金卡从自动取款机中取出现金的行为,由于不是使对方产生与真实不一致的观念的行为,故不是欺骗行为。因此,可以说这种情况不成立诈骗罪,而成立盗窃罪。"②日本的判例也认定机器不能成为诈骗罪的受骗者。③ 系统考察《德国刑法》第248c条、第263条、第263a条、第265a条,也会得出德国刑法规定的诈骗罪不承认对机器的欺骗的结论。德国刑法理论也明确指出,其刑法第263条的诈骗罪,"以欺骗与错误为前提,符合这一要素的无疑是人的错误而不是机器的'错误'"。④ 同样,韩国刑法关于各种具体诈骗罪的规定,以及韩国大法院的判例⑤,也表明诈骗罪的欺骗行为的对象不能是机器。

英美刑法的理论与判例同样认为,诈骗罪的受骗者只能是自然人,而不包括机器。"除非有人被诱使相信原本为假的事物为真,否则不存在欺骗。因此,如果将一枚假币或者非法定的硬币投入自动贩卖机或者类似装置,是不存在欺骗的。如果这种行为的结果是取得了财物,也不能判处诈骗罪(但是,如果被告人以永久性剥夺他人财产的意图,其不诚实取得财物的行为,可以被判处盗窃罪)。"诈骗罪的成立"必须有人受欺骗……欺骗必须作用于被害人(受骗者)的大脑,并且欺骗必须

---

① [日]平野龙一:《刑法概说》,东京大学出版会1977年版,第213页。

② [日]福田平:《刑法各论》(全订第3版增补),有斐阁2002年版,第252页。

③ 参见日本东京高等裁判所1980年3月3日判决,载日本《裁判月报》第12卷第3号,第67页。

④ [德]乌尔里希·齐白:《コンピユ－タ犯罪と刑法Ⅰ》,[日]西田典之、山口厚译,成文堂1986年版,第205页。另参见[德]卡尔·恩吉施:《法律思维导论》,郑永流译,法律出版社2004年版,第48页;Claus Roxin, Strafrecht Allgemeiner Teil, Band. 1, 3. Aufl., C. H. Beck, 1997, S. 96.

⑤ 参见[韩]吴昌植编译:《韩国侵犯财产罪判例》,清华大学出版社2004年版,第135页。

是取得财物的原因”;[①]或者说,“欺骗必须影响被害人的头脑”。[②]

“然而现在由于科技的发达,透过电脑的作用,机器也可以接受人所传达给它的讯息并且做出人所预期的反应,所以这样的机器在一定范围里头,它的思想能力和作用方式和人是一样的,再加以这样的机器的反应能力和模式都是可以由人透过软体(程式)来控制,因此学者有认为自动贩卖机是人的意思的延伸,对自动贩卖机的不正使用已经影响到自动贩卖机所有人的意思活动,对自动贩卖机施‘诈术’也应受诈欺罪的规范(沈银和:《司法周刊》第266期)。”[③]但是,这种观点值得商榷。

首先,构成要件是犯罪的定型,诈骗罪是一种具体类型,有特定的构造与模型,即行为人的欺骗行为导致受骗者陷入或者维持认识错误,进而处分财产。如果认为计算机等机器也可能成为受骗者,则导致诈骗罪丧失其定型性,从而使诈骗罪的构成要件丧失罪刑法定主义机能。与此相联系,如果认为计算机等机器也可以成为欺骗行为的受骗者,那么,就几乎不可能区分诈骗罪与盗窃罪。例如,根据机器可以成为受骗者的观点,将普通铁币投入自动贩卖机而取出商品的行为,构成诈骗罪。这是难以令人接受的。再如,许多汽车装有智能锁,其钥匙具有识别功能。如果采纳机器也可能成为受骗者的观点,那么,使用某种工具打开汽车的智能锁开走汽车的,也成立诈骗罪。不仅如此,倘若采纳机器也可能成为受骗者的观点,当被害人的住宅大门安装智能锁时,行为人使用工具使该门打开的,也属于欺骗机器;从住宅取得财物的,也成立诈骗罪。概言之,“如果依照欺骗机器也是诈骗的见解,用铁丝将金库的门打开的,也变成诈骗了”。[④] 这显然不合适。

或许有人认为,开走汽车等例与诈骗自动取款机、自动贩卖机等并不相同。诈骗自动贩卖机时存在“投入铁片→机器作出错误反应→自

---

① Richard Card, *Criminal Law*, 14th ed., Butterwords, 1998, pp. 304, 310.

② Janet Dine & James Gobert, *Cases & Materials on Criminal Law*, 2nd ed., Blackstone Press Limited, 1998, p. 392.

③ 黄荣坚:《刑法问题与利益思考》,台北,元照出版有限公司1999年版,第82页。主张机器可以成为受骗者的是沈银和,黄荣坚教授在《刑法问题与利益思考》一书中批判了这种观点。

④ [日]町野朔:《刑法各论の现在》,有斐阁1996年版,第124页。

动吐出商品”的过程,所以构成诈骗罪;而打开汽车的智能锁不存在这样的过程,所以,打开智能锁开走汽车的仍成立盗窃罪。可是,所谓机器“自动吐出商品”,并不意味着将商品处分给行为人。在他人支配的领域,在行为人没有使用货币的情况下,机器“自动吐出的商品”并不等同于交付给行为人的商品,因为在没有人投入货币的情况下,自动贩卖机取货处的商品由自动贩卖机的管理者占有,而不是无主物或遗忘物。行为人要非法占有商品,必须另实施“取得”(盗窃)行为,自动贩卖机不可能自动将商品吐入行为人的口袋或提包内。换言之,投入普遍铁片的行为,并不能直接导致行为人取得商品。所以,投入普通铁片取得商品的行为依然成立盗窃罪。同样,当行为人打开他人汽车的智能锁时,也可以说汽车作出了错误反应,车门可以任由行为人打开。在这种情况下,汽车仍然由车主占有;行为人要非法占有汽车,也必须另实施“取得”(盗窃)行为。所以,两种行为的构造并不存在性质区别。①

不妨再以自动取款机为例说明。某天下午,某银行自动取款机管理员马某发现取款机内只剩下8000多元,遂取出25万元现金准备装入自动取款机。按银行规定,取款机的密码由马某管理,钥匙由营业员于某保管,开启自动取款机时必须两人同时在场,但恰巧此时有人办理业务,于某一时走不开,便将钥匙交给马某,由马某一人完成了现金装机工作。次日,自动取款机中的25万元不翼而飞。事后查明,银行当晚值班保安付某待在值班室内,闲极无聊时,想起银行同事曾说过自动取款机保险柜锁十分高级,除非同时具备专门钥匙和密码,否则休想打开。自诩是“开锁专家”的付某想试一试这把锁中之王能否被自己打开,便找来一根铁丝和一个发卡,试着将铁丝捅进锁内,然后用发卡一拨,密码盘竟然转动起来,再一拉把手,仅半分钟时间,保险柜门居然开了。付某将全部现金分装成5个口袋全部取走(“开锁专家”案)。某区检察院以涉嫌盗窃罪对犯罪嫌疑人付某实施逮捕。据技术人员介绍,该类取款机是德国进口取款机,安全性能很高,密码十分复杂,任何人单凭记忆很难记下密码,同时钥匙也不能复制。② 如果认为机器可以

① 这涉及诈骗罪的直接性要件问题,后面将会展开讨论。

② 蒋天兵、蒋丽华:《铁丝一捅发卡一拨 就能打开取款机》,载《检察日报》2004年12月13日,第3版。

成为诈骗罪的受骗者,那么,上述自动取款机也可以成为受骗者;付某的行为就是通过欺骗自动取款机取得财物,进而构成诈骗罪。但这是不可思议的结论。打开自动取款机的锁取出其中的现金与将伪造的信用卡插入自动取款机中取出其中的现金并无区别。如果说存在欺骗,那么,前者欺骗的是智能锁(存在密码),后者欺骗的是智能取款程序(同样存在密码);但不管是智能锁还是智能取款程序,都是人设计的。付某打开自动取款机的锁后,要非法占有其中的现金,必须另实施转移行为;同样,行为人持伪造的信用卡使自动取款机吐出现金后,要非法占有吐出的现金,也必须另实施转移行为。所以,肯定付某的行为构成盗窃罪,而认定使用伪造的信用卡从自动取款机中提款的行为构成诈骗罪,有自相矛盾之嫌。

其次,从“诈骗”一词的基本含义来看,受骗者只能是自然人,因为机器不会陷入错误。“由于诈术是对别人认知的影响,只有人,才会在认知上被影响;换言之,只有人,才会有错误。至于机器,并没有认知的能力,机器是依照特定的指令而作反应或不作反应。指令正确,就有预设的动作出现;指令不正确,就不会有反应。对自动机器设备施用诈术,而取得贩卖机里面的物品或劳务,是对于自动贩卖机下达指令;这个指令如有对于机器是一个正确的指令,就有它预设的动作会出现。因为,就机器本身而言,乃完全依据程式语言的指令,就一定的程式加以处理,所以,根本无所谓受欺罔致生错误的情事产生。”[①]换言之,诈骗罪中的欺骗行为,必须是使他人(受骗者)产生与客观真实不相符的观念(认识错误)的行为。而使用伪造的信用卡等从自动取款机中取款的行为,并不是使自动取款机产生与客观真实不相符的观念,相反,其符合自动取款机预先设置的内容(如密码等),故不能认定为欺骗行为。

最后,上述观点认为,“自动贩卖机是人的意思的延伸,对自动贩卖机的不正使用已经影响到自动贩卖机所有人的意思活动,对自动贩卖机施‘诈术’也应该受诈欺罪的规范”。但其理由存在疑问。(1)如上所述,虽然自动贩卖机是按照人设计的程式处理事情,但并不认为自动贩卖机就具有人的意思活动。相反,当行为人将并非硬币的金属片投

---

① 张丽卿:《机器与诈欺》,载蔡墩铭主编:《刑法争议问题研究》,台北,五南图书出版股份有限公司1999年版,第526页。

入自动贩卖机时,虽然因为符合设定的程式而能取得其中的商品,但这种行为只是违反了自动贩卖机所有人的意志,而不是使自动贩卖机所有人陷入认识错误。换言之,“人所延伸到贩卖机里头的意思也仅仅是人的意思的一部分,而不是全部……仅仅在人所输入到贩卖机的程式作用所及的范围内,人的意思是延伸到贩卖机上,如果超过了这个范围,机器依然是没有意思作用的机器,也不可能是人的意思的延伸了”。[①] 将并非硬币的金属片投入自动贩卖机时,已经超出了人的意思延伸的范围,所以,自动贩卖机不能按其所有人的原本意思拒绝交付商品,相反仍然能使行为人取得商品,这便不可能是自动贩卖机所有人的意思的延伸了。(2)如果说自动贩卖机、自动取款机是人的意思的延伸,那么,当自动贩卖机、自动取款机出现故障,行为人持捡拾的IC卡到自动取款机取款时,就难以说是人的意思的延伸了。即使依照机器可以成为受骗者的观点,对这种行为恐怕也只能认定为盗窃罪。因为,在这种场合,行为人之所以能够取款,也是因为IC卡与行为人输入的指令符合了(出现故障的)自动取款机的程序,与自动取款机没有出现故障的情形并无区别。所以,机器可以成为受骗者的观点,会出现难以自圆其说的局面。(3)如果说自动贩卖机、自动取款机是人的意思的延伸,那么,当人对动物进行各种训练,使动物能够听从人的使唤时,动物也是人的意思的延伸。欺骗该动物取得财物的(如诱使被害人家的看门狗,将被害人住宅内的财物叼出后给行为人),也成立诈骗罪。这同样不可能被人接受。

在当今社会,利用计算机非法“取得”他人财物的现象确实比较普遍,又由于诈骗罪的受骗者只能是人,且大陆法系国家刑法规定的盗窃对象仅限于普通财物,所以,《德国刑法》除了在第263条规定诈骗罪之外,还在第263a条增设了计算机诈骗罪;《日本刑法》第246条规定了诈骗罪,基于相同的原因,其第246条之二规定了利用计算机诈骗罪;瑞士刑法、韩国刑法也是如此。我国刑法没有规定计算机诈骗罪,那么,能否认为我国刑法所规定的普通诈骗罪以及其他特殊诈骗罪包含了计算机诈骗呢?换言之,能否认为我国刑法中的诈骗罪的受骗者可以是计算机等机器呢?

---

① 黄荣坚:《刑法问题与利益思考》,台北,元照出版有限公司1999年版,第82~83页。

要回答这一问题,首先必须了解德国、日本等国刑法关于计算机诈骗罪的规定内容。《德国刑法》第263a条规定:“意图使自己或第三人获得不法财产利益,通过程序的不正确形式、通过使用不正确的或不充分的数据、通过无权地使用数据,或者其他通过无权地作用于操作过程而影响处理过程的结果,因而损害他人财产的,处五年以下自由刑或罚金刑。”《日本刑法》第246条规定了普通诈骗罪,第246条之二规定:“除前条规定外,向他人处理事务使用的电子计算机输入虚伪信息或者不正当的指令,从而制作与财产权的得失或者变更有关的不真实的电磁记录,或者提供与财产权的得失、变更有关的虚伪电磁记录给他人处理事务使用,取得财产上的不法利益或者使他人取得的,处十年以下惩役。”《韩国刑法》第347条之二规定:“向计算机等信息装置中输入虚伪信息或者不正命令而处理信息,取得财产上利益或者使他人取得的,处十年以下有期徒刑或者二千万圆以下罚金。”这几个条文的表述不完全相同,但其内容没有原则区别。

根据日本学者的解释,计算机诈骗的立法旨趣如下:现在,在以银行业务为首的各种交易领域,债权债务的管理、结账、资金转移等财产权的得失、变更的事务,不通过人而基于电磁记录进行自动处理的机制正在增加,其结果,在从各个交易的成立至履行或者结账为止的过程中,人的参与程度便极为稀薄。而一些行为人正是利用了这一特点,直接通过向计算机输入虚伪信息或不正当指令,从而取得债权或者减免债务。但是,制定于1907年的日本刑法没有设置以这种事务处理机制为前提的处罚规定,其规定的盗窃罪又只限于狭义的财物,而不包括财产性利益。一方面,上述行为没有欺骗他人(因为机器不能被骗),因而不符合诈骗罪的构成要件;另一方面,上述行为在没有窃取财物的情况下,不符合盗窃罪的构成要件。所以,增设利用计算机诈骗罪,就是为了处理那些既不符合诈骗罪也不符合盗窃罪构成要件的行为。由于对于窃取财物的行为可以适用盗窃罪的规定,故该规定只处罚通过计算机取得财物以外的财产性利益的行为。[①] 例如,不法利用他人的储蓄卡,从自动取款机上将他人的存款转移到自己的存折上,但又没有取出

---

① 参见[日]内田幸隆:《背任罪と诈欺罪との关系》,载《早稻田法学会杂志》2003年第53卷,第116页。

存款的行为,由于还没有取得财物,只是取得了财产性利益,所以在日本、德国、韩国不能认定为盗窃。再如,将他人的存款转移到自己的存折后,在还没有现金化的期间,通过自动付款交纳电话、水电等费用,由于行为人没有取得现金,仅取得了财产性利益,在日本、德国、韩国也不能认定为盗窃罪。此外,金融机构的工作人员通过计算机非法增加自己的存折中存款数额的行为,尽管取得了事实上可以自由处分的财产上利益,但在不当操作计算机阶段,因为没有介入人的判断作用,缺乏欺骗与受骗者的认识错误的要件,在日本、德国、韩国也不成立诈骗利益罪。所以,增设上述条文,正是为了对应这种处罚上的空隙。①

显然,正是因为机器不能成为受骗者,而盗窃的对象仅限于财产性利益以外的财物,导致前述行为既不符合诈骗罪的构成要件也不符合盗窃罪的构成要件,德国、日本、韩国等国刑法才增加利用计算机诈骗罪的规定。如果诈骗罪的构成要件能够涵摄前述行为,那么,德国、日本、韩国等国的刑法就完全没有必要增加利用计算机诈骗罪的规定。换言之,如果机器可以成为诈骗罪的受骗者,德国、日本、韩国刑法新增设有关利用计算机诈骗的规定,就纯属画蛇添足了。

诚然,在进行比较解释时,解释者不能只阅读文字表述与考察犯罪名称,而应注重规定某种犯罪的条文在刑法体系中的地位,从而了解相同用语在不同国家的刑法中所具有的不同含义,不能认为我国刑法规定的诈骗罪范围与外国刑法规定的诈骗罪规范必须完全相同。因此,不能因为德国、日本、韩国刑法中的盗窃罪不能涵摄前述行为,也认为我国刑法关于盗窃罪的规定也不能涵摄前述行为。尽管如此,本书依然不主张扩大诈骗罪中的受骗者的范围,仍然主张计算机等机器不能成为诈骗罪的受骗者。

首先,如前所述,如果认为诈骗罪的受骗者不限于人,就必然导致诈骗丧失其基本构造,从而使诈骗罪的构成要件丧失定型性,这便不利于实现构成要件的罪刑法定主义的机能。而且,如果认为诈骗罪的受骗者不限于人,就必然造成诈骗罪与盗窃罪无法区分的局面。这也是德国、日本刑法理论与审判实践严格将诈骗罪的受骗者限定为自然人

---

① 参见[日]西田典之著、桥爪隆补订:《刑法各论》(第7版),弘文堂2018年版,第233～234页。

的重要原因。罪刑法定原则是刑法的基本原则，是刑法的生命。如果为了使前述行为受到处罚而使诈骗罪的构成要件丧失定型性，则有违反罪刑法定原则之嫌。

其次，虽然德国、瑞士、日本、韩国刑法都分别明文规定"使他人陷入错误"与"欺骗他人"，从而明确将诈骗罪的受骗者限定为人，而我国刑法只是规定"诈骗公私财物"，似乎没有明文将诈骗罪的受骗者限定为人，但如前所述，要求我国刑法规定的诈骗罪的受骗者必须是自然人，是体系解释的结论。如果没有自然人陷入或者继续维持认识错误，就不可能有基于认识错误的财产处分行为，就没有诈骗可言。所以，并不是因为德国、瑞士、日本、韩国刑法及其理论与判例要求诈骗罪的受骗者必须是自然人，本书才这样要求，而是诈骗罪的基本特点决定了受骗者必须是自然人。

再次，将计算机等机器排除在诈骗罪的受骗者之外，并不与《刑法》第287条相冲突。《刑法》第287条规定："利用计算机实施金融诈骗、盗窃、贪污、挪用公款、窃取国家秘密或者其他犯罪的，依照本法有关规定定罪处罚。"这似乎表明，计算机可以成为金融诈骗罪中的受骗者。其实不然。

（1）《刑法》第287条属于注意规定。注意规定是在刑法已作基本规定的前提下，提示司法工作人员注意、以免司法工作人员忽略的规定。它有两个基本特征：其一，注意规定的设置，并不改变基本规定的内容，只是对相关规定内容的重申；即使不设置注意规定，也存在相应的法律适用根据（按基本规定处理）。一方面，《刑法》第287条旨在引起司法工作人员的注意，对利用计算机实施的各种犯罪，应当依照有关金融诈骗、盗窃、贪污、挪用公款等罪的规定（基本规定）定罪处罚；不能因为《刑法》第285条、第286条规定了两种计算机犯罪，便对利用计算机实施的金融诈骗、盗窃、贪污、挪用公款等罪也以计算机犯罪论处。另一方面，即使没有这一规定，对上述利用计算机实施的各种犯罪，也应当依照刑法的相关基本规定定罪处罚。其二，注意规定只具有提示性，其表述的内容与基本规定的内容完全相同，因而不会导致将原本不符合相关基本规定的行为也按基本规定论处。换言之，如果注意规定指出"对A行为应当依甲罪论处"，那么，只有当A行为完全符合甲罪的构成要件时，才能将A行为认定为甲罪。同样，只有当利用计算机实施金融诈骗的行为完全符合金融诈骗罪的构成要件时，才能以金融诈骗罪论处。所以，《刑法》第 287 条并不导致将原本不符合金融诈骗罪要件的行为也认定为金融诈骗罪。

（2）区分注意规定与法律拟制，具有一个重要意义：对于注意规定，应当按照基本规定作出解释；对于法律拟制，应当按照该拟制规定所使用的用语的客观含义进行解释。例如，如果认为《刑法》第 267 条第 2 款属于注意规定，那么，只能按照《刑法》第 263 条规定的抢劫罪的构成要件解释"携带凶器抢夺"（如要求使用或者显示凶器）；如果认为《刑法》第 267 条第 2 款属于法律拟制，则只能根据"携带凶器抢夺"的客观含义作出解释（不要求使用与显示凶器）。由于《刑法》第 287 条属于注意规定，所以只能按照基本条款解释，即只能按照刑法关于金融诈骗罪的规定进行解释。既然金融诈骗罪以符合普通诈骗罪的构成要件为前提，既然诈骗罪的受骗者只能是自然人，所以，利用计算机进行金融诈骗时，也必须有作为受骗者的自然人。

（3）如果认为《刑法》第 287 条是法律拟制或特别规定，那么，由于法律拟制的内容并非"理所当然"，只是立法者基于特别理由才将并不符合某种规定的情形（行为）赋予该规定的法律效果，对法律拟制的内容不能"推而广之"，所以，利用计算机之外的其他机器设备进行金融诈骗的，则不成立金融诈骗罪而成立盗窃罪，这就会导致定罪量刑的不协调。即同样是利用机器的行为，利用计算机进行金融诈骗的，成立金融诈骗罪；而利用其他机器进行金融诈骗的，则成立盗窃或其他罪。这显然不协调。此外，如果认为《刑法》第 287 条是法律拟制或特别规定，那么，利用计算机进行合同诈骗或者普通诈骗的，就不能认定为合同诈骗罪与普通诈骗罪。这也导致定罪量刑不协调。所以，只有将《刑法》第 287 条解释为注意规定，并要求利用计算机进行金融诈骗的行为符合金融诈骗罪的构成要件才构成金融诈骗罪，才能克服上述不协调现象。[①]

最后，将计算机等机器排除在诈骗罪的受骗者之外，并不意味着对前述行为不以犯罪论处。因为前述行为严重侵害了他人法益，在本质上值得科处刑罚，所以，如果符合其他犯罪的构成要件，就应当以其他

① 参见张明楷：《刑法分则的解释原理》（下）（第 2 版），中国人民大学出版社 2011 年版，第 622 页以下。

犯罪论处。如上所述,在德国、日本、韩国等国,之所以对前述行为不能以盗窃罪论处,是因为这些国家的刑法明文将财物与财产性利益分别予以规定,而盗窃罪的对象只限于狭义的财物,盗窃财产性利益的行为不构成犯罪。一方面,本章第二节已经论述了作为诈骗罪对象的财物包含财产性利益,而且论证了这一解释结论并不违反罪刑法定原则。另一方面,我国刑法将盗窃罪、诈骗罪的对象都表述为"财物",既然作为诈骗罪对象的财物包含财产性利益,那么,作为盗窃罪对象的财物也能够包含可以转移的财产性利益。例如,2004 年 6 月,胡某在 www.163.com 网站上申请了一个个人主页,将"密码解霸"程序链接在上面。同年 8 月,胡某利用该程序在互联网上窃取了某公司曹某在工商银行开设的银行账户和对应的牡丹灵通卡号及密码,并多次在互联网上窥视其账面情况。同年 12 月,胡某再次侵入工商银行网上银行系统,从曹某账户上盗转 2 万元到其预先开设的账户上。胡某尚未取出存款时,即被抓获(网上盗转存款案)。由于胡某只是将他人的存款转移到自己的存折上,并没有取出存款,即没有取得狭义的财物,在德国、日本、韩国不能认定为盗窃罪,但在我国则完全可以认定为盗窃罪。[①] 司法实践也几乎没有疑问地将这种行为认定为盗窃罪。既然如此,在刑法没有增设(在我国也无必要增设)利用计算机诈骗罪的情况下,对类似行为以盗窃罪论处,既不存在处罚上的空隙,也不违反罪刑法定原则,因而没有必要将诈骗罪的受骗者扩大为计算机等机器。

许霆案[②]发生后,有学者主张其行为成立诈骗罪,其基本理由如下:(1)利用 ATM 的错误非法套取银行钱款,正如行为人使用小额票面值

---

① 笔者曾经指出:"《日本刑法》第 246 条规定了诈骗罪,第 246 条之二规定了使用计算机诈骗罪,第 248 条规定了准诈骗罪(准诈骗罪,是指利用未成年人的知虑浅薄或者他人的心神耗弱,使之交付财物,或者取得财产上的不法利益或者使他人取得的行为);而我国刑法没有规定后两种罪名。我们当然不能认为,使用计算机诈骗与准诈骗的行为,没有被我国刑法规定为犯罪,因而不得定罪处刑;相反只能认为,这些行为包含在我国刑法第 266 条规定的诈骗罪中。"参见张明楷:《受贿罪的共犯》,载《法学研究》2002 年第 1 期,第 41 页。上文中的最后一句存在疏漏,应当表述为:"相反只能认为,这些行为包含在我国《刑法》第 266 条、第 264 条规定的诈骗罪与盗窃罪中。"

② 2006 年 4 月 21 日 22 时,被告人许霆来到天河区黄埔大道某银行的 ATM 取款机取款。许霆取出 1000 元后,发现银行卡账户里只被扣了 1 元,于是,许霆连续取款 5.4 万元。当晚,许霆回到住处,将此事告诉了同伴郭某。两人随即再次提款,之后反复操作多次。后经查实,许霆先后取款 171 笔,合计 17.5 万元;郭某取款 1.8 万元。事后,二人各携赃款潜逃。

的钞票哄骗无知幼童(如把10元钞票说成100元钞票),进而骗取其价值较大之物品一样,完全符合诈骗罪的本质特征,应认定为诈骗罪。(2)人类在设计智能机器人或电脑之时,已经赋予了其一定的人类思维能力与认识能力乃至情感表达能力,因而机器人已经具有了“人”的诸多特征。既然如此,法律以及法律学说就应当承认机器人具有一定的人类“性格”。(3)瑞典、丹麦等国刑法明确规定许霆的行为属于诈骗性质,因而应当按照诈骗类犯罪定罪处罚。① 但是,这种观点和理由都难以成立。

其一,如前所述,诈骗罪有特定的构造,即行为人的欺骗行为导致受骗者陷入或者维持认识错误,进而处分财产。如果没有行为人的欺骗行为,受骗者便不会基于认识错误处分财产。反过来说,如果受骗者知道真相将不处分财产,那么,导致受骗者处分财产的行为便是欺骗行为。而且,即使行为人不讲明真相,受骗者也可能知道真相。但ATM是不可能知道真相的。使用伪造的信用卡等从ATM中取款的行为,并不是使ATM产生与客观真实不相符的观念,相反,是符合ATM预先设置的内容(如密码等)的行为,故不能认定为欺骗行为。例如,当甲用拾来的信用卡在ATM上取款时,即使他对ATM说“我用拾来的卡取点钱”,只要密码正确,机器也会吐出现金;反之,当甲用拾来的信用卡在银行柜台取款时,他对银行职员说“我用拾来的卡取点钱”,银行职员就不会让其取款。这说明机器是不同于自然人的。既然就ATM而言,不存在“知道真相将不处分财产”的问题,那么,对ATM就不可能存在欺骗行为,因而不可能对机器成立诈骗罪。

其二,不能以机器人已经具有了“人”的诸多特征为由,肯定机器可以被骗。ATM虽然是人设计的,但不能据此认为其是有意识的“人”,否则,任何制造物以及经过训练的动物都有人的意识。退一步讲,即使说人的意识延伸到ATM中了,也不意味着ATM基于有瑕疵的意识处分了财产。倘若将ATM当人看待,那么,将ATM砸坏后取走其中现金的行为,就成立抢劫罪了,因为行为人对机器“人”实施了暴力,使机器“人”丧失保护现金的能力,进而取走了现金。恐怕没有人会赞成这样

---

① 参见谢望原:《无情的法律与理性的解释》,载《法制日报》2008年1月20日,第14版。

的结论。

其三,《瑞典刑法》第9章第1条第2款规定:"输入不正确或不完整的信息,或者修改程序或记录,或者使用其他手段非法影响自动数据处理或其他类似自动处理的结果,致使行为人获利而他人受损的,也以诈欺罪论处。"此外,芬兰、挪威、英国、澳大利亚等国刑法均有类似规定。但这样的规定并不能说明在我国机器也可以被骗。《瑞典刑法》第9章第1条第1款规定:"欺骗某人为或不为某行为,致使被害人获利而被欺骗或其代表的人受损的,以诈欺罪处2年以下监禁。"显然,只有"某人"可以成为诈欺罪的对象。正是因为机器不能成为诈欺罪的对象,而诈欺机器取得利益的行为不成立盗窃罪(《瑞典刑法》第8章第1条规定,盗窃罪的对象仅限于财物),所以存在处罚上的空隙,于是《瑞典刑法》第9章第1条第2款将向机器输入不当指令而获利的行为,拟制为诈欺罪。根据《瑞典刑法》的规定,倘若没有第9章第1条第2款的规定,向机器输入不当指令而获利的行为是不可能成立诈欺罪的。换言之,如若没有第9章第1条第2款的规定,对于向机器输入不当指令而获利的行为,也能认定为诈欺罪,《瑞典刑法》就没有必要在1986年增加第9章第1条第2款。不难看出,《瑞典刑法》第9章第1条第2款是一种拟制规定。我国《刑法》第266条规定了诈骗罪,如前所述,诈骗罪的构造决定了其欺骗的对方必须是人。但是,我国刑法并没有像《瑞典刑法》第9章第1条第2款那样的规定,既然如此,就不能将《瑞典刑法》第9章第1条第2款的规定适用于我国,如同没有规定事后抢劫罪的国家不能按照我国《刑法》第269条处理案件一样。概言之,以外国刑法中的拟制规定为根据,认为在我国机器可以被骗,是一种类推解释。①

如上所述,德国、日本、韩国等国是通过增设计算机诈骗罪对部分盗窃财产性利益的行为实行犯罪化的,这种做法既维持了盗窃对象只能是狭义财物的立场,也维持了机器不能成为受骗者的立场。然而,我国刑法并没有规定计算机诈骗罪,而通过计算机非法取得他人财产性利益的行为也值得科处刑罚,所以在解释论上,只有两个途径可以考虑:一是将机器解释为诈骗罪的受骗者,但如前所述,这种解释结论存在重大疑问,造

① 对许霆的行为只能认定为盗窃罪。参见张明楷:《许霆案的刑法学思考》,载《中外法学》2009年第1期,第30页以下。

成诸多混乱;二是将财产性利益解释为盗窃罪的对象。换言之,将财产性利益解释为盗窃罪的对象后,就没有必要增设计算机诈骗罪了。

那么,为何德国、日本、韩国等国刑法不扩大盗窃罪的对象,而增设计算机诈骗罪呢?在本书看来,德国、日本、韩国等许多国家的刑法之所以不处罚盗窃财产性利益的行为,主要基于以下原因:

第一,德国、日本、韩国等国的刑法所规定的盗窃罪不以数额较大为成立条件,加之财产性利益的范围可能比较宽泛,所以,如果处罚盗窃财产性利益的行为,可能导致盗窃罪的处罚范围漫无边际。例如,倘若将盗窃罪的对象扩大为包括财产性利益,那么,没有购买入场券而溜进电影院看一场电影,没有购买车票却坐了一站公共汽车,盗打一次他人电话,偷听他人有关情报的谈话等,都构成盗窃罪。[①]

第二,由于上述国家的盗窃罪不以数额较大为成立条件,所以,许多盗窃财产性利益的行为事实上被评价为盗窃了有体物而认定为盗窃罪。例如,盗窃他人存折、银行卡的,就存折、银行卡这种有体物本身成立盗窃罪;如果事后又从银行柜台取出现金或者在特约商户消费的,另成立诈骗罪,而且属于并合罪。[②] 再如,情报是否是财产性利益还存在争议[③],但作为情报载体的一张纸,因为是有体物而被评价为财物,所以,虽然盗窃情报无罪,但盗窃作为情报载体的一张纸的,成立盗窃罪。[④] 换言之,虽然上述国家刑法规定上不处罚盗窃财产性利益的行为,但许多盗窃财产性利益的行为因为同时盗窃了有体物,而被认定为盗窃财物的行为予以处罚。

第三,认为债权等财产性利益不能成为盗窃罪的对象,可谓 19 世纪的观念。一方面,当时的金融工具、手段等没有现在发达,不可能或者难以通过盗窃手段转移债权等财产性利益。例如,行为人不可能通过盗窃方式将他人存款债权转移到自己存折上。只是基于被害人有瑕疵的意思,才可能转移债权等财产性利益。所以,这些国家的刑法往往

---

① 参见[日]西田典之著、桥爪隆补订:《刑法各论》(第 7 版),弘文堂 2018 年版,第 152 ~ 153 页;[日]井田良:《讲义刑法学 · 各论》,有斐阁 2016 年版,第 192 页。

② 参见[日]川端博:《集中讲义刑法各论》,成文堂 1999 年版,第 127 页。

③ 参见[日]山口厚:《刑法各论》(第 2 版),有斐阁 2010 年版,第 215 页。

④ 参见张明楷:《市场经济下的经济犯罪与对策》,中国检察出版社 1995 年版,第 235 页;[韩]吴昌植编译:《韩国侵犯财产罪判例》,清华大学出版社 2004 年版,第 5 页。

规定抢劫罪、诈骗罪、敲诈勒索罪的对象可以是财产性利益。另一方面,没有基于被害人的意思取得的所谓债权,不会得到民法上的认可,因而通过民法就能保护被害人的债权。随着金融工具、手段的发达,出现了通过计算机等手段转移他人债权等财产性利益的犯罪类型,于是这些国家的刑法立即增加了利用计算机诈骗等犯罪。增设这类犯罪之后,处罚盗窃财产性利益的必要性更小。

但在我国,应当肯定盗窃财产性利益构成盗窃罪的可能性。

第一,如前所述,由于对财产性利益的范围能够进行合理限定,特别是盗窃罪的成立一般以数额较大为要件,所以,即使处罚盗窃财产性利益的行为,也不至于使盗窃罪的处罚范围漫无边际。所窃取的利益不会达到数额较大的起点,不可能以盗窃罪论处,因而不至于使盗窃罪的处罚范围过于宽泛。但盗打他人电话等行为达到数额较大起点的,将其认定为盗窃罪便具有合理性。

第二,在我国,盗窃罪的成立一般以数额较大为起点,对单纯盗窃财产性利益的凭证的行为,通常不可能以凭证本身的价值认定为盗窃罪(《刑法》第196条第3款的规定就表明了这一点),①因而不利于保护财产性利益;只有肯定财产性利益可以成为盗窃罪的对象,才能有效保护财产性利益。

第三,我国的刑法规定与审判实践也肯定了财产性利益可以成为盗窃罪的对象。如《刑法》第265条规定:"以牟利为目的,盗接他人通信线路、复制他人电信码号或者明知是盗接、复制的电信设备、设施而使用的,依照本法第二百六十四条的规定定罪处罚。"该条实际上是对盗窃财产性利益的规定。再如,最高人民法院2000年4月28日通过的《关于审理扰乱电信市场管理秩序案件具体应用法律若干问题的解释》第7条、第8条分别规定:"将电信卡非法充值后使用,造成电信资费损失数额较大的,依照刑法第二百六十四条的规定,以盗窃罪定罪处罚。""盗用他人公共信息网络上网账号、密码上网,造成他人电信资费损失数额较大的,依照刑法第二百六十四条的规定,以盗窃罪定罪处罚。"这种司法实践的合理性应当得到肯定。

第四,由于我国刑法没有规定利用计算机诈骗等犯罪,所以,只有

---

① 只有入户盗窃、扒窃或者携带凶器盗窃时,才有认定为盗窃罪的可能性。

将财产性利益也作为盗窃罪的对象，才不至于产生处罚上的空隙。从现实来考虑，许多财产性利益与狭义的财物已经没有实质区别，如果将财产性利益排除在盗窃罪的对象之外，则不仅难以保护财产法益，而且会造成处罚不协调的局面。例如，郑某是某集团的装配工，其利用午休期间车间无人之际，通过车间统计员的电脑多次窃取了本车间多名职工的工资卡（某国有银行借记卡）卡号。然后，郑某购买了一张名为"王某某"的假身份证，以此办理了一张联通手机卡。他利用多数职工疏忽大意未更改银行卡原始密码的便利条件，以及该行电话银行客户服务系统的转账功能，使用已掌握的卡号和密码，先后60余次通过电话银行服务系统，将其他职工借记卡上的钱款转移到"王某某"的手机上，金额达5万余元（电话转账案）。应当认为，郑某只是盗窃了他人的存款债权，但存款债权可以随时转化为金钱，使其与金钱实质上已经没有区别。如果对郑某的行为不以盗窃罪论处，则不能有效地保护公民的财产，而且造成处罚的不协调：盗窃金钱的受刑罚处罚，而盗窃可以随时转化为金钱的存款债权的不受刑罚处罚，这便违反了刑法的公平正义性。①

有的学者指出，"虽然我国刑法并无计算机诈骗罪的规定，但人工智能时代'机器不能被骗'的时代意义和社会效果应受到质疑，应将诈骗类犯罪扩大适用于具有财产处分功能的智能设备。人的身份识别信息、身份真实或权限授予的存在，是第三方支付设备的'实质财产转移条件'，行为人冒充真实用户向第三方支付设备发出支付指令，利用支付设备正常的财产处分功能取财的，应构成诈骗犯罪；回避、排除智能设备正常财产处分功能取财的，应构成盗窃罪"。② 但是，某种智能设备是否具有财产处分功能，本身就没有一个明确的标准，因此，这种观点

① 在刑法明文规定不处罚盗窃财产性利益的国家，这种行为不可能认定为盗窃罪。例如，韩国不处罚盗窃财产性利益的行为，所以盗打他人电话的行为不成立盗窃罪。韩国大法院的判例指出："擅自使用他人电话通话的行为，是利用电信事业者的通信线路和电话交换机等电信设备，以及通过电信技术电话用户，和对方通话的行为。甲使用他人电话通话的行为，是不当利用电信事业者给用户提供的音响收发机能的行为。由于电信服务只不过是无形利益而不是物理的管理对象，因此不是财物，因而不能成为盗窃罪的对象。"参见［韩］吴昌植编译：《韩国侵犯财产罪判例》，清华大学出版社2004年版，第2页。

② 杨志琼：《利用第三方支付非法取财的刑法规制误区及其匡正》，载《政治与法律》2018年第12期，第49页。

必然导致诈骗罪与盗窃罪的界限模糊不清。[①] 当被害人一方设定了“实质财产转移条件”时,行为人冒充真实用户向第三方支付设备发出支付指令取得财产的行为,由于不符合被害人设定的条件,当然属于违反被害人的意志转移财产,而不是基于被害人有瑕疵的意志取得财产。

还有学者指出,机器能够被骗,只是被骗的不是机器本身,而是机器背后的自然人。因为现代社会中的智能机器的作用是代理行为,而不是保障安全;行为人实际上是利用机器主人迷信机器的特点来使机器主人上当受骗。[②] 但是,这一观点存在一个重大疑问:机器背后的哪一个或者哪几个自然人受骗了?谁是基于认识错误处分财产的自然人?诚然,欺骗行为可以针对不特定的人,但无论如何,最终受骗的只能是特定的人,而不可能是抽象的一般人。认为机器背后的自然人受骗的观点,实际上是取消了诈骗罪中受骗者基于认识错误处分财产这一要素。不可否认,智能机器的作用是代理行为,但是,它并不能代理自然人产生认识错误;利用机器主人迷信机器的特点并不等于使机器主人成为受骗者,只是利用了机器的漏洞,或者利用了机器缺乏自然人的判断力的特点,其依然是违反机器主人的意志,而不是使机器主人产生了有瑕疵的意志。

此外还需要指出的是,不能将对自然人的欺骗行为理解为对机器的欺骗行为,进而肯定诈骗罪的受骗者可以是机器。**例如,甲在超市购物时,将便宜商品的价格条形码与贵重商品的价格条形码进行调换,然后将贴上了便宜价格条形码的贵重商品拿到收款台。收银员乙通过光笔(价格识别器)确认商品价格,进而误信该贵重商品的价格就是该条形码显示的价格,或者误信包装盒内所装的就是与条形码显示的价格相当的商品,从而按便宜价格收款,将贵重物品处分给甲(调换商品条形码案)。**在这种情况下,应认为甲欺骗的对象是乙,而不是光笔,因为光笔只是收银员乙确认价格的工具,陷入认识错误并处分财产的不是光笔,而是收银员乙。收银员乙之所以处分财产,是因为甲的欺骗行为

① 以机器的智能程度或者某种特征为标准,认定部分机器可以成为受骗者,部分机器不能成为受骗者,不可能有确定的界限。但自然人与机器是有绝对明确区分的,只承认自然人可以成为受骗者,才使诈骗罪与盗窃罪存在清晰的界限。

② 参见黎宏:《欺骗机器取财行为的定性分析》,载《人民检察》2011 年第 12 期,第 77 页以下。

导致其误信该条形码显示的价格为该贵重商品的真实价格，或者误信包装盒内所装的就是与条形码显示的价格相当的商品。再如，行为人在商场购物时，在 POS 机上使用伪造的储蓄卡，从而骗取商品的，也应认定为是对店员的欺骗，而不是对 POS 机的欺骗。因为处分财产的是店员，而店员误以为行为人使用的是真正的储蓄卡；产生这一错误的原因当然是行为人的欺骗行为所致。

明确机器不能成为诈骗罪的被骗者，有利于正确区分诈骗罪与相关犯罪（尤其是盗窃罪）的界限。例如，行为人购买伪造的货币后，采取将假钞与真币剪切、拼接的方法进行变造，然后使用借记卡将假钞存入银行的自动存款机，再从自动取款机中取出真币的，由于没有自然人受骗，不能认定为诈骗罪。司法实践中将这种行为认定为诈骗罪的做法并不妥当。例如，邵某发现某银行的自动柜员机存在故障，能够存入假币，于是以他人名义办理了三张太平洋借记卡，然后到该银行的两个分理处，采取存入假币取出真币的方法，先后从自动柜员机内获取 4000 元人民币（存假币取真币案）。有人认为，邵某的行为成立诈骗罪。因为在本案中"实际上是银行自动柜员机受到他的欺骗，也可以说，是邵某以隐瞒事实真相的方法欺骗了出故障的银行自动柜员机，这种情形和诈骗罪中的虚构事实相吻合。另外，欺骗自然人与欺骗电脑在性质上应当是一样的。我国刑法规定的诈骗行为针对的对象应当是自然人，而不是电脑或其他模拟人。但法律是滞后于社会发展的，不管制定法律时怎样对问题超前预见，它的条款总是难以赶上社会发展步伐的……电脑作为机器人或模拟人，就它本身来说，它是没有自己的思维和想象力的，它的智慧和功能都是自然人给的，是自然人编好运算功能和工作程序并输入后，它才按照自然人的要求工作的……从这一点来看，诈骗行为人欺骗电脑与欺骗自然人是一致的，也就是说，名义上是欺骗了电脑，而实际上仍然是欺骗了自然人。所以，本案中邵某利用自动柜员机失灵，欺骗银行较大数额财物的行为符合诈骗罪的特征"。①本书不赞成这种观点。刑法规定诈骗罪，是为了通过确保公正交易来保护财产，所以，诈骗罪要求受骗者基于自己的意志处分财产，只不过

---

① 董正平等：《利用自动柜员机失灵存假币取真币》，载《检察日报》2003 年 1 月 20 日，第 3 版。

这种意志具有瑕疵而已。诈骗罪与盗窃罪的基本区别之一在于,前者是受骗者基于有瑕疵的自由意志而处分财产,后者是违反被害人的意志而转移财产。邵某将伪造或者变造的货币存入自动存款机后取出真币的行为,并不是基于被害人有瑕疵的自由意志,相反,完全违反被害人的意志,因而不符合诈骗罪的特征,应以盗窃罪论处(将假币存入银行的行为可能另构成使用假币罪)。概言之,在上述案件中,没有人陷入认识错误,也没有人基于认识错误处分财产,故邵某的行为不成立诈骗罪。况且,既然承认"我国刑法规定的诈骗行为针对的对象应当是自然人,而不是电脑或其他模拟人",那么,就不能仅以刑法滞后于社会发展为由,将不符合刑法规定的诈骗罪的构成要件的行为认定为诈骗罪,否则就违反了罪刑法定原则。

(三)无处分能力的人能否成为诈骗罪的受骗者

在本书看来,将诈骗罪的受骗者限定为自然人还不够,还必须进一步将其限定为具有处分能力的自然人。要求受骗者是自然人,是因为只有自然人才能陷入认识错误并基于认识错误处分财产。所以,如果自然人不具有诈骗罪所要求的认识能力与处分能力,也不能成为诈骗罪的受骗者。正如日本学者福田平所言:"由于财产处分行为以处分意思为必要,所以,要求处分行为人具有财产处分能力。因为欠缺这种能力的人(完全缺乏意思能力的幼儿、精神障碍者等)的行为不能说是财产处分行为,故从这些人处取得财物的行为,不是诈骗罪,而是盗窃罪。"[①]例如,被告人甲见邻居家6岁的小孩乙到自己家玩时,想起乙家早年买过几枚金戒指,便问乙:"你家里有无金戒指?"乙说"有"。甲就叫乙拿来换钱并不让其告诉父母亲,乙当即允诺。乙背着父母亲将5枚金戒指分3次交给甲,甲也分3次付款70元给乙,比实际市场价格低了5000余元。由于乙不具有处分财产的能力,所以,只能认定甲的行为成立盗窃罪的间接正犯,乙是甲盗窃罪间接正犯的利用工具。

需要研究的是,知虑浅薄的未成年人(如13岁的未成年人)与心神耗弱者能否成为诈骗罪中的受骗者?

《日本刑法》第246条规定了普通诈骗罪,第248条规定:"利用未

---

① [日]福田平:《刑法各论》(全订第3版增补),有斐阁2002年版,第255页。

成年人的知虑浅薄或者他人的心神耗弱，使之交付财物，或者取得财产上的不法利益或者使他人取得的，处十年以下惩役。”该条所规定的犯罪被称为准诈骗罪。受此影响，旧中国1935年刑法第339条规定了普通诈骗罪，第341条规定：“意图为自己或第三人不法之所有，乘未满二十岁人之知虑浅薄或乘人之精神耗弱，使之将本人或第三人之物交付者，处五年以下有期徒刑、拘役或科或并科一千元以下罚金。”“以前项方法得财产上不法之利益或使第三人得之者，亦同。”1928年刑法第363条规定了普通诈骗罪，第365条也有准诈骗罪的规定。意大利、韩国、泰国等国刑法以及我国台湾地区“刑法”，都分别规定了普通诈骗罪与准诈骗罪。之所以规定准诈骗罪，是因为普通诈骗罪要求欺骗行为达到使一般人陷入错误的程度，[①]而利用未成年人的知虑浅薄或他人的心神耗弱进行诈骗时，只是利用其容易被诱惑的状态，除了积极地实施诱惑行为外，还包括任凭其任意地交付财物的行为。如果对这种行为不以犯罪论处或以盗窃罪论处则不妥当，所以，刑法特别规定准诈骗罪。但是，这并不意味着日本等国和我国台湾地区“刑法”中的普通诈骗罪的受骗者不包括知虑浅薄的未成年人与心神耗弱者；相反，如果行为人使用的欺骗手段达到了诈骗罪所要求的欺骗程度，则成立诈骗罪而不成立准诈骗罪。[②] 概言之，一方面，如果使用欺骗手段使未成年人等陷入认识错误进而处分财产的，成立诈骗罪；如果使用未达到欺骗程度的诱惑等手段使未成年人等交付财产的，成立准诈骗罪。[③] 另一方面，即使就准诈骗罪而言，诈骗对象也不包括无处分能力的自然人。正如我国台湾地区学者林山田在论述准诈骗罪时所言：“若未满二十岁之人，并不只系知虑浅薄，而系毫无知虑，例如无意思能力之幼童，或他人亦非精神耗弱，而系心神丧失，在此等状态下之人显已全无处分财产能力，也即无能交付财物或财物利益，故若行为人利用此等机会，取走其财物，则有如窃盗罪之以取走其物，破坏被害人与其物之持有关系，故系构成窃盗罪，而非本罪（指准诈骗罪——引者注）。”[④]

---

① 参见［日］木村光江：《刑法》，东京大学出版会1997年版，第302页。

② 参见［日］大塚仁：《刑法概说（各论）》（第3版），有斐阁1996年版，第267页以下。

③ ［日］山口厚：《刑法各论》（第2版），有斐阁2010年版，第277页以下；褚剑鸿：《刑法分则释论》（第2次增订版），台北，台湾商务印书馆1995年版，第1230页。

④ 林山田：《刑法各罪论》（第2次增订版），作者自版1999年版，第433页。

德国、瑞士等国刑法没有规定准诈骗罪,我国刑法也没有规定准诈骗罪,可以肯定的是,不管是在德国、瑞士,还是在我国,都不可能认为上述准诈骗行为不成立犯罪,只不过是认定为诈骗罪还是盗窃罪的问题;[①]而这一问题又取决于对普通诈骗罪中的欺骗行为的程度要求。如果认为欺骗行为必须达到足以使普通的一般人陷入或维持认识错误进而处分财产的程度,那么,上述利用未成年人的知虑浅薄或他人的心神耗弱使之交付财物的行为,只能认定为盗窃罪;如果认为财产性利益不能成为盗窃罪对象,则利用上述人的缺陷取得财产性利益的行为,不构成犯罪。如果认为欺骗行为只需达到足以使像受骗者那样的一般人陷入或维持认识错误进而处分财产的程度,其中的"一般人"也包含知虑浅薄与心神耗弱的人,则上述行为成立诈骗罪。

本书初步赞成后一种主张,即利用未成年人的知虑浅薄或者他人的心神耗弱,使之交付财物,或者不法取得财产性利益或者使他人取得的,成立诈骗罪。理由在于,具有一定认识与处分能力的未成年人与心神耗弱者,具有大体的真假观念,因而能够陷入认识错误;其基于认识错误处分财产时,也具有处分意识。例如,某小学六年级学生邹某、钟某、肖某因学习成绩不理想,常受到父母的责骂,便商议一起逃学。三人找到其中一学生的亲属容某,要求其带他们外出打工。某日早晨,邹某瞒着家人拿了父亲的银行卡支取了2000元和钟某一起找到容某。容某见邹某有钱,顿生歹意,便谎称带他们去贩卖假币赚钱。于是,邹某又到银行支取了2000元,将共计4000元交给了容某。容某将钱据为己有后,谎称款已汇给外地朋友购买假币,并将邹某等人带到南昌,将他们安置在某宾馆后,独自返回永丰,后三名受骗学生家长报案(诈骗小学生案)。法院认定容某的行为构成诈骗罪,判处2个月拘役,并

---

① 德国刑法理论认为,儿童在自己所具有的辨认控制能力的范围内,对小额财物具有自主处分的权限,不需要监护人追认(零花钱原则)。在这种情况下,行为人利用儿童的知虑浅薄取得财物的行为既不成立盗窃罪,也不成立诈骗罪。如果是大额财物,则会认定行为人的行为成立盗窃罪(违反监护人的意志)。一方面,由于我国刑法中的盗窃罪、诈骗罪一般以数额较大为前提,所以,采用零花钱原则并无意义。另一方面,在大额财物的场合,如果认为行为人的行为所违反的是监护人的意志,就表明儿童自己的意志是无效的。既然如此,也可以直接否认儿童的同意能力,将欺骗儿童进而取得财物的行为直接认定为盗窃罪。

处2000元罚金。[①] 本书赞成这一判决。如果将利用未成年人的知虑浅薄或他人的心神耗弱使之交付财物的行为都认定为盗窃罪，不仅难以被人接受，而且会因为知虑浅薄和心神耗弱的标准不明，导致诈骗罪与盗窃罪的界限不清。

但是，利用没有一定认识与处分能力的幼儿与精神病人，使之交付财物的，则宜认定为盗窃罪（间接正犯）。因为诈骗罪的构造中包含了受骗者陷入认识错误，而没有一定认识与处分能力的幼儿与精神病人，无所谓陷入认识错误；诈骗罪的构造中还包含受骗者实施有意识的财产处分行为，而没有一定认识与处分能力的幼儿与精神病人，也无所谓实施有意识的财产处分行为。

概言之，“欺骗”幼儿、严重精神病患者等无处分能力者，使之交付财物的，只能成立盗窃罪或抢夺罪，[②]而不成立诈骗罪。但是，被骗者是否具有处分能力，并不是根据民法确定的，换言之，并不是说只有具有完全民事行为能力的人才能成为诈骗罪的受骗者，因为诈骗罪中的处分行为与民法上的财产处分行为并不是等同概念。正如我国台湾地区学者褚剑鸿所言：“施用诈术之对象，并不限于有行为能力者……此与民法无行为能力人之意思表示无效，及限制行为能力人，未得法定代理人之允许，所为之单独行为无效者无关，因此为民法上法律效果问题，与刑事上责任系属两事。”[③]

（四）受骗者是否需要具有特定性

诈骗罪中的受骗者既可以是特定的个人，也可以是不特定的人。从构成要件来说，任何国家的刑法都没有将诈骗罪的受骗者限定为特定的个人。从行为的法益侵害程度来看，既然欺骗特定个人的行为可能成立诈骗罪，那么，欺骗不特定人的行为更能成立诈骗罪。事实上，行为人也完全可能通过欺骗不特定人实施诈骗犯罪。当然，最终受欺骗而处分财产的人，都是特定的自然人。

---

① 参见曾广龙、肖爱民：《诈骗逃学小学生　被判拘役并罚金》，载《检察日报》2007年7月17日，第2版。

② 至于该行为是违反了幼儿、严重精神病患者的意志，还是违反了监护人的意志，则是另一回事。

③ 褚剑鸿：《刑法分则释论》（第2次增订版），台北，台湾商务印书馆1995年版，第1230页。

例如,所谓“广告诈骗”就是向不特定人实施诈骗,受骗者不具有特定性的情形。[①] 虽然我国刑法规定了虚假广告罪,但不能因此否认诈骗罪中的受骗者可能具有不特定性。一方面,我国《刑法》第222条规定的虚假广告罪是“利用广告对商品或者服务作虚假宣传”。广告是指商品经营者或者服务提供者为了商业目的,通过报刊、广播、电视、电影、路牌、橱窗、印刷品、霓虹灯等媒介或者形式,直接或者间接对自己的商品或者服务所进行的公开宣传。因此,只有当广告主、广告经营者、广告发布者就真实存在的商品与服务作夸大失实的宣传或者作语义含糊、令人误解的宣传时,才可能成立虚假广告罪。如果行为人根本没有真实存在的商品与服务,而利用广告形式骗取他人财物的,则应认定为诈骗罪,而不能认定为虚假广告罪。另一方面,即使以广告形式就真实存在的商品与服务作虚假宣传,使不特定的人陷入认识错误进而处分财产的行为,依然可能在触犯虚假广告罪的同时构成诈骗罪。在想象竞合的情况下,由于诈骗罪的法定刑高于虚假广告罪的法定刑,对上述行为仍应以诈骗罪处罚。[②]

再如,《刑法》第192条所规定的集资诈骗罪通常都表现为向不特定人实施欺骗行为。在司法实践中,集资诈骗罪的受骗者常常是不特定人。例如,自1998年8月青海省金鹏投资有限公司成立以来,朱某利用自行购置的证券、期货计算机网络工程设备,搭建内部计算机局域网,架设卫星接收设备接收股票行情信息,通过股票软件供客户查看行情,并以为投资者提供大户待遇及高比例融资等为诱饵,诱骗众多投资者进入金鹏公司。朱某采用虚假模拟交易的欺骗方式,共吸收85名投资者资金人民币280余万元。2000年4月,朱某以转让公司的名义将金鹏公司及所骗取的资金共230余万元移交给被告人李某。李某于2000年4月17日接收金鹏公司及朱某所骗取的资金后,继续采用虚假模拟交易的欺骗方式,吸收174名投资者资金420余万元。2000年5月,李某为申报筹建昆仑期货经纪公司,经预谋骗取验资资料,并取得

---

① 参见[日]福田平:《刑法各论》(全订第3版增补),有斐阁2002年版,第254页;[日]曾根威彦:《刑法各论》(第5版),弘文堂2012年版,第147页;褚剑鸿:《刑法分则释论》(第2次增订版),台北,台湾商务印书馆1995年版,第1230页。

② 由于是想象竞合而非法条竞合,所以,不能将《刑法》第222条视为第266条的特别条款,否认将上述行为认定为诈骗罪。

了青海省工商行政管理局核发的法定代表人为李某、注册资本为3000万元的金鹏公司企业法人营业执照(虚假模拟股票交易案)。青海省西宁市中级人民法院依法对青海省金鹏公司集资诈骗、虚假出资一案进行了一审公开审理。主要涉案人员朱某、李某被分别判处有期徒刑15年和无期徒刑。①

又如,利用现代通信工具诈骗不特定人的犯罪(电信诈骗),也相当普遍。例如,龚某租用两幢民宅,先后雇请11人在租房内利用手机、电话机等工具,以"香港华升公司""香港六合彩公司"为名,向全国各地手机用户发送手机号码中奖或六合彩特码的虚假短信息,诱骗收到虚假信息的手机用户汇寄"报码信息费"等到其指定的银行账户上,共骗取外地手机用户汇款53笔,人民币13万余元(龚某电信诈骗案)。另一名被告人李某在自己家中,用手机向外地手机用户发送虚假的六合彩特码信息,引诱接收信息的手机用户与其联系,骗取对方将"信息咨询费"汇入其指定的账户内(近5万元)。②类似对不特定人实施的诈骗行为成立诈骗罪。

此外,以销售形式实施的诈骗罪,其受骗者常常也是不特定人。例如,行为人以摆地摊的方式,用树根冒充保健食品,使他人信以为真而交付财物购买的,也是比较典型的对不特定人实施欺骗行为的情形。

不仅如此,有的国家刑法还明确规定不要求被害人的确定性。如《加拿大刑事法典》第380条第1款规定:"以欺诈、虚假或其他欺骗手段骗取公共或他人财产、金钱或有价证券的,不管其手段是否符合本条所规定的欺诈的含义,也不管被害人是否确定,(a)犯罪对象为遗嘱文件或价值超过1000加元的,构成可诉罪,处10年以下监禁……"其中的"不管被害人是否确定"的规定,就肯定了欺骗行为对象的不特定性。

由此可见,不能将诈骗罪中的受骗者限定为特定的个人或少数人;骗取不特定人的财物的,依然可能成立诈骗罪;故不能将受骗对象是否特定作为区分诈骗罪与其他犯罪的标志之一。

需要说明的是,所谓欺骗行为针对不特定的人,是指欺骗行为的方

---

① 新华社:《虚拟一个股市蒙人几百万》,载《检察日报》2004年1月9日,第1版。

② 蔡宗谋、禹志明:《福建两骗子发短信骗财被判刑》,载《检察日报》2004年5月10日,第1版。

式可以使不特定的多数人产生认识错误进而处分财产。例如,在互联网上发布集资诈骗信息的行为,就足以使不特定的多数人产生认识错误。但是,最终产生认识错误进而处分财产的人都是特定的个人,而不可能是不特定的人或者抽象的人。因此,至少需要区分两种不同的情形:其一,在类似电信诈骗、集资诈骗的场合,由于对方如果知道真相肯定不会处分自己的财产,故完全可以认定行为人实施了足以使不特定的多数人产生认识错误的欺骗行为,即使难以查明数额,也可以根据情节处罚。正因如此,最高人民法院、最高人民检察院2011 年3 月1 日发布的《关于办理诈骗刑事案件具体应用法律若干问题的解释》第 5 条第 2 款与第 3 款分别规定:"利用发送短信、拨打电话、互联网等电信技术手段对不特定多数人实施诈骗,诈骗数额难以查证,但具有下列情形之一的,应当认定为刑法第二百六十六条规定的'其他严重情节',以诈骗罪(未遂)定罪处罚:(一)发送诈骗信息五千条以上的;(二)拨打诈骗电话五百人次以上的;(三)诈骗手段恶劣、危害严重的。""实施前款规定行为,数量达到前款第(一)、(二)项规定标准十倍以上的,或者诈骗手段特别恶劣、危害特别严重的,应当认定为刑法第二百六十六条规定的'其他特别严重情节',以诈骗罪(未遂)定罪处罚。"其二,在受骗者是否产生认识错误因人而异的场合,即对方知道真相也可能处分自己的财产时,则需要具体判断哪些人产生了认识错误。例如,行为人在互联网上将普通宗教艺术品冒充大师开过光的宗教艺术品,以高于市场价格销售给不特定多数人。倘若购买者是因为大师开过光才购买(如果没有开光则不会购买),则能认定行为人对其实施了欺骗行为;如若购买者并不在意是否真的开过光,只是出于对宗教艺术产品本身的需要或者爱好而购买,就不能认定行为人对其实施了欺骗行为,也可以说购买者并没有产生认识错误。

二、受骗者与被害人不必为同一人

通常的诈骗表现为:行为人向被害人实施欺骗行为,被害人陷入认识错误进而处分自己占有的财产,最后导致财产损失。在这种场合,受骗者(财产处分人)与被害人具有同一性(以下简称二者间诈骗)。① 但

① 如后所述,受骗者与财产处分人必须具有同一性,否则难以区分诈骗罪与盗窃罪。

骗行为。既然三角诈骗行为完全符合诈骗罪的主客观要件，司法机关就没有理由将其排除在诈骗罪之外。①

再次，从刑法的相关规定上分析。显而易见的是，刑法分则关于金融诈骗罪的规定，事实上包含了三角诈骗的情形。例如，《刑法》第194条将"冒用他人的汇票、本票、支票"规定为票据诈骗罪的一种情形。在此，行为人所冒用的汇票、本票、支票一般具有真实性，而不是指故意使用伪造、变造的汇票、本票、支票。行为人甲冒用乙的支票，通过银行职员丙取得现金时，丙是受骗者，乙是被害人，但甲的行为依然成立票据诈骗罪。再如，《刑法》第196条将"冒用他人信用卡"规定为信用卡诈骗罪的一种表现形式。行为人甲在特约商户或银行柜台冒用乙的信用卡时，特约商户或者银行职员丙是受骗者，但遭受财产损失的是乙，尽管如此，甲的行为仍然成立信用卡诈骗罪。票据诈骗罪与信用卡诈骗罪都是诈骗罪的特殊表现形式，在刑法没有将票据诈骗、信用卡诈骗规定为独立犯罪时，司法实践一直将这种行为认定为普通诈骗罪，理论上也没有任何异议。这说明，普通诈骗罪原本包括三角诈骗。在票据诈骗罪与信用卡诈骗罪从诈骗罪中分离出来之后，规定票据诈骗罪、信用卡诈骗罪的条文与规定普通诈骗罪的条文形成特别法条与普通法条的关系。可以肯定的是，凡是符合特别法条的行为，都必然符合普通法条。既然如此，冒用他人汇票、本票、支票与冒用他人信用卡的行为，就不仅符合票据诈骗罪、信用卡诈骗罪的构成要件，而且符合普通诈骗罪的构成要件（只是依据特别法条优于普通法条的原则而不以普通诈骗罪论处而已）。概言之，冒用他人汇票、本票、支票与冒用他人信用卡的三角诈骗行为，仍然符合普通诈骗罪的构成要件，因此，诈骗罪包含了三角诈骗的情形。

最后，从程序法的角度来说，区分被害人与受骗者具有重要意义。在二者间的诈骗案件中，受骗者即是被害人，因而是刑事诉讼中的当事人；但在三角诈骗中，受骗者是证人，而不能成为当事人。例如，甲使用伪造的存单到丙银行柜台取款，银行职员乙误以为是真实存单，将10万元现金交付给甲。可以肯定的是，甲的行为构成诈骗罪（即使反对三

---

①　如后所述，有些三角诈骗可能不是构成普通诈骗罪，而是构成合同诈骗罪、金融诈骗罪。本章所说的诈骗罪，在许多场合包括这些特殊的诈骗罪。

角诈骗概念的学者,也不会否认甲的行为构成诈骗罪)。稍微仔细分析就会发现,本案实际上是三角诈骗,亦即行为人是甲,受骗者与处分行为人是乙,被害人是丙银行。再如,A以非法占有为目的,通过使用虚假的经济合同,欺骗C银行主管贷款事项的副行长B,骗取100万元贷款后潜逃。没有疑问的是,A的行为构成贷款诈骗罪,受骗者与处分行为人是B,被害人是C银行。可以肯定的是,丙银行与C银行都可以委托诉讼代理人,但乙与B作为证人就不可能委托诉讼代理人。又如,《刑法》第64条规定:"犯罪分子违法所得的一切财物,应当予以追缴或者责令退赔;对被害人的合法财产,应当及时返还。"在上述两例中,追缴的赃款应当分别返还给丙银行与C银行,而不是返还给乙与B。不难看出,直接将乙与B作为诈骗罪与贷款诈骗罪的被害人,既不符合事实,也不现实。这是因为,倘若认为上述两例中的乙与B是被害人,就意味着10万元与100万元应当分别返还给乙与B。那么,乙与B收到返还的款项后应当如何处理呢?显然应当分别返还给丙银行与C银行。为什么应当返还给丙银行与C银行呢?答案只能是,丙银行与C银行是诈骗罪的被害人。事实上,在上述情况下,司法机关都是直接将赃款返还给丙银行与C银行,而不可能直接返还给乙与B。所以,否认丙银行与C银行是诈骗罪与贷款诈骗罪的被害人,是没有道理的。

反对三角诈骗概念的人认为,"三角诈骗论是一个伪命题",因为三角诈骗论"事实上是将实际损害后果承担者等同于诈骗罪中的被害人"。"然而,从刑事法律关系上看,刑事被害人应当是指人身权利、财产权利或者其他合法权利受到犯罪行为直接侵害的人……在行为人、被骗人和本权利人之间分别有着两层法律关系。一是行为人与被骗人之间的法律关系,就这一关系而言,由于管理人具有处分权能,行为人基于欺骗手段而从管理人处骗取财物的自然成立被骗人与行为人两者之间的刑事诈骗关系,受到诈骗行为直接侵害的人是管理人。由此,管理人应当是受害人。二是被骗人与实际的财产损害人之间的法律关系,按照相应的民事制度,代理人、监护人如按照约定或相关规定已恪尽职守而仍然被骗的,他不需要承担赔偿责任,并且依据民事法律的规定,其受到的损失还可以向委托人、代理人追偿(原文如此,似乎应为被代理人——引者注)。"①

诚然,刑事案件中的最终承担损害后果的人不一定是犯罪的被害人。但是,三角诈骗理论也并没有将最终承担损害后果的人都当作诈骗罪的被害人,而是按照结果归属的原理判断诈骗罪的被害人。在上述两例中,丙银行与C银行的损害后果应当分别归属于甲与A的诈骗行为,所以,丙银行与C银行就是刑事案件的被害人。按照反对者的观点,在上述两例中,乙与B既是受骗者也是被害人;如果他们恪尽职守,则不需要承担赔偿责任。于是,这两个案件中实际上就没有被害人,因为丙银行与C银行不是被害人,乙与B交付给诈骗犯的10万元与100万元也不是二人所有的,二人最终也不需要承担赔偿责任,因此,二人也不是被害人。这怎么可能令人信服!按照反对者的观点,如果乙与B违反规定,没有恪尽职守,则需要向银行承担民事赔偿责任。那么,为什么银行要求乙与B承担赔偿责任呢?当然是因为银行存在财产损失。可是,其一,即使乙与B没有恪尽职守,在刑法上也必须将银行损失的结果归属于甲与A的犯罪行为。其二,退一步说,即使认为应当从民事上将银行损失结果归属于乙与B没有恪尽职守的行为,也必须同时肯定,在刑法上必须将银行损失的结果归属于甲与A的犯罪行为。其三,联系前述《刑法》第167条的规定,即使认为乙与B因为没有恪尽职守而应当承担签订、履行合同失职被骗罪的刑事责任,也仍然要将银行损失的结果同时归属于甲与A的诈骗行为(多因一果);不能因为追究了失职者的刑事责任,就不追究诈骗犯的刑事责任。既然如此,丙银行与C银行当然是诈骗行为的被害人。

其实,上述反对三角诈骗概念的观点,明显不符合刑法分则的规定。例如,《刑法》第193条规定,"以非法占有为目的,诈骗银行或者其他金融机构的贷款,数额较大的",构成贷款诈骗罪。既然行为人"诈骗银行或者其他金融机构的贷款",怎么可能说银行或者其他金融机构不是贷款诈骗罪的被害人呢?再如,根据这种观点,追回的10万元与100万元应当返还给乙与B本人,这显然不符合《刑法》第64条规定的精神,也不符合司法实践。

---

① 杨兴培、田然:《诉讼欺诈按诈骗罪论处是非探讨——兼论〈刑法修正案(九)〉之诉讼欺诈罪》,载《法治研究》2015年第6期,第48~49页。

根据反对三角诈骗概念的观点,《刑法》第167条与第406条的规定是完全错误的。这是因为,根据这种观点,当诈骗犯欺骗国有公司、企业、事业单位直接负责的主管人员或者国家机关工作人员时,受骗者与被害人都是主管人员与国家机关工作人员。既然他们是被害人,而国有公司、企业、事业单位与国家机关不是被害人,怎么可能追究他们的刑事责任呢?反过来说,之所以追究主管人员或者国家机关工作人员的刑事责任,就是因为他们的失职行为导致诈骗犯骗取了国有公司、企业、事业单位或者国家机关的财产。按照上述反对三角诈骗概念的观点,主管人员或者国家机关工作人员与其所在单位只有民事法律关系,就只需要承担民事责任。但是,民事法律关系与刑事法律关系并不是相互排斥的,正如不能因为是民事上的侵权行为而否认其构成犯罪一样,即使肯定这种民事法律关系,也不能否认单位的财产损失必须归属于刑事被告人。不难看出,上述反对三角诈骗概念的观点明显不符合《刑法》第167条与第406条的规定。

反对三角诈骗概念的论者还指出:"三角诈骗论是对现存刑事诈骗关系的曲解。""就'保姆案'而言,保姆与雇主之间存在着雇佣关系,保姆对雇主之财物一般都负有保管义务,一般情形下,没有雇主之授权保姆不具有处分雇主财物之权能。行为人从保姆处骗取雇主之财物,如果保姆获得了雇主的授权或委托具有处分之权限,诈骗关系得以生成,但并非三角诈骗论者声称的行为人与保姆以及雇主之间的三角诈骗关系,而是成立了保姆与行为人之间的诈骗关系,诈骗行为针对的被害人是保姆本人。"①

可是,这样的解释明显违反事实。在财产犯罪中,谁的财产遭受损失首先是一个客观事实,然后才是规范评价。在保姆案中,雇主与保姆是两个独立的法律主体,诈骗犯骗取的是西服,西服是由雇主而不是保姆占有和所有。保姆只是西服的占有辅助者,其财产也没有遭受任何损失。这是客观事实。既然如此,就不能说保姆是被害人。倘若说保姆是被害人,人们必然要追问的是,保姆损失了什么财产?诈骗犯得到了什么财产?二者之间是否具有素材的同一性(参见本章第六节)?这

---

① 杨兴培、田然:《诉讼欺诈按诈骗罪论处是非探讨——兼论〈刑法修正案(九)〉之诉讼欺诈罪》,载《法治研究》2015年第6期,第49~50页。

是上述观点不能回答的问题。按照反对三角诈骗概念的上述观点,在保姆案中,倘若雇主不要求保姆赔偿,保姆没有财产损失,雇主也不是诈骗罪的被害人,于是本案没有被害人。如若雇主要求保姆赔偿,保姆则成为最终的受害者。可是,其一,如果雇主不是被害人,为什么要求保姆赔偿呢?这不是仅靠民事法律关系可以说明的。既然认为雇主有权要求保姆赔偿,就意味着雇主遭受了财产损失;从刑法上说,该财产损失就是由诈骗犯的欺骗行为造成的,该损失结果必须归属于诈骗犯的欺骗行为,所以,雇主是诈骗罪的被害人。其二,保姆赔偿给雇主的财物不可能是诈骗犯得到的财物,因而即使保姆最终成为受害者,其损失的财物与诈骗犯取得的财物也没有同一性。仅此就可以否认保姆是诈骗罪的被害人。其三,反对三角诈骗概念的上述观点,一方面认为三角诈骗论"事实上是将实际损害后果承担者等同于诈骗罪中的被害人",另一方面在保姆案中却将实际损害后果承担者即保姆等同于诈骗罪的被害人,显然有自相矛盾之嫌。

总之,三角诈骗既是客观存在的犯罪现象,也是应当以诈骗罪论处的情形。三角诈骗的三角是指行为人、受骗者(也称第三人)与被害人。① 解释者不应以二者间的诈骗事实为根据形成某种理论命题(如行为人只能对被害人实施欺骗行为),然后再以该理论命题为绝对真理,否认三角诈骗构成诈骗罪。以有限的事实为根据,对刑法条文作解释的做法,实际上是将事实强加于法律规范,既不利于刑法理论的发展,也导致刑法规范不能适应社会生活事实。换言之,解释者不能将二者间的诈骗事实作为诈骗罪的构成要件,进而以此为大前提判断三角诈骗,得出三角诈骗不构成诈骗罪的结论;而应以法定的构成要件为根据(当然需要合理的解释),判断三角诈骗行为是否构成诈骗罪。

三、受骗者陷入或强化认识错误

欺骗行为是使受骗者陷入或者强化(继续维持)认识错误的行为。所以,要认定行为人骗取了财产,就要求受骗者因受欺骗而陷入或者继续维持了认识错误。

---

① 这里的被害人,不仅包括自然人,也包括法人等单位。就特殊诈骗罪而言,行为人也可能是单位。

错误是指受骗者的意识与事实、真相不一致。[①]"换言之,被骗的人主观上的认知和客观的事实产生龃龉的现象。由于行为人对于事实为欺骗的行为,使其他人在意识上有违实质的情形,因此,决定有无错误的重点在于,某种事实因为行为人的欺骗行为,导致被害人对于该事实的意识产生错误。"[②]

欺骗行为使受骗者产生认识错误的,当然可能构成诈骗罪。不仅如此,当欺骗行为使受骗者强化认识错误时,也可能成立诈骗罪。例如,缪某之子参加了某市工商局招录公务员考试。经多方打听,缪某了解到本次招录活动主要由工商局薛君(化名)副局长负责,为使儿子能顺利被录取为公务员,缪某决定到薛君家送给其1万元。但缪某只知道薛君住在该市某住宅小区,具体地址及薛君家的电话号码则不清楚。于是缪某打电话给114查号台,114话务员只查询到该住宅小区"薛军"家电话号码。在未核对姓名的情况下,缪某记下了该号码,随即打电话至薛军家,告知其要来家中送钱及送钱的意思。薛军明知缪某误将其当作工商局副局长,还是告诉了缪某自己的家庭住址。第二天晚上,缪某将1万元送至薛军家中。后缪某之子因不符合招录条件而未被工商局录用。缪某向检察机关举报薛君收受贿赂的情况后,经侦查,薛军被抓获(冒充局长诈骗案)。[③]不难看出,114话务员已经使缪某产生了认识错误,但在缪某给薛军打电话时,薛军告诉缪某自己家庭住址的行为,则强化了缪某的认识错误,进而使缪某处分了自己的财产。因

---

① 认识错误是仅限于积极的误信,还是包含消极的误信?德国以往的学说将认识错误定义为对作为标准的事实的不知(nichtwissen)。现在的通说将认识错误定义为对违反现实的事实的积极的表象(positive vorstellung),理由是,对于诈骗罪而言,作为其基本特征的骗取行为,只有在被害人因为行为人的欺骗行为而产生了实施处分行为的动机时才能认定;被害人对行为人的行为不作出赞成与否的决定,进而导致对被害人产生不利作用的,还不能认定行为人的行为属于骗取行为。但是德国也有学者认为,这一问题的设定并不妥当,因为即使将认识错误限定为积极的误信这种狭义的见解,所表象的事实也没有必要是现实的事实的正确反映与对照物,所表象的事实可能包含现实的事实而且可能比现实的事实更加一般化。参见[德]Ulrich Sieber:《コンピエ-タ犯罪と刑法Ⅰ》,[日]西田典之、山口厚译,成文堂1986年版,第210页。

② 张丽卿:《机器与诈欺》,载蔡墩铭主编:《刑法争议问题研究》,台北,五南图书出版股份有限公司1999年版,第522页。

③ 参见张达伟:《被误认后收受贿赂如何定性》,载《检察日报》2008年1月12日,第3版。

此,薛军的行为成立诈骗罪。[①]

错误必须以处分财产为内容。详言之,并非导致受骗者陷入任何性质的认识错误的行为,都是诈骗罪中的欺骗行为;只有当欺骗行为导致受骗者陷入处分财产的认识错误时,该欺骗行为才是诈骗罪中的欺骗行为,进而可能成立诈骗罪。正如日本学者团藤重光所言:“欺骗,作为骗取手段,是使人陷入错误的行为。以行为时的具体情况为前提,要求具有使一般人陷入错误的可能性的行为,而且仅此就够了。错误,只要是使对方产生交付财物的动机这样的错误就可以了。因此,理所当然,没有必要使对方产生法律行为的要素的错误,缘由的错误就够了。”[②]这是因为,即使受骗者陷入了认识错误,但倘若认识错误的内容与处分财产没有任何关系,也就不可能存在处分行为;即便外表上形同处分行为,也不是基于认识错误的处分行为,其与认识错误没有因果关系,对方的行为不成立诈骗罪。

例如,甲进入乙的住宅,谎称有人正在楼下砸乙的汽车,让乙赶紧下楼制止;乙因为与甲相识,下楼时没有锁门;乙下楼发现上当后立即回家,结果家里的贵重物品被甲取走(骗人下楼案)。虽然乙陷入了认识错误,但这种认识错误并不以处分财产为内容,所以,乙下楼的行为并不是处分财产的行为,也不能认定为不作为的处分行为。甲的行为只能成立盗窃罪。再如,A事先购买了与某商店的金项链形状相同的镀金项链,然后假装在某商店购买金项链,待店员B将金项链交给A观看时,A趁B接待其他顾客之机,将金项链藏在身上,然后声称不购买并将镀金项链“退还”给B(调换项链案)。根据社会的一般观念,B将金项链递给A观看时,该金项链仍然由B占有。所以,一方面,B并没有陷入处分金项链的认识错误。另一方面,根据交易常规,B将金项链递给A的行为也不是处分行为;即使外表上形同处分行为,但也不是基于认识错误的处分行为。所以,就金项链本身而言,A的行为不成立诈骗罪,只成立盗窃罪。[③]

---

① 需要说明的是,薛军的欺骗行为是作为,而非不作为。

② [日]团藤重光:《刑法纲要各论》(第3版),创文社1990年版,第611页。

③ A将镀金项链“退还”给B的行为,也可谓一种诈骗财产性利益的行为,亦即使B免除了A返还金项链的义务。但该行为与盗窃金项链的行为最终仅侵犯了一个法益,故属于包括的一罪,应以盗窃罪论处。

而遭受财产上损害的,国家没有必要大费周折,动用刑罚制裁行为人。[①]

不过,上述否定说遭受了质疑。如罗克辛教授指出,首先,将被害人理论作为刑法的普遍原则,使刑罚的必要性取决于被害人保护的必要性的观点,违反刑法精神。例如,即使被害人疏于保护自己的财物,导致对财物的占有弛缓而被盗时,也不能因此否定行为人成立盗窃罪。在认定诈骗罪时,如果因为被害人容易轻信他人,便将其排除在刑法的保护范围之外,则不符合立法精神。其次,刑法的补充性并不能推论出被害人学理论。刑法的补充性的基本内涵是,国家能够使用较轻微的方法以预防社会损害时,则没有适用刑法的余地。显然,该原则是针对国家的行为而言,适用对象并不包括一般国民,并不是说,"国民可以自我保护时,刑法便没有适用的余地"。再次,被害人学将刑法的补充性原则扩张解释为"要求国民自我保护"的原则,这也不符合历史事实。因为从历史的发展来看,禁止国民采用私刑,将刑罚权赋予国家独占,正是为了解除国民的自我保护任务。最后,被害人学的论点也违反刑事政策。如果个人因为轻易相信他人就不能得到国家保护,那么,个人在公众生活中就必然时时刻刻提心吊胆,个人行为的自由也随之受到限制。[②]

本书赞成前述德国刑法理论的传统观点,即受骗者对行为人的欺骗行为存在怀疑时,原则上并不妨碍陷入认识错误的认定。

首先,将被害人理论作为刑法的普通原则并不合适,但当刑法规定的构成要件必须介入被害人的认识错误时,不可能不考虑被害人的认识错误形成的原因,诈骗罪正是如此。不过,这并不意味着只要被害人怀疑了行为人声称事项的真实性,就可以免除行为人的刑事责任,而是要考虑行为人的欺骗行为是否达到了足以使一般人陷入认识错误的程度、被害人是否存在认识错误、认识错误产生的原因以及认识错误是否是财产处分行为的原因。如果财产处分行为是由认识错误所引起,而认识错误是由行为人的欺骗行为所引起,就可以肯定被害人的财产处分行为是由行为人的欺骗行为所引起;当欺骗行为达到了足以使一般

① 以上参见王梅英、林钰雄:《从被害者学谈刑法诈欺罪》,载《月旦法学杂志》1998 年第 4 期,第 97 页以下。

② Claus Roxin, *Strafrecht Allgemeiner Teil*, Band. 1, 3. Aulf., C. H. Beck, 1997, S. 508ff.

人陷入认识错误的程度时,就应认定该行为构成诈骗罪。在上例中,乙之所以交付20万元给甲,是因为他认为甲所出卖的画有可能是张大千的名画;之所以产生这种认识,是因为甲声称急于结束画廊营业才将张大千的名画低价出售,而事实上该画为赝品。这一连串的因果关系表明,乙的处分行为由甲的欺骗行为所引起,而将赝品冒充为真品的行为,是足以使一般人陷入认识错误的典型欺骗行为。

其次,诈骗罪的特点是被害人基于有瑕疵的意思而处分财产,只要被害人交付财产是基于行为人的欺骗行为引起的认识错误,那么,就可以肯定被害人基于有瑕疵的意思处分财产。联系民法来考虑也能说明这一点。根据民法原理,由于甲将赝品捏造为张大千的名画,诱使乙购买,甲的行为属于民事欺诈,并不因为乙的怀疑而否认甲的欺诈性质。换言之,在民法上,乙交付20万元的行为属于基于有瑕疵的意思处分财产。同样,在刑法上,也应认为乙由于甲的欺骗行为而基于有瑕疵的意思处分了财产,符合诈骗罪的特征。

再次,虽然不可否认,乙之所以交付20万元给甲,也有基于"倘若果真为张大千名画,则获利丰厚,因此与甲交易"的动机与目的,但是,一方面,被害人处分财产的动机不影响行为人诈骗既遂的成立。联系到后述"被害人基于不法原因给付也不影响行为人诈骗既遂"的观点来考虑,被害人乙基于获利的动机交付财物给甲,也不应影响甲诈骗既遂的成立。事实上,在现实生活中,许多诈骗罪的被害人都是基于获利的动机而处分财产的,如果以此为由否认诈骗既遂的成立,则明显不利于保护被害人的财产。另一方面,财产是交换手段、实现目的的手段,在乙交付了财产,但没有实现其目的、没有达成公平的财产交换时,应当认定其财产法益遭受了侵害,这种法益侵害结果应当归责于甲的欺骗行为。

最后,如果在受骗者乙存在疑问时否认其陷入认识错误,那么,甲的行为便仅成立诈骗未遂,这就带来了诸多问题。被害人乙已经遭受了财产损失,甲的行为却仅成立未遂,这恐怕不符合未遂观念。甲的欺骗手段没有变化,在同样得到了他人交付的财物的情况下,如果被害人完全不懂字画因而不产生怀疑,则甲的行为成立诈骗既遂;反之,如果被害人略懂字画因而产生怀疑,则甲的行为成立诈骗未遂。换言之,如果采取上述否定说的观点,受骗者是否产生怀疑,进而受骗者的精明程度，成为决定诈骗既遂与否的因素，这会造成财产保护的不公平。所以，刑法的公平正义性也要求受骗者的陷入错误包含将信将疑。

至于受骗者应当发现行为人的欺骗内容，不应陷入认识错误，但由于某种原因没有发现欺骗行为内容，因而陷入认识错误处分财产的，更应认定行为人的行为构成诈骗既遂。例如，61岁的王某满头白发，与孙中山先生在外形上有些相似。王某便以此为幌子，常向别人宣称自己就是孙中山，并没有真死，今年已有130多岁了。为了假戏真做，2001年，王某开办了一家专门"开发宝藏"的公司，鼓动一些老年人来投资。在"高额回报"的诱惑下，有三位老人相继解囊，将24万元交给了王某。2004年3月10日，王某再次行骗时被群众当场识破，警方及时将其抓获（假冒孙中山案）。[①]类似这样冒充孙中山先生骗取财物的案件，在国内已发生多起。行为人的行为是否成立诈骗罪呢？

按理说，一般人都知道孙中山先生已逝世多年，误信王某为孙中山先生，是受骗者的重大过错。换言之，如果受骗者稍加谨慎，便不会陷入认识错误，故受骗者存在责任。但是本书认为，不能以此为由否认王某的行为构成诈骗罪。诚然，以普通人为标准，王某的欺骗行为不至于使他人陷入认识错误。然而，诈骗罪中的受骗者并不限于一般人，同样包括并不谨慎行为或者缺乏必要知识的自然人。当王某选择这类人作为诈骗对象，其欺骗行为足以使这类人陷入认识错误，并且事实上使受骗者陷入认识错误并处分财产时，就应认定其行为构成诈骗既遂。一方面，如果否认行为的欺骗性，将责任完全归于受骗者，便意味着缺乏必要谨慎与知识的人的财产乃至人身不能得到刑法的保护。这便难以被国民接受。另一方面，如果否认王某行为的欺骗性，将其行为认定为盗窃罪的间接正犯，则会导致完全由被害人的认知水平决定诈骗罪与盗窃罪的界限，也不一定妥当。

四、认识错误与恐惧心理的竞合

在行为人的一个行为同时具有欺骗行为与恐吓行为的性质，因而被害人既陷入认识错误也产生恐惧心理的情况下，可谓认识错误与恐

---

① 赵晓星等：《竟敢冒充孙中山　说今年130多岁》，载《检察日报》2004年4月30日，第2版。

惧心理的竞合。先看一个案例:20 岁的赵某和父母共同生活,平素游手好闲,贪图享乐,为了让经商的父亲多给一些钱用而费尽心机。某日晚,赵某拿菜刀将自己的左手中指齐指甲根部剁下,让朋友孙某将剁下的手指用信封装好送给其父。第二天早晨,孙某又按赵某的旨意给赵父打电话:"你儿子已经被我们绑架了,拿 50 万元来赎人,否则你儿子便没命了。"赵父立即报案,公安机关在赵某和孙某取钱时将二人抓获(赵某自我绑架案)。①赵某与孙某的行为同时具有欺骗与恐吓的性质,赵父一方面陷入了认识错误,另一方面也产生了恐惧心理。在类似情况下,如何认定犯罪的性质,还需要研究。

日本的刑法理论与审判实践在此问题上存在四种不同观点。第一种观点即通说与判例认为,行为人并用欺骗与恐吓手段,对方在陷入认识错误的同时基于恐惧心理交付财物的,属于诈骗罪与敲诈勒索(恐吓)罪的想象竞合。② 第二种观点认为,上述情形成立包括一罪。③ 因为想象竞合是指一个行为触犯两个以上的罪名,而当一个行为仅侵害了一个财产时,认定为触犯了两个罪名并不妥当。④ 第三种观点认为,对上述行为仅以敲诈勒索罪论处即可。因为想象竞合与包括一罪都必须是一个行为侵害了数个法益,上述行为仅侵犯了一个法益,不能认定为想象竞合与包括一罪。又由于使人产生恐惧心理重于使人陷入认识错误,所以,仅认定为敲诈勒索罪更为合适。⑤ 第四种观点认为,上述行为属于法条竞合中的择一竞合。⑥ 择一竞合是指,可以同时适用于一个行为的数个构成要件处于可以两立的关系时,只适用其中某一构成要件,排除其他构成要件的适用。在上述情况下,如果适用诈骗罪的规

---

① 李风:《自残"诈"父定何罪》,载《人民法院报》2001 年 12 月 2 日,第 3 版。

② 参见[日]大塚仁:《刑法概说(各论)》(第 3 版),有斐阁 1996 年版,第 275 页;[日]大谷实:《刑法讲义各论》(第 4 版),成文堂 2013 年版,第 293 页;[日]曾根威彦:《刑法各论》(第 5 版),弘文堂 2012 年版,第 161 ~ 162 页;日本最高裁判所 1930 年 5 月 17 日判决,载日本《最高裁判所刑事判例集》第 9 卷,第 303 页。

③ 包括一罪,是指虽然存在数个法益侵害事实,但可以通过适用一个法条进行包括评价的情形。吸收犯、不可罚的事后行为、接续犯、集合犯等都属于包括一罪。

④ 参见[日]林幹人:《刑法各论》(第 2 版),东京大学出版会株式会社 2007 年版,第 265 页。

⑤ 参见[日]中森喜彦:《刑法各论》(第 4 版),有斐阁 2015 年版,第 146 页;[日]山口厚:《刑法各论》(第 2 版),有斐阁 2010 年版,第 287 页。

⑥ [日]江家义男:《刑法各论》(增补版),青林书院 1963 年版,第 320 页。

定,就排除适用敲诈勒索的规定,反之亦然。但是,发生所谓择一关系时,对具体案件应适用哪一法条,并不是法条本身的竞合问题,而是案件事实究竟符合哪一构成要件的问题。所以,将上述情形视为择一竞合,在日本几乎没有得到承认。①

本书原则上认为,类似上述赵某自我绑架案的情形成立诈骗罪与敲诈勒索罪的想象竞合。首先,想象竞合的处罚原则是从一重罪处罚,而不必然是从一重罪再从重处罚,②所以,不一定要求一行为侵犯数法益。所以,上述第二种、第三种观点的理由并不适用于我国。换言之,即使一行为没有造成数个结果,但该行为具有多重属性时,为了发挥想象竞合的明示机能,仍有可能成立想象竞合。在赵某自我绑架案中,赵某与孙某的行为同时具有欺骗与恐吓的性质,赵父一方面陷入了认识错误,另一方面也产生了恐惧心理,所以,赵某与孙某的行为符合想象竞合的特征。其次,日本刑法中的诈骗罪与敲诈勒索(恐吓)罪的法定刑完全相同,所以,将上述行为仅认定为敲诈勒索罪(上述第三种观点)不会产生罪刑不均衡的后果。但我国刑法中的诈骗罪的法定刑高于敲诈勒索罪,如果对类似情形都仅认定为敲诈勒索罪,就会有失罪刑均衡,违反刑法的基本原则。最后,上述情形也不属于法条竞合。因为诈骗行为并不当然触犯敲诈勒索罪的法条,敲诈勒索行为也并不当然触犯诈骗罪的法条;只是当行为同时具有欺骗与恐吓性质时,才同时触犯诈骗罪与敲诈勒索罪,所以,与主张法条竞合相比,认定为想象竞合更为合适。

但应注意的是,如果不能认定行为同时具有诈骗与恐吓性质、对方同时陷入认识错误与产生恐惧心理,则不能认定为诈骗罪与敲诈勒索罪的想象竞合。

其一,行为人仅实施欺骗行为,使被害人陷入认识错误并产生恐惧心理的,只能认定为诈骗罪。

例如,2000年8月的一天,被告人边某伙同路甲、路乙、李某,谎称

---

① 参见[日]大塚仁:《刑法概说(总论)》(第4版),有斐阁2008年版,第495页;[日]西田典之著、桥爪隆补订:《刑法总论》(第3版),弘文堂2019年版,第447页。井田良教授虽然认为择一竞合这一概念是有用的,但同时强调择一竞合与法条竞合的其他情形具有性质上的区别。参见[日]井田良:《讲义刑法学·总论》(第2版),有斐阁2018年版,第582页。

② 当然,我国刑法分则也有少数条文对想象竞合作出了从一重罪从重处罚的规定,如《刑法》第253条第2款,第307条之一第3款、第4款。

王某在工程承包中得罪了宋某,宋某要找人对其报复,并称对方需要8000元,他们可以出面"摆平"此事。王某在感到害怕的情况下,将8000元交给路甲、边某等四人将钱瓜分(谎称"摆平"案)。[①]对于这样的行为应当认定为诈骗罪,而不宜认定为敲诈勒索罪。因为边某等人的行为虽然使被害人产生了恐惧心理,但其行为本身并不属于敲诈勒索行为;不能仅仅因为被害人产生了恐惧心理,便认定边某等人的行为符合敲诈勒索罪的构成要件。如果行为人声称自己可以支配第三者,使第三者报复被害人,则可以认定为恐吓行为,但边某等人的行为并非如此。

再如,宋某因欠外债,经常被债主催要,遂想利用其岳父、岳母疼爱外孙的心理,假称自己的儿子被人绑架,从他们手中骗取"赎金"。2003年1月3日,宋某的姐姐按照宋某的要求,将宋某的儿子带到保定,宋某随后告诉自己的岳父、岳母说:"儿子被人绑架了,绑匪索要8万元现金赎人。但我只筹得4万元,无法筹集余款,你们能不能筹集4万元?"其岳父、岳母听后非常着急,便四处筹钱。这时,有人提出报警,宋某的岳母怕外孙出事而不同意。宋某怕出意外,忙掏出事先已定好闹铃的手机,假装与绑匪通话,并对岳母说绑匪又在催钱。宋某的岳母救外孙心切,马上筹集4万元钱交给宋某。宋某得款后,将儿子接回并将4万元据为己有(骗取"赎金"案)。某县人民检察院提起公诉,人民法院以敲诈勒索罪判处被告人宋某有期徒刑3年,缓刑4年。[②] 其实,宋某的行为虽然使其岳父、岳母产生了恐惧心理,但宋某只是实施了欺骗行为,并没有对其岳父、岳母实施恐吓行为,只能认定为诈骗罪,不能认定为敲诈勒索罪。[③]

其二,行为人仅实施恐吓行为,被害人虽陷入一定认识错误,但完全或主要基于恐惧心理交付财物的,宜认定为敲诈勒索罪,不能认定为诈骗罪与敲诈勒索罪的想象竞合。

例如,甲、乙经过某村时,对村长说:"你的儿子得罪了我们,我们和

---

① 刘海红:《诈骗还是敲诈勒索》,载《检察日报》2002年11月14日,第3版。

② 王泽坚:《假称儿子被绑架　虚构事实骗亲人》,载《检察日报》2003年11月25日,第3版。

③ 表面上看,本案与前述赵某自我绑架案相似,但本案的被告人并没有对被害人实施恐吓行为,而赵某自我绑架案的行为人对被害人实施了恐吓行为。

者或被害人的占有→脱离占有状态→行为人占有。两种财产转移形态是否具有本质区别,或者说对上述行为应以何种犯罪论处,在刑法理论上也存在争议。

第一种观点认为,上述行为成立诈骗罪(既遂)。如日本学者福田平指出:“关于欺骗他人使之放弃财物进而拾得该财物的情形,存在盗窃罪说、侵占脱离占有物说、诈骗罪说。但是,由于没有必要将交付解释为仅限于直接交到行为人手中,所以,在这种场合,可以说通过介入对方的财产处分行为而取得了财物的占有,成立诈骗罪。”[①]我国台湾地区学者褚剑鸿也持该观点:“行为人以一贯不法所有之意思,使用诈术使人陷入错误而为财物之抛弃,从而取得之,虽非由于被害人直接交付,但既属行为人使用诈术,而使为错误之抛弃,因而行为人取得该物,其间自有因果关系,仍应成立诈欺罪,而不能论以侵占脱离本人持有物之罪。”[②]这种观点可谓刑法理论的通说。

第二种观点认为,上述行为成立盗窃罪。如日本学者团藤重光指出,在这样的场合,没有交付的形态便取得了事实上的支配,所以成立盗窃罪。[③] 因为诈骗罪的结构是行为人实施欺骗行为,使对方陷入认识错误,对于基于认识错误实施处分行为,行为人通过对方的处分行为取得财产。所以,取得财产应是直接取得对方交付的财产,在对方放弃财产的情况下,行为人在另外的状态下取得对方放弃的财产的,就缺乏处分行为与取得行为的关联性。而且,放弃财产的行为本身不能被评价为处分行为。

第三种观点认为,上述行为成立侵占脱离占有物罪(我国刑法中的侵占遗忘物的犯罪),因为他人丢弃或抛弃的财物,是脱离他人占有的财物。既然如此,行为人取得该财物的,只能成立侵占脱离占有物罪。[④]

本书倾向于第一种观点。首先,上述情形完全符合诈骗罪的构造与直接性要件。一方面,受骗者之所以放弃财物,完全是行为人的欺骗行为所致。受骗者虽然没有直接将财物交付给行为人,但其放弃财物

---

① [日]福田平:《刑法各论》(全订第3版增补),有斐阁2002年版,第255页。

② 褚剑鸿:《刑法分则释论》(第2次增订版),台北,台湾商务印书馆1995年版,第1230页。

③ 参见[日]团藤重光:《刑法纲要各论》(第3版),创文社1990年版,第616页。

④ 参见[日]泷川幸辰:《刑法各论》(增补版),世界思想社1951年版,第159页。

的行为,无疑也是一种处分行为。因为处分行为是指受骗者基于认识错误将财产转移给行为人或第三者占有的行为,至于是直接转移给行为人或第三者占有,还是经过脱离占有状态后转移给行为人或第三者占有,则并非重要问题。现实中,行为人都是使对方将财物放弃于行为人可以立即取得的地方,或者使对方将财物放弃在其他人不知道只能由行为人拾得的场所,这更加肯定了该行为符合诈骗罪的构造。另一方面,在对方放弃财物与行为人取得财物之间,不存在行为人独立的不法行为。所以,对方的处分行为与行为人取得财物之间并不缺乏关联性。况且,处分行为的成立,不以处分行为者具有转移所有权的意思为必要,处分行为并不限于直接将财产交付给行为人,取得财产也不限于从受骗者处直接取得财物。既然如此,使受骗者放弃财产进而拾得该财产的行为,就应成立诈骗罪。

其次,盗窃的对象必须是他人占有的财产,对脱离他人占有或者自己占有的财产不可能成立盗窃罪。既然受骗者已经放弃了财产,便说明其没有继续占有财产,因此,认定行为人盗窃了受骗者放弃的财产,显然不合适。同样地,认定行为人盗窃了受骗者放弃之前的由受骗者占有的财产,也不符合事实。所以,认为上述行为成立盗窃罪是存在疑问的。

最后,虽然在上述情况下,对方因为受欺骗而放弃的财产,属于脱离占有的财产,在我国也可以认定为遗忘物[当然,前提是将遗忘物理解为“非基于他人本意而脱离他人占有,偶然(不是基于委托关系)由行为人占有或者占有人不明的财物”①],但是,我们应当考虑脱离占有的原因。一方面,显然,行为人的行为不只是占有了他人的遗忘物或脱离占有物,更主要的是通过欺骗行为使他人放弃了对财物的占有,进而取得了该财物。所以,将上述行为仅评价为侵占罪并不全面。另一方面,如果像上述第三种观点那样,不考虑被害人因为行为人的欺骗行为而放弃财产的事实,那么,既然被害人放弃了财产,则意味着放弃了财产所有权,将该财产认定为脱离占有的财产也不合适。因为脱离占有的财产(或遗忘物)是虽然脱离了他人占有,但他人并未放弃所有权的财产。然而,一旦肯定被害人对其放弃的财产具有所有权,则必须重视行

---

① 张明楷:《刑法学》(第5版),法律出版社2016年版,第970页。

为人欺骗被害人使之放弃财产的事实,即脱离占有的原因;一旦重视财产脱离被害人占有的原因,就可以得出行为构成诈骗罪的结论。

不过,有两点需要指出:第一,如果行为人不是使他人放弃财物,只是使他人暂时离开财物,行为人乘机取得财物的,由于他人仍然占有该财物,行为人取得财物的行为不成立诈骗罪,而构成盗窃罪。正如我国台湾地区学者褚剑鸿所言:"如行为人施用诈术,仅使被害人暂时离去其物,并无抛弃之意思,行为人乘机取得者,则应成立窃盗罪。"[①]第二,如果行为人不是使对方将财物放弃于行为人可以立即取得的地方,也不是使对方将财物放弃在其他人不知道只能由行为人拾得的场所,而是使对方将财物放弃于任何人可能立即得到的场所,偶然由并非共犯的他人取得财物的,只能认定行为人的行为成立故意毁坏财物罪(间接正犯)。[②]如果行为人使对方将财物放弃于任何人可能得到的场所,后来依然由行为人得到的,则宜视行为性质与故意内容认定行为人的行为成立故意毁坏财物、侵占罪(也有并罚的可能性)。[③] 换言之,从受骗者的放弃与行为人拾得的关系来考察,只有能够认定行为人基于受骗者的放弃而取得了占有时,才宜认定为诈骗罪。[④]

我国虽然没有将上述现象作为一般性问题展开讨论,因而未能形成不同的学说,但关于类似案件的讨论,也表明存在与日本刑法理论相同或相近的各种观点。例如,2002年11月24日下午,朱某发现有一推摩托车的人(盗车人)形迹可疑,觉得其摩托车可能是盗取的。当盗车人把摩托车停在路边发动准备骑走时,朱某走过去,装作认识这辆车的样子,围着车看了一会儿,然后对盗车人说:"你到哪里去?"盗车人便弃车而逃。此时,朱某见四周无人,就想骑车回家据为己有。刚骑一会儿,朱某就被前来查寻的失主抓获。摩托车经估价为3200元(欺骗盗车人案)。朱某的行为究竟成立何罪?

第一种观点认为,朱某的行为成立诈骗罪,因为"朱某假装认识被

---

① 褚剑鸿:《刑法分则释论》(第2次增订版),台北,台湾商务印书馆1995年版,第1230页。

② 当然得出这一结论的前提是合理解释"毁坏"——丧失或者减少财物的效用的一切行为。参见张明楷:《刑法学》(第5版),法律出版社2016年版,第1026页。

③ 当然,侵占(遗忘物)罪的认定,以被害人对财产没有放弃所有权的意思为前提。

④ 参见[日]山口厚:《刑法各论》(第2版),有斐阁2010年版,第255页。

偷的摩托车,足以使偷车人误以为朱某是车主,因而属于举动诈骗……应对欺骗以后的处分或者交付行为作广义的理解,既包括在处分意思支配下的直接交付,也包括放弃财物以后他人的占有,因而本案朱某的行为具备诈骗罪的特征,应以诈骗罪论处"。①

第二种观点认为,上述朱某的行为在民法上应认定为盗窃,因为"这辆车仍然处于有人占有的状态。虽然车主离开车辆,当时不再实际控制该车;虽然车主也没有委托他人(如停车场管理人员)看管,即该车处于无人看管的状态;虽然路边属于公共场所,即没有其他人通过场所与物的关系对该车实施占有,但依照一般社会观念,该车仍然处于被人占有的状态,占有人仍是该车主。这种占有就是'观念占有'……由于窃贼在占有该车后很快又扔车逃走,表明该车主又恢复了对该车的观念占有,所以该摩托车并不属于遗失物,而是有人合法占有的物,朱某占有该车显然属于非法占有……在此情况下,朱某趁无人看管之机将该车骑走,依据民法可以认定朱某是以盗窃方式侵占他人占有物,至于朱某的行为是否构成盗窃罪,那就要依据刑法进行判断了"。② 这种观点没有从刑法上回答问题,也有一些观点认为,朱某的行为在刑法上也成立盗窃罪。③

此外还有其他诸多观点,如认为朱某的行为成立侵占罪,敲诈勒索罪,抢劫罪,掩饰、隐瞒犯罪所得罪,也有观点认为朱某的行为不成立犯罪。④

本书认为,对朱某的行为认定为诈骗罪较为妥当。

首先,对朱某的行为难以认定为盗窃罪,因为盗窃罪的成立以盗窃他人占有的财物为前提。刑法上的占有与民法上的占有不是等同的概念。由于刑法具有自己的目的,对占有的理解与认定是为了区分盗窃与侵占、既遂与未遂,所以,不可能完全按照民法上的占有理论解释刑

① 陈兴良:《以诈唬手段占有他人放弃的赃物是诈骗》,载《人民法院报》2003 年 6 月 1 日,第 3 版。

② 陈甦:《占有的事实判断与行为的性质认定》,载《人民法院报》2003 年 6 月 1 日,第 3 版。

③ 参见谢圣华主持:《疑案讨论〈朱某行为应定何罪〉——争辩之中见精彩——读者来稿意见集纳》,载《人民法院报》2003 年 5 月 8 日,第 3 版。

④ 参见谢圣华主持:《疑案讨论〈朱某行为应定何罪〉——争辩之中见精彩——读者来稿意见集纳》,载《人民法院报》2003 年 5 月 8 日,第 3 版。

进行判断。其中,有的属于实施欺骗行为,使被害人产生认识错误进而处分财产,这种情形构成诈骗罪;有的属于通过威胁手段迫使对方偿还本金与高额利息,这种情形构成敲诈勒索罪;有的属于同时使用欺骗方法与威胁手段,使对方既产生认识错误也产生恐惧心理进而处分财产的,这种情形则是诈骗罪与敲诈勒索罪的想象竞合。

例如,2017 年 10 月,董某等 4 名被告人经合意,在该区某地成立了盛嘉宝等多家公司,且以“零用贷”“身份贷”等名义非法对社会不特定人群发放小额贷款,并招募了风控人员、财务人员和催收人员樊某等 11 人。从 2017 年 12 月 11 日至次年 1 月 16 日,该集团以盛嘉宝公司和另一家公司名义分别向 367 名、172 名借款人发放小额贷款。发放贷款时,董某等人均要求借款人签订两份借款金额均为 1.2 万元(共 2.4 万元)、出借人为空白的借款协议等系列文书,并分 12 期还款,每期向上述两家公司各还金额 800 元,实际则以扣除所谓“资料费、平台费和前两期还款”的名义,借款人实际总共只拿到 7200 元,并约定了高达 3000 元的逾期上门催收费等。在借款人没有按时还款时,董某等人安排催收人员采取多次电话催促还款、多人上门索要欠款、向借款人的亲友、同事索要欠款等滋扰方式向借款人施压,此外还通过短信、微信辱骂、威胁、恐吓或伙同其他同类型小额贷款公司催收人员一起上门堵锁眼、泼油漆等恶劣方式,逼迫借款人双倍归还虚高借款和逾期费、上门费等催收费用,或者要求借款人向其他同类型小额贷款公司继续借款用于归还本公司欠款(董某套路贷案)。[①]在本书看来,董某的行为是诈骗罪与敲诈勒索罪的想象竞合,应当从一重罪处罚。

不过,特别需要说明的是,不能以“套路贷”概念取代刑法规定的犯罪构成。

众所周知,定罪不是一个标准的三段论的推理过程。其一,在三段论的推理过程中,大前提是固定的,但在定罪时,作为法律规范的大前提的含义并非固定不变,因为法律的基本含义是在社会生活中不断发现的,是通过审理案件发现的。其二,在三段论的推理过程中,小前提也是清楚明白的,但在定罪时,作为小前提的案件事实具有多个侧面、

---

① 参见王鑫、张叶青:《四川成都公开审理一“套路贷”恶势力犯罪案》,载《人民法院报》2019 年 5 月 22 日,第 3 版。

多重属性,对之可以作出多种归纳与分析。其三,在三段论的推理过程中,结论是最后形成的,但在定罪时,往往会出现先有结论(预判),后寻找大前提(所谓三段论的倒置)的情况。

大体而言,定罪也是一个三段论的推理过程。司法工作人员在判断犯罪构成符合性时,应当以刑法规定的犯罪构成为大前提,以具体的事实为小前提,从而得出正确结论。具体地说,司法工作人员必须把应当判决的、具体的个案与规定基本犯罪构成、加重及减轻犯罪构成的刑法规范联系起来。刑法规范与案件事实是司法工作人员思维的两个界限,司法工作人员要从案件到规范,从规范到案件,对二者进行比较、分析、权衡。对于案件事实,要以可能适用的犯罪构成为指导进行归纳和分析;反之,对于刑法规定的犯罪构成,要通过特定个案或者案件类型进行解释。刑法规范与案件事实的比较就是事物的本质、规范的目的,正是在这一点上,形成犯罪构成与案件事实的彼此对应。也就是说,一方面要将案件事实向刑法规范拉近,另一方面要将刑法规范向案件事实拉近。

显然,不管定罪是一个典型的三段论的推理过程,还是一种三段论的倒置,都要求将刑法规定作为大前提,也可以说将刑法规定的犯罪构成作为定罪的法律依据。符合刑法规定的具体犯罪构成的行为就是犯罪,不符合的就不是犯罪,这是罪刑法定原则的基本要求。司法工作人员不能直接或者变相地用另一种非刑法概念取代刑法规定的犯罪构成。

但在当前的司法实践中,却出现了一种以非刑法概念取代刑法规定的现象,典型的便是"套路贷"概念。一些地方的司法机关认为,只要有"套路"就是诈骗,只要是"套路贷"就构成诈骗罪。然而,"套路贷"并不是一个刑法概念,也不是一个犯罪构成或者某个犯罪的构成要件,更不是一个独立的罪名。因此,从刑法角度定义"套路贷"对认定犯罪并没有任何意义,"套路贷"的概念与定义不能成为判断某种行为是否构成犯罪的法律标准。其一,在认定具体犯罪时,不应当先判断某种行为是否属于"套路贷",然后直接得出该行为是否构成某种犯罪的结论。这种判断方法完全用"套路贷"概念取代了刑法规定的犯罪构成,因而明显违反罪刑法定原则。其二,在认定具体犯罪时,如果一个行为根本不符合刑法规定的犯罪构成,就不能借助"套路贷"的概念使之构成犯罪。因为这种做法不是根据刑法规定认定犯罪,而是在刑法规定的犯罪构成之外寻找定罪的根据,但这一根据不可能是“法律”根据,同样违反了罪刑法定原则。其三,在认定具体犯罪时,也不应当先判断某种行为是否属于“套路贷”,再根据刑法规定判断该行为构成什么犯罪,因为在定罪的三段论推理中,大前提只有刑法规定的犯罪构成,并不需要借助任何中间概念。例如,一个行为是否构成故意杀人罪,只需要直接根据《刑法》第232条的规定,判断行为人是否实施了杀人行为、是否造成了杀人结果,二者之间是否有因果关系,以及行为人是否具有杀人故意,而不需要先判断行为人的行为是否属于“暴力”,再判断该行为是否构成故意杀人罪。一个行为是否构成故意杀人罪,并不以其是否属于“暴力”为前提,而且,即使属于“暴力”也不一定构成故意杀人罪。简言之,“暴力”并不是故意杀人罪的犯罪构成内容。既然如此,在认定故意杀人罪时,认定行为是不是“暴力”就是没有意义的。同样,刑法中的任何一个法条都没有“套路贷”概念,任何一个犯罪的成立都不以行为属于“套路贷”为前提,即使属于“套路贷”也不一定构成犯罪;在刑法规范中没有“套路贷”概念或者说刑法没有将“套路贷”本身规定为犯罪的情况下,将“套路贷”作为适用大前提的中间概念,以及将案件事实归纳为“套路贷”,都是没有任何意义的。

由此可见,认定一个行为是否构成诈骗罪或者其他犯罪,根本不需要也不应当借助“套路贷”这一概念,完全可以而且应当直接根据刑法规定的诈骗罪的犯罪构成认定一个行为是否构成诈骗罪。例如,一个行为是否成立诈骗罪(既遂),需要逐一判断行为人是否实施了欺骗行为,对方是否陷入了或者继续维持了认识错误,对方是否基于认识错误处分(或交付)了财产,行为人是否取得或者使第三者取得了财产,被害人是否遭受了财产损失。如果具备了上述要素,就进一步判断行为人是否具有诈骗故意与非法占有目的;如果得出肯定结论,行为人的行为就成立诈骗罪(当然,缺乏后几个要素的,可能成立诈骗未遂)。

再如,敲诈勒索罪的客观构成要件是:行为人实施恐吓行为→对方产生恐惧心理→对方基于恐惧心理处分财产→行为人取得或者使第三者取得财产→被害人遭受财产损失。一个行为是否成立敲诈勒索罪,首先应当直接以上述要素为依据,判断案件事实是否具备上述要素;如果不具备上述要素,如行为人向对方出借现金后,只是向法院提起诉讼要求行为人归还借款的,就不可能符合"实施恐吓行为"这一要素(即使对方害怕被起诉,也不能据此认为行为人实施了恐吓行为),不需要进一步判断行为人是否具有敲诈勒索的故意与非法占有目的,就能直接得出不构成敲诈勒索罪的结论。对于其他犯罪的认定,也应当采取上述判断方法。不难看出,那种无视刑法规定的犯罪构成,直接将刑法没有规定的"套路贷"概念作为认定行为构成诈骗罪或者敲诈勒索罪的标准的做法,不可能成为认定犯罪的正确方法。

诚然,《意见》规定了"套路贷"的概念,描述了"套路贷"的手法与步骤。但是,其一,作为司法解释的《意见》不可能创制一个犯罪构成,事实上,《意见》也没有创制一个犯罪构成。其二,《意见》并没有要求下级司法机关根据其所描述的"套路贷"的手法与步骤直接认定行为构成犯罪。其三,《意见》更没有规定"套路贷"就是诈骗罪。例如,《意见》指出:"'套路贷',是对以非法占有为目的,假借民间借贷之名,诱使或迫使被害人签订'借贷'或变相'借贷''抵押''担保'等相关协议,通过虚增借贷金额、恶意制造违约、肆意认定违约、毁匿还款证据等方式形成虚假债权债务,并借助诉讼、仲裁、公证或者采用暴力、威胁以及其他手段非法占有被害人财物的相关违法犯罪活动的概括性称谓。"显然,《意见》并没有将"套路贷"表述为"相关犯罪活动的概括性称谓",而是表述为"相关违法犯罪活动的概括性称谓"。言下之意,一部分"套路贷"只是一般违法行为,而不是说任何"套路贷"都构成诈骗罪。再如,《意见》还指出,"套路贷"行为还可能触犯非法拘禁、虚假诉讼、寻衅滋事、强迫交易、抢劫、绑架等犯罪。因此,应当根据具体案件事实,区分不同情况,依照刑法规定确定罪名。这显然否定了"只要是'套路贷'就构成诈骗罪"的观点。其四,《意见》明确规定:"实施'套路贷'过程中,未采用明显的暴力或者威胁手段,其行为特征从整体上表现为以非法占有为目的,通过虚构事实、隐瞒真相骗取被害人财物的,一般以诈骗罪定罪处罚。"这充分说明,并非"套路贷"直接构成诈骗罪,相反,司法工作人员仍然需要根据刑法规定具体判断行为人是否采取了虚构事实、隐瞒真相的方法骗取他人财物,以及主观上是否具有非法占有目的。其五,《意见》还特别指出,不能将合法的民间借贷归入"套路贷"。[1] 换言之,一般人观念中的"套路贷"并不都属于《意见》所规定的"套路贷";或者说,一般人观念中的"套路贷"完全可能属于合法的民间借贷,即使不是合法的民间借贷,也可能只是一般违法行为。

一般人观念中的"套路贷"并不一定构成犯罪。例如,冯某等人于2017年成立小额贷款公司。2018年3月22日,蔡某某两次向公司分别贷款人民币7000元、8000元,但签订借款金额分别为14,000元、16,000元的虚高借款合同。公司以砍头息、保证金、管理费等名义向蔡某某事前分别收取1865元(蔡某某实际得款5135元)、2280元费用(蔡某某实际得款5720元)。冯某事前告知蔡某某,如果未违约按期偿还,虚高的金额无须支付;但若违约,虚高的金额将作为违约金、催收费要求蔡某某支付。后蔡某某未按期还款,冯某等人通过打电话、发短信催讨,催讨未果后,持虚高的借条上门索债(冯某套路贷案)。[2]在一般人观念中,冯某等人的行为属于"套路贷"。但是,冯某等人没有实施任何欺骗行为,而蔡某某对所有事实与后果清清楚楚。既然如此,就不能认为冯某等人的行为构成诈骗罪。[3] 一方面,即使这种情形并不属于正常的民间借贷,也不能认定为诈骗罪。另一方面,冯某等人通过上述方法索债的行为,也不可能构成敲诈勒索罪与其他犯罪。

总之,刑法规定的犯罪构成是认定犯罪的法律依据,是定罪的三段论中的大前提,除此之外的非刑法概念不得作为定罪的三段论中的大前提。司法工作人员完全可能在查明案件事实真相之后,先凭借自己经过训练的直觉得出其行为构成某种犯罪的预判(或假定),然后再论证案件事实与刑法规定的犯罪构成的符合性。这些做法都很正常,并不违反罪刑法定原则。但是,在认定犯罪的任何一个环节,都不得以非刑法概念取代刑法规定。倘若将一个非刑法概念直接作为认定犯罪的依据,或者在查清事实之后,先得出有罪结论(或假定),后来没有寻找

---

① 民间借贷的出借人是为了到期按照协议约定的内容收回本金并获取利息,不具有非法占有他人财物的目的,也不会在签订、履行借贷协议过程中实施虚增借贷金额、制造虚假给付痕迹、恶意制造违约、肆意认定违约、毁坏隐匿还款证据等行为。

② 参见南俏俏:《"套路贷"诈骗犯罪常见问题初探》,载《中国检察官·经典案例》2019年第8期,第70页。

③ 当然,如果冯某等人事后以胁迫、恐吓手段迫使蔡某某偿还虚高债务,则可能构成敲诈勒索罪。

到可能适用的刑法条文,却依然根据非刑法概念定罪处刑,则违反了罪刑法定原则。"只要是套路贷就构成诈骗罪"的观点,是缺乏罪刑法定主义观念的典型表现,司法工作人员不得以"套路贷"概念取代刑法规定的犯罪构成。

第五节　处分财产

一般来说,诈骗罪中的处分财产或财产处分行为,是指受骗者基于认识错误将财产转移给行为人或第三者占有的行为。中华民国1928年刑法与1935年刑法使用的都是"交付"一词。《日本刑法》第246条使用的也是"交付"一词,在刑法理论上,几乎没有区别地使用"交付""处分"这两个概念。① 由于诈骗罪的对象除了狭义的财物之外,还包括财产性利益,故"处分"似乎比"交付"更为贴切。所以,本书一般使用"处分行为"概念。

一、处分行为要素的根据与机能

在国外刑法理论上,极少数学者认为,处分行为不是诈骗罪的构成要件要素。如日本学者内田文昭指出:"'处分行为'本身,并不是诈骗罪的独立成立要件,只不过可以作为确认'利益转移'的因果性契机。"②但日本刑法理论的通说与审判实践,都将处分行为作为诈骗罪的构成要件(以既遂为模式)要素。我国刑法理论虽然较少使用"处分行为"概念,但大都认为被害人必须"似乎自愿地交付财产",这便是处分行为。如前所述,处分行为作为诈骗罪构成要件要素,并没有成文刑法的明文根据,通说之所以将它作为不成文的构成要件要素,主要是基于以下两个方面的理由:

首先,诈骗罪与敲诈勒索罪一样,以行为人基于他人有瑕疵的意思

---

① 参见[日]前田雅英:《刑法各论讲义》(第6版),东京大学出版会2015年版,第235页。在1995年实行用语平易化之前,《日本刑法》第246条的表述是"欺罔他人骗取财物"。但在1995年以前,日本刑法理论就普遍使用"处分行为"一词。

② [日]内田文昭:《刑法各论》(第2版),青林书院1979年版,第309页。

而取得财物或者财产性利益为构成要件要素。[1] 在诈骗罪中,受骗者的处分行为是在“欺骗行为”、基于欺骗行为引起“认识错误”与行为人“取得财产”之间起连接作用的要素。如果缺乏受骗者的处分行为,即使行为人取得了财产,也不能认定为“骗取”了财产。[2]

其次,在以受骗者的财产处分行为为构成要件要素这一点上,诈骗罪与违反被害人意思而取得财物的盗窃罪相区别。在以财物为对象的场合,由于诈骗罪的成立(既遂)要求受骗者基于认识实施财产处分行为,所以,盗窃罪与诈骗罪处于相互排斥的关系,而不会发生竞合。也因如此,处分行为存在与否成为区分诈骗罪与盗窃罪的关键。易言之,由于处分行为这一要素具有区分行为人是基于受骗者有瑕疵的意思取得财产还是违反被害人的意思取得财产的机能,所以形成了如下关系:如果对作为诈骗罪要素的处分行为作狭窄的理解,盗窃罪的成立范围就宽;反之,如果对处分行为作宽泛的肯定,就扩大了诈骗罪的成立范围,进而盗窃罪的成立范围就相应地缩小。[3]

对于上述两方面的根据,也有学者提出异议。首先,关于处分行为的因果关系作用,持异议的学者指出:“即使没有处分行为,错误与损害之间也可能有因果关系。例如,通过欺骗行为使对方将注意力转移他处,从而乘机夺取财物时,就明显具有因果关系,但尽管如此,也不能认定为诈骗罪。”[4]其次,关于诈骗罪与盗窃罪的区别,持异议的学者指出,一方面,根据上述见解,在对象是财物的场合,处分行为的有无成为区

① 与此相对,盗窃罪、抢劫罪是违反被害人的意思夺取财物。如果认为抢劫罪的对象包含财产性利益,并认为抢劫财产性利益的犯罪不要求被害人的处分行为,那么,财产处分行为就是诈骗罪与敲诈勒索罪的共通要件。

② 参见[日]福田平:《刑法解释学の基本问题》,有斐阁 1975 年版,第 204 页。

③ 参见[日]井田良:《处分行为(交付行为)の意义》,载[日]西田典之、山口厚编:《刑法の争点》(第 3 版),有斐阁 2000 年版,第 174 页。另一方面,在德国、日本、韩国等国,在以财产性利益为对象的场合,如果不存在受骗者的处分行为,并认为“盗窃财产性利益”不可罚,那么,处分行为的存在与否,就成为区分诈骗罪与盗窃财产性利益的不可罚行为的关键。如果对作为诈骗罪要素的处分行为作狭窄的理解,盗窃财产性利益的不可罚行为的范围就宽;反之,如果对处分行为作宽泛的肯定,就扩大了诈骗罪的成立范围,进而因盗窃财产性利益而不可罚行为的范围就缩小。

④ [日]林幹人:《诈欺罪における处分行为》,载[日]芝原邦尔等编:《刑法理论の现代的展开——各论》,日本评论社 1996 年版,第 213 页。另参见曾文科:《论犯罪间重合评价的适用界限》,载《清华法学》2019 年第 1 期,第 101 页以下。

分诈骗罪与盗窃罪的关键。但是,诈骗罪的对象不仅限于财物,而且可以是财产性利益。在对象为财产性利益的场合,处分行为要件成为区分有罪与无罪(因为在日本,盗窃财产性利益不成立盗窃罪)的基准。但是,在对象是财物的场合与对象是财产性利益的场合,不应当将处分行为要件的内容作不同的解释。① 另一方面,以盗窃与诈骗竞合时在罪数论上难以处理为由,而不承认盗窃与诈骗可以竞合的观点,是存在疑问的。"在德国,诈骗与盗窃竞合时,多数见解认为是想象竞合。但是,在这种场合,由于实质上只有一个法益受侵害,故该见解存在疑问。如果认为是法条竞合,那么,以何种犯罪处断便成为问题。有学说认为,由于盗窃罪重于诈骗罪,故应以盗窃罪处断。但是,认为盗窃重于诈骗是没有理由的。像这样的在法条竞合时难以判断两个罪中的哪一个罪优先,从而排除适用另一罪的情形,也可能存在于其他场合……不管怎么说,只有决定了盗窃罪、诈骗罪各自独立的成立范围后,才能明确两罪的关系。所以,认为只要行为成立盗窃罪它就不符合诈骗罪的成立要件的前提观点,是没有理由的。"②

那么,将处分行为作为构成要件要素的根据何在呢?持上述异议的学者指出:"处分行为要件,必须由诈骗罪固有的本质、目的提供根据。刑法规定诈骗罪是通过确保公正交易来保护财产。因此,仅仅基于错误产生财产损害还不足以成立诈骗罪,其间必须介入被害人(这里的被害人显然是广义的,包括并不属于被害人的受骗者——引者注)关于财产转移的意思决定。被害人因受欺骗而导致错误的结果——实际上不是自由的,作为自己的意识,必须具有自由地就财产处分作出决定的意识,必须基于这种意识转移财产。财产转移的意思毕竟是主观的内容,财产损害到底是客观的内容。处分行为要件作为连接这一主观的内容与客观的内容之间——不是错误与损害之间——的要素是必要的。"③

上述观点就通说的两个根据提出了异议,但并没有否认处分行为

---

① 参见[日]林幹人:《刑法各论》(第2版),东京大学出版会2007年版,第235页。

② [日]林幹人:《诈欺罪における处分行为》,载[日]芝原邦尔等编:《刑法理论の现代的展开——各论》,日本评论社1996年版,第214页。

③ [日]林幹人:《诈欺罪における处分行为》,载[日]芝原邦尔等编:《刑法理论の现代的展开——各论》,日本评论社1996年版,第215页。

要件,而是提出了其他根据(以下在本问题范围内简称少数说)。本书认为,处分行为的要素作为既遂标志是必需的,而且上述几个方面的根据并不矛盾。

首先,处分行为并不只是单纯地在因欺骗行为而产生的认识错误与财产损害(或行为人取得财产)之间起连接作用,而且表明了认识错误的内容。因为处分行为是基于认识错误实施的,所以,认识错误的内容必须是关于处分财产或转移财产的认识错误,而不是一般意义上的认识错误。换言之,只有当行为人的欺骗行为使受骗者陷入或者继续维持处分财产的认识错误,并基于该认识错误处分财产,从而使行为人或第三者取得财产时,才可能成立诈骗罪的既遂。如果只是要求有处分行为,而不限定认识错误的内容,那么,要么不能划定诈骗罪与盗窃罪的界限,要么不能说明诈骗罪的未遂。例如,行为人声称被害人的女儿在马路上出车祸,乘被害人外出时取走其住宅内的财物(谎称车祸案)。虽然其欺骗行为使被害人陷入了认识错误,但该认识错误的内容并不是处分财产,仅此便可以否认诈骗罪的成立。如果仅仅根据没有处分行为而得出不成立诈骗既遂的结论,那便意味着该行为可以成立诈骗未遂,但事实上并非如此。虽然通说认为处分行为在认识错误与取得财产之间起连接作用,少数说认为处分行为在财产转移的意思与财产损害之间起连接作用,但二者其实并不矛盾,只不过少数说说明了"认识错误"仅限于处分财产的认识错误。由此看来,如果受骗者的认识错误与财产处分无关,那么,即使其将财产交付给他人,也不能视为处分行为。例如,顾客隐瞒真实意思试穿西服时,售货员只是让顾客试穿而将西服交给顾客,即使顾客乘机穿着西服离开商店(试穿西服案),其行为也不成立诈骗罪。因为售货员所产生的不是处分西服的认识错误,所以,其让顾客试穿西服并不属于处分行为。由处分行为限定认识错误的内容,进而使处分行为连接认识错误与财产损害,也能充分说明诈骗罪的本质以及刑法规定诈骗罪的目的。

其次,确定一个犯罪的构成要件内容时,不可能不考虑该罪与相关犯罪的关系。唯此,才能在避免处罚空隙的前提下,使分则各条文规定的构成要件形成各自的分工。倘若不考虑犯罪之间的关系,那么,或者会导致处罚的漏洞,或者会形成条文之间不必要的交叉重叠。例如,假若在确定盗窃罪的构成要件内容时,不考虑其与诈骗罪的关系,就可以认为所有的诈骗都是盗窃罪的间接正犯,因为诈骗行为利用了不知情的受骗者或被害人。同样,如若在确定抢劫罪的构成要件内容时,不考虑其与敲诈勒索罪的关系,就可能放弃对抢劫罪中的暴力、胁迫性质与程度的要求,从而将所有的敲诈勒索行为归入抢劫罪。因此,要求事先分别独立地确定盗窃罪与诈骗罪的构成要件,再考察二者之间的关系,是不合适的。相反地,人们在确定诈骗罪的构成要件内容时,必须考虑其与盗窃罪的关系:一方面,不要在诈骗罪与盗窃罪之间形成处罚空隙,使具有可罚性的行为游离于刑法规制之外,因为将值得处罚的行为排除在刑法规制之外,不利于实现刑法保护法益的目的。另一方面,也要避免诈骗罪与盗窃罪的竞合,因为过多的竞合关系虽然可能减少处罚空隙,但不利于案件的处理,进而可能导致处罚不公平。例如,如果认为盗窃罪与诈骗罪之间存在竞合关系,那么,“这个看法会陷入困境。因为,不在构成要件上清楚地区分窃盗与诈欺,必然要面对竞合论处理上的难局。如果认为同时是窃盗与诈欺,那么,究竟是法条竞合,还是想象竞合?假如认为是法条竞合,要用什么标准决定哪一个法条必须优先适用?倘若认为是想象竞合,又该如何圆说:被破坏的法益只有一个?”[①]稍有不当,就会违背刑法的正义理念。所以,通说为了避免诈骗罪与盗窃罪的竞合而将处分行为作为构成要件要素,也具有合理性。

最后,在德国、日本、韩国等国家,“在对象是财物的场合,处分行为的有无成为区分诈骗罪与盗窃罪的关键;在对象为财产性利益的场合,处分行为要素成为区分诈骗罪与无罪的基准”,并无不当之处。处分行为在对象不同时所起的作用不同,是因为刑法的规定,即由于德国、日本、韩国等国刑法规定诈骗罪的对象可以是狭义财物与财产性利益,而盗窃罪的对象只能是狭义财物,所以,形成上述局面并不是因为通说对处分行为作了不同解释。实际上可以作以下表述:在对象是狭义财物的场合,处分行为的有无成为区分诈骗狭义财物与盗窃狭义财物的关键;在对象为财产性利益的场合,处分行为要件成为区分诈骗财产性利益与盗窃财产性利益的基准。如果刑法处罚盗窃财产性利益的行为,则处分行为要素在两种情况下都是区分诈骗罪与盗窃罪的基准。由于

---

① 林东茂:《诈欺或窃盗——一个案例的探讨》,载《刑事法杂志》第43卷第2期,第54页。

德国、日本、韩国刑法不处罚盗窃财产性利益的行为，所以，在对象为财产性利益的场合，处分行为要素成为区分诈骗罪与非罪的基准。如前所述，本书主张财产性利益也可能成为盗窃罪的对象，所以，即使少数说的上述主张具有合理性，在我国肯定处分行为具有区分诈骗罪与盗窃罪的机能，也无不妥之处。

二、财产处分者的范围与资格

诈骗罪的基本构造是行为人实施欺骗行为，使受骗者陷入认识错误并基于该认识错误处分财产，因此，财产处分者必须是受骗者（理论上对此存在争议，下面会具体讨论）。如果财产处分者不是受骗者，而是受骗者之外的第三人，就不能认定财产处分者基于认识错误处分了财产，因而不符合诈骗罪的特征。

（一）二者间的诈骗

在财产处分者（受骗者）与被害人为同一人（两者间的诈骗）的情况下，财产处分者既可能是财产所有者，也可能是财产的单纯占有者。

首先，当财产处分者为财产所有者时，即使其没有占有财产，也可能处分财产。例如，乙从市场购买一件古董后交由丙长期保管。某日，甲冒充警察，声称该古董与某项犯罪有关，需要依法扣押。乙信以为真，于是打电话给丙，要求丙将古董交给甲，甲将古董据为己有。事实上，该古董与犯罪没有任何关联（古董案）。从表面上看，丙将古董交付给甲，似乎丙是财产处分者，但事实上并非如此。因为丙没有受欺骗，只是根据所有者乙的指示将古董交给甲；而乙是古董的所有者，也是受骗者和财产处分者，乙有权让丙将古董交给甲。所以，在本案中，真正处分古董的是乙而不是丙，丙只是乙处分财产的辅助者。此案表明，只要财产处分者是财产的所有者，即使其没有占有财产，也可以处分财产。

其次，当财产处分者不是财产所有者，只是财产占有者时，也可能处分财产。因为如后所述，所谓处分财产，是指将财产转移给行为人或第三者占有，所以，只要占有了财产，即使没有所有权，也可能转移财产的[illegible]例如，乙借用丙的摩托车，当乙要将摩托车还给丙而与丙电话联系还车时，丙[illegible]因为次日不在家，让乙将摩托车交给丁。偷听了电话的甲于次日早晨给乙打电话，声称自己是丁，让乙将摩托车交付给自己,于是乙将摩托车交付给甲,甲将摩托车据为已有(冒领摩托车案)。处分摩托车的乙并不享有所有权,只是事实上占有了摩托车,但这并不影响甲的行为成立诈骗罪。所以,即使不是财产的所有人,也完全可能因为认识错误而处分财产。正因如此,在受骗者对财产不享有所有权的情况下,其是否占有财产,就成为区分诈骗罪与其他犯罪的一个重要基准。例如,B进入地铁车厢后,发现自己的座位边上有一个钱包,于是问身边的A:“这是您的钱包吗?”尽管钱包不是A的,但A却说:“是的,谢谢!”于是B将钱包递给A(地铁冒领钱包案)。如果认为B并没有占有钱包的行为与意思,因而不可能处分该钱包,那么,A的行为就不成立诈骗罪,只能视钱包的性质认定为侵占罪或盗窃罪。如若认为B已经占有了钱包,则应认定A的行为成立诈骗罪。

所谓财产的“占有者”,并不是民法意义上的占有者,而是刑法意义上的占有者,即事实上支配、控制财产的人。至于受骗者是否事实上支配、控制了财产,则需要根据社会的一般观念进行判断。[①] 例如,被害人杨某在旅游购物时将皮包(内有6000余元)丢放在一小卖部的柜台上,便与同伴一起离开。店主发现皮包后,便大喊皮包系何人所有。当问及男游客林某、吴某时,两人便冒充失主将皮包领走,随后匆匆离去。数分钟后,杨某急忙回到小店,店主才知皮包被人冒领(小卖部冒领皮包案)。如果认为店主占有了皮包,林某与吴某的行为便成立诈骗罪;如果认为店主没有占有皮包,则需要进一步判断杨某是否仍然占有皮包,如果得出肯定结论,林某与吴某的行为则是盗窃罪;如果得出否定结论,林某与吴某的行为则是侵占罪。可以认为,店主已经占有了杨某的皮包,故林某与吴某的行为成立诈骗罪。

由上可见,财产处分者是否对该财产享有所有权,并不影响诈骗罪的成立。换言之,“本罪以使人将本人或第三人之物交付为要件,即其交付之物,不以本人所有为限,本人持有第三人之物,使之交付,亦然”。[②]

(二)三角诈骗

问题是,在受骗者与被害人不是同一人(三角诈骗)的情况下,财产

---

① 这一问题将在本节后面详细说明。

② 褚剑鸿:《刑法分则释论》(第2次增订版),台北,商务印书馆1995年版,第1235页。

处分者与受骗者是否必须同一？换言之，是必须由受骗者处分财产才成立诈骗罪（既遂），还是必须由被害人处分财产才构成诈骗罪？国外的少数观点认为，财产处分者必须是被害人，但理由并不相同。

日本学者大塚仁教授认为："交付财物的人，通常是受骗者本人，但只要处于受骗者的财产处分行为约束的地位、状态，也可以是与受骗者不同的人。例如，在诉讼诈骗的场合，受骗者是裁判所，但财物的交付者是基于裁判所的命令，现实地提供财物的败诉人等。"①显然，大塚仁教授是将"财产处分行为"与"交付行为"作为两个不同概念来把握的，即处分财产的是法官，而交付者是败诉者。但是，这种观点难以成立。

首先，诈骗罪中受骗者的财产处分行为与交付行为完全是在相同意义上使用的概念，在财产处分行为之外另使用意义不同的交付行为概念，既无必要，也不合适。因为诈骗罪的基本构造是通过欺骗行为使对方陷入认识错误，对方基于认识错误处分或者交付财产，行为人或第三者取得财产。即使是三角诈骗，也必须符合这种构造，所以，在处分行为之外使用意义不同的交付行为概念并不妥当。其次，"实质上，大塚博士所说的'交付'，只不过是作为财产处分行为的结果，从属于财产处分行为的事实上的行为，充其量对决定既遂、未遂具有意义。例如，采用欺骗手段，导致接受预订的面包店的店主让店员配送面包时，受骗者/财产处分行为者是店主，事实上'交付'面包的店员只不过是店主的'交付'辅助者。通过这种行为导致事实上转移占有时，只不过具有使诈骗罪既遂的机能"。② 如后所述，在处分行为与处分结果之间，完全可能介入处分行为者的辅助者的行为。但在这种场合，不能认为处分行为者的辅助者的行为是处分行为或交付行为。

日本学者团藤重光教授指出："受骗者与交付者不要求是同一人。可以是欺骗甲而使乙交付财物。"③川端博教授指出："如果采取以下观

---

① ［日］大塚仁：《刑法概说（各论）》（第3版），有斐阁1996年版，第252～253页。

② ［日］山中敬一：《詐欺罪における他人の財産に対する処分行為について》，载《关西大学法学论集》（2003年）第52卷第4、5合并号，第480页。山中敬一教授在注释中还指出："如果一定要说交付者是店员的话，那么，由于店员是通过店主的错误而自己也陷入了错误，受骗者也是店员，被害人是店主，这便符合三角诈骗的构造。"同上书，第483页。

③ ［日］团藤重光：《刑法纲要各论》（第3版），创文社1990年版，第614页。

点,即只要有欺骗行为,并且有谁基于欺骗行为产生了'财产上的损害',就完全可能成立诈骗罪,那么,受骗者与处分行为者就不一定必须一致。"[①]这两位学者虽然将处分行为与交付行为视为相同概念,但同时认为财产处分者即交付者可以不是受骗者。本书不赞成这一结论。

首先,在行为人外表上欺骗 A,实际上欺骗了 B 并使 B 处分财产时,应认为受骗者与财产处分者具有同一性。即在行为人欺骗 A,由 A 将欺骗内容转述给 B,由 B 处分财产的情况下,应认为 B 是受骗者与财产处分者,而不能认定 A 是受骗者、B 是财产处分者。例如,甲欺骗受托人乙,乙将受骗内容转述给委托人(本人)丙,委托人误信欺骗内容,从而处分财产给甲或第三者的,应当认为委托人通过受托人的转述而陷入认识错误,并且基于认识错误处分财产。即委托人是受骗者与财产处分人,而不能认为受托人是受骗者,委托人是财产处分人。因为在这种场合,受托人只不过是甲的被利用者,而不是真正的受骗者。当然,如果受托人是真正的受骗者,并且由其处分财产的,那么,受托人则既是受骗者也是财产处分者,二者也是统一的。

其次,更为重要的是,诈骗罪的最基本特征之一,是行为人实施欺骗行为,使受骗者基于认识错误而处分财产。既然处分财产必须基于认识错误,而陷入认识错误的人为受骗者,那么,只有当受骗者处分财产时,才符合诈骗罪的构成要件。换言之,受骗者的认识错误是支配处分财产者的动机过程,这种动机过程只能是同一人的内部的心理作用过程。如果受骗者没有处分财产,而是由未受骗的人处分财产,则不可能成立诈骗罪。[②] 因此,在三角诈骗中,财产处分者只能是受骗者,或者说,三角诈骗的受骗者必须同时是财产处分者。

但应说明的是,在二者间诈骗中,被害人处分的是自己所有或者占有的财产。而在三角诈骗中,受骗者处分的既可能是自己占有的财产,也可能是自己没有占有的财产;之所以如此,是因为受骗者具有处分被害人财产的权限或者处于可以处分被害人财产的地位。如后所述,在诉讼诈骗中,受骗者是法官,财产处分者也是法官,而不是现实的败诉

---

① [日]川端博:《集中讲义刑法各论》,成文堂 1999 年版,第 122 页。

② Vgl. ,Gunther Arzt/Ulrich Weber,Strafrecht Besonderer Teil Lehrbuch,*Verlag Ernst und Werner Gieseking*,2000,S. 498f;[日]西田典之著、桥爪隆补订:《刑法各论》(第 7 版),弘文堂 2018 年版,第 216 页以下。

人。法官之所以能够处分败诉人的财产，是因为法律赋予的裁判权使其具有处分他人财产的权限。所以，在三角诈骗中，不仅要求受骗者与财产处分人是同一人，而且要求现实的财产处分者具有处分被害人财产的权限，或者处于可以处分被害人财产的地位。① 一方面，如果受骗者不具有处分财产的权限与地位，就不能认定其转移财产的行为属于诈骗罪的处分行为；另一方面，如果受骗者没有处分被害人财产的权限与地位，行为人的行为便完全符合盗窃罪间接正犯的特征。如本章第一节所述盗骗西服案中的C，不具有将B的西服处分给A的权限或地位，所以，A的行为不成立诈骗罪，而是盗窃罪的间接正犯。再如，十余人参加小型会议。散会前，被害人B去洗手间时，将提包放在自己的座位上。散会时B仍在卫生间，清洁工C立即进入会议室打扫卫生。此时，A发现B的提包还在会议室，便站在会议室门外对C说："那是我的提包，麻烦你递给我一下。"C信以为真，将提包递给A，A立即逃离现场（会议室案）。在本案中，清洁工C没有占有B的提包，他也不具有处分该提包的权限或地位。换言之，C是A盗窃提包的工具，而不是诈骗罪中的财产处分者。因此，A的行为不成立诈骗罪，只能成立盗窃罪。

显然，受骗者是否具有处分被害人财产的权限或地位，成为区分诈骗罪与盗窃罪间接正犯的一个关键。可以肯定的是，当受骗者具有法律上的代理权时，必然具有处分被害人财产的权限或地位（如前述代理案）；基于同样的理由，银行等金融机构的职员依据金融凭证等支付现金时，也具有处分被害人财产的权限或地位。所以，在这种情况下，很容易认定为三角诈骗。换言之，凡是能够从法律上直接认定受骗者具有处分被害人财产的权限或地位时，均能认定为三角诈骗。但是，如果认为受骗者仅限于法律上的处分权限与地位，便过于缩小了诈骗罪的成立范围。如前述保姆案（丙是乙的家庭保姆。乙不在家时，行为人甲前往乙家欺骗丙说："乙让我来把他的西服拿到我们公司干洗，我是来取西服的。"丙信以为真，甲从丙手中得到西服后逃走）中的保姆丙，在法律上并不具有处分乙的财产的权限或地位，如果因此认定甲的行为成立盗窃罪，恐怕难以被人们接受。所以，除了法律上的处分权限或地

① Gunther Arzt/Ulrich Weber, Strafrecht Besonderer Teil Lehrbuch, *Verlag Ernst und Werner Gieseking*, 2000, S. 499；［日］大谷实：《刑法各论》，成文堂2001年版，第156页；等等。

位外,只要受骗者事实上具有处分被害人财产的权限或者地位,就可以认定为诈骗罪。但问题是,根据何种标准认定受骗者在事实上具有处分被害人财产的权限或地位?对此,德国、日本的刑法理论上存在不同观点。①

第一种观点称为主观说,即以受骗者是否为了被害人而处分财产为标准:如果受骗者是为了被害人而处分财产,则行为人的行为构成诈骗罪;反之,行为人的行为成立盗窃罪。② 在保姆案中,丙是为了被害人乙而交付西服的,所以,甲的行为构成诈骗罪;在会议室案中,C 是为了行为人 A 而交付提包的,所以,A 的行为成立盗窃罪。这诚然是一个标准,或许在许多情况下也能得出正确结论,但是,将"为了谁处分"这种主观的要素作为区分标准恐怕是不妥当的。③ 因为单纯根据不属于被害人的受骗者的心理决定行为人的行为性质,有悖于犯罪构成的基本原理。

第二种观点称为事实的接近说(Lehre von der tatsächlichen Nähe)或事实的介入可能性说(Lehre von der tatsächlichen EinwirkungsmÖglichkeit),即只要作为受骗者的第三人,与财产之间具有客观的接近关系,对财产具有事实上的介入可能性,那么他就可以成为财产处分者,因而成立三角诈骗。④ 但是,这种学说不仅导致处分行为的概念不明确,而且导致诈骗罪与盗窃罪的界限模糊。

第三种观点称为阵营说(Lagertheorie),即以受骗者是与行为人的关系密切还是与被害人的关系密切为区分标准。换言之,以受骗者是属于行为人阵营还是属于被害人阵营为标准进行区分:如果受骗者属于被害人阵营,则行为人的行为成立诈骗罪;反之,则成立盗窃罪。⑤ 至

---

① 当然,下述观点不一定都赞成"受骗者必须在事实上具有处分被害人财产的权限或地位"。

② 参见日本最高裁判所 1970 年 3 月 26 日判决,载日本《最高裁判所刑事判例集》第 24 卷第 3 号,第 55 页。

③ 平野龙一:《犯罪论の诸问题(下)各论》,有斐阁 1982 年版,第 344 页。

④ 参见[日]山中敬一:《诈欺罪における他人の财产に对する处分行为について》,载《关西大学法学论集》(2003 年)第 52 卷第 4、5 合并号,第 495 页以下。

⑤ Vgl. BGHSt 18, 221; OLG Düsseldorf NJW 1994, 3366, 3367; 1Wessels/Hillenkamp, Strafrecht Besonderer Teil 2, *Straftaten gegen Vermögenswerte*, 36 aufl., C. F. Müller 2013, Rn. 645.

于受骗者是否属于被害人阵营,有的学者提出了两个判断标准:一是受骗者与财产之间是否具有客观的接近关系;二是处分行为是否为了占有者而实施。[①] 果真如此,则阵营说是上述主观说与事实的接近说的综合。根据阵营说,在保姆案中,由于交付西服的丙属于乙的阵营,所以甲的行为是诈骗;而在会议室案中,C 属于 A 的阵营,是 A 盗窃的工具,所以,A 成立盗窃罪。

阵营说是德国的通说,但本书难以赞成该说。首先,阵营说的根据并不充分。亦即,为什么受骗者与被害人属于同一阵营时,就要将受骗者的处分行为视为被害人的处分行为,进而认定为诈骗罪呢?阵营说并没有提供充分的理由。其次,阵营说的判断基准也不明确。例如,学生乙到指导老师丙的办公室谈论文写作事宜时,甲见丙去卫生间,立即欺骗乙说:"丙老师桌上的照相机是我的,你递给我一下。"于是,乙将照相机递给了甲(欺骗老师取得相机案)。按照阵营说,甲的行为成立诈骗罪,因为乙与丙是师生关系,可谓同一阵营。但是,倘若甲与乙是室友(甲刚被导师指导完论文),乙究竟属于哪一阵营呢?其判断标准必然是不明确的,甲的行为构成何罪便会因人而异。最后,阵营说的观点不可能得到贯彻。例如,诉讼诈骗被认为是典型的三角诈骗,民事法官是受骗者。可是,法官处于中立的立场,既不可能接近被害人,也不可能接近行为人。同样地,当行为人欺骗仲裁员使之作出有利于自己的仲裁决定时,认为仲裁员处于被害人的阵营,恐怕也是不合适的。

大体而言,阵营说会导致诈骗罪的成立范围较宽,使盗窃罪的成立范围相对较窄。在本书看来,德国的通说之所以采取阵营说,是因为德国不处罚盗窃财产性利益的行为,但处罚骗取财产性利益的行为;采取阵营说就可以减少处罚漏洞。亦即根据后述权限说认定为盗窃财产性利益,因而不可罚的行为,根据阵营说可以认定为诈骗罪,从而使之受到刑罚处罚。在我国,盗窃罪与诈骗罪的对象都是"公私财物",只要我们主张财产性利益既是诈骗罪的对象,也是盗窃罪的对象,那么,被告人的行为不是成立诈骗就是成立盗窃,而不至于出现德国那样的"如果是诈骗就成立犯罪,如果是盗窃就不构成犯罪"的现象。所以,本书不

---

① Samsom/Günter, Systyematischer Kommentar zum Strafgesetzbuch, *Lucherhand*, 1997, § 263 Rdnr. 91.

赞成阵营说。

第四种观点称为效果说,即“受骗者处于可以使被害人的财产转移产生法律效果的地位”。[①] 在多数情形下,效果说与后述权限说的结论相同,但效果说也存在疑问。例如,甲盗窃了乙的银行存折,从银行柜台取走存款10万元。根据效果说,由于乙已经丧失了10万元的银行债权,故甲的行为成立对乙的诈骗罪,而且是对乙的银行债权的三角诈骗,即银行职员是受骗者,乙是被害人。可是,甲并没有取得银行债权,只是取得了银行职员交付的现金,所以,效果说的结论并不妥当。再如,根据效果说,行为人欺骗完全无关的第三者时,如果接受第三者交付的人是善意取得,那么,所有人便丧失了权利,行为人也成立三角诈骗。但是,在这种场合,这种效果是为了保护善意第三人的利益,与被害人的意志没有关系甚至有违反被害人意志的效果,不能认为是基于被害人的意志所实施的处分行为。显然,效果说虽然有利于将经济上的被害人作为法律上的被害人处理,但在许多情形下得出的结论与诈骗罪的特征不相符合。[②]

第五种观点称为授权说或权限说,其内容是,受骗者在被害人概括性授权范围内处分财产时,肯定其行为属于处分行为,因而行为人的行为构成诈骗罪;反之,受骗者处分财产的范围超出了被害人的概括性授权时,则不属于处分行为,因而行为人的行为成立盗窃罪。[③] 根据这一观点,在保姆案中,根据社会的一般观念,可以认为丙交付西服没有超出乙的授权,因而甲的行为成立诈骗罪。而在会议室案中,由于B根本没有也不可能对C有任何授权,故A的行为成立盗窃罪。但是,如何判断是否存在授权以及授权范围的大小,还需要具体标准。

在本书看来,阵营说与授权说基本上处于表里关系。在三角诈骗中,受骗者不是被害人。受骗者之所以客观上能够处分被害人的财产,是因为根据社会的一般观念,他事实上得到了被害人的概括性授权。或者说,在当时的情况下,如果排除诈骗的因素,社会一般观念认为,受

---

① [日]松原芳博:《刑法各论》,日本评论社2016年版,第285页。

② 参见[日]山口厚、井田良、佐伯仁志:《理论刑法学の最前线Ⅱ》,岩波书店2006年版,第129~130页。

③ 参见[日]山口厚:《诈欺罪における处分行为》,载《平野龙一先生古稀祝贺论文集》(上卷),有斐阁1990年版,第441页。

骗者可以为被害人处分财产。例如,在保姆案中,如果排除诈骗因素,社会一般观念当然会认为,保姆丙应当或者可以将西服交付给甲干洗。在此应进一步追问的是,在何种情况下,社会的一般观念会认为,受骗者得到了被害人的概括性授权?对此,阵营说提供了一个具体标准,即考察受骗者接近谁的立场:如果接近被害人的立场,则行为人的行为属于三角诈骗;如果接近行为人的立场,则行为人的行为属于盗窃罪。

但是,本书认为,一方面,在不存在其他重要因素的情况下,只要能够认定受骗者属于被害人的阵营,就可以认定为三角诈骗(如下所述,存在例外);只要能够认定受骗者不属于被害人的阵营,便可以认定为盗窃罪(间接正犯),至于受骗者是否属于行为人阵营,则在所不问。例如,在会议室案中,虽然难以认定C属于A的阵营,但由于C肯定不属于被害人B的阵营,所以,C不具有处分B的财产的权限或地位,故A的行为成立盗窃罪。另一方面,阵营说并不是唯一的具体标准,也不是绝对正确的标准,因为在某些案件中,即使能够断定受骗者属于被害人阵营,也可能因为其他因素而否认受骗者具有处分被害人财产的权限与地位。以德国的真实判决为例。A要借用B的私家车但被拒绝,于是前往B所住的公寓,欺骗公寓主人C说:“我得到了B的许可来取其车钥匙。”C将B的房间打开后(在德国,公寓主人持有居住者房间的钥匙),从B的房间取出钥匙交给A。A使用该钥匙开走了B的私家车(德国公寓案)。德国法院认为,C不具有将B房间内的车钥匙交付给A的权限,于是,认定A的行为成立盗窃罪。在本案中,如果要问C是接近A的立场还是接近B的立场,答案恐怕是接近B的立场。因此,如果对阵营说进行缓和的理解,A也可能成立诈骗罪。但是,由于C并不是B的车与车钥匙的占有者,也不是占有辅助者,明显不具有将B的车钥匙交付给A的权限,故A不成立诈骗罪。上述判决就是基于这样的见解。[①]

由此看来,判断受骗者事实上是否具有处分被害人财产的权限或地位,并非仅仅取决于其是否属于被害人阵营或是否接近被害人的立场,还需要考虑其他因素,如受骗者是否为被害人财物的辅助占有者,受骗者转移财产的行为(排除被骗的因素)是否得到社会一般观念的认

---

① 参见平野龙一:《犯罪论の诸问题(下)各论》,有斐阁1982年版,第345页。

可,受骗者是否经常为被害人转移财产,如此等等。例如,受骗者与被害人共同支配财产时,受骗者的处分行为就是"基于被害人的意志"的行为。"X 欺骗 A 的代理人 B,使之签订了对 A 不利的合同。X 无疑可以构成使 A 负担债务而取得财产性利益的诈骗罪。在这种场合,直接的'受骗者兼处分行为人'是 B,财产上的'被害人'是 A,构成了一种三角诈骗的案例。但是,由于具有代理权的 B 可以将法律关系归属于被代理人 A,B 处于可以直接左右 A 的权利关系(从刑法上说是 A 的'财产性利益')的内容的立场。在'受骗者兼处分行为人'B 是'被害人'A 的代理人这样的场合,对两者的关系可以评价为 B 和 A 共同支配(可谓'共同占有')A 的权利、财产性利益。对此,可以作出行为人 X 欺骗 B 使之处分(B 也可谓'共同占有')A 的权利这一法的评价。"①显然,在受骗者与被害人存在代理关系时,实际上获得了具体的授权,受骗者的处分行为当然可以视为被害人的处分行为。再来考察德国的一个判例。乙租用丁所经营的车库,将自己的私家车停放在该车库内,丙为车库的管理员。依照惯例,乙将备用钥匙交给丙持有。甲与乙关系密切,甲曾多次征得乙的同意,从丙处得到车钥匙将车开出。某日,甲欺骗丙说得到了车主乙的认可,向丙索取车钥匙。甲得到了丙所持有的乙的车钥匙后,使用该钥匙将停在车库的乙的私家车开走,据为已有(德国车库案)。德国法院认定甲的行为成立诈骗罪。② 法院之所以将本案认定为诈骗罪,并不仅仅因为丙属于乙的阵营,还考虑到了丙是乙的私家车的辅助占有者,乙丙以往的关系导致该车的出入事实上几乎完全委托给丙。因此,与德国公寓案有所不同,将本案认定为诈骗罪是妥当的。基于这一理由,如果在德国公寓案中,C 与 B 的关系密切,B 平时不在家时,经常由公寓主人 C 将 B 的财物交付给他人,则应认定 A 的行为构成诈骗罪。

综上所述,三角诈骗的成立,要求受骗者具有处分被害人财产的权限或者处于可以处分被害人财产的地位;如果受骗者不具有这种权限与地位,其将被害人财产转移给行为人的行为,便不属于诈骗罪中的财

---

① [日]杉本一敏:《"三角诈骗"は存在しない》,载[日]川端博等编:《理论刑法学の探究》(第 4 辑),成文堂 2011 年版,第 195 ~ 196 页。

② Volker Krey, *Strafrecht Besonderer Teil*, Band 2, 12 aufl., Verlag W. Kohlhammer, 1999, S. 218.

产处分行为；由于不具有处分行为，行为人的行为就只能成立盗窃罪（或其他罪）。所谓具有处分被害人财产的权限或地位，不仅包括法律上的权限或地位，也包括事实上的权限或地位。受骗者事实上是否具有处分被害人财产的权限或地位，应根据社会的一般观念，以其事实上是否得到了被害人的概括性授权为基准；至于是否得到了被害人的概括性授权，则应根据受骗者是否属于被害人阵营、是否为财产的占有者或辅助占有者、其转移财产的行为外表上（排除被骗的因素）是否得到社会一般观念的认可、受骗者是否经常为被害人转移财产等因素进行判断。①

特别需要指出的是，三角诈骗与诈骗罪的间接正犯不是等同形态。三角诈骗中的三角是指行为人、受骗者与被害人（后两者非同一人）。但间接正犯的诈骗，既可能是二者间的诈骗，也可能是三角诈骗。更为重要的是，在直接正犯的三角诈骗中，导致他人产生认识错误的欺骗行为是由行为人直接实施的，而不是由受骗者实施的。但是，在间接正犯的诈骗中，行为人只是实施了利用行为（或者支配行为），导致他人产生认识错误的欺骗行为则是由被利用者直接实施的（被利用者是否具有责任则在所不问）。当间接正犯的诈骗为二者间的诈骗时，存在行为人（间接正犯者即利用者）、被利用者、被害人（同时也是受骗者）；在这种场合，不能因为存在三方当事人，就误以为是三角诈骗。当间接正犯的诈骗为三角诈骗时，存在行为人（间接正犯者即利用者）、被利用者、受骗者与被害人（被害人与受骗者不是同一人），亦即存在四方当事人。不难看出，将三角诈骗视为诈骗罪的间接正犯，进而试图废除三角诈骗的概念，明显不合适。

---

① 日本曾有这样的判例：对 A 的房屋设定了抵押权的 X，行使自己的权利，通过不动产转移的强制执行，将房屋的所有权转移给了自己。但是，A 将以前制作的已经失效的与 L 之间的调解书正本，提交给简易裁判所申请给付执行令，欺骗该裁判所的候补书记官，得到了执行令，向执行官提出执行令使其强制执行，将房屋转移为 L 占有。判决指出，“在受骗者与财产上的被害人不是同一人的场合，应当要求受骗者具有可以为被害人处分财产的机能或者地位”，“执行官不具有处分 X 的财产的机能与地位”。于是，没有认定 A 的行为成立诈骗罪。参见日本最高裁判所 1970 年 3 月 26 日判决，载日本《最高裁判所刑事判例集》第 24 卷第 3 号，第 55 页。但是，日本学者平野龙一指出：“在这种场合，执行官具有转移占有的权限……认为不成立诈骗罪，也是有疑问的。”参见［日］平野龙一：《犯罪论の诸问题（下）各论》，有斐阁 1982 年版，第 347 页。在本书看来，即使根据日本法律，执行官不具有法定的处分权限，但也具有事实上的处分权限，认定为诈骗罪更为妥当。

例如,赵某经过预谋,打电话给曾与其做过无绳电话生意的湖北商人陆某,称有无绳电话要卖,陆某遂派业务员孙某前往看货。2006年11月26日上午,赵某找到被告人任某,让任某在齐齐哈尔市找两个朋友将孙某控制住,然后向陆某要钱。当日,赵某让孙某看了11部无绳电话,以此为诱饵使其相信有货。11月27日10时,在齐齐哈尔市某区的一个平房内,赵某将孙某骗来,任某又找来朋友黄某等两人帮忙将孙某控制在平房内,并打了孙某两拳,逼迫孙某给陆某打电话,谎称收到货了,让陆某汇款到齐齐哈尔市,陆某便将人民币37,610元按照赵某的指示汇入了赵某的朋友白某的银行卡内(二者间诈骗间接正犯案)。[①]在本案中,赵某虽然先前直接给陆某打电话称有无绳电话要卖,或者说,赵某虽然直接对陆某实施了部分欺骗行为,但该欺骗行为并没有使陆某产生处分财产的认识错误,陆某也没有因此而处分财产。赵某与任某通过强制手段,迫使孙某给陆某打电话,谎称收到货了,陆某才支付货款。换言之,使陆某产生汇款的认识错误的欺骗行为,是由孙某直接实施的;孙某虽然客观上对陆某实施了欺骗行为,但孙某只是赵某、任某的工具,赵某、任某是诈骗的间接正犯。本案中的陆某既是受骗者,也是被害人,因此,赵某、任某是二者间诈骗的间接正犯,而非三角诈骗。

再如,2008年6月20日,被告人陶某找到从事个体租赁业务的周某,冒充某工地的负责人,要处分该工地上的一批建筑设备,并且要周某自己雇人去工地拉东西。该工地已经停工一年多,实际负责人是范某,范某委托唐某代为看管该工地。6月21日,周某带人去拉工地设备时,告诉唐某工地负责人欲出卖该工地设备。唐某信以为真,又丢失了范某的联系方式,遂没有进行阻拦。后周某分三次(第一次陶某在场,后两次陶某不在场)拉走价值人民币11,702元的建筑设备,陶某得赃款共计人民币9600元(其中,第一次在工地现场得8000元,第二次在周某的个体租赁站得1600元)。6月23日,范某知情后报案。后陶某被抓获归案(三角诈骗间接正犯案)。一种观点认为,“本案中,陶某利用别人的不知情,冒充工地负责人,非法处分他人工地设备,以骗为前

---

① 参见黄大为、张帆:《胁迫受托人提供虚假信息骗取货款构成何罪》,载《人民检察》2007年第23期,第35页。

提,以秘密占有财物为实质,窃取财物数额巨大,其行为方式符合盗窃罪的犯罪构成,构成盗窃罪的间接正犯而非三角诈骗”。[①] 其实,本案属于三角诈骗的间接正犯。其一,陶某对不具有处分权限的周某实施了欺骗行为,但这一欺骗行为不是诈骗罪中的欺骗行为,而是诈骗罪的间接正犯中的利用行为。亦即陶某通过该欺骗行为取得了对周某行为的支配地位。其二,周某虽然产生了认识错误,但该认识错误不是诈骗罪中的受骗者的认识错误,而是间接正犯中的被利用者的错误,周某因为该错误而使其行为被陶某支配。其三,周某虽然没有诈骗的故意,但对唐某实施了欺骗行为,周某实施的欺骗行为正是诈骗罪中的欺骗行为,其内容是让唐某容忍其搬走工地设备。其四,唐某受委托看管工地,与被害人范某属于同一阵营,即使不是工地设备的占有者,至少也是辅助占有者,因而具有处分被害人范某财产的权限。其五,唐某基于认识错误处分了财产(容忍周某运走工地设备),行为人陶某取得了财产,被害人范某遭受了财产损失。显然,一方面,受骗者唐某与被害人范某不是同一人,本案属于三角诈骗。另一方面,陶某利用了不知情的周某,周某作为被利用者虽然没有故意,但客观上实施了诈骗罪的欺骗行为,所以,陶某是三角诈骗的间接正犯。假若本案中没有看守工地的唐某及其处分行为,而是由周某直接运走工地设备,则陶某是盗窃罪的间接正犯。

(三)诉讼诈骗

我国的刑法理论与司法实践的现状,决定了特别需要讨论诉讼诈骗问题。

诉讼诈骗(Prozeßbetrug)概念有广义与狭义之分。广义的诉讼诈骗,是指欺骗法院,使对方交付财物或者财产上利益的一切行为;狭义的诉讼诈骗,是指行为人将被害人作为被告人而向法院提起虚假的诉讼,使法院产生判断上的错误,进而获得胜诉判决,使被害人将财产转移给行为人或第三者所有,或者由法院通过强制执行将被害人的财产转移给行为人或者第三者所有。[②]**例如,甲伪造内容为丙欠甲人民币60**

---

① 申远、赵华峰:《盗窃间接正犯与三角诈骗应如何区别》,载《中国检察官》2009年第11期,第63页。

② [日]曾根威彦:《刑法各论》(第5版),成文堂2012年版,第152~153页。

万元的借条,向人民法院提起民事诉讼,要求人民法院判决丙向甲归还60万元。人民法院的法官乙认为借条具有真实性,作出了由丙向甲归还60万元的判决;由于丙拒不执行判决,人民法院通过强制执行,将丙所有的60万元财产转移为甲所有(伪造欠条提起诉讼案)。显然,丙是被害人,但他并没有陷入任何认识错误,也没有基于认识错误处分财产。这便属于狭义的诉讼诈骗。① 但是,甲的行为使法官乙陷入了认识错误,法官乙不仅有权作出上述判决,而且有权决定强制执行。概言之,法官具有处分被害人财产的法定权力。所以,人民法院的法官(在我国,包括陪审员以及审判委员会的成员)是受骗者,也是财产处分人。正因如此,刑法理论公认,诉讼诈骗是三角诈骗的典型形式。② 只要承认三角诈骗构成诈骗罪,就必然(必须)承认诉讼诈骗构成诈骗罪。

德国、日本等国的刑法并没有将诉讼诈骗规定为独立的犯罪,但是刑法理论的通说与审判实践均认为诉讼诈骗成立诈骗罪,③只有极个别学者心存疑虑,下面先对该疑虑进行分析。

日本学者团藤重光针对诉讼诈骗构成诈骗罪提出了一直就存在的两个疑问:第一,在以形式真实主义为前提的民事诉讼制度之下,法院认识到当事人的主张虚假时,也必须受此拘束而作出一定的判决,那么,利用这种诉讼制度提出虚假主张的行为能否成为诈骗罪中的"欺骗他人"的行为?第二,作为被害人的败诉方,是在知道法院误判的同时,不得已服从判决,而向胜诉方提供财物(或财产上的利益)的,那么,这是否属于任意的"处分财产"?特别是,因为被害人没有任意提供财物而由法院强制执行时,能否说被害人实施了处分财产的行为?④

针对第一个疑问,以往的学者们从不同角度作出了回答。例如,有

---

① 根据买卖合同,甲欠乙500欧元,由于甲拒绝偿还,乙便向法院起诉。开庭审理时,甲违背事实,辩称未签订任何买卖合同;乙由于没有证据,被法院判决败诉。德国刑法理论认为,甲的行为属于广义的诉讼诈骗的一种情形。Volker Krey, *Strafrecht Besonderer Teil*, Band 2, 12 aufl., Verlag W. Kohlhammer, 1999, S. 223.

② 参见[日]山口厚:《问题探究·刑法各论》,有斐阁1999年版,第155页。

③ Vgl., Cramer, *in*: *SchÖnke/SchrÖder*, Strafgesetzbuch, 26 aufl., C. H. Beck, 2001, S. 2075f; Volker Krey, *Strafrecht Besonderer Teil*, Band 2, 12 aufl., Verlag W. Kohlhammer, 1999, S. 223ff; [日]大塚仁:《刑法概说(各论)》(第3版),有斐阁1996年版,第248页以下。这些书中都分别介绍了德国、日本将诉讼诈骗认定为诈骗罪的诸多判例。

④ [日]团藤重光:《刑法纲要各论》(第3版),创文社1990年版,第614页。

学者指出,法官受当事人的欺骗性诉讼行为的约束,在必须决定如何判决的范围内,即使法官个人心理上没有陷入认识错误,行为人也欺骗了法官。[①] 有学者认为,即使不是欺骗法官,但法官根据原告的欺骗性诉讼行为而受法律上的约束,在必须决定如何判决的范围内,与被欺骗而陷入认识错误具有同价值的关系。[②] 现在,学者们一致认为,法官完全可能成为处分财产的受骗者。因为即使采取形式真实主义,法官仍应根据事实作出判决;法官得知当事人的虚假主张后,也有作出正确判决的相应途径;所以,法官根据当事人提出的虚假证据作出错误判决,显然是受欺骗的结果,故不可否认其为受骗者与财产处分人。[③] 我国的民事诉讼究竟是采取形式真实主义还是实质真实主义,抑或是二者的统一,还难以下结论,但不管采取哪一种"主义",在诉讼诈骗的场合,都可以肯定法官的误判是行为人的欺骗行为所致。因为既然采取形式真实主义时,可能存在对法官的欺骗行为;那么,在采取实质真实主义时,更有可能存在对法官的欺骗行为;基于同样的理由,采取二者的统一主义时,也会存在对法官的欺骗行为。

针对第二个疑问,以往的学者和现在的学者从不同角度进行了回答。以往的学者主张财产处分人必须是被害人,所以认为,应当将败诉方(被害人)基于法院判决交付财物的行为与任意的处分行为同等看待。如有的学者说,虽然败诉方没有陷入认识错误,但必须服从判决,应当与陷入错误同样来考虑;在强制执行时,由于转移财物的占有并不违法,应与任意的处分行为同等看待。[④] 有的学者则提出,对于败诉方

---

① [日]泉二新熊:《日本刑法论各论》(增订42版),有斐阁1931年版,第816~817页。

② [日]牧野英一:《刑法各论》(下卷),有斐阁1951年版,第678页。

③ [日]大塚仁:《刑法概说(各论)》(第3版),有斐阁1996年版,第250页;[日]曾根威彦:《刑法の重要问题(各论)》(增补版),成文堂1996年版,第188页;等等。还有学者作了更为具体的分析。例如,西田典之教授指出:"法院在明知虚伪的同时又必须作出A(诉讼诈骗的行为人——引者注)胜诉的判决,是极为有限的。即实际上只限于B(诉讼诈骗的被害人——引者注)在口头辩论时缺席,因此认可原告的主张的所谓拟制自白的场合。在这种情况下,根据辩论主义,即使法院明知A的主张是虚假的,也必须作出A胜诉的判决。但是,由于B是在明知缺席就败诉的情况下而缺席,故也可能认为,因被害人承诺而缺乏诈骗罪构成要件符合性,不成立诈骗罪。于是,在此外的场合,根据自由心证主义,在民事诉讼中,由于证据的评价取决于法院的自由心证,故对法院的欺骗行为是完全可能的。"参见[日]西田典之著、桥爪隆补订:《刑法各论》(第7版),弘文堂2018年版,第217页。

④ [日]牧野英一:《刑法各论》(下卷),有斐阁1951年版,第680~681页。

根据法院判决转移自己占有财物的行为,应当视为准处分行为。[①] 但是,仅以可以“同等看待”或者可以“视为准处分行为”为由,将败诉方转移财产的行为认定为任意的财产处分行为,不仅过于牵强,而且有类推解释之嫌。[②] 所以,现在的学者一般认为,财产处分人不是败诉方,而是受欺骗的法官。如平野龙一教授指出:“在这种场合(指诉讼诈骗的场合——引者注),法院是被欺骗者,同时也是交付者,而且法院具有使被告(指诈骗性民事诉讼中的被告即被害人——引者注)将财物交付给原告(指诉讼诈骗的行为人——引者注)的权限,因此成立诈骗罪。”[③] 这种观点得到了广泛认同。[④] 德国也一直将法官视为财产处分人。[⑤] 如后所述,本书也赞成这一观点。

事实上,就典型的诉讼诈骗(欺骗法官作出有利于自己的裁判)而言,法官不仅是受骗者,而且在裁判文书中处分的是被害人的财产性利益,基本上不可能直接处分被害人的狭义财物。例如,在前述伪造欠条提起诉讼案中,法官乙误认为借条具有真实性,作出了由丙向甲归还60万元的判决。法官在作出判决时,并没有处分被害人60万元现金,只是处分了被害人的财产性利益,即让被害人承担60万元的债务,让被告人享有了60万元的债权。在判决确定时,行为人对财产性利益的诈骗就已经既遂。[⑥] 所以,在这种场合,也完全可以维持法官(受骗者)是处分行为人的三角诈骗类型。

在我国,诉讼诈骗已经不是罕见现象,即使在刑法增设了虚假诉讼罪之后,诉讼诈骗也没有明显减少。[⑦] 但对诉讼诈骗能否以诈骗罪论处,理论上与实践中都存在不同看法,下面逐一进行分析。

第一种观点认为,诉讼诈骗行为不成立诈骗罪,也不成立其他犯

---

① ［日］小野清一郎:《新订刑法讲义各论》(第3版),有斐阁1950年版,第256页。

② 在刑法没有明文规定的情况下,不能将“准处分行为”“视为”处分行为。

③ ［日］平野龙一:《刑法概说》,东京大学出版会1977年版,第217页。

④ 参见［日］西田典之著、桥爪隆补订:《刑法各论》(第7版),弘文堂2018年版,第216页以下;［日］曾根威彦:《刑法各论》(第5版),成文堂2012年版,第152页以下;［日］前田雅英:《刑法各论讲义》(第6版),东京大学出版会2015年版,第238页;等等。

⑤ Vgl. Harro Otto, Grundkurs Strafrecht, *Die einzelnen Delikte*, 6 Aufl., Walter de Gruyter, 2002, S. 250.

⑥ 参见［日］山口厚:《刑法各论》(第2版),有斐阁2010年版,第263页。

⑦ 打开任何一个网站搜索,都会发现许多诉讼诈骗的实际案例。

罪,主要理由在于诉讼诈骗的故意、行为与客体都不符合诈骗罪、合同诈骗罪的构成要件。首先,诈骗罪是直接故意犯罪,具有非法占有的目的;而诉讼诈骗人的主观心理状态不符合这一要件。其次,“诈骗罪的犯罪人使用虚构事实或者隐瞒真相的欺骗方法,使对方产生错觉,信以为真。从而‘自愿地’交出财物。而诉讼欺诈的对象不是对方(被害人)而是法院,法院判决对方败诉,交出财产时,对方也不是自愿的,而是被迫,系慑于法律威严之故”。最后,“诈骗罪侵犯的客体是财产所有权,合同诈骗罪侵犯的是复杂客体,即市场经济秩序和财产所有权。诉讼欺诈侵犯的客体是民事诉讼的正常秩序”。诉讼诈骗行为虽然“危害程度绝不亚于诈骗犯罪,但从犯罪构成理论分析并不构成诈骗罪、合同诈骗罪,由于没有相应条款加以刑事处罚,根据‘法无明文规定不为罪’的原则,只能按无罪处理”。①

但是,上述三个方面的理由难以成立。首先,行为人实施诉讼诈骗行为时,是为了通过民事诉讼非法取得他人财物,其主观上当然明知自己的行为会发生使他人财产遭受损失的结果,并且希望这种结果发生,所以具有诈骗罪的直接故意与非法占有目的。② 诚然,“诉讼欺诈必须经过诉讼这一特定阶段才能实现其非法企图。由于当事人的诉讼地位不同,发生的诉讼阶段不同,当事人伪造证据的动机也多种多样,且伪造的证据要在法庭审理过程中经对方当事人的质证。能否得逞,最后取决于法官的认定”。③ 但是,这一特点并不能成为否认诉讼诈骗行为人的直接故意与非法占有目的的理由。

其次,将“行为人直接欺骗被害人并且由被害人处分财产”作为诈骗罪的客观要件,存在许多问题:(1)过于夸大三角诈骗与二者间诈骗的区别。虽然被害人交付财产是被迫的结果而不是被骗的结果,但如前所述,法院是具有权限的财产处分人,法院之所以处分被害人的财产,是行为人的欺骗行为所致。这与二者间诈骗只是表现形式有异,客观构造(欺骗行为→认识错误→处分财产)则完全相同。(2)将诈骗罪限定为二者间诈骗,进而将三角诈骗排除在诈骗之外,缺乏法律根据,

---

① 潘晓甫、王克先:《伪造民事证据是否构成犯罪》,载《检察日报》2002 年 10 月 10 日,第 3 版。

② 如后所述,要求诈骗罪必须出于直接故意的观点,也值得怀疑。

③ 这是持上述观点的人否认诉讼诈骗行为人具有直接故意与非法占有目的的理由。

因为刑法并没有要求受骗者与被害人为同一人。换言之,只要对刑法有关诈骗罪的规定进行文理解释,就不可能将三角诈骗排除在外。(3)上述观点不当地将有限的事实强加于刑法规范。诚然,通常的诈骗都是行为人直接欺骗被害人并且由被害人处分财产,可这只是有限的事实,或者说只是部分诈骗犯罪事实,而不是刑法规范。解释者不能将自己所知的部分事实强加于法律条文,认为法律条文所规定的就是自己所知的部分事实。既然刑法规范完全包含了诉讼诈骗,现实中的诉讼诈骗也需要刑法规制,就没有理由将诉讼诈骗排除在诈骗罪之外。

最后,认为诉讼诈骗没有侵犯他人财产,并不符合事实。或许可以认为诉讼诈骗行为同时侵犯了民事诉讼的正常秩序,但当其行为使被害人不得不转移财产时,就侵害了被害人的财产;即使行为没有得逞,也威胁了被害人的财产。例如,被告人甲承包了某机关的装修工程,在工程结束并从该机关收取了所有费用之后,打印了一份说明书,然后让该机关加盖公章。该机关工作人员乙发现说明书内容完全真实,便在说明书上加盖公章。但甲立即在说明书的预留空行处加印了该机关尚欠其300万元工程款的内容,然后向法院提起诉讼,要求该机关偿还所欠的300万元。一审、二审法院判决该机关如数偿还(工程案)。笔者相信,一般人都不会否认被告人的行为侵犯了该机关的财产。换言之,认为诉讼诈骗没有侵犯被害人的财产,是不符合客观事实的。

第二种观点认为,诉讼诈骗行为不成立诈骗罪,但如果其行为符合其他犯罪的构成要件,则以相应犯罪论处。如最高人民检察院法律政策研究室2002年10月24日作出的《关于通过伪造证据骗取法院民事裁判占有他人财物的行为如何适用法律问题的答复》指出:"以非法占有为目的,通过伪造证据骗取法院民事裁判占有他人财物的行为所侵害的主要是人民法院正常的审判活动可以由人民法院依照民事诉讼法的有关规定作出处理,不宜以诈骗罪追究行为人的刑事责任。如果行为人伪造证据时,实施了伪造公司、企业、事业单位、人民团体印章的行为,构成犯罪的,应当依照刑法第二百八十条第二款的规定,以伪造公司、企业、事业单位、人民团体印章罪追究刑事责任;如果行为人有指使他人作伪证行为,构成犯罪的应当依照刑法第三百零七条第一款的规定,以妨害作证罪追究刑事责任。"

但是,这一观点忽视了诉讼诈骗行为对被害人财产的侵害,并且误解了诈骗罪的客观构造,不当地将诈骗罪限定为二者间诈骗。当行为人伪造公司、企业、事业单位、人民团体印章实施诉讼诈骗时,如同伪造印章实施普通诈骗一样,属于牵连犯或者想象竞合,应当从一重处罚,即以诈骗罪论处。当行为人在实施诉讼诈骗的过程中,指使他人作伪证时,也属于牵连犯或者想象竞合,同样应从一重论处。不难看出,第二种观点源于根深蒂固的传统观念,即公法益永远而且绝对优越于私法益。当然,上述答复的背后还可能有这样的考虑:法官是根据证据作出判决的,根据证据作出的判决就是正确的,所以,不能认为法官有认识错误;法官的判决导致被害人财产损失系行为人伪造证据所致,所以,就伪造证据的行为认定为伪造国家机关公文、妨害作证等罪即可。可是,法官是人不是神,法官完全可能陷入认识错误。在诉讼诈骗的场合,法官事实上也陷入了认识错误;法官不能辨认证据的真伪,进而根据伪造的证据作出的判决,不是正当的判决;如果法官知道行为人伪造了证据,就不可能作出使被害人交付财产的判决;也正是因为法官陷入了认识错误,才不追究法官枉法裁判的责任。所以,应当承认法官在诉讼诈骗中陷入了认识错误,从而肯定诉讼诈骗属于三角诈骗。

第三种观点认为,诉讼诈骗行为成立敲诈勒索罪。如有的学者指出:"虚构债权债务关系,以债权人名义向法院起诉,意图通过诉讼方式(一般称为恶意诉讼),利用法院判决他人败诉而非法占有他人财物的案件,是否可以定诈骗罪,也值得商榷(有的法院是按此罪定的)。因为,理论上一般认为,诈骗罪是指以非法占有为目的,以虚构事实或者隐瞒真相的方法,使被害人在受蒙蔽的情况下自愿地将财物交与行为人。但是,恶意诉讼案件并非如此。首先,既然行为人是虚构债权债务关系,被告明知自己不欠债,不可能受骗而自愿偿还债务。其次,行为人用虚构的事实直接欺骗的对象是法院,意图使法院疏于审查而作出有利于自己的错误判决。但是,行为人的目的并非骗取法院的财物。由此可见,尽管行为人虚构了事实,含有欺骗性,但是,全面来看并不符合诈骗罪的基本特征……上述行为,不同于诈骗罪,而更接近于敲诈勒索罪。首先,敲诈勒索因是采用威胁或者要挟的手段,强迫他人交付财物,而威胁、要挟的方法是多种多样的。恶意诉讼是要借助法院的判决的强制力迫使被告交付财物,而不是骗取被告的财物。其次,实施诈骗往往是利用被害人的弱点(如贪便宜或缺乏警惕性)行骗,比较容易得逞,社会危害性大。而法官负有审查案件事实判别真伪的职责,具有专业技能,行为人搞恶意诉讼得逞的可能性相对较小。因为,即使一审判决原告胜诉,被告也会提出上诉,争取改判,即使二审判决原告胜诉,被告还可请求检察机关提起抗诉,仍有获改判的机会。由此可见,把恶意诉讼看成是敲诈勒索的一种特殊方式、方法更为恰当。"①

显然,持这种观点的学者之所以否认诉讼诈骗行为构成诈骗罪,也是因为将诈骗罪限定为二者间的诈骗。如前所述,首先,这一解释过于缩小了诈骗罪的成立范围。其次,敲诈勒索罪的基本构造为:行为人实施恐吓行为→对方产生恐惧心理→对方基于恐惧心理处分财产→行为人或者第三者取得财产→被害人遭受财产损失。② 与诈骗罪相似,在敲诈勒索罪中,受恐吓的人与被害人不必是同一人,但受恐吓的人必须是处分财产的人,而且受恐吓的人在处分他人财产时,必须具有处分被害人财产的权限或者地位。③ 在诉讼诈骗的场合,虽然被害人交付财产是被迫的,但并不是因为恐惧心理而交付财产。由于法院判决被害人交付财产,故应认定法院是财产处分人,但法院只是受欺骗而没有受恐吓,所以,对行为人认定为敲诈勒索是相当困难的(例如,将上述工程案认定为敲诈勒索罪,恐怕难以被人接受)。换言之,在诉讼诈骗的场合,认定为诈骗罪所要回答的问题是:为什么行为人没有欺骗被害人也成立诈骗罪?认定为敲诈勒索罪所要回答的问题是:为什么行为人没有恐吓被害人也成立敲诈勒索罪?对于前者,笔者已经作了回答。一旦试图对后者作出回答,就会发现,由于行为人并没有恐吓被害人,故不能认定为二者间的敲诈勒索;由于处分财产的法院没有受恐吓,也不能认定为三者间的敲诈勒索。所以,对于诉讼诈骗而言,与其在敲诈勒索罪方面寻找理由,不如认定为(三角)诈骗罪。此外,虽然诉讼诈骗既遂的可能性不大,但这难以成为否认诈骗罪成立的理由。④ 况且,事实上发生了许多诉讼诈骗既遂的案件;对诉讼诈骗未得逞的,也可能以诈骗

---

① 王作富:《恶意诉讼侵财更符合敲诈勒索罪特征》,载《检察日报》2003 年 2 月 10 日,第 3 版。

② Vgl. ,Gunther Arzt/Ulrich Weber,Strafrecht Besonderer Teil Lehrbuch,*Verlag Ernst und Werner Gieseking*,2000,S. 429ff;[日]前田雅英:《刑法各论讲义》(第 6 版),东京大学出版会 2015 年版,第 254 页。

③ 参见[日]大塚仁:《刑法纲要(各论)》(第 3 版),有斐阁 1996 年版,第 275 页。

④ 如果说这是否认诈骗罪的理由,那么它同样也是否认敲诈勒索罪的理由。

未遂论处。[①]

对上述三种观点的异议以及前述相关分析，已经表明了本书的立场——诉讼诈骗行为成立诈骗罪。除此之外，还有两点值得说明。

首先，由于法院是审判机关，法官具有作出各种财产处分的判决与裁定的法律上的权限，故诉讼诈骗是三角诈骗的典型形式。正因如此，否认诉讼诈骗成立诈骗罪，意味着否认三角诈骗成立诈骗罪，这会导致诈骗罪的处罚范围过于窄小。如果否认诉讼诈骗成立诈骗罪，而承认其他三角诈骗成立诈骗罪，则明显不协调。例如，前述保姆案，恐怕没有人会主张无罪，但受骗者与被害人并不具有同一性。或许有人将受骗者丙也视为被害人，因而肯定诈骗罪的成立；其实保姆丙本人如同法官一样，并没有遭受财产损失，实际遭受财产损失的是主人乙。也许有人提出，乙不是被害人，因为他完全可以向保姆丙索赔；可是，即便如此，乙也正是因为遭受了财产损失，才可以向保姆丙索赔；而乙之所以遭受财产损失，当然是甲的诈骗行为所致；如果乙不是被害人，当然不会向保姆丙索赔。同样，在诉讼诈骗中，被害人之所以遭受财产损失，也是因为行为人实施了欺骗性诉讼行为。所以，只要肯定保姆案成立诈骗罪，就没有理由否认诉讼诈骗成立诈骗罪。退一步说，即使认为可以将保姆案中的保姆丙视为广义的被害人，而肯定诈骗罪的成立，那么，在诉讼诈骗中，也可以将法院的法官视为广义的被害人，进而肯定诈骗罪的成立。

其次，旧中国刑法也没有规定诉讼诈骗罪，但实务上一致肯定诉讼诈骗成立诈骗罪。例如，旧中国最高法院1939年上字第3912号判决指出："上诉人提出伪契，对于他人所有之山场林木，诉请判令归其所有，即系向法院施用诈术，使将第三人之物交付于己，虽其结果败诉，仍于行使伪造私文书罪外，成立诈欺未遂罪名。"旧中国最高法院1940年上字第2118号判决指出："上诉人因权利人提起民事诉讼向其追取租仔，先后在受诉法院提出伪契，主张受当该田，及已代为赎回，否认付租义务，自系连续行使伪造私文书，以诈术图得财产上不法之利益，既经民事判决胜诉确定在案，其诈欺即属既遂。"[②]本书认为，这种司法传统

---

① 参见[日]曾根威彦：《刑法各论》(第5版)，成文堂2012年版，第153页。

② 转引自林山田：《刑法各罪论》(上册)(增订2版)，作者发行1999年版，第412页。

具有借鉴价值。

综上所述,诉讼诈骗是三角诈骗的典型形式,完全符合诈骗罪的构成要件。正因如此,《刑法修正案(九)》不仅在第307条之一第1款增设了虚假诉讼罪,而且在第3款规定:“有第一款行为,非法占有他人财产或者逃避合法债务,又构成其他犯罪的,依照处罚较重的规定定罪从重处罚。”显而易见的是,如果虚假诉讼行为又构成诈骗罪,就要按诈骗罪处罚。这便肯定了诉讼诈骗行为成立诈骗罪。尽管如此,仍有学者否认诉讼诈骗属于三角诈骗。下面有必要分析否认者的三个理由。

否认者的第一个理由是,“从犯罪对象这一要素来看,诉讼欺诈罪骗取的是法院有利判决,而诈骗罪骗取的是财物。诉讼欺诈罪与诈骗罪的受骗对象不同,诈骗罪中受骗者为财产的所有者或是财产的占有者,而诉讼欺诈中受骗的是法院。诉讼欺诈中欺骗的直接对象并不是被害人,而是法院。法院既不是财产占有者,也不是财产所有人,行为人欺骗行为的直接目的也不是骗取财物,而是骗取法院的支持,利用法院的判决、裁定、执行等减免自身债务,或者侵害他人合法权利”。[①]

这一理由显然难以成立。首先,行为人并不是单纯地骗取判决,而是骗取了判决所确认的具体的财产性利益;在判决生效的情况下,行为人还可以要求被害人执行判决或者通过法院强制执行获得狭义财物。所谓“利用法院的判决、裁定、执行等减免自身债务,或者侵害他人合法权利”,当然意味着行为人取得了具体的财产性利益。而且,只要承认财产性利益是诈骗罪的对象,那么,在判决发生法律效力时,就应当认定为诈骗既遂。[②] 其次,认为“诈骗罪中受骗者为财产的所有者或是财产的占有者”,是否定者为了否定三角诈骗概念而设定的条件,[③]但《刑法》第266条并没有规定这一条件,从诈骗罪与相关犯罪的关系来说,也不能认为这一条件是不成文的构成要件要素。

否认者的第二个理由是,“从‘自愿处分’这一构成要素来看,法院的判决不能认定为是‘自愿处分’。‘自愿处分’是诈骗罪得以成立的

---

① 杨兴培、田然:《诉讼欺诈按诈骗罪论处是非探讨——兼论〈刑法修正案(九)〉之诉讼欺诈罪》,载《法治研究》2015年第6期,第51页。

② 参见[日]山口厚:《刑法各论》(第2版),有斐阁2010年版,第263页。

③ 即使这是传统刑法理论的通说,也是由于传统刑法理论一直忽视对三角诈骗的研究所致。

必要要件，倘若诉讼欺诈行为可以构成诈骗罪，法院的判决或者是法院的执行行为应当被视为是对财产的自愿处分。然而，人民法院的判决并不等于是自愿处分行为……所谓的自愿处分，是指被害人有是否作出处分与否的选择性，而法院依据证据规制、法律事实作出的民事判决没有选择性，不等同于诈骗罪中被害人的'自愿处分'行为"。[①]

不可否认，我国的传统刑法理论都使用"自愿处分"这类表述。例如，20 世纪 80 年代的教科书指出："诈骗罪在客观上表现为：用欺骗方法使被害人产生错觉，从而'自愿地'把财物交给犯罪人。"[②]但是，其一，所谓"产生错觉"就是指产生认识错误；所谓"自愿处分"或者特意地给"自愿地"三个字加上引号，显然不是指在了解真相基础上完全自愿的处分，而是基于有瑕疵的意思的处分，亦即由于受骗产生认识错误进而处分财产，所排除的是因为受强制所作出的处分。行为人提供虚假证据，让法官作出错误判决时，当然属于基于认识错误处分财产，也即传统刑法理论所称的"自愿处分"。其二，认为法官依据证据规制、法律事实作出的民事判决没有选择性，因而不属于"自愿处分"，明显不合适。众所周知，诈骗罪的一个重要特点是，如果行为人不实施欺骗行为，受骗者就不会作出财产处分。在诉讼诈骗的场合，如果行为人不提供虚假证据，法官就不会作出有利于行为人的民事判决。这清楚地表明，法官是基于认识错误处分了被害人的财产。其三，以没有选择性为由否认"自愿处分"也是没有根据的。如上所述，"自愿处分"并不是指受骗者想处分就处分、不想处分就不处分，而是排除被他人强制的处分或者说受骗者知道真相就不会处分。例如，在当下盛行的行为人冒充公检法人员实施的电信诈骗中，受骗者常常也是没有选择性的，但是，如果受骗者知道真相就不会处分，因此，不能否认被告人的行为构成诈骗罪。其四，认为诉讼诈骗中的法官存在"自愿处分"，进而认定被告人的行为成立诈骗罪，并不意味着否认者所称的诉讼欺诈都成立诈骗罪，也不意味着法院的判决或者是法院的执行行为都是对财产的自愿处分。否认者显然偷换了概念，即将特定意义上的诉讼诈骗偷换为外延

---

① 杨兴培、田然：《诉讼欺诈按诈骗罪论处是非探讨——兼论〈刑法修正案（九）〉之诉讼欺诈罪》，载《法治研究》2015 年第 6 期，第 51 页。

② 高铭暄：《刑法学》，法律出版社 1982 年版，第 490 页。

宽泛的"诉讼欺诈"(实为虚假诉讼)。

否认者提出的第三个理由是,"从'自愿交付'要件看,诉讼欺诈与诈骗罪也有着本质的不同。'交付(处分)行为是诈骗罪成立不可缺少的要件'……诉讼欺诈中,被害人受到财产损失并不是因为行为人的欺骗行为,而是因为法院的判决而其必须承担的败诉结果,实难谓被害人是因受到欺骗而自愿处分财产。事实上诉讼欺诈中,尤其是以被害人为被告的诉讼欺诈中,被害人对行为人的弄虚作假行为是心知肚明的,但在客观上却无力阻止法院的不利裁判。诉讼欺诈中被害人交付财物并非出于自愿,法院虽支持了行为人的诉求,但法院并不是交付财物的主体。法院对被害人的财物既没有占有权也没有所有权,交付财物的主体仍然是被害人,但被害人绝非是基于自愿交付财物……由此可见诉讼欺诈并不符合诈骗罪'自愿交付财物'的本质特征"。①

诚然,这一反对理由虽然为如何确定诉讼诈骗中的处分行为人提出了疑问,但论者依然是为了否认三角诈骗而自行设定诈骗罪的成立条件。换言之,要求被害人本人交付财物,认为只有财物的占有者与所有者才能交付财物,这只是以两者间的诈骗事实为根据得出的结论,但这些要求不是诈骗罪构成要件的内容。事实上,狭义财物的辅助占有者就可以处分他人占有的狭义财物(如前述保姆案);就财产性利益(如债权)而言,受骗者即使没有占有或者享有,也完全可以通过下达指令、电脑操作等方式处分他人的财产性利益。从解释论上来说,任何人都不应当将自己熟悉的案件事实当作法律规范或者构成要件。更为重要的是,论者不能为了否认三角诈骗概念而设定出三角诈骗并不存在的所谓条件或者要素,如同人们不能为了否认非预谋的故意杀人行为成立故意杀人罪,而设定故意杀人罪的成立必须以预谋为条件一样。此外,由于认为诉讼诈骗的受骗者与处分行为人是法官,就意味着法官"自愿处分"了被害人的财产,因而不再需要被害人自愿交付财物。这里没有任何不妥当之处。

此外,否认者还以《刑法修正案(九)》增设虚假诉讼罪为由,否认诉讼诈骗成立三角诈骗。否认者指出:"将诉讼欺诈行为按诈骗罪论处

---

① 杨兴培、田然:《诉讼欺诈按诈骗罪论处是非探讨——兼论〈刑法修正案(九)〉之诉讼欺诈罪》,载《法治研究》2015 年第 6 期,第 51 页。

的主张与做法并不是根据行为的本质、行为的类型以及行为的危害性而形成的，而仅仅是从保护被害人财产安全的目的出发，刻意扭曲诈骗罪的构成形态。这种做法虽能较好保护公私财产安全，但却以突破犯罪构成对犯罪行为的凝固效果，以破坏诈骗罪构成要件的稳定性以及科学性为代价的，这种做法并不可取，其对刑法理论的科学性和司法实践的严肃性产生的危害极大，纯粹是刑法实践功利主义的反映。笔者认为，按照三角诈骗理论而将诉讼诈骗定性为诈骗罪不可行，而将诉讼欺诈直接定性为诈骗罪因与诈骗罪的犯罪构成相悖同样不可行。诉讼诈骗不能按照既有的伪证罪、敲诈勒索罪和诈骗罪予以定罪量刑的时候，其特殊的行为构造将其推向了犯罪独立化的境域。我国《刑法修正案（九）》采用的专设诉讼欺诈罪（虚假诉讼罪——引者注）正是这一理论与实践发展趋势的必然产物。"[①]但是，本书实在难以接受这样的否认观点。

第一，民事司法本身显然是为了保护公民财产的，当公民财产遭受侵害时，当然要从保护公民财产安全的目的出发。换言之，民事司法是手段，民事司法的目的就是保护财产安全，否则就是本末倒置了。在任何情况下，都将公法益（司法秩序）凌驾在私法益（公民财产）之上，不是我们所处时代的应有观念。况且，在诉讼诈骗的场合，否认被害人遭受了财产损失，也并不符合客观事实。既然如此，当然需要以财产犯罪规制诉讼诈骗行为。

第二，认为诉讼诈骗构成诈骗罪突破了犯罪构成的说法，也难以被人接受。《刑法》第266条并没有完整地规定诈骗罪的犯罪构成，诈骗罪的犯罪构成要件是由刑法理论确定的。但在确定诈骗罪的犯罪构成要件时，没有理由仅以两者间的诈骗为模式。即使认为两者间的诈骗是典型的诈骗，也没有理由将与其性质相同的三角诈骗排除在外。让笔者始终困惑不解的是，为什么德国、法国、日本等国的刑法并没有规定诉讼诈骗，而刑法理论的通说认为诉讼诈骗成立诈骗罪，审判实践能够对诉讼诈骗以诈骗罪论处？这些国家的刑法理论与刑事司法一直在违反罪刑法定原则吗？这些国家都在以破坏诈骗罪构成要件的稳定性

---

① 杨兴培、田然：《诉讼欺诈按诈骗罪论处是非探讨——兼论〈刑法修正案（九）〉之诉讼欺诈罪》，载《法治研究》2015年第6期，第51页。

以及科学性为代价吗？这些国家将诉讼诈骗行为以诈骗罪论处的刑事司法，“对刑法理论的科学性和司法实践的严肃性产生的危害极大”表现在什么地方呢？倘若在德国、法国、日本等国不存在这样的问题，为什么在我国就存在这样的问题呢？倘若以国情不同来回答，那么，不同的国情究竟是指什么呢？

第三，在否认者来看，对于诉讼诈骗行为均应以虚假诉讼罪论处，①但事实上并非如此。《刑法修正案（九）》增设虚假诉讼罪，并不是因为诉讼诈骗行为不构成诈骗罪，而是因为没有骗取财物和骗免债务的行为不成立诈骗罪。“刑法修正案（九）草案曾经规定，有虚假诉讼行为，侵占他人财产或者逃避合法债务的，依照刑法第二百六十六条的规定从重处罚，即认定为诈骗罪并从重处罚。在草案审议过程中，有的意见提出，这种情况通常会同时构成诈骗罪，但也有可能构成其他犯罪。如国家工作人员利用职务便利，与他人串通通过虚假诉讼侵占公共财产的，可能构成贪污罪；公司、企业或者其他单位的工作人员利用职务便利，与他人串通通过虚假诉讼侵占单位财产的，可能构成职务侵占罪。一律规定按诈骗罪处理的不尽合理。为此，草案二审稿对有关规定作了修改，形成了本款规定。”②不难看出，《刑法修正案（九）》增设虚假诉讼罪，并不是对诉讼诈骗行为成立诈骗罪的否认。在德国、法国、日本、韩国等国，之所以认为诉讼诈骗行为仅成立诈骗罪，是因为其职务侵占等罪中并无利用职务上的便利骗取财物的行为类型。在我国，由于刑法理论认为职务侵占罪包括利用职务上的便利的骗取行为，《刑法》第382条明文规定贪污罪包括利用职务上的便利的骗取行为，所以，诉讼诈骗除成立诈骗罪外，还可能成立职务侵占罪与贪污罪。但是，即使诉讼诈骗行为成立职务侵占罪与贪污罪时，所成立的也是诈骗类型的犯罪，而不可能是窃取、侵占类型的犯罪。所以，认为《刑法修正案（九）》

---

① 否认者指出：“第二次审议稿中将草案中‘按照诈骗罪从重处罚’的规定修改为‘构成其他犯罪的，依照处罚较重的规定定罪处罚’。2015年8月28日通过的《刑法修正案（九）》最终沿用了这一规定。可见立法机关也在有意地扭转将诉讼欺诈行为有可能被简单地认定为诈骗罪的理论与实践倾向而尽了自己的曲折努力。”杨兴培、田然：《诉讼欺诈按诈骗罪论处是非探讨——兼论〈刑法修正案（九）〉之诉讼欺诈罪》，载《法治研究》2015年第6期，第52页。

② 臧铁伟主编：《中华人民共和国刑法修正案（九）解读》，中国法制出版社2016年版，第243～244页。

否认了三角诈骗或者诉讼诈骗的观点,并不成立。

第四,《刑法修正案(九)》设立的虚假诉讼罪以及《刑法》第307条之一第3款的规定,只是解决了部分问题。事实上,诉讼诈骗并不仅限于提起民事诉讼的情形,行为人作为被告参与民事诉讼时,也可能因为诉讼诈骗而成立诈骗罪,却不成立虚假诉讼罪。例如,甲于2010年向乙借款50万元,并于2011年5月1日归还。乙于同日将手写的"甲于2011年5月1日归还了50万元欠款"的收条交给甲。2013年甲又向乙借款50万元,但一直不归还。乙于2016年3月向法院提起民事诉讼要求甲归还欠款时,甲将先前的收条篡改为"甲于2014年5月1日归还了50万元欠款"。两审法官均信以为真,驳回了乙的诉讼请求(篡改借条日期案)。乙随后向公安机关报案,公安机关查明了真相。甲虽然没有向法院提起虚假民事诉讼,不成立虚假诉讼罪,但依然构成诈骗罪(也是诉讼诈骗)。由此可见,诉讼诈骗并没有完全被《刑法》第307条之一的规定所包含。

特别要说明的是,《刑法》第307条之一第3款只是注意规定而不是法律拟制。亦即虽然在行为构成虚假诉讼罪时可能同时构成诈骗罪,但在行为人提起虚假民事诉讼的行为不构成虚假诉讼罪时也可能成立诈骗罪。例如,最高人民法院、最高人民检察院2018年9月26日发布的《关于办理虚假诉讼刑事案件适用法律若干问题的解释》第1条第1款、第2款规定:"采取伪造证据、虚假陈述等手段,实施下列行为之一,捏造民事法律关系,虚构民事纠纷,向人民法院提起民事诉讼的,应当认定为刑法第三百零七条之一第一款规定的'以捏造的事实提起民事诉讼':(一)与夫妻一方恶意串通,捏造夫妻共同债务的;(二)与他人恶意串通,捏造债权债务关系和以物抵债协议的;(三)与公司、企业的法定代表人、董事、监事、经理或者其他管理人员恶意串通,捏造公司、企业债务或者担保义务的;(四)捏造知识产权侵权关系或者不正当竞争关系的;(五)在破产案件审理过程中申报捏造的债权的;(六)与被执行人恶意串通,捏造债权或者对查封、扣押、冻结财产的优先权、担保物权的;(七)单方或者与他人恶意串通,捏造身份、合同、侵权、继承等民事法律关系的其他行为。""隐瞒债务已经全部清偿的事实,向人民法院提起民事诉讼,要求他人履行债务的,以'以捏造的事实提起民事诉讼'论。"据此,只有无中生有地完全捏造民事法律关系进而提起民事诉讼的,才成立虚假诈骗罪。[①] 不仅如此,该解释第7条还规定:“采取伪造证据等手段篡改案件事实,骗取人民法院裁判文书,构成犯罪的,依照刑法第二百八十条、第三百零七条等规定追究刑事责任。”但是,不能据此认为,仅篡改部分事实提起民事诉讼的行为,就不可能成立诈骗罪。例如,在前述伪造欠条提起诉讼案中,甲没有借款给丙,但伪造丙欠甲60万元的借条,然后向人民法院提起诉讼。根据上述司法解释以及《刑法》第307条之一第3款的规定,[②]甲的行为同时触犯虚假诉讼罪与诈骗罪,应按诈骗罪的法定刑处罚。再如,A借给B人民币10万元,但B未能及时归还。随后,A将借条上的10万元篡改为100万元,据此向人民法院提起诉讼,要求B归还借款100万元。法官误以为借条是真实的,于是判决B向A归还借款100万元(篡改借款金额案)。虽然根据上述司法解释,A的行为不成立虚假诉讼罪,[③]但A的行为仍然属于诉讼诈骗,没有疑问地构成诈骗罪。[④]

（四）三角诈骗的新类型

本部分所要讨论的问题是,除了受骗者处分被害人的财产这种三角诈骗外,是否存在另一种类型的三角诈骗,即行为人实施欺骗行为,受骗者基于认识错误处分自己的财产,行为人或第三者取得财产,使被害人遭受财产损失。

例如,行为人把商户的支付宝二维码换成自己的二维码,商户直到月底结款的时候才发现,顾客付款时实际上将货款支付给了行为人。行为人通过对几家商户采取这种手段,偷偷地在家收取了70万元(二维码案)。对二维码案的处理,存在四种意见:第一种意见认为,行为人的行为构成盗窃罪。主要理由是:其一,顾客基于信赖原则支付了货款,双方权利义务结清,无论发生任何事均与顾客无关,商户才是被害人。其二,行为人事先用自己的二维码替换商户的收款二维码,商户对此并无认知,此举与在商户的钱柜下面挖个洞让所收款项掉到洞下行

---

① 在笔者看来,这一规定明显不当。参见张明楷:《虚假诉讼罪的基本问题》,载《法学》2017年第1期,第152页以下。

② 按照本书的观点,即使没有《刑法》第307条之一第3款的规定,对甲的行为也应直接适用《刑法》第266条认定为诈骗罪。

③ 本书认为A的行为触犯虚假诉讼罪。

④ 本书认为A的行为仅成立妨害司法罪的观点导致罪刑不均衡,因而明显不当。

为人自己的袋子没有本质区别。因此,商户对失去款项也毫无感知。第二种意见认为,行为人的行为是普通的诈骗行为,构成诈骗罪。顾客基于认识错误,处分了本应该给商户的款项并最终失去该款项,符合诈骗罪的构成要件,应当认定为诈骗罪。第三种意见认为,行为人的行为是"双向诈骗",构成诈骗罪。理由是款项未进入商户账户,商户从未对款项拥有占有权,顾客基于认识错误而处分款项,商户又基于认识错误处分了货物,构成"双向诈骗"。第四种意见认为,行为人的行为是三角诈骗行为,构成诈骗罪。一方面,虽然顾客被行为人的二维码所欺骗,并实施了支付行为,但没有损失,不是被害人,商户没有收到款项才是被害人。另一方面,顾客被冒用的二维码所欺骗,陷入认识错误,处分了本应支付给商户的财物,处于可以处分商户财产的地位,而商户是被害人,故属于三角诈骗。[①] 虽然各种观点都有一定道理,但理由可能并不充分。

第一种观点大体上以顾客没有财产损失和商户没有处分意思为由,认为行为人的行为构成盗窃罪。在本书看来,这一观点虽然旨在否认诈骗罪的成立,但对盗窃罪的结论缺乏正面论证。盗窃,是指违反被害人的意志,将他人占有的财物(包括财产性利益)转移给自己或者第三者占有。[②] 要认定行为人的行为构成盗窃罪,就必须确定行为人转移了什么财物的占有。其一,就商户的商品而言,并不是行为人违反商户的意志直接或者通过商户将商品转移给顾客占有,而是由商户基于认识错误将商品转移给顾客占有。所以,行为人的行为不成立对商品的盗窃。其二,就顾客对银行享有的债权而言,也不是行为人违反顾客的意志直接或者通过顾客将债权转移给自己占有,而是顾客基于认识错误将其对银行享有的债权转移给行为人占有。因此,行为人的行为不成立对顾客的银行债权的盗窃。其三,就商户对顾客的货款请求权而言,行为人并没有使之产生任何转移。换言之,即使认为商户丧失了货

① 参见武尚昶:《偷换二维码,坐收顾客支付款的行为该如何定罪》,载 http://mp. weixin. qq. Com/s?biz = MzAxNTUyMDA0Mg = = &mid = 2651937545&idx = 2&sn = 3c8331fa54fd580265392330c9afca66& mpshare = 1&scene = 5&srcid = 10030csKFjAnC5Db9NgaSlF9#rd,2016 年 10 月 3 日最后访问。

② 参见[日]西田典之著、桥爪隆补订:《刑法各论》(第 7 版),弘文堂 2018 年版,第 160 页;[日]山口厚:《刑法各论》(第 2 版),有斐阁 2010 年版,第 194 页。

款请求权,但该请求权既没有转移给顾客,也没有转移给行为人,因而行为人对此不可能存在盗窃。

不可否认的是,商户的确是被害人,商户只是基于认识错误将商品处分给顾客,而没有基于认识错误将顾客的银行债权处分给行为人占有,更没有基于认识错误将自己对顾客的货款请求权处分给行为人或第三者占有。但是,不能因为商户对银行债权、货款请求权没有处分意思,就直接认定行为人的行为成立盗窃罪。诚然,盗窃罪与诈骗罪是对立关系,可是,这绝不意味着只要不成立诈骗罪,就不需要判断行为是否符合盗窃罪的构成要件。换言之,商户是被害人,以及商户没有处分意思这两个要素,并没有满足盗窃罪的构成要件。一方面,"商户是被害人"这一结论虽然是正确的,但还需要进一步斟酌的是商户是因为交付了商品而成为被害人,还是因为丧失了货款请求权而成为被害人,抑或由于没有得到应当得到的银行债权而成为被害人。对此,必须具体分析。但如上所述,在任何一个行为对象上,行为人的行为都不符合盗窃罪的行为特征。另一方面,商户对货款请求权或者应得的银行债权没有处分意思,只是意味着行为人的行为违反商户的意志,但仅此还不能说明行为人将商户的上述财产性利益转移给自己或者第三者占有。

认为二维码案的情节与"在商户的钱柜下面挖个洞让所收款项掉到洞下行为人自己的袋子没有本质区别"的观点,是存在疑问的。当商户将所收钱款扔入自己的钱柜时,就可以认为商户占有了该钱款,行为人让所收钱款掉入自己口袋的,当然是违反商户的意志将商户占有的钱款转移给自己占有,因而成立盗窃罪。在这种情形下,即使是商户所收的钱款直接掉入行为人口袋的,也能够认定为盗窃罪。因为在社会一般观念上,商户向顾客交付了商品,与此同时收到了作为商品对价的钱款时,该钱款就当然由商户占有。但是,在二维码案中,商户所收的不是现金之类的款项,而是要将顾客对银行享有的债权转移成自己对银行享有的债权。可是,不管是在社会一般观念上,还是在客观事实上,顾客从一开始就没有将自己的银行债权转移给商户占有。既然商户没有占有过银行债权,行为人就不可能盗窃商户占有的银行债权,因而不可能就此成立盗窃罪。

第二种观点的结论虽然是可取的,但其论证过程与理由存在缺陷。不可否认的是,一般来说,如果顾客知道真相,就不会扫二维码,行为人也不能得逞;顾客正是基于认识错误,将原本需要处分给商户的银行债权处分给了行为人,从而使行为人获得了银行债权。在此意义上说,直接认为行为人的行为成立二者间的诈骗,也不是没有可能性。李勇检察官对这一结论提出了如下理由:“(1)完全符合诈骗罪的构造。犯罪人调包向顾客隐瞒了不是店家的二维码的事实——导致顾客误以为是店家的二维码而进行扫码支付——行为人取得财产。这完全符合诈骗罪的构造。(2)本质上看,顾客是自愿支付的,并不是违背财物占有人的意志。被骗的当然是顾客,而非店家,试想:如果顾客知道这个二维码被人恶意调包还会付款吗?显然不会。为什么会付款呢?那就是因为犯罪人调包二维码隐瞒了不是店家二维码的事实,导致顾客陷入认识错误而扫码支付。(3)谁是财产占有人?当然是顾客了,钱是顾客的,顾客在扫码那一刻就是在处分了,一旦扫码成功,就相当于把钱付出去了。那种认为店家是财物占有人的观点是错误的!钱在支付之前在顾客手中,支付之后在犯罪人手中,试问整个过程中,店家何时控制过、占有过钱呢?!”[①]在本书看来,第二种观点也存在缺陷。

首先,就诈骗罪的财产损失而言,第二种观点实际上采取了形式的个别财产损失说。然而,形式的个别财产损失说并不符合我国的司法现状,也不符合诈骗罪的本质。例如,**某商店并不向未成年人出售商品(如烟酒或成人用品),但未成年人A冒充成年人购买商品,店员X误以为A是成年人,便将商品交付给A(冒充成年人案)**。根据形式的个别财产损失说,如果X没有受骗,就不会将商品交付给A,所以,A的行为成立诈骗罪;即使A在购买商品时支付了货款,也不影响诈骗罪的成立。“这让人感觉到是为了保护青少年的健康成长和店主的意思决定自由,而转用诈骗罪的规定”,[②]因而明显不合适。所以,以形式的个别财产损失说为根据认定二维码案成立二者间的诈骗,缺乏合理性。如后所述,本书赞成实质的个别财产损失说。诈骗罪的特点是制造并利用受骗者的认识错误侵犯被害人的财产,如果能够肯定受骗者因为行

---

① 李勇:《“调包二维码案”别争了,定诈骗!》,载 http://mp. weixin. qq. com/s?__biz = MzAxNTUyMDA0Mg = = &mid = 2651937545&idx = 1&sn = 0cecd52a631784923435d66230cd5c85&mpshare = 1&scene = 5&srcid = 1003yf8pFhYjPlw0Tx2a85Pr#rd,2016 年 10 月 3 日最后访问。

② [日]松原芳博:《刑法各论》,日本评论社 2016 年版,第 275 页。

为人的欺骗行为产生了法益关系错误,进而处分了财产,就表明造成了财产损失。在财产法益中,法益处分行为的社会意义的错误,就是法益关系的错误。因为与生命、身体法益本身值得保护不同,财产法益在市场经济下是作为经济的利用、收益、交换的手段而予以保护的。而且,通过财产的给付所欲取得的不仅是经济利益,也包含社会目的的实现,所以,法益处分的社会意义具有重要性。如果受骗者就"财产交换""目的实现"具有认识错误,则应当肯定存在法益关系错误。即受骗者所认识到的"财产交换"是否已经实现、处分财产所欲实现的"目的"是否已经达成,是判断受骗者是否存在法益关系错误的基本标准,也是判断有无财产损失的基本标准。① 在二维码案中,被告人虽然使顾客产生了认识错误,顾客也基于认识错误处分了自己的银行债权,但是,顾客实现了自己的交易目的(获得了想要购买的商品),因而不存在刑法意义上的财产损害。概言之,顾客既不存在整体的财产损失,也不存在实质的个别财产损失。

其次,直接认定行为人骗取顾客的银行债权,认定顾客为被害人,没有评价行为人对商户造成的财产损失,存在没有充分评价的缺陷。这是因为,不管从哪个角度来说,商户都是被害人。如果从商品被转移的角度来说,商户是被害人;如果从没有获得商品的对价(货款请求权未能实现)来说,商户是被害人;如果从应当得到银行债权而没有得到来说,商户也是被害人。只要案件结论没有将商户评价为被害人,就表明评价并不全面,因而存在缺陷。

持第二种观点的李勇检察官意识到了一点,便作了如下说明:"刑法中的被害人与现实生活中的谁受损失不是一个概念。主张定盗窃罪的人老是想这样一个问题,那就是'这个案件,最终谁受损失?'现实中,顾客肯定不可能重新付款给店家,而只能是店家自认倒霉。但是,刑法中的被害人和被骗人,与现实中受损失的人不是一个层面问题。以现实中谁承担损失后果来反推刑法中的被害人、被骗人有时是错误的。"② 还有持相同观点的人士指出:"应当将刑事关系中的被害人与民事关系

① 参见[日]山口厚:《问题探究·刑法各论》,有斐阁1999年版,第165页以下。

② 李勇:《"调包二维码案"别争了,定诈骗!》,载 http://mp.weixin.qq.com/s?__biz=MzAxNTUyMDA0Mg==&mid=2651937545&idx=1&sn=0cecd52a631784923435d66230cd5c85&mpshare=1&scene=5&srcid=1003yf8pFhYjPlw0Tx2a85Pr#rd,2016年10月3日最后访问。

中的被害人在本案中区分开来。认定刑事关系中诈骗的被害人,关键是看谁占有的财产被处分了。在本案中顾客是涉案款项的占有人,其失去了涉案款项的占有,因而其是被害人。而为什么会有人将商户作为本案中的被害人呢?这是他们混同了刑事关系中的被害人与民事中的被害人的表现。在本案中,商户是最终的财物损失者,这是由民事关系决定的,而并非由诈骗行为直接决定的……刑事关系的被害人与民事关系的被害人的界定,所考虑的出发点是不同的。在普通型诈骗罪中,被诈骗的人是财产的占有人(刑事关系的被害人),所以是最终的财产损失人(民事关系的被害人),二者是同一的。但是在本案当中,二者是分离的,应当作出区别对待。所以想要把本案中刑事关系的被害人等同于民事关系的被害人,进而一揽子解决本案中的刑事定性问题与民事损失承担问题,这无疑是行不通的。"①但是,这样的说明存在疑问。

在刑事案件中谁是被害人,取决于被害人遭受的损失后果应否归属于被告人的行为。在二维码案中,商户不仅是最终的被害人,也是直接被害人,因为商户的财产损失结果应当归属于行为人的行为。换言之,在二维码案中,需要追问的是,商户的财产损失与行为人的行为是否具有因果关系?是否应当将商户的财产损失客观归属于行为人的行为?不管在因果关系问题上采取什么立场,都会对上述问题持肯定回答。既然持肯定回答,就意味着行为人对商户的财产损失必须承担刑事责任,亦即商户是二维码案的刑事被害人。从刑事诉讼的角度来说,顾客只是证人,商户才是作为被害人的当事人,才可以委托诉讼代理人;倘若追缴了赃款,也应直接返还给商户即被害人;而不是先返还给顾客,再由顾客返还给商户(除非金融规则导致银行债权必须经过顾客的账户才能返还)。所以,从刑事诉讼程序的角度来说,也必须肯定商户是被害人。

解释者不能因为自己的结论不能评价商户的损失,就将商户认定为民事关系中的被害人。倘若否认商户是刑事案件的被害人,就有可能得出行为人的行为不成立犯罪的结论。一方面,顾客没有实质的财

---

① 武尚昶:《偷换二维码,坐收顾客支付款的行为该如何定罪》,载 http://mp.weixin.qq.com/s?__biz = MzAxNTUy MDA0Mg = = &mid = 2651937545&idx = 2&sn = 3c8331fa54fd580265392330c9afca66&mpshare = 1&scene = 5&srcid = 10030csKFjAnC5Db9NgaSlF9#rd,2016 年 10 月 3 日最后访问。

产损失，因而不是诈骗罪的被害人；另一方面，商户又只是民事关系中的被害人，而不是诈骗罪的被害人，于是行为人的犯罪行为没有造成任何财产损失。这恐怕不合适。退一步说，即使采取形式的个别财产损失说，也必须将商户的财产损失归属于被告人的犯罪行为，而不能以民事关系为由否认这一点。

第三种观点所称的“双向诈骗”，是指行为人的欺骗行为使商户基于认识错误将商品处分给第三者（顾客），同时使顾客基于认识错误将银行债权处分给自己。显然，由于只有一个行为，所以只能认定为想象竞合。

这一观点具有一定的合理性，尤其是可以弥补第二种观点的缺陷。本书之所以不能接受这种观点，是因为本书采取实质的个别财产损失说。如上所述，既然顾客的交易目的完全实现，就不存在实质的财产损失，因此，难以承认“双向诈骗”。此外，在取得型财产罪中，行为人将他人的财物转移给第三者占有或者使受骗者将财物处分给第三者占有时，其中的“第三者”是否需要一定的限制，也是需要进一步讨论的问题。倘若认为第三者占有“仅限于可以等同视为行为人自己占有的场合”，[①]则难以认为二维码案行为人的行为构成对商户的商品的诈骗。

第四种观点认为，顾客被冒用的二维码所欺骗，陷入错误认识，处分了本应支付给商户的财物；顾客是处于可以处分商户财产地位的人，被害人是商户，所以，行为人的行为属于三角诈骗。

这一观点所称的三角诈骗，显然是指前述受骗者处分被害人财产的传统类型的三角诈骗。可以认为，这一观点不存在前述三种观点的缺陷，也能够全面评价案件事实。问题是，顾客是否具有处分商户财产的权限？诚然，处分财产的权限既可能来自法律的规定，也可能来自约定、授权等；而且，顾客取得商品后，作为债务人应当支付对价，这是顾客的义务。但是，能否由顾客的义务推导出顾客有权处分商户的财产这一结论，还有疑问。

倘若认为顾客处分了商户的财产，就必须进一步追问，顾客处分了商户占有或者享有的什么财产？首先，就商户的商品而言，并不是由顾客处分，而是商户自己处分的。其次，就商户的货款请求权而言，顾客

---

① ［日］西田典之著、桥爪隆补订：《刑法各论》（第7版），弘文堂2018年版，第161页。

并没有将其处分给任何人。最后,就商户应当得到的银行债权而言,顾客是没有处分权的。这是因为,既然只是应当得到的银行债权,就表明商户还没有占有或者享有;既然如此,顾客就不可能处分商户事实上还没有占有或者享有的银行债权。实际上,顾客只是处分了自己的银行债权。所以,本书虽然同意第四种观点的结论,但难以赞成其理由。

在讨论二维码案时,以下几点是需要明确的:其一,二维码案的被害人是商户,从不同角度来说,商户存在不同的损失,但不能重复评价。一方面,可以说商户将商品转移给顾客是一种损失,此时的行为对象是商品本身。另一方面,也可以说商户将商品转移给顾客后,应当得到的货款没有得到,从经营过程来看,具体表现为顾客的银行债权原本应当转移给商户,但事实上却转移给了行为人。这也是一种损失,此时的行为对象是银行债权。这两个损失只能评价一个,不能两个同时评价。其二,二维码案的商户除了处分商品外,没有处分银行债权;顾客处分了自己的银行债权,但没有处分商品。其三,如后所述,成立诈骗罪要求受骗者具有处分行为与处分意思;如果没有处分行为或者虽有处分行为但无处分意思,也不应当以诈骗罪论处。其四,在考虑二维码案的行为对象是商品还是银行债权时,必须考虑素材的同一性。例如,倘若认为行为人对商户实施欺骗行为,使商户基于认识错误将商品处分给第三者即顾客,是没有疑问的。但是,这一结论没有评价行为人得到银行债权这一事实。

本书认为,二维码案行为人的行为成立三角诈骗。但是,这里的三角诈骗并不是传统类型的三角诈骗,而是另一种类型的三角诈骗,即行为人实施欺骗行为,受骗者产生认识错误并基于认识错误处分自己的财产,进而使被害人遭受损失。为了说明这种新类型的三角诈骗的可能性,有必要将其与传统类型的三角诈骗进行比较。

传统类型的三角诈骗的构造为:行为人实施欺骗行为→受骗者产生或者继续维持认识错误→受骗者基于认识错误处分(或交付)被害人的财产→行为人获得或者使第三者获得财产→被害人遭受财产损失。如前所述,这种行为之所以能够成立诈骗罪,是因为受骗者具有处分被害人财产的权限,从而使得受骗者的处分与被害人自己的处分具有相同性质。换言之,如果受骗者没有处分被害人财产的权限,就不可能与二者间的诈骗具有相同性质。

新类型的三角诈骗的构造为：行为人实施欺骗行为→受骗者产生或者继续维持认识错误→受骗者基于认识错误处分(或交付)自己的财产→行为人获得或者使第三者获得财产→被害人遭受财产损失。显然，在这种情况下，只要能够说明和肯定受骗者处分自己的财产导致被害人遭受财产损失，同样使受骗者的处分与被害人自己的处分具有相同性质。

概言之，本书提出的新类型的三角诈骗与传统类型的三角诈骗都是行为人实施欺骗行为，受骗者基于认识错误处分财产，都是使受骗者之外的被害人遭受财产损失。唯一的不同是，新类型的三角诈骗是受骗者处分自己的财产，传统类型的三角诈骗是受骗者处分被害人(第三者)的财产。在本书看来，这一区别并不重要，因为既没有改变受骗者(受骗者依然具有处分财产的权限)，也没有改变被害人，更没有改变行为人。既然如此，就应当承认这种类型的三角诈骗。

问题是，具备什么条件，才能认定受骗者处分自己的财产导致被害人遭受财产损失进而认定为三角诈骗？答案大体是，受骗者具有向被害人转移(处分)财产的义务，并且以履行义务为目的，按照被害人指示的方式或者以法律、交易习惯认可的方式转移(处分)自己的财产，虽然存在认识错误却不存在民法上的过错，但被害人没有获得财产，并且丧失了要求受骗者再次转移(处分)自己财产的民事权利。在二维码案中，顾客因为购买商品，具有向商户支付货款的义务；顾客根据商户的指示扫二维码用以支付商品对价时，虽然有认识错误但并不存在民法上的过错，商户却遭受了财产损失。由于交易已经完成并且有效，所以，即使商户可能以不当得利为由请求顾客返还商品，但不可能要求顾客再次支付商品对价。① 在这种情况下，顾客处分自己银行债权的行为，就直接造成了商户的财产损失。

就二维码案而言，上述分析与结论，既满足了诈骗罪中的受骗者具有处分权限的要求，也满足了将商户作为被害人的要求；既全面评价了案件事实，也没有对案件事实进行重复评价。值得进一步说明的是素材的同一性。如后所述(本章第六节)，诈骗罪中的素材的同一性，是指行为人得到的财产与被害人损失的财产具有同一性，或者说，被害人的

---

① 如果商户仍对顾客享有货款请求权，则意味着顾客是被害人，仅成立二者间的诈骗。

损失与行为人的取得必须是一种表里关系或者对应关系。[①] 本书的上述分析似乎不符合这一要求。其实不然。在二者间的诈骗中,被害人处分的是自己的财产;在传统类型的三角诈骗中,受骗者处分的也是被害人的财产。所以,刑法理论将素材的同一性表述为被害人的损失与行为人的取得必须是一种表里关系或者对应关系。其实,即使在二者间的诈骗与传统类型的三角诈骗中,也可以,甚至应当认为,素材的同一性是指受骗者处分的财产与行为人取得的财产具有同一性。换言之,“受骗者处分的财产与行为人取得的财产具有同一性”这一要素,不仅更加明确,更加符合二者间的诈骗与传统类型的三角诈骗的事实真相。在二维码案中,受骗者处分的是自己对银行享有的债权,行为人得到的也是对银行享有的债权。这种同一性不只是表里关系或者对应关系,而是具有完全的同一性,因而更加符合素材同一性的要求。

不可否认,本书是为了处理二维码案提出了所谓新类型的三角诈骗。但是,这种新类型的三角诈骗理论,并不是只能适用于二维码案,而是可以适用于其他许多类似案件。

例如,丙家具公司厨具部门的从业人员甲伪装成家具公司的会计,向购买家具的乙收取了家具款后据为己有(德国骗取家具款案)。德国法院认为甲的行为构成诈骗罪,并且认为是三角诈骗,即顾客乙是受骗者和处分行为人,丙家具公司是被害人。[②] 这或许是根据阵营说得出的结论。但如前所述,阵营说存在缺陷。倘若采取权限说,则难以认为顾客乙具有处分丙家具公司财产的权限或者地位。按照本书的观点,乙虽然是受骗者和处分行为人,但其处分的是自己的财产,而没有处分丙家具公司的财产;甲得到的财产与乙处分的财产具有同一性;根据权利外观的法理,丙家具公司不可能要求乙重新支付家具款,因而遭受了财产损失。所以,甲的行为依然是三角诈骗。

又如,A公司一直向B公司供货,双方认可和实际采取的通常做法是,由A公司司机丁将货物运送至B公司后,B公司的负责人乙将货款(现金)交给丁,丁再将货款交给A公司负责人丙。丁因截留货款被丙

---

① 参见[日]樋口亮介:《ドイツ财产犯罪ノート》,载《东京大学法科大学院ローレビュー》(2013年)第8卷第9号,第195页。

② BGH wistra 1992,299.

开除,随后甲被丙聘为公司司机,丙让甲将货物运送至B公司,但叮嘱甲不要代收货款。甲原本也不让乙将货款交给自己,但忘了给乙打电话。甲将货物运送至B公司后便向乙谎称,丙让其代收货款。乙按照以往双方认可的交易习惯,将8万元货款交给了甲,甲据为己有并潜逃(司机截留货款案)。在本案中,甲对乙实施了欺骗行为,乙处分的是自己的财产,而且是按以往的交易习惯处分自己的财产,处分财产的目的旨在清偿自己的债务;甲得到的财产与乙处分的财产具有同一性。但是,被害人A公司(或者丙)没有收到货款,遭受了财产损失,而且没有权利要求乙再次支付货款。概言之,乙因为受骗而处分自己财产的行为,使A公司(或丙)遭受了财产损失,所以,甲的行为成立三角诈骗。

再如,2015年8月,张某借用李某购物网站账号网购一部价值6000元的手机,收货人为自己,收货地址为自家住址,并付全款。在卖家发货前,李某瞒着张某登录自己的购物网站账号,联系卖家更改了收货人和收货地址。后卖家将张某购买的手机寄送给李某,李某将该手机据为己有(偷改网购信息案)。第一种意见认为,李某的行为构成盗窃罪,主要理由是,李某瞒着张某更改收货信息,从而阻断了卖家将手机寄给张某的可能性,并将卖家本应邮寄给张某的手机秘密据为已有,其行为应定性为盗窃罪。第二种意见认为,李某的行为成立侵占罪,理由是,张某借用李某账号买手机的行为是一种委托关系,李某对其账号有现实支配权,对通过该账号购置的手机有正当占有权,其拒不送还手机的行为构成侵占罪。第三种意见认为,李某的行为构成诈骗罪。[①] 本书认为,李某的行为属于三角诈骗。首先,李某的行为不可能成立盗窃罪。盗窃,是指违反被害人意志,将他人占有的财物转移给自己或者第三者占有。但本案中,手机原本由卖家占有,李某并没有违反卖家的意志,将其占有的手机转移给自己占有。相反地,卖家是因为受欺骗才将手机寄给李某。李某也并不成立盗窃的间接正犯,因为张某一直没有占有手机,李某不可能利用不知情的卖家窃取张某占有的手机。由此不难看出,仅因李某的行为具有秘密性,就认定其行为构成盗窃罪,明显不当。这也充分说明,传统刑法理论关于盗窃罪的定义需要修改。

---

① 参见陈琳、杨睿:《偷改网购信息冒领货物构成何罪》,载《检察日报》2017年9月29日,第3版。

其次,张某虽然借用了李某的网购账号购买手机,但没有将收货人与收货地址填写为李某,所以,张某并没有将手机委托给李某保管(占有),李某事先也没有占有过张某所购买的手机,所以,李某的行为不可能成立侵占罪。最后,李某的行为是笔者提出的新类型三角诈骗的典型之例。亦即李某对受骗者即卖家实施了欺骗行为,欺骗行为的内容就是更改了收货人和收货地址,使卖家误以为手机是李某购买。卖家基于认识错误处分的是自己占有和所有的手机,但是,卖家不存在民法上的任何过错,张某无权要求卖家再次发货。显然,卖家当然具有处分权限,卖家虽然处分的是自己的财产,但被害人却是张某。简言之,卖家因为受到李某的欺骗而处分了自己手机,使张某遭受了财产损失,所以,李某的行为成立三角诈骗。

三、处分行为的客观面

(一)处分行为与认识错误的因果性

诈骗罪中的受骗者的处分行为必须基于认识错误,而认识错误的陷入或者继续维持是由于行为人的欺骗行为所致。这种"认识错误"与"财产处分行为"的构成要件要素之间的关系,在刑法理论上也被称为因果关系。但由于这种因果关系并不是存在于外部的客观事实经过,而是存在于受骗者的内心思考领域,所以常常被称为"心理的因果性"。[①] 如果不存在这种心理的因果性,即如果处分行为不是基于认识错误,则不属于诈骗罪中的处分行为。

处分行为与认识错误没有心理因果性,可能出于不同原因。

当行为人的欺骗行为达到了诈骗罪的欺骗程度,但对方仍然识破骗局,却又基于其他原因处分财产的,只能认定行为人的行为成立诈骗未遂。例如,行为人虽然实施了达到诈骗罪程度的欺骗行为,但对方并没有陷入认识错误,而是基于怜悯之心交付财物的,应当认定为诈骗未遂。[②]

英国19世纪有一个著名案例。被告人试图通过写信编造谎言骗

---

① 参见[德]Ulrich Sieber:《コンピエ－タ犯罪と刑法Ⅰ》,[日]西田典之、山口厚译,成文堂1986年版,第215页。

② Janet Dine & James Gobert, *Cases & Materials on Criminal Law*, 2nd ed., Blackstone Press Limited, 1998, p. 90.

取财物，便于1869年10月23日写了一封信，寄给住在诺斯阿勒尔顿的约翰·哈顿(John Hutton)先生。信的主要内容如下："尊敬的先生：首先，我怀着谦卑的心情，希望您原谅我如此冒昧地给您写信。我是诺斯阿勒尔顿人，不久前遭遇了一次海难，失去了丈夫。事情是这样的：我的丈夫为了寻求更美好的生活，便带上四个孩子准备移居澳洲新南威尔士的悉尼。可是，命运却向我们开了一个玩笑，船在大海上遭遇海难，我和四个可怜的孩子在海上随波漂流，最后终于在法国上岸，而我的丈夫却葬身鱼腹……我所说的这些都是真实的，为了证明其真实性，布伦的英国领事馆特意给我出具了一份证明，以寻求像您这样好心人的帮助。我的四个孩子中的一个，由于在这次可怕的灾难中受了伤，现在已经奄奄一息了。先生，如果令尊大人还在世的话，他一定会认识我，我也知道贵府一向对于那些不幸的人都慈悲为怀，我恳求您能以仁慈之心想想我们的遭遇……如果我的愿望能够实现，那您的恩惠将永驻我心。尊敬的先生，我是您膝下谦卑而又温顺的奴仆。艾伦·霍姆斯(Ellen Holmes)。"约翰·哈顿先生回了一封信，并在信中寄了5先令给被告人。但约翰·哈顿先生在接受询问时说，自己知道这封信的内容是虚假的(英国谎称丈夫遇难案)。由于被害人知道被告人撒谎，因而没有陷入认识错误，所以，被告人的欺骗行为不是被害人寄付5先令的原因，法院判处被告诈骗罪未遂。① 如果这样的案例发生在我国(若不考虑数额)，也只能认定为诈骗未遂。这是因为，在受骗者识破骗局的情况下，仍然将财产处分给行为人，只能表明受骗者完全基于自己的意思，自由地处分了财产，而不是基于有瑕疵的意思处分了财产。当受骗者完全基于自己的意思，自由地处分了财产时，不能认定其遭受了财产损失；即使认定受骗者遭受了财产损失，也只能由受骗者自己对该损失负责，而不能令行为人对该损失负责。

当行为人的行为不属于诈骗罪的欺骗行为，或者欺骗行为没有达到诈骗罪的欺骗程度，对方基于其他原因处分财产的，不能认定为诈骗罪(包括诈骗未遂)。例如，行为人在为灾民募捐时，为了使对方捐献较多财物，谎称其他人捐献了许多财物，从而使对方捐献较多财物的，不

---

① Janet Dine & James Gobert, *Cases & Materials on Criminal Law*, 2nd ed., Blackstone Press Limited, 1998, p. 90.

移汽油的所有权。[①] 倘若D使用假币付款,汽油的所有权就会转移,D的行为便成立诈骗罪。[②]

但是,上述德国的少数说以及英美刑法理论的观点不能被我们接受。因为从主观方面来说,即使受骗者没有转移财产所有权的意思,但只要行为人取得了财物的占有,就完全能够进一步永久性或者长时期取得财产的占有。在这种情况下,被害人的财产受到了侵害,需要刑法加以保护。从客观上说,不管受骗者是否具有转移财产所有权的意思,其客观上转移占有的行为是由行为人的欺骗行为所致,并且导致行为人可能取得财产。行为人客观上是否取得了财产,并不取决于受骗者是否具有转移所有权的意思。从法律性质上说,在诈骗罪的情况下,行为人只能取得财物的占有,而不可能真正取得民法认可的财产所有权。所以,要求受骗者具有转移财产所有权的意思并没有实际意义。此外,如果要求受骗者具有转移财产所有权的意思,那么诈骗罪的成立范围会明显过于狭窄,不符合司法实践的要求。例如,根据这种观点,以借用为名而骗取财物的,由于对方只有出借的意思而没有转移所有权的意思,都不成立诈骗罪。这显然不合适。

应当指出的是,认为处分财产意味着转移占有,并不以"占有是侵犯财产罪的被害法益"为前提。换言之,得出上述结论,与侵犯财产罪的被害法益是财产的占有还是所有权及其他本权没有关系。这是因为,即使认为诈骗罪的法益是财产的所有权及其他本权,在受骗者不具有转移所有权意思的情况下,通过受骗者的处分行为而取得财产的行为也侵害了被害人的财产所有权及其他本权。反之,即使认为诈骗罪的法益是财产的占有,不管受骗者是否具有转移所有权的意思,通过受骗者的处分行为而取得财产的行为也侵害了被害人对财产的占有。从刑法理论现状来考虑,即使主张本权说或以本权说为基础的中间说的学者,一般也将处分财产限定为转移占有。[③]

需要讨论的是,针对狭义财物的处分行为与针对财产性利益的处分行为是否存在不同要求?一种观点认为,在针对狭义财物进行处分

---

① Hufstetler v. State, 37 Ala. App. 71, 63 So. 2d 730 (1953).

② Joshua Dressler, *Understanding Criminal Law*, Mattew Bender, 1994, p. 513.

③ 参见[日]团藤重光:《刑法纲要各论》(第3版),创文社1990年版,第616页;[日]平野龙一:《犯罪论の诸问题(下)各论》,有斐阁1982年版,第330页。

时，只要受骗者将财物的占有转移给行为人或第三者占有即可，不要求有转移所有权的意思或表示；但在针对财产性利益(如债权)进行处分时，受骗者必须有转移所有权、债权的意思或表示。因为如果受骗者没有表示免除债务或者没有表示使行为人取得债权，行为人就不可能取得财产性利益。[①] 另一种观点认为，对于诈骗狭义财物与诈骗财产性利益不能作二元的理解，二者的构成要件相同；既然诈骗狭义财物时不要求受骗者具有转移所有权的意思或表示，那么，诈骗财产性利益时也不能要求受骗者具有转移所有权、债权的意思或表示，否则会造成二者的不协调。在债权的场合，处分的不是债权本身，而是债权的占有。对于债权而言，虽然不存在与财物相同意义上的占有，但存在与占有对应的准占有。而且，即使受骗者没有转移所有权、债权的意思或表示，行为人也可能取得财产上的利益。例如，在债权的场合，债务人不履行债务就可能使债务人得到利益。[②]

本书原则上采取后一种学说，即在诈骗财产性利益的场合，即使受骗者没有转移所有权、债权的意思或表示，行为人也可能取得财产性利益，那么，只要转移了财产性利益的占有，就应当认定为有处分行为。例如，行为人在正常用电之后，于电力公司人员收费前将电表指针逆转，避免支付电费的，大体属于这种情况。但是，财产性利益存在不同类别，行为人能否取得财产性利益往往因财产性利益的种类而异，因此，在例外情况下，如果受骗者没有转移所有权、债权的意思或表示，行为人根本不可能取得财产性利益，则不宜认定为处分行为。例如，行为人为债务人，当债权人要求行为人履行债务时，行为人声称“我已经履行了债务”而不履行。但在债权人并未陷入认识错误，没有表示行为人可以不履行债务，甚至继续要求行为人履行债务的情况下，既不能认定债权人已作出处分行为，也不能认定行为人已经取得了财产性利益。这并不意味着对诈骗财物与诈骗财产性利益作二元的理解，更不意味着二者的构成要件不同，而是因为财产性利益的种类不同，对处分行为有无的认定必然有所不同。

---

① 参见日本最高裁判所 1955 年 7 月 7 日判决，载日本《最高裁判所刑事判例集》第 9 卷第 9 号，第 1856 页。

② [日]平野龙一：《犯罪论の诸问题(下)各论》，有斐阁 1982 年版，第 337 页以下。

(三)处分行为的表现形式

处分行为既可以表现为受骗者直接将财产处分给行为人或第三者(直接交付),也可能是表现为间接交付,即通过辅助者转移给行为人或第三者。正如我国台湾地区学者所言:"'交付',乃将物移转归于行为人实力支配之下,其属直接交付或间接交付,均无不可。但其交付之物,必属被害人或第三人所有,而由于被害人之自由意思,将之交付于行为人持有。"①"交付,指移转占有而言……交付方法,不以被害人将物径交行为人之直接交付为限,其使被害人将物经由第三人之手交付行为人之间接交付亦属之。即如捏造事实,蒙请法院追偿债款,经判决令被告将债款交付法院,转行给领,亦不失为以诈术间接使人交付之例,此例被诈欺者为法院,而交付财物者则为被告,故交付财物人与被诈欺者,不以同一人为必要。"②

财产处分行为既包括法律行为,也包括事实行为。在法律行为的场合,其法律行为在民法上是否有效或者是否可以撤销,都不影响诈骗罪的成立。正如日本学者团藤重光所言:"财物的交付,是指对方基于——虽然有瑕疵——意思而转移占有……应当认为,不管是动产还是不动产,都要求现实的交付,单纯的转让意思还不够……现实的交付,在不动产的场合,除了转移事实上的占有之外,在转移法律上的支配的意义上,还必须包含转移登记的终了。就金钱而言,如果将其置于行为人可以自由处分的状态,就应视为交付。如果以取得的意思接受财物的交付,骗取便据此而完成,即使作为其基础的法律行为无效,也与犯罪的成立与否没有关系。因为取得并不要求实际上转移法律上的所有权,只要产生了转移所有权的外形就够了。"③

财产处分行为不限于积极的举动,或者说,"处分行为这一构成要件要素,不应在民法意义上理解,而是包括了被害人的一切作为、忍受与不作为"。④

---

① 褚剑鸿:《刑法分则释论》(第2次增订版),台北,商务印书馆1995年版,第1235页。

② 赵琛:《刑法分则实用》(下册)(第13版),作者发行1979年版,第912~913页。

③ [日]团藤重光:《刑法纲要各论》(第3版),创文社1990年版,第616页。

④ [德]Ulrich Sieber:《コンピエ-タ犯罪と刑法Ⅰ》,[日]西田典之、山口厚译,成文堂1986年版,第254页。这里的作为与不作为显然只是借用了犯罪行为的作为与不作为的概念,即处分行为可以表现为积极的处分行为与消极的没有任何举止的处分行为。

对于作为形式的处分行为不存在疑问，司法实践中受骗者的处分行为通常表现为积极的处分行为，所以，需要讨论的是不作为形式的财产处分行为。不作为处分行为的典型表现形式为，由于受欺骗而不行使“请求权”。例如，日本曾发生如下案件：在自己住宅的电表上装上倒转的软线，将倒转后的电表数显示给检电人员，使检电人员免除其支付大约400千瓦的电费（日本骗免电费案）。日本大审院未认定为电气盗窃罪，而是认定为诈骗罪。① 因为在这种场合，检电人员误以为债权额只是电表所显示的数额，由于不知道此外的400千瓦的债权额而没有请求，这便属于不作为的处分行为。再如，王某将其盗窃的摩托车推到刘某的摩托车修理部内修理时，刘某发现该车上有被撬的痕迹，即怀疑该车为王某盗窃所得，便产生了将摩托车占为已有的念头。次日，王某去刘某的修理部取车时，刘某谎称该摩托车已被失主认出，王某既未吭声也未将车取走，便离开了修理店。刘某后将摩托车出卖（修理摩托车案）。王某的行为便属于不作为的处分行为。

忍受或者容忍形式的处分行为，一般表现为行为人实施欺骗行为取走被害人财物时，被害人知道对方取走财物但保持沉默。② 例如，X将庭院中的石头卖给B，B对X说次日请工人运走石头。A得知此事后，装成B雇请的工人来运石头，X看到A运石头，以为是B雇请的工人，便予以默认（默认搬走石头案）。在这种场合，X的默认便是处分行为，A成立诈骗罪而非盗窃罪。但是，如果行为人已经取得财物，事后被害人没有要求归还的，则不能认定被害人有忍受形式的处分行为。例如，甲入室盗窃乙家价值4000元的电视机，刚出门时被乙妻子发现。乙妻认识甲，问甲为何搬走她家的电视机，甲谎称乙欠他4000元未还。乙妻说，如果乙欠了钱，等乙回来说清楚，为什么搬走电视机呢？甲不理睬，当着乙妻的面将电视机拿走（容忍搬走电视机案）。对本案的定性有三种观点：盗窃罪、诈骗罪与抢劫罪。③ 在本书看来，一方面，如果认定甲的盗窃行为已经既遂，乙妻只是容忍甲不归还电视机，甲的行为

---

① 日本大审院1920年3月29日判决，载日本《大审院刑事判例集》第13卷，第335页。

② 也有学者将容忍归入不作为的处分行为，即凡是不阻止将财物、财产性利益转移给行为人或第三者的，都属于不作为的处分行为。参见［日］山口厚：《刑法各论》（第2版），有斐阁2010年版，第255页。

③ 缪军：《此案如何定性》，载《法制日报》1996年12月3日，第8版。

就不成立诈骗罪,当然也不成立抢劫罪。另一方面,即使认为甲将电视机刚搬出门时还不是盗窃既遂,但甲后来只是违反乙妻的意志搬走了电视机,而不是基于乙妻的处分行为搬走了电视机,同样只能认定为盗窃罪。

但在许多情况下,受骗者是否存在处分行为是值得研究的。例如,**A 假冒警察进入 X 住宅,出示了虚假的扣押令,将 X 的财物取走(假冒警察扣押案)**。一种观点认为,X 基于认识错误默认 A 取走财物,存在处分行为。所以,A 的行为成立诈骗罪。另一种观点认为,由于 X 认为不能制止 A 取走财物的行为,所以没有制止,故 A 取走财物的行为违反了 X 的意思。因此,X 没有处分行为,A 的行为不成立诈骗罪。而且,即使 X 见到虚假的扣押令状后,亲手将财物交给 A 时,也不属于处分行为。[①] 显然,就此案而言,关键在于,A 取走财物的行为是违反 X 的意思,还是基于 X 有瑕疵的意思?前一种观点认为,X 是基于有瑕疵的意思而交付财物的,所以,A 的行为成立诈骗罪;而后一种观点认为,X 由于不能制止 A 的行为而任其取得财物,因此,A 的行为违反 X 的意思,只能认定为盗窃罪。但 A 的行为是否违反 X 的意思,又取决于 X 是否认识到了一定的事实真相。如果 X 明知自己的财物不是赃物,只是因为对方是警察而担心"妨害公务",那么,A 取走该财物的行为就违反了 X 的意志;如果 X 以为自己的财物是赃物,警察有权扣押,那么,A 取走该财物的行为就是基于 X 有瑕疵的意思。综合起来看,应认定 X 具有处分行为,A 的行为成立诈骗罪。

再如,**A 与 X 购买木材,A 购买的部分与 X 购买的部分相区别分成几堆,但 A 对 X 说,X 的一堆是自己的,于是装上车运走,X 看到 A 运走却沉默(运走木材案)**。一种观点认为,A 欺骗 X,使 X 以为自己没有占有该木材而默认 A 运走,X 存在不作为的处分行为,故 A 的行为成立诈骗罪。另一种观点认为,X 没有处分行为,所以 A 的行为成立盗窃罪。又如,**X 为了搬家,雇请搬运工人 B 为自己搬钢琴,但 A 冒充 X 雇请的搬家工人 B,将 X 的钢琴装上车运走(搬走钢琴案)**。一种观点认为,X 受到了欺骗,以为自己还可以支配钢琴而交付给 A,但 X 客观上已经处于不能支配的状态,已经不是占有的弛缓而是占有的转移,应

---

① 参见[日]平野龙一:《犯罪论の诸问题(下)各论》,有斐阁 1982 年版,第 334 页以下。

认定A成立诈骗罪。另一种观点认为,X没有转移占有的意思,不存在处分行为,所以A成立盗窃罪。[①] 在这类案件中,被害人的主客观不一致,即客观上存在默认财物被转移的情形,主观上却没有转移财物的意思。所以,关键的问题在于,在这种场合,是以客观面为基准,认为存在处分行为,认定成立诈骗罪;还是以主观面为基准,认为没有处分行为,认定成立盗窃罪? 上述主张存在处分行为的观点都是以被害人的客观面为基准,而否认存在处分行为的观点都是以被害人的主观面为基准。显然,如果主张处分行为以具有处分意识为前提,并认为X没有处分意识,那么,A的行为仅成立盗窃罪;如果主张处分行为以具有处分意识为前提,并缓和处分意识的内容,认为X具有处分意识,或者主张处分行为不以具有处分意识为前提,则A的行为成立诈骗罪。这是下面将要讨论的问题。

(四)直接性要件

德国刑法理论一般认为,处分行为必须是导致被害人财产损害的"直接"原因,即被害人的财产损害必须"直接"产生于处分行为。[②] 换言之,必须是处分行为本身导致财物或财产性利益的直接转移。[③] 因为"在诈骗罪中,财物或者财产上利益的取得,限于基于被害人认识错误的行为,行为人'直接'取得的场合,而不包括行为人通过新的违法行为取得的情况。这种'直接性'要件虽然不是法律条文记述的要件,但为了合理地限定诈骗罪的成立范围而作为必要的要件,是德国的通说。不正乘车也可谓一例。A持有从甲车站至乙车站的车票和丙车站至丁车站的定期票,从甲车站上车至丁车站下车。[④]有人认为,在这种场合,如果承认无意识的交付行为,那么,甲车站的入口管理人员,在A从甲

① 以上参见[日]平野龙一:《犯罪论の诸问题(下)各论》,有斐阁1982年版,第334页以下。

② Cramer, in: *Schönke/Schröder, Strafgesetzbuch*, 26 Aufl., C. H. beck, 2001, S. 2069.

③ [日]山口厚:《刑法各论》(第2版),有斐阁2010年版,第255页。

④ 这是日本刑法理论长期讨论并有争议的案件。为了便于我国读者理解,笔者将此案件略加说明。假如一条地铁线路共26个站,票价依所乘坐的距离而不同,乘坐的站数越多票价越贵。行为人要从起点站A站到达终点站Z站,但是,行为人仅持有Y站至Z站的月票或年票(所谓定期票),于是便购买从A站到B站的车票,持该票进入A站乘车(按规定行为人应当购买从A站到达Y站的车票),到Z站时出示月票或车票出站,于是,从B站到Y站之间,就属于无票乘车。对此需要讨论的问题是:谁是受骗者与财产处分者? 行为人所骗取的是劳务本身,还是使对方免除了自己的债务? 处分行为是否以处分意识为前提? 这些问题又是密切联系的。——引者注

车站入口处进入时,无意识地交付了将 A 从乙车站运输到丙车站的劳务,因而就劳务成立诈骗罪。但是,A 是通过经过了乙车站后仍不下车而继续乘车的行为而取得劳务的。虽然通过甲车站的入口处进入车站内再进入列车内的行为,使上述行为更为'容易',但并不是'直接'通过这种行为取得劳务。因此,与是否承认无意识的交付行为没有关系,应当说就乙车站至丙车站之间的劳务不成立诈骗罪"。① 再如,售货员让顾客试穿西服时,顾客穿上西服后乘机溜走的行为,不成立诈骗罪,因为让顾客试穿西服的行为本身不会"直接"导致其财产损害。

但是,也有学者反对将直接性作为处分行为的要素,因为"即使损害不是直接产生于处分行为,也可能成立诈骗罪。例如,在诉讼诈骗的场合,当作出处分行为的是法官,损害产生于执行官的强制执行时,可以说处分行为与损害之间介入了执行官的行为。再者,在不作为的处分行为具有处分意识的场合,可以说被害人的不作为与损害之间介入了行为人的行为,但没有理由否认诈骗罪的成立。反之,即使符合直接性的要件也不能直接承认诈骗罪的成立。例如,上门推销商品的人谎称单纯为了作为已经上门推销过的证据而使他人在合同书上签名。在这种场合,既然合同书一开始就制作成功,其后推销者没有伪造,就符合了直接性的要件,但由于难以认定有处分意识,故在这种场合认定处分行为是有疑问的。直接性要件的理论根据也不明确,采用直接性要件存在诸多疑问"。②

本书认为,承认直接性要件对于区分诈骗罪与盗窃罪具有重要意义。德国刑法学者 E. 施密特(E. Eschmidt)曾设想下例:**A 与 X 一起乘火车旅行。在甲车站,A 欺骗 X 说"停车时间很长",使 X 临时下车,其间火车发车了。A 在下一站将 X 的财物拿下车后逃走(谎报停车时间案)**。E. 施密特指出,A 的行为应成立盗窃罪;如果认为诈骗罪的处分行为可以是无意识的处分行为,那么,A 的行为便成立诈骗罪,但这是不妥当的。其实,在这种场合,并不是处分行为有无意识的问题,而是财物已转移占有还是占有弛缓的问题。X 临时下车的行为,只是造成

---

① [日]平野龙一:《犯罪论の诸问题(下)各论》,有斐阁 1982 年版,第 333 页。但平野龙一教授认为,行为人就免除交付车费的债务而言,仍然成立诈骗罪,同上书,第 340 页。

② [日]林幹人:《诈欺罪における处分行为》,载[日]芝原邦尔等编:《刑法理论の现代的展开——各论》,日本评论社 1996 年版,第 219 页。

了对其财物的占有松弛，并不是转移占有；A 只有通过新的夺取行为，才能取得财物的占有。所以，A 的行为不成立诈骗罪。[①] 正因如此，日本学者山口厚教授指出："关于该'直接性的要件'，有见解认为其理论的根据不明确、采用该要件存在诸多疑问。虽然作为问题的提出值得充分考虑，但为了将'占有的弛缓'之后取得占有的行为认定为盗窃罪，这一要件仍然是必要的客观要件。"[②]

事实上，行为人不具备直接性要件时，也难以认定受骗者具有处分行为与处分意识。承认直接性要件，与要求受骗者具有处分行为与处分意识不仅完全一致，而且有利于进一步确认处分行为与处分意识。缺乏直接性要件时，即使行为人取得了财产，也不可能是因为诈骗既遂取得的财产，只能是通过其他不法行为取得的财产。例如，2019 年 1 月，张某在网上发布虚假的共享单车客服电话。王某通过手机 APP 申请退还共享单车押金时遭遇系统异常，后王某拨通张某发布的客服电话寻求帮助。张某以快速退还押金需要绑定支付宝"亲密付"为由，骗取王某为张某的支付宝开通"亲密付"，并随即转出王某账户金额 2.8 万元。"亲密付"是支付宝为亲人、密友等亲密关系打造的极简支付服务，亲人、密友在预先设定的额度内消费时无须开通者确认，即可直接从开通者账户中支付款项（开通"亲密付"案）。有意见认为，张某的行为构成诈骗罪；也有意见认为，张某的行为属于"冒用他人信用卡"，应构成信用卡诈骗罪。[③] 其实，一方面，虽然张某实施了欺骗行为，但王某只是为了接收退款才开通"亲密付"，而没有基于认识错误处分自己的财产。王某开通"亲密付"的行为充其量只是使自己对财产的占有松弛，而不是使自己的财产转移。所以，王某没有实施处分行为，更没有处分意识。另一方面，王某开通"亲密付"并不能使张某直接获得财产（不符合直接性要件），张某是通过"转出王某账户金额 2.8 万元"这一盗窃行为才获得财产的。所以，张某的行为因不符合直接性要件而不可能成立诈骗罪，当然也不成立信用卡诈骗罪，只能以盗窃罪论处。

再如，某公司董事长 D 以为公司筹集资金为名，找到时任某银行某

---

① [日]平野龙一：《犯罪论の诸问题（下）各论》，有斐阁 1982 年版，第 332 页。

② [日]山口厚：《问题探究 · 刑法各论》，有斐阁 1999 年版，第 149 页。

③ 孙静翊：《欺骗"客户"开通"亲密付"并转账构成盗窃罪》，载《检察日报》2019 年 5 月 10 日，第 3 版。

支行营业室经理兼大堂经理的F(F的一项职权为,对办理网银、电话银行、密码修改、卡折挂失、银行与网银进行关联、修改客户信息、大额现金和转账业务等重要业务进行授权)。二人商议以银行内部办理高息存款的名义拉来储户存款,通过调换储户U盾的方式转走储户存款,由D向F及帮助拉来储户存款的中间人支付好处费或提成。2013年至2015年,F和其他多人对储户谎称银行内部办理高息存款,先让储户到任何一家某银行办理一年定期存款银行卡并存款,再到某支行找F办理专用于收取利息的银行卡。F利用其职务之便,在储户办理收取利息的银行卡过程中,要求、指导或者指使张某等人要求、指导储户办收取利息的银行卡,授权收取利息的银行卡开通网银,并在储户不知情的情况下关联存款银行卡(将存款卡与网银关联后,可通过网银转走存款银行卡上的资金),要求储户将收取利息的银行卡、网银设定其指定密码。其间,F趁储户不注意,用事先准备的假U盾换取储户真U盾。之后,要求储户签订承诺书,承诺存款在一年内不转账、不提前支取、不查询、不开通电话银行及短信通知、开通网银但不使用等内容,然后将储户的U盾和密码交给D,由D秘密转走储户存款2亿元使用。D再按照事先约定以存款的20%至32%支付回报,其中给储户15%的利息,其余由F等人获利(偷换U盾转款案)。乍一看,F与D似乎对储户实施了欺骗行为,使储户将存款存入银行,因而构成诈骗。然而,这样的结论并不妥当。其一,倘若认为F与D的行为构成诈骗罪,就意味着储户将存款存入X银行时,就构成诈骗既遂。可是,在储户将存款存入某银行时,储户仍然享有合法的债权,没有任何财产损失。其二,更为重要的是,在储户将存款存在入X银行时,F与D并没有直接取得财产。亦即如果F与D要取得或者转移储户的存款,必须另外再实施不法行为,即由D秘密转走储户存款2亿元。这一行为正是盗窃行为,亦即将储户占有的存款债权转移为D占有的存款债权。换言之,F与D的行为不符合诈骗罪的直接性要件,应当按取得财产或者造成储户损失的不法行为(由D秘密转走储户存款的行为),认定为盗窃罪。

即使能够肯定受骗者具有处分行为与处分意思,但如果不符合直接性要件,仍然不能将先前的行为认定为诈骗罪。这是因为,如果不符合直接性要件,就意味着法益侵害结果是由后来的行为造成的,而不是由先前的欺骗行为造成的,因而不能根据先前的行为认定为诈骗罪,只能根据后来的行为认定犯罪(当然,后来的行为也可能构成诈骗罪)。例如,王某与张某购买了10张面值均为1000元的超市购物卡,之后,通过他人制作了购物卡的复制卡。随后,王某将10张购物卡以9.5折兜售给赵某,赵某经超市收银员查验后,知悉卡内确实有相应的金额,遂支付钱款9500元。交易完成后,王某和张某用复制卡购买了手机等商品,消费9999.8元。后来赵某消费时,发现购买的10张购物卡上的金额已经全部消费完毕,遂报警(使用复制卡案)。一种意见认为,王某与张某的行为构成诈骗罪;另一种意见认为,王某与张某的行为构成盗窃罪。[①] 不可否认的是,王某与张某对赵某实施了欺骗行为,亦即隐瞒了已经制作复制卡的客观事实以及事后将使用复制卡的主观的内在事实。如果王某与张某说明真相,赵某就不会购买购物卡。在此意义上说,赵某基于认识错误交付了9500元。换言之,赵某对9500元具有处分行为与处分意思。但是,赵某的财产损失并不是由王某、张某的上述欺骗行为直接造成的(不符合直接性要件),而是由后来的使用复制卡的行为造成的。亦即如果王某、张某不使用复制卡,赵某就不会有任何财产损失;反之,王某、张某使用多少数额,赵某就损失多少数额。所以,法益侵害结果是由使用行为造成的,接下来就需要判断使用行为的性质。(1)倘若超市禁止使用复制卡,王某与张某就对超市职员实施了欺骗行为,二人的行为仍然构成诈骗罪,只不过可能构成三角诈骗。(2)如若超市不禁止使用复制卡,王某与张某就没有对超市职员实施欺骗行为,使用复制卡的行为也并非对赵某的欺骗行为,因而对超市职员与赵某都不构成诈骗罪;由于王某与张某盗用了赵某的复制卡(将赵某占有的财产性利益转移为自己占有),因而构成盗窃罪。

当然,不能机械地理解和认定"直接性要件"。直接性要件只是意味着行为人不必就受骗者的财产处分另实施一次不法行为,或者说在受骗者的财产处分行为与财产转移之间不得介入行为人的进一步的不法行为。[②] 所以,就前述持反对意见的学者所列举的诉讼诈骗与受骗者的不作为处分之例而言,由于行为人在对方作出财产处分行为之后,不

---

① 参见刘轩:《售出购物卡后用复制卡消费如何定性》,载《检察日报》2018年11月9日,第3版。

② Vgl. Cramer, in: *Schönke/Schröder*, *Strafgesetzbuch*, 26 Aufl., C. H. beck 2001, S. 2072.

需要、事实上也没有实施另一不法行为便取得财产,所以,仍然符合直接性要件。再如,A因为生活贫困没有生活费用而伪装犯罪被拘留,由拘留所为其提供食物(伪装犯罪被拘留案)。德国法院判决A对拘留所提供的食物成立诈骗罪。在这种情况下,A通过拘留所管理人员提供食物而取得食物,是否具有直接性似乎还存在疑问。但是,德国刑法理论认为,被拘留时当然提供食物,因此具有直接性,进而肯定该判决。[①] 反之,如果不符合直接性要件,就不能认定为财产处分行为。例如,行为人骗取他人的签名,然后持此签名伪造文书行骗的,他人被骗签名的行为并非诈骗罪中的财产处分行为。[②]

直接性要件也不排除处分辅助者行为的介入。换言之,在处分行为与处分结果之间,可能介入处分辅助者的行为。例如,甲欺骗店主乙,旨在使乙处分财产,乙受骗后安排店员丙将财产交付给甲时,受骗者以及财产处分者为乙,丙不是财产处分者,只是财产处分者乙的辅助者。这种情形仍然符合直接性要件,因为甲没有通过欺骗行为以外的其他不法行为获得财产。

最后还需要说明的是,在一些案件中,虽然对于有体物而言被害人具有处分行为,但对于财产性利益而言被害人可能没有处分行为,因而不符合直接性要件。反之亦然。例如,2009年3月10日,吴某等人准备了一叠冥币,外面用百元人民币包扎,伪装成一叠厚厚的钱,同伙中一人扮成"丢钱者",骑车经过陈某身旁时,故意将该叠钱丢弃在陈某前面,吴某等人扮成"捡钱者",上前将钱捡走,并以"见者有份"为由,称陈某也可分钱,然后将陈某带至偏僻处假装分钱。此时,"丢钱者"追至分钱处,称其刚才丢了钱,有人看见是"捡钱者"与陈某捡到的。"捡钱者"为表清白,主动把银行卡交出,并说出密码,让"丢钱者"查询以证明没有钱存入卡内。陈某见状,亦交出邮政储蓄卡并说出密码。"丢钱者"以需要验证陈某账户上是否存入"丢失"的款项和防止陈某离开需要抵押为由,拿着陈某的手机、银行卡与其他"捡钱者"一起去银行"查询"卡内余额。陈某仍在原地等候吴某一伙交还其作为抵押的手机和银行卡。吴某一伙到ATM上支取卡内存款后逃之夭夭(丢钱捡钱骗局

---

① 参见[日]平野龙一:《犯罪论の诸问题(下)各论》,有斐阁1982年版,第333页。
② 参见蔡律师:《刑法分则》,台北,高点文化事业有限公司2001年版,第351页。

案)。在实践中,有的司法机关将该类行为定性为诈骗罪,行为人在归案后也常常供述自己是在诈骗;有的观点认为该类行为应定盗窃罪。[①]在本案中,储蓄卡与储蓄卡所记载的存款是种类不同的两种财物。行为人以欺骗手段使被害人交付了储蓄卡,就此而言,不需要行为人再实施其他不法行为,行为人就取得了储蓄卡,因而可以认为行为人骗取了储蓄卡本身。但是,行为人要取得储蓄卡中的存款,必须另实施其他不法行为,否则就不可能取得存款。如果行为人在银行柜台取款,则是冒用他人信用卡,成立信用卡诈骗罪。本案中的行为人是在ATM上支取了存款,因而就存款成立盗窃罪。特别需要说明的是,被害人只是同意行为人"查询"卡内余额,而没有同意行为人取走卡内的存款。所以,就存款而言,被害人并没有处分行为与处分意识,因而不可能成立诈骗罪。

四、处分行为的主观面

(一)处分意识的要否

处分行为是仅限于有意识的处分行为,还是包括无意识的处分行为(没有意识到自己的行为具有处分意义),是需要研究的问题。[②] 由于转移财产的占有行为就是处分行为,所以问题在于:是只要有客观的转移占有的事实(包含不作为)就够了,还是必须意识到转移占有?如果采取有意识的处分行为说(处分意识必要说),那么,在被害人没有认识到财产的占有转移到行为人一方时,如在超市购物时行为人隐藏部分商品通过收款处而不交付相应货款(超市案),在被害人不知纸袋中装入高价值的所有物时,行为人使其交付纸袋的(高价物装入纸袋案),不成立诈骗罪,而成立盗窃罪。[③]

---

① 参见李志芬、高水琴:《以"丢钱捡钱"骗局获取他人财产行为的定性》,载《人民法院报》2010年10月21日,第7版。

② 在本书中,"处分意思"与"处分意识"是在等同意义上使用的概念。

③ [日]井田良:《处分行为(交付行为)の意义》,载[日]西田典之、山口厚编:《刑法の争点》(第3版),有斐阁2000年版,第175页。在日本、韩国等国,就诈骗财产性利益而言,如果采取有意识的处分行为说,那么,在行为人声称"已经履行了债务"或者"债务者是他人",被害人没有意识到债务的存在而不请求履行的,便属于无意识的处分行为,不成立诈骗罪;如果盗窃罪的对象不包括财产性利益,该行为便不可罚。例如,X借用了A的财物后不想归还,于是谎称丢失而据为己有时,不成立诈骗罪,仅成立侵占罪。再如,使被害人误认为是其他文书而在合同书上签字的,也否认诈骗罪的成立。

关于处分意识是否必要的问题,在刑法理论上存在不同观点。

处分意识必要说认为,处分行为不仅要求受骗者客观上有处分财产的行为,而且要求主观上有处分财产的意识(意思)。例如,福田平教授指出:"财产的处分行为,以基于处分意思的支配形态为必要……财产处分行为以处分意思为必要。"①前田雅英教授指出:"作为处分行为的主观面的处分意思,是指认识到财物的占有或者利益的转移及其引起的结果。即使外形上存在处分行为,但不是基于真正的意思时,不成立诈骗罪。即使看上去是使用欺骗手段夺取财物,但从不具有处分意思的幼儿或精神障碍者处取得财产的行为属于盗窃。再者,向酩酊者说'请签名作个纪念'使其在免除债务的文书上署名的行为,因为欠缺处分意思,不能认为有处分行为,所以不成立诈骗罪……具有某种处分意思是必要的。为什么呢?因为(1)能否仅在客观面确实区分盗窃与诈骗还存在疑问;(2)如果认为无意识的处分就够了,那么,事实上就会扩大处罚立法者明确规定不可罚的盗窃利益行为。"②

日本的判例也采取处分意识必要说。例如,卖主超过合同履行期限仍未履行合同,买主督促卖主时,卖主欺骗买主,让买主看到已经装上货车的标的物,从而使买主安心地回家,但卖主并没有履行义务(日本卖主欺骗买主案)。日本最高裁判所的判决认为,单纯地使买主"安心地回家",还不能说是买主有处分行为。③ 再如,关于骗取财产性利益的案件,日本最高裁判所指出,要成立诈骗利益罪,"就要求欺骗作为相对方的债权人,使其作出免除债务的意思表示,只是单纯逃走或者事实上的不支付还不够"。④ 韩国大法院的判例指出:"诈骗罪是欺骗他人,使他人陷入错误,引起错误者的处分行为,以便取得财物或者财产上利益的犯罪。这里的处分行为意味着财产的处分行为,处分行为要求被害人主观上的处分意思和处分意思支配下的客观处分行为。"⑤

---

① [日]福田平:《刑法各论》(全订第3版增补),有斐阁2002年版,第255页。

② [日]前田雅英:《刑法各论讲义》(第5版),东京大学出版会2015年版,第235~236页。

③ 日本最高裁判所1955年4月8日判决,载日本《最高裁判所刑事判例集》第9卷第4号,第827页。

④ 日本最高裁判所1955年7月7日判决,载日本《最高裁判所刑事判例集》第9卷第9号,第1856页。

⑤ [韩]吴昌植编译:《韩国侵犯财产罪判例》,清华大学出版社2004年版,第112页。

处分意识不要说认为，只要客观上有处分行为即可，不以处分意识为必要。不要说是德国的通说。日本也有不少学者主张不要说，如平野龙一教授指出："诈骗罪以基于错误的'交付'即处分行为为必要。处分行为、交付行为不以意思表示为必要，事实行为即可……而且也包含没有意识到交付的内容的情况（所谓无意识的交付）。"①因为在对象为财物的场合，处分行为的内容是转移财物的占有，而占有是指事实上的占有，所以，只要有事实上的处分行为就够了，既不要求意思表示，也不要求是有意识的。在诈骗债权等财产性利益的场合，"不一定要求债权人X基于债务人A的欺骗，而'作出免除债务的意思表示'或'作出使之取得债权的意思表示'。这一点与就财物诈骗而言不需要有转移所有权的意思表示相均衡"。"在债权的场合，债务人不履行债务就可能使债务人得到财产性的利益；以不支付而告终的状态，即使在没有像对象为财物时的那种积极的侵害行为的场合，也可能由债权人不请求支付而离去的不作为，有时是无意思的不作为而导致。在诈骗债权的场合，不作为的或者无意识的'交付行为'，事实上，在相当的范围内具有可能存在的根据。"②

西田典之教授也赞成处分意识不要说，他指出："在学说上，虽然有意识的处分行为是有力的学说，但是，因为(1)如果能够认定财物或财产上的利益的占有已经基于受骗者的意思转移给对方，就可以肯定诈骗罪的成立；(2)将不使受骗者认识到转移对象的最典型类型的诈骗罪排除在外并不妥当。所以，应当认为，本罪的处分行为是无意识的处分行为就够了。"③其中的第一个理由是说，如果能够从客观上认定存在处分行为，就可以区分诈骗罪与盗窃罪，故不需要处分意识。第二个理由是说，诈骗罪中的一种最典型的类型是，行为人欺骗他人使其不能认识到自己的财产转移给行为人，但如果要求受骗者有处分财产的意思，则上述典型类型的诈骗便不成立诈骗罪，在骗取财产性利益场合甚至无罪，这是不妥当的。

德国刑法理论的通说与判例认为，在骗取狭义财物的场合要求受

① ［日］平野龙一：《刑法概说》，东京大学出版会1977年版，第214页。

② ［日］平野龙一：《犯罪论の诸问题（下）各论》，有斐阁1982年版，第331页、第337页、第338页。

③ ［日］西田典之著、桥爪隆补订：《刑法各论》（第7版），弘文堂2018年版，第212页。

骗者具有处分意识,但在骗取财产性利益时则不要求受骗者具有处分意识(区别说)。因为狭义财物是盗窃罪的对象,要求受骗者具有处分意识可以使盗窃罪与诈骗罪相区别,也不会产生处罚的漏洞;但是,德国刑法没有将财产性利益规定为盗窃罪的对象,如果要求受骗者对财产性利益具有处分意识,那么,受骗者对财产性利益没有处分意识时,被告人的行为既不成立诈骗罪(因为没有处分意识),也不成立盗窃罪(因为不符合对象要件),于是形成处罚漏洞。显然,在骗取财产性利益时不要求受骗者具有处分意识,则可以避免处罚漏洞。[①]

首先应当认为,"区别说"的妥当性值得怀疑。如果说诈骗罪以受骗者有意识的处分行为为既遂条件,那么,对方无意识地交付债权时,就不成立诈骗既遂。只有当处分行为的意识不是成立诈骗既遂所必须的条件时,才能认定行为人取得对方无意识地交付的债权的行为也成立诈骗既遂。[②] 而且,诈骗狭义财物与诈骗财产性利益只是对象不同,其他要件完全相同,仅因对象不同而对处分意识作不同要求,并不合适。再者,在德国、日本、韩国等国家,正因为盗窃财产性利益不可罚,所以在对象为财产性利益时,更应区分诈骗与"盗窃"。[③] 日本刑法分两项规定了诈骗狭义财物的犯罪与诈骗财产性利益的犯罪,如果将两者视为两种不同的犯罪,采取"区别说"或许还具有一定的法律根据。但在我国刑法中,诈骗狭义财物与财产性利益属于同一个犯罪,所适用的是同一构成要件,而对一个构成要件中的处分意识作不同理解,明显不合适。

在处分意识不要说与必要说之间,本书倾向于处分意识必要说。

第一,处分行为的有无是区分盗窃罪与诈骗罪的关键要素。盗窃罪存在间接正犯的情形,盗窃罪间接正犯的被利用者都是不知情者。如果认为处分行为仅限于客观的处分行为,而不要求有处分意识,就难以划定诈骗罪与盗窃罪的间接正犯的界限。就被害人而言,诈骗与盗

---

① Vgl. Rudolf Rengier, *Strafrecht Besonderer Teil I Vermögensdelikte*, 14 Aufl., C. H. Beck, 2012, S. 182ff.

② [日]平野龙一:《犯罪论の诸问题(下)各论》,有斐阁1982年版,第337页。

③ 在德国、日本等国,诈骗财物的行为需要与盗窃罪区分界限;就诈骗财产性利益而言,由于不处罚盗窃财产性利益的行为,所以不需要区分诈骗罪与盗窃罪。但是,正因为盗窃财产性利益不处罚,所以,需要区分诈骗财产性利益的犯罪与不可罚的盗窃财产性利益的行为。在此意义上说,仍然要区分诈骗与盗窃行为本身。

窃的界限在于,前者基于受骗者有瑕疵的意思而转移占有,后者是违反被害人的意志而转移占有。但在被害人没有处分意识的情况下,很难认为行为人是基于受骗者有瑕疵的意思而转移占有。换言之,在受骗者没有处分意识的情况下,应认定行为人是违反被害人的意思而转移占有,宜以盗窃罪论处。德国之所以有部分学者采取处分意识不要说,主要是因为其肯定诈骗罪与盗窃罪的竞合。本书不承认诈骗罪与盗窃罪的竞合,相反认为二者处于相互排斥的关系,所以,需要通过处分意识区分诈骗罪与盗窃罪。

第二,如前所述,处分行为不仅包括作为,而且包括不作为、容忍类型的处分行为。但是,如果不要求有处分意识,那么,或者会否认不作为与容忍类型的处分行为,或者会无限扩大处分行为的范围。例如,甲使用欺骗手段使乙转移注意力,乘机取得乙的财物。根据处分意识必要说,由于乙没有处分意识,不能认定为不作为的处分行为,所以甲的行为只成立盗窃罪。如果承认无意识的处分行为,那么,完全可能认定乙存在无意识的不作为或容忍类型的处分行为,进而认定甲的行为成立诈骗罪。这恐怕不合适。①

第三,如前所述,诈骗罪的受骗者必须是具有处分能力的人,而所谓具有处分能力,并不是仅指具有客观上的交付能力;完全缺乏意思能力的幼儿、精神障碍者也可能实施客观的交付行为,但由于其不具有处分能力所要求的意思能力,故其行为不是财产处分行为。之所以要求有意思能力,显然与处分意识相关联;如果不要求受骗者具有处分意识,要求受骗者具有意思能力就显得多余。而且,《日本刑法》第248条还特别规定了以未成年人、心神耗弱者为对象的准诈骗罪,该规定也能从另一角度表明处分意识的必要性;如果不要求处分人具有处分意识,该条就形同虚设了。我国刑法虽然没有规定准诈骗罪,但这并不意味着诈骗对象可以是完全缺乏意思能力的幼儿、精神障碍者。既然如此,要求具有处分意识就具有合理性。

第四,刑法上的犯罪类型与犯罪学上的犯罪类型以及一般人心目中的犯罪类型并不完全相同。换言之,由于刑法对犯罪类型的规定是基于刑法的特定目的与罪刑法定、罪刑相适应等要求的,在犯罪学上或

---

① 参见[日]山口厚:《问题探究·刑法各论》,有斐阁1999年版,第150页。

者在一般人心目中称为诈骗的行为,在刑法上不一定属于诈骗,而完全可能属于盗窃。例如,A在自动取款机插卡口放置自制的小型金属挂钩,导致被害人插入银行卡后,卡即被挂钩勾住,从而造成银行卡“被吞”的故障现象。同时,由一名同伙B冒充前来取款的客户,“热心”提示受害人按照其早已张贴在自动取款机上的“故障提示”所提供的电话咨询应如何处理,而“故障提示”上电话号码实为该银行附近的IC卡电话号码,A事先等候在此处。被害人拨通电话后,A即冒充银行工作人员,以替被害人办理挂失手续为由,轻易骗取被害人银行卡的密码。A、B随后取出自动取款机内的被害人的银行卡,迅速将卡内存款提走(制造取款机故障案)。在类似案件中,被害人根本没有处分财产的意识,但都会认为自己受骗,或者认为对方是诈骗。可事实上,这种一般生活意义上的“骗”,在刑法上并没有被归入诈骗类型,仍然属于盗窃类型。所以,不能因为没有处分意识的情形也属于一般意义上的被骗,从而承认没有处分意识的处分行为。

第五,在行为不成立诈骗便成立盗窃的非此即彼的场合,承认无意识的处分行为不会导致处罚范围的扩大,只是导致成立的罪名不同。但在行为不可能成立盗窃罪的场合,承认无意识的处分行为则会不当扩大诈骗罪的处罚范围。

我国的指导性案例已经认可了处分意识必要说。例如,2010年6月1日,被告人郑某玲骗取被害人金某195元后,获悉金某的建设银行网银账户内有305,000余元存款且无每日支付限额,遂电话告知被告人臧某泉,预谋合伙作案。臧某泉赶至网吧后,以尚未看到金某付款成功的记录为由,发送给金某一个交易金额标注为1元而实际植入了支付305,000元的计算机程序的虚假链接,谎称金某点击该1元支付链接后,其即可查看到付款成功的记录。金某在诱导下点击了该虚假链接,其建设银行网银账户中的305,000元随即通过臧某泉预设的计算机程序,经上海快钱信息服务有限公司的平台支付到臧某泉提前在福州海都阳光信息科技有限公司注册的“kissal23”账户中。臧某泉使用其中的116,863元购买大量游戏点卡,并在“小泉先生哦”的淘宝网店上出售套现(事实一)。2010年5月至6月,被告人臧某泉、郑某玲、刘某分别以虚假身份开设无货可供的淘宝网店铺,并以低价吸引买家。三被告人事先在网游网站注册一账户,并对该账户预设充值程序,充值金额为买家欲支付的金额，后将该充值程序代码植入一个虚假淘宝网链接中。与买家商谈好商品价格后，三被告人各自以方便买家购物为由，将该虚假淘宝网链接通过阿里旺旺聊天工具发送给买家。买家误以为是淘宝网链接而点击该链接进行购物、付款，并认为所付货款会汇入支付宝公司为担保交易而设立的公用账户，但该货款实际通过预设程序转入网游网站在支付宝公司的私人账户，再转入被告人事先在网游网站注册的充值账户中。三被告人获取买家货款后，在网游网站购买游戏点卡、腾讯Q币等，然后将其按事先约定统一放在臧某泉的"小泉先生哦"的淘宝网店铺上出售套现，所得款均汇入臧某泉的工商银行卡中，由臧某泉按照获利额以约定方式分配(事实二)(虚假支付链接案)。

法院判决认为，对既采取秘密窃取手段又采取欺骗手段非法占有财物行为的定性，应从行为人采取主要手段和被害人有无处分财物意识方面区分盗窃与诈骗。如果行为人获取财物时起决定性作用的手段是秘密窃取，诈骗行为只是为盗窃创造条件或作掩护，被害人也没有"自愿"交付财物的，就应当认定为盗窃；如果行为人获取财物时起决定性作用的手段是诈骗，被害人基于错误认识而"自愿"交付财物，盗窃行为只是辅助手段的，就应当认定为诈骗。在信息网络情形下，行为人利用信息网络，诱骗他人点击虚假链接而实际上通过预先植入的计算机程序窃取他人财物构成犯罪的，应当以盗窃罪定罪处罚；行为人虚构可供交易的商品或者服务，欺骗他人为支付货款点击付款链接而获取财物构成犯罪的，应当以诈骗罪定罪处罚。本案中，被告人臧某泉、郑某玲使用预设计算机程序并植入的方法，秘密窃取他人网上银行账户内巨额钱款，其行为均已构成盗窃罪。臧某泉、郑某玲和被告人刘某以非法占有为目的，通过开设虚假的网络店铺和利用伪造的购物链接骗取他人数额较大的货款，其行为均已构成诈骗罪。对臧某泉、郑某玲所犯数罪，应依法并罚。①

在本书看来，所谓"对既采取秘密窃取手段又采取欺骗手段非法占有财物行为的定性，应从行为人采取主要手段……区分盗窃与诈骗"，

① 浙江省杭州市中级人民法院(2011)浙杭刑初字第91号刑事判决书；浙江省高级人民法院(2011)浙刑三终字第132号刑事裁定书。

是不成立的。这是因为,倘若承认盗窃与诈骗是对立关系,就不可能出现"既采取秘密窃取手段又采取欺骗手段非法占有财物",或者说,其中的一种窃取手段或者欺诈手段明显是假象,而不是符合盗窃罪或者诈骗罪构成要件的窃取行为或骗取行为。倘若认为盗窃与诈骗不是对立关系,承认盗窃与诈骗可以竞合,那么,"对既采取秘密窃取手段又采取欺骗手段非法占有财物"行为,就应当认定为盗窃与诈骗的想象竞合。既然判决试图区分盗窃与诈骗,就表明判决认为盗窃与诈骗是对立关系。既然如此,在表面上似乎既存在窃取行为也存在骗取行为的案件中,区分的关键就仅在于被害人是否基于认识错误处分财产,处分财产的行为是否基于处分意识(参见本节后述内容)。

最高人民法院就上述案例发布的指导性案例的裁判要旨指出:"行为人利用信息网络,诱骗他人点击虚假链接而实际通过预先植入的计算机程序窃取财物构成犯罪的,以盗窃罪定罪处罚;虚构可供交易的商品或者服务,欺骗他人点击付款链接而骗取财物构成犯罪的,以诈骗罪定罪处罚。"①这是因为,被害人基于受骗而点击虚假链接时,没有处分财产的意识,而点击付款链接时,则具有处分意识与处分行为。所以,前者成立盗窃罪,后者成立诈骗罪。

顺便指出的是,只有针对不同行为对象时,一个行为才可能成立盗窃与诈骗的想象竞合。例如,甲欺骗A教授说:"老师,B教授让我从您这里拿一本书给他。"A教授说:"就在书架上,你拿一本书吧。"甲却一下拿走了两本书。就A教授处分的那本书而言,甲的行为成立诈骗,就A教授没有处分的那本书来说,甲的行为成立盗窃。再如,甲见外地人来本地买树,便将同村乙家(均在外地打工)价值近万元的活树卖给外地人(盗卖邻居树木案)。"没有处分权却擅自出卖他人的所有物,让不知情的买主搬走财物的场合(利用没有故意的间接正犯的事例),成立盗窃罪。在这种场合,行为人自己窃取财物,与将该财物交付给第三者,在实体上是相同的,故肯定盗窃罪的成立是没有问题的(只是行为人节省了两次转移财物的劳力)。"②另一方面,甲欺骗了买树人,使买

---

① 最高人民法院2014年6月23日《关于发布第七批指导性案例的通知》(法〔2014〕161号)(指导案例27号·臧某泉等盗窃、诈骗案)。

② ［日］山口厚:《刑法各论》(第2版),有斐阁2010年版,第195页。

树人误以为树为甲所有,进而向甲支付了对价。根据后述目的失败论,买树人虽然支付了对价却未能买到没有瑕疵的树,故仍然存在财产损失。概言之,甲虽然只实施了一个行为,但就乙家的树而言构成盗窃,就买树人支付的现金而言则是诈骗,二者属于想象竞合,应从一重罪处罚。

但是,在一个行为针对不同对象触犯盗窃与诈骗时,如果仅侵害了一个法益,则是包括的一罪;如果是两个行为侵害了不同法益,则应数罪并罚。例如,甲水泥公司从乙煤矿购买原煤,合同约定每吨200元,甲公司让丙运输公司负责承运。大货车司机尚某通过网络平台看到丙公司发布的货运信息后,在手机上进行抢单预约,再到丙公司领取提煤单为甲公司运送原煤。尚某从乙煤矿装好原煤,不按规定予以封缄,在途中将原煤售予他人,再购买等量劣质煤运往甲公司,甲公司人员为其出具检验合格单。[①] 尚某通过此种方式转卖调换为甲公司运输的原煤66.48吨,非法获利7000余元。后尚某凭检验合格单在丙公司领取运费,甲公司依据检验合格单向乙煤矿支付原煤价款13,296元。甲公司发觉后向公安机关报案(尚某调换原煤案)。公安机关认定的犯罪数额为经过价格鉴定的原煤与劣质煤的价差5015元。有人主张尚某的行为构成盗窃罪,有人主张尚某的行为构成诈骗罪,有人主张尚某的行为是盗窃与诈骗的想象竞合。[②] 但这些观点可能都存在疑问。首先,可以肯定的是,就66.48吨原煤而言,尚某的行为构成盗窃罪,盗窃数额为该煤的价值。[③] 其次,尚某将劣质煤交付给甲公司虽然是一种诈骗行为,但此时的诈骗对象不是已经盗走的原煤本身,而是原煤的返还请求权。不过,该行为与盗窃罪侵犯的是同一法益,因而与盗窃罪构成包括的一罪,应当以盗窃罪论处。这种情形不是想象竞合,虽然尚某针对甲公司实施了盗窃原煤与骗免原煤返还请求权的行为,但只是给甲公司造成了一个财产损失的结果,是典型的包括的一罪。再次,尚某利用从

---

① 真实案件情况是尚某与甲公司人员勾结串通,但没有交代甲公司人员的职责等,故无法就此展开讨论。本书不考虑这一情节展开讨论。

② 李金阳:《“掉包”式盗窃与诈骗竞合的司法认定》,载《检察日报》2019年5月5日,第3版。

③ 计算盗窃数额时不应扣除劣质煤的价值,因为盗窃罪是对个别财产的犯罪,而不是对整体财产的犯罪。

甲公司骗得的检验合格单从丙公司领取运费,则是诈骗行为,诈骗的对象是运费。这是因为,尚某隐瞒了自己盗窃原煤的事实,使丙公司相关人员产生了应当支付运费的认识错误,进而支付了运费。倘若尚某说明真相,丙公司相关人员就不会支付运费。所以,尚某对丙公司成立诈骗罪。最后,尚某因为对丙公司实施了诈骗行为,对甲公司实施了盗窃行为,两个行为侵害了不同的法益,应当认定为数罪,并且实行并罚。

(二)处分意识的内容

综上所述,处分行为是客观面与主观面的统一,即除了客观上的处分行为之外,还要求主观上的处分意识。

大体可以肯定的是,受骗者在实施处分行为时,必须认识到其处分的是自己占有、所有的财产,或者是自己具有处分权限的财产。如果受骗者没有意识到这一点,就只能认定行为人的行为构成盗窃罪或者其他犯罪。这是因为,诈骗罪与盗窃罪的区别在于受骗者是否基于认识错误处分财产,而处分财产的前提是受骗者具有处分财产的权限。如果受骗者根本没有意识到自己具有处分权限,就难以认为其具有处分意识,对方的行为就难以成立诈骗罪。例如,甲、乙二人非法获取了卢某的个人信息后,冒充警察给卢某打电话,谎称卢某个人信息泄露,资金账户可能不安全,要求卢某配合测试其账户的安全性。测试方法是,打一笔钱到卢某账户,然后卢某转出来,以便跟踪卢某账户是否安全。卢某信以为真。实际上,甲、乙利用卢某的个人信息在腾讯理财通上借款,腾讯理财通将借款的验证码发给了卢某绑定的手机。因腾讯理财通发出验证码时并不告知验证码的用途,卢某在不明真相的情况下按照甲、乙的指示将验证码告诉了甲、乙两人,在看到其账户多出26万元之后,同样按照甲、乙的指示将26万元转出。过了一段时间之后,卢某收到腾讯理财通的信息才知道上当,于是向公安机关报案(卢某受骗案)。在本案中,卢某实施了处分行为,客观上将自己26万元的财产转移给甲、乙二人,但他误以为自己只是将“警察”的26万元转回去,只是意识到帮助“警察”测试账户安全,完全没有意识到26万元是自己的财产,因而既没有认识到自己处分了自己占有、所有的财产,也没有认识到自己处分了自己有权处分的财产,故难以认为其有处分意识。所以,甲、乙二人的行为对卢某成立盗窃罪(间接正犯),而非诈骗罪。

问题是,如何理解处分意识的内容?即是要求财产处分者对所处分的财产的性质、种类、数量、价值有完全的认识,还是只要认识到财产的外形的转移即可？抑或只要具有某种中间形态的认识内容即可？

例一:甲在某商场购物时,将便宜照相机的价格条形码与贵重照相机的价格条形码予以互换,使店员将贵重照相机以便宜照相机的价格"出售"给甲(更换价格条形码案)。[①]店员客观上处分了照相机,但他没有意识到所处分的是贵重照相机,是否具有处分意识？

例二:乙将一个照相机包装盒里的泡沫取出,使一个包装盒里装入两个照相机,然后拿着装有两个照相机的一个包装盒付款,店员以为包装盒里只装有一个照相机,仅收取了一个照相机的货款。但是,店员认识到自己将包装盒里的"财物"处分给了乙(照相机案)。店员客观上具有处分行为,主观上是否具有处分两个照相机的意识？

例三:丙在某商场购物时,偷偷地从一箱方便面取出几袋方便面,并将一个照相机放在方便面箱子里,然后拿着方便面箱子付款,店员没有发现方便面箱子里的照相机,只收取了一箱方便面的货款(方便面案)。但是,店员认识到自己将方便面里面的"财物"处分给了乙。店员客观上具有处分行为,主观上是否具有处分照相机的意识？

例四:丁发现被害人一本名为《诈骗罪探究》的书中夹有一张清代邮票,便声称借该书阅读,被害人在没有意识到该书中夹有贵重邮票的情况下,将书借给丁。丁将其中的邮票据为己有后,将书还给被害人(书中邮票案)。被害人客观上也有处分邮票的行为,其主观上是否具有处分邮票的意识？

如果说处分意识意味着财产处分者对所处分的财产的价值(价格)、数量、种类、性质有完全的认识,那么,上述四例中的财产处分者便

---

① 真实案件如下:赵某与黄某是在校大学生。两人看好了某服装专卖店的高档西服,但一直苦于没有钱买。2007年10月2日上午,赵、黄两人来到该服装店,看见新换了一个营业员(该店共有两个营业员),于是两人合计,趁营业员中午换班吃饭时间,新来的营业员一人在店时,更换服装价格标签,一人买两套服装。10月2日中午,两人又来到该服装店,赵某负责掩护,黄某趁新来的营业员在对另一顾客介绍服装时,偷偷地将标价3800元一套的西服的标签与标价1100元的标签互换。然后,两个人假装认真观看服装,最后看到了标价1100元(互换后的)的西服套装后发生兴趣,表示如能优惠一点,他们给两个朋友也买一套。在营业员表示买3套以上每套可优惠100元后,赵、黄两人花4000元买了4套,每套可实际售价3200元(按买4套的最低售价)。该服装店老板得知情况后向公安机关报案,公安机关在其学校找到了赵、黄两人,两人如实供述了事情的经过。参见周玉文:《偷换价格标签购买西服构成何罪》,载《人民法院报》2008年2月20日,第6版。

没有处分意识，甲、乙、丙、丁的行为只成立盗窃罪。如果认为处分意识只是对财产的外形转移的认识，那么，上述财产处分者都认识到财产的外形转移，甲、乙、丙、丁的行为均成立诈骗罪。如果采取介于二者之间的某种观点，又会得出不同结论。

由此看来，即使同样坚持处分意识必要说，但如果对处分意识的内容要求不同，也会得出不同结论。反之，由于对处分意识的理解不同，处分意识必要说与处分意识不要说也会就同一案件得出相同结论。

例如，日本学者平野龙一举例指出："鱼市场的 X，将鱼分成若干箱，并按箱出卖。A 在 X 不知情时，从甲箱拿了几条鱼到乙箱，进而声称购买乙箱。X 以为是原来数量的鱼，于是按原来数量的价格将乙箱交付给 A（鱼箱案）。在这种场合，X 对多出的鱼没有转移给 A 占有的意思，但是，具有将乙箱转移给 A 的意思，所以，也可以说对其中的鱼具有交付行为。奥托（德国学者 Otto——引者注）也认为这种场合成立诈骗罪。在此限度内，应当承认无意识的交付。但是，如果将鱼箱边上的 X 的钱包（其他与鱼完全不同的物）装进去时，情况就不同了。"[①]显然，主张处分意识不要说的平野龙一博士认为，在上例中，即使 X 没有处分意识，A 的行为也成立诈骗罪。但是，主张处分意识必要说的山口厚教授则认为，在上例中，X 具有处分意识，因为 X 认识到自己将乙箱的鱼转移给 A，所以，A 的行为成立诈骗罪。[②] 同样，主张处分意识必要说的林幹人教授也认为 X 具有处分意识，A 的行为构成诈骗罪。[③] 再如，行为人甲在住宿、饮食后，产生不交付费用的意思，向饭店管理人员乙声称"我送朋友后回来结账"而逃走。主张处分意识必要说的学者认为，乙具有处分意识，因而甲的行为成立诈骗罪。[④] 主张处分意识不要说的学者认为，尽管乙没有处分意识，但甲的行为依然成立诈骗罪。[⑤]

不难看出，日本刑法理论中的处分意识不要说与处分意识必要说在具体结论上并不存在特别差异。因为处分意识不要说一般将"处分

---

① ［日］平野龙一：《犯罪论の诸问题（下）各论》，有斐阁 1982 年版，第 336 页。

② ［日］山口厚：《问题探究 · 刑法各论》，有斐阁 1999 年版，第 152 页。

③ ［日］林幹人：《刑法各论》（第 2 版），东京大学出版会 2007 年版，第 237 页以下。

④ 参见［日］井田良：《处分行为（交付行为）の意义》，载［日］西田典之、山口厚编：《刑法の争点》（第 3 版），有斐阁 2000 年版，第 175 页。

⑤ 参见［日］平野龙一：《犯罪论の诸问题（下）各论》，有斐阁 1982 年版，第 339 页。

意识”理解为财产处分者对所处分的财产的价值(价格)、数量、种类、性质有完全的认识,进而认为不要求这种完全的认识;而且,持处分意识不要说的学者,为了肯定受骗者“基于意思而转移占有”,也要求受骗者有某种转移的意思;而持处分意识必要说的学者通常对处分意识作缓和的解释。于是,二者的对立呈现表面化的局面。①

不过,一方面,尽管持处分意识必要说的日本学者的确对处分意识作了缓和解释,但是,学者之间所主张的缓和程度并不完全相同。例如,井田良教授指出:“诚然,如果严格要求处分意思,当行为人声称‘已经履行了债务’或者‘债务者是他人’,被害人没有意识到债务的存在而不请求履行的,便不可罚了(因为日本刑法不处罚盗窃财产性利益的行为——引者注)。但这种结论并不妥当(这样的案件,可以说是二项诈骗罪的核心事例)。但是,另一方面,处分行为要件的缓和也是有界限的。在一项诈骗罪中,必须至少要求对财物的事实上的占有转移是有意识的,因为否则的话就不可能与盗窃罪相区别。如果考虑到与此相均衡,就二项诈骗罪而言,也应当要求认识到对方取得事实上的利益。因此,作为处分行为要件的缓和,关于一项诈骗罪,只要大体上对财物的事实上的占有转移具有认识就可以了。关于二项诈骗罪,只要认识到事实上将利益给予对方就可以了;例如,被害人认识到行为人从该场所离开、事实上从‘拘束’中得以解放就够了。果真如此,那么,在被害人没有认识到财物的占有转移至行为人的场合(如前述超市案、高价物装入纸袋案②),就不成立一项诈骗罪,而成立盗窃罪。此外,对于完全以为是其他文书而在合同书上签字的案例,也不能认定成立二项诈骗罪。”③

山口厚教授则认为,在受骗者基于转移意思而转移了财物、财产上利益的场合,即使对转移的财物、财产上利益的价值、内容、数量存在认识错误,也应认定“基于意思而转移占有”,因而存在处分行为,进而肯

---

① 参见[日]山口厚:《刑法各论》(第2版),有斐阁2010年版,第259页。

② 超市案,是指行为人在超市将部分商品予以隐藏而通过收款处,不交付货款的案件;高价物装入纸袋案,是指在被害人不知高价的所有物装入纸袋时,行为人使被害人交付纸袋的案件。——引者注

③ [日]井田良:《处分行为(交付行为)の意义》,载[日]西田典之、山口厚编:《刑法の争点》(第3版),有斐阁2000年版,第175页。

定诈骗罪的成立。山口教授还认为,在对某物的整体具有转移意思的情况下,即使对其中的具体的财物、财产上利益的转移没有认识,也应认定为具有处分意识。例如,行为人明知他人的旧杂志中夹有1万日元,但在他人没有意识到的情况下欺骗他人,取得该杂志及其中所夹的1万日元的,也成立诈骗罪。此外,欺骗他人,声称已经履行了债务,导致事实上免除了债务履行的,债权人也具有处分意识,债务人成立诈骗罪。① 显然,山口教授与井田教授对处分意识所作解释的缓和程度并不相同。

本书主张处分意识必要说。与此同时,根据诈骗罪的结构与特征,鉴于我国刑法理论与司法实践对诈骗与盗窃的通常理解,主张对处分意识作缓和理解,但这种缓和理解也有其限度。

首先,在受骗者没有认识到财产的真实价值(价格)但认识到处分了该财产时,应认定其具有处分意识。上述例一即更换价格条形码案,应认定店员具有处分意识,甲的行为成立诈骗罪。因为在这种情况下,受骗者完全认识到自己将某种特定的财物交付给对方,至于缺乏对财物的真实价值的认识,正是行为人的欺骗行为所致。如果要求受骗者认识到所处分财物的真实价值,就必然过于缩小诈骗罪的范围。

其次,在受骗者没有认识到财产的数量(或财物的数量)但认识到处分了一定的财产时,也宜认定其具有处分意识。上述例二即照相机案,宜认定店员具有处分意识,乙的行为成立诈骗罪。

上述两种情况都可以归结为受骗者对财产的量缺乏认识,或者说对财产的量陷入认识错误。联想到相反的情况,就会肯定上述关于量的认识错误不影响对处分意识的认定。例如,A谎称自己的某物价值为1万元(实际只值3000元),进而换取了对方价值1万元的财物。显然,对A的行为应认定为诈骗罪。反之,B欺骗对方,说对方价值1万元的财物只值3000元,进而用自己价值3000元的财物换取了对方实际价值1万元的财物。应当认为,B的行为也是诈骗。再如,A与B通过购买钢材非法取得他人财物。其方法是,在前一天先派人潜入物资公司进行勘察,并在其磅秤上拴上绳子或支上支架;翌日,再到勘察好的物资公司购买钢材,通过事先在磅秤上已经做好的"机关"来控制计

① [日]山口厚:《刑法各论》(第2版),有斐阁2010年版,第258页。

量,多装钢材,少称分量。A与B以此方法从不同单位非法获得50余万元的钢材(少称钢材案)。[①]被害人只是对钢材的数量缺乏认识,但完全认识到自己将特定钢材处分给A与B,对A与B的行为应认定为诈骗罪。这表明,受骗者没有认识到所处分的财产的量时,不影响其处分意识的存在。

再次,在受骗者没有意识到财产的种类而将财产转移给行为人时,不宜认定其具有处分意识。上述例三即方便面案,不宜认定店员对照相机具有处分意识,因为在根本没有意识到方便面箱子中有照相机的情况下,不可能对照相机具有处分意识。其实,行为人将照相机放入方便面箱子中只交付方便面的货款,与行为人在购买方便面时将照相机藏入自己的大衣口袋里只交付方便面的货款一样,对于店员而言没有实质区别。如果将后者认定为盗窃罪,那么,对前者(方便面案)也应认定为盗窃罪。

最后,在受骗者没有意识到财产的性质而将财产转移给行为人时,也不宜认定其具有处分意识。上述例四即邮票案不宜认定被害人具有处分意识,因为被害人根本没有意识到邮票的存在,只是转移书的占有,并没有转移邮票的占有的意思。丁的行为成立盗窃罪,因为丁实际上是以借书为名掩盖盗窃行为。[②]

上述后两种情况实际上都表现为受骗者没有认识到财物的存在。在例三(方便面案)中,店员并没有意识到方便面箱子中存在照相机;在例四(书中邮票案)中,被害人并没有意识到书中夹有清代邮票。行为人所取得的财物恰恰是被害人没有意识到其存在的财物,而不是被害人意识到其存在的财物。既然被害人根本没有意识到财物的存在,就不能认定其对该财物具有处分意识。

以上主要是就诈骗对象为财物的情形而言,在行为人诈骗财产性利益的场合,只要受骗者认识到事实上将利益给予对方就可以认定具有处分意识。在行为人当场不履行债务被害人就不能或者难以实现债权的场合,被害人因受欺骗而允许行为人离开现场的,由于认识到行为人离开现场意味着认识到不能或者难以实现债权,也可以认定为具有

---

① 丁媛、王全莹:《"吃分量"是盗窃,还是诈骗》,载《人民法院报》2001年2月13日,第3版。类似案件经常发生,但各地司法机关的定性并不一致。

② 如果行为人在借到书后才发现书中的邮票,将邮票据为己有的,是认定为侵占罪还是盗窃罪,也是值得讨论的问题。

处分意识。但是,被害人根本没有认识到将利益给予对方时,则不能认定有处分意识。例如,行为人伪造对方的借条,以签名纪念为名,使对方在借条上签名的,不能认定为诈骗罪。①

问题是,如何说明行为人采用欺骗手段使被害人不知道债权的存在进而取得财产性利益的行为性质?如前所述,A 在正常用电之后,于电力公司人员 X 收取电费之前,在电表上安装倒转的软线,将倒转后的电表数显示给 X 看,使 X 免除电费的行为,就免除债务成立诈骗罪,而非就电力本身成立盗窃罪。日本的判例对类似行为认定为诈骗罪。假如电表上原本显示 A 使用了 11,000 千瓦电,但 A 的行为导致电表上显示其只使用了 1000 千瓦电,使 X 免除了 1 万千瓦的电费。在此场合,由于 X 认为债权只是电表所显示的 1000 千瓦的费用,不知道此外的 1 万千瓦的债权,所以没有请求 A 交付该 1 万千瓦的电费。如果采取处分意识不要说,A 的行为当然就财产性利益成立诈骗罪。② 问题是,在采用处分意识必要说的前提下,如何说明 X 具有处分意识?

实际上,本案与前述平野龙一教授所讨论的鱼箱案相类似。鱼箱案中,被害人对交付被告人的鱼的数量发生了认识错误;在本案中,被害人就应收费用的数量陷入了认识错误。X 虽然没有明确意识到自己存在 1 万千瓦电费的请求权,但是 A 的欺骗行为使他错误地意识到 A 迄收费为止所应清偿的债务为 1000 千瓦电费,A 只要交付 1000 千瓦的电费即可;或者说,X 认识到自己不应收取多于 1000 千瓦的电费,于是,放弃了 1000 千瓦之外的债权。在此意义上说,X 也是有意识地处分了财产,因此,A 的行为成立诈骗罪。

再如,2017 年 12 月至 2018 年 4 月,张某驾驶轿车多次往返于重庆市万州区和江北区之间。去程时在收费站持 ETC 通行卡由 ETC 通道

① 行为人以此借条为依据,使对方偿还所谓债务的,则就所偿还的"财物"成立诈骗罪。

② 德国曾有如下判决:在一次火灾中,A 的住宅及家产被烧毁;由于住宅与家产均投保,A 从保险公司 X 处受领了保险金。其后,A 从烧毁的遗迹中发现了以为被烧毁但并未烧毁且投保的部分家产。但是 A 对此保持沉默。德国帝国裁判所认定 A 的行为成立诈骗罪。在本案中,保险公司没有意识到自己存在保险金返还请求权,但仍然认定 A 的行为成立诈骗罪。参见[日]平野龙一:《犯罪论の诸问题(下)各论》,有斐阁 1982 年版,第 342 页。这一方面是因为 A 有向保险公司说明真相的义务,但他没有说明,所以构成不作为的欺骗;另一方面是因为德国的通说采取处分意识不要说。参见[日]平野龙一:《犯罪论の诸问题(下)各论》,有斐阁 1982 年版,第 342 页。

驶入高速,到达时却紧跟前方车辆,不使用通行卡而快速通过ETC通道驶离高速;返程时在收费站人工窗口领取普通通行卡驶入高速,到达时则使用ETC卡由ETC通道驶离高速。利用前述方式,张某实际仅缴纳相邻高速公路收费站之间的通行费用,骗逃了往返于万州收费站与江北收费站之间的绝大部分高速公路通行费用,累计11,000余元(利用ETC逃费案)。[①]在本案中,行为人在去程持ETC通行卡由ETC通道驶入高速,紧跟前车由ETC通道下高速时,收费员虽然没有意识到行为人的欺骗行为,但却误以为行为人使用了ETC,正因为如此才放行了行为人的车辆,没有向行为人收取费用,基于认识错误放弃了债权;返程时行为人再使用ETC卡由ETC通道驶离高速,使收费员误以为行为人仅在城内往返,因而放弃了部分债权。如果将一次往返结合起来看,同样也应当认为收费员因为受骗而放弃了相应的债权。概言之,在本案中,应当认为收费员基于认识错误实施了处分行为,也具有处分意识。

另外需要讨论的是,受骗者处分财产时,不仅没有意识到向行为人或者行为人指定的人处分财产,而且只是意识到自己在通过银行转换财产的形态的,是否存在处分意识?例如,2007年7月16日,张某来到孙某的废品收购站,称其妹夫是某工厂厂长,工厂里有100多吨废旧机床要出卖。孙某听说后立刻决定收购。张某提出查看孙某的身份证,孙某也同意了。事后,张某找到王某,用王某的照片和孙某的姓名办了一张假身份证,并在废品收购站附近的储蓄所开了户。第二天,张某要孙某在同一储蓄所办个存折以备货款转账使用,后张某趁孙某不注意时将孙某的存折调了包。随后,张某带孙某来见所谓的厂长王某,并要求孙某先存入1万元。孙某匆忙回家借了1万元存入存折,但随后联系不上张某,孙某到储蓄所取款,但显示密码错误(存折调包案)。[②]就本案而言,如果认为孙某基于认识错误将1万元处分给了银行,银行又将该1万元转变为张某的债权,则可以认为张某的行为构成诈骗罪。然而,如果认为孙某只是意识到自己是将1万元现金变为存款存入银

① 参见王国平、张建征:《利用ETC系统漏洞骗逃通行费行为的定性》,载《人民法院报》2018年8月16日,第7版。

② 刘兆祥、张慧、史焕良:《存折调包骗钱 机关算尽落网》,载《检察日报》2007年9月4日,第2版。

行,而没有将财产处分给他人的意识,则张某的行为不成立诈骗罪;但可以将张某后来的取款行为认定为诈骗罪。应当肯定,在孙某将1万元事实上存入张某控制的存折时,张某的行为就已经成立犯罪既遂,而非张某取出存款时才成立犯罪既遂。在此意义上说,认定张某的行为构成诈骗罪更为合适。亦即孙某虽然没有认识到自己将1万元处分给张某,但当然意识到了将1万元现金处分给银行。而且,张某事后提取的存款与该1万元具有对应关系,符合素材的同一性要求。由于1万元存入张某的存折时,张某就取得了1万元的银行债权,其行为就成立犯罪既遂,而不是等到张某取出存款时才是犯罪既遂,所以,认定为诈骗罪也符合直接性要求。

综上所述,行为人的行为是否使得受骗者基于认识错误产生处分财产的意思进而处分财产,是区分盗窃罪与诈骗罪的关键。

一些司法工作人员习惯于认为上述案件属于盗骗交织的案件,进而主张按主要行为或者起主要作用的行为定罪。例如,有人指出:"所谓盗骗交织型犯罪,通俗来说就是行为人采取了连哄带骗、顺手牵羊等常见手段,达到非法占有他人财物的目的。实践中的案例是多样化的,司法人员应当准确抓住犯罪得以实施并最终完成的关键所在,即究竟是欺骗的作用更大,还是秘密窃取的作用更大,再考虑选取相应的罪名……有观点认为,将财物交给行为人并不代表处分财物,必须是被害人陷入错误认识任由行为人处置,才是刑法意义上的处分财物……笔者认为,回归到事物的本源,看行为人究竟是使用欺骗的手段得以实施诈骗犯罪,还是采取秘密的方式得以完成盗窃犯罪,这样才有利于对行为本质的把握。在此举例分析,如在交通事故现场,行为人以斡旋解决纠纷等名义获取被害人信任后,采取种种借口相继获取被害人的手表、现金等财物,然后逃离现场。此时,如果从行为人获取财物的关键点出发,显然行为人是以欺骗的手段骗取被害人的财物,至于被害人将财物交给行为人究竟是不是理论意义上的处分,不是问题的要害,被害人基于信任交付财物,其实际就蕴含了交由行为人处置的认识内容。如果仍坚持认为这不是处分而是秘密窃取,则无异于缩限了处分的内涵,人为混淆了盗窃与诈骗犯罪的界限。"①

---

① 曹坚:《认定盗骗交织型犯罪的三方面思路》,载《检察日报》2018年3月4日,第3版。

其实,如果认为盗窃罪与诈骗罪是对立关系,就根本不可能存在所谓盗骗交织的案件。换言之,在所谓盗骗交织的案件中,要么诈骗是假象(根本不存在诈骗罪中的欺骗行为,只有一般意义上的欺骗行为),要么盗窃是假象(根本不存在违反被害人意志将他人占有的财物转移给自己或者第三者的盗窃行为)。例如,2014 年 12 月,被告人姜某星、何某喜经密谋后开始通过互联网发送"相册.APK"木马下载链接到广州市等地的用户手机上,骗取用户点击安装。之后,被告人姜某星、何某喜利用木马病毒程序盗取用户关于个人银行账户的信息,通过网上支付的方式盗刷用户的银行卡进行购物(发送木马案)。[①]在本案中,根本就不存在诈骗罪中的欺骗行为,因为被告人的行为原本就不是使他人产生处分财产的认识错误的行为。所以,并不存在所谓盗窃与诈骗的交织。以所谓作用大小来区分盗窃与诈骗,只能混淆盗窃与诈骗的界限。在上述交通事故现场取得他人财物的案件中,同样必须判断被告人的行为是否是使他人产生处分财产的认识错误的行为,被害人是否基于认识错误处分了财产,然后得出合理结论。如果被害人"交付"手表、现金等物的行为并不是基于处分意识的处分行为,手表、现金在"交付"后仍然由被害人占有(因为被害人仍在现场),被告人乘机逃脱现场的,当然构成盗窃罪。[②]"从行为人获取财物的关键点出发"的判断方法并不可取,因为何谓"关键点"必然因人而异。例如,人们完全可以这样回答:如果行为人不逃离现场,被害人就不会有财产损失,所以,"关键点"是逃离现场,因而构成盗窃而非诈骗。妥当的做法是,在确定了财产损失的具体内容后,判断什么行为造成了该财产损失,再判断该行为符合何种犯罪的构成要件。

有的司法人员虽然认为盗窃与诈骗是对立关系,却仍然承认盗骗交织现象,并主张按主要行为或者起主要作用的行为定罪。例如,有人指出,盗窃罪的"行为人取得财物是违背被害人意志的,即行为人取得财物不是被害人自愿处分的结果","诈骗罪要求被害人基于行

---

① 参见董媛媛:《电信诈骗犯罪的司法认定》,载《中国检察官(经典案例)》2018 年 5 月下,第 29 页。

② 与借打手机为名而逃走的情形相同。

为人的欺诈行为对事实真相产生错误认识,进而出于真实的内心意思而自愿处分财产”。“对于盗骗交织情况下的罪名认定……要结合具体案情,判断盗窃和诈骗两种行为手段在取得财物中的主次作用。如果盗窃是主要手段,应以盗窃罪定罪。如果诈骗是主要手段,则应以诈骗罪定罪。比如当事人采取的‘抛物’诈骗行为方式,是为实现‘调包’行为所采取的手段,或者说诈骗手段仅仅是当事人实现非法占有目的的辅助条件,而非直接原因。这种情况下,当事人也明知通过‘抛物’诈骗难以直接实现非法占有被害人财物的目的,而通过‘抛物’诈骗掩被害人耳目,再行‘调包’比较容易得逞。那么就应对这样的当事人以盗窃罪定罪量刑。再如当事人在犯罪实施过程中,虽然也采取了一些秘密手段,如事先踩点等,而且通过此手段达到了非法占有钱款之目的。但其根本意图在于隐瞒某些事实真相,欺骗被害人,使其错误地认可某些事实,信以为真而‘自愿’地据此支付相应款项,从而达到骗取被害人钱款之目的。确定此类案件行为性质的关键就在于,当事人并不是通过秘密手段直接窃取被害人的钱款,而是在秘密状态下利用一些技术或手段,隐瞒、掩盖某些事实真相,欺骗被害人,使其上当受骗,通过被害人之手,由其‘自愿’地将钱款付给自己。所以,采取欺骗的方法骗取被害人的钱款是此类案件犯罪的特征所在。纵然在犯罪实施过程中亦采取了一些秘密手段,但这丝毫不能影响本案诈骗犯罪的根本性质。”①

可是,从理论上说,既然认为盗窃罪必须违背被害人意志,诈骗罪要求被害人出于真实的内心意思而自愿处分财产,就表明二者是对立的;在一个案件中,就同一财产损失而言,就不可能出现既违背被害人意志,被害人又出于真实的内心意思而自愿处分财产的交织现象。从事实上说,在前一例中,被告人通过“抛物”转移被害人注意力或者掩被害人耳目的行为,根本不是诈骗罪中的使被害人产生处分财产的认识错误的欺骗行为;在后一例中,秘密事先踩点根本不是盗窃行为。既然如此,何来盗骗交织?显然,一些司法人员虽然在行文时知道诈骗罪的构造,但脑子里“只要有假就是诈骗”“只要秘密就是盗窃”的观念根深

① 罗开卷、何庆:《盗骗交织型案件的罪名认定》,载《上海法治报》2013 年 8 月 14 日,B06 版。

蒂固。然而,倘若将构成要件观念与非构成要件观念混杂在一起判断案件事实,就不可能得出正确结论。

再如,2016年4月的一天,殷某至李某经营的商店,假冒附近某工地的员工,谎称采购烟酒等物品,由此骗得李某信任。后李某应殷某要求借给其一辆电动自行车,并跟随其将烟酒等物送至附近某工地。殷某见李某将货物卸下车后,又谎称还需购买拖把,李某便离开工地回商店取拖把。殷某在李某走后,迅速从货物中拿走8条香烟,骑上李某借给其使用的电动自行车离开现场。李某拿着拖把返回工地后未见到殷某,便向工地的工人了解殷某的情况,工地上的工人均称不认识殷某。李某随即报警。经鉴定,上述8条香烟和1辆电动自行车合计价值人民币6746元(诱骗送货盗窃案)。一种意见认为,殷某的行为构成诈骗罪;另一种意见认为,殷某的行为构成盗窃罪。[①] 在本书看来,妥当的结论是后者而不是前者。货物送至工地后,在殷某还没有交付货款的情况下,货物仍然由李某占有,李某并没有处分给殷某。即使李某暂时离开了工地,根据社会的一般观念,货物也仍然由李某占有,殷某充其量只是货物的占有辅助者,而非占有者。殷某虽然欺骗了李某,但该欺骗行为的内容不是使李某处分货物,只是使李某对自己货物的占有略为松弛而已,因而该欺骗行为并非诈骗罪中的欺骗行为。殷某的行为显然是违反李某的意志,将李某占有的8条香烟转移为自己占有,当然成立盗窃罪。李某将电动自行车借给殷某使用时,也并不是将该车处分给殷某占有;由于李某跟随殷某将烟酒等物送至附近工地,根据占有的判断标准,电动自行车一直由李某占有。李某短暂离开工地时,电动自行车也仍然由李某占有。殷某的行为同样是违反李某的意志,将李某占有的电动自行车转移为自己占有,故成立盗窃罪。概言之,本案殷某的行为仅有盗窃,而无诈骗,当然不是所谓盗骗交织的案件。倘若认为本案是盗骗交织,同时主张按所谓主要行为或者起主要作用的行为认定犯罪,则不可能形成一致结论。因为当有人说主要行为是欺骗时,对方完全可以说,如果殷某不实施后面的盗窃行为,李某就不会

① 顾顺生:《诱骗他人送货并利用间隙转走财物如何处理》,载《检察日报》2017年7月28日,第3版。

有财产损失，所以主要行为是盗窃；反之，当有人说主要行为是盗窃，对方完全可以说，如果殷某不实施前面的欺骗行为，后面的盗窃就不可能得逞，所以主要行为是欺骗。不难看出，所谓的"按主要行为或者起主要作用的行为定性"的标准，事实上没有提出任何标准。任何一个解释者提出的某种认定标准，不能只是自己明白或者自以为清楚的标准，而必须是其他人也能明白且适用起来能形成一致结论的标准。如果一个标准只有解释者明白，其他人不明白或者根据这个标准得出的结论因人而异，这个标准就是一个失败的标准。

总之，司法人员不要轻信所谓盗骗交织的说法，更不能采取所谓"按主要行为或者起主要作用的行为定罪"的方法，而是要根据诈骗罪的构造，判断行为人是否实施了使被害人产生处分财产的认识错误的欺骗行为，然后判断被害人是否基于处分意识实施了处分行为。

当然，如果相对于不同的财产对象而言，则可能存在既盗又骗的现象。在此这种情况下，需要根据不同的财产对象，判断行为人的行为分别属于何种性质。例如，被告人徐某、王某和王某金共谋后实施了以下行为：2007 年 8 月 8 日下午，徐某先与被害人杨某搭讪，王某假装路过时无意掉下一个钱包。徐某捡起钱包，叫杨某不要声张，并许诺与杨某平分钱包中的钱。徐某带着杨某上了王某金的车准备离开时，迅速返回的王某也上了车，称有人看见他们捡了钱包，要他们交出身上的钱物来检查。徐某主动拿出财物交给王某检查后，杨某也从身上拿出 600 元现金和一本存折给王某检查，还被骗说出存折密码。不一会儿，王某称此事与杨某无关，欲将钱和存折还给杨某。徐某抢着接过钱和存折，将所捡钱包等物一起放入杨某的背包，造成钱物已还给杨某的假象，实际却将钱、存折及杨某的手机放在自己的座位下。杨某下车后，这三人立即开车返回县城，取出杨某存折里的 1.05 万元现金。次日凌晨 5 时许，他们采取相同的方法骗得被害人胡某现金 9600 元（假装捡钱分赃案）。[①]在本案中，三名被告人起先对杨某实施的行为，并不是诈骗罪中的欺骗行为，换言之，杨某并没有因为受欺骗就将自己身上的钱、存折

---

① 赖明、肖巍：《前人"丢钱"后人捡　诈骗团伙演双簧》，载《检察日报》2008 年 1 月 30 日，第 2 版。

及手机处分给被告人,只是让被告人检查。一方面,即使杨某将自己身上的钱、存折及手机交给被告人时,从时间、距离、杨某在场等方面来看,根据社会的一般观念,这些财物仍然由杨某占有。三名被告人利用假象将杨某身上的钱、存折及手机放在自己的座位下,属于违反杨某意志,将杨某占有的财物转移给自己占有的盗窃行为。另一方面,杨某虽然因为受骗说出了存款的密码,但没有将存款转移给被告人的意思,更没有转移存款的处分行为。三名被告人事后取出存折里的1.05万元现金,显然是通过冒充杨某等方法欺骗了银行职员,从而使银行职员处分了财产。[①] 亦即就该存款而言,三名被告人的行为属于诈骗。概言之,就杨某身上的钱、存折及手机而言,三名被告人的行为构成盗窃罪(不可能同时触犯诈骗罪);但相对于1.05万元存款而言,三名被告人的行为构成诈骗罪(不可能同时触犯盗窃罪)。所以,就同一对象而言,仍然不可能存在所谓盗骗交织的现象。反之,如果确实同时存在盗窃与诈骗,则一定是针对不同对象而言,因而必然构成数罪。

五、处分行为的判断

如上所述,处分行为的客观面是转移财产的占有,主观面是转移财产占有的意思。总体来说,应当从客观面与主观面两个方面判断受骗者有无处分行为。由于刑法上的占有不同于民法上的占有,所以,关于处分行为有无的判断,还需要进一步讨论。

由于处分行为的客观面是转移财产的占有,所以,如果财产仍然属于受骗者占有,就不能认定受骗者已经实施了财产处分行为;如果财产已经属于行为人占有,那么,就需要进一步判断受骗者是否基于认识错误并在具有处分意识的前提下处分了财产。显然,处分行为的判断,首先是占有的判断(是否转移占有的判断),[②]其次是占有的转移是否基于认识错误的判断,最后是有无转移占有意思的判断。

从客观上说,刑法上的占有是指事实上的支配,不仅包括物理支配范围内的支配,而且包括社会观念上可以推知财物的支配人的状态。

---

① 如果在机器上取款,则仍然是盗窃行为。

② 主要是针对诈骗狭义财物的案件而言。

(1)在他人的事实支配领域内的财物,即使他人没有现实地握有或监视,也属于他人占有(如下所述,也会存在例外情况)。例如,他人住宅内、车内的财物,即使他人完全忘记其存在,也属于他人占有的财物。再如,游人向公园水池内投掷的硬币,属于公园管理者占有的财物。又如,即使房屋主人出差后,由他人看守房屋,但房屋内的财物仍然由房屋主人占有,而非由看守人占有;看守人充其量是占有辅助者。(2)虽然财物处于他人支配领域之外,但存在可以推知由他人事实上支配的状态时,也属于他人占有的财物。例如,他人门前停放的自行车,即使没有上锁,也应认为由他人占有。再如,挂在他人门上、窗户上的任何财物,都由他人占有。在马路上停放的车辆由车主或停车人占有。(3)主人饲养的、具有回到原处能力或习性的宠物,不管其处于何处,都应认定为饲主占有。(4)即使原占有者丧失了占有,但当该财物转移为建筑物的管理者或者第三者占有时,也应认定为是他人占有的财物。例如,旅客遗忘在旅馆房间的财物,属于旅馆管理者占有,而非遗忘物。[①] (5)他人持续支配、管理的财物,即使暂时由行为人握持,但根据社会一般观念,也会认定为他人占有。例如,旅馆房间里的睡衣、拖鞋等,由旅馆主人占有;即使行为人将睡衣穿在身上,该睡衣也由旅馆主人占有,而不是由行为人占有。行为人将睡衣穿走据为己有的,属于盗窃而非侵占。同样,商店里的衣服,顾客在试穿时,也由店主或店员占有,而不是由顾客占有。(6)在特定场所,所有人在场的,原则上应认定为所有人占有。例如,乙提着自己的包去甲家做客时,应当认定该包由乙占有,而不是甲占有;即使乙与甲一起到户外散步聊天,短暂离开甲家,乙放置在甲家的包也由乙占有。(7)明显属于他人支配、管理的财物,即使他人短暂遗忘或者短暂离开,但只要财物处于他人支配力所能涉及的范围,也应认定为他人占有。例如,日本曾发生过这样的案件:被害人为了乘车而排队,将照相机放在排队的地方,随着队列的移动而移动照相机,但一时忘了移动,待进入到检票口附近后,才注意到自己忘了拿照相机。其间经过了约 5 分钟,被害人与照相机的距离约 20 米(日本遗忘相机案)。日本最高裁判所认定,此时照相机仍由

---

① 参见[日]西田典之著、桥爪隆补订:《刑法各论》(第 7 版),弘文堂 2018 年版,第 156 页以下;[日]前田雅英:《刑法各论讲义》(第 5 版),东京大学出版会 2015 年版,第 166 页。

被害人占有。[1] 日本学者也都同意这一判决结论。[2] 再如，A、B谎称让C、D外出拍摄广告片，C、D携带手提包坐上A的面包车前往海边。到达地点后，A、B让C、D将手提包放在车内，并往海边方向走，待C、D向海边行走离开面包车20米左右时，A、B将面包车开走，非法占有了C、D的手提包（谎称拍摄广告案）。应当认为，在A、B开车时，C、D仍然占有其放置在面包车内的手提包。C、D没有处分手提包，A、B的行为不可能成立诈骗罪。（8）在特定场所，所有人、占有人虽不在场，但所有人与在场的他人约定不得转移、动用该财物的，也应认定为所有人、占有人占有。例如，房主甲将房屋租给乙居住，但约定乙不得转移、使用衣柜里的财物的，应认为衣柜里的财物属于房主甲占有，而非乙占有。[3]

从主观上说，刑法上的占有只要求他人对其事实上支配的财物具有概括的、抽象的支配意识，既包括明确的支配意识，也包括潜在的支配意识。占有意思对事实的支配的认定起补充作用。例如，处于不特定人通行的道路上的钱包，一般来说属于脱离他人占有的财物；但如果A不慎从阳台上将钱包掉在该道路上后，一直在阳台上看守着该钱包时，该钱包仍然由A占有。[4]

由于占有是根据社会一般观念判断的，所以，在判断受骗者是否已经将财产转移给行为人或第三者占有时，一方面，要以社会的一般观念

---

① 日本最高裁判所1957年11月8日判决，载日本《最高裁判所刑事判例集》第11卷第12号，第3061页。

② 参见［日］大塚仁：《刑法概说（各论）》（第3版），有斐阁1996年版，第184页；［日］西田典之著、桥爪隆补订：《刑法各论》（第7版），弘文堂2018年版，第157页；［日］前田雅英：《刑法各论讲义》（第6版），东京大学出版会2015年版，第166页。

③ 以上八种情形只是列举而已，并不意味着概括了占有的全部情形。

④ 当然，在这种场合，取得该钱包的人可能合理认为该钱包属于遗忘物。但这只是行为人的认识错误，而不意味着该钱包本身就是遗忘物。例如，长途汽车司机X为他人代购13部手机后，装入一个黑色塑料袋，放在自己驾驶位后、1号座位前。2号座位的被告人A上车后，看见黑色塑料袋在1号座位前，便以为塑料袋属1号座位乘客Y所有。Y中途下车后，A发现黑色塑料袋仍在车上，就误认为Y将塑料袋遗忘在车上。于是，A提前下车，将黑色塑料袋拿走。从客观上说，A取得了X占有的财物，属于盗窃行为；但从主观上讲，A只有取得遗忘物的故意。这种认识错误属于抽象的事实错误，即不同犯罪构成之间的错误。根据法定符合说，对于这种情形，只能在二者重合的性质内认定犯罪的成立。所以，对于A的行为只能认定为侵占罪。但是，这并不意味着A占有的财物本身属于遗忘物。相反，黑色塑料袋中的财物属于X占有的财物。

为根据,即在当时的情况下,社会的一般观念是否认为受骗者已经将财产转移给行为人或第三者进行事实上的支配或控制;另一方面,要考察受骗者是否具有将财产转移给行为人或第三者支配或控制的意思。例如,A 假装在商店购买西服,售货员 B 让其试穿西服,A 穿上西服后声称去照镜子,待 B 接待其他顾客时,A 趁机溜走。A 显然不成立诈骗罪,只成立盗窃罪,因为尽管 B 受骗了,但他并没有因为受骗而将西服转移给 A 占有的处分行为与处分意识。换言之,即使 A 穿上了西服,根据社会的一般观念,该西服仍然由 B 占有。如果改变为以下案例,则应得出不同结论:A 穿上西服后,对 B 说:"我买西服需征得妻子的同意,我将身份证押在这里,如妻子同意,我明天来交钱;如妻子不同意,我明天还回西服。"B 同意 A 将西服穿回家,但 A 使用的是假身份证,次日根本没有送钱和西服给 B(谎称征求妻子同意案)。在本案中,A 的行为构成诈骗罪。因为 B 允许 A 将西服穿回家,实际上已将西服转移给 A 支配与控制,这种处分行为又是因为受骗所致,所以,符合诈骗罪的特征。

由于存在争议的案件比较复杂,下面列举若干情形略陈管见。

第一,在行为人事先基于其他原因已经占有了对方财产的情况下,对方不可能有处分行为。换言之,被害人交付财产给行为人时并不是基于对方的欺骗行为与自己的认识错误,不可能有处分行为。实践中发生的案情大体为:行为人由于某种原因事先占有了他人财产,在占有他人财产之后,产生不法所有的意图,进而采取某种手段取得该财产。

例如,女青年施某因自己摩托车被盗而心情不好,便于 2003 年 6 月 13 日晚约来自己男友的好友郑某一起到大排档喝酒。之后,施某的男友也来到大排档。其间,施某因有事要外出一下,便向郑某借用了摩托车,在返回途中产生了非法占有郑某的摩托车(价值 10,500 元)的邪念。之后,施某便将摩托车直接骑到某停车场藏放,而后返回酒席,将车钥匙还给郑某,并说车已停放在原位置。吃完饭后,郑某发现摩托车不见了,便问施某怎么回事。施某却说其回来时已将车锁好,一定是被偷了,并敦促郑某报警。后施某被公安机关查获(施某隐藏摩托车案)。在本案审理过程中,对行为人的行为如何定性,存在三种不同的意见:第一种意见认为,被告人施某采用秘密手段将郑某的摩托车偷偷地骑到停车场藏放,主观上具有非法占有的故意,应定盗窃罪。第二种意见认为,被告人施某将郑某的摩托车借出,该车在被借出后便不在郑某的控制之下,转而由施某控制,这就是说郑某将"物"合法地交由被告人施某保管,施某负有保管和归还的义务,而施某在返回途中却产生了占有财物的邪念,将合法代为保管的他人摩托车骑到停车场藏匿起来,将自己实际支配控制下的财物非法占为己有,应认定为侵占罪。第三种意见认为,被告人施某以非法占有为目的,隐瞒真相,骗取摩托车,应认定为诈骗罪。①

本书认为,就摩托车而言,被告人施某的行为不成立诈骗罪,仅成立侵占罪。理由如下:首先,施某事先正常借用摩托车的行为导致其占有了该摩托车,在已经占有了该摩托车的情况下,既不可能实施盗窃行为,也不可能针对摩托车实施诈骗行为。因为盗窃是窃取他人占有的财物,诈骗也是骗取他人占有的财物;只有侵占罪是将自己占有的财产据为所有,本案正是如此。其次,被害人郑某将摩托车借给施某骑的行为虽然是转移占有的行为,但此时施某并没有诈骗的故意与行为,所以,郑某转移摩托车占有的行为并不是基于认识错误。如果施某在借用摩托车时就具有不法诈骗的故意与行为,则郑某转移摩托车的行为属于处分行为。但本案事实并非如此。需要讨论的是,虽然施某就摩托车不成立诈骗罪,但对摩托车的返还请求权是否成立诈骗罪?应当认为,返还请求权是一种财产性利益,因而可以成为诈骗罪的对象。接下来需要判断的是,施某谎称摩托车被盗是否属于诈骗罪的欺骗行为?如果得出肯定结论,那么,施某的这种行为就使被害人郑某免除了其返还摩托车的义务,因而属于对财产性利益的诈骗。如前所述,虽然一种观点认为,本案施某的后一行为属于不可罚的事后行为,但本书认为,这种观点会导致处罚的不协调,应当将施某的行为评价为包括的一罪,以诈骗罪论处。诈骗的对象不是摩托车本身,而是被害人对摩托车的返还请求权。

再如,2001年2月,童某受某画院委托在为一批藏画进行装裱的过程中,将知名画家贺某的一幅国画作品《北固山胜景》予以揭层,而后指使他人为该画的第二层添笔作伪。童某将该赝品进行装裱后,冒充真

① 朱灿明:《趁借用之机藏匿他人摩托车该定何罪》,载《检察日报》2003年9月1日,第3版。

迹交还给画院。后童某又将该真迹以1万元的价格出售给黄某(《北固山胜景》案)。[①]童某事先已合法占有了藏画,对藏画本身不可能构成诈骗罪;但是,童某事后实施欺骗行为,骗取了财产性利益(藏画的返还请求权)。由于被害人最终只有一个财产损失,所以,应将童某的行为评价为包括的一罪,以诈骗罪论处。

又如,张某与万某、肖某、李某、向某合租某区大智路华中数码港的一处办公区,张某与万某从事手机维修业务,肖某、李某、向某从事手机销售业务。2017年5月,张某向肖某、李某、向某、万某提出,由肖某、李某、向某在某网络商城购买手机,交由自己和万某更换手机主板后,又利用平台"7天无理由退货"的规则向该网络商城退货。张某承诺事后每部手机支付给肖某、李某、向某200元。2017年5月30日至7月3日,肖某、李某通过该网络商城拍得华为P10、华为Mate9手机19部,向某拍得华为P10、华为Mate9手机8部。张某、万某将此27部手机的主板更换为其从他处购买的废旧主板后,又向该网络商城申请退货退款,张某则将换下的手机主板出卖牟利。其中,肖某、李某的19部手机主板维修金额43,024元,向某的8部手机主板维修金额17,477元(更换手机主板退货案)。第一种观点认为,张某等人的行为构成诈骗罪。第二种观点认为,张某等人的行为构成合同诈骗罪。第三种观点认为,张某等人的行为构成盗窃罪,理由是,张某等人通过欺诈行为获得了财产持有人或所有人对货物的交付,但其始终处于辅助占有状态,并没有占有该货物;因为"7天无理由退货"的条件解除了合同,财产持有人或所有人交付货物时取得对价的期待随着张某等人主张"7天无理由退货"而消失,意味着这时财产持有人或所有人不存在购买者支付对价的期待,其行为应认定为"窃取"。第四种观点认为,张某等人的行为构成盗窃罪与诈骗罪的牵连犯,其中,盗窃是目的行为,诈骗是手段行为。[②]

在本书看来,张某等人的行为不构成盗窃罪。这是因为,盗窃罪的对象只能是他人占有的财物,而不可能是自己占有的财物。在肖某、李某通过该网络商城拍得华为P10、华为Mate9手机19部,向某拍得华为

---

① 王爱明:《裱画时揭下真迹返还赝品应定诈骗》,载《检察日报》2003年2月18日,第3版。

② 参见庄永廉等:《电子商务中恶意退贷(款)行为如何定性》,载《人民检察》2019年第12期,第41页以下。

P10、华为 Mate9 手机 8 部之后，肖某、李某、向某等人就已经占有了上述手机，并且取得了手机的所有权。在这种情况下，即使他们将这些手机全部毁坏，也不可能构成故意毁坏财物罪。基于同样的理由，张某、万某将此 27 部手机的主板取下时，只是将自己所有和占有的手机主板取下，而不是将他人占有的财物转移为自己占有，当然也不可能构成盗窃罪。需要说明的是，“7 天无理由退货”只是意味着张某等人在 7 天内可以随时无理由退货，并不表明他们在取得手机后没有占有手机，故不能认为张某等人对手机“始终处于辅助占有状态”。况且，就手机这种体积小的产品而言，即使肖某等人没有支付货款，也应认定其事实上占有了手机。所以，上述第三种观点难以成立。既然如此，第四种观点也不成立。张某等人的不法行为是将更换了主板的手机冒充原手机退货，使商家误以为其退回的是原手机，进而将货款退还给张某等人，这完全符合诈骗罪的构造。张某等人所骗取的不是手机，也不是手机主板，而是退货款。或许有人认为，张某等人隐瞒了购买手机后更换主板再退货的内心想法，使商家出卖了手机，如果商家知道真相就不会出卖手机，因而张某等人对手机本身构成诈骗罪。但这种观点难以成立。倘若持这一观点，那么，张某等人在取得手机时就已经构成诈骗既遂，这显然不合适。因为张某等人在取得手机时支付了对价，在此阶段商家的目的得以实现，没有任何财产损失。换言之，商家的财产损失是因为张某等人退货造成的，而不是先前的购买行为造成的。所以，只能认为张某等人对退货款构成诈骗罪。①

第二，被害人虽然外形上将财产转移给行为人，但根据社会一般观念，该财产仍然由被害人占有时，行为人通过进一步的违法行为非法占有该财产的，因为不符合直接性要件，不能认定有处分行为。

对于司法实践中常见的，以借打手机为名非法取得他人手机的案件，实际上应认定为盗窃而不是诈骗。例如，甲与乙通过网上聊天后，约在某咖啡厅见面。见面聊了几句后，甲的 BP 机响了，甲声称忘了带手机，于是借乙的手机打电话。甲接过手机后（有时被害人的手机可能就放在桌上，甲直接拿走）装着打电话的模样，接着声称信号不好而走出门外，趁机逃走（借打手机逃走案）。本书认为，对这种行为不能认定

---

① 在本书看来，没有必要认定张某等人行为构成合同诈骗罪。

为诈骗,只能认定为盗窃罪。因为乙虽然上当受骗,但他并没有因此而产生将手机转移给甲支配与控制的处分行为与处分意识。在当时的情况下,即使乙将手机递给甲,根据社会的一般观念,乙仍然支配和控制着手机;换言之,在当时的情形下,即使甲拿着乙的手机打电话,甲也没有占有乙的手机。甲取得手机的支配与控制完全是后来的盗窃行为所致。如果认为甲的行为成立诈骗罪,则意味着甲接到手机时便成立诈骗既遂;即便甲打完电话后将手机返还给乙,也属于诈骗既遂后的返还行为,这恐怕难以被人接受。

再如,2016 年 11 月 30 日,被告人谢某来到林某的手机店内,将他人所有的一部步步高手机抵押给林某,借款 1000 元。12 月 2 日,被告人谢某又来到该手机店,称欲赎回手机而从林某手中骗出手机,假装打电话,趁林某不注意,突然携手机逃离现场。此后,谢某还以抵押手机的方式从杜某及王某处分别借得 700 元、800 元,又以同样手段携抵押手机逃跑(骗出抵押手机案)。[①]综合本案全部事实来看,谢某在借款时就隐瞒了将要“骗回手机”的想法,由于谢某在借款时的确抵押了手机,故该欺骗行为还难以构成诈骗罪中的欺骗行为。谢某后来假装赎回手机时,虽然也有欺骗行为,但是,按照社会的一般观念,如果谢某不还款,被害人就不会让其“赎回”手机。换言之,在谢某没有还款时,被害人不会产生处分意识,当然也不会将手机处分给谢某。所以,谢某的后一行为也不构成诈骗罪。按照本书的观点,谢某即使是手机的所有人,但在他人合法占有的情况下,谢某违反合法占有者的意志,将手机转移为自己占有的行为,构成盗窃罪。

与上述案件相类似,司法实践中常见的以购物为名,佯装观看、试穿、试戴商品,从店员手中接过商品后趁机溜走的行为,也构成盗窃罪,而非诈骗罪。例如,居某多次伙同他人至商店手机柜台,以购买手机为名,从营业员手中拿到手机后假装验看,然后边称要试机边向店门走去,营业员见状即喝止,居某快速走到店门口,携机乘坐事先联系好的出租车逃离现场。居某采取上述手段,先后不法取得 3 部手机,共计价

---

① 参见王海瑛、陆玮:《将抵押手机骗出后趁机逃跑行为的性质》,载《人民法院报》2018 年 2 月 15 日,第 7 版。

值5440元(居某验看手机案)。[1]在类似案件中,即使店员将商品交给行为人观看、试用,行为人手持商品观看、试用时,也应认定该商品由营业员或店主占有。行为人通过欺骗行为之外的盗窃或抢夺行为非法占有财物的,应视案情认定为盗窃罪或抢夺罪,而不能认定为诈骗罪。

如果行为人的欺骗行为使对方处分了财产(将财物转移给行为人占有),则应认定为诈骗罪。例如,2018年12月27日,任某、余某通过某QQ兼职群联系上了被害人孙某,声称可以帮孙某办理用支付宝刷流水的业务。次日上午,任某、余某在肯德基餐厅与孙某见面。任某对孙某说,要拿着孙某手机去见老板走账,走完账回来给孙某好处费,但孙某不能跟着去,让余某陪着孙某一起在餐厅等候;任某称需要1个多小时,最多2个小时回来。孙某同意并将手机交给任某,且将解锁密码、支付宝密码告诉任某。余某陪孙某坐了20多分钟后,找了一个借口离开了餐厅。孙某迟迟等不到任某与余某回来,遂报警(骗用手机走账案)。本案不同于通常的以借用手机打电话为名盗窃手机,而是典型的诈骗行为。在借用手机的案件中,由于被害人在现场,被害人将手机递给行为人打电话,即使手机在行为人手中,根据社会一般观念,也是由被害人占有手机。所以,行为人乘机拿着手机溜走的行为是盗窃行为。在本案中,孙某将手机交给任某时,知道手机要离开自己一个多小时。在这种情况下,孙某事实上是将手机转移给任某占有。亦即在孙某将手机交付给任某后,孙某就不再占有手机。既然如此,就应当认为任某、余某的行为属于诈骗。

再如,刘某冒充公安人员,谎称高中生陈某的手机被犯罪分子利用,需要检测一下陈某的手机。随后,刘某将陈某带到某大楼的一层,让陈某在一个房间等着,并让陈某把手机交给自己去六层检测,声称检测完毕后会由另外的公安人员送回手机。陈某信以为真,将手机交给刘某。陈某等了3个多小时后发现上当便报警(谎称检测手机案)。被害人将手机这种体积较小的财物交付他人时,如果允许他人将手机带离自己的身边一定时间,一般应认定被害人基于认识错误处分了手机(除非能认定被害人继续占有手机),行为人的行为成立诈骗罪。所以,本案刘某的行为成立诈骗罪。

---

① 高维:《购物为名　抢走商品》,载《检察日报》2002年12月5日,第3版。

第三,在占有人只是将财物交由行为人辅助占有时,占有人并没有处分财产,占有辅助者取得财产的,不宜认定为诈骗罪。①

例一:某日,樊某在某火车站站台上见一刚下车的旅客王某带着3个小孩,旁边放着5件行李,便上前询问是否需要雇人扛行李。二人商定,樊某将王某的5件行李扛出车站,王某付给樊某10元人民币作为报酬。樊某扛着5件行李至出站口,王某的小孩被车站工作人员拦下查票。看到王某忙于出示车票,樊某遂产生了非法占有王某的行李的意图,趁王某不注意,将行李扛走(挑夫扛走行李案)。②在本案中,一方面,王某并没有将行李处分给樊某占有的行为与意识;樊某身扛行李时,只是王某的占有辅助者。换言之,即使樊某身扛行李,但该行李的占有者仍然是王某。另一方面,王某将行李交给樊某时,樊某也没有欺骗的故意与行为,所以,不能认定王某将行李交给樊某是一种基于认识错误的财产处分行为。所以,樊某的行为成立盗窃罪,而非诈骗罪或侵占罪。

例二:沈某骑自行车到摩托车修理店,见有一辆摩托车停在修理店门口,遂起占有之念,又见该修理店里货架上没有摩托车锁,于是问店主:"你店里有没有摩托车锁?"店主说:"这里没有,你要的话,等一会我回去拿。"沈某便说:"你快点去拿吧,我要办事去呢。"店主在沈某的催促下,离开了修理店,临走时对沈某讲:"我去拿锁,你帮我看下店。"店主离开后,沈某骑走摩托车(骗走店主骑走摩托车案)。③在本案中,虽然沈某欺骗店主使其离开修理店,但店主并没处分财产给沈某。店主虽然让沈某帮忙看店,但此时沈某充其量只是修理店财物的占有辅助者。根据社会的一般观念,即使店主暂时离开了修理店,修理店中的财物仍然由店主占有,所以,沈某的行为不成立诈骗罪或侵占罪,而成立盗窃罪。

例三:李某以贩卖中药材为名,将同村的张某骗至外地后,假称当地秩序不好,让张某将所带现金1万元放在自己提包内。李某寻机将

---

① 我国刑法理论上与司法实践中对辅助占有或占有的辅助者等概念还相当陌生,因而导致将占有与辅助占有、占有人与占有的辅助者相混淆,进而造成诈骗罪与盗窃罪、侵占罪的混淆。

② 崔占齐:《诈骗,侵占,还是盗窃》,载《检察日报》2000年3月16日,第3版。

③ 李玉才:《侵占、诈骗还是盗窃》,载《检察日报》2002年6月17日,第3版。

张某支开,把自己的提包割破,取出现金,然后将提包交给张某携带。当张某发现现金不在包内时,李某谎称张某不小心被人割包盗走了现金,张某只好自认倒霉(谎称被人割包案)。有人认为李某的行为成立诈骗罪,[①]其实不然。因为在张某一直与李某随行时,即使李某诱使张某将1万元放在李某的提包里,也不能认定该1万元属李某占有。换言之,张某将1万元放入李某提包内的行为,并不是转移现金占有的行为,因而没有处分行为。李某的行为应构成盗窃罪,而不是诈骗罪。

第四,形形色色的调包案件,一般被害人并没有转移财产的占有,也没有转移占有的意识,不宜认定被害人有处分行为,故行为人的行为不成立诈骗罪。正如我国台湾地区学者褚剑鸿所言:"苟欺罔他人,使其财物上之支配力一时弛缓,乘机攫取,在被害者即属无交付财物之决意,则非诈欺取财而为窃盗。如乞借包袱作枕,暗将石块调美元,固属诈欺手段,但借给钱包者,并非有交付财物之决意。换言之,即非为财产上处分之意思表示,当然不成立诈欺取财罪,而应以窃盗罪论。"[②]

一是以废物或者劣质产品调换优质产品的行为。例如,王某与刘某二人先后在某市采用以下方法作案:二人到甲商店购买低档香烟数条,并装入蛇皮袋封口,然后到乙商店由王某出面购买高档香烟。王某向营业员讲家中办大事急需好烟(购买的数量与在甲商店购买的低档香烟数量相等),待营业员将其所要的香烟放在柜台上时,王某将香烟装入事先准备好的蛇皮袋并封口,随即从口袋掏钱,对营业员谎称:"对不起,我手中的钱不够。我回家拿钱,先将烟放在这里,我马上来,你不要将烟卖给别人。"营业员同意后,王某将装有低档香烟的蛇皮袋交给营业员,一去不复返(调换香烟案)。在本案中,营业员表面上已将高档香烟转移给王某,但根据交易的一般规则,营业员对高档香烟的处分存在当然前提——只有待王某交付货款时才会处分香烟。在本案中,王某没有交付货款,营业员不可能将香烟处分给王某。换言之,在王某交清货款之前,营业员仍然占有高档香烟。所以,营业员没有处分行为,只能认定王某的行为成立盗窃罪。王某将低档香烟交给营业员,只是

① 葛朝斌:《本案该如何定性》,载《检察日报》1999年11月3日,第3版。

② 褚剑鸿:《刑法分则释论》(第2次增订版),台北,台湾商务印书馆1995年版,第1228页。

掩盖其盗窃行为的不可罚行为而已。再如,2004年2月初,家住某市年近七旬的李某在路上碰到一名自称"九姑"的中年妇女。"九姑"对李某说,李某的儿子近日内会遭遇不幸,有生命危险。李某将信将疑,"九姑"说她可以帮李某消灾。李某救子心切,顾不得多想,回到家中取出2.6万元交给"九姑"施"法术"。"九姑"念了几句"咒语"后将放在布袋中的钱交还给李某,又嘱咐李某到晚上9点钟才能打开。李某照办,却发现2.6万元钞票变成了一块大肥皂("九姑"调换钞票案)。经查明,"九姑"原来是某县的农妇,多次采取与人搭话的方法专门诈骗老年妇女,还伙同他人利用个别老年妇女迷信的心理,采取互演"双簧"、调包的方式,骗取他人钱财。某区检察院以"九姑"等人涉嫌诈骗罪向法院提起公诉。[①] 但是,被害人只是将钱交给被告施"法术",而没有将钱处分给被告人占有的意识;在被告人施"法术"的当时,被害人一直在场,故钱依然由被害人占有,被告人是通过盗窃行为才取得该现金的。所以,对被告人的行为应认定为盗窃罪。

二是调换不同货币、不同币值货币的行为。例如,许某、黄某得知左某有大量港元要兑换成人民币,便合谋取得其港元。许某购买了两个相同的尼龙袋和两个小铜锁,将小面额的人民币5000元装入其中一个尼龙袋并用小铜锁锁住,连同另一个空的尼龙袋装进公文包。某日下午,许某、黄某携带公文包来到左某的住处与其兑换港元,左某信以为真,便拿出50万元港元交给两人。两人清点后,装进另一个空的尼龙袋内并用小铜锁锁上,然后放进公文包。此时,左某提出:"你们没有带现款来,不能将我的港元拿走。"许某即从公文包内取出只装有小面额人民币5000元的尼龙袋交给左某。接着,许某、黄某两人以取款为由,携50万元港元逃离现场(调换港元案)。这种行为与上述王某与刘某调换香烟的行为一样,被害人左某没有处分财产,因为左某处分财产以许某交付人民币为前提。即使形式上左某将港币交给许某、黄某清点,此时港币也仍然由左某占有。所以,许某、黄某的行为成立盗窃罪,而非诈骗罪。

三是以假币调换真币的行为。例如,2007年12月15日,雷某与其

① 白华佳、黄细平:《钱袋转手被调包 万元钞票变肥皂》,载《检察日报》2004年4月23日,第2版。

女携带假币至某乡邮政储蓄网点。雷父进入营业室,见一中年妇女邓某正填单取钱,金额为2000元,随即将此信息传递给门外的雷女。当邓某取钱后行至营业室门外时,雷女故意对雷父说,现在假币很多,我可以对你的钱鉴别真伪。雷父取出500元让其女鉴别,雷女将钱在墙壁上比画了几下,就交给雷父,并声称此钱是真的,因为真钱在墙壁上能留下"红印"。邓某看到后,将取出的2000元交给雷女鉴别,雷女在墙壁上比画时,雷父趁机分散邓某的注意力,并协助雷女将事先准备好的2000元假币与邓某的真币等额调换,将假币交给了邓某。二人随后逃离现场。12月20日,二人以相同的方法作案时,被公安机关抓获。经侦查,二人从2007年10月至12月共作案4起,骗得现金6900元(雷某父女诈骗案)。第一种观点认为,雷某父女构成诈骗罪;第二种观点认为,二人构成持有、使用假币罪;第三种观点认为,二人构成盗窃罪。[①]首先,就二人取得的真币而言,可以排除诈骗罪的成立。这是因为,邓某将真币交给雷女时,并不是将真币处分给雷女,也没有处分意识。换言之,即使雷女手持邓某的真币时,该真币也是由邓某占有,而不是由雷女占有。其次,既然雷女手中的真币由邓某占有,那么,雷女的行为就属于违反被害人意志,将他人占有的真币转移为自己占有的盗窃行为。最后,就雷女将假币交付给邓某的行为而言,当然属于使用假币。但该使用假币的行为与盗窃行为应属于一个行为,即属于想象竞合,应从一重罪处罚。

四是调换存折、储蓄卡的行为。例如,甲、乙二人以能购买便宜小轿车为幌子,骗取了丙的信任,并伪造了其身份证。某日,甲、乙以伪造的身份证在某市某银行办理了丙个人的通存通兑存折和储蓄卡。当日下午,丙应约与甲、乙二人谈购车事宜,甲、乙要求丙在银行开户并存入20万元,丙同意,并在甲的陪同下到银行办理开户手续。甲以抄写账号为由,将丙刚开的存折与储蓄卡调包。次日,丙汇入20万元至该账户。此后几天,甲、乙利用储蓄卡从自动取款机中提取4万元。当丙欲自行从银行取款时,发现账户余额仅为16万元,遂报案(调换存折取款案)。在本书看来,本案不同于前述存折调包案。在前述存折调包案中,被害

① 参见唐朝明:《采用"掉包"手段以假币换取真币该定何罪》,载《人民检察》2008年第9期。

人不仅将 1 万元现金处分给了银行，而且直接使行为人获得了 1 万元的银行债权。但在本案中，即使甲、乙二人调换了存折与储蓄卡，也不意味着丙处分了债权或者账户内资金；丙只是将 20 万元存入了自己名义的存折与储蓄卡。如果甲、乙事后不从自动取款机中取款，丙不可能遭受财产损失。所以，甲、乙的行为不符合直接性要件。换言之，造成财产损失的行为不是前面的欺骗行为，而是后来从自动取款机中取款的盗窃行为。由于不符合直接性要件，所以，不能认定丙具有处分行为。[①] 不过，如果被告人通过银行职员骗领存款，银行职员受骗进而处分财产的，则成立三角诈骗。例如，被告人林某、章某、徐某等人在网上虚构一公司，并发布出售廉价货物的虚假要约，将上海市的邬某、山东省的谭某、吉林省的张某、黑龙江省的姚某骗到福建省某市。在洽谈生意的过程中，林某、章某、徐某等人分工负责，先让被害人将货款存入其指定的银行，然后以验明被害人储蓄卡的真伪为借口，用事先准备好的假卡将被害人提供的储蓄卡调包，并用信封将调包后的假卡封存后交还被害人，要求被害人等收到货物再拆封付款。调包得手后，被告人用调包所得的真卡领走被害人账户内的资金人民币 49 万元，赃款全部用于挥霍（储蓄卡调包案）。[②]如果行为人通过银行职员领走被害人账户内的资金，则属于三角诈骗，即银行职员基于认识错误处分了被害人的存款。如果行为人通过自动取款机取走被害人账户内的资金，则仍然成立盗窃罪，因为在后一种情况下，不存在受骗者的处分行为。

上述"调包"案件的结论，是就被害人在场因而持续占有自己的财物，行为人的调包行为是构成要件行为而言。所以，如果被害人不在场，或者调包本身并不是构成要件行为，而是其他行为导致被害人遭受财物损失的，则需要根据具体案件进行判断。如前述更换手机主板退货案，被害人并不在场，张某等人调换主板的行为并不是构成要件行为，因而不构成盗窃罪，只能认定为诈骗罪。再如，被告人李某某于 2018 年 4 月无意中得知在某网店购买手机后调退货不会被发现，便产生将手机调包出来自用或出售的想法。之后，李某某便在该商家购买

---

① 即使认为甲、乙先前的行为是诈骗行为，但由于后来的行为是盗窃行为，两个行为最终仅侵害了一个法益，因而只能作为包括的一罪，以盗窃罪论处。

② 林步东：《谈生意过程中通过"掉包"取得财物如何定性》，载《检察日报》2003 年 12 月 13 日，第 3 版。

了一部 iPhone 8 64G 手机,收到货后将手机包装盒打开,用一部旧的 iPhone 7 32G 手机进行替换,再重新恢复包装盒,在“七天无理由退货”期间成功申请退货,收到退货款。此次退货成功后,李某某发现商家仅对退货商品的外包装进行检验,于是变本加厉,又先后在该商家分三次购买 3 部 iPhone X 手机。为进一步降低成本,李某某这三次使用网购的模型机进行调包,然后再恢复包装盒,均成功申请退货,并收到退货款。被退货的模型机又被商家销售出去,后来东窗事发(调包退货案)。法院经评议认为,被告人李某某以非法占有为目的,采取虚构事实、隐瞒真相的方法,骗取他人财物,数额较大,其行为已构成诈骗罪。法院以诈骗罪判处李某某有期徒刑 10 个月,并处罚金。[①] 法院的判决结论是妥当的。李某某购买手机的行为不是任何犯罪的构成要件行为。在商家将手机交付给李某某后,手机就由李某某占有且所有,李某某不可能对自己占有且所有的手机本身构成盗窃。给商家造成损失是退货行为,而退货行为是以假充真的诈骗行为。李某某所骗取的是退货款,而不是手机本身。

又如,某日下午,周某凑齐 8000 元(50 元票面)人民币来到某储蓄所,将 8000 元从窗口递进去让营业员兑换成 100 元票面的整钱,营业员如数兑换并把钱递入柜台通槽内,此时周某两手伸进通槽,用左手抓住一叠人民币(2500 元),右手做好往里推的样子,并向营业员打听其他事情。周某右手将通槽内的钱推进去,左手将抓住的 2500 元钱迅速拿出放入口袋,并要求营业员换成新票面的整钱。营业员误认为推进来的仍然是 8000 元,故不加清点就在自己的钱柜内拿出新票面的 8000 元放在通槽内。周某拿到后迅速离开现场(银行柜台调包案)。在本案中,周某将 2500 元拿出的行为,不能被评价为盗窃行为。这是因为,8000 元原本是要交付给周某的。即使认为周某是将 8000 元与 5500 元调包,但调包行为不是盗窃罪构成要件行为。周某将 5500 元当作 8000 元推进去的行为,则是诈骗行为,导致营业员误以为周某推进去的是 8000 元,进而做出了处分行为。所以,周某的行为构成诈骗,诈骗数额为 2500 元。

---

① 参见李军乐:《网购手机退货时调包 被告人诈骗获刑十个月》,载 https://www.chinacourt.org/article/detail/2019/03/id/3794633.shtml,2019 年 8 月 16 日最后访问。

此外，当被害人基于处分意思将财物处分给行为人占有之后，行为人通过调包方式“退还”财物的，也宜认定为诈骗罪。例如，2011年9月以后，陈某多次以假名在报纸上刊登征婚信息，并与李某确立恋爱关系，索要彩礼1.6万元。当李某将用红布包裹的现金交给陈某后，陈某趁李某不备，将1.6万元换成报纸裹入红布，以两人关系时机未成熟为由将彩礼退给李某，李某回到家中发现上当时，陈某已销声匿迹（调换彩礼案）。[①]在本案中，倘若陈某先前隐瞒内心想法，假借恋爱索要彩礼，则对1.6万元现金构成诈骗罪。即使后面的行为对返还请求权成立诈骗罪，也与前面对1.6万元现金的诈骗罪形成包括的一罪（因为最终仅侵害一个法益）。如若陈某先前获取1.6万元现金的行为不构成犯罪，那么，当李某基于处分意思将1.6万元交付给陈某时，应当认为陈某已经占有了该1.6万元现金。陈某调包后“退还”彩礼的欺骗行为，使李某误以为自己的彩礼返还请求权已经得以实现，从而做出了不再要求陈某返还彩礼的处分行为，陈某进而获取了财产性利益。据此，陈某的后行为构成诈骗罪，而不宜认定为盗窃罪。

第五，行为人使用欺骗手段使被害人转移注意力甚至离开财物，从而取得财产的，被害人不存在处分行为，对行为人不宜认定为诈骗罪。

例如，肖某自称有大量美元，他与陈某、李某联系，约定兑换美元。2000年9月6日，闵某在一家大酒店开了1312号房间，并把一把钥匙给了肖某，自己留了一把。当晚，肖某入住该房间。7日，陈某、李某携装有人民币112万元的旅行箱与肖某进入1312号房间，肖某把房间钥匙交给陈某，让他锁门后下楼再开一间房以备换钱时用，并称美元在另一家饭店，由自己和李某出去取美元。三人将旅行箱放在1312房间一起下楼后，闵某趁机用另一把钥匙打开房门，把旅行箱及其中的112万元人民币拿走。肖某则从他处溜走（兑换美元案）。[②]在本案中，旅行箱放在1312房间时，由陈某、李某占有，肖某与闵某只是使用欺骗手段造成陈某、李某对旅行箱占有的弛缓，陈某与李某显然没有处分财产，因此肖某与闵某的行为成立盗窃罪。

---

① 参见赵冬丽：《从两起“调包”案看盗窃与诈骗的区别》，载《检察日报》2010年4月22日，第3版。

② 朱海燕：《设骗局拿走他人财物构成何罪》，载《检察日报》2001年7月16日，第3版。

再如,2001年3月9日,被告人李某租用他人的一辆东风车,由司机张某驾驶,为货主赵某向河南洛阳运输牛皮等货物。3月12日5时许,汽车行至洛阳市郊某饭馆门前,李某借口要吃饭,将随车押送货物的赵某骗下车,自己也随之下车。李某将赵某引向距停车地点约70米的饭馆前时,谎称去叫司机张某一起吃饭,离开赵某回到车上,又对司机谎称赵某要在旅社休息,要司机和他一起将车开走。汽车开动时被货主赵某发现,赵某当即急呼停车,车仍未停。李某让司机将车开至偃师市一亲戚家中,然后把车上的货物全部卸下,据为己有,货物价值共计人民币8万余元(诱骗货主离开案)。①根据社会的一般观念,在司机等运输人跟随货主运输货物时,应当认定货物由货主占有。李某诱使货主赵某离开货车的行为,只是使赵某对货物的占有弛缓,赵某并没有处分货物。因此,李某的行为不成立诈骗罪,而构成盗窃罪。②

第六,被害人在转移整体物时,并没有处分其中的封缄物;行为人在占有、使用整体物的过程中,取出其中封缄物的,不宜认定为诈骗罪。

例如,甲得知乙的摩托车后箱内有贵重财物,便向乙"借"骑摩托车,乙同意后将摩托车钥匙交给甲(但摩托车后箱的钥匙没有交给甲)。甲在使用摩托车的过程中,撬开摩托车的后箱,将财物取走,然后将摩托车还给乙(以借为名盗窃案)。甲的行为是成立盗窃罪还是诈骗罪,取决于如何认定封缄物的占有,即行为人在占有摩托车的同时,是否同时占有了摩托车后箱内的财物?

关于受委托占有封缄物的性质,刑法理论上存在不同学说。③ 区别说认为,封缄物整体由受托人占有,但封缄物的内容物为委托人占有。受托人不法所有封缄物整体的,成立侵占罪;不法取得封缄物中的内容物的,成立盗窃罪。据此,在本案中,摩托车整体由甲占有,但摩托车后箱内的财物仍由乙占有。甲的行为成立盗窃罪。修正区别说认为,封缄物整体由受托人占有,但其中的内容物由受托人与委托人共同占有。

---

① 正盛:《盗窃、诈骗还是抢夺》,载《检察日报》2002年5月27日,第3版。

② 或许会有人认为李某的行为构成抢夺罪,但本书不赞成这样的结论。

③ 虽然理论上主要是就受委托占有封缄物情况下讨论谁占有封缄物,在本案中实际上存在相同问题,即甲在使用摩托车时,摩托车后箱内的财物是由甲占有还是乙占有。如果说甲取得摩托车时一并取得了对摩托车后箱内财物的占有,那就意味着甲通过欺骗行为占有了该财物,因而可能成立诈骗罪。但即便如此,也还存在乙对摩托车后箱内的财物是否具有处分意识的问题。

因此,受托人不法所有封缄物整体的,成立侵占罪;不法取得其中的内容物的,成立盗窃罪与侵占罪的竞合,按盗窃罪论处。据此,在本案中,甲的行为成立盗窃罪与诈骗罪的竞合。但本书否认二者的竞合,所以不采纳这种观点。非区别说认为,封缄物整体与其中的内容物没有区别,性质相同;其中有人认为均由受托人占有(据此,甲的行为成立诈骗罪),有人认为均由委托人占有(据此,甲的行为仅成立盗窃罪)。①

上述几种观点似乎混淆了不同的问题。单纯从占有的角度来说,本书采取区别说,因为认定封缄物整体由受托人占有,内容物由委托人占有,完全符合客观事实。此外,《刑法》第 253 条第 2 款的规定,也说明了封缄物的内容仍然由委托人占有,因为委托人交付邮局的邮件(均为封缄物)已属于邮政工作人员占有,但刑法并没有规定邮政工作人员从邮件中窃取财物的行为构成贪污罪或职务侵占罪,而规定以盗窃罪论处,这表明,虽然邮件整体由邮政工作人员占有,但其中的内容物仍由委托人占有,故邮政工作人员的行为属于窃取他人占有的财物,因而构成盗窃罪。据此,受托人将内容物转移给自己占有的,当然成立盗窃罪。至于受托人将封缄物整体据为己有的行为成立何罪,则取决于该行为是否不法占有了内容物。如果受托人不法取得了封缄物整体,但只要不能认定受托人已经不法占有了其中的内容物(如行为人一直将封缄物整体置于自己住宅内),被害人对内容物的占有就没有受到侵害,难以认定为盗窃;如果受托人不法取得封缄物的整体,并能够认定受托人因为打开封缄物、出卖封缄物整体等行为而不法占有了内容物,当然应认定为盗窃罪。公共汽车上的投币箱中的货币由谁占有,取决于投币箱的钥匙掌握在谁的手中。如果掌握在司机手中,则应认为司机占有了其中的货币;如果司机没有掌握钥匙,则其并没有占有其中的货币。

在上述以借为名盗窃案中,虽然乙将摩托车整体交付给甲,甲占有了摩托车整体,但摩托车后箱内的财物仍然由乙占有,而且乙一直没有将摩托车后箱内的财物处分给甲占有。由于甲没有占有摩托车整体的

---

① 参见[日]野村稔:《刑法における占有の意义》,载[日]阿部纯二等编:《刑法基本讲座》(第5卷),法学书院1993年版,第78页以下;[日]东京リ－ガルマインド:《刑法Ⅲ各论》(第3版),东京リ－ガルマインド2006年版,第134页。

故意,所以,其行为仅就摩托车后箱内的财物成立盗窃罪,而不成立诈骗罪。

第七,在受骗者没有处分被害人财产的权限或地位时,不能认定有处分行为。

例如,2003年8月10日,陈某带女儿到服装市场闲逛时,看见一位女顾客(被害人)将提包交给卖服装的店主代为保管,店主将女顾客的提包挎在左肩上。陈某假装要在店内看衣服,也把自己的提包(空包)交给店主让其代为保管,店主便将陈某的提包挎在右肩上。当陈某见被害人到试衣间试穿衣服时,就指着店主左肩上的被害人的提包低声说:“把包给我。”店主因生意较忙,疏忽大意顺手把左肩上的提包交给了陈某。陈某拿着提包回家后发现内有现金6000多元,摩托罗拉V998型手机一部,交通银行存折、工商银行存折、太平洋卡各一个,总价值15,000余元(服装店调包案)。有人认为,陈某的行为构成了诈骗罪。理由是,用欺骗的方法骗取他人财物,是诈骗罪区别于盗窃罪的主要标志。诈骗罪的主要特征是,行为人采取虚构事实或隐瞒真相的方法骗取数额较大的公私财物,使财物所有人、保管人“自愿地”把财物交给诈骗行为人。这里的“自愿”,并非出自财物所有人、保管人的真实意愿,而是行为人的欺骗行为使他们产生了错觉而信以为真所致,也可以说是上当受骗所致。本案中,店主之所以把被害人的提包错误地交给陈某,就是上了陈某有意指鹿为马的当。[①] 但本书认为,店主虽然形式上“代为保管”顾客的提包,但实际上并没有占有顾客的提包。换言之,根据社会的一般观念,在当时的情况下,提包仍然由顾客占有。由于店主没有占有提包,也没有处分提包的权限或地位,所以,店主只是陈某的被利用者,可以认为陈某是盗窃罪的间接正犯。

实践中经常发生这样的案件:甲通过伪造各种证明文件,通过房产登记部门将A的不动产转移在自己名下;乙通过伪造股东会决议等文件,通过工商管理部门将B的股份转移在自己名下(伪造文件转移股份案)。不动产的产权与股权当然是刑法中的财物(财产性利益),对甲、乙的行为没有理由不以犯罪论处。争议在于,房产登记部门与工商管

---

① 王红梅、董正平:《利用店主疏忽实施调包应定何罪》,载《检察日报》2003年11月7日,第3版。

理部门是否具有处分他人不动产与股份的权限？如果能得出肯定结论，则甲、乙的行为构成诈骗罪；如若得出否定结论，则甲、乙的行为成立盗窃罪。本书的初步看法是，由于房屋登记部门、工商管理部门并不进行任何实质审查，难以认为其享有财产处分的权限，因此应认定为盗窃罪（间接正犯）。

第八，对于行为人以购买为名在试驾车辆时将车辆据为己有的，一般不能认定出卖者具有处分意识，因而应认定行为人的行为成立盗窃罪。只有在出卖者允许行为人试驾多日的情况下，才宜认定出卖者具有处分意识，进而认定行为人的行为成立诈骗罪。

例如，2018年8月的某日，刘某到某摩托车店，以拟购车为由与店内销售人员攀谈，谎称自己是某摩托车协会会员，想购买一辆高性能摩托车参加比赛。双方初步谈好价格后，刘某提出要进行试驾。摩托车店工作人员将一辆摩托车交给刘某单独试驾。但当刘某将价值7300元的摩托车骑走后，销售人员等了许久也没见刘某回来，发觉自己可能上当，遂向公安机关报警。两个月后，刘某被公安机关抓获（试驾摩托车案）。一种意见认为，刘某并不具有购买摩托车的真实意图，向销售人员虚构身份，谎称购买摩托车，后以试驾的名义将摩托车骑走，属于虚构事实、隐瞒真相的诈骗行为，故刘某行为应定性为诈骗罪。另一种意见认为，刘某虽使用欺诈手段，但只是暂借使用，销售人员在向刘某交付摩托车时，并无处分的意思表示；刘某是在暂用该车时将车盗走，故刘某的行为应定性为盗窃罪。①

虽然可以认为刘某对店员实施了欺骗行为，但是这种欺骗行为并不是使店员产生处分财产的认识错误的欺骗行为。从交易惯例来看，如果刘某不交付车款，店员就不会产生处分意识，不会实施处分行为。换言之，即使店员让刘某试驾摩托车，也不能认为其是基于处分意识将摩托车转移给刘某占有，更不可能认为其基于处分意识将摩托车转移给刘某所有。此外，在通常情况下，即使行为人试驾摩托车或者其他车辆，也应当认为车辆仍然由店主占有和所有，而不是由行为人占有。所以，刘某事实上是通过后来的窃取行为转移了摩托车的占有。亦即刘

① 赵宝仓、高鹏：《试驾摩托车一去不返构成盗窃罪》，载《检察日报》2019年8月16日，第3版。

某违反店员的意志，将摩托车转移为自己占有的行为，构成盗窃罪。

第九，所谓在高铁上“买短乘长”的行为，相关人员存在处分行为，应认定为诈骗罪。

例如，2019年4月29日，某次列车的乘警在对乘客车票例行查验的时候，发现了一名男子疑似逃票人员，其购买的是甘肃兰州到天水的火车票，只有1站地，但列车已经过去天水6站。盘问之下，该男子交代自己准备在山东济南下车，经进一步调查，发现该男子自2017年以来共恶意逃票68次，逃票金额合计7783元（“买短乘长”逃票案）。第一种观点认为，男子的行为属于一般违法行为，不构成犯罪；第二种观点认为，男子的行为构成盗窃罪；第三种观点认为，男子的行为构成诈骗罪。其中，主张男子的行为构成盗窃罪的基本理由是，行为人非法占有的对象是在无票区间享有的、铁路部门提供的有偿服务；有偿服务是一种财产性权益，是区别于有形商品的一类服务性商品，其本质上与有形财物一样具备价值性，属于盗窃犯罪的对象；行为人在非法占有无票区间的有偿服务时，采取了秘密窃取的手段。在“买短乘长”案件中，行为人以“买短”之欺诈方式，以达到其“乘长”之目的，但铁路运输部门并未因行为人的欺诈而自愿提供或者意图自愿提供让行为人“乘长”之铁路运输服务，而是对此毫不知情；行为人的欺诈行为一旦被发现，铁路运输部门轻则要求其补票，重则将其送交铁路公安部门，或行政处理或刑事追究。因此，“买短乘长”的行为方式，实系“盗窃”而非“诈骗”。①

首先，认为“买短乘长”的行为不构成犯罪的观点，难以被人接受。诚然，如果获利或者造成损失的数额较小，当然不构成犯罪。但是，如果数额较大，则缺乏不以犯罪论处的理由，否则，就与其他财产犯罪不协调。

其次，认为“买短乘长”的行为构成盗窃罪的观点，难以成立。其一，难以认为有偿服务本身是一种财产性利益。如果说有偿服务是一种财产性利益，则强迫劳动的行为均成立抢劫罪，但在我国事实上并非如此。反过来说，只是基于有偿服务所应当得到的财产性利益（如债权、应收款等），才是财产性利益。其二，盗窃是违反被害人意志，将他

---

① 参见田宏杰、李猛等：《“买短乘长”，司法该如何界定》，载《检察日报》2019年10月18日，第3版。

人占有的财物(包括财产性利益)转移为自己或者第三者占有的行为。但在“买短乘长”的案件中,行为人并没有将他人占有的有偿服务转移成自己或者第三者占有的有偿服务;有偿服务本身也不存在谁占有的问题。既然如此,就不可能对有偿服务构成盗窃罪。其三,铁路部门是否存在处分行为是另一回事,不能以铁路部门没有处分行为为由,直接得出行为人的行为构成盗窃罪的结论。

最后,铁路部门存在处分行为与处分意识,行为人的行为成立诈骗罪。(1)上车时以及在车上时,尽管行为人隐瞒了“买短乘长”的内心想法(逃票的意思),使检票员让其上车或者使补票人员让其继续乘车,但由于不能认定短途车票是无效的,而且行为人事实上还没有超出车票标明的车站,故就此而言,还难以认定行为人的行为成立诈骗罪。①(2)不管是在上车时就产生了逃票的意思,还是在下车前产生逃票的意思,只要行为人下车时以短途车票逃票,就意味着行为人隐瞒了真相。不管行为人是若无其事地通过下车车站的检票口,还是编造其他理由欺骗检票口的工作人员走出检票口,都属于一种欺骗行为。② 这种欺骗行为使铁路部门工作人员产生了认识错误,从而免除了相应对价。这种行为就是处分行为,只要不对处分意思提出过于严格的要求,也能够认定工作人员存在处分意思。③ 铁路部门工作人员之所以在出口检票,是因为知道有人会“买短乘长”,只是不知道是哪一个或者哪几个具体的人会“买短乘长”,同时也会意识到自己不一定能完全查出“买短乘长”的人。这就意味着铁路部门工作人员具有概括的处分意思,亦即认识到自己会免除了某一个人或者某几个人应当支付的对价。

第十,不能因为被告人的行为貌似电信诈骗,就认定被害人具有处分行为与处分意识。在日常生活中,一般人常常将利用电信手段非法取得他人财物的行为归入电信诈骗。但是,电信诈骗原本不是构成要件类型,只是犯罪学上的类型。对于貌似电信诈骗的行为,依然要根据

---

① 日本有一种观点认为,在上车时就可以认定行为人的行为构成诈骗罪(上车基准说)。参见[日]大谷实:《刑法讲义各论》(第4版),成文堂2013年版,第281页;[日]中森喜彦:《刑法各论》(第4版),有斐阁2015年版,第140页。

② 按照本书的观点,如果行为人没有欺骗自然人,完全是利用机器逃票的,则不构成诈骗罪,也不可能构成盗窃罪。

③ 参见[日]西田典之著、桥爪隆补订:《刑法各论》(第7版),弘文堂2018年版,第215页;[日]山口厚:《刑法各论》(第2版),有斐阁2010年版,第261页。

诈骗罪的构成要件进行判断,尤其要判断被害人是否因为受骗而实施财产处分行为。

例如,2011年4月,被告人朴锦龙(中国国籍)等人采取向韩国拨打电话的方式对韩国人实施诈骗,以对方涉嫌洗钱为由,诱骗被害人登录钓鱼网站输入自己的银行卡号和密码。被告人通过上述手段从后台窃取到被害人的银行账号和密码后,立即将被害人账户内的存款转入被告人朴锦龙等人事先购买的韩国银行卡内,然后通过他人将款项取出,经地下钱庄转移至国内分赃(诱骗他人登录钓鱼网站案)。我国的一审、二审法院均认定朴锦龙等人的行为构成诈骗罪。[①] 在本书看来,认定朴锦龙等人的行为构成诈骗罪明显不当。首先,朴锦龙等人的欺骗行为只是使被害人登录钓鱼网站输入自己的银行卡号和密码,但被害人并没有因此产生处分财产的意思,更没有基于处分财产的意思处分自己的财产。其次,朴锦龙等人并不是因为实施了欺骗行为就直接取得了财产,而是从后台窃取到被害人的银行账号和密码后,将被害人账户内的存款转入自己的银行卡内。这显然是由于盗窃行为才取得了财产,明显缺失诈骗罪的直接性要件。换言之,朴锦龙等人的行为成立盗窃罪,而非成立诈骗罪。

第十一,对于利用债权凭证取得他人财物的,应根据不同情况认定是否具有处分行为。这里的债权凭证,并不是在民商法意义上严格使用的概念,在本书中包括一切据以取得金钱、其他财产或者进行消费的凭证,如票据、有价证券、有价票证、信用卡、存折、邮政汇款取款通知单等。但是,利用债权凭证取得财物的行为,并非一概属于三角诈骗,其中既有典型的二者间诈骗,也有成立盗窃等罪的情形。对此,应根据诈骗罪(包括三角诈骗)的基本特征区分诈骗罪与其他犯罪。下面仅就司法实践中经常面临的几种情形进行探讨(有关金融诈骗的情形,在第二章、第三章讨论)。

盗窃(或者拾取)他人存折后,使用各种欺骗手段(如使用伪造的身份证等)欺骗银行职员,进而支取存款的行为,是司法实践中的常见犯罪。对此,日本裁判所均认定为盗窃罪(拾取时为侵占罪)与诈骗罪。

---

① 参见董媛媛:《电信诈骗犯罪的司法认定》,载《中国检察官(经典案例)》2018年5月下,第27页。

因为在日本,盗窃、侵占罪的成立不以“数额较大”为条件,存折本身被评价为盗窃、侵占罪的对象,因此,行为人就存折本身成立盗窃罪或侵占罪。又由于行为人欺骗银行职员支取存款的行为侵害了新的法益,所以另成立诈骗罪。[①] 但是,我国刑法规定盗窃、侵占数额较大或者多次盗窃才成立犯罪,因此,存折本身难以被评价为盗窃罪、侵占罪的对象。然而,存折又是可以支取存款的关键凭证,于是,司法实践中,对于盗窃或者拾取他人存折后,使用各种欺骗手段支取存款的行为,存在不同处理方法(有的认定为盗窃罪或侵占罪,有的认定为诈骗罪)。

最高人民法院1997年11月4日通过的《关于审理盗窃案件具体应用法律若干问题的解释》(已废止)第5条就盗窃罪的数额计算有如下规定:“记名的有价支付凭证、有价证券、有价票证,如果票面价值已定并能即时兑现的,如活期存折、已到期的定期存折和已填上金额的支票,以及不需证明手续即可提取货物的提货单等,按票面数额和案发时应得的利息或者可提货物的价值计算。如果票面价值未定,但已经兑现的,按实际兑现的财物价值计算;尚未兑现的,可作为定罪量刑的情节。不能即时兑现的记名有价支付凭证、有价证券、有价票证或者能即时兑现的有价支付凭证、有价证券、有价票证已被销毁、丢弃,而失主可以通过挂失、补领、补办手续等方式避免实际损失的,票面数额不作为定罪量刑的标准,但可作为定罪量刑的情节。”据此,盗窃可以即时兑现的活期存折、已到期的定期存折后,即使没有支取存款,也应按存折上的数额认定为盗窃罪。至于盗窃不能即时兑现的存折,使用欺骗手段通过银行职员支取存款的行为,上述司法解释没有暗示应当认定为盗窃罪还是诈骗罪。最高人民法院、最高人民检察院2013年4月2日公布的《关于办理盗窃刑事案件适用法律若干问题的解释》第5条第2项规定:“盗窃记名的有价支付凭证、有价证券、有价票证,已经兑现的,按

① 参见[日]小野清一郎:《新订刑法讲义(各论)》(第3版),有斐阁1949年版,第248页;[日]木村亀二:《刑法各论》,法文社1959年版,第112页;[日]团藤重光:《刑法纲要各论》(第3版),创文社1990年版,第621页;[日]大塚仁等编:《大コンメタ－ル刑法》(第13卷)(第2版),青林书院2000年版,第146页;[日]前田雅英:《刑法各论讲义》(第6版),东京大学出版会2015年版,第248页;日本最高裁判所1950年2月24日判决,载日本《最高裁判所刑事判例集》第4卷第2号,第255页;日本最高裁判所1954年2月27日判决,载日本《最高裁判所刑事判例集》第8卷第2号,第202页;日本最高裁判所1963年5月17日判决,载日本《最高裁判所刑事判例集》第17卷第4号,第336页;等等。

照兑现部分的财物价值计算盗窃数额；没有兑现，但失主无法通过挂失、补领、补办手续等方式避免损失的，按照给失主造成的实际损失计算盗窃数额。”据此，盗窃记名的有价支付凭证等之后，即使是采取欺骗方法兑现的，也成立盗窃罪。这便存在需要讨论的问题。[①]

在本书看来，司法解释之所以作出上述规定，源于以下方法与误解。其一，对上述案件仅以盗窃罪论处，所采取的是综合判断的方法，没有分别判断相关犯罪的构成要件要素，没有仔细分析案件的具体细节，有违反罪刑法定原则之嫌。以窃取存折后在银行柜台冒名领取存款为例。如果行为人仅窃取了存折而不冒领存款，就意味着被害人仅失去了作为有体物的存折，而不会丧失存折所记载的债权。而且，行为人窃取存折后，并没有窃取被害人对银行享有的债权。既然如此，便不能认为行为人窃取存折的行为就是窃取债权的行为。既然行为人没有窃取债权，就不能针对债权数额（票面金额）认定为盗窃罪。不难看出，对上述案件仅以盗窃罪论处，实际上是将两个行为进行了综合判断，而没有具体判断哪一行为取得了何种财物，哪一行为针对何种具体对象，哪一行为与何种结果之间具有因果关系，或者说具体结果应当归属于哪一行为。其二，对上述案件仅以盗窃罪论处，采取的是以所谓根据主行为为确定案件性质的方法。其基本内容是，盗窃行为是主行为，冒领存款的行为是从行为（或者认为，冒领存款的行为是盗窃行为的延伸）。但是，这种判断方法并不可取。例如，甲在公共汽车上扒窃了 A 的一个小包，将包中的现金取出后，将存折抛弃在垃圾堆，乙捡拾存折后猜出了密码，从银行柜台取出现金。根据所谓按照主行为认定行为性质的观点，对乙的行为只能得出无罪的结论（或者充其量认为成立侵占罪）。这明显不合适。其三，对上述案件仅以盗窃罪论处，是对《刑法》第 196 条第 3 款规定的错误援引。根据该款规定，盗窃信用卡并使用的，以盗窃罪论处。据此，盗窃存折并使用的，盗窃现金支票并使用的，也应以盗窃罪论处。但是，这种将法律拟制当作注意规定的做法并不可取。本书的基本观点如下：

首先，盗窃或者拾取未到期的定期存折或者其他不能即时支取存款的存折，然后欺骗银行职员，支取他人存款的，属于诈骗行为。因为

① 为了表述方便，主要以存折为例说明。

根据《储蓄管理条例》第29条的规定,“未到期的定期储蓄存款,储户提前支取的,必须持存单和存款人的身份证明办理;代储户支取的,代支取人还必须持其身份证明”。因此,盗窃或者拾取他人未到期的定期存折而支取存款的,必然欺骗银行职员,导致银行职员处分被害人的存款,又由于银行职员具有处分被害人存款的权限,因而形成三角诈骗。[①]基于同样的理由,盗窃或者拾取他人的其他不能即时兑现的存折,欺骗银行职员支取他人存款的,也属于三角诈骗。

其次,盗窃或者拾取他人可以即时兑现的活期存折、已经到期的定期存折后,通过银行职员支取存款的行为,后一行为并非成立盗窃罪、侵占罪,而是成立诈骗罪。盗窃或拾取存折并不等于盗窃、拾取了存折所记载的存款;他人丢失了存折,并不意味着他人丢失了存款债权;如果不将存折本身评价为财物,便难以认定盗窃、拾取存折的行为本身构成盗窃罪、侵占罪。[②] 诚然,如果不使用任何欺骗手段便可以利用所盗窃、拾取的存折支取存款,认定为盗窃罪、侵占罪也未尝不可。但应注意的是,利用所盗窃、拾取的存折通过银行职员提取存款的行为,都属于对银行职员的欺骗行为。《中国人民银行关于执行〈储蓄管理条例〉的若干规定》第38条规定:“储蓄机构若发现有伪造、涂改存单和冒领存款者,应扣留存单(折),并报有关部门进行处理。”这表明,原则上只能由存款人本人支取存款,当某人代存款人支取存款时,必须征得存款人同意,并备有相应证件,否则便属于冒领存款。而盗窃或者拾取他人存折后向银行职员申请支取存款的行为,必然属于欺骗银行职员的冒领行为;如果银行职员发现属于冒领行为,必然扣留存折而不会支付存款;银行职员之所以支付存款,是因为行为人的冒领行为导致银行职员误认为其为存款人或者征得了存款人的同意。所以,银行职员支付存款的行为,是基于认识错误将存款人的存款处分给行为人。与此同时,银行职员又具有依据存折支付存款的权限与地位,因此,行为人盗窃或者拾取他人可以即时兑现的活期存折、已经到期的定期存折而通过银行职员冒领存款,导致他人遭受财产损失的,也属于三角诈骗,成立诈

---

① 如果认为现金是诈骗对象,也可以认定为二者间的诈骗;如果认为被害人的存款是诈骗对象,则应认为是三角诈骗。

② 如后所述,入户盗窃存折、扒窃存折、携带凶器盗窃存折的,对存折本身可能构成盗窃罪。

骗罪。①

否认上述行为构成诈骗罪的观点,大多混淆了民事过错与刑法上的认识错误。例如,被告人李某军将同居女友的活期存折盗走,用女友无意中告知的密码取走了1.37万元现金。李某军在携款回贵州老家的途中案发(盗窃女友存折取款案)。否认李某军的行为构成诈骗罪的观点指出:"李某军提交了真实的存折、提供了符合约定的密码,银行就完成了检查义务,按业内规则支付提款,银行没有任何过错,也不存在被欺骗的情况。如果李某军提交的取款手续有瑕疵,银行没有尽到注意审核义务,导致他人存款损失的,从民法上讲,银行要承担对储户的民事赔偿责任。如果行为人持他人存折和伪造他人身份证去银行取款,银行疏于审查导致存款人损失的,最终要由银行先向存款人进行赔偿。"②然而,银行职员是否有过错、应否承担民事责任,与其是否因为受欺骗产生了认识错误,完全是两个不同的问题。有过错也可能没有产生认识错误,产生了认识错误也可能没有过错。更不能认为,行为人提交了真实的存折、提供了符合约定的密码,就没有欺骗行为。行为人冒充存款名义人取款就是典型的欺骗行为,与伪造他人身份证去银行取款没有实质区别;银行职员支付存款,正是因为其误以为行为人是存折名义人。所以,上述否认行为人的行为成立诈骗罪的观点并不成立。

对以非法手段取得各种类型的存折,然后通过银行职员骗取存款的,以诈骗罪论处,有利于解决共同犯罪问题。例如,1999年11月30日晚,被告人李某、马某与被害人强某一起到歌舞厅跳舞。李某趁强某跳舞之机,从强某的皮包内窃取面额为7500元的活期存单一张。当晚,李某将盗窃强某存单一事告诉了马某,并向马某询问强某的存单密码,马某说是强某呼机号码的后四位数字。次日,李某、马某共同到银行柜台,由李某取出现金7400元,马某分得赃款1300元(窃取存单取款案)。关于马某的行为性质,司法实践中存在四种不同观点:第一种

---

① 虽然民法理论一般认为,存款(现金)属银行占有和所有,存款人只是享有债权。行为人利用欺骗手段提取他人存款的行为似乎属于二者间诈骗。但是,在银行没有过错的情况下,存款人丧失了债权,而成为实际的、直接的被害人。所以,认定为三角诈骗似乎比较合适。

② 张永宁:《窃取存折冒领存款,诈骗还是盗窃》,载《检察日报》2009年6月28日,第3版。

观点认为,马某的行为构成盗窃罪;第二种观点认为,马某的行为构成窝藏赃物罪;第三种观点认为,马某的行为构成包庇罪;第四种观点认为,马某向李某提供被盗存单密码的行为在刑法上没有明文规定,根据罪刑法定原则,对马某应宣告无罪。

之所以存在上述争议,原因在于对李某的犯罪性质存在误解。由于司法实践均认为盗窃活期存折的行为构成盗窃罪,盗窃数额按存折记载数额计算,所以,在李某盗窃既遂之后,马某不可能参与盗窃。如果认为李某、马某后来到银行提取存款的行为属于盗窃行为,则完全不符合客观事实,因为李某、马某对存款的取得并非采取了盗窃手段,也非所谓的盗窃的延续。所以,即使李某的行为构成盗窃罪,也不能认定马某的行为构成盗窃罪。马某的行为显然为李某非法占有他人财物提供了帮助,这些帮助行为并非发生在李某取得存款之后,而是在李某提取存款之前。所以,认定马某的行为构成掩饰、隐瞒犯罪所得罪或者包庇罪是缺乏理由的。同样地,认为马某的行为不成立犯罪,大体也是以李某的行为构成盗窃罪为前提的。其实,李某盗窃活期存单的行为本身不可能导致强某遭受财产损失;即使李某知道存单密码,但如果李某、马某不利用存单取款,强某也不会遭受财产损失。换言之,强某之所以遭受财产损失,是因为李某、马某利用强某的存单从银行取款。李某、马某的行为显然属于冒领存款。但李某、马某隐瞒事实真相,使银行职员误以为李某为存单的合法持有人,如果银行职员知道事实真相,就不可能将存款处分给李某。因此,李某的行为符合诈骗罪的构成要件。马某提供密码的行为,使李某的诈骗行为更具有欺骗性、更易得逞,所以,马某构成诈骗罪的共犯。

即使行为人保管了他人名义的存折或者存折密码等,也不影响诈骗罪的成立。例如,2010年9月,被告人张甲的弟弟在某煤矿因工伤死亡。其女张乙分得遗产8万元。因担心张乙母亲高某改嫁后不管张乙,张甲与高某商定,以张乙的名义将该8万元存入某银行,由张甲保管密码,高某保管存单。一日,张甲趁高某不在家拿走了存单,后以领取民政局救济款等名目为由,从高某手中骗取张乙户口本,先后5次将存单内人民币共计7.9万元取走,用于赌博挥霍。高某发现后向张甲追索未果,遂报案(冒领侄女存单案)。第一种意见认为,张甲的行为应当构成侵占罪。第二种意见认为,张甲的行为应当构成盗窃罪。[①] 可以肯定的是,即使张甲掌管张乙存单的密码,也不意味着其代为保管了张乙的银行债权,所以,张甲的行为不构成侵占罪。但是,不能因为张甲的行为不构成侵占罪,就直接得出其行为成立盗窃罪的结论。其实,张甲并没有取得张乙的银行债权,故不可能对银行债权构成盗窃罪;张甲取得的是银行现金,但张甲不可能盗窃了银行现金。张甲对银行职员实施了欺骗行为(隐瞒了自己没有取款权限的事实),使银行职员误以为张甲具有取款的权限(如得到了存款人的同意),进而将对应的银行现金交付给张甲。所以,张甲的行为成立诈骗罪,而非盗窃罪。

再次,盗窃或者拾取他人存折后,通过自动取款机支取存款的,应认定为盗窃罪。对于盗窃存折后从自动取款机支取存款的行为,认定为盗窃罪可能没有疑问,因为这里只有盗窃行为,并不存在使他人受骗进而处分财产的诈骗行为。疑问在于拾取他人存折后从自动取款机支取存款的行为性质。有的司法机关之所以将这种行为认定为侵占,可能是因为存折是拾取的,而且可以凭存折任意支取存款,故拾取存折就如同拾取了存款。但本书仍存疑问。一方面,存折本身并不等同于存款,拾取存折不等于刑法上的侵占遗忘物。另一方面,存款由银行占有和所有,只不过由于银行没有过错,而将财产损失直接转移给存款人。[②] 行为人利用拾取的存折从自动取款机支取存款的行为,属于违反银行职员与存款人的意志,以不被银行和存款人所知的平和方式将银行占有的、存款人所有的存款转移为自己占有的行为,完全符合盗窃罪的特征。[③]

---

① 参见杨文、石彬:《窃取存单骗取户口本取走存款如何定性》,载《检察日报》2011 年 6 月 14 日,第 3 版。

② 关于存款所有权的归属,我国民法理论上存在不同看法:一种观点认为,存款合同转移的是存款的使用权,存款仍然属于存款人所有;另一种观点认为,存款合同转移的是所有权,即存款人在将存款的所有权转移给金融机构的同时,从金融机构取得相应的债权,参见刘丹冰:《银行存款所有权的归属》,载《法学评论》2003 年第 1 期,第 110 页以下。日本刑法理论就存款占有的归属存在不同观点:一种观点认为,存款人仍然占有了相当数额的金钱;另一种观点认为,存款人只享有相应的债权,而没有占有相当数额的金钱,参见[日]西田典之著、桥爪隆补订:《刑法各论》(第 7 版),弘文堂 2018 年版,第 223 页以下。在刑法上,两种不同观点会导致被害人不同,也会导致二者间诈骗与三角诈骗的区别。

③ 对于盗窃或者拾取他人信用卡(包括借记卡)后,利用该信用卡支取存款的行为,也应当按上述原则区分诈骗罪与盗窃罪。

最后,盗窃存折等债权凭证的前行为是否成立盗窃罪,需要具体判断。如果多次盗窃、入户盗窃、携带凶器盗窃与扒窃的对象是存折,不管能否即时兑现,均应认定盗窃罪的成立。此时,盗窃的对象是存折本身,而不是存折所记载的债权。亦即不能按存折记载的金额认定盗窃数额。因为只要行为人不取款,被害人的债权就不会受损失,银行的现金也不会受损失。既然如此,就不能将存折所记载的金额认定为行为人的盗窃数额。即使盗窃存折的行为导致失主无法通过挂失等方式避免损失,给失主造成了 10 万元的实际损失,但只要行为人没有利用存折从银行取款,就不存在转移现金占有的窃取行为,因而对失主的损失不可能成立盗窃罪(否则,就意味着单纯造成他人财产损失的行为也能成立盗窃罪,这显然不合适)。此外,多次盗窃、入户盗窃、携带凶器盗窃、扒窃债权凭证后,向银行工作人员等自然人骗领现金的,应将盗窃罪与诈骗罪(或金融诈骗罪)实行并罚。

盗窃或者拾取他人的邮政汇款取款通知单(以下简称汇款单),然后欺骗邮政职员,提取他人汇款的,属于三角诈骗,构成诈骗罪。

首先,当邮政职员没有过错因而邮政局不承担"将汇款补兑给汇款人或收款人"的责任时,属于三角诈骗。根据《国内邮政汇兑业务处理规则》第 13 条的规定,领取汇款时,应由收款人在汇款单上签章,填写本人有效身份证件名称、号码、发证机关等,并验交本人有效证件。委托他人代领时,应凭收款人有效证件及代领人有效证件,由代领人签章领款。收款人为单位时,应加盖与汇款单上的收款单位相一致的单位公章,凭取款人有效证件签章领取。因此,当行为人盗窃或者拾取他人汇款单后,冒领他人汇款时,其行为属于诈骗罪中的欺骗行为。邮政局占有了收款人或汇款人的款项,由于受骗而处分了汇款;同时,邮政职员又具有根据汇款单处分汇款的权限与地位;邮政职员的处分行为没有过错,因而并没有导致邮政局承担补兑责任(邮政局没有遭受财产损失),只是导致收款人或汇款人遭受损失。因此,邮政职员是受骗者,收款人或汇款人为被害人。这种情形属于三角诈骗,而不应认定为盗窃罪或者侵占罪。

例如,某学校的专职收发员甲利用自己负责收发工作的便利条件,将他人汇给本校教师乙的 5000 元汇款单拿走,并以欺骗手段加盖本单位公章后,在邮政局取款时声称乙出国学习,从而取走汇款(收发员冒领汇款案)。汇款单只是一种取款凭证,在我国没有被评价为财物,所以不能将该行为认定为盗窃罪。汇款由邮政局占有,而不是由甲占有,甲也不可能利用职务上的便利取得邮政局占有的财物,所以,将甲的行为认定为职务侵占罪与贪污罪也不妥当。邮政职员具有按汇款单支付汇款的权限,其受欺骗后支付汇款的行为导致乙或者汇款人遭受财产损失,但乙显然没有受骗,也没有处分财产。因此,甲的行为属于三角诈骗,认定为诈骗罪较为合适。

其次,行为人盗窃或者拾取他人汇款单后,采取欺骗手段使邮政职员支付汇款,因为邮政职员的过错等原因导致邮政局应当承担"将汇款补兑给汇款人或收款人"的责任时,由于直接遭受财产损失的是邮政局,而不是邮政职员本人,故在理论上也属于三角诈骗。换言之,行为人欺骗邮政职员,使邮政职员处分了邮政局的财产,邮政职员为受骗者,邮政局为被害人,同样属于三角诈骗。我国刑法理论界可能认为这种情况属于二者间诈骗,即将邮政职员与邮政局视为一体,都属于被害人。事实上,这种情况在国外均被认定为三角诈骗。[①] 不过,这种分歧不会影响案件的性质。

概言之,行为人盗窃、拾取他人的存折、储蓄卡、汇款单等债权凭证后,使用欺骗手段通过银行或者其他金融机构的职员、邮政职员取得财产,导致他人遭受财产损失的,属于三角诈骗,成立诈骗罪;但是,利用盗窃或者拾取的债权凭证通过自动取款机提取现金的,应当认定为盗窃罪。

至于行为人骗取他人的各种存折、储蓄卡或者汇款单等债权凭证后,使用各种欺骗手段(如使用伪造的身份证等)欺骗银行或邮政职员,进而支取存款或骗领汇款的行为,由于前后两种行为都属于诈骗性质,所以,认定为(金融)诈骗罪当属没有疑问。

---

① 例如,日本学者西田典之在讨论三角诈骗时列举的适例是:"行为人欺骗银行的支店长,进而接受了融资时,被欺骗者与处分行为者(交付者)是该支店长,但被害人是银行。"[日]西田典之著、桥爪隆补订:《刑法各论》(第7版),弘文堂2018年版,第216页。

第六节　取 得 财 产

受骗者基于认识错误处分财产，是指将财产处分给行为人或第三者占有。所以，在受骗者处分财产的同时（或之后），是行为人或第三者取得财产。

一、取得财产的含义

行为人或第三者取得财产，意味着财产由受骗者、被害人占有（享有）转移至行为人或第三者占有（或取得、享有）。诈骗罪是取得财产的犯罪。“但是，由于取得纯粹是事实性的，并不是要在法律上取得所有权，所以也有学者认为取得罪是危险犯。取得大多表现为使对方将财产转移给行为人，这样形态的犯罪称为财产转移罪（vermögesverschiebungsdelikte）。”[①]正因如此，受骗者、被害人所处分的、所丧失的财产与行为人、第三者所取得的、所占有的财产，必须具有同一性。这在刑法理论上称为“素材的同一性”要件。[②] 如果二者不具有同一性，则不能认定为诈骗罪中的行为人或第三者取得了财产。

就财物而言，取得财产的最低限度是取得财物的占有，占有的取得当然不具有法的效力，只是一种事实上的支配、控制。即使在通常情况下，取得财物表现为取得了对财物不法行使类似所有权人才能行使的权利，但这种“类似所有权人”只是就外表形式而言，绝不意味着行为人或第三者真正取得了财产所有权。例如，甲以借用为名，使乙将私家轿车交付给甲驾驶，甲将轿车隐匿。甲虽然已经取得了对轿车的事实上的支配、控制，但并不因此成为轿车的所有者或合法的占有者。

就财产性利益而言，取得财产意味着行为人或第三者获得（或享有）了财产性利益。由于财产性利益也存在准占有，所以，在某些情况下，仍然可以说行为人或第三者占有了财产性利益。例如，行为人使用

---

① ［日］团藤重光：《刑法纲要各论》（第3版），创文社1990年版，第545页。其中的“学者”指德国学者Maurach。

② 参见［日］山口厚：《刑法各论》（第2版），有斐阁2010年版，第266页。

欺骗手段,使他人将存款转入其账户内时,可以认为行为人占有了该存款债权。但是在许多情况下,就行为人或第三者而言,只是获得了财产性利益,却难以认定为占有了财产性利益。例如,甲原本为债务人,但使用欺骗手段使债权人乙免除了其债务。在这种情况下,难以认定甲占有了财产性利益,但可以认定甲获得了财产性利益。当然,这基本上只是语言表述问题。

受骗者基于认识错误处分财产,使财产转移给行为人或第三者占有或取得时,同时意味着受骗者、被害人丧失了所处分的财产,形成了法益侵害事实,成立诈骗既遂。

二、取得财产的类型

诈骗罪通常表现为行为人直接取得受骗者处分的财产,但并不限于这种狭义的直接取得,还包括其他类型。①

第一,由于处分行为既包括直接交付(由受骗者直接处分或交付给行为人),也包括间接交付(由财产处分者通过第三者将财产转移给行为人),所以,取得财产也包括通过第三者取得财产的情形。这里的第三者又分为两种类型:一是属于受骗者、被害人阵营的第三者(处分行为者的辅助者);二是属于行为人阵营的第三者。

第一种类型,如甲为了骗取某销售公司的电脑,临时租用了几间办公室。某日,甲携款去销售公司购买电脑,并立即付款,然后让销售公司职员送货至办公室。第二天,甲又打电话给该销售公司经理乙,声称自己公司还需要10台电脑,并言明电脑送至办公室后付款。由于销售公司职员前一天送货时,确信甲为公司购买,于是销售公司经理乙安排公司职员丙、丁将10台电脑送至甲的办公室。待丙、丁将电脑送至甲的办公室后,甲以银行关门为由,要求丙、丁次日来领支票。丙、丁经请示乙后,同意次日索取支票。但是,甲当晚便将所有电脑转移至他处,并关闭手机(骗取10台电脑案)。本案当然属于诈骗既遂。但要讨论的是,在丙、丁将电脑从公司搬走送往甲的办公室的途中,甲的犯罪处

① 恳请读者注意,"不限于直接取得"中的"直接"与"直接性要件"中的"直接"不是等同含义;前者只是从取得的方式而言,后者意指行为人没有通过新的、另外的违法犯罪行为取得财产。

于何种形态？丙、丁不是电脑的所有者，也难以认定其为占有者，但在当时无疑是电脑的占有辅助者。甲只是欺骗了乙，并没有欺骗丙和丁，所以，丙、丁属于受骗者、被害人阵营的第三者。显而易见的是，在丙、丁运送电脑的过程中，丙、丁是辅助乙占有，而不是辅助甲占有。所以，在此阶段，乙并没有丧失对电脑的占有，电脑也没有转移至甲处。基于该理由，在电脑转移至甲的办公室以前，不能认定甲已经诈骗既遂。由此可见，当第三者属于受骗者、被害人阵营时，如果财产仍然处于第三者的转移过程中，应当认为第三者是为受骗者占有或辅助占有，所以受骗者、被害人尚未丧失财产，行为人也没有取得财产，此时还不能认定为诈骗既遂。

第二种类型，如A冒充警察欺骗B，声称B购买的古董为赃物，让B交出赃物。B信以为真，同意交出古董。A对B说："我明天派人到你家取赃物。"次日，A安排不知情的C到B家取古董。在这种情况下，尽管C不知情，但他客观上是为A取得古董，属于A的阵营；B将古董交付给C后，便丧失了对古董的占有；由于C客观上是为A取得古董，故应认为，在B将古董交付给C时，A便取得了该古董（冒名骗取古董案）。因此，应当认定A诈骗既遂。由此可见，当第三者属于行为人阵营时，即使财产还处于第三者向行为人转移的过程中，也应认为受骗者、被害人丧失了财产，行为人取得了财产，进而认定为诈骗既遂。

第二，由受骗者作出财产处分决定，使被害人向受骗者转移财产，然后受骗者再向行为人转移财产。例如，诉讼诈骗时，法官是受骗者与财产处分者。其中的一种情形为，法官作出财产处分决定后，由败诉者向法院转移财产，法官再将财产转移给行为人。在这种情况下，相对于受骗者而言，行为人直接取得了财产；但相对于被害人而言，也可谓行为人间接取得财产。由于法官与败诉者都可谓广义的被害人，所以，当败诉者将财产转移给法官或法院时，还不能认定被害人丧失了财产，也不能认定行为人取得了财产。在此阶段，只能认定为诈骗未遂。只有当法官将财产转移给行为人占有时，才能认为行为人取得了财产，被害人丧失了财产，进而认定行为人诈骗既遂。

第三，由受骗者作出财产处分决定，使被害人向行为人转移财产。在这种情况下，虽然行为人直接从被害人处取得了财产，但并不是直接从受骗者即财产处分者处取得财产。相对于受骗者而言，也可谓行为人间接取得财产。如上所述,诉讼诈骗时,法官是受骗者与财产处分者。其中的情形之一是,法官作出财产处分决定(判决或裁定)后,由败诉者(被害人)直接向行为人转移财产。在这种情况下,并不是法官作出财产处分决定,行为人便取得了财产,诈骗行为就既遂,因为在法官作出财产处分决定之后,只要败诉者没有将财产转移给行为人,败诉者便没有丧失自己的财产,行为人也没有取得相应的财产。在被害人没有丧失财产的情况下,不可能认定行为人已经诈骗既遂。所以,只有当败诉者将财产转移给行为人时,行为人才取得了财产,因而成立诈骗既遂。

不过,上述就第二种、第三种情况得出的结论是就狭义财物而言,即就受骗者或者被害人转移狭义财物而言得出的结论。换言之,在上述第二种、第三种情况下,如果诈骗对象为财产性利益,当受骗者作出财产处分决定时,就意味着行为人或第三者取得了财产性利益,被害人也因此丧失了财产性利益,应认定为诈骗既遂。还是以诉讼诈骗为例。例如,行为人提起虚假民事诉讼之后,法官判决被害人向行为人赔偿100万元,只要判决发生了法律效力,就可以认定行为人取得了财产性利益(相当于100万元的债权)。就该财产性利益而言,已经成立诈骗既遂。再如,债务人甲伪造证据,使法官驳回债权人乙的诉讼请求,从而免除甲的债务,只要判决或裁定发生法律效力,就应认定行为人取得了财产性利益,成立诈骗(财产性利益)既遂。另外,在上述第二种、第三种情况下,如果行为人实施诉讼诈骗行为是为了骗取必须登记的不动产,那么,法院作出有利于行为人的胜诉判决时,并不意味着行为人取得了不动产;只有当行为人基于法院的判决办理了不动产所有权的转移登记时,才能认定为其取得了财产,从而成立诈骗既遂。①

第四,欺骗行为导致受骗者放弃(抛弃)财物,行为人进而拾得财物的,也应认定为诈骗既遂。当然,对这种情形还存在争议,需要进一步研究。如前所述,诈骗罪中的财产转移形态通常表现为:受骗者或被害人的占有→行为人的占有;或者表现为:受骗者或被害人的占有→第三者辅助占有→行为人的占有;而上述案件的财产转移形态表现为:受骗

---

① 参见[日]大塚仁等编:《大コンメンタ－ル刑法》(第13卷)(第2版),青林书院2000年版,第105页。

法上的占有。例如，民法上一般要求占有人具有为了自己的利益而占有的意思，但刑法上的占有可以是为了他人的利益而占有；民法上的代理占有、间接占有与占有改定，在刑法上并不属于占有；此外，刑法上也不承认占有的继承。[①] 刑法上的占有重在事实上的支配，占有意思往往只是对认定是否占有起补充作用。不过，刑法上对于事实上的支配也是根据社会一般观念判断的，民法上的某些“观念占有”也可能被认定为刑法上的占有，但民法上的“观念占有”不一定都是刑法上的占有。在本案中，如果认为在朱某行为的当时，盗车人还没有占有摩托车，失主仍然占有摩托车，就意味着盗车人的行为还不构成盗窃既遂，只能成立盗窃未遂，这在刑法上是不可思议的。换言之，既然认定盗车人已经盗窃既遂，那就意味着盗车人占有了摩托车，失主丧失了对摩托车的占有。在盗车人弃车而逃而车主并不同时在场的情况下，也不能认定车主立即恢复了对摩托车的事实上的占有。所以，不能认定朱某盗窃了失主占有的摩托车。如果认定朱某盗窃了盗车人占有的摩托车，也与事实不符，因为朱某不是通过盗窃方式取得了盗车人占有的摩托车。

其次，对朱某的行为不宜认定为侵占罪。就普通侵占而言，要求行为人将自己基于委托关系而占有的财物不法转变为自己所有的财物。尽管这种“委托关系不一定要有成文的合同，根据日常生活规则，事实上存在委托关系即可”，[②]但从本案来看，朱某与失主、盗车人都不可能有任何形式的委托关系，所以，不可能成立普通侵占。就侵占遗忘物而言，要求行为人将他人的遗忘物非法占为已有。然而，如前所述，即使将摩托车评价为盗车人的“遗忘物”[③]，也应当考虑盗车人放弃摩托车占有的原因。显然，朱某的行为不只是占有了盗车人放弃的摩托车，更主要的是通过不法行为使盗车人放弃了对摩托车的占有，进而取得了该摩托车。所以，将朱某的行为仅评价为侵占遗忘物是不全面的。

再次，对朱某的行为不能认定为敲诈勒索罪，抢劫罪与掩饰、隐瞒犯罪所得罪，因为即使在当时的特定环境下，也难以认定朱某的行为是以恶害相通告的恐吓或胁迫行为。虽然能够认为盗车人在当时的情况

---

① 参见［日］西田典之著、桥爪隆补订：《刑法各论》（第7版），弘文堂2018年版，第155页以下。

② 张明楷：《刑法学》（第5版），法律出版社2016年版，第967页。

③ 当然，根据我国刑法理论的通说，本案中的摩托车不属于遗忘物。

下产生了恐惧心理,但不能因为其产生了恐惧心理,就认定朱某的行为属于敲诈勒索。一方面,欺骗等行为也可能使对方产生恐惧心理;另一方面,认定行为构成何罪要首先着眼于行为本身的性质,在行为人没有以恶害相通告的情况下,仅因对方产生了恐惧心理便认定朱某的行为属于敲诈勒索,存在疑问。同样,朱某没有使用暴力、胁迫与其他方法取得摩托车,当然不成立抢劫罪。况且,既然朱某的行为连敲诈勒索中的胁迫行为都不成立,就更不可能成立抢劫罪。摩托车是盗车人犯罪所得的赃物,在此形式意义上说,朱某的行为似乎也有成立掩饰、隐瞒犯罪所得罪的可能性。但是,其一,掩饰、隐瞒犯罪所得罪是妨害司法的犯罪,不仅要求行为人明知自己转移的是犯罪所得的赃物,而且要求行为人认识到自己的掩饰、隐瞒行为会发生妨害司法机关追缴赃物与从事刑事侦查、起诉、审查的正常活动秩序的危害结果,并且希望或者放任这种结果发生。虽然可以认定朱某明知摩托车是他人犯罪所得的赃物,但朱某显然不具有后一认识因素与意志因素。其二,掩饰、隐瞒犯罪所得罪中的转移赃物应当限于本犯将犯罪所得赃物交由行为人转移,或者行为人为了本犯的利益而转移赃物,但本案中的盗车人并未将所盗摩托车交由朱某转移,朱某是为了自己的占有并非为了盗车人的利益而转移摩托车的,所以,认定朱某的行为成立掩饰、隐瞒犯罪所得罪并不一定妥当。

最后,朱某的行为符合诈骗罪的构造与直接性要件。因为,一方面,盗车人之所以放弃摩托车,完全是朱某的欺骗行为所致。盗车人虽然表面上没有直接将摩托车交付给朱某,但其放弃摩托车的行为无疑也是一种处分行为。在当时的情况下,盗车人放弃摩托车的直接后果是由朱某占有摩托车,这更加肯定了朱某的行为符合诈骗罪的构造。另一方面,在盗车人放弃摩托车与朱某取得摩托车之间,不另存在朱某独立的不法行为。所以,盗车人的处分行为与朱某取得摩托车之间不缺乏关联性。

对朱某的行为构成诈骗罪持异议的观点指出:“认定朱某是虚构事实或隐瞒真相,似乎言过其实,他并没说自己是车主,也没说认识该车,其行为和言语本是平常之举,谁都可以做,谁都可以说。试想,路见形迹可疑之人,不论是谁、出于何种动机,如此举动并无特别不同寻常,这怎么能说是虚构事实、隐瞒真相?就结果而言,对方并不是主动交出财物,而是以为罪行败露而畏罪逃跑,完全是被迫放弃财物。被迫交出与主动交出性质是完全不同的,如何成为被诈骗的结果?再说,诈骗罪中被害人应是财物的合法所有者,本案真正的被害人是盗窃罪的失主。如果本案定诈骗罪,盗车人岂不成了被害人,财物岂不还要退还给他?所以,无论从哪个角度讲,诈骗罪是构不成的。"[①]

但是,其一,何种行为能够成立诈骗罪中的欺骗行为,既要联系欺骗行为的本质,又要根据具体环境来考察和认定。在此环境下不属于欺骗行为的,在彼环境下完全可能属于欺骗行为。"平常之举"在特定情况下完全可能属于欺骗行为。在盗车人刚刚取得摩托车的情况下,朱某装作认识摩托车的样子,围着车看,问"你到哪里去",显然是使盗车人误以为朱某是车主的行为。换言之,在当时的特定环境下,这种行为属于既使用言语也使用了举动的欺骗行为。而且,如果没有朱某的举止与言行,盗车人就不会放弃摩托车。所以,朱某的行为符合欺骗行为的本质。

其二,如前所述,诈骗罪的保护法益不只是财物的所有权,还包括一定的占有。[②] 只有有效地保护占有,才能进一步保护所有权。由于盗车人已经盗窃既遂,故应肯定其占有了摩托车。一方面,刑法保护盗车人对摩托车的占有,不是为了使盗车人一直合法占有该摩托车,而是为了防止其他人以不法手段从盗车人处取得摩托车的占有;如果因为盗车人非法占有了摩托车,便不予保护,任何人都可以再次非法从盗车人处取得摩托车,这必然导致财产秩序的混乱。基于同样的理由,承认朱某的行为构成诈骗罪,并不意味着应当将摩托车退还给盗车人,而是意味着朱某骗取了盗车人占有的摩托车。况且,如果不保护盗车人对摩托车的占有,也不利于保护失主对摩托车的所有。另一方面,盗车人对摩托车的占有受到保护也是有限定的,即盗车人对摩托车的占有,不能与失主(所有权人)相对抗,所以,相对于失主恢复权利而言,盗车人对摩托车的占有不是诈骗罪的法益;倘若失主采取像朱某这样的行为追回摩托车,失主的行为肯定不成立诈骗罪。但是,盗车人对摩托车的占

① 高憬宏:《本着刑法适用的谦抑原则——朱某的行为不构成犯罪》,载《人民法院报》2003年6月2日,第3版。

② 参见张明楷:《法益初论》(修订版),中国政法大学出版社2003年版,第503页以下。

有相对于其他人而言，则是诈骗罪的法益，即其他人不能采取非法手段侵害盗车人对摩托车的占有。朱某不是所有权人，所以，盗车人对摩托车的占有能够与朱某相对抗，朱某采取欺骗手段取得摩托车的行为，当然侵犯了诈骗罪的法益，成立诈骗罪。

由于朱某的行为成立诈骗罪，所以，认为朱某的行为不成立犯罪的理由就不成立了。本书还想表达一点相关的想法：在疑难案件的讨论过程中，无罪论者常常喜欢将“法无明文规定不为罪”“坚持刑法谦抑性原则”作为理由；言下之意，有罪论者违反了罪刑法定原则，违反了刑法的谦抑性原则。但是，一方面，一个行为是否成立犯罪，应以行为是否符合法定的犯罪构成为根据，所以，需要重点分析和判断行为是否符合法定的犯罪构成（当然，要对犯罪构成进行实质的解释）。判断者应在正义理念之下，目光不断地往返于案件事实与构成要件之间，得出正确结论。在有争议的情况下，当我们认为某种行为不符合构成要件时，我们可能要怀疑和追问自己是否缺乏解释能力，是否没有正确理解犯罪的构成要件，是否没有正确归纳案件事实。当我们认为某种行为不符合构成要件，而他人认为符合构成要件时，也不要认为他人的观点违反罪刑法定原则，因为他人并不一定采取了类推的思维模式，即他人并不是认为“虽然刑法没有明文规定为犯罪，但也要想方设法认定为犯罪”。他人完全可能是通过对犯罪构成要件的解释和事实的归纳以及二者之间的符合性判断得出结论的。既然如此，无罪论者就不能轻易地说他人的结论违反罪刑法定原则。另一方面，刑法的谦抑性是一般性、总体性的原则，而不是意味着法官就每一个案件都具体考察是否可以用民法处理和解决，如果可以便不以犯罪论处。例如，法官完全可能遇到这样的案件：行为人实施了抢劫行为甚至杀人行为，但诸多事实表明，行为人没有再犯罪的可能性，被害人和被害人家属也只要求行为人赔偿财产损失。可是，法官不能说，本案完全可以由民法处理，而不需要认定为抢劫罪或杀人罪。换言之，只要刑法将某种行为规定为犯罪，只要行为符合某种犯罪的构成要件，就不能以“可以由民法处理”为由（什么行为不可以由民法处理？故意杀人也是民法上的侵权行为），不作为犯罪处理。

再如，2010 年 3 月的一天，刘某盗窃他人一辆摩托车，价值人民币 4640 元，后将该车卖给邓某。一日，李某发现该车在河边一茶楼宾馆外面停放，因其之前曾向刘某借用过，知道该车系刘某盗窃所得后卖与他人,遂企图非法占有该车。围着摩托车转了几圈后,李某进入茶楼内问外面是谁的摩托车,并说“我的车怎么跑到这里来了”。当时正在该茶楼内打扑克的邓某因为自己系买赃未敢应答,遂没有出来认车。李某即谎称该车是自己的,被他人盗走了,并雇用一辆四轮车将该车拉走,后设法将该车骑回家中(欺骗买赃人案)。第一种观点认为,李某的行为构成盗窃罪;第二种观点认为,李某的行为构成诈骗罪;第三种观点认为,李某的行为成立敲诈勒索罪。[①] 首先,李某并不是直接违反邓某的意志,将摩托车转移为自己占有,所以,认定其行为构成盗窃罪并不妥当。其次,邓某或许产生了恐惧心理,但李某的行为本身并非恶害相通告的敲诈勒索行为。即使邓某产生了恐惧心理,也是因为受欺骗所致。换言之,在被害人同时存在认识错误与恐惧心理时,必须判断行为人实施的是什么行为。在行为人没有实施恐吓行为的情况下,不能认定李某的行为成立敲诈勒索罪。最后,李某的行为成立诈骗罪。李某说“我的车怎么跑到这里来了”,这显然是冒充摩托车主的欺骗行为;邓某因为自己系买赃未敢应答,遂没有出来认车,显然是误以为李某是摩托车主;正是因为误以为李某是摩托车主,所以邓某容忍李某将摩托车拉走。所以,李某的行为完全符合诈骗罪的构造。

三、取得财产的主体

诈骗罪通常表现为行为人取得受骗者处分的财产。问题是,当行为人使用欺骗手段,使陷入认识错误的受骗者向第三者处分财产,从而使第三者取得财产的,如何处理?

在此问题上,大体上有三种立法例。第一种立法例是明文规定财产取得者包括行为人与第三者或他人,如《德国刑法》第 263 条明文规定,诈骗罪包括“使自己或者第三者获得不法财产利益”;《瑞士刑法》第 146 条规定,诈骗罪包括“使自己或他人非法获利”;《意大利刑法》第 640 条规定,诈骗罪包括“使自己或其他人获得不正当利益”;《韩国刑法》第 347 条第 1 款规定了诈骗罪的基本构成要件与法定刑,第 2 款规定“以前款方法使他人取得财物的交付或者取得财产上利益的,处以前

---

① 参见黄艳:《吓唬买赃人占有赃物应定何罪》,载《检察日报》2010 年 7 月 10 日,第 3 版。

款之刑”;英国1968年《盗窃罪法》第15条第1款规定了诈骗(财物)罪的罪状与法定刑,第2款规定“本条中所称的财物的所有权、占有或者支配的取得者,是指取得财物的人,‘取得’包括为了他人取得与使他人取得”。

第二种立法例是对骗取财物没有明文规定,但对骗取财产性利益明文规定包括使他人取得。如《日本刑法》第246条第1项规定:“欺骗他人使之交付财物的,处十年以下惩役。”第2项规定:“以前项方法,取得财产上的不法利益,或者使他人取得的,与前项同。”但是,一方面,该条第1项的“使之交付财物”并没有限定为交付给行为人,从文理上讲就包含了交付给第三者。换言之,正是因为“使之交付财物”理所当然包含使之交付给第三者,所以该项没有表述为“使之交付财物予行为人或第三者”。另一方面,日本刑法理论的通说与审判实践也都认为,诈骗财物时,包含使受骗者交付财物予第三者。如团藤重光教授指出:“使人交付者(行为人)与受交付者不必是同一人。使人交付给第三者的也可以成立诈骗罪。”①不难看出,这种立法例与第一种立法例并没有实质区别,因为诈骗财物与诈骗财产性利益的唯一区别是对象不同,其他要素没有区别。既然诈骗财产性利益时,取得利益者包含第三者,那么,诈骗财物时,取得财物者当然包含第三者。

第三种立法例是对财产取得者没有明文限定。如《法国刑法》第313-1条规定:“使用假名、假身份或者滥用真实身份,或者采取欺诈伎俩,欺骗自然人或法人,致其上当受骗,损害其利益或损害第三人利益,交付一笔资金、有价证券或任何其他财物,或者提供服务或同意完成或解除某项义务之行为,是诈骗。”本条没有明确规定财产取得者。我国刑法也没有明文规定财产取得者的范围。

本书认为,虽然我国刑法没有明文规定财产取得者包含第三者,但完全可以将财产取得者解释为包含行为人与第三者。首先,刑法的目的是保护法益,刑法规定诈骗罪的目的是保护被害人的财产。当行为

① [日]团藤重光:《刑法纲要各论》(第3版),创文社1990年版,第615页。另参见[日]大塚仁:《刑法概说(各论)》(第3版),有斐阁1996年版,第260页;[日]曾根威彦:《刑法各论》(第5版),弘文堂2012年版,第147页;[日]前田雅英:《刑法各论讲义》(第6版),东京大学出版会2015年版,第241页;[日]山口厚:《刑法各论》(第2版),有斐阁2010年版,第256页;等等。

人使用欺骗手段使对方陷入认识错误进而处分财产，导致财产发生转移时，不管是行为人取得财产，还是第三者取得财产，相对于被害人而言，都是丧失了财产。易言之，是行为人取得财产还是第三者取得财产，并不影响诈骗行为的法益侵害程度。例如，甲欺骗乙，使乙将其价值10万元的财产处分给甲。在这种情况下，乙丧失了其10万元的财产。同样，A欺骗B，使B将其价值10万元的财产处分给C。尽管A没有取得财产，但B丧失了10万元的财产。A是否取得财产，不影响B丧失10万元财产的事实。而且，不可否认的是，B丧失价值10万元的财产，是由A的欺骗行为造成的。没有理由认为A的行为不成立诈骗罪。[①] 所以，不管是行为人取得了财产，还是第三者取得了财产，都需要保护被害人的财产。其次，我国刑法虽然没有明文规定财产取得者包含第三者，但也没有将财产取得者限定为行为人。既然如此，将财产取得者解释为包含行为人与第三者，便无违反罪刑法定原则之嫌。最后，如果将财产取得者限定为行为人，那就意味着行为人使用欺骗手段使对方向第三者处分财产的，不成立诈骗罪。若真如此，则会为诈骗人指明逃避刑事责任的方向与手段，也造成认定诈骗罪的困难，不利于实现刑法的法益保护目的。

由上可见，诈骗罪中的财产取得者包括行为人与第三者。问题是，对这里的第三者应否作适当限定？

日本大审院的判决曾经指出，第三者作为欺骗行为者（诈骗犯）的不知情的工具或者代理人，为了欺骗行为者的利益而取得财物，或者欺骗行为者具有为第三者谋取利益的目的等特殊情形时，应认定为诈骗罪。[②] 这一判旨的精神在日本几乎得到了广泛认同。如团藤重光教授指出："使人交付者（行为人）与受交付者不必是同一人。使人交付给第三者的也可以成立诈骗罪。但是，使人交付给无关系的第三者的，则不成立诈骗罪。"[③]前田雅英教授指出："基于受骗者的处分而现实取得财物的人，不必与欺骗者为同一人，也可能使受骗者向第三者交付财物。但是，以具有（1）行为人将第三者作为工具利用的场合；（2）第三者是

① 参见张明楷：《法益初论》（修订版），中国政法大学出版社2003年版，第386页。

② 日本大审院1916年9月28日判决，载日本《大审院刑事判决录》第23辑，第1467页。

③ ［日］团藤重光：《刑法纲要各论》（第3版），创文社1990年版，第616页。

为欺骗行为者而受领的人(代理人)等特别事情为必要。使受骗者交付给完全无关的第三者的行为不符合诈骗罪。”[①]山口厚教授指出:“财物、财产性利益的交付相对方,虽然大多是欺骗行为者本人,但也包括第三者的情况……但是,这里的第三者也并不是任何人都可以,与欺骗行为者没有关系的第三者应当排除在外,而限于有特别关系的第三者。这样的特别关系,在以下场合可以肯定:(1)交付给第三者可以与欺骗行为者接受交付同等看待的场合;(2)欺骗行为者以使第三者取得财产为目的的场合。”[②]概括起来说,当第三者取得财产是欺骗行为者实施欺骗行为的目的时,当第三者是欺骗行为者的不知情的工具时(如果知情则是共犯,属于向行为人处分财产),当第三者是为了欺骗行为者的利益而取得财物时,以及其他可以与行为人取得财产等同看待的情形,都应当认定为诈骗罪。“在使对方向完全无关的第三者交付财产的场合,成立毁弃罪等则是另外的事,但应认为不成立本罪(指诈骗罪——引者注)。”[③]日本的判例与理论之所以对第三者作出一定限定,是因为诈骗罪属于利欲犯,当行为人使完全无关的第三者取得财产时,很难认定行为人的利欲。换言之,如果行为人不是出于利欲心理,使受骗者交付财产给完全无关的第三者,则成立毁坏财物罪。与此不同,德国的刑法理论与判例则并没有强调第三者与行为人具有某种特别关系。

在本书看来,如果从法益侵害的角度考虑,不必要求取得财产的第三者与行为人具有一定关系。因为如前所述,在行为人使用了欺骗手段的情况下,不管对方是将财产转移给行为人,还是转移给第三者,都导致了其财产损害;二者的法益侵害种类与程度没有区别。但是,侵犯财产的犯罪并不限于取得他人财产,还有故意毁坏财产的类型。就侵害财产而言,故意毁坏财物罪与取得罪也没有实质区别;甚至可以认为,故意毁坏财物的行为对财产法益的侵害要重于盗窃、诈骗等取得罪。也正因如此,有的国家的刑法将毁坏财产罪规定在侵犯财产罪之首(参见《奥地利刑法分则》第六章)。但尽管如此,各国刑法对诈骗罪规定的法定刑都重于故意毁坏财物罪。这主要是因为,法定刑的轻重

---

① [日]前田雅英:《刑法各论讲义》(第6版),东京大学出版会2015年版,第241页。

② [日]山口厚:《刑法各论》(第2版),有斐阁2010年版,第256页。

③ [日]西田典之著、桥爪隆补订:《刑法各论》(第7版),弘文堂2018年版,第211页。

并不只是取决于法益侵害程度，还取决于有责性的程度以及一般预防的需要程度。由于诈骗罪是利欲犯，所以其非难可能性重于故意毁坏财物罪；就一般预防的需要程度而言，诈骗罪也大于故意毁坏财物罪。因此，讨论诈骗罪中取得财产的第三者的范围，大体上等同于讨论诈骗罪与故意毁坏财物罪的区别，而这一问题的讨论在很大程度上取决于行为人主观目的的内容及其认定。如后（本章第八节）所述，诈骗罪的主观目的包含使第三者非法占有，因此，在本书看来，行为人将第三者作为取得财物的工具、代理人等最终仍然使自己取得财产的，成立诈骗罪自不待言；只要行为人以使第三者取得财产为目的，即使该第三者与行为人毫无关系，也不能否认诈骗罪的成立。例如，普通公民乙因财产事由咨询律师甲，甲故意欺骗乙，使乙陷入认识错误，进而将自己的财产处分给丙。即使甲与丙没有特别关系，甲的行为也成立诈骗罪。但是，当行为人以毁坏的故意实施“欺骗”行为，使对方抛弃财产时，即使偶然由第三者取得财产，也不能认定为诈骗罪。再如，乙持有某国正在流通的外币，甲出于嫉妒乙的心理欺骗乙说：“这是伪造的外国货币，尽快扔掉，否则会带来麻烦。”乙听信甲的谎言，扔掉外币，即使碰巧第三者拾取该外币，甲的行为也仅成立故意毁坏财产罪，而不成立诈骗罪（骗人扔掉外币案）。[①]当然，这个问题比较复杂，还值得进一步研究。

需要说明的是，上述第三者包含单位，即行为人实施欺骗行为，使其单位取得财产的，应当成立诈骗罪。其一，第三者是否为自然人，不影响对被害人的财产损害的认定。即单位取得财产时，诈骗行为的法益侵害性没有变化。其二，从客观方面来说，单位与行为人之间必然具有某种联系。其三，从主观方面而言，如后所述，为了单位取得财产，也是非法占有目的的一种表现形式。[②]

第七节　财产损失

成立诈骗既遂，要求被害人的财产发生转移（行为人获得利益）。

---

① 当然，如果甲让乙扔掉外币是为了自己拾取的，则成立诈骗罪。

② 由于与诈骗罪的主体、主观要件有关，本章第八节、第二章第三节、第四节还会详细讨论这方面的问题。

问题是，如何确定被害人？诈骗罪的成立，是否要求被害人遭受财产损失？[①] 何谓财产（是采取法律的财产说还是经济的财产说）？如何认定财产损失（诈骗罪是对整体财产的犯罪还是对个别财产的犯罪）？这些都是需要研究的问题。

一、被害人

如前所述，在二者间的诈骗中，受骗者与被害人是同一人，但在三角诈骗中，受骗者与被害人不是同一人。在通常情况下，谁是诈骗罪的被害人是容易确定的。但在某些情况下，由于对诈骗罪的保护法益存在不同观点，以及对诈骗罪的构造与罪数认定存在认识上的偏差，导致司法机关对被害人的确认存在分歧。

首先，必须按照诈骗罪的构造确定被害人，而不能离开诈骗罪的构造，将所谓最终遭受财产损失的人认定为被害人。因此，在二者间的诈骗中（包括间接正犯在内），只能将受骗者认定为被害人。

例如，2006 年 8 月，犯罪嫌疑人张某对刘某谎称，自己手中掌握一个应届高中生进入某军校学习的指标，需要好处费 12 万元，让刘某联系合适人选。刘某将此事告诉陈某，并将好处费增至 14 万元。陈某告诉顾某，顾某表示要为自己儿子办理，但让陈某先垫付费用，并承诺事成后肯定全部付清。陈某遂垫付 14 万元给刘某。刘某将其中的 12 万元交给张某，余款 2 万元个人留用。张某将 12 万元全部挥霍。后因顾某儿子未能入军校，陈某催促刘某还款，并称不还款就到其单位告发。刘某多次向张某追讨不成，自己拿出 14 万元退给陈某（连环诈骗案）。第一种意见认为刘某是被害人；第二种意见认为陈某是被害人；第三种意见认为顾某是被害人。[②]

显然，本案属于二者间的诈骗，而非三角诈骗。张某对 12 万元构成诈骗罪的间接正犯，刘某是被利用者。与此同时，就 2 万元而言，刘某也是诈骗罪的间接正犯。陈某虽然也受到了欺骗，但其并没有产生处分自己财产的意识，也没有处分顾某财产的权限，所以，陈某并非诈骗罪中的受骗者，只是间接正犯的被利用者。本案中的受骗者是顾某，

---

① 在本书中，财产“损失”与财产“损害”是在等同意义上使用的概念。

② 参见佚名：《连环诈骗案，如何确定被害人》，载《检察日报》2009 年 2 月 1 日，第 3 版。

顾某只是因为当时没有14万元，才让陈某垫付。亦即顾某实际上是向陈某借款14万元后，通过陈某处分给刘某和张某。因此，顾某是诈骗罪的被害人。

诚然，在案件的中间阶段，陈某遭受了14万元的财产损失，但如上所述，陈某交付14万元是为顾某垫付的，亦即属于借款14万元给顾某，并不属于诈骗罪中受骗者的处分行为。一方面，虽然顾某“承诺事成后肯定全部付清”，似乎意味着如果事不能办成就不给钱，但顾某是因为误以为刘某能办成事才让陈某垫付的，陈某也是误以为刘某能办成事才为顾某垫付了14万元。概言之，陈某只是出于垫付的意识才交付了14万元。另一方面，可以肯定的是，陈某垫付14万元给刘某时，张某与刘某就成立诈骗既遂，但这并不意味着陈某就是被害人。由于此时顾某成为陈某的债务人，顾某此时也遭受到了财产损失。所以，认定顾某是本案的被害人与本案的既遂时点并不矛盾。

刘某虽然最终也遭受了12万元的财产损失，但该损失不是由任何欺骗行为造成的。在陈某向刘某索要14万元时，刘某没有产生任何认识错误，因而也没有基于认识错误处分财产。所以，刘某不可能成为诈骗罪的被害人。

不难看出，从诈骗罪的构造来看，宜将顾某作为本案的被害人。①

特别需要说明的是，不管是二者间诈骗还是三角诈骗，都可能存在间接正犯，但不能将间接正犯中的被利用者当作被害人。例如，**2018年1月，甲在重庆某区盗窃一辆丰田小轿车后冒充车主找到从事中介生意的乙，声称要卖车，让乙寻找买主，底价15万元。乙信以为真，找到同样不知情的丙，将车辆20万元卖出。后乙将15万元转交甲，另外5万元占为己有（中介销售赃车案）。**该案在处理过程中出现了三种意见：第一种意见认为，被害人是乙，应当认定诈骗数额15万元；第二种意见认为，乙只是中介，被害人是丙，由于甲只接受了15万元，故应当认定诈骗数额15万元；第三种意见认为，被害人是丙，尽管甲未实际得到，但仍应认定诈骗数额20万元。② 在本书看来，第三种观点是妥当的。

---

① 当然，将陈某与顾某作为共同被害人，也并非不可能。

② 参见胡胜：《如何认定通过中介诈骗的被害人》，载《人民法院报》2018年6月6日，第6版。

乙虽然也受骗,但他不是诈骗罪的具有处分权限的被害人(乙不可能处分丙的财产),只是间接正犯中的被利用者。亦即直接对丙实施欺骗行为的人是乙而不是甲。丙不仅是受骗者,而且基于认识错误处分了自己的20万元现金。甲虽然只得到了15万元,但不能据此认定诈骗数额为15万元。这是因为,甲提出的“底价15万元”,意味着出卖更高的价格也没有超出其故意内容。至于超过15万元的车款归谁所有,则并不影响对甲的诈骗数额的认定。因为诈骗罪中的非法占有目的包括使第三者占有为目的,甲知道乙是从事中介业务的,当然知道乙要从中获得“中介费”;甲没有另外付给乙“中介费”,表明其知道乙从中获得了利益(出卖价格高于15万元)。既然如此,就应当认定甲的诈骗数额为20万元。

其次,由于诈骗罪不仅保护财产的占有,而且保护财产的所有以及其他财产性利益,所以,当财产的占有与所有分离时,占有者与所有者都可能属于被害人。

例如,刘某与鑫巍豪公司签订车辆挂靠协议,将车辆的管理、营运事项委托给鑫巍豪公司办理。鑫巍豪公司在经营过程中,将车辆租赁给曹某。曹某租赁车辆后伪造证件,将车辆出当给某典当行。典当行受到曹某以虚假证件出当汽车的欺骗,将16万元当金处分给曹某(骗车典当案)。第一种观点认为本案的被害人是刘某;第二种观点认为本案的被害人是鑫巍豪公司;第三种观点认为本案的被害人是典当行。[1]

其实,本案并非只有一个被害人。一方面,就车辆而言,刘某是所有者,鑫巍豪公司的负责人员是占有者。就曹某骗取的车辆而言,刘某与鑫巍豪公司都是被害人,而不宜仅将其中一方作为被害人。[2] 另一方面,曹某不仅对鑫巍豪公司的相关人员实施了欺骗行为,而且对典当行实施了欺骗行为,并且骗取了16万元现金。因此,就16万元现金而言,典当行是被害人。

再次,在行为人实施了数个诈骗行为的案件中,要根据不同的诈骗行为分别确定被害人,而不能仅将最终遭受财产损失的人作为被害人。

上述骗车典当案就说明了这一点。司法实践中经常发生的骗租汽

① 参见张序:《连环合同诈骗案中的被害人确定问题》,载《天津行政学院学报》2008年第5期。

② 参见[日]山口厚:《刑法各论》(第2版),有斐阁2010年版,第191页。

车后用于抵押骗取他人借款的案件,欺骗他人为自己提供担保进而骗取金融机构贷款的案件,骗取汽车后伪造证件将汽车出卖给他人的案件,行为人实际上实施了两个诈骗行为(可能存在牵连关系),存在两个受骗者与被害人。例如,2010年4月1日至7日,被告人李某某来到朱某和孙某所开的汽车租赁行,与租赁行签订租赁合同,租得三辆汽车。随后,李某某谎称车辆为胶州市人民法院查封的车,将车分别卖给张某、魏某和郭某。汽车租赁行在无法与李某某取得联系后,自行通过车载GPS定位找到车辆并报案。[①]李某某针对不同对象实施了两个诈骗行为:就李某某骗取的三辆汽车而言,汽车租赁行是被害人;就出卖汽车所得的赃款而言,则张某、魏某和郭某是被害人。

最后,必须根据财产的具体内容和直接性要件、素材的同一性确定被害人,而不能笼统地确定被害人。

例如,余某因负巨额债务,于2008年3月成立房地产代理有限公司,决定用包销的方式让他人将房屋授权给自己销售(约定他人将房产全权委托该公司销售,并提供房产三证及代办买卖、过户手续的授权委托公证书,承诺如到期未卖出则该公司以包销价买下),将售房款用于归还个人债务。其中,余某公司与包某签订200万元包销房产的合同,余某支付10万元定金后,随即将该房产以160万元的价格转让给陈某,并从陈某处获得首付款120万元用于归还个人债务。其间,因包某撤销授权,导致该房产无法过户到陈某名下(骗售房产案)。第一种观点认为,陈某只是证人,被害人为房东包某,诈骗对象为房产,但包某未失去房产,故余某的行为是典型的犯罪未遂;第二种观点认为,包某的房产并未被过户,未丧失房屋的所有权,相反还获得10万元定金,于包某而言该犯罪事实是未遂,而对陈某来说其损失的120万元是实实在在的,陈某才是真正的被害人;第三种观点认为,对于余某的犯罪行为应作全面评价,余某一方面骗取房产三证和委托书,另一方面骗取买家的房款,都是合同诈骗行为,故应认定包某、陈某都是被害人。[②] 但在本书看来,上述三种观点都存在疑问。

---

① 参见安诚:《租赁汽车又虚构事实卖与他人的行为构成合同诈骗罪》,载《山东审判》2014年第4期。

② 潘才敏:《涉及多方主体的合同诈骗行为侵犯法益之认定》,载《人民法院报》2012年5月17日,第7版。

其一,从形式上看,余某似乎直接针对包某的房产实施了欺骗行为,但事实上并非如此。余某并不是要获得包某的房产,只是希望通过欺骗手段让包某授权自己出卖房产,出卖后将售房款据为己有。换言之,余某隐瞒了自己将售房款据为己有的内心想法,使包某产生了自己将获得售房款的认识错误,进而将房产交付给余某销售。从直接性要件来说,如果余某不实施下一步的不法行为,亦即不通过出售房产将售房款据为己有,则任何人都不会遭受财产损失。从素材同一性的角度来说,包某并没有将房产本身处分给余某,只是让余某销售,余某也没有得到房产。因此,不能将房产本身作为财产损失的具体内容。或许有人认为,余某实际上是将包某的房产骗归己有后再出卖给他人,因而对包某的房产本身构成诈骗罪。但是,这种观点实际上忽略了不动产买卖的特殊性(需要进行不动产登记)。况且,倘若像第一种观点那样,将包某的房产本身作为诈骗对象,就只能认定余某的行为构成诈骗未遂。然而,余某明明获得了 120 万元现金并用于归还个人债务,却认定其诈骗未遂,并不妥当。其二,余某虽然从陈某处获得了 120 万元首付款,但余某并没有对陈某实施欺骗行为,也没有欺骗陈某的故意,房产未过户给陈某是由于包某撤销授权造成的,而不是余某的欺骗行为造成的。由于陈某与余某签订的购房合同仍然有效,所以,陈某可以通过对包某的民事诉讼获得房产或者进行追偿。据此,第二种观点并不合适。基于同样的理由,第三种观点也难言妥当。其三,必须肯定的是,余某从陈某处所取得的 120 万元首付款,原本是应当交付给包某的,但余某因为隐瞒了不法占有售房款的内心想法,使得包某同意由余某销售房产。如果包某知道余某售房后会将售房款据为己有,则不可能将房产交付给余某出售。显然,余某非法获取的实际上是包某应得的售房款,故就售房款而言,仍应认定包某为被害人。其四,倘若案件发展到包某将房产转移给陈某,陈某取得了房产登记,则不管是从房产本身的角度来说,还是从售房款的角度来说,包某都是被害人。概言之,就现实的本案而言,诈骗罪的被害人是包某,诈骗对象是包某应得的售房款,并且已经诈骗既遂。陈某只是民事关系中的被害人。

二、财产损失

关于诈骗罪中的财产损失,存在两种立法例。

一种立法例明文要求诈骗行为造成被害人财产损失。如《德国刑法》第263条第1款规定:“意图使自己或第三者获得不法财产利益,以虚构、歪曲或者隐瞒事实的方法,使他人陷入或者维持错误,从而造成他人财产损失的,处五年以下自由刑或者罚金。”《瑞士刑法》第146条第1款规定:“以使自己或他人非法获利为目的,以欺骗、隐瞒或歪曲事实的方法,使他人陷于错误之中,或恶意地增加其错误,以致决定被诈骗者的行为,使被诈骗者或他人遭受财产损失的,处五年以下重惩役或者监禁刑。”《意大利刑法》第640条规定,“利用计谋或圈套致使他人产生错误,为自己或其他人获取不正当利益并且使他人遭受损害的”,构成诈骗罪。《奥地利刑法》第146条也将财产损失规定为诈骗罪的构成要件要素。

上述立法例表明,诈骗罪(既遂)的成立以使被害人遭受财产损失为前提。这其中包含有两种含义:其一,如果行为人所实施的欺骗行为,最终不是使被害人遭受财产损失(不可能使“财产”遭受损失,或者只能使财产以外的利益遭受损失),那么,就不可能成立诈骗罪,当然也不成立诈骗既遂。其二,如果行为人所实施的欺骗行为,原本可能使被害人遭受财产损失,但由于行为人意志以外的原因,没有使被害人遭受财产损失,则只能成立诈骗未遂。

另一种立法例没有明文要求诈骗行为造成被害人财产损失。《日本刑法》第246条规定:“欺骗他人使之交付财物的,处十年以下惩役。”“以前项方法,取得财产上的不法利益,或者使他人取得的,与前项同。”《韩国刑法》第347条第1款也是如此:“欺骗他人而接受他人交付之财物或者取得财产上之利益的,处十年以下劳役或者二百万圆以下罚金。”

由于刑法没有明文规定财产损失,所以,理论上便存在不同观点。一种观点认为,诈骗罪的本质是通过欺骗他人诈取财物或财产性利益,而且仅此就够了,所以,不要求对被害人造成财产损失。[①] 另一种观点认为,既然诈骗罪是财产犯罪,财产犯罪意味着使被害人遭受财产损失,那么,理所当然要求诈骗罪(足以)使被害人遭受财产损失。其中,

---

① 参见[日]牧野英一:《刑法各论》(下卷),有斐阁1951年版,第684页;[日]木村龟二:《刑法各论》,法文社1959年版,第125页。

有的学者从形式上理解财产损失；[①]有的学者从实质上理解财产损失。[②]有的学者将财产损失作为独立的构成要件；[③]有的学者不认为财产损失是独立的构成要件，如山口厚教授指出，将“财产损失”作为独立的构成要件，旨在限定诈骗罪的成立范围的观点，缺乏法律条文上的根据。被害人对所转移的财物、利益的丧失本身，就是诈骗罪的法益侵害，所以，没有理由在“转移财产”（包含受骗者处分财产、行为人或第三者取得财产）的要件之外，将“财产损失”作为独立的构成要件要素。换言之，诈骗罪的法益侵害表现为转移财产，只要转移了财产，就产生了法益侵害，没有必要也不应当在转移财产之外还要求财产损失。所以，问题只是在于能否肯定转移财产本身具有实质的法益侵害性。[④]

本书认为，既然诈骗罪是财产罪，就应当要求财产损失（未遂时要求财产损失的危险性，既遂则要求现实的财产损失）。至于财产损失是不是独立的构成要件要素，似乎只是形式问题。如果财产损失是独立的构成要件要素，则要求在转移财产之外判断被害人是否遭受财产损失；如果财产损失不是独立的构成要件要素，则意味着不需要在转移财产之外判断被害人是否遭受财产损失，但要求判断转移财产本身是否具有实质的法益侵害性。例如，行为人支付相当对价取得他人财物的，是否成立诈骗罪，是两种观点都要讨论的问题。于是，两者的对立呈现表面化的势态。

我国刑法没有明文要求诈骗罪发生财产损失结果，“数额较大”是指行为人骗取的财物数额较大（受骗者处分的财物数额较大），而并不直接意味着被害人的财产损失数额较大。在此意义上说，似乎只要转移了数额较大的财物，就成立诈骗罪。但是，犯罪的本质是法益侵害，诈骗罪也不例外，如果欺骗行为不可能造成被害人的财产损失，就不成立诈骗罪；如果欺骗行为足以造成被害人的财产损失，但还没有造成现实的财产损失，就只能认定为诈骗未遂。所以，应当认为，诈骗罪的成

---

① 参见［日］大塚仁：《刑法概说（各论）》（第3版），有斐阁1996年版，第256页。

② 参见［日］西田典之著、桥爪隆补订：《刑法各论》（第7版），弘文堂2018年版，第220页以下。

③ ［日］前田雅英：《刑法各论讲义》（第6版），东京大学出版会2015年版，第243页以下。

④ ［日］山口厚：《刑法各论》（第2版），有斐阁2010年版，第267页。

立要求财产损失。[①] 至于是在受骗者处分财产与行为人或第三者取得财产的要件中进行实质限定，使转移财产本身具有法益侵害性，还是在该要件之外另行要求财产损失要件，恐怕不是本质问题。由于本书对受骗者处分财产与行为人或第三者取得财产的要件，大多只是从形式上论述的，所以，有必要进一步论述"财产损失"这一要素。

可以肯定的是，至少在通常情况下，只要行为人或第三者基于受骗者的处分行为取得了财产，就造成了被害人的财产损失。只有在例外情况下才需要进一步的判断。而"例外情况"主要指两种情形：一是受骗者所处分的、行为人或第三者取得的是否是"财产"？二是被害人虽然丧失了个别财产，但能否认定其财产法益遭受了现实侵害？

三、"财产"损失

（一）理论学说

既然要求财产损失，首先就需要明确何谓"财产"。对此，刑法理论上存在法律的财产说、经济的财产说与法律的经济的财产说。

1. 法律的财产说

法律的财产说认为，一切财产犯罪都是侵害财产上的权利的犯罪。换言之，刑法规定财产犯罪是为了保护民事法上的权利。因此，财产犯罪的成立不以行为造成经济损害为前提，只要侵害了民事法上的权利，即使在经济上没有造成损害，也成立财产犯罪；反之，只要没有侵害权利，即使造成了重大经济损害，也不能成立财产犯罪。其基本理由是，经济生活中存在各种各样的经济利益、财产关系，哪些内容受法秩序保护，由规制私人财产关系的民事法决定，决定的表现是民事法上的权利。刑法规定财产犯罪就是为了保护民事法上的权利，刑法上的财产便是民事法上的权利的总和。例如，行为人实施诈骗行为，被害人基于不法原因给付的，不成立诈骗罪；第三者从盗窃犯那里骗取其所盗财物

---

① 如前所述，诈骗罪的财产损失要素包含有两种含义：其一，如果行为人所实施的欺骗行为，不足以使被害人遭受财产损失，就不可能成立诈骗罪，当然也不成立诈骗既遂。其二，如果行为人所实施的欺骗行为，虽然足以使被害人遭受财产损失，但如果现实上没有使被害人遭受财产损失，则只能成立诈骗未遂。所以，如果认为犯罪构成以既遂为模式，则财产损失是构成要件；即使认为犯罪构成不以既遂为模式，也要求欺骗行为具有造成财产损失的危险性。

的,由于没有欺骗原所有权人,故不成立诈骗罪。

例如,宾丁(Binding)认为,只要侵害了权利,即使在经济上没有损害,也成立财产犯罪,因为对完全没有经济价值的物所享有的所有权,与对具有经济价值的物所享有的所有权,在权利这一点上没任何区别;侵害对没有经济价值的物的所有权,也是对所有权的侵害,因而是对权利的侵害,理当成立财产犯罪。此外,由于各个财产权的构成要素本身也是财产,故只要侵害了财产权,即使提供与经济价值相当的对价,被害人的整体财产没有减少,也成立财产犯罪。① 与此相联系的是,财产犯罪的保护法益是财产上的权利,因此,还没有形成权利的事实上的利益,无论具有何种经济价值,也不能认为是刑法上的财产,如对财物的单纯占有就不是财产。再者,成立财产犯罪要求财产上的权利现实地受到了侵害,如果从权利的角度来看只是发生了某种危险,即使在某种程度上损害了经济价值,也不能认为是刑法上的财产损害。

法律的财产说旨在从形式上保护民事法上的权利。因此,只要侵害了权利,无论有无经济的损害,就认定为刑法上的损害;只要没有侵害权利,即使造成了重大的经济损害,也不能认定为刑法上的损害。但是,无论是在理论上还是在实践中,法律的财产说的缺陷都相当明显,因此,法律的财产说已完全崩溃。

主张诈骗罪的成立以发生经济损害为前提的称为客观说,主张不以发生经济损害为前提的称为主观说。根据法律的财产说,只要侵害了民事法上的权利,无论有无经济损害都成立诈骗罪,故法律的财产说采取的是主观说,但德国的判例逐渐放弃了法律的财产说,进而采取了客观说,即只要使被害人的整体金钱价值减少,就认定为刑法上的损

---

① 但是,德国1887年就诈骗罪的判例采取了不同的立场,该判例认为,财产,是指金钱上的整体价值,因此,行为人提供了价值相同的对价而没有使被害人整体财产减少时,没有财产上的损害,不成立诈骗罪。宾丁对此进行了批判。他说,诚然,财产是由金钱来评价的,但财产本身与金钱的价值是两回事,财产的金钱价值,只不过是以金钱衡量财产的价值。具有相同法律性质的财产,其金钱价值会因时间不同而上下波动,今天完全没有金钱价值的纸片,10年后可能具有莫大的金钱价值;反之亦然。例如,某人拿出20马克购买亡父的遗发后,其所具有的金钱上的整体价值或许减少了,但不能说他在法律上受到了损害。只有当他受骗而购买的是他人的头发时,才可以说他在法律上受到了损害。因此,财产的减少与财产的金钱价值的减少是不同的。另外要注意的是,德国判例对盗窃罪不要求产生经济的损害,而对诈骗罪则要求经济的损害。

害,至于被害人的利益是否为民事法上保护的利益就在所不问了。[①]

刑法理论从两个方面展开了对法律的财产说的批判。一个方面是,虽然主观说认为不要求经济上的损害,但同时承认,没有形成权利的事实上的利益具有经济价值时就是财产。这一观点的代表人物是R. 赫希贝格(R. Hirschberg)。另一个方面是,虽然不承认没有形成权利的事实上的利益属于财产,但同时认为,即使侵害了权利但只要没有经济上的损害,就不能认定为刑法上的损害。这一观点的代表人物是弗兰克(Frank)与加拉斯(Gallas)。

R. 赫希贝格通过历史的考察后指出,罗马法分别规定了对物质性利益的保护与对非物质性利益的保护,而当时的德国刑法并没有这样分别规定,故应当认为刑法规定诈骗罪是为了同时保护财产性利益与非财产性利益。根据这一观点,行为没有造成经济上的损害时,也可能成立诈骗罪,这便与宾丁的观点相同。但是,R. 赫希贝格并不是以法律的财产说为前提得出上述结论的,而是通过考察非物质性利益应否得到保护这一独立问题得出的结论,因此,并不妨碍他对“没有形成权利的事实上的利益是否属于财产”的问题发表与宾丁不同的看法。R. 赫希贝格指出,这个问题涉及刑法与民法的基本关系,宾丁所主张的刑法对民法的极端从属性的观点并不妥当;诚然,所有的利益都要由刑法与民法承认,特别是要作为其最高阶段的权利得到认可,民法就是随着私权的增加而发展的,但刑法为了保护这种利益,并不需要提升到这样高的要求;私权是民法所承认的最高形态,但不是其唯一形态,民法上的承认不是刑法保护的前提。没有形成民法上的权利的事实上的利益,也是财产犯罪的保护法益。[②]

弗兰克认为,财产犯罪侵害的客体仅限于权利,但这种权利必须具有经济价值;即使权利受到了侵害,但如果没有造成经济的损害,则不能认定为刑法上的损害,因而不能认定为财产罪。[③] 加拉斯在1961年也发表了相同的看法。他说,行为人为了显示自己而诈称有重要的商业需要,暂时免费借用他人汽车的,不成立诈骗罪;反之,行为人一开始

---

① 参见[日]林幹人:《财产犯の保护法益》,东京大学出版会1984年版,第49页以下。

② 参见[日]林幹人:《财产犯の保护法益》,东京大学出版会1984年版,第62页以下。

③ 参见[日]林幹人:《财产犯の保护法益》,东京大学出版会1984年版,第66页。

就以不支付费用的意思借用汽车,在规定时间使用后秘密返还汽车而不支付费用的,则构成诈骗罪。对于这两种情况,只有从使用权的经济价值进行考虑才能予以区别。在行为人使用诈骗手段骗取财物同时提供了价值相当的现金或其他财物时,只是侵害了纯粹的兴趣动机,不应当受到处罚。管辖利益分配的是民法,刑法不能超过民法规范,只有被民法具体化的利益即权利才是财产,事实上的利益的保护范围并不明确。因此,诈骗罪的侵害客体是具有经济利益的权利;表现这种权利的作为整体的金钱价值,就是诈骗罪的保护法益。①

上述没有形成权利的事实上的利益也是财产的观点,以及只有侵害了具有经济利益的权利才是刑法上的损害的观点,事实上是对法律的财产说的全面否定。那么,法律的财产说被全面否定的原因何在呢?德国学者认为,主要原因是 20 世纪 30 年代,刑法从属于民法思想的衰退,导致了法律的财产说丧失理论根据。但日本学者林幹人指出,刑法从属于民法的思想本身并不直接要求将民事法上的权利作为财产犯罪的保护法益;法律的财产说之所以崩溃,是因为其导致的形式主义结论不符合经济生活的现实;法律的财产说为了明确处罚界限,使用了民事法上的权利这一范畴,但民事法上的权利是民事法为了规制经济生活所创造的概念,而当时还没有考虑用刑法规制经济生活,用这种民事法上的权利概念来解释刑法上的财产,实际上是牵强的。②

2. 经济的财产说

经济的财产说(也称纯粹经济的财产说)③认为,作为整体的具有经济价值的利益就是财产,因而是财产犯罪的保护法益;经济价值一般等同于金钱价值,金钱上的得失是判断有无损害的标准。因此,第一,由于盗窃犯对赃物的占有,就是在享受金钱上的利益,这种占有也是其财产,故所有权人从盗窃犯处骗回被盗财物的,只要没有提供相当价值的财物,就使盗窃犯遭受了金钱损失,属于刑法上的损害。债权人从债务人处骗取与债权数额相当的财产的,也是如此。类似于这样的行为

---

① 参见[日]林幹人:《财产犯の保护法益》,东京大学出版会 1984 年版,第 66 页以下。

② 参见[日]林幹人:《财产犯の保护法益》,东京大学出版会 1984 年版,第 70 页以下。

③ 经济的财产说有广义与狭义之分,狭义的经济的财产说,是指这里介绍的纯粹经济的财产说,广义的是指与法律的财产说相对的纯粹经济的财产说与后面所述的法律的经济的财产说。本书在狭义上使用“经济的财产说”概念。

都成立对财产的犯罪。第二,被害人基于不法原因给付的,也不影响对其财产损失的认定,即行为人的行为成立诈骗既遂。例如,在禁止堕胎的情况下,孕妇为了购买堕胎药而支付货款的,就遭受了损害。再如,在禁止卖淫的情况下,卖淫者对嫖娼费的债权虽然是无效债权,但只是在民事诉讼上不能实现,对卖淫者而言,该债权事实上具有金钱价值,也属于财产。而且,只要将劳动力视为财产,卖淫这种劳动力与一般劳动力没有区别。所以,采以欺骗行为使卖淫者免收嫖娼费用的,也成立诈骗既遂。第三,没有金钱价值的东西,即使其权利是成立的,也不属于财产;侵害这种权利的,不成立对财产的犯罪。第四,虽然侵害了具有金钱价值的利益,但如果提供了相当对价,没有造成金钱价值的整体减少的,就不存在刑法上的损害。①

经济的财产说首先是由德国的判例以不法原因给付与诈骗罪的成立与否问题为契机展开的。德国法院在 1910 年以前采取的是法律的经济的财产说,但在 1910 年关于孕妇受骗花 10 马克购买无效堕胎药的案件中,德国帝国法院认定对方的行为构成诈骗罪。大致的理由是,损害的有无是一种人们可以在经济上感觉到的事实现象;财产概念是经济生活的概念,是金钱经济下由金钱来表现的一切价值,即具有金钱价值的利益整体。如果纯粹从经济上看,孕妇损失了 10 马克,其财产的整体价值减少了。私法秩序不等于法秩序,即法秩序不是指私法秩序本身,即使民法上不承认被害人有返还请求权,但刑法上没有理由否认损害的存在。如果说民法不将违反公序良俗的利益作为权利,拒绝对之进行保护,那么,刑法的任务则是将违反法秩序所表现出来的犯罪者的意思回到原本状态。孕妇遭受了损害是事实,法律也不能否认这一事实。民法只是决定这种损害由谁来负担的法律后果,但犯罪则随着损害的发生而达到既遂;损害的恢复与损害的存在本身是没有关系的。② 这一判决从理论上表达了经济的财产说,对后来的判例趋势产生了重大影响。不仅如此,当时的学说也从正面接受了这种观点。在此意义上说,这一判例在学说史上具有划时代的意义。

此后的判例也一致认定骗取不法原因给付物的行为构成诈骗罪,

---

① 参见[日]林幹人:《财产犯の保护法益》,东京大学出版会 1984 年版,第 42 页以下。

② 参见[日]林幹人:《财产犯の保护法益》,东京大学出版会 1984 年版,第 118 页。

如没有卖淫的意思却谎称卖淫而骗取对方现金的,没有支付货款的意思却谎称支付货款而使对方提供黑市交易物资的,诈称自己具有某种职务而骗取对方"贿赂"的,都被认定为诈骗罪。

虽然德国判例从1910年起就采取了经济的财产说,但经济的财产说成为有力的学说还是20年后的事情。经济的财产说成为有力学说的重要原因之一,是刑法从属于民法的观念受到批判,刑法的独立性思想受到重视。如希佩尔(Hippel)在他的刑法总论教科书中指出,一般认为刑法具有从属的、补充的、二次的、副次的、制裁的性质,从只有当行为违反法律才能介入刑罚的意义上说,这是正确的;但其他私法、公法也具有这样的性质。此外,从采取其他法律制裁就完全能够保护法益的场合便不应当适用刑罚的意义上说,上述说法也是正确的。但是,超出上述范围,认为刑法仅仅是补充其他法秩序的法律,因而相对于其他法律具有从属的性质,则是不正确的。从历史上看,刑法并不是在其他法秩序之后才出现的,在一切民族中,刑法是最基本的、最重要的法的原初形态。从解释学上看,法秩序的所有部分都是相互补充的,故不存在从属关系。诚然,刑法的某些规定以其他法律的规定为前提,仅仅在此意义上,刑法具有二次的性质,如关于盗窃罪、侵占罪的规定以民法上的所有权为前提。但反过来,在基于民法上的不法行为的损害赔偿义务中,犯罪行为这种不法行为也是其前提。当存在这样关系的场合,可以说具有"从属"关系。然而,这只是解释学上的事,而不是现实的重要性的问题。在某些方面(如杀人、伤害)产生刑法上的效果与产生其他法律上的效果的要件是一样的,但在另一些只有刑法上的效果的方面(如对宗教的犯罪、对司法的犯罪),刑法则起着唯一的决定作用。总之,刑法与其他诸多法律相并列,是基本的、重要的、独立的法秩序。① 希佩尔的上述观点得到了梅茨格(Mezger)、布伦斯(Bruns)等人的赞同。

如前所述,德国的审判实践在1910年以前都是采取法律的经济的财产说,而此后则采取了相反的纯粹经济的财产说,刑法理论在20世纪30年代后以纯粹经济的财产说为主流。这种原因何在呢?日本学者林幹人作了如下说明。

---

① 参见[日]林幹人:《财产犯の保护法益》,东京大学出版会1984年版,第123页以下。

德国判例采取纯粹经济的财产说时的案件,是有关不法原因给付与诈骗罪的情况。对于这种案件,以前的判例一般否认成立诈骗罪,但后来要求处罚的法感情高涨。为了处罚这种行为,必须否定法律的财产说。1889 年帝国法院关于保险费案件的判决已经将金钱上的整体价值视为财产;1894 年又认定,权利以外的利益具有经济价值时也是财产。于是,以金钱上的整体价值为基准进行判断时,基于不法原因而给付财物的,也是遭受了损害。这样,以不法原因给付与诈骗罪的问题为契机,判例采取了纯粹经济的财产说。

对于判例完全离开法律的观点判断财产的做法,学说上还犹豫不决,因为法律的财产说可谓根深蒂固。学说认为,对以诈骗手段取得他人不法原因给付物的行为不能处罚,不一定是因为法律的财产说本身具有缺陷,而是对诈骗罪结构的理解问题。所以,在采取法律的财产说的前提下,通过对诈骗罪结构的解释,也可以认定这种行为构成诈骗罪。①

但是,到了 20 世纪 30 年代,刑法理论上开始批判刑法的从属性思想,而提倡刑法的独立性。本来,经济的财产说意在改变法律的财产说的形式主义,对刑法的从属性思想没有特别的异议。但布伦斯等人极力强调刑法的独立性思想,将"在民事法上不受保护的、违法的利益,在刑法上也可以保护"的内容纳入刑法的独立性思想之中,于是标榜事实主义,即在解释刑法上的概念、保护法益时,应以事实上的状态为基础,而不是以民法上的形式规定为基准。这种潮流对财产概念的解释产生了重大影响。

此外,经济的财产说之所以取代法律的财产说,还有一个重要原因是刑法目的由权利保护思想转向法益保护思想;人们也认为,法益保护思想同时给"刑法也要保护民事法上不受保护的、违法的利益"的观点造成了障碍。但是,由于行为无价值论的展开,使这种障碍得以克服。

于是,刑法的独立性思想、事实主义、行为无价值论,既是导致经济的财产说成为通说的基本思想,也是支撑经济的财产说的理论

---

① 如弗兰克、李斯特(Liszt)就是一方面采取法律的财产说(或法律的经济的财产说),另一方面肯定这种行为构成诈骗罪。

基础。①

经济的财产说虽然具有合理性,但也有扩大处罚范围之嫌。例如,根据经济的财产说,债权人以欺骗方法行使权利实现债权的,成立诈骗罪。这可能难以被人接受。

3. 法律的经济的财产说

法律的经济的财产说(折中说)认为,所谓财产,是指法秩序所保护的(违法的利益除外)、作为整体的具有经济价值的利益。因此,关于不法原因给付与诈骗罪的问题,与法律的财产说在本质上相同(也存在一些具体差异);关于成立财产犯罪是否需要经济损害的问题,与经济的财产说相同。②

本来,折中说是针对法律的财产说提出来的;法律的财产说崩溃之后,折中说便与经济的财产说展开了论争。20 世纪 30 年代经济的财产说占据通说地位之后,首先对之进行批判而展开折中说的是纳格勒(Nagler)。他在 1941 年发表的一篇论文中首先提出,各个学科领域必须合目的地解释财产概念。他说,对于经济上的生活价值可以根据不同的观点来理解;在错综复杂的社会中,根据判断者的视角不同,可以得出多种不同结论。所有的学问都必须根据其目的、原则与方法,合目的地构建财产概念,依据其任务对生活实体进行改造。民族经济学、企业经济学、税法学、民法学等学科都在作出自己的努力,刑法学也必须走自己的路,而不能借用其他学科领域的概念,也不能满足于因果的、事实的概念。纳格勒接着分析了判例。他说,虽然帝国法院自 1910 年堕胎药的案件以来采用了纯粹经济的财产说,但实际上后来有不少判例采取了折中说,而且后者是主流。折中说从实质上考虑生活事实,同时又避免单纯从经济上进行判断。纯粹经济的财产说容易导致结论的无界限与不确定,因为排除法的观点将重点转移到单纯的事实性上时,会出现极为主观的假定与危险的结论。所以,为了发挥刑法的特殊机能,对于根据经济的观点进行的评价,必须再以法的基准进行限定。③基于这样的观点,他后来指出,帝国法院 1910 年的判决根据纯粹经济的

① 参见[日]林幹人:《财产犯の保护法益》,东京大学出版会 1984 年版,第 138 页以下。
② 参见张明楷:《法益初论》(修订版),中国政法大学出版社 2003 年版,第 535 页以下。
③ 参见[日]林幹人:《财产犯の保护法益》,东京大学出版会 1984 年版,第 142 页以下。

财产说认定孕妇遭受了损害,故根据判例的理论,无效的债权在事实上具有经济价值时也是财产。但是,共犯人在分配赃物时欺骗其他同伙,使其他同伙少分得赃物的,就不能以诈骗罪论处。因此,堕胎药案件虽然结论是正确的,但理由是错误的。即使不采用具有诸多缺陷的纯粹经济的财产说,对堕胎药案件中的被告人也能以诈骗罪论处。堕胎药买卖这种债权契约是无效的,契约所约定的孕妇对堕胎药的权利、被告人对支付货款的权利,并没有因此而产生,故都不能成为财产犯罪的客体。即使双方缔结了不法或不道德的契约,或者即使没有履行契约,或者即使是以假币支付的,也没有发生财产上的损害。但是,现实上所从事的财产的履行(如支付货款),是源于履行者在法律上受保护的财产,这是认定财产损害的根据。不难看出,在不法原因给付与诈骗罪的问题上,经济的财产说与折中说得出的结论都是构成诈骗罪,只是理由不完全相同而已。① 但在无效债权与不法劳动力是否属于财产的问题上,则存在对立。

关于无效债权问题,弗兰茨海姆(Franzheim)主张从法益保护思想的角度对财产概念进行解释。他先列举了联邦法院的两个判决:一个是盗窃犯在分赃前对其他共犯人的债权;另一个是卖淫者对嫖娼者的债权。如前所述,联邦法院对前一类案件认定为诈骗罪,却否认后一类案件成立诈骗罪,而弗兰茨海姆认为这是自相矛盾的。他说,对于卖淫者而言,性关系与其他劳动力一样,无疑具有财产价值。如果根据纯粹经济的财产说,只要卖淫者对嫖娼者的债权在当时的情况下事实上具有实现的可能性,就可以认定为她的财产。而联邦法院只有通过法的、伦理的契机对纯粹经济的财产说进行限制,才能得出性关系不具有财产价值的结论。因此,这一判决与以往的判决是矛盾的。弗兰茨海姆认为,以债权事实上有无实现可能性为基准来认定是否属于财产,是不合适的。因为有无事实上的实现可能性,往往取决于债务人的人品、支配力、当事人的关系等偶然因素,显然不能将这些偶然因素作为判断是

---

① 1910年帝国法院对堕胎药作出判决的当时,理论上有不同的学说。如科勒(Köhler)主张无罪,根据他的观点,处罚的根据在于抑制反抗法秩序的犯罪人的意思,刑法的保护机能在于维持受到法敌对意思抽象地侵害的和平秩序。巴塔加里尼(Battagalini)则赞成有罪。蔡勒(Zeiler)主张折中说,根据他的观点,被害人自己自发地参与违法交易的,对方的行为不成立诈骗罪,但由于行为人的诱导而参与违法交易的,则行为人的行为成立诈骗罪。但是,现在除了采取纯粹经济的财产说的学者以外,采取折中说的学者一般也认为堕胎药案件这样的场合存在财产损害。

否成立诈骗罪的基准。弗兰茨海姆还批判了布伦斯所主张的"处罚的根据不是保护法益,而是保护社会伦理的心情"的观点。根据这种主张,对行为的评价就必须与保护法益无关。但是,与侵害法益无关的纯粹的行为无价值,不能成为可罚性的基础,必须证明行为是侵害或者威胁法益的。法益是法共同体认可的、典型的、有保护必要的(应当通过刑事制裁进行保护的)东西,某种利益是不是法益,要根据是否值得保护来决定。因为基于违反公序良俗的契约而无效的债权,肯定是非伦理的,对社会是无价值的;而对社会无价值的东西是不值得保护的。连纯粹经济的财产说也不认为无效的债权值得保护。因此,联邦法院并不是说处罚的根据在于侵害了个人利益,而是使一般法秩序受到危险义务的侵害。但是,刑法只是要求人们履行不侵害或者威胁刑法上所认可的法益的义务,一般法秩序只有在法益受到侵害的情况下才面临危险。法益没有受到侵害或者威胁时,一般法秩序也就不存在危险。于是,弗兰茨海姆基于法益保护的思想提出无效的债权不是财产的观点。[①] 但无效的债权等在民事法上不受保护的不法利益,为什么不是刑法上的法益,还是一个没有弄清的问题。对此,克莱默(Cramer)根据法秩序的统一性原理作出了回答。

克莱默认为,经济的财产说之所以胜过法律的财产说,就在于不是只观察权利本身,而是洞察了权利背后的经济实体形成了现实的经济地位;但是,脱离民法上的构成、法技术的形式,而转向权利的实质的核心也是有限度的;只有当经济利益被正当地利用、占有时,才能作为财产享受法律的保护。刑法最重要的任务是保护法益免受侵害,而法益必须是以某种形式得到法的承认的;被法秩序否认的利益即使从纯粹经济的观点来看是具有价值的,也不值得刑法保护。这是根据法秩序统一性的原则所得出的当然结论。一般只在刑法上的违法阻却事由与刑法外的违法阻却事由的关系方面承认这一原则,但是,某种经济利益是否值得法的承认、这种经济利益应当归属于谁的问题,结局是与合法、不合法相关的问题,是与在同一法秩序中只能统一规制的规范的核心领域相关的问题。如果完全无视这种利益的法的成分,就会陷入事实实证主义;就会只关注"是什么"的问题,而没有关注"应当是什么"

① 参见[日]林幹人:《财产犯の保护法益》,东京大学出版会1984年版,第146页以下。

的问题；这便无视了利益世界不是单纯的事实上的力量关系的原始状态，而是由法编织的状态的现实。于是，克莱默给财产下的定义是，“人在法秩序承认之下所持有的具有经济价值的利益的整体”，并称之为实质的财产概念。[①] 这一财产概念一方面在于批判宾丁的形式的财产概念，另一方面也在于对于财产犯罪应当在与民事法的关联上考虑刑法应当保护什么。这基本上是法律的经济的财产说的观点。[②]

基于上述观点，克莱默对一些具体案件作了以下解释：关于卖淫者的劳动力问题，根据纯粹经济财产说，卖淫者的劳动力也是财产，判例却予以否定。但是，根据纯粹经济的财产说也不能得出上述肯定结论，卖淫虽然可以成为取得经济利益的收入来源，但欠缺法的正当性；如果根据纯粹经济的财产说，不法要求发生性交的成立恐吓罪，这显然不可能。因此，卖淫者的劳动力不是财产。关于无效债权问题，即使根据纯粹经济的财产说，也必须得出否定结论。因为既然不能以民事诉讼实现该债权，其经济价值就取决于债务人的任意履行，但为了使债权人免除债权而进行欺诈的人，正是以此表明他没有任意履行的意思，因此，在这种场合，无效的债权就不具有事实上的经济价值。关于不法原因给付与诈骗罪的问题，克莱默也否认成立诈骗罪。他说，在这种场合，行为人恐吓被害人取得不法原因给付物时不成立恐吓罪，但在诈骗的情况下，也符合“自己加害”的构成要件；诈骗罪的本质在于无意识的自己加害，[③]但这种自己加害必须是行为人向被害人隐匿了欺诈事实所致。例如，像违反价格统制法那样的，就一般人所不知道的无效原因而受欺诈予以购买的场合，被害人认为无效的债权是有效的，因而以为基于有效的义务而履行时，当然成立诈骗罪。但是，在像堕胎药案这样的场合，孕妇在交付货款时完全知道没有法的义务，对此不能认定为无意识的自己加害，即使在这种状况下履行了无效契约，对方也不成立诈骗罪。[④]

后来，随着科尔劳施・兰赫（Kohlrausch-Lange）、韦尔策尔

---

① 转引自［日］林幹人：《财产犯の保护法益》，东京大学出版会1984年版，第149页。

② 参见［日］林幹人：《财产犯の保护法益》，东京大学出版会1984年版，第150页。

③ 即我们通常所说的因为不明事实真相而“主动”地将财产交付他人或者让他人取走财物。

④ 参见［日］林幹人：《财产犯の保护法益》，东京大学出版社1984年版，第150页以下。

(Welzel)等人采取折中说,一般认为折中说具有优势。对于折中说的观点可作如下概括:其基本思想是法秩序的统一性、实质主义与结果无价值论;财产,是指法秩序所保护的或者法秩序并不非难的、具有经济价值的利益的整体,刑法上的法益虽然不要求是民事法上的权利,但也不应是民事法上不保护的违法利益;行为人欺诈他人,使他人基于不法原因而给付财物的,不成立诈骗罪;从盗窃犯那里骗取赃物的,给原所有权人造成了财产的损害,成立诈骗罪,因为就相对于第三者的关系上说,盗窃犯的占有也是法秩序所保护的;无效的债权与不法的劳动力,不管如何具有经济价值,也不属于财产。① 不难看出,折中说与经济的财产说对一些现实问题的解释是相当接近的。

4. 本书立场

本书不赞成法律的财产说。从理论上说,法律的财产说的两个基本前提难以成立。

第一,法律的财产说以刑法从属于民法为前提。刑法的从属性观念认为,刑法是对第一次规范(尤其是民法规范)所保护的利益进行强有力的第二次保护,是对不服从第一次规范的行为规定科处刑罚的第二次规范。第一次规范是为了保护社会生活中的一定利益而规定一定的禁止与命令的法律规范,立法机关认为以第一次规范的力量难以完成保护一定利益的任务时,以补充第一次规范的目的而设立的规范便是第二次规范;第二次规范的设立,可以给社会生活中的一定利益以更强有力的保护。② 这种从属性观念得出了两个结论:一是刑法的补充性,即当某种利益完全可以由其他法律保护时,就不得运用刑法进行保护;二是刑法只能保护其他法律保护的利益,如果某种利益不受其他法律保护,刑法也不得进行保护。前一结论是应当肯定的,但后一结论存在疑问。首先,作为规制对象的犯罪行为,已经超出了其他法律的范围,即犯罪行为是刑法特有的规制对象,而不是刑法与其他法律的共同规制对象。其次,刑法并不是对违反所谓第一次规范的行为直接给予刑事制裁,而是根据特定目的判断对某种行为是否需要给予刑事制裁;

---

① 参见[日]林幹人:《财产犯の保护法益》,东京大学出版社1984年版,第153页以下。

② 参见[日]宫本英修:《刑法大纲》,弘文堂1935年版,第3页;[日]泉二新熊:《日本刑法总论》,有斐阁1936年版,第178页;[日]泷川幸辰:《犯罪论序说》,有斐阁1955年版,第4页。

其他法律也不只是向人们发布禁令与命令,也有制裁措施。再次,有些行为虽然并不违反其他法律,但也可能成为刑法的处罚对象。最后,自古以来,刑法就作为第一次规范发挥机能,后来由于法领域的分化,才出现由各种法律分别或共同保护各种利益的现象。尽管如此,刑法还是有自己的独立性格。例如,刑法上的概念大多有自己的特定含义,而不一定受其他法律概念的制约,如刑法上的占有概念就不同于民法上的占有概念。所以,刑法的从属性概念不能得到普遍承认,这也是经济的财产说得以占优势的一个重要原因。

第二,法律的财产说以违法一元论为前提。违法一元论认为,违法是对整体法规范、整体法秩序的违反,故任何违法行为都是对整体法秩序的破坏。于是,民法及其他法律上的违法行为,在刑法上也必然是违法的;反之,不违反民法的行为,也必然不违反刑法。因此,以违法一元论为前提的法律的财产说便认为,没有侵害民法上的权利的行为,由于缺乏民法上的违法性,因而也缺乏刑法上的违法性,不可能成为刑法上的财产罪。但是,各种法律基于其固有的目的,产生不同的法律效果;目的不同,违法性的内容便不同。"从形式上说,刑法上的违法性,是指对刑法规范(评价规范)的违反,但是,由于违法性是根据刑法规范的评价应当被否定的事态的属性、性质,故其内容便由刑法规范的评价的基准即刑法的目的来决定。将什么样的行为作为禁止对象,是由以什么为目的而禁止来决定的。因此,实质违法性概念,对违法性的实质的理解,是通过对刑法的任务或目的的理解推导出来的。"[①]刑法的任务与目的是保护法益,因此,刑法只能将违反这一目的的事态作为禁止对象(当然要同时考虑过度的介入可能对国民自由的侵害),所以,《刑法》所规定的构成要件,都是对违反保护法益目的事态所作的记述或者描述。既然如此,刑法上的违法性便与其他法律上的违法性存在区别。因此,在财产犯罪理论中,刑法没有必要原封不动地以民法为基础来确定其构成要件。

从实践上说,法律的财产说已经不适应复杂的财产关系,不能有效地保护财产与财产秩序。例如,根据法律的财产说,行为人实施诈骗行为,被害人基于不法原因给付的,不成立诈骗罪;第三者对盗窃犯实施

---

① ［日］山口厚:《刑法总论》(第3版),有斐阁2016年版,第105页。

欺骗，骗取其所盗财物的，由于没有欺骗原所有权人，故不成立诈骗罪。这显然不利于保护财产秩序。

经济的财产说（纯粹经济的财产说）虽然有可取之处，但至少存在两个方面的缺陷：一是不利于保护财产所有权人的财产，导致对财产的单纯占有的保护超出了对财产所有权的保护。例如，根据经济的财产说，由于盗窃犯对赃物的占有具有金钱上的价值，也是他人的财产，故所有权人从盗窃犯那里骗回被盗财物的，只要没有提供相当价值的财物，就使盗窃犯在金钱上遭受了损失，属于刑法上的损害。债权人从债务人那里骗取相当于债权数额的财产的，也成立诈骗罪。这显然有本末倒置之嫌。二是过于扩大财产犯罪的处罚范围，至少与中国的国情、刑事政策不相符合。例如，根据经济的财产说，在禁止卖淫的情况下，行为人欺骗卖淫者使其与自己发生性行为的，卖淫者存在财产损失，行为人的行为构成诈骗罪。这可能难以被国民接受。

法律的经济的财产说适当限制了经济的财产说的处罚范围，总体思路具有可取性，但从我国的情形来看，个别具体结论尚存疑问。例如，根据法律的经济的财产说，使他人基于不法原因而给付财物的，不存在财产损失，故不成立诈骗罪。这一结论在我国缺乏妥当性。

如前所述，诈骗罪的法益首先是财产所有权及其他本权，其次是需要通过法定程序恢复应有状态的占有；如果这种占有没有与本权者相对抗的合理理由，相对于本权者恢复权利的行为而言，则不是财产犯的法益。所以，与此相适应，在“财产”损失问题上，本书采取以经济的财产说为基础的折中说（类似于法律的经济的财产说），即原则上，只要造成了他人经济损失的，就可以认定为财产损失。如果造成他人经济损失的行为挽回了更大利益，则不能认定为财产损失。例如，第三者从盗窃犯那里骗取赃物的，侵害了盗窃犯的占有，造成了财产损失，成立诈骗罪，因为在相对于第三者的关系上说，盗窃犯的占有也是法秩序所保护的。反之，所有权人从盗窃犯那里骗取被盗财物的，则不存在财产损失，因为盗窃犯的利益不能与所有权人的利益相对抗。欺骗卖淫者使其与自己发生性行为的，由于性行为本身不是经济利益，所以，卖淫者没有遭受经济损失，对方不成立诈骗罪。但是，在卖淫者已经获得嫖宿费用之后，嫖宿者使用欺骗手段骗回所给付的嫖宿费的，卖淫者存在财产损失，嫖宿者的行为构成诈骗罪。

否认法律的财产说,主张经济的财产说为基础的折中说,并不意味着否认法益侵害说与结果无价值论。因为并不是只有法律的财产说重视法益侵害与结果无价值,经济的财产说也完全可能同样地重视结果无价值,即因为行为造成了他人经济利益的损害而主张认定为财产罪。折中说进一步对经济利益进行了一定限制,使值得刑法保护的经济利益成为刑法上的财产,因而仍然坚持了法益侵害说与结果无价值论。

如前所述,在通常情况下,只要转移财产就可以认定为财产损失。所以,下面仅就几种特殊情形展开讨论。

(二)不法原因给付与诈骗罪

当行为人实施欺骗行为使受骗者陷入认识错误后,受骗者也可能同时基于不法动机处分财产。例如,行为人将头痛粉冒充毒品予以出卖。一方面,受骗者如果知道是头痛粉,就不会购买,因此,受骗者将头痛粉误认为是毒品而购买,是由于行为人的欺骗行为所致。另一方面,购买毒品的行为本身具有非法性,所以,受骗者交付财物购买"毒品"也是基于不法原因。再如,女子原本没有卖淫的意思,却声称向男子卖淫,使男子向其交付费用,女子收取费用后逃之夭夭。男子之所以交付费用,是因为女子实施了欺骗行为;但男子嫖娼本身具有非法性,故其交付费用"嫖娼"便属基于不法原因。于是,产生了以下问题:受骗者基于不法原因进行财产处分的,是否存在财产损失,应否认定行为人的行为构成诈骗罪?

如前所述,德国的判例认为,行为人使用欺骗手段,使对方陷入错误并基于不法原因给付财产的,不影响诈骗罪的成立。例如,行为人将没有效能的、原价为30~40芬尼[1]的堕胎药诈称为具有效能的堕胎药,以10马克的价格卖给某孕妇(假堕胎药案)。由于堕胎是犯罪,故孕妇购买堕胎药品而支付金钱的行为属于不法原因给付。德国帝国法院曾对这类案件采取法律的财产说而否认成立诈骗罪,1910年的判决则采取经济的财产说,认定本案被告人的行为成立诈骗罪。

在法国,行为人使用欺骗手段使他人基于不法原因给付财物的,既不承认"受骗者没有财产损害因而不成立诈骗罪"的主张,也不接受"欺骗行为没有达到刑法所要求的欺骗行为的程度"的观点,而是认定为诈

---

① 芬尼是德国以前的辅币单位,等于0.01马克。

骗罪。[①]

日本的审判实践同样持肯定态度。如日本大审院的判决指出："虽然在民法上不能请求其返还，但并不因此而妨碍诈骗罪的成立。因为既然以欺骗手段使他人陷入错误认识而交付财物，那么，其行为就不法地侵害了他人财产权。"[②]日本最高裁判所将赌博诈欺认定为诈骗罪，因而表明了肯定态度。[③]

日本刑法理论上，只有极少数学者持否定说。如泷川幸辰博士指出，基于不法原因给付时，给付者是为了实现法所禁止的目的，既然如此，便处于法的保护之外；如果不存在应受法的保护的财产，也就不发生财产损失，所以，基于不法原因给付时应否认诈骗罪的成立。[④] 但是，绝大多数刑法学者都持肯定态度。肯定的理由大体如下：第一，在不法原因给付的场合，"由于所交付的财物、财产性利益本身不具有不法性，所以，认定诈骗罪的成立也不是不可能的"。[⑤] 第二，在不法原因给付的场合，"如果对方不受欺骗就不会交付财物，所以，可以认为受骗者基于欺骗者的行为而作出了不法原因给付，能够认定诈骗罪的成立"。[⑥] 第三，在基于不法原因给付的场合，虽然给付者"没有民法上的返还请求权，但在刑法上值得保护。"[⑦]第四，"在这种场合，由于不法的原因只是存在于受益者，所以，应适用（日本）民法第708条但书的规定，承认给付者具有返还请求权。因此，可以认定诈骗罪的成立"，[⑧]即通过否认给付者的行为属于不法原因给付，肯定行为人的行为成立诈骗罪。第五，财产损失不是诈骗罪的独立要件，所以，财产转移本身就具有法益侵害性；既然不法原因给付时受骗者基于认识错误转移了财产，对方的行为

---

① [日]浅田和茂：《恒光彻〈不法原因给付の法理と诈欺罪、横领罪の成否〉》，载《法律时报》第65卷第13号，第259页。

② 日本大审院1910年5月23日判决，载日本《大审院刑事判决录》第16辑，第906页。

③ 参见日本最高裁判所1935年11月28日判决，载日本《最高裁判所刑事判例集》第14卷，第1246页。

④ [日]泷川幸辰：《刑法各论》，世界思想社1951年版，第157页。

⑤ [日]平野龙一：《刑法概说》，东京大学出版会1977年版，第220页。

⑥ [日]大塚仁：《刑法概说（各论）》（第3版），有斐阁1996年版，第253页。

⑦ [日]前田雅英：《刑法各论讲义》（第6版），东京大学出版会2015年版，第155页。

⑧ [日]西田典之著，桥爪隆补订：《刑法各论》（第7版），弘文堂2018年版，第229页；另参见[日]大谷实：《刑法各论》，成文堂2001年版，第165页。

当然成立诈骗罪。[①]

我国台湾地区学者一般也持肯定说。如有学者指出:“交付之原因,出于不法之事实,双方对此均有认识,但交付者为此不法原因之交付,由于受行为人之欺骗,在行为人仍属以诈术使人交付财物,无碍其诈欺罪之成立。如甲骗乙可代购吗啡,甲(应为乙——引者注)信以为真,给付款项,甲诈取而去,自应成立诈欺罪。如以伪品冒充真吗啡,出售诈财亦同。”[②]

本书赞成肯定说。主要理由如下:第一,“在诈骗不法原因给付物的情况下,由于诈骗行为在前,被害人的不法原因给付在后,没有行为人的诈骗行为被害人就不会处分财产,故被害人的财产损害是由行为人的诈骗行为造成,这就说明行为人侵犯了他人财产,当然成立诈骗罪”。[③] 第二,虽然从实现不法目的的角度而言,被害人处分财产是基于不法原因;但是,被害人处分财产的更重要原因是行为人的欺骗行为。正是因为财产转移的主要原因是行为人的欺骗行为,所以,应当认定被害人具有财产损失。第三,诈骗罪是基于被害人有瑕疵的意思而取得财物,至于被害人交付财产的动机,则不影响诈骗罪的成立。第四,虽然一般来说,基于不法原因给付财物后,给付者没有返还请求权,[④]但是,在给付之前,被害人所给付的财产并不具有违法性。第五,从刑事政策的角度来考虑,如果在被害人基于不法原因给付财产时否认其财产损失,进而否认行为人的行为构成诈骗罪,那么,不仅不

---

① 参见[日]山口厚:《刑法各论》(第2版),有斐阁2010年版,第273页。

② 褚剑鸿:《刑法分则释论》(第2次增订版),台北,台湾商务印书馆1995年版,第1234页。

③ 张明楷:《法益初论》(修订版),中国政法大学出版社2003年版,第606页。

④ 基于不法原因给付财产后,是绝对没有返还请求权还是存在例外,在我国民法上似乎没有定论。在国外也存在不同观点。法律格言云:“任何人不得援用自己的背德行为。”关于这一格言的适用基准,理论上存在不同学说。第一种学说认为,应当区别违法原因与不道德原因。如果基于违法原因给付,就不得请求返还;如果基于不道德的原因给付,就可以请求返还。第二种学说认为,应当以维持现状对公共秩序是否有利来决定是否返还。如果维持现状对公共秩序有利,就不得请求返还;如果维持现状对公共秩序不利,则可以请求返还。第三种学说认为,应当以双方当事人的背德性的程度来决定是否返还。如果给付者一方的背德性大或者与对方相等,则不得请求返还;如果给付者一方的背德性小,则可以请求返还。参见[日]浅田和茂:《恒光彻〈不法原因给付の法理と诈欺罪、横领罪の成否〉》,载《法律时报》第65卷第13号,第258页。

利于预防诈骗犯罪，而且给诈骗犯人指明了逃避刑事制裁的方向与手段。

需要说明的是，在基于不法原因给付的情况下，肯定诈骗罪的成立与否认侵占罪的成立并不是自相矛盾的。根据笔者的观点，侵占不法原因给付物的行为，不成立侵占罪。例如，甲欲向国家工作人员行贿，而将财物委托给乙转交，但乙将该财物据为己有，乙的行为是否构成侵占罪？刑法理论上存在不同学说：肯定说认为，虽然甲在民法上没有返还请求权，但并没有因此丧失财物的所有权，相对于乙而言，该财物仍然属于“自己占有的他人财物”；刑法与民法的目的不同，即使上述委托关系在民法上不受保护，也不影响侵占罪的成立。否定说认为，甲对该财物没有权利请求返还，故可以认为该财物所有权已经不属于甲，因此，乙没有将“他人财物”据为己有；如果将乙的行为认定为犯罪，则破坏了法秩序的统一性，违反了刑法的谦抑性；侵占罪不只是侵犯财产，还有破坏委托信任关系的一面，而甲的委托与乙的收受之间并不存在法律上的委托信任关系。折中说主张分清不法原因给付与不法原因寄托，前者是基于不法原因终局性地转移财物；后者只是基于不法原因将财物暂时委托给他人。将不法原因给付物据为己有的，不成立犯罪；但将不法原因委托物据为己有的，则成立侵占罪。[①] 本书赞成否定说。因为一方面甲毕竟没有财物返还请求权，不能认定乙侵占了甲的财物；另一方面，由于财物由乙占有，也不能认为该财产已经属于国家财产，所以，肯定说难以提供充分的根据。而且，采取肯定说还可能促进贿赂等不法行为。此外，所谓区分不法原因给付（终局性给付）与不法原因寄托（委托），完全是刑法学者基于对不法原因给付的误解而形成的观点；民法学上也不存在所谓“不法原因寄托不属于不法原因给付”的理论，也没有“不法原因寄托”的术语；换言之，不法原因寄托在民法上就属于不法原因给付。[②] 况且，终局性的给付原本就不可能成立侵占罪（因为给付者原本转移了所有权，行为人不可能侵犯给付者的所有权，也不可

---

① 参见［日］平泽修：《不法原因给付と诈欺、横领罪》，载［日］阿部纯二等编：《刑法基本讲座》（第5卷），法学书院1993年版，第244页以下；［日］东京リ－ガルマインド：《刑法Ⅲ各论》（第3版），东京リ－ガルマインド2006年版，第242页以下。

② 参见［日］佐伯志仁、道垣内弘人：《刑法と民法の对话》，有斐阁2001年版，第46页以下。

能存在拒不返还的问题)；换言之,关于不法原因给付与侵占罪的问题,原本就只是讨论不法原因委托这种情形。在讨论一种存在争议的情形时,将一种原本并不成立犯罪且无争议的情形纳入进来进行所谓的区分,在方法论上就存在疑问。因此,区分说存在疑问。当然,赞成否定说并不意味着乙取得财物具有合法性,由于该财物事实上具有非法性质,应当予以没收。[①] 不难看出,诈骗不法原因给付物与侵占不法原因给付物存在本质区别:前者是在给付人原本没有给付意思的情况下,通过欺骗手段使其给付;后者是在给付人主动基于不法原因给付之后,将给付物据为己有。换言之,前者的给付人之所以丧失财产,是由于行为人的欺骗行为所致,故应将财产损失归因于行为人的欺骗行为;后者的给付人之所以丧失财产,是给付人自己基于不法原因所致,而且其给付行为导致其丧失返还请求权,故不能归因于行为人的侵占行为。

必须指出的是,在此问题上,最高人民法院、最高人民检察院存在两种对立的司法解释,需要展开讨论。

最高人民检察院 1991 年 4 月 2 日作出的《关于贩卖假毒品案件如何定性问题的批复》指出:"对贩卖假毒品的犯罪案件,应根据不同情况区别处理:明知是假毒品而以毒品进行贩卖的,应当以诈骗罪追究被告人的刑事责任。"最高人民法院 1994 年 12 月 20 日发布的《关于执行〈全国人民代表大会常务委员会关于禁毒的决定〉的若干问题的解释》第 17 条也规定:"明知是假毒品而冒充毒品贩卖的,以诈骗罪定罪处罚。"由于非法持有毒品、吸食毒品、贩卖毒品都是非法的,所以,为了购买毒品而支付财物的行为,属于基于不法原因给付。显然,上述两个司法解释表明,行为人实施欺骗行为,使他人陷入认识错误并基于不法原因交付财物的,成立诈骗罪。

但是,也有持相反立场的(准)司法解释。例如,最高人民法院研究室 1991 年 3 月 12 日作出的《关于设置圈套诱骗他人参赌获取钱财的案件应如何定罪问题的电话答复》指出:"对于行为人以营利为目的,设置圈套,诱骗他人参赌的行为,需要追究刑事责任的,应以赌博罪论处。"(已失效)最高人民法院 1995 年 11 月 6 日《关于对设置圈套诱骗他人参赌又向索还钱财的受骗者施以暴力或暴力威胁的行为应如何定

① 参见张明楷:《刑法学》(第 5 版),法律出版社 2016 年版,第 967 页。

罪问题的批复》指出:"行为人设置圈套诱骗他人参赌获取钱财,属赌博行为,构成犯罪的,应当以赌博罪定罪处罚。参赌者识破骗局要求退还所输钱财,设赌者又使用暴力或者以暴力相威胁,拒绝退还的,应以赌博罪从重处罚;致参赌者伤害或者死亡的,应以赌博罪和故意伤害罪或者故意杀人罪,依法实行数罪并罚。"这两个司法解释之所以不将赌博诈骗认定为诈骗罪,主要原因可能是,受骗者参与"赌博"的行为具有非法性,不能将其视为被害人。据此,行为人实施欺骗行为,使他人陷入认识错误并基于不法原因给付财物的,不成立诈骗罪。不难看出,从基于不法原因给付与诈骗罪成立与否的关系这一角度来看,后两个司法解释与前两个司法解释存在矛盾。在本书来看,问题出在后两个司法解释。

赌博,是指就偶然的输赢以财物进行赌事或者博戏的行为。偶然的输赢,是指结果取决于偶然因素,这种偶然因素对当事人而言具有不确定性,至于客观上是否已经确定则无关紧要;偶然因素既可以是将来的因素,也可能是现在或者过去的因素。即使当事人的能力对结果产生一定影响,但只要结果有部分取决于偶然性,就是赌博。如果对于一方当事人而言,胜败的结果已经确定,则不能称为赌博。赌事,是指胜败完全取决于偶然因素的情况;博戏,是指胜败部分取决于偶然因素、部分取决于当事人的能力的情况。赌博还必须是胜者取得财物,败者交付财物,这里的财物包括财产性利益。如果双方以财物以外的利益进行赌事或者博戏,则不属于赌博。[①] 赌博诈骗,是指形似赌博的行为,输赢原本没有偶然性,但行为人伪装具有偶然性,诱使对方参与赌博,从而不法取得对方财物的行为。这种行为同样成立诈骗罪。即使认为被害人参与赌博是违法行为,其因为"输"而交付财物属于不法原因给付,也应得出相同结论。因为诈骗罪的成立并不要求对方的财产处分行为出于特定动机,而且行为人客观上设置了不法原因;如果没有行为人的诈骗行为,被害人不会陷入认识错误,也不可能处分自己的财产,因此,行为人的行为完全符合诈骗罪的构成要件。所以,本书不赞成最高人民法院关于赌博诈骗的上述解释结论。设置圈套诱骗他人参赌获取钱财的,不符合赌博的特征(因为输赢不具有偶然性),相反其完全符合诈骗罪的构成要件。如果该行为人的其他赌博行为已构成赌博罪,

---

① 参见张明楷:《刑法学》(第5版),法律出版社2016年版,第1078页。

则应将赌博罪与诈骗罪实行并罚。基于同样的理由,受骗者当场发现被骗事实后要求退还所输钱财,设置圈套的人当场使用暴力或者以暴力相威胁的,完全符合《刑法》第269条的规定,应认定为抢劫罪。

事实上,司法实践中也不乏将赌博诈骗认定为诈骗罪的案例。例如,新加坡公民吴某进入中国境内后,纠集一些不法分子,从互联网上搜寻富商,打着招商引资的幌子,诱引富商到高档宾馆,然后设置赌博骗局,做手脚骗得富商300余万元。某市人民法院认定吴某等人犯诈骗罪。[①] 应当肯定这种判决的妥当性。

与赌博诈骗相类似的是利用电子(期货、现货)交易平台实施的犯罪行为,其中包括不同类型。

第一类是构成诈骗罪的情形。其中,有的建立虚假的大宗商品交易平台,骗取他人财物;有的模拟正规的交易平台的K线图,但通过暗中修改数据的方法骗取他人财物;有的是通过其他方法诱使被害人高位接盘,低价出仓,从而骗取他人财物。例如,2016年3月,向某成立武汉联合启商网络科技有限公司,雇用人员搭建虚假K线图,开发虚假电子交易平台,通过代理商引诱客户进入平台入金操作,并通过控制后台数据等方式致使客户资金亏损,从而非法占有客户资金(虚假K线图案)。向某的行为被法院认定为诈骗罪。[②] 再如,被告人张某、张某鑫、王某于2014年7月向浙江衢州富诚网络科技有限公司租赁ET6贵金属交易软件,并命名为"仟福银",又先后与海南新生信息技术有限公司、汇潮支付有限公司签订服务协议,使用海南新生、上海汇潮作为第三方支付平台,制作"仟福银"网站,在互联网上搭建汽油、白银、铜、铝等现货的虚假交易平台。此后,张某、张某鑫、王某在不具备经营贵金属现货网上交易资质,无任何现货储备的情况下,通过电话、QQ等网络渠道,宣传仟禧源公司虚假的注册资本和资质文件,以低投资手续费、高返佣服务费为引诱,大量发展代理商,诱骗被害人在"仟福银"平台投资交易。然后采取修改交易K线图的方式,操控交易涨跌,表面呈现被害人屡投屡亏的状况,使被害人误以为自己在进行贵金属交易,亏损是因市场波动或者扣除交易手续费引起,以此骗取被害人的钱财。截至

① 葛建国:《赌局"鸿门宴"》,载《法律服务时报》2003年7月4日,第16版。
② 湖北省枝江市人民法院(2018)鄂0583刑初110号刑事判决书。

案发时,能够确认的被害人291名,扣除已归还被害人的部分资金,犯罪金额共计14,011,185.54元(搭建虚假交易平台案)。三人的行为被法院认定为诈骗罪。①　在上述情形中,即使被害人存在不法原因给付的情形,但只要其因为受欺骗而处分了财产,就不影响行为人的行为成立诈骗罪。

第二类是不构成诈骗罪,但可能构成非法经营罪、开设赌场罪的情形。例如,行为人未经国家有关主管部门批准,设立模拟的电子期货交易平台,引诱客户从事期货交易,但完全以正规期货交易平台数据为准,并不操控使他人盈亏。在这种情况下,即使客户通过该系统注入的资金不会进入真正的期货交易市场,但只要行为人能够保证客户盈亏的真实性,保证盈利客户最终确实能够盈利,即使客户误以为自己注入的资金进入真实的期货交易市场,在我国当下还难以认定为诈骗罪(被害人没有财产损失),只能视情形认定为非法经营罪或者开设赌场罪(二者也要能想象竞合)。倘若客户明知行为人设立的是模拟的电子期货交易平台,则行为人更不可能构成诈骗罪。

(三)骗免非法债务与诈骗罪

这里所要讨论的问题是,行为人使用欺骗手段,使他人免除法律不予保护的非法债务的,是否存在财产损失?例如,A与B赌博的结局是A欠B赌债10万元人民币。在B索要赌债时,A采取欺骗手段使B免除了10万元赌债。A的行为是否就免除的赌债成立诈骗罪?再如,甲男以嫖娼并支付费用的意思与卖淫女乙发生性行为,但性行为结束后,甲男发现自己身无分文,便采取欺骗手段,使乙免除嫖宿费用(非法债务)。甲男的行为是否就其免除的非法债务成立诈骗罪?

德国曾有如下判例:两名被告人与一名妓女发生性交后,以伪造的货币支付了嫖宿费。虽然州法院认定被告人的行为成立诈骗罪,但德国联邦法院的判决(BGHSt 2,373)指出:“被告人的上诉指责该有罪判决,主张妓女的财产没有受到侵害。该上诉理由是正当的。在法律上,性交并不存在可以估算为金钱的任何价值。因此,妓女委身于人的行为本身并不是财产处分行为。对于‘顾客’而言,也不是财产上的利益。基于这样的理由,妓女对‘顾客’所具有的费用‘请求权’,与通过违反

---

①　重庆市第一中级人民法院(2017)渝01刑终238号刑事裁定书。

公序良俗的法律行为所取得的价值也不是同一的。因此，欺骗妓女使之免除嫖宿费用的，并不是实施了诈骗行为。”①显然，州法院采取了经济的财产说，认定被告人的行为构成诈骗罪，但联邦法院并非如此。②

韩国曾发生如下案件：被告人甲本来不想给酒吧小姐任何费用，但表面上和酒吧小姐约定支付卖淫费用而与之发生性交。甲用窃取的信用卡刷卡的方式，摆脱支付嫖宿费用。韩国大法院的判决指出：“原审对上述公诉事实，以贞操不能成为财产罪的对象，而且其卖淫费用是违背善良风俗而不是法律上受保护的经济利益为根据，判决被告人甲以欺诈的手段摆脱卖淫费用的行为不构成诈骗罪。一般来说，之所以不能从经济上评价男人与妇女之间的性行为以及妇女和相对方之间达成的以取得钱财或者财产上利益等为对价实施性行为的约定行为，是因为该契约本身是以违背善良风俗以及其他社会秩序为内容的无效的法律行为。但是，由于诈骗罪对象中的财产上利益，不一定意味着私法上保护的经济上的利益，因此，妇女以收到钱财为前提而卖淫时，该行为的费用相当于诈骗罪对象的财产上利益，而且欺诈妇女进而脱离性行为的费用时，成立诈骗罪。”③显然，原审对财产采取的是法律的财产说或法律的经济的财产说，而韩国大法院采取的是经济的财产说。

对于类似的案件，日本审判实践上存在两种不同判例。例如，对于采取欺骗手段使卖淫者免除嫖宿费用的案件，就存在两种对立的判决。

日本札幌高等裁判所1952年11月20日的判决否认诈骗罪的成立。案情是，被告人嫖娼并饮食住宿，后来采用欺骗手段使对方免收上述费用，其中嫖娼费为1000日元，其他费用为3230日元。原审裁判所认定被告人共诈骗了价值4230日元的财产性利益，显然将嫖娼费也计算在内。但札幌高等裁判所判决指出：“本来卖淫行为是违反善良风俗的行为，这种契约是无效的，故被告人并不因此负担嫖娼费债务；对于欺骗卖淫者使其免除嫖娼费的，不能认定为取得了财产上的不法利益。

① ［日］平野龙一编：《判例教材·刑法各论》，东京大学出版会1980年版，第182～183页。

② 以上判决是在卖淫非法的年代作出的。德国2001年的《卖淫法》肯定了性服务的合法性，因此，卖淫者提供的性服务就属于刑法保护的财产。行为人谎称支付费用让卖淫者提供性服务，但事后不支付费用的，对性服务本身构成诈骗罪。

③ ［韩］吴昌植编译：《韩国侵犯财产罪判例》，清华大学出版社2004年版，第13页。

所以,对上述1000日元不成立诈骗罪。”[①]据此,非法的财产性利益不是诈骗罪的对象。换言之,使对方丧失非法的财产性利益的,不能认定为财产损失。

日本名古屋高等裁判所1955年12月13日的判决肯定诈骗罪的成立。案情为,被告人两次嫖娼,但使用欺骗手段使对方免收2500日元的嫖娼费。原审认定,卖淫契约违反公序良俗,不能认定被告人获得了财产上的不法利益,因而不成立诈骗罪。但名古屋高等裁判所的判决指出:“即使原审认定的契约违反公序良俗,根据《民法》第91条是无效的,但民事上的契约是否有效与刑事上有无责任,是本质不同的问题,二者没有任何联系。像诈骗罪这样的以侵害他人的财产权为本质的犯罪之所以受到处罚,并不只是为了单纯地保护被害人的财产权,还因为以这种违法手段所实施的行为有扰乱社会秩序的危险。而且在扰乱社会秩序这一点上,签订卖淫契约时采取欺骗手段与在通常交易时采取欺骗手段,没有任何差异……嫖娼费也可以成为《刑法》第246条第2项的诈骗罪的对象,故认定不成立诈骗罪的原审判决适用法律有误,这种错误显然影响了判决。”[②]据此,非法的财产性利益也是诈骗罪的对象。换言之,使对方丧失非法的财产性利益的,也能认定为财产损失。

与审判实践相对应,日本刑法理论上也存在两种不同观点。

持否定说的有平野龙一、大塚仁、中森喜彦、曾根威彦、西田典之、山口厚等学者。如平野龙一教授指出:“诈称嫖宿后支付金钱而使对方实施卖淫行为,然后使用欺骗手段使对方免除嫖娼费的,由于这种劳务与债权本身具有不法性,故应认为不成立诈骗罪。”[③]再如,大塚仁教授指出:“使妇女卖淫后,欺骗妇女使其免收嫖娼费的,由于卖淫行为违反公序良俗,在民法上不承认这种对价请求权,所以不构成诈骗利益罪。”[④]曾根威彦教授指出:“使女性实施卖淫行为后,欺骗女性使之免除卖淫对价的,应否认诈骗罪的成立。因为,在这种场合,在行为人实施欺骗行为之前就已经产生了不法原因;既然卖淫行为因违反公序良俗而不承认具有民法上的代价请求权,那么,根据法律的经济的财产说

---

① 日本《高等裁判所刑事裁判特报》第2卷第24号,第1276页。

② 日本《高等裁判所刑事判例集》第5卷第11号,第2018页。

③ [日]平野龙一:《刑法概说》,东京大学出版会1977年版,第220~221页。

④ [日]大塚仁:《刑法概说(各论)》(第3版),有斐阁1996年版,第253页。

的立场,刑法上便没有对之进行保护的必要。这里的问题是免除事后的支付,既然利益(对价请求权)本身是通过卖淫行为取得的,是不法的,那么,就无效的债权而言,应认为没有财产上的损害。"[①]概言之,持否定说的学者都认为,诈骗利益罪中的利益必须是合法的利益;如果骗取的是不法的利益,则没有财产损失,所以不成立诈骗罪。

持肯定说的有团藤重光、福田平、大谷实、内田文昭、前田雅英等学者。如大谷实教授指出:"关于使用欺骗手段,使人卖淫,免除支付'卖淫费'的行为,是否成立诈骗利益的问题,存在否定说与肯定说的对立。在这种场合,在如果不受欺骗就不会实施违反公序良俗的卖淫行为或犯罪行为这一点上,与上述情形(指基于不法给付的情形——引者注)相同,认为值得刑法上保护的肯定说是妥当的。在这种场合,诈骗利益罪的对象,是提供卖淫行为或犯罪行为的劳务。这一结论,也适用于通过欺骗行为免除支付基于情人契约的生活费或者基于卖淫契约的卖淫费的情形。这种场合的诈骗利益罪的对象,是生活费或卖淫费的支付这种财产上的利益。"[②]再如,前田雅英教授针对这种案件指出:"刑法上的诈骗罪的成立与否,应独立于民事上的效果进行判断。""民事上的无效与刑事上的责任的有无具有本质的区别,就财产犯的成立与否而言,即使是在签订卖淫契约之时采取的欺骗手段,与通常交易时的情形也没有什么不同。"[③]概言之,持肯定说的学者认为,不能以是否违反民法为根据来决定有无诈骗罪的财产损失。

本书持否定说。首先,应当指出的是,如果行为人原本没有支付嫖宿费的意思,欺骗卖淫女使之提供性服务的,不属于骗取财产性利益的行为,因为诈骗罪属于侵犯财产罪,如果所骗取的利益不具有经济价值,就不能认为侵犯了被害人的财产。只有具有经济价值的利益,才可能成为诈骗罪对象的财产性利益。如前(本章第二节)所述,即使认为性服务是一种劳务,但单纯的劳务本身应排除在财产性利益之外。

其次,如果行为人原本打算支付嫖宿费用,与对方实施性行为后,又采取欺骗手段使对方免收嫖宿费的,可以认定为欺骗对方使其免除

---

① [日]曾根威彦:《刑法各论》(第5版),弘文堂2012年版,第156～157页。
② [日]大谷实:《刑法各论》,成文堂2001年版,第165页。
③ [日]前田雅英:《刑法各论讲义》(第5版),东京大学出版会2015年版,第234页。

行为人的非法债务。非法债权并不能与非法债务者相对抗。卖淫者享有的“债权”既不是合法的本权,也不存在需要通过法定程序恢复应有状态的占有,故行为人的行为没有侵害卖淫者的财产法益,或者说卖淫者没有财产损失(因为卖淫者原本就不应获得该财产)。前述日本名古屋高等裁判所的判决指出:“像诈骗罪这样的以侵害他人的财产权为本质的犯罪之所以受到处罚,并不只是为了单纯地保护被害人的财产权,还因为以这种违法手段所实施的行为有扰乱社会秩序的危险。而且在扰乱社会秩序这一点上,签订卖淫契约时采取欺骗手段与在通常交易时采取欺骗手段,没有任何差异。”但是,诈骗罪属于财产罪,而不是扰乱社会管理秩序的犯罪,否则,以欺骗手段获得他人爱情等行为也会构成诈骗罪,这难以为我们接受。持肯定说的学者主要以卖淫者遭受了经济损失需要刑法保护为理由,但是,既然卖淫者原本就不应当取得经济利益,也就不能认定其遭受了经济损失。

再次,不将免除非法债务的行为认定为诈骗罪,也与本章第二节对财产性利益的限定相协调。例如,行为人使用赌博诈骗的方法使他人欠下所谓赌债,而事后并没有实现“请求权”的,不宜认定为诈骗既遂(当然有可能构成诈骗罪未遂),因为被害人没有遭受现实的财产损害。如果事后行为人实现了赌债的“请求权”,取得了被害人交付的财物,则应就取得的财物成立诈骗罪,不宜认定为数个诈骗罪。再如,行为人为了非法取得他人不动产,采取欺骗手段使他人作出了交付不动产的意思表示。但如果没有进行不动产的转移登记,既不宜就财产性利益认定为诈骗既遂,也不能就不动产本身认定为诈骗既遂,而宜认定为诈骗不动产未遂。总之,单纯骗取了不法“债权”而未实现该“债权”的,不宜认定为诈骗罪。与此相适应,单纯使对方免除非法债务的,也不应认定为诈骗罪。

最后,需要说明的是,如果行为人向卖淫者支付了嫖宿费后,使用欺骗手段将嫖宿费骗回的,则成立诈骗罪。因为卖淫者虽然违法取得了财物,但由于行为人没有财物返还请求权,即卖淫者所取得的财物可以与行为人相对抗,故值得刑法保护。

此外,对免除非法债务的行为主张无罪,与前述基于不法原因给付不影响诈骗罪成立的观点并无矛盾。在基于不法原因给付的场合,受骗者所交付的财物、财产性利益本身并不具有不法性,而且受骗者之所以交付财物,是由行为人的欺骗行为所致。因此,完全可能在这两个问题上得出不同结论。

（四）行使权利与诈骗罪

行为人将欺骗行为作为其行使权利的手段,从而取得财物的,是否成立诈骗罪？这是需要研究的问题。下面区分两种情形进行讨论。

1. 以欺骗方法取得对方不法占有的自己所有的财物的,是否成立诈骗罪？

例如,乙盗窃了甲的一部手提电脑,甲采用欺骗手段将该手提电脑骗回。根据本权说,甲的行为不成立诈骗罪,因为该手提电脑原本由甲所有,既然如此,乙就无所谓财产损失。根据法律的财产说,甲的行为也不成立诈骗罪。因为乙虽然遭受了经济损失,但其在民事法上对该手提电脑并不享有任何权利;由于其权利没有受到侵害,故甲的行为不成立诈骗罪。但是,根据纯粹的占有说,甲的行为成立诈骗罪,因为乙已经占有了该手提电脑,乙的占有虽然违法,但仍然值得刑法保护。[①]乙因为甲的欺骗行为而丧失了对手提电脑的占有,进而造成了财产损失,所以甲的行为成立诈骗罪。甲的行为只有在符合自救行为等阻却违法事由的成立条件时,才不成立犯罪。根据经济的财产说,甲的行为也成立诈骗罪,因为甲的欺骗行为使乙遭受了经济损失。

本书认为,甲的行为不成立诈骗罪。因为乙虽然占有了甲所有的手提电脑,但这种占有具有非法性,而且不能与所有权者甲相对抗,所以,相对于甲行使权利的行为而言,乙对该手提电脑的占有不是刑法所要保护的法益。不过,第三者丙骗取乙所占有的该手提电脑的,理当成立诈骗罪,因为丙的行为不是行使权利的行为,而且乙的占有可以与丙的行为相对抗。

但是,有两种情形与行使权利的外表相似,却存在实质区别,需要说明。

第一,如果B盗窃了A的此财物,而A采取欺骗方法骗取了B的彼财物的,应认定为诈骗罪。**例如,B盗窃了A的一台价值1万元的手提电脑后,A采取欺骗手段骗取B的1万元现金。**虽然B对该手提电

① 关于本权说与占有说的详细内容,请参见张明楷:《法益初论》(修订版),中国政法大学出版社2003年版,第504页以下。

脑的占有具有非法性，而且相对于A行使权利的行为而言，B对手提电脑的占有不是刑法所保护的法益。但是，B对自己所有的1万元现金则是合法占有，相对于任何人的行为来说，都是刑法保护的法益。B并不因为盗窃了A的价值1万元的手提电脑，就丧失了自己原本所有的1万元现金。A通过欺骗手段取得B的1万元现金的行为，不是行使权利的行为；也不能因为B盗窃了A的手提电脑，就认为A有权采取任何方式获得B的价值相当的财物。果真如此，则没有财产秩序可言。

司法实践中，对类似行为常常宣告无罪，理由往往是，行为人只是取得了自己应得的财物，被害人没有实质的财产损失。但是，即使采取比本权说更为狭窄的所有权说（诈骗等罪的保护法益为财产所有权），也不能认为A的行为无罪。B虽然盗窃并非法占有A的电脑，但并不因此丧失对自己财物原本享有的所有权。B对自己1万元现金的所有权并不因为其盗窃了A的电脑而丧失。既然如此，刑法就必须保护B对其1万元现金的所有权。实际上，类似案件如同乙伤害了甲之后，甲又造成乙完全相同的伤害，双方的行为都侵害了对方的财产法益。所以，双方对自己行为造成的法益侵害应当承担刑事责任。

第二，以欺骗方法取得对方合法占有的自己所有的财物的，也应认定为诈骗罪。例如，动产质押的情况。债务人或第三人（出质人）将其动产（质物）移交债权人（质权人）占有，将该动产作为债权的担保。我国原《担保法》第66条规定："出质人和质权人在合同中不得约定在债务履行届满质权人未受清偿时，质物的所有权转移为质权人所有。"因此，在出质人将质物移交质权人占有时，出质人仍然对质物享有所有权。假如出质人在债务履行期尚未届满时，以欺骗手段骗回该质物的，应如何处理？根据我国的所有权说，由于出质人享有所有权，所以其行为没有侵犯质权人的所有权，而是骗回了自己所有的财产，理当无罪。但是，根据本权说、占有说、经济的财产说、法律的经济的财产说，出质人的行为都构成诈骗罪，因为质权人对质物的占有是合法的，出质人的诈骗行为导致质权人遭受了财产损失。本书认为，质权人对质物的占有可以与出质人的欺骗行为相对抗，因而是值得刑法保护的法益，出质人骗取质物的行为当然成立诈骗罪。而且，由于质权人具有合法占有的权利，所以，出质人骗取质物的行为不是行使权利的行为，故不能以行使权利为由宣告无罪。

下面讨论一个具体案例。个体经营者张某租借两辆带司机的卡车拉运土方;在拉运土方的过程中,卡车上装载的土方超过城市管理法规所允许的高度。某城管分队在依法制作了现场勘验笔录、提取证据物品书和物品清单后,将两辆卡车暂扣存于某停车场,同时通知张某,只有在缴纳6000元的罚款后,才能将车取走。张某为了逃避罚款,找人伪造了城管分队的公章和取车证明,并登记假名,然后将车取走。此后,张某既没有缴纳罚款,也没有要求城管分队退还车辆,直至案发(骗回卡车案)。①

根据关于财产罪法益的所有权说,张某的行为因为没有侵犯所有权,没有造成城管分队的财产损失,所以不构成诈骗罪。本书主张,诈骗、盗窃等财产犯罪的法益不仅包括财产所有权,而且包括一定的占有,因而本案张某的行为成立诈骗罪。因为卡车虽由张某所有(况且张某起先只是占有卡车),但由于违章,该卡车被城管分队合法扣押;扣押是一种事实上的支配,符合刑法上的占有特征,所以,该卡车已由城管分队合法占有。一方面,合法占有权属于本权,可以与任何人相对抗。城管分队对卡车的合法占有可以与任何人相对抗,当然也能够与张某相对抗。因此,城管分队对卡车的占有相对于张某来说,仍然是值得保护的财产法益。另一方面,张某通过伪造城管分队的公章等方式取回卡车的行为,并不是合法地行使权利的行为。在此意义上说,城管分队对卡车的占有相对于张某来说,也是值得保护的财产法益。既然张某采取欺骗手段骗取了卡车,当然符合诈骗罪的构成要件。

其实,即使采取所有权说,本案中张某的行为也成立诈骗罪。《刑法》第91条第1款规定:"本法所称公共财产,是指下列财产:(一)国有财产;(二)劳动群众集体所有的财产;(三)用于扶贫和其他公益事业的社会捐助或者专项基金的财产。"第2款规定:"在国家机关、国有公司、企业、集体企业和人民团体管理、使用或者运输中的私人财产,以公共财产论。"从第1款的规定可知,公共财产实际上是指公共所有的财产即国有、集体所有与其他公共所有的财产;从第2款的规定可知,在国家机关等单位管理、使用或者运输中的私人财产,被刑法拟制为公共财产。显然,即使卡车属于张某的私人财产,但由于该卡车处于城管分

① 庞清燕:《伪造公章取走暂扣车辆是否构成诈骗罪》,载《人民检察》2004年第7期。

队这一国家机关合法管理的过程中,所以,在刑法上已经属于公共财产。既然如此,张某骗取城管分队管理的卡车,就是骗取了公共财产(国有财产),张某的行为侵犯了诈骗罪的客体(国有财产所有权)。换言之,既然所有权说将《刑法》第 266 条的"诈骗公私财物"解释为"诈骗公私所有的财物",那么,所有权说也必须将《刑法》第 91 条的"公共财产"解释为"公共所有的财产"。[①] 既然张某租借的卡车处于国家机关管理之中,已经属于公共所有的财产(具体为国有财产),就应认定张某的行为侵犯了公共(国有)财产所有权。

或许有人认为,由于张某将卡车骗回后,不再向城管分队索取卡车,所以,城管分队没有财产损失,因而,张某不成立诈骗罪。如果第三者将该卡车骗走,则构成诈骗罪,因为卡车被骗后,张某必将向城管分队索取卡车,这就意味着城管分队损失了卡车,因而第三者的行为构成诈骗罪。可是,这种观点难以成立。首先,典型的犯罪结果表现为对法益的侵害事实,既然张某的行为侵害了城管分队对卡车的合法占有,当然造成了犯罪结果。认为诈骗罪的结果仅限于财物的所有权丧失的观点,是与所有权说相对应的。如果认为诈骗罪的法益是对财产的占有,那么,诈骗罪的结果当然是被害人对财产占有的丧失。既然所有权说存在缺陷,那么,将诈骗罪的结果限定为所有权的丧失也便存在缺陷。其次,既然第三者骗走卡车的行为对城管分队造成了损害,就没有理由否认张某骗走卡车的行为对城管分队造成了损害。毫无疑问,如果第三者骗走了城管分队占有的卡车,无疑构成诈骗罪。但是,第三者的行为构成诈骗罪,并不以卡车的原所有人、原占有人索取卡车为前提。根据所有权说的观点,如果第三者将该卡车骗走后,张某与其他相关人并不索要该卡车,[②]城管分队就没有财产损失,第三者的行为便不成立诈骗罪,这是令人难以接受的结论。显然,只有肯定城管分队对合法占有的卡车的丧失本身就是诈骗罪的结果,才能肯定第三者的诈骗行为成立诈骗罪。既然城管分队对占有的卡车的丧失本身就是诈骗罪的结果(财产损失),张某的诈骗行为也造成了该结果,当然也成立诈骗罪。

至于他人合法占有了行为人的此财物后,行为人以欺骗手段骗取

---

① 在解释刑法规定时,不应以民法的所有权概念为根据否认刑法的拟制规定;在认定犯罪时,不能认为民法上的财产所有权优于刑法上的财产所有权。

② 倘若罚款数额高于车辆价值时,张某大概不会通过缴纳罚款索取车辆。

他人占有的彼财物的行为,则无疑成立诈骗罪。

2. 以欺骗方法实现自己债权的行为(狭义的行使权利),是否成立诈骗罪?

这里所要讨论的是,具有从对方取得财物或者财产性利益的正当权利(如享有到期且无抗辩理由的债权)的人,为了实现其权利而使用了欺骗手段的,是否成立诈骗罪?例如,A借1万元现金给B使用,但B长期未归还,A反复催讨也无济于事。于是,A采取欺骗手段,骗取了B的1万元,而且不另向B主张权利。A的行为是否成立诈骗罪?

德国的审判实践中,除了在两次世界大战之间一段时期的部分判决对行使权利的行为予以处罚外,都不处罚狭义的行使权利的行为。例如,行为人为被害人购买家畜从事了居间活动,然后以抵销自己对被害人享有的债权的意思,骗取了对方的金钱。德国最高法院1883年10月25日的判决,以被告人享有的债权有效,取得财物不具有违法性为由,撤销了原审的有罪判决。再如,被告人以子弹的碎片导致腿脚行走不便的虚假理由申请战伤者年金,从而作为战伤者领受了年金,实际上,被告人的肺病是由于战争中的寒冷与食物不足所致。原审认定被告人的行为成立诈骗罪,但德国联邦法院1955年10月11日判决指出,虽然被告人实施了欺骗行为,但在法律上仍有战伤者年金请求权,因而并不违法,于是撤销了原审的有罪判决。又如,被告人实际上是从军时因交通事故受伤,但其谎称因炮弹受伤而领受战伤者年金。不来梅上级地方法院1962年6月20日的判决指出,根据法律规定,即使在从军时因交通事故受伤,也能领受战伤者年金;被告人虽然实施了虚假申请行为,但由于其在法律上具有战伤者年金请求权,故没有取得违法的财产性利益,进而宣告被告人的行为不构成诈骗罪。反之,如果行为人不具有法律上的权利而以行使权利的名义实施诈骗行为的,则成立诈骗罪。例如,女被告人因为与其丈夫处于分居中而没有得到扶养,她明知自己在法律上没有资格领取从军者家属援助金,但提供丈夫名义的虚假证书,领取了援助金。德国最高法院1918年1月8日判决,以被告人没有领受权利为由认定诈骗罪的成立。①

---

① 参见[日]木村光江:《财产犯论の研究》,日本评论社1988年版,第322页、第326页、第344~345页。

德国的刑法理论也一直主张狭义的行使权利的行为不成立诈骗罪。例如,在20世纪初,德国刑法理论上广泛采取的学说是,如果具有形式的"法的请求权",即使立证困难,也缺乏违法性,不成立诈骗罪。第二次世界大战后,狭义的行使权利行为不可罚的结论几乎没有争议。如罗克辛教授指出,刑法的适用只能限定于维持社会生活秩序上不可避免的场合,只有对社会产生了重大侵害才能科处刑罚。因此,侵害私法上的所有权的行为并不都成立刑法上的侵犯财产罪。所以,问题在于,刑法对何种侵害、在何种范围内对所有权秩序进行保护。具体地说,违反归还义务而存续的所有权,相对于正当的权利者而言,就不值得保护。因此,通常不处罚行使权利的结论是妥当的。①

日本大审院曾于1913年12月23日作出判决,对狭义的行使权利与诈骗罪的成立与否提出了三项处理原则:其一,在法律上享有从对方取得财物或者财产性利益的正当权利的人,在实现其权利时,使用欺骗手段,在其权利范围内取得财物或者财产性利益的,不成立诈骗罪。其二,在上述情形下,超出其权利范围取得财物或者财产性利益的,如果该财物或者财产性利益在法律是可分的,则仅就超出部分成立诈骗罪;如果该财物或财产性利益在法律上是不可分的,则就整体(或全部)成立诈骗罪。其三,即使行为人具有正当权利,但如果没有实现权利的意思,单纯以行使权利为借口,或者基于与正当权利没有任何关系的其他原因,骗取对方财物或财产性利益的,就取得的财物或者财产性利益的整体成立诈骗罪。②

就第三项原则而言,日本刑法理论上基本没有争议。因为行为人虽然具有正当权利,但当其没有实现权利的意思,只是以行使权利为借口骗取财物或者财产性利益,或者基于与正当权利没有任何关系的其他原因骗取财物或财产性利益时,根本不属于行使权利的行为,理所当然成立诈骗罪。本书也赞成这一原则。除上述理由外,还因为没有实现权利的意思或者基于与正当权利没有任何关系的其他原因实施诈骗行为,意味着行为人在骗取对方财产后,仍然会主张自己原有的权利,

---

① 以上参见[日]木村光江:《财产犯论の研究》,日本评论社1988年版,第328页、第355页、第378页。

② 日本《大审院刑事判决录》第19辑,第1502页。上述原则也被认为适用于敲诈勒索罪,即享有正当权利的人通过恐吓方法取得财物的,按上述原则处理。

这便意味着对方遭受了财产损失。

对于第二项原则，日本刑法理论上存在争议。有的学者赞成该项原则，[①]但也有学者反对该项原则。因为财物或财产性利益的可分与不可分，并不一定明确；而且，可分时仅就超出权利范围部分成立诈骗罪，而不可分时则就整体成立诈骗罪，这本身也不尽合理。[②] 在本书看来，上述日本判例作出的第二项原则，或许是基于刑事政策的考虑。虽然在许多情况下，难以分割财物或财产性利益的量，但是从观念来说，区分是完全可能的。所以，本书认为，宜坚持对超出正当权利范围的部分认定为诈骗罪的立场。

至于第一项原则，日本刑法理论上的争论更为激烈，大体上存在四种不同观点。第一种观点认为，以欺骗方法行使权利的行为不成立诈骗罪。其中，有的学者认为这种行为不符合诈骗罪的构成要件；[③]有的学者认为这种行为阻却违法性，即行使权利属于违法阻却事由。[④] 第二种观点认为，以欺骗方法行使权利的行为构成诈骗罪。其中有的学者指出，即使行使权利，但由于采用了欺骗行为这种不相当的方法，所以仍然成立诈骗罪。[⑤] 第三种观点认为，以欺骗方法行使权利的行为原则上成立诈骗罪，但如果其行为处于相当性的范围之内，则阻却违法性。[⑥]具体理由是，上述行为符合诈骗罪的构成要件，而且，以欺骗手段行使权利本身也是不妥当的，所以，只要不存在自救行为、正当防卫等违法性阻却事由，就应认定为诈骗罪。但是，当行为人具有行使权利的正当目的、没有超出权利范围，而且其手段具有社会的相当性时，则阻却违法性。[⑦] 第四种观点认为，对以欺骗手段行使权利的行为，应当进行实质的判断，然后得出是否构成诈骗罪的结论。但判断的基准不只是手段的社会相当性，而是要综合以下各种因素进行判断：一是权利性的有

---

① 参见[日]大场茂马：《刑法各论》(上卷)(第11版)，中央大学1922年版，第171页；[日]江家义男：《刑法各论》(增补版)，青林书院1963年版，第313页。

② 参见[日]大塚仁等编：《大コンメンタ－ル刑法》(第13卷)(第2版)，青林书院2000年版，第120页。

③ 参见[日]小野清一郎：《新订刑法讲义各论》(第3版)，有斐阁1949年版，第255页。

④ 参见[日]泷川幸辰：《刑法各论》，世界思想社1951年版，第158页。

⑤ 参见[日]牧野英一：《刑法各论》(下卷)，有斐阁1951年版，第688页。

⑥ 参见[日]大塚仁：《刑法概说(各论)》(第3版)，有斐阁1996年版，第277页。

⑦ 参见[日]大谷实：《刑法各论》，成文堂2001年版，第172页。

无。如果具有正当权利，则无罪的可能性较大；但是，如果虽享有权利却超出了权利的范围，就不能认为在整体上具有行使权利的目的。二是手段的必要性。在具有权利的情况下，需要考虑有无自行骗回的必要性，这需要根据行为状况的紧急性、法律侵害的程度、被害人的态度等进行判断。三是手段的相当性。需要考虑行使权利的行为在何种程度上被社会一般观念所允许。①

第一种观点与德国学说相同。第二、三种观点以行为无价值为基础，认为为了行使权利所实施的欺骗行为不具有社会相当性，所以具有违法性。该观点存在两个方面的疑问：首先，该观点只考虑了手段行为的不合理性，而没有考虑刑法规定诈骗罪的目的；也可以说只考虑了行为无价值，而没有考虑结果无价值，与刑法规定诈骗罪的目的不相符合。如果将这种观点彻底化，那么，只要实施了欺骗行为，即使不骗取财产的，也成立诈骗罪。其次，这种观点同时认为，如果欺骗行为具有社会的相当性，则不成立诈骗罪。可是，任何欺骗行为都不具有社会相当性，因为欺骗行为都不是历史地形成的社会秩序范围内的行为。所以，第三种观点表面上似乎可以将部分行使权利的欺骗行为排除在诈骗罪之外，但实际上并非如此。第四种观点在日本刑法处罚范围较广的前提下具有合理性，但在中国采用这种观点可能为时尚早。所以，本书赞成第一种观点。因为，既然行为性质属于行使权利，即只是实现自己的合法权利，就表明行为本身没有侵犯对方的财产；既然行为本身没有侵犯财产，就不可能成立属于侵犯财产罪的诈骗罪。虽然行使权利的手段具有欺骗性质，但不能仅根据这种手段的性质认定行为构成诈骗罪，如同不能仅根据暴力、胁迫性质认定行为构成抢劫罪一样。

四、财产"损失"

前面是在是否存在"财产"损失的角度展开讨论的，下面需要从是否存在"损失"的角度进行研究。

（一）对个别财产的犯罪与对整体财产的犯罪

财产犯罪可以分为对个别财产的犯罪与对整体财产的犯罪。对个

---

① 参见[日]木村光江：《财产犯论の研究》，日本评论社1988年版，第515页以下。另参见[日]前田雅英：《刑法各论讲义》（第6版），东京大学出版会2015年版，第260页。

别财产的犯罪，是指对被害人的个别财产（如财物、债权、无体财产权等）进行侵害的犯罪。其特点是，只要使被害人丧失了个别财产，即使同时使被害人获得了相应的利益，也成立犯罪。盗窃罪、侵占罪、赃物罪等都属于对个别财产的犯罪。对整体财产的犯罪，是指对被害人的财产状态整体进行侵害的犯罪。其特点是，将财产的丧失与取得作为整体进行综合评价，如果没有损害就否认犯罪的成立。背信罪就属于对整体财产的犯罪。至于诈骗罪是对个别财产的犯罪还是对整体财产的犯罪，则取决于各国刑法的规定以及刑法解释。

就诈骗罪而言，主要是以下几种情况需要讨论：其一，行为人对受骗者交付的财产提供了相当的对价（反对给付）时，应否认定存在财产损失？例如，行为人出卖的羊毛衫本来是混纺的，其真实价格为300元一件，但行为人欺骗购买者，谎称其羊毛衫是纯羊毛制造，但事实上还是以每件300元销售。在这种情况下，能否认定受骗者存在财产损失？如果认为诈骗罪是对整体财产的犯罪，一般不会认定存在财产损失（但也不尽然）；如果认为诈骗罪是对个别财产的犯罪，一般会认定存在财产损失（但也有例外）。其二，行为人就交付财物的用途、财物的接受者进行欺骗时，是否存在财产损失？例如，行为人声称为灾区募捐，受骗者交付了财物，但事实上行为人并不是为灾区募捐，而是将所“募捐”的财物转移给了自己的亲友。受骗者虽然对财物的用途存在认识错误，但就自己将财物无偿交付给他人的事实并不存在认识错误。在这种情况下，受骗者是否存在财产损失？行为人的行为是否成立诈骗罪？其三，二重抵押、二重买卖时，谁遭受了财产损失？什么情况下可以认定为诈骗罪？

众所周知，一方面，德国、瑞士等国刑法将诈骗罪规定为对整体财产的犯罪，但是，对财产损失也并不是像人们想象的那样，只是根据财物的客观价值判断有无财产损失。另一方面，日本刑法没有要求诈骗行为导致财产损失，所以，一般认为诈骗罪属于对个别财产的犯罪。日本刑法理论的通说认为，受骗者由于交付财物而丧失个别的财物或财产性利益时，就是诈骗罪中的法益侵害。但是，在这点上，仍然存在形式判断与实质判断的争论。

（二）对受骗者交付财产提供相当对价（反对给付）的情形

如上所述，德国刑法将诈骗罪规定为对整体财产的犯罪，但是，刑法理论上与审判实践中并不是单纯从客观价值上理解和认定财产损失，而是联系受骗者（被害人）的目的、财产的主观价值等认定财产损失。

由于德国刑法将诈骗罪规定为对整体财产的犯罪，所以，德国的判例原则上认为，财产主体所具有的金钱价值的总额因为处分行为而减少时，就存在财产损失。因此，一般来说，如果行为人实施欺骗行为，使被害人交付财物，而行为人提供的反对给付少于被害人交付的财物的金钱价值时，就认定存在财产损失。

例如，被害人表示缔结支付确定保险费的保险合同，尽管行为人也保证缔结这样的合同，但行为人所属的公司是相互保险公司，行为人使被害人加入了负有支付追加金义务的保险。加入支付确定的保险费的保险的，如果在支付保险费后发生了事故，加入者就成为单纯的接受保险金的债权人；而加入相互保险的，一方面成为接受保险金的债权人，另一方面在某些场合还负有支付追加金的义务。对此，1887 年德国帝国法院的一个判决指出，关于作为诈骗罪要件的"损失"是什么的问题，可能有两种观点：一种观点认为，被害人基于认识错误处分财产时，即如果知道真相就不会处分财产时，无论这种处分在客观上是否给被害人的财产带来了不利，都属于造成了财产损失。另一种观点认为，仅此还不能认定为损失，只有当被害人处分财产的行为在客观上对其财产造成了侵害时，才能认定为损失。后一种观点是正确的。前一种观点将财产的构成要素的变更本身视为损害，但是，这种变更本身是一切交易的必然结果，原则上存在于所有的交易中，不能直接将其作为刑法上的损失，否则，就无视了刑法条文要求诈骗罪发生损失的规定。姑且不谈赠予等行为，在一般的交易中，被害人的给付与行为人的反对给付是一体化的，在认定是否发生了财产损失时，仅仅考虑被害人一方给付了财物是不够的，必须将被害人财产价值的减少与因此而导致的财产价值的增加进行客观比较。财产增减无论是积极的还是消极的，是人的财产关系的总体，必须从整体上考虑。这里的"整体"是指，只有其金钱上的整体价值减少时才是受到损害，增加时才是获得利益。是否发生了财产损害，要根据行为当时的被害人的个别的财产关系来决定。除金钱之外，其他的财物并不是对一切人都具有相同价值，也不是一切人都可以同样利用；尽管如此，个别化原则（Grundsatz der Individualisierung）也并不意味着完全根据被害人的恣意或爱好来认定财产损失。如果现实上提供给被害人的物，可以用于被害人的合同目的，则不存在损失。于是，是否产生了财产损失，不是由被害人是否要利用来决定，而是由被害人能否利用来决定。因此，对单纯的爱情利益、经济上无价值的东西、单纯的处分自由等的侵害，不能认定为财产损失。根据上述立场，德国帝国法院对上述案件作出了以下判断：一方面，被害人虽然负有支付追加金的义务，但相互保险中事先支付的保险费加上追加金，在许多情况下少于确定支付的保险费。另一方面，作为对被害人不利的因素，重要的是该保险公司的财产状况，因此不能一概断定有无损失，事实审还必须就上述情况作进一步调查。[1]

此后的判例都适用个别化原则，即法院除了考虑金钱价值的减少外，还同时考虑金钱价值以外的市场情况、个人的利用可能性、个人的资产状况等。例一，进口黄油的价格原本高于国产黄油价格，被告人却将进口的黄油冒充国产黄油并以国产黄油价格出卖。被害人以进口黄油销路不好为由，想购买国产黄油（进口黄油冒充国产黄油案）。法院认定被害人存在财产损失，被告人的行为构成诈骗罪。[2] 例二，被告人使用欺骗手段，使对方购买其不能阅读理解的杂志。法院认为，所购买的杂志对于被害人而言没有实质价值，因而存在财产损失，被告人的行为成立诈骗罪。[3] 例三，被告人为榨汁机的贩卖者，在对K实施贩卖行为时，原本没有减价出售，但声称减价出售。而在贩卖时，被告人知道K陷入经济困难，而且K还有其他债务，会陷入财产危机。被告人对B实施贩卖行为时，B携带的金钱不够，但被告人谎称减价使B购买。B为了支付货款，不得不借款（骗卖榨汁机案）。法院认为，被告人的行为造成了被害人的财产损失。换言之，受骗者为了履行与被告人之间的合同而不得不从事其他不利的经济交易时，应认定被告人的行为造成了财产损失。[4]

德国刑法理论的通说认为，诈骗罪（既遂）的成立要求财产价值的减少，财产价值的增减，通过一般的市场价值与个别的价值两个阶段的判断来决定。首先，将行为人因欺骗行为所取得的财产与其提供的对

---

① 以上参见［日］林幹人：《财产犯の保护法益》，东京大学出版会1984年版，第49～50页。

② BGHSt 12,347.

③ BGHSt 23,300.

④ BGHSt 16,321.

价在纯客观价值上进行比较,如果行为人取得的财产价值高于其提供的对价,则受骗者存在财产损失;如果二者相等,则客观地比较受骗者就所处分的财产与所接受的对价的主观价值,如果受骗者所处分的财产的主观价值高于所接受的对价的主观价值,则受骗者存在财产损失。因为并非任何财物对于所有人都具有相同的价值,所以,在进行客观价值的比较之后,必须通过权衡财物对被害人的有用性、目的等要素来判断财物对被害人的主观价值的增减。

但是,德国刑法理论的少数说认为,诈骗罪(既遂)的成立不要求财产价值的减少。其中,人的财产概念(personaler vermögensbegriff)认为,法益是法规范所保护的、人对客体(对象)的事实上的支配关系。因此,财物或者所有物等对象不是法益,所有权者与财产的占有者等主体也不是法益,财产主体与对象的现实关系才是法益。财产是人格发展手段,对其价值不能进行数量考量,不能进行客观评价。所以,财产价值的减少不能作为财产损失要件。即使具有金钱价值的财产状态没有减少,但欺骗行为引起了违反具体交易的客观意义、目的与本质的财产状态时,通常就能认定为财产损失。在存在反对给付的场合,问题不在于财产价值的减少,而在于反对给付是否符合被害人设定的目的。如果反对给付不符合被害人设定的目的,就存在财产损失。但是,人的财产概念受到了批判。一方面,人的财产概念导致财产犯罪的保护法益是人格发展自由的一个侧面,这并不合适。另一方面,人的财产概念也缺乏明确性。动的财产概念(dynamischer Vermögensbegriff)认为,对财产的保护,既包括保障财产增加,也包括确保财产本身;在复杂多变的经济状态下,停滞意味着后退,所以,财产概念必须向在经济发展与经济活动中起作用的财产要因扩展。换言之,即使财产没有减少,但没有给被害人带来客观上可以期待的财产增加,也应认定为财产损害。不过,这种学说也没有得到多数学者的认同。①

人的财产说与动的财产说不要求财产价值的减少,这便与德国刑法将诈骗罪规定为对整体财产的犯罪,明文要求诈骗罪造成财产损失不相符合,因此,在德国成为少数说。如果认为诈骗罪是对个别财产的

---

① 参见[日]伊藤涉:《诈欺罪における财产的损害(一)》,载《警察研究》(1992年)第63卷第4号,第27页以下。

犯罪,人的财产说与动的财产说明显具有合理因素。

日本刑法没有将诈骗罪规定为对整体财产的犯罪,其判例没有提及财产价值的增减,而且,对诈骗罪的处罚范围似乎略宽于德国。日本判例认为,在如果没有欺骗行为对方就不会交付财物的情况下,由于交付财物是由欺骗行为所致,所以,交付财物本身就是财产损失。例如,行为人将在市场上均有销售、容易购买的电动按摩器谎称为市场上难以购得的特殊治疗器而贩卖。即使其提供的商品与受骗者交付的金钱价值相当,但由于缺乏行为人标榜的功效,认定成立诈骗罪。[①] 又如,谎称烧酒的酒精含量高于实际含量而出卖的,即使出卖价格与实际的酒精含量相当,也构成诈骗罪。[②] 反之,被害人接受非医生的诊断,以其所定价格购买了药品的,由于所购入的药品适合治疗被害人的疾病,而否认了诈骗罪的成立。[③]

关于诈骗罪中的财产损失,日本刑法理论则存在不同观点。

如前所述,虽然牧野英一、木村龟二等少数学者认为,诈骗罪(既遂)的成立不以造成财产损失为必要,"但通说要求被害人产生某种财产上的损害。在这种必须产生财产上损害的通说中,应否将损害理解为被害人整体财产的减少,又存在争论"。[④]

形式的个别财产说认为,日本刑法没有将诈骗罪规定为对整体财产的犯罪,而且刑法对骗取财物与骗取财产性利益采取了相同的规定方式,因此,诈骗罪(包括骗取财物与骗取财产性利益)是对个别财产的犯罪,财物的交付(丧失)、财产性利益的转移(丧失)本身就是财产损失。因为在如果不受欺骗就不会交付财物的情况下,被害人由于受欺骗而交付财物时,就导致其丧失了使用、收益、处分财物的利益;在如果不受欺骗就不会转移财产性利益的情况下,被害人由于受欺骗而转移财产性利益时,就导致其财产性利益的丧失,即使整体财产没有减少,对被害人而言也是财产损失。所以,只要基于行为人的欺骗行为丧失

---

① 日本最高裁判所1959年9月28日判决,载日本《最高裁判所刑事判例集》第13卷第11号,第2993页。

② 日本大审院1932年5月23日判决,载日本《大审院刑事判例集》第11卷,第665页。

③ 日本大审院1928年12月21日判决,载日本《大审院刑事判例集》第7卷,第772页。

④ [日]大塚仁等编:《大コンメンタ－ル刑法》(第13卷)(第2版),青林书院2000年版,第106页。

财物、财产性利益,就存在财产损失,即使行为人提供的反对给付与被害人交付的财物价值相当甚至超过了后者的价值,也不妨碍诈骗罪的成立。[①] 不难看出,形式说认为,只要被害人交付了财物、转移了财产性利益,就是财产损失,而不要求实质的财产上的损失。

实质的个别财产说认为,从日本刑法对诈骗罪与背信罪的不同规定可以看出,诈骗罪是对个别财产的犯罪,而且,既然诈骗罪是侵犯财产罪,那么就要求有实质的财产上的损失。其中,有的学者认为,"财产损失"本身是诈骗罪(既遂)的一个独立要件。[②] 有的学者则认为,虽然要求实质的财产上的损失,但是,将财产损失作为独立的要件在日本刑法中缺乏法律条文上的根据;由于丧失(转移)财物、财产性利益本身就是诈骗罪的法益侵害,因此,没有必要将财产损失作为与转移财产相区别、相并提的要件;问题只是在于财物、财产性利益的转移、丧失本身是否具有实质的法益侵害性。[③] 显然,如前所述,是否将财产损失作为独立的要素,只是形式的对立,并不一定影响对具体案件的判断结论。

财产价值减少说认为,诈骗罪与背信罪一样,都是对整体财产的犯罪;将诈骗罪与背信罪区别对待,缺乏实质理由。[④] 诈骗罪的成立以被害人的整体财产减少为必要,而且,由于损害与利益处于表里关系,故即使通过欺骗行为取得财物,但如果支付了相当对价时,则不成立诈骗罪。[⑤] 但是,持财产价值减少说的学者,并不主张仅就损害与利益进行客观上的金钱价值的比较,而是主张既比较客观价值,也比较主观价值。如主张此说的宫本英修博士指出:"诈骗罪除了取得财物或得到利益的结果之外,还要求有造成他人财产上损害的事实……就此而言,问题在于,在有偿地进行欺骗的场合,应当以何种方法判断损害的有无。对此,要进行如下判断:首先,将财产与对价进行纯客观的价值比较;其次,二者相等时,要稍微客观地比较从被害人的主观地位来考虑所形成的价值;最后,即使是纯主观的情形,当事人之间特别以此为条件而应

① 参见[日]福田平:《刑法各论》(全订第3版增补),有斐阁2002年版,第250页。

② 参见[日]前田雅英:《刑法各论讲义》(第6版),东京大学出版会2015年版,第243页以下。

③ 参见[日]山口厚:《刑法各论》(第2版),有斐阁2010年版,第267页。

④ [日]林幹人:《刑法各论》(第2版),东京大学出版会2007年版,第142页以下。

⑤ [日]泷川幸辰:《刑法各论》,世界思想社1951年版,第152页;[日]大场茂马:《刑法各论》(上卷)(第11版),中央大学1922年版,第827页。

予认可时，也要通过比较以此为基准的价值来决定。”[①]

折中说认为，诈骗财物罪（一项犯罪）属于对个别财产的犯罪，诈骗利益罪则既包含对整体财产的犯罪，也包括对财物以外的个别财产权的犯罪。就诈骗财物罪而言，只要受骗者处分或交付了财物，就应认定为存在财产损失，而不要求被害人整体财产的减少。就诈骗利益罪而言，应区分不同情况判断是否存在财产损失：针对个别财产权实施诈骗行为时，只要能够认定如果没有欺骗行为被害人就不会转移债权等个别财产权，那么，转移个别财产权时，就造成了财产损失；针对整体财产实施诈骗行为时，只要没有给被害人的整体财产造成损害，就不能认定为诈骗利益罪。[②]

日本近年来的判例认为，行为人要成立诈骗罪，必须是被害人就关于“作为交付、处分判断基础的重要的事项”被欺骗并陷入认识错误。其中对被害人而言的“重要的事项”，并不必然局限于“经济上的交换价值”；即使是经济上的交换价值“以外”的事项，根据场合的不同也能够成为对被害人而言重要的关心事项。换言之，即使是在对于经济的交换价值“以外”的事项实施欺骗行为的场合，诈骗罪也能够成立。那么，在交易之中，究竟什么样的事项可以成为对被害人而言“重要的关心事项”呢？从日本的判例来看存在三种类型：第一种类型是，针对交易主体的法律等规制是强制性的，且要使交易主体实施的交易作为“一定种类的交易”而大致地被认知、承认为正当的话，那么遵守规制环境设定的规范则是必要而不可或缺的，在这种场合，对交易主体而言，“规范的遵守”可以说是交易时的“重要的事项”。[③] 第二种类型是，在实施一定

---

① ［日］宫本英修：《刑法大纲》，弘文堂1935年版，第370页。

② ［日］团藤重光：《刑法纲要各论》（第3版），创文社1990年版，第620页；［日］大塚仁：《刑法概说（各论）》（第3版），有斐阁1996年版，第256页。

③ 例如，被告人X等人为了让Y非法入境加拿大，在得到X名义的飞机登机牌之后，在转机区通过中间人交给Y，使Y搭乘国际航班的飞机（但在搭乘的时候被发现了）。判决认定，隐瞒让渡给他人Y的真正目的而取得X名义的登机牌这一“财物”的X等人的行为，构成诈骗罪。最高裁判所在其判决理由中指出本案的航空公司实施了“严格的本人确认”这一事实。而且，认定“严格的本人确认”被实施的理由在于，如果让没有进行过本人确认的他人搭乘飞机的话就会存在“导致飞机航行安全上重大弊病的危险性”。此外，“为了防止违法入境加拿大，航空公司被加拿大政府科以了适当发行登机牌的义务”，因而，“不让没有进行过本人确认的人搭乘飞机对本案航空公司的航空运输业务有着经营上的重要性”。所以，对于本案航空公司来说，“请求登机牌交付的人自己是否搭乘飞机”是“作为登机牌交付这一判断的基础的重要事项”。参见日本最高裁判所2010年7月29日判决，载日本《最高裁判所刑事判例集》第64卷第5号，第829页。

种类交易的时候,仅有法律等规制环境的存在并不会使一定规范的遵守成为义务,但如果考虑到规制环境,那么就存在交易主体在交易时设定"特定的条件"具有"客观的合理性"的状况。在这种场合,相关交易主体对于该"特定的条件"的设定有着深切的关心,只要能认定这样的事实关系,那么就可以说该"特定的条件"是否被满足,对该交易主体来说就成为"重要的事项"。[①] 第三种类型是,在不能认定存在上述两种类型那样的规制环境的场合下,要肯定交易中"特定的条件"的充足对于交易主体来说是"重要的事项",就有必要满足如下两个条件:(1)设定该"特定的条件"与其实施的交易具有类型上的整合性,并且,必须具有一定程度的合理性;(2)必须从其交易主体实施的客观的对策中看出,相关交易主体"真正"地期待该"特定条件"的满足。[②] 例如,关于暴力团成员隐瞒身份利用高尔夫设施的案件,日本有两个著名的判决。

一个判决的案情是,暴力团成员 X 与高尔夫俱乐部会员 A 一起去 B 高尔夫俱乐部,隐瞒了暴力团成员的身份打高尔夫球。B 高尔夫俱乐部在相关约定条款中明确禁止暴力团成员利用俱乐部,而且将有关部门提供的情报进行电子化处理,对利用高尔夫设施的人员进行姓名确认。A 在加入俱乐部时曾誓言不介绍暴力团成员,也不与暴力团成员结伴打球,却采取欺骗手段帮助 X 提出申请,X 则不靠近服务台而开始打球(宫崎事件)。日本最高裁判所 2014 年 3 月 28 日的判决指出,利用者是否为暴力团成员,是 B 高尔夫俱乐部的从业人员是否准允其利用高尔夫设施的重要事项;尽管如此,A 却不说明同伴 X 是暴力团成员,并为其申请利用高尔夫设施,该行为使 B 高尔夫俱乐部从业人员误以为 X 不是暴力团成员,当然属于诈骗罪中的欺骗行为,该行为导致利用高尔夫设施的合同成立,X 利用了高尔夫

① 例如,被告人是暴力团成员,在邮政储蓄银行记载"我……在表明、确认……不属于反社会的势力(暴力团成员等)的基础上,提出申请"的申请用纸上记入自己的姓名并申请账户开设,从银行取得了存折等物。判例认定,对于银行负责人来说,账户开设的申请者是否是暴力团成员,可以说是存折等物交付时"作为判断基础的重要的事项",因而被告人成立诈骗罪(对象为存折本身)。参见日本最高裁判所 2014 年 4 月 7 日判决,载日本《最高裁判所刑事判例集》第 68 卷第 4 号,第 715 页。

② 参见[日]杉本一敏:《诈欺罪をめぐるの日本の议论の现在》,载[日]甲斐克则编:《日中刑法总论・各论の先端课题》,成文堂 2018 年版,第 199 页以下。

俱乐部的设施,因而成立诈骗罪(对财产性利益的诈骗)。[①] 这样判决的理由是,如果高尔夫球场允许暴力团成员使用,就会存在使用该球场的其他顾客减少,进而损害高尔夫球场的信用和评价的可能性,所以从高尔夫球场的“经营上的观点”来看,就可以理解拒绝暴力团成员使用这一措施。

另一个案件是,暴力团成员 Y 与 Z 共同隐瞒身份,先后去 C 高尔夫俱乐部与 D 高尔夫俱乐部申请利用高尔夫设施。尽管两家高尔夫俱乐部制定了排除暴力团的条款,也有拒绝暴力团成员使用的告示牌,但两家高尔夫俱乐部并没有对顾客是不是暴力团成员进行逐一确认,而且,周边的高尔夫球场默许暴力团成员使用的情况也很多(长野事件)。日本最高裁判所 2014 年 3 月 28 日认定,在这样的状况下,不能说暴力团成员没有告知自己是暴力团成员而申请使用高尔夫球场的行为表明了“自己不是暴力团员”的含义,因而不属于“欺骗他人的行为”,否认了诈骗罪的成立。[②]

本书对上述观点与判例评论如下:首先,形式的个别财产说存在疑问。因为在行为人提供了反对给付的情况下,如果不进行实质的判断,只要行为人通过欺骗手段使受骗者交付了财物就成立诈骗罪,必然导致处罚范围过于宽泛。例如,某商店并不向未成年人出售商品,但某未成年人 A 冒充成年人购买商品,店员 X 误以为 A 是成年人,便将商品交付给 A。根据形式的个别财产说,如果 X 没有受骗,就不会将商品交付给 A,所以,A 的行为成立诈骗罪;即使 A 在购买商品时支付了货款,也不影响诈骗罪的成立。这显然不合适。所以,必须从实质上判断被害人是否存在财产损失。折中说就对个别财产的诈骗罪而言采取的是形式的个别财产说,因而存在同样的缺陷。

其次,日本的财产价值减少说与德国的通说相同。虽然日本刑法没有像德国刑法那样,将诈骗罪规定为对整体财产的犯罪,但日本的财产价值减少说将诈骗罪解释为对整体财产的犯罪。可是,无论是按照德国的判例与学说,还是依据日本的财产价值减少说,在行为人提供了反对给付的情况下,都不是仅就受骗者(被害人)交付的财物或利益的

① 日本《最高裁判所刑事判例集》第 68 卷第 3 号,第 582 页。
② 日本《最高裁判所刑事判例集》第 68 卷第 3 号,第 646 页。

客观金钱价值与行为人提供的(被害人得到的)反对给付的客观金钱价值相比较,而是要进一步根据受骗者(被害人)的交易目的、所交付的财物与得到的财物的主观价值等进行权衡。

最后,日本的实质的个别财产说与财产价值减少说、德国的整体财产说也没有原则区别。因为实质的个别财产说主张从实质上判断被害人财物、财产性利益的丧失是否形成财产损失、法益是否受到侵害,所以,必须联系被害人的交易目的、财物对被害人的可利用性等进行判断,而这一点与整体财产说的判断没有实质性的区别。例如,实质的个别财产说主张,在行为人提供反对给付的场合,"所应比较的是受骗者在从事该交易时所意欲获得的利益与给付的利益",而不是客观比较"被害人丧失的利益与得到的利益的金钱价值"。[①] 这一点与德国的判例、学说以及日本的财产价值减少说并无原则上的区别。

我国刑法没有像德国、瑞士刑法那样明文要求财产损失,但如前所述,由于诈骗罪是侵犯财产罪,要求财产损失实为理所当然,即在未遂的情况下,要求欺骗行为具有造成被害人财产损失的危险性;在既遂的情况下,则要求诈骗行为造成被害人现实的财产损失。所以,虽然从法律条文上理解,不应将诈骗罪理解为对整体财产的犯罪,但应采取实质的个别财产说。至于个别财产的丧失能否评价为财产损失或法益侵害,则不能仅就被害人交付的财物与其得到的财物之间的客观金钱价值进行比较,而应当联系受骗者或被害人的交易目的等进行判断。

诈骗罪的特点是制造并利用受骗者的认识错误侵犯被害人的财产,如果能够肯定受骗者因为行为人的欺骗行为产生了法益关系错误,进而处分了财产,就表明造成了财产损失。在财产法益中,法益处分行为的社会意义的错误,就是法益关系的错误。因为与生命、身体法益本身值得保护不同,财产法益在交换经济下是作为经济的利用、收益、交换的手段而予以保护的,特别是金钱,并不是其价值本身值得保护,而是作为交换手段、实现目的的手段值得保护;而且,通过财产的给付所欲取得的不仅包含经济利益,也包含社会目的的实现,

---

① [日]西田典之著,桥爪隆补订:《刑法各论》(第7版),弘文堂2018年版,第220~221页。

所以,法益处分的社会意义具有重要性。如果受骗者就“财产交换”“目的实现”具有认识错误,则应当肯定存在法益关系错误。即受骗者所认识到的“财产交换”是否已经实现、处分财产所欲实现的“目的”是否已经实现,是判断受骗者是否存在法益关系错误的基本标准,也是判断有无财产损失的基本标准。换言之,如果受骗者的财产交换失败、处分财产的目的没有实现,就意味着存在财产损失。在行为人提供了反对给付的情况下,反对给付的属性是财产交换的重要条件,如果行为人就反对给付的属性实施了欺骗行为,就表明受骗者具有法益关系的错误,行为人就所取得的财产成立诈骗罪。例如,行为人谎称某种商品具有特殊作用,受骗者以为该商品具有某种特殊作用才购买时,由于受骗者购入的商品并不具有特殊作用,受骗者的交换目的没有实现,即使行为人的出售价格与不具有特殊作用的同类商品价格相同,也应认定受骗者存在财产损失。① 正如日本最高裁判所 1959 年 9 月 28 日的判决所言:“即使提供价格相当的商品,但在告知了事实真相后对方将不交付金钱的场合,故意就商品的效能等作违反真实的夸大说明,使对方误信商品的效能而接受对方交付的金钱时,就构成诈骗罪。”②

我国司法实践中,也存在将提供反对给付的欺骗行为认定为诈骗罪的判例。例如,夏某与白某合伙低价购买《中国政府全书》《中华人民共和国新编劳动人事政策法规全书》等书,以市委纪律检查委员会、市劳动和社会保障局等名义,向20个街道办事处、乡政府等单位推销(假冒名义推销图书案)。夏某被某区人民法院以诈骗罪判处拘役 6 个月。③ 夏某与白某按书的定价出卖了书,因此可以说,夏某与白某在实施欺骗行为取得书款的同时,提供了反对给付(书)。但是,被害单位原本并不需要这些书,只是由于夏某、白某以市委纪律检查委员会、市劳动和社会保障局等名义推销,被害单位才购买,而这些书对于被害单位

① 参见[日]山口厚:《问题探究・刑法各论》,有斐阁 1999 年版,第 165 页以下。

② 日本《最高裁判所刑事判例集》第 13 卷第 11 号,第 2993 页。

③ 刘玲玲、张黎媛:《盗用政府机关名义卖书属诈骗》,载《北京日报》2000 年 11 月 2 日,第 9 版。

并无利用可能性，所以，应当认定被害单位存在财产损失。[①]

当然，由于我国的刑事政策倾向于缩小处罚范围，所以，对于提供了反对给付的诈骗罪的认定不可能与德国、日本完全相同。换言之，在行为人提供了反对给付的场合，我国司法实践上或许应当适当限制诈骗罪的成立范围。例如，在我国当下，还不可能将隐瞒身份骗取服务但提供了相应对价的行为认定为诈骗罪，也不可能将骗取存折、护照、登机牌的行为认定为诈骗罪。但是，实践中盛行的完全不顾及法益主体的意志、目的，绝对以财物的客观金钱价值认定有无损失以及损失数额的做法，有悖于刑法的法益保护目的，应当改进。

本书的初步看法是，即使行为人提供反对给付，但受骗者的交换目的基本未能实现（包括反对给付缺乏双方约定的重要属性）时，宜认定为诈骗罪。例如，某市几家医院的8名医生打着“肝病专家免费义诊”的旗号，私自到某乡为肝病患者义诊。在不到两天的时间里，该乡先后有200名群众接受了“义诊”。结果，有138人被查出患有乙肝，其中绝大多数人根据专家的意见购买了他们带来的200多元一盒的“肝得治”，最多者一次购买了2800元的“肝得治”。如此高比率的乙肝患者引起了当地政府的重视，经县医院派员检查，138人中，只有29人患有甲肝或者乙肝，其余109人均为健康（“义诊”肝病案）。[②]诚然，109人在交付金钱的同时，获得了“肝得治”药品。然而，即使该药品属于有效药品，但相对于没有患肝病的109人来说，可谓废品。所以，109人交付金钱的目的完全没有实现，应认定其存在财产损失，行为

---

① 也有司法机关对类似案件认定为招摇撞骗罪。例如，姚某等三人共同出资购得假冒“党内学习资料”10余套，又与袁某等三名妇女组成三个男女搭档，到上海市金山区、宝山区、嘉定区等地从电话黄页中找到一些企事业单位、村委会的电话号码，然后分别假冒区纪委、区党校、区委组织部之名给这些单位拨打电话，强行高价推销所谓的学习资料300余次，然后由袁某等三名妇女将书送到受骗的8家单位，骗得人民币合计6830元。上海市嘉定区检察院以涉嫌招摇撞骗罪依法批准逮捕了犯罪嫌疑人。参见章永明、殷晓华：《假冒纪委推销书籍　招摇撞骗难逃法网》，载《检察日报》2004年8月31日，第2版。根据笔者的观点，冒充国家机关工作人员骗取数额较大财物的，是招摇撞骗罪与诈骗罪的想象竞合，应当从一重罪处罚。参见张明楷：《刑法分则的解释原理》（上）（第2版），中国人民大学出版社2011年版，第314页以下。退一步说，即使将本案认定为招摇撞骗罪，也应肯定行为人骗取了财物，被害单位存在财产损失。这仍然能够说明，行为人的反对给付不能实现受骗者的目的时，不能以存在反对给付为由否认被害人的财产损失。

② 张桂辉：《医生走穴　罪过罪过》，载《法制日报》2001年5月28日，第5版。

人的行为成立诈骗罪。再如,谎称组织他人去新马泰旅游,使他人交付相当旅游费用,但实际上组织他人去越南旅游的,也应认定为诈骗罪。

反之,如果受骗者的交换目的基本得以实现(如行为人提供的反对给付并不缺乏双方约定的重要属性),则没有必要认定为诈骗罪。例如,酒吧安排员工在网上充当女性与男性聊天,在男性同意见面后,员工将男性电话告知酒吧女服务员,由女服务员以见面为由约男性到酒吧。女服务员故意点高价食饮品,最后由男性支付(酒托案)。如果男性来酒吧只是为了与女服务员见面,应认为男性支付饮食费用的目的基本实现,不宜认为对其造成了财产损失。前述将混纺羊毛衫谎称为纯羊毛制作,仍以混纺羊毛衫价格出售给消费者的,虽然在德国、日本会认定为存在财产损失,进而认定为诈骗罪,但在我国将其认定为诈骗罪恐怕还难以为人们接受,因为购买者的交换目的基本得到了实现(除非购买者根本不穿混纺羊毛衫)。但是,如果经营者乙因为混纺羊毛衫销路不好,而只经营纯羊毛衫,批发商甲将混纺羊毛衫谎称为纯羊毛衫出售给经营者乙的,即使仍按混纺羊毛衫价格出售,也应认定经营者乙存在财产损失,甲的行为成立诈骗罪。

(三)就交付财产的用途、接受者进行欺骗的情形

这是指受骗者虽然就自己将财产交付给他人不存在认识错误,但就所交付财产的真实用途、财产的真实接受者存在认识错误的情形。其中又可以分为单方给付与双方给付两种情形。

1. 单方给付

例如,行为人甲声称为灾区募捐,受骗者乙交付了财物,但事实上甲并不是为灾区募捐,而是将所“募捐”的财物交给了自己的亲友(单方给付的情形)。与这种募捐诈骗相类似的,还有乞讨诈骗、救济金诈骗、补助金诈骗、奖励金诈骗等情形。在受骗者没有就交付财产期待任何反对给付的情况下,是否存在财产损失?甲的行为是否成立诈骗罪?

对于类似上述募捐诈骗的单方给付的案件,德国判例指出,即使受骗者没有期待任何反对给付,也可以说存在财产损失。①

德国刑法理论上,只有极少数学者否认上述募捐诈骗之类的案件存在财产损失,其理由是,捐赠者没有期待物质的对价,并且知道自

① Bay ObLG, Neue Juristische Wochenschrift 1952, 798.

己的捐赠会造成自己客观的、经济上的损失时，在此限度内不可能存在欺骗，因为诈骗罪中的财产损失，以受骗者没有认识到财产损失为条件（无意识的自己加害，unbewußte selbstschädigung）。在募捐诈骗的场合，受骗者已经认识到自己的财产损失，对方的行为当然不成立诈骗罪。但是，德国刑法理论的通说认为，类似募捐诈骗的行为成立诈骗罪。在这种场合，财产处分者处分财产不是出于经济利益的考虑，而是为了实现社会目的；如果交付财产的社会目的得以实现，交付财产就成为实现主体社会目的的手段，当然无所谓财产损失；反之，如果受骗者交付财产的社会目的失败，就应认定为财产损失（目的失败论，zweckverfehlungslehre）。[①]

日本判例在此问题上的立场，相当于德国的"目的失败论"。例如，行为人基于县的认可指令进行地震后的重建工程，工程完工后提出虚假内容的工程竣工精算书，领受过高的补助金。日本大审院1932年2月2日的判决指出："领受发放的不当过高的补助金时成立诈骗罪。"[②]又如，行为人提供虚假的建筑费精算书，领取农业仓库奖励金，也被认定为诈骗罪。[③] 但是，如果行为人通过欺骗手段取得住宅补助金的行为，符合公营住宅法的行政目的，则否认诈骗罪的成立。[④] 再如，对于提供虚假材料，骗取多额预算，使多额预算由被告人等任意支配消费的行为，也不只是单纯认定为财产法规的违反行为，而是同时认定为诈骗罪。[⑤] 然而，对于虚报人工费，将领取的人工费用于广告、通信等方面的，由于人工费与广告费、通信费属于同一类项目，所领取的费用实现了同一社会目的，故否认诈骗罪的成立。[⑥] 由此可见，行为人虽然不当取得补助金、预算，但如果没有严重脱离其原本用途的，并不成立诈骗

---

① 参见［日］伊藤涉：《诈欺罪における财产的损害（三）》，载《警察研究》第63卷（1992年）第6号，第43页以下。

② 日本《大审院刑事判例集》第12卷，第11页。

③ 日本大审院1936年3月5日判决，载日本《法律新闻》第3986号，第9页。

④ 日本奈良地方裁判所1963年6月27日判决，载日本《下级裁判所刑事判例集》第5卷第6号，第589页。

⑤ 日本最高裁判所1955年11月18日判决，载日本《最高裁判所刑事判例集》第9卷第12号，第470页。

⑥ 日本名古屋高等裁判所金泽支部1952年5月27日判决，载日本《高等裁判所刑事裁判特报》第30卷，第88页。

罪,因而与德国的“目的失败论”相当。[①]

日本刑法理论对此问题讨论不是特别多,就此发表看法的论著一般也采取了“目的失败论”的立场。如有学者指出,行为人通过欺骗手段取得不支付对价的财产的行为是否成立诈骗罪的问题,应当作为被害人基于错误处分了法益时能否评价为法益侵害的问题来考虑。作为一般原则,存在法益关系的错误时,即处分者并不明知自己放弃了什么时,应认定处分行为无效;如果就与诈骗罪的保护法益无关的事项存在错误,则处分行为有效。在约定反对给付时,受骗者对反对给付存在认识错误的,当然属于法益关系的错误;在没有约定反对给付的场合,如果受骗者对于交付财产的社会目的存在认识错误,即使其认识到交付财产会给自己造成经济损失,但如果其没有认识到处分法益(交付财产)的社会意义,也应认定为法益关系的错误。因为在交换经济下,财产法益是作为经济的利用、收受、交换的手段而值得保护的,受骗者在交付财产时,不仅要实现其经济利益,而且要达成其社会目的。当然,如果受骗者的错误仅与非经济的事项有关(如骗取爱情),则不成立诈骗罪。因此,以募捐为名取得他人财产的,由于他人对交付财产的社会意义存在认识错误,导致其意欲的社会目的没有达成时,应认定为诈骗罪。[②] 还有学者指出,由于交付财产不仅要实现经济利益,而且要达成经济以外的社会目的,所以,只要没有达成目的,受骗者交付财产就没有意义,此时便产生了财产损失。[③] 不难看出,这种观点的实质也是“目的失败论”。

本书认为,在受骗者就所交付财产的用途、财产的接受者存在法益关系的认识错误时,即使受骗者没有期待反对给付,也应认为存在财产损失,对方的行为成立诈骗罪。

首先,从财产损失的角度而言。在以募捐为名取得他人财产的场合,受骗者之所以捐献(处分)财产是因行为人的欺骗行为所致,受骗

---

① [日]伊藤涉:《诈欺罪における财产的损害(四)》,载《警察研究》第63卷(1992年)第7号,第34页。

② [日]佐伯仁志:《被害者の错误につぃて》,载《神户法学年报》1985年第1号,第51页以下。

③ [日]菊池京子:《ぃわゆる乞食诈欺と寄付诈欺における无意识の自己加害につぃて》,载《一桥论丛》(1987年)第98卷第5号,第127页以下。

者处分财产与行为人的欺骗行为之间具有明显的因果关系。正如“目的失败论”所主张的,受骗者捐献财产并不只是单纯地将自己的财产转移为他人占有,而是为了援助特定的弱者(社会目的或社会意义)。所以,受骗者处分的财产能否援助特定的弱者,成为受骗者的社会目的是否实现、是否存在财产损失的关键。当财产用于实现主体的社会目的时,表明财产的价值已经实现,当然不能认定为财产损失;但是,财产未能用于实现主体的社会目的时,就应认定为财产损失。

其次,从被害人承诺的角度而言。如果被害人的处分意识与处分行为(承诺)是有效的,便阻却对方的行为成立犯罪。而在本问题上,被害人的承诺有效与否,关键取决于其是否存在法益关系的错误。盗窃罪中存在利用被害人认识错误的间接正犯,这种认识错误必须是法益关系的认识错误,而不只是动机的认识错误。诈骗罪,实质上是从盗窃罪的利用被害人的法益关系的错误而转移财产的间接正犯中,将受骗者有处分意识与处分行为的情形分离出来而形成的独立犯罪。[①]所以,受骗者的处分意识与处分行为是否基于法益关系的错误,便决定了其处分行为是否有效、对方的行为是否构成诈骗罪。在募捐诈骗的场合,受骗者正是为了援助特定的弱者才捐献财产,否则不会“捐献”财产。所以,受骗者所处分的财产能否援助特定的弱者,成为左右受骗者是否捐献财产的关键。由于受骗者对财产的社会目的存在认识错误,而且该认识错误由行为人的欺骗行为造成,故应认为受骗者的认识错误属于法益关系的错误。

最后,从刑事政策的角度而言。如果对募捐诈骗之类的行为不以诈骗罪论处,则意味着任何人都能够以人道组织或慈善机构的名义募捐财产归个人所有,这显然不利于保护财产,不能有效预防诈骗犯罪。乞讨诈骗愈演愈烈就说明了这一点。有的妇女打扮成孕妇,谎称需要金钱寻找丈夫,请求过路人施舍。有的人购买假学生证,制作悲惨的身世招牌,从废品收购处获得一身旧校服,往街边一跪,一个悲惨无助但热爱学习的学生形象进入了人们的视线,使过路人解囊相助。有的妇

---

① 参见[日]山口厚:《问题探究·刑法各论》,有斐阁1999年版,第149页。如果被害人没有处分意识与处分行为,则利用者的行为成立盗窃罪。

女衣着单薄蜷缩在寒风中瑟瑟发抖，手中还攥着一摞1元至10元的钞票，面前摆着一个木制骨灰盒，盒上粘着一男子的黑白照片，旁边铺开的大纸上写着一个十分煽情的标题——“把爱人带回家”，里面讲述的是妇女的丈夫客死他乡，她孤身从家乡来此，想带回爱人的骨灰，现在身无分文流落街头，乞求好心人资助返家。有的人四肢完全正常，却将左手臂藏入贴身内衣，外套的左袖显现出其没有左上肢，使过路人误以为其为残疾人，进而得到财物。如此等等，不胜枚举。之所以如此，其中的重要原因之一是行政机关、司法机关没有严格区分乞讨诈骗与普通乞讨行为。在现行法律之下，应当禁止的只能是乞讨诈骗而非普通乞讨行为。禁止乞讨诈骗的法律依据便是《治安管理处罚法》关于骗取少量公私财物的规定以及刑法关于诈骗罪的规定。质言之，对于乞讨诈骗数额较大的，应以诈骗罪论处。①

基于上述理由，对于那些伪造各种材料骗取奖励金的行为、伪造材

① 有的学者指出，假冒学生乞讨不具有刑罚可罚性。主要理由是，行为人假冒学生乞讨，虽然具有相当的欺诈性，但就每一次欺诈行为而言，其数额通常都较微小，因而均不能单独构成诈骗罪。此外，尽管行为人可能在较长时间内反复、多次实施此种乞讨行为，甚至可能以此为常业、以乞讨所得为其主要生活来源，但由于我国刑法未将此种情形规定为惯犯，也不能认定为连续犯，所以，不能以诈骗罪论处。概言之，一方面，乞讨行为对法益的侵害微不足道，行为方式等可以为社会所容忍，因而不具有刑罚可罚性。另一方面，基于罪刑法定原则与行为刑法的要求，对于某种违法行为，在刑法分则未明文规定可以对违法所得进行累加计算时，不宜累加计算以犯罪论处。参见曲新久、邓超：《假冒学生乞讨不具有刑罚可罚性》，载《检察日报》2005年4月12日，第3版。本书完全赞成对轻微侵害法益的行为不以犯罪论处的观点，也不主张对假冒学生乞讨骗取少数财物的行为以诈骗罪论处。但是，一方面，假冒学生乞讨的欺骗性并不为社会所容忍，而且假冒学生乞讨的行为完全可能骗取数额较大甚至数额巨大财物，故假冒学生乞讨的行为并非都属于法益侵害微不足道的情形。另一方面，将违法所得累加计算数额，进而判断是否符合刑法规定的数额较大的标准，并不以刑法的明文规定为限。诚然，假冒学生乞讨不属于惯犯（因为刑法分则无明文规定），也不能认定为连续犯（因为不可能每次乞讨都达到数额较大条件），但完全可能属于接续犯或徐行犯。在接续犯的场合，每次行为既可能独立构成犯罪，也可能不独立构成犯罪，假冒学生乞讨亦可能如此。在徐行犯的场合，虽然每次行为并不独立构成犯罪，但综合起来构成犯罪，假冒学生乞讨大多如此。认为只有在刑法分则有明文规定时才能累加数额，不一定具有充分根据。按照这一观点，五次诈骗他人财物，每次都没有达到数额较大标准，但累加后达到数额较大标准的，也不得以诈骗罪论处。这可能不合适。再如，依据这种观点，行为人每次毁坏他人房屋的一部分（不能达到数额较大与情节严重的要求），最终导致他人房屋完全毁坏的，也不能成立故意毁坏财产罪。这可能不妥当。由此可见，刑法分则关于累加数额的规定，并非特别规定，只是注意规定。所以，即使刑法分则条文未就诈骗罪作出累加数额的规定，也应累加数额进而判断是否达到数额较大的标准。

料骗取最低生活保障金的行为、伪装成灾民骗取他人捐赠的行为，只要达到数额较大标准的，都应认定为诈骗罪。

需要说明的是，如果受骗者不存在法益关系的认识错误，只是就附随事项存在认识错误，则不能认定存在财产损失。例如，行为人的确为了灾民募捐，所募捐的款项确实全部发放给灾民。在行为人募捐过程中，过路人一般捐赠10元、20元。但行为人为了获得更多的捐款，向过路人谎称"从募捐开始以来，所有过路人都捐了200元以上的现金"，从而使过路人捐赠较多现金。捐赠者虽然存在认识错误，但是其将捐赠款用于灾民的社会目的得以实现。因此，捐赠者的认识错误充其量属于动机错误，而非法益关系的错误，募捐者的行为不成立诈骗罪。[①] 再如，无生活来源与劳动能力的人在乞讨时将自己所有的现金放在身边，使过路人误以为该现金由他人捐赠进而解囊相助。由于解囊者援助乞讨者的社会目的没有失败，所以，不存在法益关系的错误，也不存在财产损失。

2. 双方给付

例如，演唱会主办者A谎称演唱会的收益全部捐献给慈善机构，但在观众花钱购票观看演唱会后，A将收益据为己有（双方给付的情形）。A的行为是否成立诈骗罪？其中的关键问题是，在受骗者认识到将财产交付他人的情况下，交付财产的用途、接受者与其交付目的不一致时，是否存在财产损失？

德国曾发生以下双方给付的案件：被告人谎称某种杂志卖出后的收益提供给当地医生研修使用，不少人因为受骗而购买。德国法院的判决指出，定购者并不只是为了得到作为反对给付的杂志，而且期待其交付的金钱能够为支援社会的设施作贡献；如果这种期待没有实现，对于定购者而言就存在可以计算的经济损失，因而产生了诈骗罪中的财产损失。[②] 据此，即使受骗者获得了金钱上等价的反对给付，但如果没有实现社会目的，也存在财产损失。

关于双方给付的情形，德国刑法理论中的"人的财产说"主张，应当

---

① 参见［日］山口厚：《刑法各论》（第2版），有斐阁2010年版，第269页。

② 参见［日］伊藤涉：《诈欺罪における财产的损害（三）》，载《警察研究》第63卷（1992年）第6号，第40页。

考虑社会目的等内容,如果受骗者的社会目的失败,则应认定存在财产损失。德国刑法理论的通说则认为,只要反对给付的价值不低于受骗者交付的财产价值,就没有财产损失,而不考虑社会目的的实现与否。例如,行为人谎称自己家庭贫困而贩卖杂志的,只要购买者获得了与其支付的金钱价值相当的杂志,就不存在财产损失。只有在财产价值减少的前提下,才讨论社会目的的实现与否的问题。不过,对价是否相当也不只是考虑客观的金钱价值,同样要考虑主观价值。例如,行为人将某地产品冒充灾区产品予以出售,受骗者以支援灾区的意思而购买该产品,如果该产品没有不合适之处,那么,就没有财产价值的减少,因而不存在财产损失。但是,如果受骗者没有使用该产品的必要,只是因为受骗而购买,或者受骗者是专门援助受灾地区的财团时,由于反对给付的价值低于受骗者交付的财产价值,因而存在财产损失。由此可见,在行为人就交付财产的用途、接受者进行欺骗并提供了反对给付的情况下,德国刑法理论通说仍然会肯定诈骗罪的成立。①

日本的判例大多肯定双方给付的情形存在财产损失,因而肯定诈骗罪的成立。例如,国家根据农地法要将未开垦的土地出卖给农业经营者,但是,没有经营农业意思的被告人购买了该土地。日本最高裁判所1951年4月1日判决指出,虽然被告人的行为具有侵害农业政策这一国家法益的侧面,与此同时也侵害了作为诈骗罪的保护法益的财产权,因此不排除诈骗罪的成立。② 日本只有少数判例否认诈骗罪的成立。③

日本刑法理论的多数说也采取肯定说(与目的失败论相类似)。日本刑法理论在这方面重点讨论的是,行为人使用欺骗手段,取得公法规制下的某种物品的行为是否成立诈骗罪?例如,没有资格购买配给品的人使用欺骗手段购买该配给品的,刑法理论一般主张认定为诈骗罪(所谓配给诈骗)。例如,山口厚教授指出:"在与国家的、社会的法益相关的场合,虽然有学说否认成立诈骗罪,但判例的见解是,如果行为侵

---

① 参见[日]伊藤涉:《诈欺罪における财产的损害(三)》,载《警察研究》第63卷(1992年)第6号,第48页以下。

② 日本《最高裁判所刑事判例集》第30卷第3号,第25页。

③ 参见日本东京高等裁判所1962年11月29日判决,载日本《判例タイムズ》第140号,第117页。

害了国家等享有的财产权,就没有理由否认诈骗罪的成立,这也是当前学说的一般见解。在为了实现某种积极的行政目的,分配稀少物质以实现具体的规制目的的场合,财产的交付与其规制目的的实现之间处于交换关系,就这一点存在欺骗、认识错误时,可以肯定诈骗罪的成立。因此,欺骗县知事取得出卖的未垦地的案件,出示伪造的特配指令书,支付公定代金购入没有该特配指令书就不能购买的酒的案件,通过虚假的支付请求书提取查封的存款的案件,都可以肯定诈骗罪的成立。与此相对,就谎报年龄购入限制向未成年人贩卖的物品的案件而言,由于不存在向成人分配稀少物品的特别利益,物品的交付只不过与对价的支付处于交换关系,既然这一点上不存在认识错误,就不成立诈骗罪。此外,伪造医生的证明书,购入没有医生的指示或处方就不能购入的烈性药品的,只要烈性药品的分配不存在特别利益,也可以否定诈骗罪的成立。”[①]再如,前田雅英教授就配给诈骗指出,诈骗罪是对个别财产的犯罪,即使行为人支配了相当对价,但既然取得了原本不能享受配给的财物,就成立诈骗罪,行为人取得了不当的经济利益。作为诈骗罪的保护法益的财产权,当然包含国家为财产权主体的情形。再者,配给诈骗不同于未成年人伪装为成年人购书的案件,配给诈骗行为骗取了一定的经济利益,而不能认为仅仅侵害了国家作用。[②]

本书认为,在上述双方给付的场合,如果行为人就给付用途、接受者进行欺骗,导致对方交付目的未能实现的,宜认定为诈骗罪。因为被害人虽然得到了行为人的相当给付,但被害人的给付具有特定的目的,如果这种目的具有公认的经济利益,那么,行为人使用欺骗手段取得原本不能取得的经济利益的,就应认定被害人的目的没有实现,因而存在经济利益即财产损失。就前述设例而言,由于演唱会主办者 A 谎称演唱会的收益全部捐献给慈善机构,观众便以实现援助慈善机构的社会目的购买入场券;但由于 A 将收益据为己有,所以,观众支付金钱购买入场券的社会目的未能实现。既然交付财产的社会目的没有实现,就应认定存在财产损失。所以,A 的行为成立诈骗罪。

---

① [日]山口厚:《刑法各论》(第 2 版),有斐阁 2010 年版,第 270 页。

② [日]前田雅英:《刑法各论讲义》(第 6 版),东京大学出版会 2015 年版,第 245 ~ 246 页。

基于同样的理由,当行为人以提供对价的方式实施欺骗行为,造成他人财产损失的,在计算诈骗数额时,不能扣除行为人提供的对价。例如,A隐瞒真相,用盗窃的车辆作质押,向B借款15万元,获得B交付的15万元现金后,逃之夭夭。对此,应当认定A的行为造成了15万元的财产损失,不宜将15万元减去车辆价值后的数额作为财产损失数额。

(四)二重抵押与二重买卖

二重抵押,是指行为人A将自己的不动产对B设定抵押权之后,乘尚未登记之机,就同一不动产又对C设定抵押权并进行登记的情形。

日本大审院的判例曾认定二重抵押行为构成诈骗罪,理由是:二重抵押行为,使前一抵押权人B的位次后退,造成了其财产上的损失,故B是财产被害人;二重抵押行为又欺骗了后一抵押权人C,由于诈骗罪中的受骗者与被害人不必为同一人,故A的行为成立诈骗罪(三角诈骗)。[①] 但是,后来的判例否认二重抵押行为成立诈骗罪,因为成立三角诈骗的犯罪,要求受骗者具有处分被害人财产的法律上或者事实上的权限或地位,而后一抵押权人C并无处分前一抵押权人B的财产的权限与地位。不过,由于A违背了自己的义务,故成立背信罪。[②]

关于二重抵押是否成立诈骗罪,在日本刑法理论上存在不同见解。第一种观点认为,二重抵押行为成立诈骗罪。[③] 第二种观点认为,对前一抵押权人成立背信罪,对后一抵押权人成立诈骗罪,但两者属于观念的竞合。[④] 第三种观点也认为,对前一抵押权人成立背信罪,对后一抵押权人成立诈骗罪,但两者属于法条竞合(择一关系)。[⑤] 第四种观点认为,对前一抵押权人成立背信罪,对后一抵押权人不成立犯罪。[⑥]

---

① 日本大审院1912年11月28日判决,载日本《大审院刑事判决录》第18辑,第1431页。

② 日本最高裁判所1956年12月7日判决,载日本《最高裁判所刑事判例集》第10卷第12号,第1592页。

③ [日]吉田常次郎:《刑法各论》,学芸书房1951年版,第189页。

④ [日]牧野英一:《刑法各论》(下卷),有斐阁1951年版,第694页;[日]木村亀二:《刑法各论》,法文社1959年版,第130页;[日]青柳文雄:《刑法通论Ⅱ(各论)》,泉文堂1953年版,第511页。

⑤ [日]宫本英修:《刑法大纲》,弘文堂1935年版,第393页。

⑥ [日]小野清一郎:《新订刑法讲义各论》(第3版),有斐阁1949年版,第274页;[日]大塚仁:《刑法概说(各论)》(第3版),有斐阁1996年版,第267页。

虽有欺诈行为,但其与杨某办理房屋过户手续的行为使陈某未遭受损失,也不能构成诈骗罪”。①

本书赞成后一种观点。其一,现有证据不能认定杨某对韩某具有诈骗行为与诈骗故意。在房产所有权转移登记之前,杨某完全可以将房产出卖给其他人。在这种情况下,杨某仅对韩某承担民事违约责任。其二,杨某对陈某也无诈骗行为与诈骗故意,陈某事实上也取得了房屋所有权,不存在任何财产损失。所以,杨某对陈某不可能成立诈骗罪。其三,认为杨某在向陈某出售房产时产生了对韩某(合同)诈骗的故意与目的的说法,根本不成立。而且,在杨某与陈某签订房屋买卖协议书之时与之后,杨某并没有再对韩某实施任何诈骗行为。既然如此,仅凭所谓的事后故意认定杨某对韩某成立(合同)诈骗罪,就明显不当。其四,杨某对韩某的行为充其量成立侵占罪。亦即杨某在决定将房产出卖给陈某之后,就必须向韩某退还28.8万元。在退还之前,该28.8万元勉强可以评价为杨某代为保管了韩某的财物。如果杨某拒不退还,就成立侵占罪。②

例二:2009年4月28日,张某与刘某签订了一份房屋买卖协议,约定张某将其所有的位于孝感城区一套房屋出售给刘某,房屋价格为88万元,付款方式为现金支付50万元,刘某为张某偿还贷款15万元,余款23万元在房屋过户后一次性付清,张某于2009年5月28日前将出让的房屋移交给刘某。合同签订后,刘某向张某支付了购房款50万元,但张某未能按合同约定向刘某移交房屋。2010年1月14日,张某就该房屋的买卖又与陈某签订一份协议,约定张某将上述房屋出售给陈某,房屋售价为75万元。协议签订后,陈某向张某付清了购房款75万元,张某当即向陈某移交了该房屋,陈某已在该房屋内居住(一房二卖未登记案)。③

在这类二重买卖中,由于两个购买者都没有取得房产登记,所以不

---

① 黄国盛:《也谈“一房二卖”如何认定——兼与陈吉明、刘新锋商榷》,载《中国检察官》2009年第1期。

② 在日本,购房者乙将房款交付给出卖者甲后,房屋由乙所有。在产权转移登记之前,甲便占有着乙所有的房屋。如果甲将房屋出卖给第三者丙,并将产权登记在丙的名下,则甲对乙所有的房屋构成侵占罪。

③ 参见刘光辉:《“一房二卖”的法律后果及处理原则》,载https://www.chinacourt.org/article/detail/2013/11/id/1152867.shtml,2019年8月26日最后访问。

能从房产登记的角度判断谁是被害人,只能根据客观事实(对房屋事实上的占有、控制)判断谁是被害人。从客观事实与社会一般观念来看,可以认为陈某已经占有或者取得了房屋本身。换言之,从任何角度来说,刘某都没有取得房屋。既然如此,就应将刘某认定为被害人。接下来就需要判断,张某在与刘某签订房屋买卖协议时是否隐瞒了自己不向刘某交付房屋的内心想法(欺骗行为),以及是否存在诈骗故意与非法占有目的。如果得出肯定结论,则张某对刘某成立(合同)诈骗罪。反之,如果张某在与刘某签订房屋买卖协议时,确实想将房屋出售给刘某,只是由于其他原因后来才将房屋出卖给陈某,则张某对刘某不存在诈骗行为,因而不成立诈骗罪。同样,只存在张某是否对刘某成立侵占罪的问题。①

例三:2003年5月至2004年3月,毛某与赵某等人签订合同,由毛某出资,赵某等人在某宅基地共同合伙建房,房屋建成后,毛某按合同约定返还赵某等人部分住房,其余住房归毛某所有,可对外出售。在房屋修建过程中,毛某由于没有资金注入,遂在预售房屋时采取隐瞒真相的方法,与周某、陈某等20余户购房者重复签订合同,一房卖二主或三主,将10余套房屋重复出售给20余户的房主,从而骗取购房者所交的房屋预付款达33万余元(不包括与同一套住房的第一个购房者签合同时所收预付款)。尔后购房者发现自己购买的房屋被毛某重复出售给他人,分别找毛某要求给房屋或退款,毛某因无钱赔付而无法解决,潜逃至外地躲避,导致部分购房者既未取得房屋,也未追回房款(一房三卖案)。②

① 类似案例如:被告人孔某因拖欠他人巨额债务,欲卖房还债。2017年1月,孔某与李某签订房屋买卖合同,约定孔某将一处拆迁安置房(2017年11月满5年)以34.8万元的价格出售给李某,李某先行支付房款人民币25万元,尾款待房产过户后再行支付。后李某如约交付款项,孔某向李某交付房屋钥匙时,私自截留其中一把钥匙。2018年4月,孔某利用之前保留的钥匙,私自更换该房屋门锁,将该房屋以人民币35万元的价格再次出售给被害人梁某,双方签订房屋买卖合同,约定由梁某先行支付房款25万元,余款待房屋过户后再行支付。孔某将两次收取的50万元用于偿还个人债务。后梁某进驻房屋进行装修,李某得知后对装修进行阻止。孔某出面与李某协商,承诺按期返还李某25万元购房款,但分文未履行。参见商开平:《本案中"一房二卖"是民事违约还是刑事诈骗》,载《江苏法制报》2019年7月2日,C版。

② 参见吴学亮:《一房二卖是合同欺诈还是合同诈骗》,载《人民检察》2007年第10期,第36页。

在这类二重买卖或者三重买卖中，由于所有购买者都没有取得房产登记，也没有在事实上占有、控制房屋，所以，只能根据一般观念、交易惯例判断谁是被害人。例如，在毛某将修建中的某个房屋出卖给A之后，根据一般观念与交易惯例，毛某就不能再将房屋出卖给B和C。反过来说，如果B与C知道毛某已经将该房屋出卖给了A，就不会再购买该房屋。所以，在本案中，宜认定毛某对B、C等后来的购买者实施了诈骗行为。如果毛某具有诈骗故意与非法占有目的，则宜认定其对同一个房屋的第二、三个购买者成立诈骗罪。①

例四：2016年6月中旬，阿明与肖某签订了房屋买卖合同，约定将肖某与妻子名下的某处房产以206万元的价格卖给阿明。肖某在收取阿明支付的155万元的首付款后，于7月7日与阿明办理了房屋公证及网签手续。因该房屋为期房，尚未交房，故还未办理产权证。7月底，肖某以办理户口迁入为由将合同正本拿走，而后未将合同正本归还给阿明。在肖某与阿明办理公证手续后，肖某因做生意资金周转困难、债务缠身，又寻思将房子转卖给其他人，以骗取钱款用来还债。7月28日，肖某与被害人老谢签订了房产买卖合同，约定将上述房产以210万元的价格出售给老谢。老谢当场支付了定金40万元。当天晚上，肖某联系老谢称其急需用钱，能否再给他60万元作为首付款，并承诺第二天与老谢一起去办理房产公证。次日，在公证处附近老谢又通过网银转账支付了60万元。随后，肖某爽约未办理房产公证，老谢得知自己支付的100万元已被肖某拿去还债，无法归还。8月6日，肖某又与另一名被害人小陈签订房产买卖合同，约定以200万元的价格将上述房子卖给小陈。肖某称其要支付购买厦门的另一套房子尾款，需要小陈给40万元定金才同意办理房屋公证手续，小陈当天便转账了40万元定金，之后才得知肖某已经将房子卖给了别人。同年11月，肖某被公安机关抓获(重复出售期房案)。②

在本案中，由于房屋为期房，阿明虽然只是办理了房屋公证及网签手续，但客观上完全可以合理取得该房屋的所有权。所以，阿明不是诈

---

① 至于谁要求毛某退款，则不是判断谁是被害人的依据。

② 参见安海涛、吴淑贞：《男子一房三卖骗取钱财获刑十一年》，载《人民法院报》2017年8月3日，第3版。

骗罪的被害人。老谢与小陈不可能取得房屋的所有权,因而不仅是被害人,而且是受骗者。所以,肖某对老谢与小陈成立诈骗罪。

例五:2005 年,孙某购一套二手房,总价款 53 万元,其中向银行贷款 36 万元。在办理抵押时,孙某仅将房屋产权证书交付银行,未提供该房产的土地使用权证书、购房发票等。银行在孙某提供抵押贷款手续不全情况下向孙某发放贷款,并且由于没有收到土地使用权证,一直未能办理房屋抵押登记。此后,孙某因不能及时交纳月供款拖欠银行贷款 33 万余元。2006 年 1 月,孙某伪造该房屋房产证,并以此作为抵押向吴某借款 35 万元,但未办理不动产抵押登记,仅将土地使用权证、购房发票以及伪造的房产证交给吴某,并约定"3 个月后若无法归还借款,吴某有权出售该房产,总价不低于 60 万元,高出部分归吴某或其委托代理人所有"。2006 年 4 月,借款到期,孙某无力偿还,吴某遂委托房产中介李某出售孙某房产。2006 年 5 月,李某与马某商定房屋价格为 62.5 万元。签约当天马某即付 1 万元定金,李某将该定金汇入孙某账户。过户当天,李某找其同事冒充孙某与马某一起到房屋权属登记事务中心办理房屋产权过户。经初步审查,房屋登记中心向马某出具了"权属变更受理通知单",并告知 20 个工作日后领取新的房产证。马某随即将购房款打入李某为孙某开设的银行账户内,李某亦将房屋钥匙交与马某。李某从存折中扣除 1.5 万元作为中介费,吴某从中扣除 35 万元抵偿孙某欠款,将账户内余款 25 万元交予孙某。孙某将该 25 万元用于偿还其经营公司的债务及部分个人消费,并未归还银行贷款。2006 年 6 月初,房屋登记中心通知马某,房屋产权证系伪造,无法办理过户。马某遂报案,孙某被公安机关上网通缉后抓获(重复抵押后出卖房屋案)。第一种观点认为,孙某的行为仅成立伪造国家机关证件罪;第二种观点认为,孙某对马某构成诈骗罪;第三种观点认为,孙某对吴某构成诈骗罪。①

首先,孙某对银行实施的行为不成立犯罪。这是因为,虽然孙某仅将房屋产权证书交付银行,未提供该房产的土地使用权证书、购房发票等,但这种行为并不属于欺骗行为,不可能对银行成立贷款诈骗罪或者

① 参见张凌等:《未经登记重复抵押并出售房产的行为如何处理》,载《人民检察》2009 年第 2 期,第 29 页以下。

骗取贷款罪。银行在孙某提供抵押贷款手续不全的情况下向孙某发放贷款,是银行的责任。至于银行的相关人员是否成立违法发放贷款罪,则是另一回事。

其次,要认定孙某对吴某构成诈骗罪,也相当困难。其一,孙某的房屋虽然已经抵押给银行,但没有办理抵押登记,吴某只是抵押权人,而不是此房屋的购买者,故吴某在孙某不能归还借款时要出售该房屋,并没有明显的障碍。其二,房屋价值不会低于 60 万元,孙某只向吴某借款 35 万元。因此,只要吴某按约定出售房屋,吴某就不会有财产损失。既然如此,就难以认为孙某对吴某构成诈骗罪。

最后,孙某对马某构成诈骗罪。其一,孙某虽然没有直接对马某实施欺骗行为,但他将伪造的房产证交给吴某时,知道在自己没有向吴某归还借款时,吴某会利用该房产证等出卖其房屋;换言之,孙某实际上是利用吴某欺骗购房者。因此,孙某是欺骗行为的间接正犯,吴某是被利用者。其二,马某显然产生了认识错误,并且基于认识错误交付了购房款。如果马某知道房产证是伪造的,就不可能交付购房款。其三,由于房产证是伪造的,任何购房者都不可能办理过户手续,也正因如此,马某没有实现自己的目的,遭受了财产损失。其四,认定孙某对马某构成诈骗罪,也完全符合诈骗罪的直接性要件与素材同一性的要求。

第八节 主观要素

普通诈骗罪与金融诈骗罪等特殊诈骗罪,都属于故意犯罪。不仅如此,根据刑法理论的通说,成立诈骗罪还必须具有非法占有的目的。然而,仍然有许多问题需要深入论证。例如,诈骗罪的故意应当包括哪些认识内容?间接故意能否构成诈骗罪?非法占有目的是否是诈骗罪的主观要素?如何理解非法占有目的?

一、诈骗故意的认识内容

根据刑法总则关于故意犯罪的一般规定以及诈骗罪的客观要素,诈骗罪的故意内容应为:明知自己的诈骗行为会发生侵害公私财产的危害结果,并且希望或者放任这种结果的发生。即诈骗罪的故意是认识因素与意志因素的统一。认识因素的基本内容为：明知自己实施的是侵害公私财产的诈骗行为，明知自己的行为会发生侵害公私财产的危害结果。但是，诈骗罪只能骗取他人占有的财物，对于自己占有的财物不可能实施诈骗行为，而且诈骗罪与金融诈骗罪几乎都要求骗取数额较大的财物，所以，关于诈骗罪的故意认识内容，仍然存在需要讨论的问题：如是否要求行为人认识到所骗取的是财物？是否要求行为人认识到所骗取的财物由他人占有？是否要求行为人认识到所骗取的财物数额较大？要回答这些问题，首先必须对故意的认识内容做一番概述。

(一)故意的认识内容概说

大陆法系国家的犯罪论体系为构成要件符合性、违法性与有责性。不管怎样认识构成要件，可以肯定的是，最终成立犯罪的行为都是不法且有责的行为。比较公认的观点是，构成要件除具有自由保障机能、犯罪个别化机能、违法性推断机能外，还具有故意的规制机能，即故意是对符合构成要件的事实的认识、容认。由于构成要件是否包含主观要素成为有争议的问题，而且越来越多的人认为故意属于构成要件的内容，所以，虽然构成要件的故意规制机能依然存在，但构成要件则具有不同的含义。

为成立犯罪所必须具备的要素提供体系上的位置的构成要件，被称为体系构成要件(systemtatbestand)。这种体系构成要件，因是成立犯罪首先必须具备的条件，故也可谓作为犯罪要素的构成要件。这个意义上的构成要件是刑罚法规所规定的行为类型。保障罪刑法定主义的实现所要求的全部要件(乃至包括诉讼条件)，叫作保障构成要件(garentientatbestand)，也有学者称之为广义的构成要件。①德国现行刑法第16条第1款规定："行为人在实施行为时没有认识属于法律的构成要件的情况的，不是故意行为。因为过失而实施的可罚性，不受影响。"由于德国刑法理论现在的通说认为，作为犯罪要素的构成要件不仅包括客观构成要件，而且包括故意等主观构成要件，但故意的成

---

① Wessels/Beulke，Strafrecht Allgemeiner Teil，30 Aufl.，C. F. Müller，2000，S. 37. 如果认为保障构成要件仅包括成立犯罪所必须具备的实质要件，则与广义的构成要件具有等同含义；如果认为保障构成要件还包括诉讼要件，则与广义的构成要件不是等同概念。

立只要求认识到属于构成要件的客观情况,而不可能要求行为人认识到自己的主观情况,不仅如此,部分客观情况也不需要行为人认识,所以,《刑法》第16条中的"构成要件"是仅指成立故意所要求认识到的客观的构成要件。这个意义上的构成要件称为错误构成要件(irrtumstatbestand)[①]或法律构成要件(gesetalichen tatbestand)。这个构成要件是从体系构成要件中分离出来的一部分,正是这个意义上的构成要件具有故意规制机能。概言之,在大陆法系国家,故意的认识内容包含构成要件的所有客观要素(客观处罚条件除外)。[②]

我国刑法明文规定了罪刑法定、平等适用刑法与罪刑相适应原则。与此同时,刑法理论一直承认并坚持主客观统一原则[③]。一般认为,主客观统一原则,是指犯罪的成立不仅要求行为人客观上实施了危害社会的行为,而且要求主观上具有犯罪的故意或过失,还要求主客观的内容具有一致性;刑事责任程度的确定不仅要考虑行为的客观危害,而且要考虑行为人的主观罪过及其人身危险性。根据刑法的规定,行为只有同时符合犯罪的主客观要件时,才可能成立犯罪,量刑时也必须同时考虑犯罪的主客观事实。其实,这些内容基本上是责任主义的内容。

我国《刑法》第14条规定:"明知自己的行为会发生危害社会的结果,并且希望或者放任这种结果发生,因而构成犯罪的,是故意犯罪。"表面上看,故意的成立只要认识危害结果即可。事实上并非如此,因为某种结果是否是危害结果,不仅取决于行为的内容与危害性质,而且取决于行为的对象以及其他特定的构成要件要素。例如,当行为人认识到自己的行为属于正当防卫时,就不可能认识到自己的行为会发生"危害社会"的结果。因此,故意的认识内容应当包括:(1)明知自己行为的内容(社会意义)与危害性质。认识到行为的危害性质却仍然实施该行为,就说明行为人具有可谴责性。例如,诈骗罪的成立,要求行为人明知自己的行为是侵犯公私财产的诈骗行为。(2)明知自己的行为会发生某种危害结果。对危害结果的明知表明行为人认识到自己的行为与危害结果之间的因果关系,但只要求行为人认识到因果关系的基本部

---

① 因为故意的成立条件与认识错误是一个问题的两个方面。

② Vgl. ,Claus Roxin, Strafrecht Allgemeiner Teil, Band I, 3 Aufl. , C. H. Beck, 1997, S. 225.

③ 当然,"主客观相统一"的文字表述存在疑问,易被误解。

分,不要求对因果关系发展的具体样态有认识。例如,诈骗罪的成立,要求行为人明知自己的诈骗行为会发生侵犯公私财产的危害结果。(3)认识到刑法规定的特定事实,如特定的时间、地点、方法、对象、特殊身份等。例如,行为人本来患有严重性病,但误认为自己没有患性病,因而实施卖淫或者嫖娼行为。在这种情况下,虽然客观行为符合犯罪构成的客观要件,但行为人没有认识到自己的特殊身份,因而没有认识到行为的危害性质与危害结果,不具有犯罪故意,不成立犯罪。再如,成立故意杀人罪,要求行为人认识到对方是人。同样,成立奸淫幼女的犯罪,要求行为人认识到对方为幼女,因为没有认识到对方是幼女时,就不可能明知自己的行为会发生"损害幼女身心健康的结果",因而不可能成立故意犯罪。显然,就具体犯罪而言,哪些事实属于故意的认识内容,需要根据具体犯罪的构成要件得出结论。

当然,主观内容并不需要全部在客观上得以实现。事实上,有些主观要素并不需要外在化、现实化(不需要客观上实现主观要素的内容)。例如,直接故意是认识因素与意志因素的统一,当意志因素没有实现时(如希望发生的死亡结果没有发生),可能成立未遂犯。此外,还存在主观的超过要素,如目的犯中的目的,属于主观要素,但并不需要客观上实现其目的。行为人以牟利或者传播为目的走私淫秽物品时,只要具有走私淫秽物品的故意,客观上实施了走私淫秽物品的行为,即使客观上没有实现牟利与传播的目的,甚至造成行为人的利益亏损,也不影响走私淫秽物品罪的成立。这种不要求存在与之相对应的客观事实的主观要素,称为主观的超过要素。

故意犯罪的行为人也不是必须认识到所有的客观要素。事实上,有些客观要素并不需要行为人认识。在德国、日本刑法理论体系中,哪些属于故意必须认识的客观构成要件要素,哪些不属于故意必须认识的客观处罚条件,是相当清楚明了的。在我国传统刑法理论中,由于犯罪构成是成立犯罪的唯一法律依据,成立犯罪所必需的一切要素都被纳入犯罪构成,于是,相当于德国、日本刑法中的客观处罚条件的要素,在我国也成为犯罪构成要件的客观要素。换言之,我国刑法中实际上也存在类似于德国、日本刑法中的客观处罚条件,只是由于犯罪构成体系不同,我国刑法理论将客观处罚条件也视为构成要件要素,这便增加了解决问题的难度。

概言之,一方面,故意的认识内容必须包含客观构成要件要素;另一方面,故意的认识内容不可能包括类似于客观处罚条件的内容。于是,哪些客观构成要件要素需要认识,哪些客观构成要件要素不需要认识,就成为难题。

(二)诈骗故意要求认识到所诈骗的是财物

诈骗罪的对象是财物(包括财产性利益),所以,财物是诈骗罪的客观构成要件要素。既然如此,诈骗罪的成立就要求行为人主观上认识到其诈骗的是财物。如果行为人没有认识到所骗取的是财物,当然不成立诈骗罪。

是否任何犯罪都有行为对象,是刑法理论上存在争议的问题。这取决于人们对行为对象的认识。但可以肯定的是,诈骗罪一定有行为对象,就是财物。虽然作为诈骗罪对象的财物几乎没有任何限定,在此意义上说,诈骗罪不要求特定的对象;但是,相对于其他犯罪而言,诈骗罪的行为对象就是特定的,即只能是财物,而不能是其他对象。因此,并非任何骗取行为都成立诈骗罪。例如,骗取居民身份证的行为,不成立犯罪;骗取国家秘密的行为,可能成立非法获取国家秘密罪,但不构成诈骗罪;冒充国家机关工作人员骗得职务、荣耀等行为,成立招摇撞骗罪,不构成诈骗罪。由此可见,诈骗的对象是否是财物,影响着罪与非罪、此罪与彼罪的界限。既然如此,就应承认诈骗罪的对象是诈骗罪的客观构成要件要素。既然作为诈骗罪行为对象的财物是客观构成要件要素,那么,它就成为诈骗故意的认识内容,即行为人必须认识到所诈骗的是财物。

联系认识内容的实质与意志因素来考虑,也应得出上述结论。即如果行为人没有认识到所诈骗的是财物,就不可能认识到其行为具有侵害财产的性质,就不可能认识到自己的行为会发生侵害财产的危害结果,当然不可能具有希望或者放任侵害财产的危害结果的意志因素。只有认识到自己所诈骗的是财物,才可能进一步认识到诈骗行为侵害财产的性质,才可能具有诈骗罪的意志因素,才可能具有诈骗的故意。

表面上看,刑法分则条文没有对诈骗罪要求"明知是财物",这并不意味着诈骗罪的成立不要求行为人明知是财物。因为总则指导、补充分则,如果分则没有例外、特别的明文规定,就必须适用总则的规定。如前所述,根据刑法总则的规定,任何故意犯罪的成立,都要求行为人

故意,不成立诈骗罪。

明知是违禁品而诈骗的,原则上成立诈骗罪。如前(本章第二节)所述,没收违禁品也需要通过法律程序,故对违禁品的占有也是刑法所保护的法益,违禁品能成为刑法上的财物。最高人民法院2005年6月8日发布的《关于审理抢劫、抢夺刑事案件适用法律若干问题的意见》规定:"以毒品、假币、淫秽物品等违禁品为对象,实施抢劫的,以抢劫罪定罪;抢劫的违禁品数量作为量刑情节予以考虑。"最高人民法院、最高人民检察院2013年4月2日公布的《关于办理盗窃刑事案件适用法律若干问题的解释》规定:"盗窃毒品等违禁品,应当按照盗窃罪处理的,根据情节轻重量刑。"抢劫罪、盗窃罪与诈骗罪都是以财物为对象的侵犯财产的犯罪,既然抢劫罪、盗窃罪的对象可以是违禁品,那么,诈骗罪的对象也可以是违禁品。所以,本书认为,如果违禁品存在通常交易价格的,可以按通常交易价格计算诈骗数额。如诈骗毒品、淫秽光盘的,分别按毒品、淫秽光盘的非法交易通常价格计算诈骗数额。当然,如果刑法将诈骗特定违禁品的行为规定为其他犯罪,则适用其他规定。

以为是真币而诈骗,实际上骗取了假币的,不缺乏诈骗的故意,只是行为是否符合诈骗罪的客观构成要件的问题。例如,甲在乙家打牌时,发现乙家书架上有2万元人民币(实为假币),随即以乙的幼子三天内有灾为由,要求乙拿出2万元交给甲为其子消灾。乙将2万元假币交付给甲(骗取假币案)。这个看似简单的案例,存在具有研究价值的问题:以为是真币而诈骗,实际上骗取了假币的,是事实认识错误还是不可罚的不能犯?而对这一问题的回答又取决于假币本身是否属于财物。显然,如果将假币本身评价为财物,并按假币的非法交易价格计算诈骗数额,甲的行为便属于犯罪既遂,而非犯罪未遂。如果将甲的行为认定为诈骗未遂(否认假币属于财物),那么,明知是假币而诈骗的,是否成立诈骗罪?

本书初步认为,明知(以为)是真币而实施诈骗行为,实际上骗取了假币的,属于同一犯罪构成内的事实认识错误。即就诈骗罪而言,真币与假币都应当评价为财物,因为假币也需要通过法定程序收缴,故他人对假币的占有也是刑法所要保护的法益。这并不意味着他人占有假币具有合法性,只是意味着第三者不能非法取得他人占有的假币。假币的价值可以按照非法交易的通常价格计算,并不等于承认假币本身具有法定价值,只是根据客观事实对其犯罪数额的一种拟制。正因如此,明知是真币而实际上骗取了假币的,只是对财物的品质与数量存在认识错误,这种认识错误不应影响诈骗既遂的成立。基于这一理由,上例的甲应成立诈骗既遂,而非未遂。同样,行为人明知是假币而实际上骗取了假币的,也应认定为诈骗既遂。至于以为是假币实际上诈骗了真币的行为,则更应认定为诈骗既遂。

（三）诈骗故意要求认识到所诈骗的是他人占有的财物

诈骗罪只能是诈骗他人占有的财物,对自己占有的财物不可能成立诈骗罪。所以,诈骗故意的认识内容必须在认识到财物的前提下,进一步认识到是他人占有的财物。

一方面,诈骗行为是骗取他人占有的财物(包括他人占有的财产性利益)。骗取是指使用欺骗手段,使他人陷入认识错误并处分财物,从而将财物转移为自己或第三者(包括单位)占有。就狭义财物而言,骗取行为实际上也是使他人通过处分行为丧失对其财物的支配,使自己或者第三者建立新的支配关系的过程,倘若只是单纯使他人丧失了对其财物的支配,便不是骗取行为。就财产性利益而言,骗取行为实际上是使他人通过处分行为丧失其财产性利益,使自己或者第三者获得该利益。由于作为诈骗罪对象的财物必须是他人占有的财物,所以,诈骗故意的成立以认识到财物的他人占有性为前提。

另一方面,诈骗故意不要求认识到财物的他人所有性。因为即使是自己所有的财物,但由他人合法占有时,也不排除诈骗罪成立的可能性。这涉及诈骗罪的保护法益问题。前面(本章第二节)已有说明,此处不再赘述。

综合上述两个方面的内容,可以得出以下结论:诈骗故意的认识内容包括对财物的他人占有性的认识。只要行为人认识到财物处于他人的支配、控制下,就应认定行为人明知是他人占有的财物。下面简单说明几种特殊情形:

第一,认识到自己所有的财物由他人非法占有,进而骗回该财物的,不成立诈骗罪。

例如,A 的手提电脑被 B 盗走后,又从 B 处骗回被盗的手提电脑。根据本权说、法律的财产说、法律的经济的财产说以及我国的所有权说,A 的行为不成立诈骗罪;根据单纯占有说与经济的财产说,A 的行为成立诈骗罪。根据本书的观点,B 实施盗窃行为后对手提电脑的占有,虽然相对第三者而言是值得保护的法益,但相对于 A 行使权利的行为而言则不是诈骗罪的法益,所以,A 的行为不成立诈骗罪。

但是,如果 A 在手提电脑被 B 盗走之后,诈骗 B 占有的其他财物的,即使所骗财物与其手提电脑的价值相当,也应认定为诈骗罪。

第二,与上一种情形相反,明知自己所有的财物由他人合法占有,进而骗回该财物的,成立诈骗罪。

例如,被告人李某将自己摩托车借给陈某使用,但陈某骑车时违反交通规则,摩托车被交警依法扣押。陈某将真相告知李某后,李某打听到摩托车的扣押地点,采取欺骗手段从管理人员处骗回摩托车(李某骗回摩托车案)。根据《刑法》第 91 条的规定,摩托车在被司法机关合法扣押时,属于公共财产。李某虽然在民法上享有所有权,但该所有权不能与司法机关的合法占有相对抗。所以,李某的行为侵害了司法机关的财产,成立诈骗罪。

第三,明知自己骗取的财物既可能属自己所有也可能属他人所有,但事实上属于他人所有的,成立诈骗罪。

例如,钱某一直使用从南非买回的颇具特色的公文包,某日于出差时在一火车站丢失。钱某随即在火车站周围寻找,在附近宾馆大厅发现林某提着外形完全相同的公文包。钱某怀疑林某盗窃了自己公文包,又不能肯定,于是问林某:"您的包很有特色,在哪里买的?"林某说在国外买的。钱某骗取该公文包后,发现该公文包并非自己的公文包。但钱某并未将公文包退回林某(钱某骗取公文包案)。本书认为,应当认定钱某的行为成立诈骗罪。概言之,只要行为人认识到所骗财物"可能"是他人合法占有或所有的财物,自己的行为"可能"发生侵害他人财产的结果,就可能成立诈骗罪,而不需要必然性或肯定性的认识。

第四,将自己合法占有(所有)的财物,误认为是他人占有(所有)的财物而诈骗的,不宜认定为诈骗罪。

例如,渔民甲的一副渔网放在江中被盗后,想骗取一副渔网,于是以借用为名,骗取乙的渔网。事后得知,该渔网实为甲被盗的渔网(骗回被盗渔网案)。类似案件涉及未遂犯与不可罚的不能犯的界限。在此问题上存在不同学说,如纯粹主观说、抽象的危险说(主观的危险说)、具体的危险说(新客观说)、客观危险说以及各种修正的客观危险说。[1]

我国刑法理论实际上采取了抽象的危险说。通说认为,误认为尸体是活人而用刀猛砍其头部的,行为人误认为犯罪客体存在,以致实施了危险行为,因而行为人对他所实施的行为应负犯罪未遂的刑事责任。抽象的危险说以行为人在行为当时所认识到的事实为基础,以一般人的见地来判断有无危险;如果按照行为人的计划实施行为具有发生结果的危险性,就是未遂犯;即使按照行为人的计划实施行为也不具有发生结果的危险性,则是不可罚的不能犯。[2] 据此,甲的行为成立诈骗未遂。但是,这种通说存在疑问。

首先,通说没有考虑行为在客观上是否侵犯了法益,导致客观上完全不可能侵犯法益的行为也成立犯罪未遂。如果将上述观点进一步延伸,误以为某有害动物是被害人而开枪,结果导致有害动物死亡时,也成立故意杀人未遂;误以为是国家机关的真实印章而毁灭,结果毁灭了伪造的国家机关印章时,也成立毁灭国家机关印章未遂。可是,这种行为没有侵害法益的危险,将其作为犯罪未遂处理,就意味着根本不侵犯法益的行为也成立犯罪。行为是否构成未遂犯,首先必须考虑现实行为是否具有侵害法益的危险性,而不是考虑行为人主观上有无犯罪故意,不是考虑行为人事先计划的行为是否具有侵害法益的危险性。[3]

其次,抽象的危险说不是根据行为的客观事实判断该行为有无侵害法益的危险,而是根据行为人的认识内容判断有无危险。结局是,只要行为人认识的事实"是一般人认为有危险的事实",无论客观事实如何,都认定为有危险;换言之,只要行为人对实行行为有认识(有故意),不管客观上有无实行行为,都认为有危险。这有主观归罪之嫌。

最后,与上述两点相联系,通说必然不适当地扩大刑法的处罚范围。这主要表现在,对于客观上完全没有危险性的行为,仅因为行为人的认识错误就作为犯罪处罚。然而,即使行为人相信渔网为他人所有,

---

① 参见张明楷:《刑法的基本立场》(修订版),商务印书馆 2019 年版,第 321 页以下。

② 参见[日]牧野英一:《刑法总论》(上卷),有斐阁 1958 年版,第 331 页;[日]木村龟二:《刑法总论》(增补版),有斐阁 1978 年版,第 356 页。

③ 在因为行为人的认识错误,导致后来的行为没有侵害法益的危险因而不成立未遂犯的情况下,如果此前的预备行为具有侵害法益的抽象危险,并达到了值得科处刑罚的程度,则可以将预备行为认定为犯罪,但不能认定为犯罪未遂。

但事实上完全属于自己时,就没有作为诈骗未遂处罚的必要。

为了贯彻客观的未遂论与责任主义,笔者主张,只有当行为人客观上实施的行为具有侵害法益的危险,主观上具有责任时,才能认定为犯罪未遂;行为人主观上具有犯意,但客观行为没有侵害法益的危险时,就应认定为不可罚的不能犯。[①] 至于客观行为是否具有侵害法益的危险,则应以行为时存在的所有客观事实为基础,并进行一定程度的抽象(舍弃细微的具体事实),站在行为时的立场,根据客观的因果法则进行判断。由于甲向特定的乙实施欺骗行为,没有骗走他人渔网的危险性,因而不能认定甲的行为成立诈骗未遂。

第五,骗领遗忘物的,视遗忘物是否被第三者占有,分别成立诈骗罪与侵占罪。

由于遗忘物本身是非基于他人本意脱离了他人占有,偶然由行为人占有或者没有人占有的财物,所以,在X的遗忘物由行为人A占有之后,A不可能对该遗忘物实施诈骗行为,只能成立侵占罪。在A将X的遗忘物据为己有后,X要求A返还,A谎称没有取得遗忘物,或者谎称遗忘物被盗而不将遗忘物返还给X的,则就财产性利益(返还请求权)构成诈骗罪,与前面的侵占行为形成包括的一罪,从一重罪论处。当X的遗忘物由Y占有后,该财物便不再属于刑法上的遗忘物,即使A明知是X的遗忘物,但A冒充X或者冒充遗忘物的所有人,使Y信以为真,从而骗领遗忘物的,则成立诈骗罪。此外,如果表面上是被害人遗忘的财物,但实际上仍由被害人占有,行为人通过欺骗手段从没有处分权限的占有辅助者那里取得财物的,成立盗窃罪(视情形成立直接正犯或者间接正犯)。例如,乙在超市购物时,将钱包放在收银台上后忘了拿走,收银员立即问钱包是谁的,正要付款的甲回答说是自己的,于是收银员将钱包递给了甲。但此时乙仍在超市内,而且距离其付款时间仅有一两分钟(收银台盗窃案)。根据社会的一般观念,钱包仍然由乙占有,收银员还没有占有钱包,也没有处分该钱包的权限,故甲成立盗窃罪。[②]

---

① 当然,虽然就故意杀人而言是不能犯,但可能成立故意伤害罪(手段不能)。换言之,对于甲罪属于不能犯的,只是意味着不成立甲罪,但可能成立乙罪(以具有侵害乙罪的法益的危险性为前提)。

② 即使甲误以为是遗忘物,也只是涵摄的错误,不影响对其盗窃故意的认定。

（四）诈骗故意要求认识到所骗取的可能是数额较大的财物

根据《刑法》第266条的规定，只有诈骗公私财物数额较大的才成立诈骗罪。于是，存在这样的问题：是否要求行为人认识到所骗取的财物数额较大？先来看一个案例：被害人乙为某大学一年级学生，一直戴着价值数千元的项链，但由于担心他人盗窃，总是声称自己的项链是8元买的。被告人甲一直想在暑假回家时送给自己的妹妹一件礼物，但因为没有钱购买合适的礼物，便采取欺骗手段，将乙的项链骗为己有，并在暑假时送给自己的妹妹。甲以为该项链的价值为8元人民币，但实际价值为数千元（骗取"廉价"项链案）。甲的行为是否成立诈骗罪？

这个问题在其他国家刑法上完全不成问题，因为其他国家的司法实践中虽然并不处罚诈骗价值微薄的财物的行为，但由于其刑法并不要求诈骗"数额较大"，所以，尽管只有诈骗价值较小财物的故意，但客观上骗取了数额较大的财物时，无疑成立诈骗罪。我国刑法要求诈骗"数额较大"，"数额较大"又属于客观要素。诈骗故意是否包含对数额较大的认识，直接影响类似上述案件的行为人有无刑事责任。

笔者认为，只有当行为人认识到所诈骗的财产数额较大时，才可能成立诈骗罪。首先，如前所述，构成要件的客观要素，原则上是故意的认识内容。数额较大是诈骗罪的重要客观要素，也是区别罪与非罪的关键因素，行为人对此必须有认识，否则不符合责任主义的要求。或许有人认为，在上述案件中，行为人具有诈骗的故意，客观上骗取的财物数额较大，完全符合犯罪构成。但是，这种说法难以成立。因为骗取少量公私财物在我国不构成犯罪，所以，骗取少量公私财物的故意是违反治安管理的一般违法故意，不等于刑法上的诈骗罪的故意。如果不要求行为人主观上对数额较大有认识，就意味着主观上违反治安管理的骗取少量公私财物的一般违法"故意"与客观上骗取了数额较大财物的行为相结合，就可以成立诈骗罪。这种违反责任主义的做法不具有妥当性。果真如此，则会使违反治安管理的行为与刑法上的犯罪丧失明显界限。联系到奸淫幼女的明知问题也能说明这一点。一些人习惯于认为，即使行为人不明知是幼女，认定为奸淫幼女的犯罪也不违反责任主义，因为行为人有"奸淫"的故意。可是，"奸淫"的"故意"并不等同于犯罪的故意，当行为人合理相信女方已满14周岁，并基于女方的同意发生性交，也没有使用暴力、胁迫或者其他方法时，这种"奸淫"的"故

到所骗的是机械零部件、科研试验品等，就表明行为人认识到该物品的价值不同于一般的物品价值，因而可以认定其认识到所骗物品的价值可能数额较大。第四，行为人抱着“能骗多少骗多少，骗到多少算多少”心态诈骗财物时，宜认定其认识到所骗财物数额较大。在这种情形下，只要客观上骗取的财物数额较大，便应认定为诈骗罪。这并不违反责任主义原则，因为所骗财物的价值都没有超出行为人的认识内容。

最后需要说明的是，虽然行为人认识到所骗财物数额较大，但如果财物的真实价值为数额巨大甚至特别巨大，而行为人根本没有认识到数额巨大与特别巨大时，只能选择数额较大的法定刑，而不能选择数额巨大与特别巨大的法定刑。责任主义要求行为人主观上具有刑法所规定的责任能力、故意或过失以及期待可能性。责任主义的实际机能表现在两个方面：一是归责中的责任主义，即只有当行为人对符合构成要件的违法行为具有主观责任时，其行为才成立犯罪；二是量刑中的责任主义，即刑罚的程度必须控制在责任的范围内，或者说，刑罚的程度不能超出责任的上限。归责中的责任主义，决定了超出主观责任范围的结果，是不可归责的结果，不属于刑法评价的对象。因此，行为人不能预见的结果，既不能在定罪中起作用，也不能在量刑中起作用。如果在量刑时将一切结果作为从重处罚的情节，就意味着将行为人没有罪过的结果也作为从重量刑的依据，进而意味着行为人对自己没有罪过的结果承担刑事责任，这便违反了责任主义原则。所以，影响量刑的结果，只能是可以归责的结果。由于责任错误或者认识错误所导致的结果，如果行为人没有相应的罪过，就不能作为从重量刑的情节，更不能适用加重的法定刑。[①] **例如，行为人以为是一幅普通的绘画（假定达到了数额较大的起点）而实施了诈骗行为，但事实上该幅绘画为世界名画，价值连城（达到了数额特别巨大的起点）。**即使行为人应当认识到绘画的真实价值，但由于诈骗罪只能由故意构成，因此，对行为人主观上没有认识到的价值（被害人的财产损害数额）不能作为量刑情节考虑，也不能作为法定刑升格的条件。

对于数额较大也可能存在相反的认识错误，即行为人以为所骗财

---

① 参见张明楷：《责任主义与量刑原则——以点的理论为中心》，载《法学研究》2010 年第 5 期，第 128 页以下。

物数额较大,但实际上没有达到数额较大,如以为是珍贵文物而诈骗,但实际上骗取了没有达到数额较大标准的文物复制品,对此,应根据行为性质与情节判断是否成立诈骗未遂。如果行为人以为所骗财物数额较大,客观上也具有诈骗数额较大财物的可能性,而且情节严重的,可以以诈骗未遂追究刑事责任。如果行为人以为所骗财物数额较大,但客观上不可能骗取数额较大的财物,或者虽然客观上能够骗取数额较大财物,但情节并不严重的,则不以犯罪论处。

二、诈骗故意的意志因素

我国刑法理论的通说一直认为,诈骗罪只能是直接故意,而不能是间接故意。其重要理由是,诈骗罪必须具有非法占有目的(如后所述,对此存在争议,但本书持肯定态度),犯罪目的仅存在于直接故意犯罪之中,所以,诈骗罪不可能出于间接故意。换言之,目的犯不可能由间接故意构成。但是,这种观点存在疑问。本书认为,诈骗故意的意志因素既可以是希望结果发生,也可以是放任结果发生。换言之,诈骗罪可以由间接故意构成。

从规范层面而言,刑法总则规定的故意犯罪包括直接故意犯罪与间接故意犯罪,因此,只要刑法分则所规定的犯罪为故意犯罪,那么,就既可以由直接故意构成,也可以由间接故意构成。目的犯在刑法分则中都属于故意犯罪,当然也可以由间接故意构成。或许有人认为,当刑法将某种犯罪规定为目的犯时,就已经表明该罪为直接故意犯罪。本书认为,这种观点缺乏合理根据。首先,在一个国家,旧刑法可能将某种犯罪规定为目的犯,而新刑法却取消目的犯的规定,或者相反;就同一犯罪而言,有的国家刑法规定为目的犯,有的国家刑法没有规定为目的犯。在上述场合,故意的内容与形式相同,换言之,不可能因为刑法将其规定为目的犯,就使间接故意犯罪排除在外。其次,刑法将某种犯罪规定为目的犯时,只是将不具有特定目的的行为排除在犯罪之外,而不是将间接故意行为排除在犯罪之外。一方面,在刑法上,直接故意与间接故意的非难可能性是相同的,刑法分则没有理由将某种犯罪限定为直接故意;另一方面,即使刑法分则意欲将间接故意排除在犯罪之外,也不会通过规定目的犯的方式将间接故意排除在犯罪之外,因为目的与故意的机能并不完全等同。所以,当刑法将某种犯罪规定为目的犯时,只要行为人在具有故意(无论是直接故意还是间接故意)的前提下,另具有特定目的即可,而不表明该罪只能由直接故意构成。例如,《刑法》第152条通过要求牟利或者传播目的限制走私淫秽物品罪的处罚范围,因此,即使行为人具有直接故意,但如果缺乏牟利或者传播目的,也不成立走私淫秽物品罪;反之,即使行为人具有间接故意,但如果具有牟利或者传播目的,也应当以走私淫秽物品罪论处。

从心理事实来说,当行为人所放任的结果与行为人所追求的目的不具有同一性时,即二者分别为不同的内容时,完全可能并不矛盾地存在于行为人的主观心理中。目的犯分为断绝的结果犯与短缩的二行为犯,后者的重要特点在于:第一个行为的结果与行为人实施第二个行为的目的并不相同,因此,对第一个行为的结果的放任与对第二个行为的目的完全可以并存。[1] 刑法理论公认,间接故意犯罪的发生情形之一是行为人为了实现另一犯罪目的,而放任此种犯罪结果的发生。之所以如此,是因为行为人的目的与其所放任的结果并非同一。这便可以佐证本书的观点,即当目的犯的目的与其结果并不同一时,行为人完全可能在具有特定目的的同时,对结果持放任态度。例如,就违规制造枪支罪而言,行为人在具有非法销售目的的同时,完全可能对行为危害公共安全的结果持放任态度。将目的犯限定于直接故意犯罪,既可能是因为将目的犯中的目的内容狭窄地限定为犯罪结果,也可能是由于自觉或者不自觉地将目的犯的目的与直接故意的意志因素相混同。

从客观事实来看,也可以得出诈骗罪能够由间接故意构成的结论。例如,被告人甲经营一公司时,声称可以为他人办理出国签证(实际上经营项目中无此内容)。被害人乙信以为真,将4本护照交给甲,要求甲办理去某国的签证。甲提出预付8万元办理费,乙向甲交付8万元办理费后,甲立即将该8万元用于交纳公司的房租。事后,甲也曾向几个人打过电话,询问对方能否代办签证,对方都作了否定回答。甲没有再想办法为乙办理签证,也不归还8万元办理费。在公安机关介入后,甲才与乙签订所谓还款协议,但事实上一直没有还款(骗取签证费用案)。某法院认为,甲的行为不成立诈骗罪,基本理由是,甲曾经为人代办过签证,此次也打过电话询问他人能否代办签证。但笔者认为,甲的

---

① 参见[日]大塚仁:《刑法概说(总论)》(第4版),有斐阁2008年版,第135页。

行为成立诈骗罪。尽管甲曾经代办过签证,也曾向几个人询问能否办理签证,这只是说明甲不希望自己的行为侵害乙的财产,但不能否认甲放任自己的行为侵害乙的财产。甲非法占有乙的8万元的目的与其放任对乙的财产造成侵害的意志因素并无矛盾。再以笔者近30年前所举的间接故意诈骗案为例:某被告在无资金、无场地、无设备、无技术的情况下,组织了7个人,准备办一个造船厂,于是采取种种欺骗手段,骗取了某银行的30万元贷款。被告之妻为此而担心,被告则说:"你别担心,到时候能还就还,不能还也杀不了我和你的头。"贷款后,被告人一方面着手买设备,另一方面又大肆挥霍。结果钱花光了,造船厂没办起来,无力偿还贷款(骗贷建造船厂案)。①行为人虽然具有非法占有贷款的目的,但他对行为可能侵害银行财产的结果并没有持希望态度,只是持放任态度。对于这样的案件,认定为(贷款)诈骗罪是合适的。换言之,承认诈骗罪可以由间接故意构成是妥当的。

其实,只要仔细观察就会发现,由间接故意构成的诈骗罪并不少见。例如,甲对乙说:"你借给我16万元买六合彩,我给你4%的返点。"甲的想法是,如果中奖了就向乙归还借款,如果没有中奖就逃匿。乙借给甲16万元后,甲将16万元用于购买六合彩,但没有中奖,于是逃匿。甲对乙的财产损失结果显然只是持放任态度,而不是持希望态度,但如果因此而否认甲的行为构成诈骗罪,则明显不当。再如,丘某、李某共谋以"钓码庄"的方式骗取钱财,事先约定"赚了就由庄家给钱,输了就走掉"。二人通过采取隐瞒身份、虚构经济实力的手段,谎称要购买巨额保险避税,利用保险业务员急于促成业务的心理,让其帮忙引见六合彩庄家王某。后丘某与王某约定,丘某无须投入本金,只需通过电话向王某报码单投注六合彩,待开奖后两人再结算输赢。丘某五次通过电话向王某报六合彩码单,前四期均中奖,王某在扣除投注金额和抽成的"手续费"后向丘某兑付奖金223,800元;第五期未中奖,丘某需向王某支付11万元的码单费用,次日丘某等人便将当时的手机联系方式停掉,不再与王某联系("钓码庄"诈骗案)。②同样,丘某等人对王某

---

① 张明楷:《犯罪论原理》,武汉大学出版社1991年版,第267页。

② 易军军:《以欺骗方式零本金投注六合彩的行为认定》,载《人民法院报》2018年9月12日,第6版。

的财产损失结果也仅持放任态度，但仍然成立诈骗罪。不能因为丘某等人仅有诈骗的间接故意，就否认其具有非法占有目的，因为丘某等人至少对王某的11万元财产既具有利用意思，也具有排除意思。不难看出，间接故意与目的犯并不是对立关系。

借鉴国外的学说与实务，也可以得出目的犯可以出于间接故意的结论。在国外，"'意图'与'未必的故意'通常可以两立"[①]或者"意图并不意味着确定的故意，可以是未必的故意"[②]的观念可谓通说。不仅如此，即使是断绝的结果犯，刑法理论也没有将间接故意排除在外。例如，《德国刑法》第246条明文规定盗窃罪必须具有"以使自己或者第三者违法占有的意图"，但德国刑法理论认为，只要行为人对于窃取他人动产的事实具有认识，即使是未必故意，也成立盗窃罪。[③] 又如，《日本刑法》第161条之二第1款规定："以使他人的事务处理出现错误为目的，不正当制作该处理事务使用的有关权利、义务或者证明事实的电磁记录的，处五年以下惩役或者五十万元以下罚金。"日本刑法理论认为，只要行为人主观上认识并认容自己制作电磁记录的行为违反了电磁记录制作权人的本来意图，并具有使他人的事务处理出现错误的目的即可，[④]其中的"认容"包含了间接故意。

更值得注意的是，日本刑法理论认为诈骗罪可以是间接故意或未必的故意。如大塚仁教授指出：诈骗罪的"故意是对欺骗他人使之陷入错误、使其通过财产处分行为而交付财物、自己或第三者取得其占有，存在表象、认容，当然也必须认识其间的因果关系"。[⑤] 其中的"认容"也包含了间接故意，这也是日本刑法的通常说法。[⑥] 高桥省吾法官指出："要认定诈骗罪的故意，就要求行为人对诈取他人的财物的事实，存在表象、认容。所谓诈取财物的表象，是指认识、预见到欺骗对方使之

---

① ［日］内田文昭：《故意と意图・目的》，载［日］阿部纯二、板仓宏等编：《刑法基本讲座》(第2卷)，法学书院1994年版，第166页。

② D. Oehler, Neues stragrechtliche Probleme des Absichtsbegriffes, Neue Juristiche Wochenschrift, 1996, S. 163ff.

③ Lackner/kühl, Strafgesetzbuch, 21. aufl., C. H. Beck, 1995, S. 982.

④ 参见［日］大塚仁：《刑法概说(各论)》(第3版)，有斐阁1996年版，第491页。

⑤ ［日］大塚仁：《刑法概说(各论)》(第3版)，有斐阁1996年版，第257页。

⑥ 虽然大塚仁教授不认为非法占有目的是诈骗罪、盗窃罪的主观要素，但其并不是因为这一点而肯定间接故意可以构成诈骗罪。

陷入认识错误、通过财产处分行为使之交付财物、自己或第三者取得占有，并且必须认识其间的因果关系。即使这种表象、认容不确定，但只要是未必的就够了。”①

日本也有诸多判例肯定诈骗罪可以出于未必的故意。例如，公司经营不理想，行为人预见到或许何时会陷入不能支付的状态，又没有采取某种适切的手段，而且隐瞒该事实，作为健全的融资业者、募集出资者的，被认定具有诈骗罪的未必故意。② 再如，日本《爆炸物取缔罚则》第 2 条规定：“以前条目的（以妨害治安或者危害人的身体、财产为目的——引者注），制造、输入、持有或者订购爆炸物或者可能供爆炸物使用的器具的，处三年以上十年以下惩役或者监禁。”日本最高裁判所 1991 年 2 月 1 日的判决指出：“《爆炸物取缔罚则》第 1 条至第 3 条所规定的‘以危害人的身体为目的’，只要求对危害身体的结果具有未必的认识、认容就够了，不以对上述结果的发生具有确定的认识或者意图为必要。这样的理解是合适的。”③不难看出，日本《爆炸物取缔罚则》第 2 条所规定的是短缩的二行为犯；而该判决明文指出，行为人对于结果可以持认容态度（只要认同、容忍即可），不要求有意图（希望）心态。这一判例承认对目的内容本身就可以是未必的故意。既然如此，当目的内容与结果不一致时，行为人对结果更可能是未必的故意。

成文刑法是正义的文字表述，但这并不意味着仅仅根据法条的字面含义就可以发现刑法的真实含义。“一个词的通常的意义是在逐渐发展的，在事实的不断出现中形成的”；④活生生的正义需要从活生生的社会生活中发现；制定法的真实含义不只是隐藏在法条文字中，而且同样隐藏在具体的生活事实中。任何一种解释结论的正义性，都只是相对于特定的时空、特定的生活事实而言，生活事实的变化总是要求新的解释结论。“任何一种解释如果试图用最终的、权威性的解释取代基本

---

① ［日］大塚仁等编：《大コンメンタール刑法》（第 13 卷）（第 2 版），青林书院 2000 年版，第 115 页。

② 东京高等裁判所 1957 年 6 月 26 日判决，载日本《东京高等裁判所刑事判决时报》第 8 卷第 6 号，第 162 页。另参见名古屋高等裁判所 1950 年 5 月 16 日判决，载日本《高等裁判所刑事判决特报》第 10 号，第 72 页。

③ 日本《最高裁判所刑事判例集》第 45 卷第 2 号，第 1 页。

④ ［法］基佐：《欧洲文明史》，程洪逵、沅芷译，商务印书馆 1998 年版，第 7 页。

文本的开放性,都会过早地吞噬文本的生命。”[①]解释者应当正视法律文本的开放性,懂得生活事实会不断地填充法律的含义,从而使法律具有生命力。但是,通过事实解释规范,决不意味着以某种有限的事实限制规范。“将熟悉与必须相混淆”是人们常犯的错误。[②] 人们发现目的犯一般出于直接故意时,便习惯于认为目的犯的成立只限于直接故意。这显然混淆了事实与规范,而且使规范处于封闭状态,进而使规范丧失生命力。现实生活中不断出现新的犯罪,即使是传统犯罪,也不乏新的手段与形式。所以,人们所熟悉的只是部分有限的事实。构成要件所描述的是犯罪类型,只要属于某犯罪类型,就被描述该类型的构成要件所涵摄。所以,将规范的涵摄范围限定为解释者所知的有限事实,并不合适。质言之,以解释者自己所掌握或者推测的部分事实为根据,将诈骗罪(目的犯)限定为直接故意犯罪,并不一定妥当。

三、非法占有目的的要否

(一)目的犯概述

众所周知,在大陆法系国家刑法理论中,占通说地位的犯罪论体系是构成要件符合性、违法性与有责性(也称责任),其中的构成要件符合性所要求的是行为必须符合刑法所规定的犯罪轮廓或者框架,违法性所要求的是行为必须具有客观危害(对法益的侵害与威胁),有责性所要求的是行为人必须具有非难可能性。起初由贝林格倡导的构成要件理论认为,构成要件只包含客观的、记述的要素,而不包括主观的、规范的要素(行为构成要件论),而且构成要件与违法性没有直接联系。但后来发现,有些行为如果离开了行为人的主观要素,便不能判断其是否符合构成要件;再者,刑法分则有不少条文明文规定了主观要素。于是,德国刑法学者奥古斯特·黑格勒(August Hegler)提出,目的犯中的目的虽然只要存在于行为人的内心即可,但它不是责任要素,而是构成要件要素与违法要素。例如,根据德国刑法的规定,伪造货币罪必须出于“行使的目的”,因此,如果行为人不是出于“行使的目的”伪造货币,

① [英]韦恩·莫里森:《法学理》,李桂林等译,武汉大学出版社2003年版,第555页。

② David Nelken, *Contrasting Criminal Justice*, England, Ashgate Publishing Ltd., 2002, p. 241.

其行为便不符合伪造货币罪的构成要件,不具有违法性。梅茨格进一步认为,除了目的犯以外,倾向犯中的行为人的内心倾向、表现犯中的行为人的心理过程或状态,都是构成要件要素,也是违法要素。[①] 现在,学者们认为,“不纯正的心情要素”(unechte Gesinnungsmerkmale,如“残忍地”“恶意地”“无顾虑地”)也是主观的构成要件要素。[②]

在大陆法系国家刑法理论中,主观要素与构成要件的客观要素之间的关系成为比较复杂的问题。可以肯定的是,故意的内容与构成要件客观要素的内容是一致的;换言之,构成要件的客观要素规制着故意的内容。如就故意杀人既遂而言,其客观要素是杀人行为致人死亡,与此相对应,故意内容是认识到自己的行为会致人死亡,并且希望或者放任这种死亡结果。但是,目的犯(absichtsdelikte)中的目的、倾向犯中的内心倾向、表现犯中的心理过程,则不要求存在与之相对应的客观事实,只要存在于行为人的内心即可。例如,德国、日本刑法规定的伪造货币罪都要求行为人主观上“以行使为目的”,但客观上又不要求行为人已经行使了所伪造的货币,因此,“以行使为目的”就是超过构成要件客观要素范围的主观要素,德国学者黑格勒将它称为超过的内心倾向(uberschiessende innentendenz)[③],也称为主观的超过要素。[④]

刑法上的目的犯,是指以特定目的作为主观要素的犯罪。例如,《刑法》第363条规定的制作、复制、出版、贩卖、传播淫秽物品牟利罪,必须“以牟利为目的”,因而属于目的犯。其中的特定目的,不是指直接

---

① 以上参见[日]大塚仁:《刑法概说(总论)》(第4版),有斐阁2008年版,第132页以下。

② Vgl., Claus Roxin, Strafrecht Allgemeiner Teil, Band I, 3 Aufl., C. H. Beck, 1997, S. 261; Hans-Heinrich Jescheck /Thomas Weigend, Lehrbuch des Strafrecht Allgemeiner Teil, 5 Aufl., duncker & Humblot, 1996, S. 320.

③ 有学者认为,之所以称为超过的内心倾向,是因为它超出了故意的认识范围。参见[日]大谷实:《刑法讲义总论》(新版第4版),成文堂2012年版,第118页。实际上,由于故意的认识内容是构成要件的客观要素,故超出了故意的认识范围的内容,也就是超出了构成要件客观要素范围的内容。

④ 不过,我国刑法分则个别条文所规定的目的,还难以说是主观的超过要素。例如,《刑法》第175条第1款前段规定:“以转贷牟利为目的,套取金融机构信贷资金高利转贷他人,违法所得数额较大的,处三年以下有期徒刑或者拘役,并处违法所得一倍以上五倍以下罚金”。其中的“以转贷牟利为目的”显然没有超出客观构成要件要素的范围,难以称之为主观的超过要素。

故意的意志因素，而是故意的认识因素与意志因素之外的，对某种结果、利益、状态、行为等的内在意向；它是比直接故意的意志因素更为复杂、深远的心理态度，其内容也不一定是观念上的危害结果。①

从目的与行为的关系考察，目的犯的目的表现为两种情形：一种是只要实施符合构成要件的行为就可以（但非必然）实现的目的，如贷款诈骗罪，只要行为人实施了诈骗银行或者其他金融机构的贷款诈骗行为，就可以实现非法占有贷款的目的。另一种是实施符合构成要件的行为后，还需要行为人或第三者实施其他行为才能实现的目的，如走私淫秽物品罪，实施了符合构成要件的走私淫秽物品的行为，还不能直接实现牟利或者传播的目的，只有在走私行为完成之后实施其他相关行为，才能实现牟利或者传播目的。德国刑法理论称前者为断绝的结果犯（kupierte erfolgsdelikte），后者为短缩的二行为犯（verkuemmert zweiaktige delikte）或者不完全的二行为犯（nuvollkomme zweiaktigen delikte）②；日本有学者称前者为直接目的犯，后者为间接目的犯。③ 显然，如果认为诈骗罪属于目的犯，那么，它属于断绝的结果犯或直接目的犯，即只要行为人实施了骗取财物的行为，就可能实现其非法占有目的。

"在直接目的犯中，要求行为人将目的的内容作为确定的东西加以

---

① 刑法分则所规定的各种"目的"是否含义相同，以及目的犯与意图犯是否含义等同，都是需要研究的问题。本书暂且在等同意义上使用这些概念。在德国，由于刑法总则没有规定故意的含义，刑法学者通常根据刑法分则的描述概括故意的种类。一般认为，故意分为意图（absicht）、直接故意（direkter vorsatz；dolus directus）与间接故意（bedingte vorsatz；dolus eventualis），其中的意图主要强调的是意志因素，即行为人努力促使结果发生；直接故意主要强调认识要素，即行为人确信结果会发生；间接故意也主要强调认识因素，即行为人认为结果可能发生（但对意志因素存在争议）（K. Kühl, Strafrecht Allgemeiner Teil, 3 Aufl., Verlag Vahlen 2000, S. 90ff.）。于是，目的犯的目的（absicht，也可译为意图）与故意是什么关系，就成为不明确因而有争议的问题。我国刑法总则明文规定了故意的含义与种类，因此，容易理顺目的与故意的关系。虽然在一般意义上说，直接故意的意志因素也是一种目的，但它明显区别于目的犯中的目的；目的犯的目的是故意内容之外的一种主观要素，而不是故意的一种形式。

② Claus Roxin, Strafrecht Allgemeiner Teil, Band I, 3 Aufl., C. H. Beck, 1997. S. 263; H. Jescheck/T. Weigend, Lehrbuch des Strafrecht. Allgemeiner Teil, 5 Aufl., Duncker & Humblot, 1996. S. 319.

③ ［日］大塚仁：《刑法概说（总论）》（第4版），有斐阁2008年版，第135页。

认识;与此相反,在间接目的犯中,一般只要有未必的认识就够了。"①换言之,在短缩的二行为犯的场合,不需要目的是确定的,只要知道或许有谁实施实现目的的行为就够了。②例如,违规制造枪支罪,行为人以非法销售为目的,制造无号、重号、假号的枪支时,不要求具有确定的非法销售目的,只要知道可能有人非法销售所制造的无号、重号、假号的枪支这种未必的意思即可。但是,在诈骗罪与金融诈骗罪中,行为人必须将非法占有他人财物的目的内容作为确定的东西加以认识。例如,在集资诈骗罪中,行为人必须将非法占有他人出资款的目的内容作为确定的东西加以认识;在贷款诈骗罪中,行为人必须将非法占有金融机构贷款的目的内容作为确定的东西加以认识;等等。

目的与违法性的关系,即目的是否影响客观的法益侵害的有无与程度,在国外刑法理论上存在争议。第一种观点认为,目的犯中的目的是主观的违法要素,如果行为人不具有特定目的,就没有侵害和威胁法益,不具有违法性。③ 第二种观点认为,主观的要素都属于责任要素,即使目的犯中的目的,对法益侵害性也没有任何影响。④ 第三种观点认为,法益侵害的有无与行为人的意思没有关系,故原则上不应承认主观的违法要素,但当作为构成要件要素的结果是法益侵害的危险时,应例外地承认行为人的主观意思影响法益侵害的有无与程度,故可以作为违法要素。如果目的犯的目的构成法益侵害的危险基础,便是主观的违法要素;如若不构成法益侵害的危险基础,就不是主观的违法要素。⑤

我国现行犯罪论体系采取的是主观的违法性说,即只有同时符合主客观要件的行为,才具有违法性。果真如此,目的当然影响违法性。但是,并不是任何目的都影响法益侵害性。例如,一般认为,盗窃罪必须以非法占有为目的,但与故意毁坏财物罪相比,后者对法益的侵害并不轻于前者;前者的处罚之所以重于后者,是因为前者的罪过性(非难可能性)重于后者。所以,盗窃罪的非法占有目的不是影响法益侵害性

---

① [日]大塚仁:《刑法概说(总论)》(第4版),有斐阁2008年版,第135页。

② Vgl. ,Wessels/Beulke,Strafrecht Allgemeiner teil,30 Aufl. ,C. F. Müller,1996. S. 72.

③ H. Jescheck/T. Weigend,Lehrbuch des Strafrecht. Allgemeiner Teil,5 Aufl. ,Duncker & Humblot,1996. S. 317.

④ [日]前田雅英:《刑法总论讲义》(第6版),东京大学出版会2015年版,第35页。

⑤ [日]山口厚:《刑法总论》(第3版),有斐阁2016年版,第96页以下。

的要素,而是影响非难可能性的要素。但是,有些目的则是影响法益侵害性的要素。其中表现为两种情形:一是如果没有特定目的,其行为就不具有法益侵害性,或者法益侵害性没有达到值得科处刑罚的程度。例如,如果没有出卖目的,单纯接送妇女的行为不可能侵害法益。再如,倘若行为人没有牟利、传播的目的,其走私淫秽物品的行为就不会规模大、数量多,法益侵害性就难以达到值得科处刑罚的程度。二是如果没有特定目的,其行为的法益侵害性就不可能达到较重犯罪的程度,因而只能以较轻犯罪论处。例如,倘若不以勒索财物或者满足其他不当要求为目的,将他人置于自己或者第三者实力支配下的行为就不构成绑架罪,只成立非法拘禁罪。再如,拐骗儿童的行为如果不具有出卖目的,其法益侵害程度便没有达到拐卖儿童罪的法益侵害程度,只成立较轻的拐骗儿童罪。①

可以肯定,无论是否承认目的影响违法性,目的犯的目的具有两个方面的机能:一是区分罪与非罪的机能(如果认为目的是违法性要素,则是通过违法性的有无与程度区分罪与非罪;如果认为目的是罪过性要素,则是通过罪过性的有无与程度区分罪与非罪);二是区分此罪与彼罪的机能(区分机能同上)。因此,如果某种目的不具有上述任何一个方面的机能,就不能将其视为主观要素。

(二)非法占有目的的要否

关于诈骗罪的目的,各国刑法上出现了两种不同的立法例。一种立法例是明确规定诈骗罪必须具有非法占有目的。例如,《德国刑法》第 263 条明文规定,诈骗罪必须“意图使自己或第三者获得不法财产利益”;《瑞士刑法》第 146 条规定,诈骗罪必须“以为使自己或他人非法获利为目的”。在这种立法例之下,非法占有目的就成为诈骗罪的主观的超过要素。另一种立法例则没有明文规定诈骗罪必须出于某种特定目的,如日本刑法没有明文要求诈骗罪必须出于某种特定目的。这种立法例也并不意味着非法占有目的绝对不是诈骗罪的主观要素,但由于缺乏明确规定,常常引起解释论上的争论。我国刑法没有对诈骗罪规定非法占有目的,介绍日本刑法理论的争论以及审判实践的做法,对于

---

① 由于我国司法机关基本上习惯于从主观到客观认定犯罪,为了纠正这种做法,笔者主张将故意、目的等归入责任要素。

我国的学术研究与审判实践具有借鉴意义。

在介绍日本学者的争论之前有必要说明的是，由于日本刑法将盗窃罪规定在诈骗罪之前，诈骗罪与盗窃罪的法益相同，刑法对这两个罪都没有规定非法占有目的，因而都存在是否要求行为人具有非法占有目的的问题，但日本刑法理论通常是在“盗窃罪”或者“财产罪总论”中讨论非法占有目的的问题，而且在“财产罪总论”中主要联系盗窃罪讨论非法占有目的。如果主张盗窃罪要求非法占有目的，那么一定主张诈骗罪以非法占有目的为必要，反之亦然。

严格地说，将盗窃罪的主观目的表述为“非法获利目的”或许更为合适。不过，只要正确理解非法占有目的的内涵，其内涵也同样可以适用于诈骗罪。日本的大多数学者没有在诈骗罪中讨论非法占有目的，因为盗窃罪中的非法占有目的同样适用于诈骗罪。即使少数学者就诈骗罪的主观要素略作说明，但也是将诈骗罪的主观目的表述为非法占有目的。例如，大谷实教授指出：“本罪（诈骗罪——引者注）除故意外，也要求有非法占有目的。”①大谷实教授之所以没有说明非法占有目的的内容，是因为其在“财产罪总论”一节论述了非法占有目的（排除意思与利用意思），并且认为非法占有目的是“盗窃罪等取得罪的主观要素”，而诈骗罪就属于取得罪。② 再如，井田良教授指出：“诈骗罪中的主观要件，在故意之外以非法占有目的为必要。其内容在此也是由‘排除权利者意思’与‘利用处分意思’组成。”③本书下面实际上主要介绍的是关于盗窃罪是否需要非法占有目的的问题，但这一讨论也基本上适用于诈骗罪。

在盗窃罪、诈骗罪是否需要非法占有目的的问题上，存在两种对立学说。

非法占有目的必要说认为，成立盗窃罪、诈骗罪要求行为人在故意之外具有非法占有目的。④

一方面，财产犯罪分为毁弃罪与取得罪，盗窃、诈骗等罪属于取得

---

① ［日］大谷实：《讲义刑法总论》（新版第4版），成文堂2013年版，第274页。

② 参见［日］大谷实：《讲义刑法总论》（新版第4版），成文堂2013年版，第198页、第185页。

③ ［日］井田良：《讲义刑法学·各论》，有斐阁2016年版，第282页。

④ 日文中的非法占有目的的原文为“不法领得の意思”。

罪，其主观要素除了盗窃、诈骗故意外，还要求有非法占有的意思。毁弃罪是单纯导致对财物不能利用的犯罪，取得罪则是获取财物的利用可能性的犯罪，所以，后者的实行行为必须是出于利用财物的目的而实施的。这个意义上的非法占有目的，具有区分取得罪与毁弃罪的机能（区分盗窃罪、诈骗罪与毁坏财物罪的机能），而且能够说明二者的法定刑差异。另一方面，行为对法益的侵害达到了值得科处刑罚的程度时，才能成立犯罪；显然，暂时使用他人财物的行为（盗用行为、骗用行为）[①]对法益的侵害还没有达到值得科处刑罚的程度，所以，非法占有目的具有限制处罚范围的机能（区分盗窃罪、诈骗罪与非罪行为的机能）。[②] 由于非法占有目的具有上述区分罪与非罪、此罪与彼罪的机能，因而成为盗窃罪、诈骗罪的主观要素的内容。[③] 此外，既然财产犯罪的本质终究是侵犯所有权与其他本权，就要求以侵犯所有权的样态实施行为，因此，单纯侵害占有的意思还不够，还必须具有作为所有权者（本权者）进行处分的意思。换言之，缺乏这种占有意思的行为（盗用行为、骗用行为），并不成立盗窃、诈骗等取得罪。[④]

非法占有目的不要说认为，只要行为人具有诈骗罪的主观故意即可，不必另外具有非法占有目的。

日本学者大塚仁在论述诈骗罪的主观要素时指出："本罪的故意，是对欺骗他人使之陷入错误、使其通过财产处分行为交付财物、自己或第三者取得财物的占有存在认识、认容。当然，也必须认识其间的因果关系。作为本罪的主观要素，虽然通说、判例主张必须具有非法占有目的，但与就盗窃罪所作的论述一样，应当认为只要具有上述故意就够了。"[⑤]言下之意，非法占有目的不是诈骗罪的主观要素，理由与盗窃罪不要求非法占有目的相同。

大塚仁教授在论述盗窃罪的主观要素时指出，要求盗窃罪具有非

---

① 骗用行为，是指骗得他人财物供自己或第三者暂时使用后归还他人的行为。

② 当然，刑法将特殊的骗用行为规定为犯罪的，是另一回事。但刑法将特殊的骗用行为规定为犯罪时，该犯罪就不属于侵犯财产罪（如我国《刑法》第 175 条之一规定的骗取贷款罪）。

③ 参见［日］中森喜彦：《不法领得の意思》，载［日］阿部纯二等编：《刑法基本讲座》（第 5 卷），法学书院 1993 年版，第 87 页。

④ ［日］大谷实：《刑法各论》，成文堂 2001 年版，第 120 页以下。

⑤ 参见［日］大塚仁：《刑法概说（各论）》（第 3 版），有斐阁 1996 年版，第 275 页。

法占有目的,是想以行为人是否具有该目的为标准来区分盗窃罪与毁坏财物罪、不可罚的盗用行为的界限。但是,无论在哪一方面,都不具有充分理由。首先,关于盗窃罪与毁坏财物罪的区别。既然以非法占有目的实施盗窃行为的构成盗窃罪、以毁坏财物的意思实施毁坏行为的构成毁坏财物罪,那么,在行为人以毁坏的意思夺取了他人财物时,理当成立毁坏财物罪;果真如此,对于行为人以毁坏的意思取得了他人财物后却没有毁坏财物的行为,就难以处理。毁坏财物罪以开始实施具体的毁坏行为为着手,因此,既然行为人只是夺取了财物而没有实施毁坏行为,就不能作为犯罪处罚,这便不利于保护被害人的财产。此外,根据非法占有目的必要说,对于行为人当初以毁坏财物的意思夺取了他人财物,其后遵从财物的经济用途进行利用、处分的,也难以处理。由于行为人不具有盗窃的意思,所以不能认定为盗窃罪;由于缺乏委托信任关系,也不能成立侵占罪。其次,关于盗窃罪与不可罚的盗用行为的区别。诚然,暂时擅自使用他人财物的行为只要几乎没有夺取他人财物的物体与价值,就不具有可罚性。但是,这种行为之所以不构成盗窃罪,并不是因为行为人缺乏非法占有目的,而是因为其行为本身不能被认定为盗窃行为。例如,擅自借用他人桌上的小刀削铅笔,或者随意骑着他人停放在广场角落的自行车绕广场一周的行为,虽然都是遵从财物的经济用途进行了利用,并且在行为时具有像所有人那样予以利用的意思,但仅此还不能认为行为人取得了财物的占有,不属于可罚的盗窃行为。所以,不依赖非法占有目的,也能区分盗窃罪与不可罚的盗用行为。大塚仁教授进一步指出,如果对盗窃罪、诈骗罪的法益采取本权说,那么就会要求非法占有目的;如果采取占有说,则不会要求非法占有目的;虽然盗窃罪的法益最终是所有权及其他本权,但是,相应合理的占有也是盗窃罪的保护法益,既然行为人认识到其行为侵害了他人对财物相应合理的占有而实施盗窃行为,原则上便成立盗窃罪,而不需要非法占有目的。①

曾根威彦教授也采取非法占有目的不要说。他指出,非法占有目的必要说以行为人不具有非法占有目的(排除意思)为由,为盗用行为的不可罚性奠定了基础。但是,以没有被客观事实证明的单纯的意思

---

① 参见[日]大塚仁:《刑法概说(各论)》(第3版),有斐阁1996年版,第197页以下。

来决定犯罪的成立与否是存在问题的。盗用行为的不可罚性，应根据不存在排除权利者或其危险的客观事实，从客观违法性的见地来提供依据。非法占有目的必要说以是否具有非法占有目的（利用意思）来区分盗窃罪与故意毁坏财物罪，并认为有无非法占有目的能够说明盗窃罪与故意毁坏财物罪的法定刑差异（前者重、后者轻）。但是，仅仅根据没有被客观事实证明的内心动机、意思，决定法定刑的差异并不妥当；盗窃罪的法定刑重的根据，是随着对象的占有的转移，利益也转移、行为人取得不正当利益这种客观事实。[①]

针对非法占有目的不要说的观点，非法占有目的必要说进行了反驳。

首先，如果不要求非法占有目的，仅从客观行为上区分盗窃罪与毁坏财物罪，那么，只有在客观上没有夺取财物的占有而直接毁坏财物时，才成立毁坏财物罪；夺取了财物后予以隐匿、抛弃的，都成立盗窃罪，这显然不合理。而且在这一点上，非法占有目的不要说不能说明盗窃罪、诈骗罪与毁坏财物罪的法定刑差异。至于行为人以毁坏的意思取得了他人财物后予以隐匿或者抛弃的，当然成立毁坏财物罪；同样，行为人起初以毁坏财物的意思夺取了他人财物，其后遵从财物的经济用途进行利用、处分的，理当成立侵占脱离占有物罪。

其次，如果不要求非法占有目的，仅从行为本身区分盗窃罪与不可罚的盗用行为，是相当困难的。因为盗窃罪是状态犯，盗用行为的可罚性要根据夺取占有时的情况进行判断，即使是对事后的客观利用程度是否具有可罚的违法性的判断，也必须考虑行为人夺取占有时的利用意思。所以，将非法占有目的作为主观要素是必要的。

最后，本权说与非法占有目的必要说、占有说与非法占有目的不要说并不具有必然的联系，因为即使采取本权说，也可以认为只要侵害了占有就侵害了权利人对该财物的使用、收益、处分等本权机能，因而不要求非法占有目的；反之，即使采取占有说，也可能对处罚范围作出特别限定，进而要求非法占有目的。[②]

---

① 参见［日］曾根威彦：《刑法各论》（第5版），弘文堂2012年版，第121页以下。

② 参见［日］西田典之著、桥爪隆补订：《刑法各论》（第7版），弘文堂2018年版，第171页；［日］中森喜彦：《刑法各论》（第4版），有斐阁2015年版，第113页。

如后所述,日本的判例一贯坚持非法占有目的必要说的立场,只不过在不同时期对非法占有目的的内容要求不同。

我国刑法没有明文规定诈骗罪必须出于非法占有目的,但本书认为,成立诈骗罪(包括金融诈骗罪、合同诈骗罪)以非法占有目的为要件。

第一,犯罪构成虽然具有法定性,但这绝不意味着任何构成要件要素与责任要素(主观要素)都必须有刑法的明文规定。有的要素明显属于必须具备的要素,刑法可能省略规定;有的要素通过对部分要素的描述或相关条文的规定即可明确,无须刑法的规定。所以,构成要件要素可以分为成文的构成要件要素与不成文的构成要件要素。前者是指刑法明文规定的构成要件要素,绝大多数构成要件要素都是成文的构成要件要素;后者是指刑法条文表面上没有明文规定,但根据刑法条文之间的相互关系、刑法条文对相关要素的描述所确定的,成立犯罪所必须具备的要素。责任要素也是如此,非法占有目的既可能是刑法明文规定的,也可能是刑法没有明文规定的,所以,目的犯可以分为成文的目的犯与不成文的目的犯。前者是指刑法分则条文明文将目的规定为主观要素的犯罪。分则条文最典型的表述是"以……为目的",如第126条第1项、第2项,第152条,第192条,第193条,第239条前段(以勒索财物为目的绑架他人的),第240条等。此外还有"为……"与"意图……"的表述方式,如《刑法》第269条。[①] 不成文的目的犯,是指刑法分则条文虽然没有明文将某种目的规定为主观要素(可谓有意的省略),但根据犯罪的特点、条文对客观要件的表述以及条文之间的关系,犯罪的成立以具有特定目的为前提的情形。例如,《刑法》第177条规定的伪造、变造金融票证罪,"虽然刑法并没有将本罪规定为目的犯,但将使用或者行使的目的作为本罪的责任要素,是比较合适的"。[②] 尽管

---

① 一般来说,"意图……"也可谓对目的犯的表述方式,诬告陷害罪与伪证罪也是目的犯。但是,短缩的二行为犯的目的,必须是由行为人或第三者实施第二个行为才能实现的目的,因此,如果认为这里的第三者应是大体上或观念上属于行为人一方的第三者,而不包括查处犯罪的司法机关,那么,由于行为人实施诬告陷害罪与伪证罪的目的,需要司法机关的行为才能实现,而不是由行为人或属于行为人一方的第三者的第二个行为实现,便不能将其归入短缩的二行为犯。

② 张明楷:《刑法学》(第5版),法律出版社2016年版,第783页。

有的犯罪存在争议，[①]但可以肯定，不能以刑法没有明文规定非法占有目的为由，否认非法占有目的是诈骗罪的主观要素。

第二，问题是，在刑法没有明文规定目的要素的情况下，刑法理论与司法实践如何确定某种目的是否是主观要素。在本书看来，根据主观要素的实质与机能，如果某种要素对于说明行为的法益侵害性与非难可能性具有重要意义，在某种犯罪中需要通过该要素来区分罪与非罪、此罪与彼罪，那么，该要素就应当成为主观要素。在确定不成文的目的犯时，必须牢记这一点，因为将不具有上述性质、机能的要素列入主观要素，要么导致犯罪的处罚范围不当，要么导致犯罪的相互界限不明。

应当肯定的是，非法占有目的具有区分罪与非罪的机能。非法占有目的不要说认为，盗用等一时使用他人财物的行为还不能被认定为取得了财物的占有，不属于可罚的盗窃行为，所以不成立犯罪，而不是因为行为人没有非法占有目的才不成立盗窃罪。换言之，根据非法占有目的不要说，只有考虑了行为人夺得财物后对权利人利用财物的妨害程度，才能认定是否属于可罚的盗窃行为。"但是，由于盗窃罪以取得占有为既遂，故不可能在盗窃罪成立与否的问题上考虑既遂后对权利人利用财物的妨害程度。而且，只要妨害利用的行为没有达到可罚的程度盗窃罪就没有既遂的观点，导致既遂时期极不明确，所以不能采纳。"[②]换言之，唯有通过判断非法占有目的的有无，才能划清不可罚的盗用行为与盗窃罪的界限。

还应肯定的是，非法占有目的具有区分此罪与彼罪的机能。没有非法占有目的，就不可能区分盗窃罪、诈骗罪与故意毁坏财物罪的界限。例如，行为人进入位于六楼（最高层）的被害人家，搬出彩色电视机后，从五楼与六楼之间的过道窗户将电视机扔至楼下毁坏。倘若行为人是因为被害人家的窗户小，无法从窗户扔至楼下，特意搬至过道扔至楼下的，当然成立故意毁坏财物罪；如若行为人因发现被害人正在上

---

① 如伪造货币罪，德国、日本等诸多国家的刑法都明文规定必须"以行使为目的"，但我国刑法没有明文规定。如果认为我国刑法中的伪造货币罪也应"以行使为目的"，那么，伪造货币罪则属于目的犯。

② ［日］山口厚：《刑法各论》（第2版），有斐阁2010年版，第199～200页。另参见［日］中森喜彦：《刑法各论》（第4版），有斐阁2015年版，第114页。

楼,为避免被害人发现自己的盗窃行为而将电视机扔至楼下的,则应认定为盗窃罪。[①] 如果没有非法占有目的的要素,就难以区分该行为是盗窃还是故意毁坏财物。再如,行为人将被害人杀害后,为了不使司法机关发现被害人的身份,而将被害人身上的所有财物、证件等取出后抛弃在离杀人现场较远的场所。显然,由于缺乏非法占有目的,不得将该行为认定为盗窃罪或侵占罪,而只能认定为故意毁坏财物罪。如果不考虑非法占有目的,将上述行为认定为盗窃罪或侵占罪,就明显不妥当。

持非法占有目的不要说的学者指出:"凡是出于毁坏目的,直接毁坏他人财物(没有窃取等非法取得财物行为)的,应该定为毁坏财物罪;如果基于毁坏目的窃取他人财物的,不论事后财物是被毁坏还是被隐匿、利用,均构成盗窃罪。"同时认为:"基于毁坏目的而实施的移动他人财物的行为,并非在所有场合都能评价为盗窃、抢劫等取得行为。例如,把他人财物从其家里搬到门前院子里烧毁,这里面虽然掺杂有移动财物的行为,甚至可能是采取暴力手段排除所有者的阻止搬出财物,但却不能说是取得行为。因为行为人主观上不想得到这种财物,客观上财物也还在所有者的视线范围内。"[②]可是,这两段话存在自相矛盾之嫌。根据前一段话,只有直接毁坏财物的,才成立故意毁坏财物罪;换言之,凡是移动财物后再毁坏的,则存在盗窃、诈骗等取得罪。根据后一段话,即使行为人移动了财物,也不一定成立盗窃、抢劫等取得罪,因为"行为人主观上不想得到这种财物"。这说明,只要当"行为人主观上想得到这种财物"而移动财物时,才成立盗窃、抢劫等取得罪。而"行为人主观上想得到这种财物"正是非法占有目的的另一种表述,而非盗窃、诈骗的故意内容。

第三,将非法占有目的作为主观要素,并不意味着仅从主观方面区分盗窃罪、诈骗罪与非罪的界限及其与故意毁坏财物罪的界限罪;相反,正是为了从主客观两个方面区分盗窃罪、诈骗罪与非罪的界限及其与故意毁坏财物罪的界限罪。而且,非法占有目的不要说只是从客观方面区分盗窃罪、诈骗罪与非罪的界限及其与故意毁坏财物罪的界限

---

① 在这种场合,可能难以认定行为人是否出于非法占有目的,但不能以此为由否认非法占有目的的必要性。

② 刘明祥:《刑法中的非法占有目的》,载《法学研究》2000 年第 2 期,第 50 页、第 51 页。

罪,这便难以达到区分目的。例如,根据非法占有目的不要说,行为人以毁坏的意思窃取、骗取他人财物后并未毁坏财物,而是使用该财物的,成立盗窃罪、诈骗罪。但是,根据行为与责任同时存在的原理,既然行为人在实施取得财物的行为时没有盗窃、诈骗的故意,当然不能认定为盗窃罪、诈骗罪,因为盗窃罪、诈骗罪是状态犯,只能根据行为时的情况判断行为性质,而不能单纯根据行为后的状态判断行为性质;既然要根据行为时的情况判断行为性质,就需要判断行为时的意思。再如,根据非法占有目的不要说,只有在不转移占有的情况下,才可能成立故意毁坏财物罪,这也不当地缩小了故意毁坏财物罪的范围。

第四,一般来说,规定金融诈骗罪、合同诈骗罪的法条与规定普通诈骗罪的法条是特别法条与普通法条的关系,换言之,金融诈骗、合同诈骗原本成立普通诈骗罪。① 但是,刑法明文将"以非法占有为目的"规定为部分金融诈骗罪与合同诈骗罪的主观要素,这从一个角度说明了普通诈骗罪也需要"以非法占有为目的"。

第五,将非法占有目的视为不成文的责任要素,与对诈骗罪的保护法益持限定的占有说并不矛盾。如前所述,持本权说的学者可能不将非法占有目的作为主观要素,持占有说的学者也可能将非法占有目的作为主观要素。之所以如此,是因为保护法益问题与被害人方面的情况相关,非法占有目的与行为人方面的情况相关,两者属于不同的领域。②

第六,虽然几乎各国刑法理论与司法实践对非法占有目的的内涵都存在争议,但不能以此为由否认非法占有目的的必要性。如果因为人们对某个概念的内涵存在争议就抛弃该概念,恐怕刑法学就没有概念了,刑法学也便不存在了。

四、非法占有目的的内容

在肯定了非法占有目的属于盗窃罪、诈骗罪的主观要素的前提下,需要进一步研究非法占有目的的内容。首先应当指出的是,诈骗罪的对象实际上包括两类,即狭义的财物与财产性利益,因此,非法占有目

① 事实上,许多国家(如日本、韩国)的刑法并没有规定金融诈骗罪与合同诈骗罪。

② 参见[日]曾根威彦:《刑法各论》(第5版),弘文堂2012年版,第121页。

的相对于不同对象而言并不一定具有完全相同的含义。就诈骗财产性利益而言，非法占有目的显然是指非法取得财产性利益或者非法享受财产性利益。对此，并不存在特别的争议。但就诈骗狭义的财物而言，关于非法占有目的的内容及其理解存在重大分歧。所以，下面所讨论的内容主要是针对诈骗狭义的财物而言，当然也不排除少数情况下涉及诈骗财产性利益的情形。对于非法占有目的，可以分为以下几个问题讨论：一是占有的对象是什么？二是占有的含义是什么？三是占有的主体是什么？四是非法的含义是什么？

(一)占有的对象

关于非法占有的对象，德国刑法理论在盗窃罪问题上存在物质理论(物体理论)(substanztheorie)、价值理论(werttheorie；sachwerttheorie)与结合理论(vereinigungstheorie)之争。物质理论认为，所谓非法占有目的，是指行为人具有将他人的财物本身(物质、物体)非法予以占有的意思。价值理论认为，所谓非法占有目的，是指行为人具有非法占有他人财物的价值的意思。结合理论认为，只要行为人具有非法占有他人的财物本身或者财物的价值的意思，就是具有非法占有目的。显然，结合理论实际上是择一理论。德国刑法理论与审判实践的通说是结合理论。① 根据物质理论，行为人取走他人财物后，将依附于财物的经济价值抽出后将该物返还的，不成立盗窃罪，这显然不合适。根据价值理论，取得缺乏经济价值的财物的行为，也不成立盗窃罪，这在德国并不妥当。所以，结合理论成为通说。在笔者看来，德国之所以存在这种争论，显然是由于刑法将盗窃罪的对象仅限于动产的缘故。

如前(本章第二节)所述，诈骗罪的对象既包括普通财物，也包括财产性利益，所以，诈骗罪的非法占有目的中的占有对象既包括财物本身，也包括财产性利益。其中的财物不仅包括财物本身，也包括附着于财物的经济价值(附着于财物的经济价值有时也可能被评价为财产性利益)。例如，行为人使用欺骗手段骗取被害人的购物卡后，使用该购物卡购买商品归自己所有，然后将购物卡还给被害人的，就购物卡的经济价值成立诈骗罪。当然，根据我国的现实状况，成立诈骗罪要求财物

---

① Lackner/kühl，Strafgesetzbuch，21. aufl.，C. H. Beck 1995，S. 983f；Wessels/Hillenkamp，Strafrecht Besonderer Teil/2，23 Aufl.，C. f. Müller 2000，S. 45f.

与财产性利益达到一定数额;骗取价值微薄的财物与财产性利益,并不成立犯罪。

(二)占有的含义

1. 国外的学说与判例

关于非法占有目的中的"占有"的含义,日本刑法理论上存在不同学说:

第一说认为,非法占有目的,是指排除权利人,将他人财物作为自己的所有物(排除意思),并遵从财物的(经济)用途,对之进行利用或者处分的目的(利用意思)。例如,大谷实教授认为,排除意思是主观的违法要素,利用意思则是责任要素。一方面,既然财产犯罪的本质是侵犯所有权及其他本权,那么,作为其主观要素,仅有侵害的意思还不够,还必须具有像所有人那样进行支配的意思;盗用行为不具有这种意思,所以不成立盗窃罪。另一方面,盗窃罪与毁坏财物罪在侵害他人对财物的占有方面具有相同点,刑法之所以对盗窃罪处罚更重,是因为基于利用意思夺取财物的责任比基于毁坏、隐匿财物的意思而夺取财物的责任更重。所谓利用意思,是指享受财物所具有的某种效用的意思。①

第二说认为,非法占有目的,是指将自己作为财物的所有人进行支配的目的(仅有排除意思即可)。因为诈骗、盗窃等罪的本质是侵犯财产,使自己或者第三者成为财物的所有权人。例如,团藤重光教授认为,盗窃罪、诈骗罪的本质是侵犯所有权,所以,非法占有目的的内容应是作为所有人进行支配的意思。就毁坏财物罪与取得罪的区别而言,只要是所有人,就有毁坏、隐匿的自由,所以,只要有毁坏、隐匿的意思,就可以说具有非法占有的意思。就与盗用行为的区别而言,一时使用的意思还不能被评价为作为所有人进行支配的意思,但具有消费目的物的价值的意思时,可以肯定非法占有目的;因为如果不是所有人就不能消费财物的价值,所以,如果具有消费财物的价值的意思,就具有作为所有人进行支配的意思。② 再如,福田平教授指出:"一方面,如果像

---

① [日]大谷实:《刑法各论》,成文堂2001年版,第120页以下。另参见[日]大谷实:《刑法各论》,黎宏译,法律出版社2003年版,第142页。

② [日]团藤重光:《刑法纲要各论》(第3版),创文社1990年版,第563页。

判例那样,要求非法占有目的具有遵从财物的经济用途进行利用、处分的意思,那么,以毁弃、隐匿的意思夺取他人财物的人,其后没有实施毁弃、隐匿行为的,就不得不认为不可罚,但这样的结论并不妥当。另一方面,将他人的财物像自己的所有物那样进行利用、处分,也包含没有遵从财物的经济用途的处分行为,如单纯废弃的行为,所以,像判例那样限定为遵从财物的经济用途的利用、处分是没有理由的。因此,如果行为人具有作为自己的所有物进行支配的意思时,具有遵从财物的经济用途利用、处分他人的财物的意思的,当然具有非法占有目的;单纯以放弃、破坏、隐匿的意思夺取的,也可谓具有非法占有目的。"①

第三说认为,非法占有目的,是指遵从财物的(经济)用途进行利用的意图(仅有利用意思即可;如后所述,对于利用意思也存在不同理解),因为诈骗、盗窃等罪不是单纯地转移财物的占有,而是在转移占有后以积极地利用财物为目的。如前田雅英教授指出,对占有的侵害只有达到值得科处刑罚的程度时,才具有构成要件符合性;一时使用他人财物的行为的可罚性,由对权利人利用的实际侵害程度来决定;所以,非法占有目的并不要求有"作为所有人进行支配的意思"。但是,仅从客观方面还不能区分毁坏行为与盗窃、诈骗行为,所以,需要具有遵从财物的本性进行利用的意思。此外,遵从财物的本来用途进行利用、处分的意思,并不影响违法性,取得罪与毁弃罪对他人财产的法益侵害性没有差异,甚至可以说毁弃罪的法益侵害性更严重。尽管如此,取得罪的法定刑依然重于毁弃罪,这是因为对于国民来说,取得罪是具有诱惑性的、容易实施的行为,需要严厉禁止。但是,在这种场合,不需要具有经济上得利的意思,只要具有符合财物的本性的利用意思即可。②

上述三种观点涉及的第一个实际问题是:诈骗罪、盗窃罪等与毁坏财物罪应如何区别?例一,行为人以毁坏他人财物的意图取出财物,随后毁坏该财物。第一说主张成立毁坏财物罪,第二说主张成立盗窃罪

---

① [日]福田平:《刑法各论》(全订第3版增补),有斐阁2002年版,第230~231页。

② 参见[日]前田雅英:《刑法各论讲义》(第6版),东京大学出版会2015年版,第157~158页;[日]木村光江:《刑法》(第4版),东京大学出版会2010年版,第14~115页。

(毁坏行为属于不可罚的事后行为),第三说主张成立毁坏财物罪。例二,行为人以毁坏他人财物的意图取出财物,但其后并没有毁坏财物,而是单纯放置。第一说主张成立毁坏财物罪,第二说主张成立盗窃罪,第三说主张成立毁坏财物罪(因为毁坏是使财物丧失或减少效用的一切行为,隐匿财物也属于毁坏财物)。[①] 例三,行为人以毁坏他人财物的意图取出财物,但其后产生非法占有目的,利用该财物。第一说主张成立毁坏财物罪与侵占脱离占有物罪,第二说主张成立盗窃罪,第三说主张成立侵占脱离占有物罪。显然,对非法占有目的的理解不同,诈骗罪、盗窃罪与毁坏财物罪的界限就不同。

例如,持第一说的大谷实教授指出,行为人基于毁坏的故意夺取了他人的绘画,但并没有毁坏绘画而是放在一边,由于毁坏包含了隐匿,故可以认定为毁坏财物罪。行为人基于毁坏的故意夺取了他人的绘画后,产生利用的意思将其出卖的,在已经成立毁坏财物罪的基础上,又相当于取得了未受委托而占有的他人财物,另成立侵占脱离占有物罪。[②] 再如,持第二说的福田平教授认为,以毁坏、隐匿的意思夺取他人财物后,并不毁坏、隐匿财物的,或者利用该财物的,都成立盗窃罪。[③] 又如,持第三说的前田雅英教授指出,行为人以毁坏的目的夺取了他人财物后没有毁坏,而是放置一边的,属于毁坏财物的未遂而不可罚;但是,如果是出于鉴赏等意思而存放的,则具有利用的意思,成立侵占脱离占有物罪。同样,行为人以毁坏的目的夺取他人自行车后产生利用、处分意思的,成立侵占脱离占有物罪。[④]

上述三种观点涉及的第二个实际问题是:对骗用、盗用他人财物的应如何处理?按理说,三种学说会得出不同结论,但从学说的实际运用来看,持各种学说的人并不认为任何盗用行为、骗用行为都不成立犯罪,或者说都可能认为一定的盗用行为、骗用行为具有非法占有目的,

---

① 参见[日]早稻田司法考试研究室:《刑法各论》,早稻田经营出版 1990 年版,第 114 页。

② 参见[日]大谷实:《刑法各论》,成文堂 2001 年版,第 123 页以下。另参见[日]西田典之著、桥爪隆补订:《刑法各论》(第 7 版),弘文堂 2018 年版,第 172 页;[日]山口厚:《刑法各论》(第 2 版),有斐阁 2010 年版,第 201 页以下。

③ [日]福田平:《刑法各论》(全订第 3 版增补),有斐阁 2002 年版,第 230 页以下。

④ 参见[日]前田雅英:《刑法各论讲义》(第 6 版),东京大学出版会 2015 年版,第 159 页。

进而认定为盗窃罪、诈骗罪。例如,以使用后返还的意思,将他人的自行车使用了5分钟后返还原处的,各种学说都不认为成立盗窃罪,但理由各不相同;反之,以使用后返还的意思,将他人的自行车使用了一天,次日才归还的,各种学说都认为构成盗窃罪。[①] 再如,对于以使用后抛弃的意思擅自使用他人汽车的,各种学说也都主张成立盗窃罪,因为"使用后抛弃"的意思中既包含了排除意思(抛弃),也包含了利用意思(使用)。

日本审判实践主张,非法占有目的的内容是"排除权利人,将他人的财物作为自己的所有物,并遵从其经济用途进行利用、处分的意思"。[②] 据此,非法占有目的由排除意思与利用意思构成。

关于排除意思(盗窃与盗用行为的区别),日本的审判实践开始基本上是以行为人是否具有返还意思为基准进行判断。例如,单纯为了一时使用而将他人财物转移为自己占有的,不成立盗窃罪。[③] 但是,对于以使用后抛弃的意思夺取他人船只的,认定为具有非法占有目的。[④] 后来,即使行为人具有返还意思,判例也可能认定行为人具有非法占有目的。例如,行为人从某日7时至次日13时擅自使用他人汽车然后返还的,[⑤]行为人为了搬运赃物多次于夜间使用他人汽车次日早晨返还的,[⑥]行为人擅自使用他人汽车约4小时,因无证驾驶被检举的;[⑦]出于复印目的将秘密资料拿出,复印后返还原处的(其间约2小时),[⑧]都被认定有非法占有目的。由此可见,所谓排除意思,并不限于永久性排除权利人的意思。

---

① 参见[日]早稻田司法考试研究室:《刑法各论》,早稻田经营出版1990年版,第111页以下。

② 日本大审院1915年5月21日判决,载日本《大审院刑事判决录》第21辑,第663页。

③ 日本大审院1920年2月4日判决,载日本《大审院刑事判决录》第26辑,第26页。

④ 日本最高裁判所1951年7月13日判决,载日本《最高裁判所刑事判例集》第5卷第8号,第1437页。

⑤ 日本东京高等裁判所1958年3月4日判决,载日本《高等裁判所刑事判例集》第11卷第2号,第67页。

⑥ 日本最高裁判所1968年9月17日判决,载日本《判例时报》第534号,第85页。

⑦ 日本最高裁判所1980年10月30日判决,载日本《最高裁判所刑事判例集》第34卷第5号,第357页。

⑧ 日本东京地方裁判所1980年2月14日判决,载日本《刑事裁判月报》第12卷第1、2合并号,第47页。

关于利用意思,日本的审判实践起先要求行为人具有“遵从财物的经济用途进行使用、处分的意思”;但在难以认定遵从了财物的经济用途进行利用、处分的意思时,只要求具有“遵从财物的本来用途进行使用、处分的意思”,如为了投虚假选票,而将投票用纸取出的,被认定具有非法占有目的;[①]不仅如此,只要行为人具有“享受财物所产生的某种效用的意思”时,也属于具有利用意思,如为了捆木材而切割电线的,也被认定具有非法占有目的[②]。不难看出,日本的审判实践虽然坚持非法占有目的必要说,并且认为非法占有目的包括排除意思与利用意思,但对其内容存在缓和化的倾向。

如前所述,德国刑法明文要求盗窃罪、诈骗罪具有非法占有目的、非法获利目的。德国刑法理论认为,盗窃罪的非法占有目的包括两个要素:一是排除占有(enteignung),主要是指行为人意图获取财物本身或其经济价值,而持续性地排斥或破坏他人对财物的支配关系;这被认为是非法占有目的的消极要素。如果在取得他人财物时具有返还的意思的,则缺乏排除占有的意思,不成立盗窃罪、诈骗罪;但是,如果行为人打算在使用后将财物抛弃的,则认为具有排除占有的意思。二是建立占有(aneignung),主要是指行为人意图使自己或第三者具有类似所有人的地位,而将所取得之财物作为自己或第三者所有之财产;这被认为是非法占有目的的积极要素。[③] 另外,德国刑法专门规定了盗用交通工具的犯罪(第248条b)。这似乎表明,如果仅有利用意思而没有排除意思,就不具有非法占有目的,果真如此,则与日本刑法理论的第二说大体相当。但如前所述,如果行为人具有取得财物的价值的意思的,仍然被认为具有非法占有目的。例如,非法取得他人的推理小说,读完后返还他人的,被认定为取得(消费)了财物的价值。因此,即便使用他人机械后返还的,或者使用他人汽车后返还的,但由于消耗了电池、轮

① 日本最高裁判所1958年4月17日判决,载日本《最高裁判所刑事判例集》第12卷第6号,第1079页。

② 日本最高裁判所1960年9月9日判决,载日本《最高裁判所刑事判例集》第14卷第11号,第1457页;日本东京地方裁判所1987年10月6日判决,载日本《刑例时报》第1259号,第137页。

③ Wessels/Hillenkamp, Strafrecht Besonderer Teil/2, 23 Aufl., C. f. Müller, 2000, S. 51f.

胎、汽油等,也有可能认定为具有非法占有目的。[①] 诈骗罪中的非法获利目的既包括使财产性利益增加(使经济意义上的财产状况增加)的目的,也包括避免损害赔偿请求等使消极财产减少的目的。获利目的不仅包括使自己获利,而且包括使第三者获利。获利目的不必是最终目的,为了实现其他目的而不可缺少的中间目的也是获利目的。例如,为了给父母支付医药费而骗取他人现金的,也具有获利目的。[②]

英国普通法一直要求盗窃罪、诈骗罪的行为人主观上具有“永久性剥夺他人财产的意图”。但是,一方面,英国刑法并不要求行为人具有获利意思(lucri causa),即使以毁坏的意思夺取或者骗取他人财物的,依然成立盗窃罪或诈骗罪。例如,被告人的朋友因为盗窃他人的马而受到追诉,被告人以毁灭罪证的目的,将他人的马牵出后使之摔死于矿井的,也被认定为盗窃罪,因为就盗窃罪的主观要素而言,只要行为人具有不诚实地完全剥夺所有人的财物的意思就够了,而不要求有获利的意思。另一方面,由于英国刑法明文要求盗窃罪、诈骗罪具有“永久性剥夺他人财产的意图”,所以,暂时的盗用行为、骗用行为不构成盗窃罪、诈骗罪。例如,擅自将他人的马牵走后放置在30英里以外的场所的,虽然成立其他罪,却不成立盗窃罪。不过,在英国的判例上,以下三种虽不具有永久性剥夺他人财产的意图的行为,仍然被认定为盗窃罪或诈骗罪:一是为了索要金钱等而夺取他人财物的,成立盗窃罪或诈骗罪。这是指为了使财物的所有人买回或者给予报酬而取得所有人财物的情形。例如,将所有人的马牵走后,要求所有人给付金钱,否则不归还马的,成立盗窃罪。再如,在被害人家里做工的人将被害人掉在院里的贵重金属拿回自己家,要求被害人给付报酬才返还的,成立盗窃罪。二是以质押目的一时使用他人财物的,被认定为盗窃罪。三是以消费财物的价值的意思一时使用他人财物的,也被认定为盗窃罪。[③]

英国《1968年盗窃罪法》第15条第1款明文规定,诈骗罪必须具有“永久性剥夺他人财产的意图”。但是,一方面,该法第6条第1款规

① 参见[日]木村光江:《主观的犯罪要素の研究》,东京大学出版会1992年版,第250页。

② 参见王钢:《德国判例刑法分则》,北京大学出版社2016年版,第228页以下。

③ 参见[日]木村光江:《主观的犯罪要素の研究》,东京大学出版会1992年版,第198页以下。

定,行为人虽然不具有使他人永久性地丧失财产的意图而取得属于他人的财产,但如果行为人不顾及他人的权利,具有将该财产作为自己的财产进行处置的意思的,视为具有永久性剥夺他人财产的意图。第6条第2款规定,合法或者非法地占有或支配他人财产的人,在不能履行归还义务的情况下,为了自己而未经他人许可放弃该财产的,属于将他人财产作为自己的财产进行处置。显然,前述三种虽不具有永久性剥夺他人财产的意图,但仍然被判例认定为盗窃罪或诈骗罪的情形,在制定法上被视为具有永久性剥夺他人财产的意图。另一方面,该法第12条又规定了未经授权而使用他人的机动车辆或其他运输工具罪。据此,盗用、骗用行为原则上不认为具有永久性剥夺他人财产的意图,因而不成立盗窃罪、诈骗罪。

由此看来,英国刑法与判例似乎与日本的上述第二说相同,即行为人具有将他人的财产作为自己的财产进行支配的意思时,便具备盗窃罪、诈骗罪的主观要素(非法占有目的)。

通过上述分析,大体可以得出以下结论:第一,日本、德国、英国刑法注重保护被害人的财产,不仅保护财物本身,而且保护财物的价值。第二,不具有非法占有目的,仅具有毁坏意图的,原则上只成立毁坏财物罪,而不成立盗窃罪、诈骗罪。第三,如果刑法规定了使用盗窃罪,那么,刑法理论与审判实践便将非法占有目的解释为将他人的财产作为自己的财产进行支配的意图,即原则上只要具有排除意思即可;如果刑法没有规定使用盗窃罪,那么,刑法理论与审判实践便要求同时具有排除意思与利用意思。虽然在此问题上存在争论,但有些学者所主张的排除意思实际上包含了利用意思;而且不同观点对某些案件得出的结论完全可能相同。

2. “排除意思”与“利用意思”的必要性

如前所述,本书赞成诈骗罪、盗窃罪等取得罪以非法占有目的为主观要素。由于非法占有目的是诈骗故意、盗窃故意之外的主观要素,所以,它的内容不能包含在诈骗故意、盗窃故意之内;如果非法占有目的的内容属于诈骗故意、盗窃故意的内容,那么,就没有必要在故意之外另要求非法占有目的。因此,处理好非法占有目的与诈骗故意、盗窃故意内容的关系,是确定非法占有目的内容时必须时刻注意的。

根据刑法总则关于故意的规定与诈骗罪、盗窃罪的特点,诈骗罪的故意内容为,明知自己的诈骗行为会发生侵害公私财产的危害结果,并且希望或者放任这种结果的发生;盗窃罪的故意内容为,明知自己的盗窃行为会发生侵害公私财产的危害结果,并且希望或者放任这种结果的发生。由于诈骗罪、盗窃罪都是转移财产占有的犯罪,所以,"侵害公私财产的危害结果"也可以被解释为转移公私财产的危害结果,所谓"转移"实质上就是剥夺了公私财产的占有。在此意义上,我们可以将"侵害公私财产的危害结果"解释为"剥夺公私财产的危害结果"。

由此可见,在我国,如果认为非法占有目的仅指"永久性剥夺公私财产的意图",[①]就会出现以下几个方面的问题:

第一,剥夺公私财产的意图可以包含在诈骗罪、盗窃罪故意的意志因素中;既然如此,就没有必要将非法占有目的作为独立的主观要素。所以,一方面将非法占有目的作为故意之外的主观要素,另一方面将非法占有目的解释为"永久性剥夺公私财产的意图",有叠床架屋之嫌。在此意义上说,如果将"永久性剥夺公私财产的意思"作为诈骗罪、盗窃罪等取得罪的意志因素,而不另要求非法占有目的,倒是协调一致的。但如后所述,这又存在其他缺陷与问题。

第二,如果将"永久性剥夺公私财产的意图"这种对危害结果的希望态度作为非法占有目的的内容,就导致诈骗罪只能由直接故意构成,排除了间接故意构成诈骗罪的可能性。如前所述,这是本书所不赞成的。

第三,将"永久性剥夺公私财产的意图"作为非法占有目的的内容,就绝对将值得处罚的盗用行为、骗用行为排除在盗窃罪、诈骗罪之外。但如后所述,这并不妥当。

第四,将"永久性剥夺他人财产的意图"作为诈骗罪、盗窃罪的主观要素,虽然可谓为英美的普通法与制定法所一直主张,但是,该观念不利于区分诈骗罪、盗窃罪与毁坏财物罪的界限。如英国刑法学者指出:"《1968 年窃盗法》第 1 条第 2 款规定:'据为己有行为是否出于获利目的而为,或者是为窃贼自己的利益而为,并非重要。'因此,按照旧有法律假设,如果 D 取走 P 的信件并将它们扔到厕所或者使 P 的马掉进矿

---

① "剥夺"并不当然包含转移占有的意思。例如,"剥夺政治权利"并不意味将犯罪人的政治权利转移给他人,只是单纯地使犯罪人丧失政治权利。

井,他构成窃盗罪,尽管存在他仅是意图使P遭受损失,而不是为其本人或任何其他人获得利益这一事实。有人可能认为,这些例子可以更妥当也更为适当地留给刑法的其他部门——例如对财产的刑事损害——加以解决。但是存在这样的判例,即没有可以按照其他法律据以起诉的诸如对该物的损害或者毁坏场合。例如,D取走P的钻石并将其扔进池塘。该钻石未受损害地躺在池塘里,刑事损害的起诉就不能被提起。因此,D构成窃盗罪的结论看上去显然是正确的。"①然而,英国学者的这种观点难以被我们接受。一方面,如同前述日本刑法理论中仅要求排除意思的第二说一样,这种观点导致只有在丝毫不移动他人财物的前提下予以毁坏的,才成立故意毁坏财产罪,这明显不当缩小了故意毁坏财物罪的范围,也不能说明诈骗罪、盗窃罪的法定刑重于故意毁坏财物罪的根据。另一方面,在我国以及其他大陆法系国家,所谓将他人钻石扔进池塘的行为,完全属于毁坏财物的行为,因为该行为导致他人丧失钻石的使用价值。所以,不应当将"毁坏"作不当的限制解释,然后将毁坏财物的行为归入盗窃或诈骗,进而将非法占有目的仅解释为"永久性剥夺他人财产的意思"。

正因如此,日本刑法理论与判例所要求的"排除意思"并不只是排除权利人对其财物的支配,还具有将他人财物作为自己的所有物进行支配的意思;同样,德国刑法理论除了要求"排除占有"的意思外,还要求"建立占有"的意思。这样至少可以克服将"永久性剥夺他人财产的意图"作为非法占有目的的前两个缺陷:其一,由于行为人不仅具有排除权利人的意思,还具有将他人财物作为自己的所有物进行支配的意思,故"将他人财物作为自己的所有物进行支配"的意思已经超出了诈骗罪、盗窃罪的意志因素。换言之,日本刑法理论与判例所要求的"排除意思"以及德国刑法理论中的"建立占有",不只是对诈骗罪、盗窃罪结果的希望,而是一种更进一步的要素,所以,有必要将其作为主观的超过要素。其二,由于日本刑法理论与判例所要求的"排除意思"与德国刑法理论中"建立占有"的意图,已不属于对结果的希望,所以,诈骗罪、盗窃罪依然可以由间接故意构成。

但是,仅有"将他人财物作为自己的所有物进行支配的意思",仍然

---

① ［英］J. C. 史密斯、B. 霍根:《英国刑法》,李贵方等译,法律出版社2000年版,第603页。

不能合理地区分诈骗罪、盗窃罪与故意毁坏财物罪的界限。因为只有财物的所有人才有权毁坏其财物，所以，行为人故意毁坏他人财物时，也可谓“将他人财物作为自己的所有物进行支配”。果真如此，凡是稍微转移了占有，然后毁坏财物的，都成立诈骗、盗窃等罪，而不成立故意毁坏财物罪。例如，谎称观看他人的钻石戒指，接过他人的钻石戒指后立即扔入海中的，不成立故意毁坏财物罪，而成立诈骗罪。这显然不合适。不仅如此，仅将非法占有目的解释为“将他人财物作为自己的所有物进行支配”，也不能说明为什么诈骗罪、盗窃罪的法定刑重于故意毁坏财物罪（几乎各国刑法都是如此）。因为诈骗罪、盗窃罪与故意毁坏财物罪一样，都具有“永久性剥夺他人财产的意思”，法益侵害程度相同，所以，要说明诈骗罪、盗窃罪与故意毁坏财物罪的法定刑区别，必须在其他方面寻找理由。日本学者西田典之指出：“就法益侵害而言，尽管可以说没有恢复可能性的毁坏财物罪更大；但盗窃罪的处罚之所以重于毁坏财物罪，是因为利用财物的动机、目的值得更严厉的非难；而且，从一般预防的见地考虑，抑止的必要性更大。果真如此，即使同样是侵害占有的行为，也必须由行为人是具有取得利用可能性的目的，还是具有妨害利用的目的这种主观要素，来区分盗窃罪与毁坏财物罪。因此，这个意义上的非法占有目的是主观的责任要素。”①易言之，只有将利用意思纳入非法占有目的的内容，才能说明为什么盗窃罪、诈骗罪的法定刑重于故意毁坏财物罪的法定刑。

基于上述理由，本书原则上赞成前述日本刑法理论的第一说，即非法占有目的，是指排除权利人，将他人的财物作为自己的所有物进行支配，并遵从财物的用途进行利用、处分的意思，即非法占有目的由“排除意思”与“利用意思”构成，前者重视的是法的侧面，后者重视的是经济的侧面，二者的机能不同。前者的机能主要在于使盗窃罪、诈骗罪与一时使用他人财物的不可罚的盗用行为、骗用行为相区别；后者的机能主要在于使盗窃罪、诈骗罪与故意毁坏财物罪相区别。所以，具有分别探讨的必要。

3. 排除意思的含义

排除意思的主要机能，是将不值得科处刑罚的骗用、盗用行为排除

---

① ［日］西田典之著、桥爪隆补订：《刑法各论》（第7版），弘文堂2018年版，第172页。

在犯罪之外。所以,不可能事先形式地确定排除意思的含义,然后据此区分诈骗罪、盗窃罪与骗用、盗用行为的界限,而应根据刑法目的、刑事政策等从实质上区分不值得科处刑罚的骗用、盗用行为的界限,再确定排除意思的含义。

可以肯定的是,对占有、所有的轻微侵害是不值得科处刑罚的。对占有、所有的侵害是否轻微,并非仅取决于行为对被害人财产的剥夺时间。例如,剥夺他人价值微薄的财产的,即使属于永久性剥夺,也没有科处刑罚的必要。反之,"对于极为重视使用权的财物,即便出于短时间的擅自使用的意思,也能成立盗窃。"①而且,不容忽视的是,财物、财产都是权利人实现经济目的与社会目的的手段,是被权利人利用以达致其目的的工具。所以,所谓对财产的保护,更重要的是对权利人利用财产的保护;而权利人对财产的利用,并不只是利用物体本身,更要利用物体的价值。因此,一时使用他人财物的行为是否具有可罚性,不仅要考虑行为人有无返还的意思、使用的时间长短,更要考虑财物的重大性、对被害人的利用可能性的妨害程度等。例如,**A谎称使用几小时而骗得B的奥迪轿车,但使用几个月后才还给B;而且有充分证据表明,A只是想使用几个月,绝无永久剥夺B对奥迪轿车的所有权之意。**本书认为,应当认定A的行为构成诈骗罪,因为A的行为不仅侵犯了B对自己财物的占有,而且实际上在几个月内排除了权利人B对车辆的支配,将B的车辆作为自己的所有物一样占有、使用。所以,说到底,排除意思是达到了可罚程度的妨害他人利用财产的意思,或者说,排除意思是引起可罚的法益侵害(妨害利用)的意思。

根据日本学者山口厚的观点,除了永久性的排除意思以外,下述三种情形应认定为具有排除意思:第一,行为人虽然只有一时使用的意思,没有返还的意思,相反,具有在使用后毁弃、放置的意思而窃取、骗取财物的,由于具有持续性地侵害他人对财物的利用可能性的意思,所以应认定存在排除意思,成立盗窃罪、诈骗罪。例如,行为人谎称使用几小时,但取得他人轿车开到目的地后,将轿车抛弃在目的地的,存在排除意思,构成诈骗罪。第二,行为人虽然具有返还的意思,但具有侵害相当程度的利用可能性的意思时,由于存在可罚的法益侵害的危险,

① [日]大谷实:《刑法各论》,黎宏译,法律出版社2003年版,第144页。

应肯定排除意思的存在,认定为盗窃罪、诈骗罪。对此,应通过考察被害人的利用可能性与必要性的程度、预定的妨害被害人利用的时间、财物的价值等来判断是否具有可罚性。例如,行为人在2019年法律职业资格考试前骗取他人正在使用的2019年考试指导用书、法规汇编等(假定数额较大),即使具有归还的意思,且在2019年考试结束后归还的,也有必要认定为诈骗罪。第三,行为人虽然具有返还的意思,而且对被害人的利用可能性的侵害相对轻微,但具有消耗财物中的价值的意思时,由于对作为所有权内容的利益造成了重大侵害,应肯定存在排除意思,认定为盗窃罪、诈骗罪。例如,行为人为了伪装退货、取得商品对价,而从超市拿出商品的,应认定具有排除意思。再如,骗取他人的手机,以便短时内利用该手机从被害人处换取金钱的(让被害人买回),存在排除意思。[①]

显然,上述第一种情形的排除意思,表现为排除权利人对其财物本身的占有的意思;如果权利人不能占有自己的财物,就不可能利用、处分自己的财物,所以,这种情形下的排除意思是达到了可罚程度的妨害他人利用财产的意思。第二种情形的排除意思,表现为排除权利人对其财物的利用可能性的意思;由于财物是被权利人利用以达致其目的的工具,对财产的保护更重要的是对权利人利用财产的保护,所以,这种情形下的排除意思也是达到了可罚程度的妨害他人利用财产的意思。第三种情形的排除意思,表现为排除权利人对其财物的价值的占有与利用的意思;由于权利人占有财物是为了利用财物的价值,对财物的保护实质上是为了保护权利人对财物价值的享有,所以,这种情形下的排除意思同样是达到了可罚程度的妨害他人利用财产的意思。

下面三起真实案例虽然不都成立诈骗罪,但对理解诈骗罪的非法占有目的具有意义。

案例一:被告人王某从2003年开始驾驶用黑色胶布改动过号牌的摩托车在市区多次进行飞车抢夺。一日,王某在驾驶摩托车时与一小汽车发生碰撞,交警接到报案进行现场勘察时,发现摩托车车牌被人用

---

① 参见[日]山口厚:《刑法各论》(第2版),有斐阁2010年版,第200页以下;另参见[日]山口厚:《问题探究·刑法各论》,有斐阁1999年版,第118页以下;[日]松原芳博:《刑法各论》,日本评论社2016年版,第212页以下。

黑色胶布改过,正欲作进一步检查,坐在警车后排正准备签事故调解书的王某见状立即走到驾驶座上开动警车逃跑,后因车速过快翻倒,遂弃车而逃(开动警车逃跑案)。

对于王某开警车逃跑的行为,存在两种不同意见:一种意见认为,王某主观故意是为了逃跑,其抢夺警车只是为了逃到某个地点,不让警察抓获自己。王某的行为客观上虽然符合抢夺的特征,但目的并不是为了占有警车,所以不符合抢夺罪犯罪构成中"以非法占有为目的"的主观要素。另一种意见认为,王某偷开警车逃跑,为自己所用,避免了当场被交警抓获,其获得的实际上也是一种非法的"利益",对这种自用的处置方法,也应认定为非法占有的一种表现形式。①

根据本书的观点,王某具有非法占有目的。即使王某只具有一时使用警车的意思,但由于他是为了逃避警察的处罚,故不可能具有归还警车的意思;即使王某并不永久性使用警车,也会在一时使用后毁弃或者放置警车。由于王某具有持续性地侵害警察对警车的利用可能性的意思,所以应认定存在排除意思,视行为性质成立抢夺罪或盗窃罪。

案例二:某日,方某在汽车客运站看见几辆出租车停在候客区,其中有一辆桑塔纳出租车上空无一人,钥匙还插在启动锁孔上,遂迅速打开车门坐在驾驶座上启动马达。正与另一辆出租车司机聊天的车主张某听到自己出租车发动机的声音,立即跑到驾驶室门边,一边呵斥方某熄火下车,一边抢握方向盘和争夺汽车钥匙,阻止方某开车。方某加大油门,强行把汽车开走。张某四处寻找未果后报警。10小时后,方某因开车操作不当,撞上立交桥下的一根水泥大柱。车子在事故中断成两截,不能再使用。事后,方某对警察说他开走他人的车辆是用来"玩一玩",不想长期占有(偷出租车案)。

第一种观点认为,方某不经过车主同意把汽车开走,侵占他人汽车的使用权,主观目的只是"玩一玩",没有将汽车占为己有的非法目的,而且汽车不经过车辆管理机关办理过户手续就不能享有所有权,因此,方某的行为是民事上的"恶意侵占"行为,不构成犯罪。第二种观点虽然肯定方某实施了盗窃行为,但仍主张对方某的行为以故意毁坏财物罪论处。第三种观点认为,方某趁车主不备,溜进车内启动汽车,在车

---

① 邓国华:《为逃跑夺警车如何定性》,载《检察日报》2004年9月15日,第3版。

主发现后上前制止的时候，公然强行将汽车开走，具有非法占有他人汽车的主观目的，构成抢夺罪。但这种观点的前提是否认方某只是一时使用汽车，认定方某缺乏归还汽车的意思，相反具有永久占有出租车的意思。①

显然，前两种观点都否认了方某具有非法占有目的。其中，第二种观点将不可罚的事后行为作为独立的犯罪行为处罚，将基本犯罪行为搁置一边，存在明显的缺陷。第三种观点虽然肯定了方某具有非法占有目的，但前提是否认方某的归还意思，肯定其具有永久占有出租车的意思。在本书看来，即使方某只是想开车"玩一玩"，具有归还的意思，也不能否认其非法占有目的。因为出租车司机对于出租车的利用必要性相当大，即使方某预定归还，但其预定归还的时间（使用时间）不会少于10小时，而且其行为导致出租车毁坏，故应当认定方某具有侵害被害人相当程度的利用可能性的意思，即具有排除意思。

案例三：何某在某市经营小商店，被告人刘某以无偿帮助何某卖电话卡为名，从何某处拿走面值100元的17908 IP卡100张。刘某将卡拿回家后，用刀片将卡上的密码条割开，记下密码后将封条恢复原状。刘某将其中80张17908卡内的话费共计8000元转入其正在使用的IP卡内，然后将该80张17908 IP卡退回何某，声称只卖了20张卡（将20张卡的销售款交付何某，该20张卡的密码封条刮割痕迹明显，未拿去退还）。何某将刘某退回的卡陆续售出，买卡人发现所购IP卡为空额后找何某退货。何某报案后，公安机关将刘某抓获（骗取IP卡案）。

从形式上看，刘某将80张IP卡返还给了何某，即刘某将其骗得的IP卡返还给了何某，似乎没有非法排除何某对作为有体物的IP卡本身的所有，但是，刘某具有消耗IP卡中的价值的意思，事实上也消耗了IP卡中的价值，对作为所有权内容的利益造成了重大侵害，应肯定其存在排除意思，认定为诈骗罪。

通过上述理论讨论与案例分析可以看出，虽然在司法实践中，大多数财产犯罪的行为人都具有永久性的排除意思，但非法占有目的并不要求行为人具有永久性的排除意思。诚然，就行为人消耗财物中的价

① 蒙旗：《强行开走他人汽车造成车毁如何定性》，载《检察日报》2004年9月14日，第3版。

值而言,可以认为具有永久性剥夺他人财物的价值的意思,但是在许多情况下,之所以认定行为人的行为构成财产犯罪,并不一定是因为行为人消耗了财物的价值,而是因为行为人取得了财物本身。然而,即使一时性地取得财物的行为,也可能造成了值得科处刑罚的法益侵害。所以,不能一概要求行为人具有永久性的排除意思。

不过,在一时性地取得他人财物的行为不具有刑事违法性等情况下,通常只有具有永久性或持续性的排除意思时,才能认定行为人具有非法占有目的。例如,《刑法》第193条明文规定贷款诈骗罪必须"以非法占有为目的",但任何贷款行为都导致行为人占有了金融机构的贷款,如果只是为了一时占有金融机构的贷款,而不具有永久性的排除意思,就不可能成立贷款诈骗罪。之所以如此,是因为一时性地占有贷款的行为,即使取得贷款的行为本身具有非法性,但如果行为人具有按时归还贷款的意思,则说明行为人主观上不存在达到了可罚程度的妨害他人利用财产的意思,或者说,不具有引起可罚的法益侵害(妨害利用)的意思。由此可见,非法占有目的中的"占有"并不等同于民法中的占有,否则根本不能说明贷款诈骗罪的非法占有目的(参见本书第二章第四节)。

4. 利用意思的含义

如前所述,如果不要求利用意思,那么,以毁坏的意思取得财物的,也成立盗窃罪、诈骗罪,导致故意毁坏财物罪仅限于没有转移占有的场合(仅限于在占有者的占有之下毁坏财物的场合),这不仅过于缩小了故意毁坏财物罪的范围,而且不能说明盗窃罪重于故意毁坏财物罪的实质根据。

日本审判实践针对不同案件,曾将利用意思表述为"遵从财物的经济用途进行利用、处分的意思""遵从财物的本来用途进行利用、处分的意思""享受财物所产生的某种效用的意思"。应当说,前两种表述导致利用意思的范围过窄。在日本刑法理论上,有的学者认为,利用意思是指"享受财物所产生的某种效用的意思",或者"享受财物自身具有的利益或效用的意思";[①]有的学者认为,利用意思是指除单纯毁坏、隐匿意

① 参见[日]西田典之著,桥爪隆补订:《刑法各论》(第7版),弘文堂2018年版,第172～173页;[日]山口厚:《刑法各论》(第2版),有斐阁2010年版,第202页以下。

思以外的利用、处分的意思。[①] 这两个表述不存在实质差异，都旨在将单纯毁坏、隐匿意思排除在外。

本书认为，利用意思，是指遵从财物可能具有的用法进行利用、处分的意思（这一表述的含义与取得、享受财物可能具有的利益或效用的意思相同）。这种意思已经超出了"单纯取得财物的利用可能性的意思"，是更为实质的意思。基于这种意思取得他人财物时，由于其法益侵害行为是基于强力的动机，所以责任更重。因此，盗窃罪、诈骗罪的法定刑高于故意毁坏财物罪。换言之，盗窃罪、诈骗罪的法定刑之所以高于故意毁坏财物罪，"是考虑到基于利用意思的财产罪的反复实施的危险大和模仿的危险性高，使前者成为比后者的责任更重的犯罪类型"。[②]

首先，利用意思不限于遵从财物的经济用途进行利用、处分的意思。例如，男性基于癖好窃取、骗取女士内衣的，虽然不是基于遵从内衣的经济用途进行利用、处分的意思，但不排除行为人具有利用意思，仍然属于盗窃与诈骗。

其次，利用意思不限于遵从财物的本来用途进行利用、处分的意思。例如，为了燃柴取暖而窃取他人家具的，仍然具有利用意思。又如，骗取他人钢材后作为废品卖给废品回收公司的，存在利用意思，依然成立诈骗罪。再如，为了捆木材而骗取他人电线的，当然具有利用意思。

再次，一般来说，凡是以单纯毁坏、隐匿意思以外的意思而取得他人财物的，都可能评价为具有遵从财物可能具有的用法进行利用、处分的意思。例如，骗取他人的名画用于自己观赏的，具有利用意思，构成诈骗罪。但是，如果在具有毁坏、隐匿的意思的同时还具有其他动机，但该动机不能评价为具有遵从财物可能具有的用法进行利用、处分的意思时，不能认定具有利用意思。例如，杀人犯甲在杀害乙后，为了防止司法机关发现被害人的身份，而将乙随身携带的钱包、证件等取走后扔入海中。虽然甲取走乙财物的行为不只是单纯地毁坏、隐匿，而是具有防止司法机关发现被害人身份的意思，但该意思不能被评价为遵从

---

① ［日］大谷实：《刑法各论》，成文堂2001年版，第123页。

② ［日］松原芳博：《刑法各论》，日本评论社2016年版，第208页。

财物可能具有的用法进行利用、处分的意思，所以，甲不具有利用意思，不成立盗窃罪、侵占罪。反之，如果在具有毁坏、隐匿的意思的同时还具有其他动机，而且该动机能够评价为遵从财物可能具有的用法进行利用、处分的意思时，则宜认定具有利用意思。例如，A 杀害 B 之后，为了隐藏 B 的尸体，使用 B 的车将 B 的尸体运送至几十公里外后，将车抛弃在附近。A 虽然具有隐藏的意思，但同时也使用了车辆，应当认定为具有使用意思。

我国台湾地区学者林山田指出："惟若行为人排斥他人所有或持有，取得物之后，虽不占为己有，但其毁损或丢弃之处分却系实现其经济目的之行为，则又为窃盗罪而非毁损罪。实例如下，丙取走与自己珍藏之高价邮票相同而属于丁所有之邮票，并加以毁弃，而使自己所有之邮票成为世界上唯一之邮票，以提高其交易价格等。"[①]再如，甲为了使乙免除自己的债务，窃取了自己写给乙的欠条后撕毁欠条（窃取欠条撕毁案）。有学者认为，由于欠条的撕毁是与免除债务直接联系的，故应认定甲对欠条有利用意思。[②] 但是，上述观点可能存在疑问。丙并非利用丁的邮票的存在获得利益，甲也不是利用欠条的存在而使自己获得利益，丙与甲是基于邮票与欠条的不存在而使自己获得利益。取得罪中的非法占有目的，应当是指行为人基于取得对他人财物的占有而享受其效用。事实上，丙与甲并不是基于盗窃行为才使自己获利，而是基于毁损行为使自己获利。换言之，丙与甲现场直接撕毁邮票、欠条与窃取后再撕毁没有区别。既然如此，就难以认定丙与甲对邮票、欠条具有利用意思。[③] 倘若 A 盗窃了甲写给乙的欠条，是为了将欠条卖给甲，则能认定 A 具有利用意思。概言之，行为人妨害他人利用财物的意思，不等于行为人具有利用意思。倘若将妨害他人利用财物的意思也认定为具有利用意思，就意味着故意毁坏财物的行为人都具有利用意思。果真如此，则对利用意思的要求没有任何意义，因而不可能区分取得罪与

---

① 林山田：《刑法各罪论》（上册）（增订第 2 版），作者自版 1999 年版，第 292 页。本书旧版曾赞成这种观点。

② 参见［日］佐伯仁志：《不法领得の意思》，载《法学教室》第 366 号（2011 年），第 82 页。

③ 参见［日］松原芳博：《刑法各论》，日本评论社 2016 年版，第 210 页。当然，这个问题还值得进一步研究。

毁弃罪。

最后,以毁坏的意思取得他人财物后,没有毁坏财物而是单纯予以放置的,成立故意毁坏财物罪,因为该行为导致被害人丧失了财物的效用。以毁坏的意思取得他人财物后,又利用该财物的,则成立侵占罪。①

由上可见,如果行为人具有直接获得利益、享受利益的意思,即使利用了财物的例外用途,也应认定具有利用意思;反之,典型地取得了财物的效用时,即使没有获取利益的意思,也具有利用意思。② 因此,非法占有目的并不一定意味着必须具有"增加自己的财产总量"的意思。换言之,虽然非法占有既包括积极利益的增加(如非法使他人的财物转移为自己所有),也包括消极利益的减少(如非法使他人免除或者减少自己的债务),但并非仅限于这两种情形,而是包括遵从财物可能具有的用法进行利用、处分的意思的所有情形,或者说包括取得、享受财物可能具有的利益或效用的一切情形。

5. 排除意思与利用意思的认定

明确了排除意思与利用意思的含义,也就明确了非法"占有"目的的含义。在认定排除意思与利用意思时,以下两个问题值得特别讨论。

首先,由于私家车不断增加,对于骗开、偷开他人机动车辆时的排除意思与利用意思的认定,应当进行深入研究。

最高人民法院、最高人民检察院 2013 年 4 月 2 日公布的《关于办理盗窃刑事案件适用法律若干问题的解释》第 10 条规定:"偷开他人机动车的,按照下列规定处理:(一)偷开机动车,导致车辆丢失的,以盗窃罪定罪处罚;(二)为盗窃其他财物,偷开机动车作为犯罪工具使用后非法占有车辆,或者将车辆遗弃导致丢失的,被盗车辆的价值计入盗窃数额;(三)为实施其他犯罪,偷开机动车作为犯罪工具使用后非法占有车辆,或者将车辆遗弃导致丢失的,以盗窃罪和其他犯罪数罪并罚;将车辆送回未造成丢失的,按照其所实施的其他犯罪从重处罚。"本书对此发表如下看法。

---

① [日]西田典之著、桥爪隆补订:《刑法各论》(第 7 版),弘文堂 2018 年版,第 172 页;[日]山口厚:《刑法各论》(第 2 版),有斐阁 2010 年版,第 203 页。

② 参见[日]前田雅英:《刑法各论讲义》(第 6 版),东京大学出版会 2015 年版,第 160 页以下。

第一,出于练习开车、游乐、一时使用等动机,偷开他人机动车,显然具有利用意思,问题是有无排除意思。如果行为人故意导致车辆丢失,当然具有排除意思;如果行为人的行为直接导致车辆丢失,也可以认定行为人具有排除意思。存在疑问的是,如果行为人只是打算在极为短暂的时间内使用他人车辆,但在将车辆停放在某地时立即被第三者盗走的,虽然造成了车辆丢失,但似乎难以认定行为人具有排除意思。

第二,行为人为盗窃其他财物,偷开机动车作为犯罪工具使用后非法占有车辆的,实际上是实施了两个盗窃行为,当然应当一并计算所盗窃的车辆价值以及利用车辆所盗窃的财物价值。行为人为盗窃其他财物,偷开机动车作为犯罪工具使用后将车辆遗弃导致丢失的,由于该行为对车辆具有利用意思,将车辆遗弃导致丢失具有排除意思,所以,对车辆也构成盗窃罪,应当将被盗车辆的价值计入盗窃数额。基于相同的理由,为实施其他犯罪,偷开机动车作为犯罪工具使用后非法占有车辆,或者将车辆遗弃导致丢失的,由于行为人对车辆具有利用意思与排除意思,故应以盗窃罪和其他犯罪数罪并罚。

第三,行为人为了实施盗窃或者其他犯罪,偷开机动车作为犯罪工具使用后,将车辆送回未造成丢失的,需要根据前述排除意思的认定方法与标准,判断行为人是否具有排除意思。如果得出肯定结论,仍然可能认定行为人具有非法占有目的。例如,行为人经过较长时间才送回车辆的,应认定为盗窃罪(只是盗窃数额如何计算的问题);①如果及时送回,可以认为没有排除意思,对盗窃车辆的行为不以盗窃罪论处。

第四,行为人在偷开机动车辆过程中发生交通肇事构成犯罪,如果能够认定行为人对车辆具有排除意思(显然具有利用意思),就应当将交通肇事罪与盗窃罪实行数罪并罚。

总之,对于骗开、偷开他人机动车辆的行为,应以是否严重妨碍被害人对机动车辆的利用可能性、是否严重消耗他人机动车辆的价值为核心,根据各种事实,全面判断行为人是否具有排除意思与利用意思,而不能仅根据是否归还原处来判断非法占有目的。

其次,由于骗取就业岗位、职位等与骗取财物密切关联,对于通过

---

① 参见张明楷:《论盗窃财产性利益》,载《中外法学》2016 年第 6 期,第 1405 页以下。

骗取就业岗位、职位而骗取财物时的排除意思与利用意思的认定,需要展开深入讨论。

本书认为,诈骗罪中的非法占有目的,不必是行为人实施欺骗行为时的唯一目的。详言之,一个行为可能具有多个目的,一举两得、一箭双雕的现象普遍存在;行为人在实施欺骗行为时,也可能同时具有多个目的。但是,诈骗罪的成立,并不要求行为人将非法占有他人财物的目的作为唯一目的,只要行为人的多种目的中包含了非法占有他人财物的目的即可。非法占有目的的机能是区分诈骗罪与骗用行为、诈骗罪与故意毁坏财物罪的界限。非法占有他人财物的目的是行为人实施欺骗行为的唯一目的时,固然具有上述机能;非法占有他人财物的目的不是行为人实施欺骗行为的唯一目的时,同样具有上述机能。既然如此,就不能将非法占有他人财物的目的人为地限定为欺骗行为的唯一目的。所以,行为人通过骗取就业岗位、职位而骗取财物的,不排除诈骗罪的成立。①

例如,刘某于1999年自考本科时,曾在北京大学旁听过计算机课程和经济学课程。2004年11月中旬,在北京举行的全国第六届高级人才洽谈会上,刘某看到郑州某学院的招聘台,遂自称是北京大学经济学院在读博士生,招聘人员向他索要了简历,并邀请他去该校任教。在简历中,刘某写明其于1994年考入北京大学,1998年考入北京大学经济学专业,硕博连读;在读期间,他曾先后在中国证监会基金部任助理研究员、信息产业部电信规划院任电信规划咨询师、北京大学经济学院任教员、天津开发区管委会任主任助理等职,主持过东风汽车与日产合资的改制和并购、上海浦东发展银行股份有限公司股权转让定价说明、中国电信企业的管理方案与投融资策略研究等13项活动及科研、论文情况等21项。郑州某学院对其身份和工作能力很感兴趣,经多次协商后将其作为高级人才招聘到该校工作,并按照学校引进人才政策及刘某

① 如前(第一章第五节)所述,行为人因为生活贫困没有生活费用而伪装犯罪被拘留,由拘留所为其提供食物的,被德国法院认定为诈骗罪。参见[日]平野龙一:《犯罪论の诸问题(下)各论》,有斐阁1982年版,第333页。在这种情况下,非法骗取食物也并非行为人的唯一目的。日本刑法学者在论述诬告陷害罪的"以使他人受刑事或者惩戒处分为目的"时,认为不需要该目的是诬告陷害的唯一或主要目的。参见[日]团藤重光:《刑法纲要各论》(第3版),创文社1999年版,第111页;[日]大塚仁:《刑法概说(各论)》(第3版),有斐阁1996年版,第618页。

要求,给予刘某4万元安家费,工资、津贴等约6000元,并分给其一套120平方米的住房。后来,郑州某学院在调查中发现刘某简历提供的科研情况不属实,产生怀疑。2005年2月,郑州某学院人事处派人前往北京大学调查落实,确认北京大学研究生院、经济学院无此学生,北京大学保卫处也无此人户籍档案(冒充博士入职案)。河南省郑州市某区人民法院开庭后当庭宣判:刘某的行为已构成诈骗罪,且数额巨大,判处其有期徒刑3年零6个月,并处罚金4万元。对于法院的这一判决,法律界有人作出了否定评价。有学者提出,明确的非法占有财物的目的,是诈骗罪的构成要件之一。而刘某案中,行为人犯罪的主观故意并不明确。事实上,在本案中,刘某撒谎欺诈也好,隐瞒夸大也罢,无非就是想找一份好工作,找到一处理想的人生归宿。若硬要将刘某自作聪明的欺诈行为定性为诈骗罪,确有客观归罪之嫌。[①]

其实,刘某"想找一份好工作,找到一处理想的人生归宿",与其非法占有他人财产的目的并不矛盾。刘某的目的也不只是单纯地找到工作,而是通过找工作获得财产;如果郑州某学院不给刘某安家费、工资、津贴等,刘某便不会接受这份工作,也不会伪造学历与学位。一方面,在找工作与骗财物具有同一性的情况下,即使非法占有他人财物的目的不是唯一目的,也具有区分诈骗罪与非罪、诈骗罪与故意毁坏财物罪的机能。另一方面,刘某"想找一份好工作,找到一处理想的人生归宿",与非法占有目的是否明确没有必然联系;换言之,"想找一份好工作,找到一处理想的人生归宿"的目的与明确的非法占有目的之间,并不存在任何冲突。因此,不能否认刘某具有诈骗罪中的非法占有目的,应当肯定法院判决的合理性。

但是,如果行为人符合应聘条件,即使行为人隐瞒了应聘的意图,也不能就其应聘的职位及其取得的工资等认定为诈骗罪。例如,2006年4月,被告人吴某、朱某事先预谋,由吴某持朱某提供的假证件,应聘成为南京某公司老总季某的驾驶员。某日17时许,季某让吴某驾车外出办事,吴某趁机将季某的别克轿车开走。随后,二人将车重新改漆,并做了假牌照(应聘驾驶员开走汽车案)。第一种意见认为,两被告人

---

① 参见滑宝霞、赵国勤:《冒充博士是想包装我的真才实学》,载《检察日报》2005年5月25日,第5版。

以虚构事实、隐瞒真相的手段，使被害人产生认识错误，将轿车交给被告人吴某驾驶，从而导致轿车被被告人非法占有的结果，两被告人的行为符合诈骗罪的构成要件，应以诈骗罪论处。第二种意见认为，被告人吴某虽采用了欺骗手段，但被害人并非受其欺骗而将轿车处分给吴某。吴某非法占有该车仍是采用秘密窃取手段，因此，应当以盗窃罪定罪处罚。朱某事先与吴某通谋并提供帮助，应以盗窃共犯论处。[①] 第一种意见显然不当。吴某虽然实施了欺骗行为，但该欺骗行为的内容不是使季某处分自己的轿车。季某将轿车交给吴某，并不是基于认识错误处分自己的轿车；季某让吴某驾车外出办事时，吴某充其量只是辅助占有者，而没有取得对轿车的占有。吴某虽然骗取了司机这一职位，但对这一职位本身并不成立诈骗罪。吴某事实上是违反季某的意志，将轿车转移为自己占有，因而构成盗窃罪。

（三）占有的主体

非法占有的目的，既包括使行为人自己非法占有的目的，也包括使第三者（包括单位）非法占有的目的。例如，行为人为了单位非法占有而诈骗他人财物的，也成立诈骗罪。因为以使第三者非法占有为目的实施的诈骗等行为，同样侵犯了他人的财产；以使第三者非法占有为目的，并不意味着毁坏、隐匿财产，仍然能够被评价为具有遵从财物可能具有的用法进行利用、处分的意思；以使第三者非法占有为目的，仍然说明行为人具有利欲动机、非难可能性重于故意毁坏财物罪。正因如此，在国外，凡是明文规定了非法占有目的刑法，都将第三者规定为非法占有的主体。如《德国刑法》第 263 条明文规定诈骗罪必须"意图使自己或第三者获得不法财产利益"；《瑞士刑法》第 146 条规定诈骗罪必须"以为使自己或他人非法获利为目的"。同样，即使在刑法没有规定非法占有目的的国家，刑法理论或者将第三者取得财物作为诈骗的故意内容，或者将第三者取得财物作为非法占有目的的内容。如日本学者大塚仁教授认为，非法占有目的不是诈骗罪的主观要素，但他认为，诈骗罪的故意，"是对欺骗他人使之陷入错误、使其通过财产处分行为

---

① 参见张勇、郭煜华：《假装应聘司机，盗走汽车如何定性》，载《检察日报》2007 年 7 月 29 日，第 3 版。

交付财物、自己或第三者取得财物的占有存在认识、认容。”[①]再如，日本学者山口厚主张，非法占有目的是诈骗罪的主观要素；他指出，《日本刑法》第246条第2项明文规定了使第三者获取财产性利益的情形，对于骗取财物而言，也应作出同样的理解。[②]

我国的司法实践常常将占有主体限定为行为人自己，大多没有承认第三者也是占有主体，这样的做法必然导致处理结论不公平。以挪用公款与贪污为例。国有公司负责人甲个人决定将本单位2000万元借给乙私营企业使用，谋取了个人利益。没有疑问的是，无论乙企业是否归还了公款，甲的行为都成立挪用公款罪。[③] 如果归还，对甲应处5年以上有期徒刑；如果未归还，对甲应处10年以上有期徒刑或者无期徒刑。另一个真实案件是，国有公司负责人A个人决定将本单位2000万元无偿转移给B私营企业所有，不需要B私营企业归还，谋取了个人利益（收受了B企业5万元的好处费）。一种观点主张，对A应认定为国有公司人员滥用职权罪，处3年以上7年以下有期徒刑。可是，稍微比较一下甲与A的罪行，就会发现这样的处理明显不当。让一个犯有更严重罪行的人承担更轻的刑事责任，不是刑法的应有之义。遇到这样的情形时，一些人总是习惯于这样为自己的观点辩护：“这不怪我，刑法就是这样规定的。”不得不追问的是，刑法怎么会如此不正义、不公平？当自己的观点不正义、不公平时，一定要反思自己的观点，而不是怪罪于刑法本身。凭什么说“刑法就是这样规定的”呢？将非法占有目的的占有主体仅限于行为人自己的结论是如何形成的呢？显而易见的是，只要认为贪污罪中的非法占有目的包括使第三者（当然包括单位）占有，A的行为就成立贪污罪，甲的行为仅成立挪用公款罪，对二者的处理才可能公平、正义。对诈骗罪以及其他财产犯罪中的非法占有目的的理解与认定也是如此。

（四）非法的含义

对于诈骗罪非法占有目的中的“非法”，应根据诈骗罪的保护法益

① ［日］大塚仁：《刑法概说（各论）》（第3版），有斐阁1996年版，第275页。

② ［日］山口厚：《刑法各论》（第2版），有斐阁2010年版，第256页。

③ 全国人大常委会2002年4月28日发布的《关于〈中华人民共和国刑法〉第三百八十四条第一款的解释》规定：“有下列情形之一的，属于挪用公款‘归个人使用’：（一）将公款供本人、亲友或者其他自然人使用的；（二）以个人名义将公款供其他单位使用的；（三）个人决定以单位名义将公款供其他单位使用，谋取个人利益的。”

进行理解:只要是侵害诈骗罪所保护的法益,就可以认定为非法,进而认定行为人的占有目的具有非法性。因此,一般来说,行为人没有占有他人财产的合法根据,或者说没有使受骗者转移财产给行为人或第三者的合法根据,却具有占有他人财产的目的,就属于非法占有目的。这里的合法根据,通常是指符合财产法的根据。例如,如果行为人没有使受骗人向自己或第三者转移财产的民法根据或者民法上的权利,那么,就可以认定行为人占有目的的非法性。再如,行为人虽然对某种财物享有所有权,但如果对方具有合法占有的权利时,行为人采取欺骗手段骗取该财物的,侵犯了诈骗罪的保护法益,行为人的占有目的也具有非法性。

但是,在此问题上,不可忽视刑法对所有权的拟制规定,即根据民法的规定,行为人对某种财产享有所有权,但根据刑法的规定,行为人对财产的所有权已经转移给他人或者单位。例如,《刑法》第 91 条第 2 款规定:“在国家机关、国有公司、企业、集体企业和人民团体管理、使用或者运输中的私人财产,以公共财产论。”据此,A 将邮件交付邮局投递之后,该邮件在邮局的运输过程中,民法依然认为该邮件的所有权属于 A,邮局只是占有了邮件;但根据刑法的拟制规定,该邮件已经属于公共财产,而非 A 的私人财产。如果 A 采取欺骗手段,从邮局骗回邮件,其依然具有非法占有目的。再如,B 所有的卡车因违章被国家机关扣押,国家机关依法作出罚款决定,B 只有缴纳罚款后才能将卡车取回。根据民法典的规定,卡车在国家机关扣押期间,依然属 B 所有;但根据刑法的拟制规定,该卡车属国家机关的公共财产,而非 B 所有。同样,如果 B 采取欺骗手段从国家机关骗回卡车,也存在非法占有目的。因此,对于“非法”的理解与认定,不能忽视刑法的拟制规定。

即使不存在刑法的拟制规定,对非法占有目的也应作符合现实的解释,因为在现代社会,所有权已经不再绝对化,而是受到公法、刑法的限制。例如,即使自己所有的刀具,也不能在民用飞机上随身携带;即使是自己所有的房屋,也不能用于开设赌场。在上例中,当 B 的卡车被国家机关依法扣押后,虽然 B 在民法上依然对卡车享有所有权,刑法上也承认 B 对其卡车享有所有权,但 B 对卡车所有权的行使受到了合法限制。详言之,B 只有缴纳罚款后,国家机关才能解除对其所有权行使的限制;如果 B 不缴纳罚款,就不可能像民法上的所有权人那样行使所有权。显然,B要将对卡车的所有权恢复至不受限制的状态,就必须缴纳罚款。换言之,缴纳罚款后索回卡车,才是合法地恢复对卡车行使不受限制的所有权。如果B通过欺骗等非法手段索回卡车,则意味着不法恢复了对卡车行使不受限制的所有权,这种意图也属于非法占有目的。概言之,非法占有目的并不局限于从他人占有非法转移为自己占有的目的,还应包括从自己受公法限制的所有非法转移为不受公法限制的所有的目的。

五、共犯的故意与目的

诈骗罪既可以单个人实施,也可能数人共同实施。从事实上看,共同诈骗现象相当普遍。因此,如何判断共犯人(教唆犯与帮助犯)是否具有诈骗故意与非法占有目的,就成为一个重要问题。

总体来说,在认定诈骗罪的共同犯罪时,要以不法为重心、以正犯为中心、以因果性为核心。[①] 在参与人的行为客观上对诈骗罪的构成要件的实现起到了促进作用、与诈骗罪的构成要件结果具有因果性的前提下,需要判断参与人是否具有责任,其中最重要的是参与人(尤其是帮助者)是否具有故意与非法占有目的。如果缺乏诈骗罪的故意与非法占有目的,即使在不法层面成立诈骗罪的共犯,也不能以诈骗罪的共犯追究刑事责任。在判断参与人是否具有诈骗罪的故意时,只需要判断参与人是否知道自己在促进、帮助诈骗罪的正犯者实现诈骗罪的构成要件;如果得出肯定结论,就可以肯定参与人具有诈骗罪的故意。如果参与人明知自己在促进、帮助诈骗罪的正犯者实现诈骗罪的构成要件,就意味着其明知自己的行为会促进诈骗罪构成要件结果的发生,在这种情况下仍然实施参与行为,就表明参与人希望或者放任诈骗罪构成要件结果的发生,因而具备了诈骗罪的故意。特别需要说明的是,认定参与人的故意并不以参与人与正犯者共谋为前提。有共谋当然就有故意,但没有共谋不等于没有故意(参见后述内容)。就非法占有目的而言,只要参与人知道正犯者具有非法占有目的即可,不要求参与人具有独立的非法占有目的。

例如,贾某资金链断裂,为维持资金运转,与员工程某通过向租赁

① 参见张明楷:《共同犯罪的认定方法》,载《法学研究》2014年第3期,第3页以下。

公司租赁汽车的方式,将租赁来的汽车用于抵押向他人借款。贾某与程某伪造虚假的授权委托书、车辆质押借款合同、告知书、借据等材料(以上材料质权人姓名部分均为空白),并提供了真实车主的身份证和行驶证的复印件。贾某还谎称可以将这些质押的汽车帮忙拿去出租赚租金。贾某所得借款用来支付租赁汽车的租金,以及向被害人支付借款利息。2015 年 11 月,喻某通过朋友介绍认识贾某,并开始提供租赁汽车给贾某,还提供了自己名下的一辆奔驰汽车。2016 年 2 月至 3 月,喻某为赚取租赁车辆的租金和提成,在明知贾某会将租赁来的汽车用于向他人抵押借款诈骗,且陈某在 2016 年 1 月底已因涉嫌诈骗罪被公安机关抓获的情况下,仍然积极为贾某提供帮助,向贾某持续提供租赁车辆,使贾某得以继续实施诈骗行为至 2016 年 3 月。喻某参与诈骗数额为 150 多万元(为他人诈骗提供车辆案)。案发后,一种观点认为,喻某没有与贾某共谋诈骗,没有参与伪造书证欺骗被害人,也没有与贾某分赃,因而不构成诈骗罪的共犯。但是,这种观点并不可取。成立共犯(如帮助犯)并不需要与正犯共谋,只要明知正犯正在或者将要实施诈骗行为,为其提供帮助,使正犯得以实施诈骗行为,就成立诈骗罪的共犯。在这样的场合,行为人提供的帮助与诈骗结果之间具有因果性,主观上也同时具备了诈骗故意与非法占有目的。亦即,喻某客观上为贾某的诈骗提供了必需的工具(租赁汽车),主观上明知贾某正在实施诈骗行为,明知贾某具有诈骗故意与非法占有目的,就足以成立诈骗罪的帮助犯。①

电信诈骗是当下比较严重的犯罪,下面以电信诈骗中的取款人为例,说明如何判断共犯的诈骗故意。

最高人民法院、最高人民检察院 2011 年 3 月 1 日公布的《关于办理诈骗刑事案件具体应用法律若干问题的解释》第 7 条规定:“明知他人实施诈骗犯罪,为其提供信用卡、手机卡、通讯工具、通讯传输通道、网络技术支持、费用结算等帮助的,以共同犯罪论处。”可以肯定,明知他人将要实施诈骗犯罪,而在事前提供信用卡、手机卡、通信工具、通信传输通道、网络技术支持的行为,无疑能够成立诈骗罪的共犯。倘若电

---

① 至于本案喻某的行为是否属于中立的帮助,因而不构成帮助犯,则是另一问题。在本书看来,即使喻某的行为属于中立的帮助,也成立诈骗罪的共犯。

信诈骗正犯者既遂,那么,这些行为与电信诈骗的结果之间具有物理的因果性。① 但是,费用结算应当是电信诈骗正犯者既遂后实施的行为,倘若没有事前通谋,只是在事后帮助时知道是电信诈骗所得,则并不必然成立诈骗罪的共犯。

最高人民法院、最高人民检察院、公安部2016年12月19日发布的《关于办理电信网络诈骗等刑事案件适用法律若干问题的意见》(以下简称《电信诈骗意见》)规定:“明知他人实施电信网络诈骗犯罪,具有下列情形之一的,以共同犯罪论处,但法律和司法解释另有规定的除外:1.提供信用卡、资金支付结算账户、手机卡、通讯工具的;2.非法获取、出售、提供公民个人信息的;3.制作、销售、提供‘木马’程序和‘钓鱼软件’等恶意程序的;4.提供‘伪基站’设备或相关服务的;5.提供互联网接入、服务器托管、网络存储、通讯传输等技术支持,或者提供支付结算等帮助的;6.在提供改号软件、通话线路等技术服务时,发现主叫号码被修改为国内党政机关、司法机关、公共服务部门号码,或者境外用户改为境内号码,仍提供服务的;7.提供资金、场所、交通、生活保障等帮助的;8.帮助转移诈骗犯罪所得及其产生的收益,套现、取现的。”

上述八种行为中,前七种行为是指参与人明知他人将要或者正在实施电信诈骗行为,而在事前或者事中(既遂前)提供了相应的帮助,不仅可以肯定这些行为与电信诈骗的结果之间具有物理的因果性,而且能够认定行为人具有帮助的故意,因而成立诈骗罪的共犯。问题是,如何认定其中的第八种行为即事后的套现、取款行为?

可以肯定的是以下几点:(1)事前与电信诈骗的正犯者通谋,承诺事后套现、取款的,成立电信诈骗罪共犯。在这种场合,事前通谋行为与电信诈骗的结果之间具有心理的因果性。(2)事前没有与电信诈骗的犯罪人相通谋,事后明知是电信诈骗所得,而帮助套现、取款的,不成立电信诈骗罪共犯,仅成立掩饰、隐瞒犯罪所得罪(如后所述,能评价为有事前通谋的除外)。(3)事前没有与不同的电信诈骗正犯者相通谋,事后明知是电信诈骗所得,而帮助不同的电信诈骗正犯者套现、取款的,也不成立电信诈骗罪共犯,仅成立掩饰、隐瞒犯罪所得罪(能评价为

---

① 也可能同时具有心理的因果性,即提供上述支持的行为同时强化了电信诈骗正犯者的心理。

有事前通谋的除外）。

司法实践中存在大量这样的情形：甲事前没有与电信诈骗的正犯者乙相通谋，事后明知是电信诈骗所得，帮助实施了一次套现、取款行为。在实施第一次帮助套现、取款的行为后，甲与乙没有口头与书面的通谋，但事后乙继续实施电信诈骗罪行为，甲反复帮助套现、取款。需要讨论的是，这种多次在特定的电信诈骗犯罪分子既遂后帮助取款的行为人，是否成立电信诈骗的共犯？司法实践中，对这样的情形存在不同的处理结论。

例如，2016年4月以来，被告人谢某与曾某结伙通过他人冒充银行、京东商城、公检法机关的工作人员拨打电话给郑某等27名被害人，以信用卡欠款需将资金保全、订单出错需退款、涉嫌犯罪需将资金比对等方式实施诈骗。谢某与曾某雇用、指使被告人王某、徐某办理多张银行卡，让被告人杨某、谢某群用POS机刷卡，用于诈骗钱款的转移分流以及取现。其中，谢某8次用银行卡在杨某的POS机刷卡消费，钱款转入杨某的建设银行卡内，杨某将该钱款取走后交予谢某。谢某群5次利用POS机帮助谢某套现。一审法院认为，被告人杨某、谢某群的行为构成掩饰、隐瞒犯罪所得罪，二审法院维持了原判（杨某、谢某群POS机刷卡案）。①

再如，某一审法院认定，2016年4月6日，被告人黄某某持涉案的银行卡帮助诈骗分子通过ATM将本案被害人白某某被骗的人民币8万元赃款提现转移，并从“阿峰”处得到1500元的好处费。被告人黄某某明知他人实施电信网络诈骗而帮助转移诈骗犯罪所得，套现、取现数额巨大，犯罪事实清楚，证据确实、充分，其行为已构成诈骗罪。黄某某的上诉理由是，自己没有诈骗故意，行为是在诈骗犯罪既遂后参与，不构成诈骗罪，应为掩饰、隐瞒犯罪所得、犯罪所得收益罪。二审法院指出，上诉人黄某某受“阿峰”指使，使用“阿峰”交给其的不同银行的银行卡多次进行转账、提现，并收取“阿峰”支付的报酬，在此过程中，又使用“阿峰”给其配备的电话与“阿峰”单线联系。上诉人黄某某作为有正常认知的成年人而采取上述手段帮助转移、提现赃款，可以认定其明知他人实施诈骗犯罪而进行帮助，其行为是电信诈骗犯罪得以实现，诈

① 浙江省温州市中级人民法院（2017）浙03刑终1651号刑事裁定书。

骗团伙获得钱款的不可或缺的环节，应以诈骗犯罪共犯定罪处罚，故对其认为不构成诈骗罪的上诉理由不予采纳，驳回上诉，维持原判（黄某某转账案）。①

《电信诈骗意见》规定："明知是电信网络诈骗犯罪所得及其产生的收益，以下列方式之一予以转账、套现、取现的，依照刑法第三百一十二条第一款的规定，以掩饰、隐瞒犯罪所得、犯罪所得收益罪追究刑事责任……3.多次使用或者使用多个非本人身份证明开设的信用卡、资金支付结算账户或者多次采用遮蔽摄像头、伪装等异常手段，帮助他人转账、套现、取现的。"这一规定似乎可以为杨某、谢某群POS机刷卡案的判决提供根据。但是，取款人事后多次分别为不同的电信诈骗正犯者取款和事后多次为同一电信诈骗正犯者取款，对电信诈骗正犯者后来的诈骗行为所起的作用不可能完全相同。从结论上说，本书的观点是，反复帮助特定同一电信诈骗正犯者套现、取款的行为人，即使表面上没有语言、文字的事前通谋，也能够成立诈骗罪的共犯。换言之，虽然第一次套现、取款行为仅成立掩饰、隐瞒犯罪所得罪，但在事实上形成心理默契的情况下，后面的套现、取款行为应当成立诈骗罪的共犯。

首先，不能因为取款人与电信诈骗的正犯者没有共谋，就否认取款人成立诈骗罪的共犯。按照共同意思主体说，"所谓共谋，是指二人以上为了实施特定犯罪，以在共同意思之下结为一体相互利用他人的行为，进而将各自的意思付诸实行为内容所进行的谋议"。② 按照实质的正犯概念，"虽然没有分担实行行为（构成要件的行为），但在与其他共同者的意思联络之下，就引起构成要件的该当事实发挥了重要的事实性作用的，也可以认为实质上共同引起了构成要件该当事实。将这样的情形纳入共同正犯的范围内处理，是适当的"。③ 共谋具有三个特征：（1）参与者必须二人以上，一个人在内心里谋划实行犯罪的，不可能成为共谋。（2）参与人客观上就实行特定的犯罪进行谋议、达成合意，使参与人的意志付诸实现。（3）参与人以实行特定的犯罪为目的。显然，共谋不是单纯告诉对方自己愿意参与犯罪，而是具有相互利用他人行

① 辽宁省营口市中级人民法院（2018）辽08刑终130号刑事裁定书。

② 日本最高裁判所1928年5月28日判决，载日本《最高裁判所刑事判例集》第12卷第8号，第1728页。

③ ［日］山口厚：《刑法总论》（第3版），有斐阁2016年版，第341页。

犯者第一次让人帮助套现、取款就碰壁，其再次进行电信诈骗的信心与决心就受到了打击。反之，如果第一次让人帮助套现、取款，对方就欣然应允，这对正犯者下一次的诈骗行为就是明显的鼓励。如同盗窃犯窃取了下水道井盖后送到废品回收站变卖一样：倘若废品回收站根本不收购井盖，盗窃犯就不会再次盗窃井盖；反之，如果废品回收站收购井盖，没有任何拒绝的表示，盗窃犯下次就会继续盗窃井盖。就电信诈骗案件而言，在事前没有通谋的情况下，取款人的第一次套现或者取款行为虽然只成立掩饰、隐瞒犯罪所得罪，但这一次行为同时对电信诈骗正犯者的下一次诈骗起到了心理的促进作用。①

综上所述，取款人第一次为特定电信诈骗正犯者实施的套现或者取款行为，就成为下一次的事前通谋行为，因而与电信诈骗正犯者后来的诈骗结果之间存在心理的因果性。

于是，剩下的只是主观故意与目的的问题。其一，取款人是否明知自己的套现、取款行为会对电信诈骗的正犯者后来的诈骗行为起到鼓励作用？在本书看来，可以得出肯定回答。取款人很清楚地意识到，如果自己在第一次取款后对正犯者说"下次不帮你做这种事了"，就不可能对正犯者的下一次电信诈骗行为起到激励或者促进作用。反过来说，如果其并不这样拒绝，而是表现出下次继续帮助套现、取款的举止形态，就表明其认识到了正犯者下次仍然会让自己套现、取款。因此，取款人不仅认识到了正犯者下次会实施电信诈骗行为，而且认识到了自己的套现、取款行为是对正犯者下一次电信诈骗行为的鼓励或者促进。其二，取款人是否具有非法占有目的？回答也是肯定的。一方面，非法占有目的表现为使自己或者第三者占有，所以，即使取款人仅具有使正犯非法占有的目的，也能认定为具有非法占有目的。另一方面，倘若认为非法占有目的仅限于行为人自己占有，也只是就正犯而言；就共犯而言，只要其知道正犯具有非法占有目的即可，并不要求共犯具有独立的非法占有目的。这一点与身份犯中的身份相同。②

根据上述分析，本书认为，在杨某、谢某群 POS 机刷卡案中，杨某、

---

① 即使第一次帮助套现或者取款的行为还难以起到这种作用，第二次再次帮助套现或者取款的行为，无疑是对第三次以及此后套现或者取款行为的承诺，因而形成了事前通谋。

② Vgl. C. Roxin, StrafrechtAllgemeinerTeil, Band Ⅱ, C. H. Beck, 2003, S. 249ff.

谢某群在第一次套现之后继续多次为电信诈骗的正犯者套现的行为，已不再是掩饰、隐瞒犯罪所得的行为，而是诈骗罪的共犯行为。黄某某转账案的判断结论也能为本书所接受。

顺便指出的是，取款人的第一次取款行为成立掩饰、隐瞒犯罪所得罪，第二次之后的取款行为成立诈骗罪的共犯的，既不能实行数罪并罚，也不能按连续犯、牵连犯或者想象竞合处理，而应作为包括的一罪，按诈骗罪定罪处罚。①

问题索引

1. 诈骗罪的基本结构是什么？
2. 确定诈骗罪基本结构的依据是什么？
3. 诈骗罪与盗窃罪的关键区别是什么？
4. 作为诈骗对象的财物是否限于有体物？
5. 作为诈骗对象的财物是否必须具有经济价值？
6. 作为诈骗对象的财物是否包括不动产？
7. 作为诈骗对象的财物是否包括违禁品？
8. 作为诈骗对象的财物是否包括葬祭物？
9. 作为诈骗对象的财物是否包括人的身体？
10. 关于诈骗罪对象的立法例有哪几种？
11. 主张诈骗罪对象包括财产性利益的理由是什么？
12. 骗免债务是否构成诈骗罪？
13. 将财产性利益解释为财物是否属于类推解释？
14. 如何区分类推解释与扩大解释？
15. 将财产性利益作为诈骗罪对象需要作出什么限定？
16. 能否认为债权凭证都是普通财物？
17. 能否认为债权凭证都是财产性利益？
18. 财物的返还请求权是否是财产性利益？
19. 货款请求权是否是财产性利益？
20. 财物的交付“请求权”是不是财产性利益？

---

① 参见张明楷：《电信诈骗取款人的刑事责任》，载《政治与法律》2019 年第 3 期，第 35 页以下。

21. 抵押权是否属于财产性利益？

22. 债务的延缓履行是否属于财产性利益？

23. 使用欺骗手段使他人提前履行债务的，能否认定为骗取了财产性利益？

24. 虚拟财产是否属于财物或者财产性利益？

25. 将盗窃、骗取虚拟财产的行为认定为计算机犯罪存在哪些缺陷？

26. 如何计算虚拟财产的价值？

27. “公私财物”是指公私所有的财物还是公私占有的财物？

28. 所有权说的理论缺陷是什么？

29. 所有权说的具体难题是什么？

30. 限定的占有说的内容与理由是什么？

31. 欺骗行为的实质是什么？

32. 刑事诈骗与民事欺骗是什么关系？

33. 能否就规则及其含义进行欺骗？

34. 能否就心理事实进行欺骗？

35. 能否就将来事实进行欺骗？

36. 能否就价值判断进行欺骗？

37. 如何认识利用小概率原理实施的短信诈骗？

38. 如何认定举动的虚假表示？

39. 欺骗行为可否表现为不作为？

40. 不作为的欺骗行为的义务来源是什么？

41. 利用职务实施的欺骗行为是否成立诈骗罪？

42. 对于没有达到贪污罪数额标准的诈骗行为能否认定为诈骗罪？

43. 可否将诈骗行为排除在职务侵占罪之外？

44. 如何限制骗取行为成立贪污罪的范围？

45. 如何认识招摇撞骗罪与诈骗罪的关系？

46. 欺骗行为有哪些类型？

47. 在他人已经陷入认识错误的情况下，具备何种条件能够成立欺骗行为？

48. 如何认识找钱诈骗的性质？

49. 欺骗行为必须达到何种程度？

50. 欺骗程度的认定是采取客观标准还是采取主观标准？

51. 法人能否成为诈骗罪的受骗者？

52. 机器能否成为诈骗罪的受骗者？

53.《刑法》第 287 条是注意规定还是法律拟制？

54. 为什么不能扩大诈骗罪的受骗者范围？

55. 为什么德国、日本等国增设计算机诈骗罪？

56. 为什么我国可以不增设计算机诈骗罪？

57. 为什么应当肯定盗窃财产性利益的行为构成盗窃罪？

58. 为什么许霆案不成立诈骗罪？

59. 无处分能力的人能否成为诈骗罪的受骗者？

60. 知虑浅薄的未成年人与心神耗弱者能否成为诈骗罪的受骗者？

61. 德国的零花钱原则的内容是什么？

62. 诈骗罪的受骗者是否需要具有特定性？

63. 针对不特定人的欺骗行为需要区分哪两种情形？

64. 受骗者与被害人是否必须具有同一性？

65. 何谓三角诈骗？

66. 三角诈骗是不是伪命题？

67. 受骗者的认识错误的内容是什么？

68. 为什么受骗者的认识错误必须是现实的？

69. 受骗者对行为人的欺骗内容存在疑问时，能否认定受骗者陷入了认识错误？

70. 受骗者应当发觉行为人的欺骗内容但没有发觉的，是否影响诈骗罪的成立？

71. 欺骗行为与恐吓行为竞合时，应如何处理？

72. 行为人仅实施欺骗行为，被害人陷入认识错误并产生恐惧心理的，应如何处理？

73. 行为人仅实施恐吓行为，被害人陷入认识错误并产生恐惧心理的，应如何处理？

74. 行为同时具有欺骗与恐吓性质，被害人仅陷入认识错误的，应如何处理？

75. 行为同时具有欺骗与恐吓性质，被害人仅产生恐惧心理的，应如何处理？

76. 如何认识“套路贷”？

77. 能否以“套路贷”概念取代犯罪构成？

78. 处分行为要素的根据与机能是什么？

79. 在二者间诈骗的场合，财产处分者是否必须占有财产、是否必须具有财产所有权？

80. 在三角诈骗的场合，财产处分者与受骗者是否必须同一？

81. 根据何种标准认定受骗者具有处分被害人财物的权限或地位？

82. 我国为什么不能采取德国的阵营说？

83. 三角诈骗与诈骗罪的间接正犯是等同形态吗？

84. 何谓诉讼诈骗？

85. 诉讼诈骗构成诈骗罪的理由是什么？

86. 诉讼诈骗可能成立敲诈勒索罪吗？

87. 为什么说诉讼诈骗是三角诈骗的典型形式？

88. 虚假诉讼罪的设立能否成为否认三角诈骗的理由？

89. 三角诈骗存在哪些类型？

90. 二维码案为什么会成立三角诈骗？

91. 何谓诈骗罪中的“心理的因果性”？

92. 行为人的欺骗行为达到了诈骗罪的欺骗程度，但对方识破骗局，基于其他原因处分财产的，应如何处理？

93. 行为人的欺骗行为没有达到诈骗罪的欺骗程度，对方基于其他原因处分财产的，应如何处理？

94. 诈骗罪中的处分财产的含义是什么？

95. 受骗者处分财产时是否必须具有转移所有权的意思？

96. 针对普通财物的处分行为与针对财产性利益的处分行为是否存在不同要求？

97. 处分行为的表现形式有哪些？

98. 如何认定不作为的处分行为与容忍形式的处分行为？

99. 如何理解和认定“直接性要件”？

100. 处分财产是否需要处分意识？

101. 盗窃与诈骗能否竞合？

102. 处分意识的内容是什么？

103. 是否存在盗骗交织的案件？

104. 如何判断处分行为的有无?

105. 在行为人事先基于其他原因已经占有了对方财产的情况下,对方能否存在处分行为?

106. 不符合直接性要件(如骗打手机案)时,能否认定被害人处分了财产?

107. 占有人将财产交由行为人辅助占有时,占有辅助者非法取得财产的,是否成立诈骗罪?

108. 调包案件是否存在处分行为?

109. 什么情形的调包行为构成诈骗罪?

110. 行为人使用欺骗手段使被害人转移注意力甚至离开财物,从而取得财产的,是否成立诈骗罪?

111. 被害人因为受骗而转移整体物,但没有处分其中的封缄物,行为人在占有整体物的过程中,非法取得其中的封缄物的,是否成立诈骗罪?

112. 受骗者没有处分被害人财产的权限或地位时,能否认定有处分行为?

113. 以购车为名在试驾时开走车辆的,构成什么犯罪?

114. 在高铁上"买短乘长"的逃票行为构成何罪?

115. 能否以电信诈骗的概念取代诈骗罪的构成要件?

116. 对于利用债权凭证取得他人财物的,如何认定处分行为的有无?

117. 受骗者的民事过错与认识错误是什么关系?

118. 盗窃或者拾取他人存折后取款的,应如何处理?

119. 盗取或者拾取他人邮政汇款取款通知单后欺骗邮政职员提取他人汇款的,应如何处理?

120. 诈骗罪中的取得财产的含义是什么?

121. 取得财产可以分为哪些类型?

122. 欺骗行为导致受骗者放弃财物,行为人进而拾得财物的,是否成立诈骗罪?

123. 取得财产的主体除行为人外,是否包括第三者(含单位)?

124. 对取得财产的第三者应否作出某种限定?

125. 如何确定诈骗罪的被害人?

174. 非法占有目的中的占有主体是什么？
175. 非法占有目的中的“非法”是什么含义？
176. 如何判断共犯的故意与目的？
177. 如何判断电信诈骗案件中的取款人是否构成诈骗罪的共犯？

第二章　金融诈骗罪的共性问题

刑法分则第三章第五节对金融诈骗罪的系统规定，使金融诈骗罪成为一类犯罪；其共同点是：客观上都与金融相关、均为骗取财物的行为；主观上都出于故意，均有非法占有目的。正因如此，金融诈骗罪存在需要研究的共性问题。为避免不必要的重复与自相矛盾，本章先讨论金融诈骗罪的共性问题。

第一节　法条关系

一般认为，《刑法》第266条关于诈骗罪的法条属于普通法条，第192条至第198条关于金融诈骗罪的法条属于特别法条；除此之外，相对于《刑法》第266条普通诈骗罪的法条而言，第224条关于合同诈骗罪的法条属于特别法条（如后所述，本书并不赞成这种通说）；至于《刑法》第192条至第198条关于金融诈骗罪的法条与《刑法》第224条关于合同诈骗罪的法条之间是否存在特别法条与普通法条的关系，还存在疑问。关于金融诈骗罪的法条适用，存在一些值得研究的疑难问题。

一、普通法条与特别法条概述

（一）法条竞合的概念

法条竞合，是指一个行为同时符合了数个法条规定的犯罪构成,但从数个法条之间的逻辑关系来看,只能适用其中一个法条,当然排除适用其他法条的情况。换言之,法条竞合是指法条之间具有竞合(重合)关系,而不是犯罪的竞合。显然,法条竞合关系不同于法条关系。只有当两个法条之间存在包容关系(如特别关系、补充关系)时,才能认定为法条竞合关系。

法条竞合关系,并不限于形式上的此条(第X条)与彼条(第Y条)之间的关系;同一法条内的不同款项之间,以及同一款项内的不同构成要件之间,也可能存在法条竞合关系。例如,《刑法》第263条只有一款,其中后段规定的八项加重抢劫与前段规定的普通抢劫,就是典型的法条竞合(特别关系)。

概括起来,法条竞合具有如下特点:(1)存在一个符合犯罪构成的事实;(2)该犯罪行为仅侵害了一个犯罪的保护法益;(3)该犯罪行为表面上符合刑法分则的数个法条;(4)行为所符合的数个法条之间存在某种逻辑关系;(5)对该行为最终只能适用一个法条,因而排除其他法条的适用;(6)属于单纯的一罪。

为什么在法条竞合时只能适用一个法条而排除其他法条的适用呢?这是因为,法条竞合时,只有一个法益侵害事实,或者说行为仅侵害了一个犯罪的保护法益;只是由于刑法错综复杂的规定,导致此一法条规定的犯罪,可能是另一法条规定的犯罪的一部分。显然,如果同时适用两个以上的法条,必然形成对行为的重复评价,而对行为的重复评价会导致对行为人的重复处罚,明显有悖刑法的人权保障机能。

那么,两个法条存在什么样的逻辑关系时才可能属于法条竞合呢?反之,两个法条处于什么样的逻辑关系时,不可能属于法条竞合呢?

首先,如果两个法条所规定的犯罪处于相互对立关系(异质关系、排他关系)时,就不可能属于法条竞合。对立关系表现为属于A概念的事项不可能也属于B概念,反之亦然。因此,一个行为只能触犯其中一个法条,不可能同时触犯两个法条。例如,规定盗窃罪的第264条与规定诈骗罪的第266条是一种对立关系,针对一个行为对象或者一个法益侵害结果而言,某个行为不可能既触犯《刑法》第264条,又触犯第266条。

其次,我国刑法理论的通说认为,两个法条处于交叉关系时,存在法条竞合关系。[①] 交叉关系表现为,属于 A 概念的事项中有一部分属于 B 概念,属于 B 概念的事项中有一部分同时属于 A 概念。换言之,A 法条与 B 法条所规定的构成要件存在部分重合时,就属于交叉关系。例如,《刑法》第 260 条第 1 款规定:“虐待家庭成员,情节恶劣的,处二年以下有期徒刑、拘役或者管制。”第 260 条之一第 1 款规定:“对未成年人、老年人、患病的人、残疾人等负有监护、看护职责的人虐待被监护、看护的人,情节恶劣的,处三年以下有期徒刑或者拘役。”显然,当行为人虐待的对象既是家庭成员,又是自己负有监护、看护职责的未成年人、老年人、患病的人或者残疾人时,就形成了交叉关系。刑法理论的通说认为,对于法条竞合的交叉关系,采取重法条优于轻法条的原则。但本书认为,交叉关系时必须认定为想象竞合,而不能认定为法条竞合。[②]

再次,如果两个法条处于中立关系时,也不可能属于法条竞合。从法条的文字表述及其内容来看,二者之间不存在对立关系、交叉关系与包容关系,但是一个行为可能同时触犯两个法条时,这两个法条便是中立关系。例如,故意杀人罪与故意毁坏财物罪,二者既不是对立的,也不是交叉与包容的,但是,故意杀人行为完全可能同时触犯故意毁坏财物罪。再如,规定盗窃罪的《刑法》第 264 条与规定故意杀人罪的第 232 条是一种中立关系。当一个行为同时触犯盗窃罪与故意杀人罪时,只能认定为想象竞合,而不能认定为法条竞合。

最后,只有当两个法条处于包容关系时,才能成立法条竞合。包容关系(包摄关系)表现为,属于 A 概念的所有事项都属于 B 概念,但反过来则不成立。[③]例如,所有的故意杀人罪(《刑法》第 232 条)都触犯故意伤害罪(《刑法》第 234 条第 1 款),但不能说故意伤害罪同时触犯故意杀人罪,所以,故意杀人罪包含了故意伤害罪,二者存在法条竞合(故意杀人罪是故意伤害罪的特别法条)。再如,只要放火行为危害公共安

---

① 参见陈兴良、龚培华、李奇路:《法条竞合论》,复旦大学出版社 1993 年版,第 22 页以下;吴振兴:《罪数形态论》,中国检察出版社 1996 年版,第 173 页;高铭暄、马克昌主编:《刑法学》(第 8 版),北京大学出版社、高等教育出版社 2017 年版,第 187 页。

② 参见张明楷:《法条竞合与想象竞合的区分》,载《法学研究》2016 年第 1 期,第 56 页以下。

③ 如果 A 概念的所有事项都属于 B 概念,B 概念的所有事项也都属于 A 概念,则称为同一关系。一般不存在这种同一关系现象。

全,即使没有造成严重后果,也成立放火罪(《刑法》第114条)。如果放火行为不仅危害公共安全,而且造成他人重伤、死亡等严重后果,则适用《刑法》第115条第1款的规定。如果以第114条为基准观察,那么,第115条第1款是第114条的结果加重犯,可以说后者包含了前者;[①]反过来说,如果以第115条第1款为基准观察,则第114条补充了第115条第1款。所以,两个法条之间存在法条竞合。

大陆法系国家刑法理论以往一般将法条竞合分为四种情况:第一,特别关系,指一个行为既符合普通法(条)规定的犯罪构成,又符合特别法(条)规定的犯罪构成;其适用原则是特别法(条)优于普通法(条)。第二,补充关系,指一个犯罪构成具有补充另一犯罪构成的缺漏的作用时,一个行为同时符合这两个犯罪构成的情况;其适用原则是基本法优于补充法。第三,吸收关系,指一个行为所符合的数个犯罪构成之间,其中的一个犯罪构成包含了其他犯罪构成的内容,因而一个犯罪构成吸收其他犯罪构成的情况;其适用原则是完全法优于不完全法。第四,择一关系,指一个行为所符合的数个犯罪构成之间,在理论上存在不可两立的排他关系的情况;对此还没有明确的适用原则。[②] 除第一种特别关系以外,其他三种情况及处理原则还存在较大争议。而且可以肯定的是,由于法条竞合至少以构成要件的行为部分重叠为前提,故择一关系被否定。[③]

我国有些学者将法条竞合概括为四种情况:第一,独立竞合,指一个罪名概念的外延为另一罪名概念的外延的一部分,而犯罪行为正适合于这一部分的情形。其适用原则是特别法优于普通法。第二,包容竞合,指一个罪名概念的外延是另一罪名概念的外延的一部分,但犯罪构成的内容已超出外延窄的罪名概念的情形。其适用原则是全部法优于部分法。第三,交叉竞合,指两个罪名概念之间各有一部分外延相互重合。其适用原则是重法优于轻法。第四,偏一竞合,指两个法条交叉

① 《刑法》第114条中的"尚未造成严重后果"属于表面的构成要件要素。

② 以上参见[日]大塚仁:《刑法概说(总论)》(第4版),有斐阁2008年版,第494页以下。

③ Vgl., H. Jescheck/T. Weigend, Lehrbuch des Strafrechts, Allgemeiner Teil, 5 Aufl., Duncker & Humblot, 1996, S. 734;[日]平野龙一:《刑法总论Ⅱ》,有斐阁1975年版,第412页;[日]前田雅英:《刑法总论讲义》(第6版),东京大学出版会2015年版,第392页;[日]井田良:《讲义刑法学·总论》(第2版),有斐阁2018年版,第581~582页。

重合,但犯罪行为已经超出重合范围的情形。其适用原则是基本法优于补充法。[①]

本书认为,从实质来看,法条竞合的基本类型是特别关系。与一个普通法条相对应的可能不止一个特别法条,而是多个特别法条。如前所述,择一关系并不是法条竞合;补充关系虽然值得独立讨论,但只是特别关系的另一种表述;吸收关系要么属于包括的一罪,要么属于想象竞合;所谓包容关系,也只是特殊关系的外在表现。交叉关系则是想象竞合,而不是法条竞合。

(二)特别关系

特别关系的基本特征是,甲法条(刑罚法规)记载了乙法条的全部特征(或要素),但同时至少还包含一个进一步的特别特征(要素)使之与乙法条相区别。[②] 其中的甲法条是特别法条,乙法条是普通法条。例如,《刑法》第258条规定了重婚罪,第259条规定:"明知是现役军人的配偶而与之……结婚的,处三年以下有期徒刑或者拘役。"符合后一法条的行为必然符合了前一法条,但符合前一法条的并不必然符合后一法条,因为后一法条增加了"现役军人的配偶"这一特别要素,使之与普通法条相区别。特别法条所增加的特征或者要素,既可能是表明不法增加或者减少的要素,也可能是表明责任增加或者减少的要素。[③] 特别关系表现为以下几种情形:

1. 加重构成要件

加重构成要件有不同类型。其中,有的加重构成要件成立新罪,因而与基本犯罪成立不同的罪名。[④] 例如,强奸罪是强制猥亵罪的特别法条,猥亵儿童罪是强制猥亵罪的特别法条。有的加重构成要件并不成立新罪,但仍然属于特别法条。例如,相对于基本犯罪(普通法条)而言,结果加重犯就是特别法条。《刑法》第263条规定的"抢劫致人重伤、死亡",相对于普通抢劫而言就是特别法条。在发生抢劫致人重伤、

---

① 参见陈兴良主编:《刑法各论的一般原理》,内蒙古大学出版社1992年版,第403页以下;姜伟:《犯罪形态通论》,法律出版社1994年版,第414页以下。

② Vgl. C. Roxin, Strafrecht Allgemeiner Teil, Band Ⅱ, C. H. Beck, 2003, S. 848.

③ 当然,不排除立法者滥设特别法条的情形。例如,虽然设置特别法条,但法定刑完全相同。从立法论上来说,这样的特别法条是没有实际意义的,只是徒增法条数量而已。

④ 在我国刑法分则中,加重构成要件既可能规定在基本构成要件之后,也可能规定在基本构成要件之前。

死亡的案件时，虽然仍然认定为抢劫罪，但必须适用结果加重犯的法定刑，而不能适用普通抢劫的法定刑。同样，属于加重构成要件的具体情节加重犯，相对于基本犯而言都可谓特别法条（但不变更罪名）。例如，相对于普通抢劫而言，《刑法》第263条规定的"入户抢劫""持枪抢劫"是特别法条，虽然仍然认定为抢劫罪，但必须适用加重的法定刑。再如，奸淫幼女相对于普通强奸而言，也是特别法条，虽然仍认定为强奸罪，但应适用从重处罚的规定；相对于普通强奸而言，"二人以上轮奸"属于特别法条。①

2. 减轻构成要件

减轻构成要件在我国刑法分则中比较少见。例如，《刑法》第280条第1款规定："伪造、变造、买卖……国家机关的公文、证件、印章……情节严重的，处三年以上十年以下有期徒刑，并处罚金。"同条第3款规定："伪造、变造、买卖居民身份证、护照、社会保障卡、驾驶证等依法可以用于证明身份的证件……情节严重的，处三年以上七年以下有期徒刑，并处罚金。"居民身份证等证明身份的证件属于国家机关证件，伪造、变造、买卖居民身份证的行为原本符合《刑法》第280条第1款，但同条第3款对伪造、变造、买卖居民身份证等证明身份的证件情节严重的行为，规定了低于第1款的法定刑，因而属于减轻构成要件，成为特别法条。②

3. 结合犯的构成要件

结合犯，是指数个原本独立的犯罪行为，根据刑法的明文规定，结合成为一个犯罪的情况。结合犯相对于被结合的犯罪而言，就是特别法条。

典型的结合犯表现为：甲罪＋乙罪＝丙罪，丙罪便是结合犯。但这与罪名的确定有关系。例如，我国《刑法》第239条规定了绑架罪与绑架杀人、绑架伤人致人重伤或者死亡，但司法解释仅将其确定为一个罪

---

① 当刑法分则将"数额巨大""数额特别巨大""情节严重""情节特别严重"规定为法定刑升格的条件，而没有变更构成要件类型时，属于量刑规则。只要行为符合相应的条件，就必须适用相应的法定刑，在此意义上说，它们与基本犯罪之间也存在特别关系。

② 当刑法分则规定了基本构成要件之后，将"情节较轻"规定为法定刑降格的条件，而没有变更构成要件类型时（参见《刑法》第232条），属于量刑规则。只要行为符合情节较轻的条件，就必须适用相应的法定刑，在此意义上说，它们与基本犯罪之间也存在特别关系。

名(绑架罪)。可以肯定的是,如果这一条文存在于德国、日本刑法中,有可能确定为四个罪名,即绑架罪、绑架杀人罪、绑架伤人罪、绑架伤人致人重伤或者死亡罪。于是,绑架杀人、绑架伤人致人重伤或者死亡属于结合犯。我国刑法理论以往一直要求结合犯将数个独立的犯罪确定为另一新的独立犯罪,但这种要求可能是以日本刑法中最典型的结合犯(强盗强奸罪或抢劫强奸罪)为根据的。① 与强盗强奸罪相比,我国《刑法》第239条规定的绑架杀人、绑架伤人致人重伤、绑架伤人致人死亡似乎不属于结合犯。但值得注意的是,日本刑法理论在定义结合犯时,并没有附加"规定为一个新罪"的特征。如大谷实教授指出:"结合犯,是指将分别独立成罪的二个以上的行为结合起来的犯罪。"②事实上,是将甲罪与乙罪结合为丙罪,还是将甲罪与乙罪结合为甲罪或乙罪的加重情形,并不存在实质差异,因为如上所述,是否结合为新罪名,在很大程度上取决于对罪名的理解与确定。而且,结合犯的概念应根据本国刑法的相关规定予以确定。③ 所以,可以肯定,绑架杀人以及绑架伤人致人重伤、死亡就是结合犯。④ 再如,《刑法》第240条规定的"奸淫被拐卖的妇女"也是结合犯。

由于规定结合犯的法条属于特别法条,所以,对于结合犯自然以所结合的犯罪论处,即以一罪论处,而不能以数罪论处。例如,对于绑架后杀害被绑架人的,只能适用《刑法》第239条关于绑架后杀害被绑架人的规定,而不能适用故意杀人罪(被结合的犯罪)的规定,也不能实行

---

① 在2017年修改刑法之前,日本《刑法分则》第236条与第177条分别规定了强盗罪(抢劫罪)与强制罪。其第241条规定:"强盗犯强奸女子的,处无期或者七年以上惩役;因而致女子死亡的,处死刑或者无期徒刑。"该条所规定的罪名为强盗强奸罪与强盗强奸致死罪。显然,强盗强奸罪就是强盗罪与强奸罪的结合。在2017年修改刑法后,第177条改为强制性交等罪,第241条分3项规定:"犯抢劫罪或其未遂罪的人也犯了强制性交等之罪(第一百七十九条第二项之罪除外,下同)或其未遂罪,或者犯强制性交等罪或其未遂罪的人也犯了抢劫罪或其未遂罪的,处无期或者七年以上惩役。""在前项的场合中,其所犯之罪均为未遂罪时,除致人死伤的场合外,可以减轻其刑。但是,基于自己的意思中止了任何一个犯罪之时,对其刑予以减轻或者免除。""因第一项之罪的行为致人死亡的,处死刑或者无期惩役。"

② [日]大谷实:《刑法讲义总论》(新版第4版),成文堂2012年版,第479页。

③ 在旧刑法时代,由于刑法没有规定绑架杀人之类的犯罪类型,根据国外典型的结合犯确定结合犯的定义也未尝不可。但在现行刑法规定了绑架杀人之类的犯罪类型的情况下,没有必要援用旧刑法时代的结合犯定义。

④ 至于是否承认结合犯的未遂,则是另一回事,需要根据刑法的规定及法条之间的关系予以确定,难以一概而论。

数罪并罚。

4. 加重责任要素

例如,与传播淫秽物品罪(《刑法》第364条即普通法条)相比,传播淫秽物品牟利罪(《刑法》第363条第1款)增加了"以牟利为目的"的责任要素,后者是特别法条。再如,与骗取贷款罪(《刑法》第175条之一即普通法条)相比,贷款诈骗罪(《刑法》第193条)增加了"以非法占有为目的"的责任要素,后者是特别法条。从逻辑上说,也可能存在减轻责任要素。

二、特别关系的确定

哪些法条之间具有普通法条与特别法条的关系,在两个法条都属于特别法条时又如何进一步确定特别法条,这是需要研究的问题。要确定条文之间存在特别关系,首先必须区分法条竞合与想象竞合。我国刑法理论与司法实践不当扩大了特别关系的范围,没有将特别关系限定在合理的范围内。在本书看来,特别关系必须符合以下三个条件(旨在与想象竞合相区别)。

(一)逻辑的包容性

不需要借助具体案件事实的联结,而是通过对构成要件的解释就可以发现一个构成要件包容了另一构成要件的全部内容时,才有可能肯定特别关系。例如,通过对滥用职权罪(《刑法》第397条)与私放在押人员罪(《刑法》第400条)的构成要件进行解释便可以得知,私放在押人员是一种特殊的滥用职权行为,不管私放在押人员的行为表现为何种样态,都不影响两个法条之间的包容关系。倘若不考虑其他标准,后者是前者的特别法条。

倘若只有借助特定的案件事实,才能使两个法条之间产生关联关系(甚至是包容关系),案件事实改变后,两个法条之间处于中立关系乃至对立关系时,就不应当认定为法条竞合。例如,《刑法》规定破坏电力设备罪的第118条、第119条与规定盗窃罪的第264条,不存在特别关系。前者的行为是"破坏",只要使电力设备的效用减少或者丧失,就属于破坏,而不要求转移电力设备的占有;后者的行为是"盗窃",要求转移财物的占有,而不要求使财物的效用减少或者丧失。因此,一个行为能否同时触犯《刑法》第118条与第264条取决于具体的案件事实。亦即,如果行为人仅仅毁坏电力设备,就不可能同时触犯《刑法》第 264 条。只有当行为人将电力设备转移给自己或者第三者占有,同时使电力设备的效用减少或者丧失时,才同时触犯《刑法》第 118 条与第 264 条。所以,这种情形不可能是特别关系。

(二)法益的同一性

两个法条之间具有包容关系,并不必然形成特别关系。例如,《刑法》第 275 条规定的故意毁坏财物罪的法定最高刑为 7 年有期徒刑,第 309 条规定的扰乱法庭秩序罪包括"毁坏法庭设施……情节严重"的行为。单纯从逻辑关系来看,后者的行为地点与行为对象具有特殊性,因而人们会认为后者是特别法条。然而,倘若得出这种结论,适用特别法条优于普通法条的结局是,毁坏普通财物的最高可能判处 7 年有期徒刑,而毁坏法庭设施的最高只能处 3 年有期徒刑,这明显不妥。[①] 所以,特别关系还必须有实质的标准即法益的同一性。

只要承认犯罪的本质是侵害法益,同时承认特别关系时适用一个特别法条就可以充分、全面评价行为的不法内容,那么,就必须承认法益的同一性是特别关系的存在前提。因为在行为侵害了数个犯罪的保护法益时,如果仅适用一个法条,就不可能充分、全面评价行为的不法内容。反过来说,只有当两个法条的保护法益同一时,只适用一个法条才可能充分、全面评价行为的不法内容。

根据法益的同一性这一实质区分标准,一般来说,刑法分则中不同章节所规定的犯罪基本上不可能是法条竞合。例如,生产、销售伪劣产品罪与诈骗罪的保护法益分别为经济秩序(消费者享用合格产品的权利)与财产,使用假币罪与诈骗罪的保护法益分别为货币的公共信用与财产,过失致人死亡罪与交通肇事罪的保护法益分别为人的生命与公共安全,诈骗罪与招摇撞骗罪的保护法益分别为财产与国家机关工作人员的信用,盗窃罪与盗伐林木罪的保护法益分别为财产与森林资源,报复陷害罪与滥用职权罪的保护法益分别为公民的民主权利与国家机关公务的合法、公正、有效执行以及公民对此的信赖,它们之间都不可

---

① 当然,肯定会有人说"这是立法问题,只能通过修改法律来解决,而不能通过另设法条竞合与想象竞合的区分标准来解决"。本书则认为,这是解释论的问题,而不是立法论的问题。

能成为法条竞合的特别关系，而应认定为想象竞合。再如，过失致人死亡罪的保护法益是个人的生命，医疗事故罪的保护法益是公众生命、身体的安全和国家的卫生管理秩序。虽然说保护社会法益以保护个人法益为最终目的，但不能说个人法益等同或者包括社会法益或者国家法益。因此，过失致人死亡罪与医疗事故罪不是法条竞合的特别关系，而是想象竞合。基于同样的理由，诈骗罪与合同诈骗罪、诈骗罪与金融诈骗罪、合同诈骗罪与金融诈骗罪都不是法条竞合的特别关系。①

法益的同一性还意味着法益主体的同一性。亦即，如果行为侵害了不同法益主体的相同法益，也不可能属于法条竞合。例如，虽然故意杀人罪与故意伤害罪是特别关系，但是，这只是就同一法益主体而言；一个行为同时致A死亡和B伤害时，不可能属于法条竞合，而要认定为想象竞合。再如，公司人员甲将自己职务上占有的手提电脑谎称是自己所有而出卖给乙。甲的行为虽然侵犯的只是财产权，但由于法益主体不同（分别为公司与乙），二者之间不可能形成法条竞合。如果认为甲只实施了一个行为，则只能认定为想象竞合。②

（三）不法的包容性

法益的同一性只是解决了对行为的不法性质的评价问题，而没有解决对不法程度的评价问题。对不法性质的充分、全面评价，不等于对不法程度的充分、全面评价。然而，充分、全面评价不法程度具有重要意义。将一个严重侵害A法益的行为评价为轻微侵害A法益的行为，明显不当；反之亦然。刑法分则所规定的法定刑之所以存在区别，一个重要原因是不法内容（程度）不同。所以，在符合法益的同一性标准的场合，只有当适用一个法条也能充分、全面评价行为的不法内容，且法条之间具有包容关系时，才应认定为特别关系；否则，只能认定为想象竞合。于是，法条竞合与想象竞合的区分并不是固定不变的，而是取决于适用一个法条能否充分、全面评价行为的不法内容。换言之，当A、B两个法条在通常情况下是法条竞合时，不排除在特殊情况下（适用一个法条不能充分、全面评价行为的不法内容）是想象竞合。③

---

①　由于我国刑法理论的通说认为金融诈骗罪与诈骗罪是特别关系，故本书在许多场合一般按照通说所主张的特别关系展开讨论。

②　Vgl. ,C. Roxin, Strafrecht Allgemeiner Teil, Band Ⅱ, C. H. Beck, 2003, S. 822.

③　以上所称不法内容，是指有责的不法内容。

例如,《刑法》第 151 条第 3 款规定:“走私珍稀植物及其制品等国家禁止进出口的其他货物、物品的,处五年以下有期徒刑或者拘役,并处或者单处罚金;情节严重的,处五年以上有期徒刑,并处罚金。”第 153 条第 1 款规定:“走私本法第一百五十一条、第一百五十二条、第三百四十七条规定以外的货物、物品的,根据情节轻重,分别依照下列规定处罚:(一)走私货物、物品偷逃应缴税额较大或者一年内曾因走私被给予二次行政处罚后又走私的,处三年以下有期徒刑或者拘役,并处偷逃应缴税额一倍以上五倍以下罚金。(二)走私货物、物品偷逃应缴税额巨大或者有其他严重情节的,处三年以上十年以下有期徒刑,并处偷逃应缴税额一倍以上五倍以下罚金。(三)走私货物、物品偷逃应缴税额特别巨大或者有其他特别严重情节的,处十年以上有期徒刑或者无期徒刑,并处偷逃应缴税额一倍以上五倍以下罚金或者没收财产。”倘若以第 151 条为基准,可以认为第 153 条为补充法条;倘若以第 153 条为基准,则第 151 条是特别法条。当走私珍稀植物制品偷逃应缴税额较大或者巨大时,可以肯定第 151 条第 3 款是法条竞合的特别法条。但是,这一结论只是就走私珍稀植物制品不需要判处无期徒刑的情形而言。换言之,当走私珍稀植物制品偷逃应缴税额特别巨大时,如果依然认为第 151 条第 3 款是特别法条,认定为走私国家禁止进出口的货物、物品罪,就不能充分、全面评价偷逃数额特别巨大关税的不法内容,所以,必须认定为想象竞合,即认定行为同时构成走私国家禁止进出口的货物、物品罪与走私普通货物、物品罪,才能既评价走私国家禁止进出口的货物、物品的不法内容,又评价偷逃数额特别巨大关税的不法内容。

再如,《刑法》第 198 条规定:“有下列情形之一,进行保险诈骗活动,数额较大的,处五年以下有期徒刑或者拘役,并处一万元以上十万元以下罚金;数额巨大或者有其他严重情节的,处五年以上十年以下有期徒刑,并处二万元以上二十万元以下罚金;数额特别巨大或者有其他特别严重情节的,处十年以上有期徒刑,并处二万元以上二十万元以下罚金或者没收财产……”第 266 条规定:“诈骗公私财物,数额较大的,处三年以下有期徒刑、拘役或者管制,并处或者单处罚金;数额巨大或者有其他严重情节的,处三年以上十年以下有期徒刑,并处罚金;数额特别巨大或者有其他特别严重情节的,处十年以上有期徒刑或者无期徒刑,并处罚金或者没收财产……”倘若学者们坚持认为保险诈骗罪是普通诈骗的特别法条,[①]那么,也只能在保险诈骗数额较大财物的范围内时承认其与普通诈骗是特别关系,因为在这种场合,适用特别法条认定为保险诈骗罪,或许也能充分评价行为对保险秩序与财产的不法侵害内容。但是,如若行为人保险诈骗数额特别巨大(如2000万元),那么,此时保险诈骗与普通诈骗便是想象竞合关系。因为在司法实践中,对普通诈骗2000万元的行为,如果没有减轻处罚的情节,都会判处无期徒刑;如果仍然认定为特别关系,适用特别法条认定为保险诈骗罪,此时适用的法定刑为"十年以上有期徒刑",只能评价对保险秩序和数额巨大财产的不法侵害内容,而不能充分评价对数额特别巨大财产的不法侵害内容,所以,必须以想象竞合认定一行为同时触犯两罪,并按重罪(普通诈骗罪)的法定刑处罚。

总之,"一行为违反了数条相互之间不能通过法条竞合排除的刑法规定,就构成想象竞合"。[②] 而能否通过法条竞合排除,并非只是考虑数个法条之间是否存在包容与交叉关系,还必须考虑适用一个法条能否充分评价行为的不法性质与不法内容(程度)。只有当适用一个法条能够充分评价一个行为的所有不法内容时,才可能属于法条竞合;反之,应当认定为想象竞合。

需要研究的是,在有关金融诈骗罪的法条之间,是否进一步存在特别法条与普通法条的关系?不可否定,在相对某一普通法条存在几个特别法条的情况下,特别法条之间也可能进一步存在特别法条与普通法条的关系。但是,是否确实存在这种关系,只能通过分析几个特别法条之间的关系来确定。

《刑法》第192条、第193条与第198条主要是因为对象的特殊性而规定了相应的金融诈骗罪;由于各罪的诈骗对象不同(分别为社会公众的财物、金融机构的贷款、保险人的保险金),所以,在这三个条文之间不存在法条竞合关系,当然也不存在特别法条与普通法条的关系。《刑法》第194条至第197条主要是因为手段的特殊性而规定了相应的金融诈骗罪;由于各罪的诈骗手段不同(分别为利用金融票据、利用金

---

① 严格地说,二者是想象竞合而不是法条竞合。参见吕英杰:《刑法法条竞合理论的比较研究》,载陈兴良主编:《刑事法评论》(第23卷),北京大学出版社2008年版,第483页。

② [德]冈特·施特拉腾韦特、洛塔尔·库伦:《刑法总论Ⅰ——犯罪论》,杨萌译,法律出版社2006年版,第442页。

融凭证、利用信用证、利用信用卡、利用有价证券)，所以，在这四个条文之间并不存在法条竞合关系，同样也不存在特别法条与普通法条的关系。[①]

问题是，前面列举的三个条文(第 192 条、第 193 条与第 198 条)与后面列举的四个条文(第 194 条至第 197 条)之间，是否可能存在法条竞合关系？即以特殊手段骗取特殊对象时，是否存在法条竞合关系？如票据诈骗罪与贷款诈骗罪之间是否存在法条竞合关系？金融凭证诈骗罪与贷款诈骗罪之间是否存在法条竞合关系？这涉及行为人利用伪造、变造的金融票据或者金融凭证作抵押从金融机构骗取贷款的行为，应当如何处理的问题。[②] 有的学者指出："使用伪造、变造的金融凭证作抵押骗取贷款这一个行为既符合贷款诈骗罪的规定，又符合金融凭证诈骗罪的规定，且在贷款诈骗罪与金融凭证诈骗罪之间存在法条竞合关系。这种竞合关系，我认为是交互关系，即两个罪名之间各有一部分外延互相重合。在这种交互竞合中，因为刑法对贷款诈骗的方法没有限制，只要诈骗的是银行或者金融机构的贷款，即构成贷款诈骗罪。而刑法对于金融凭证诈骗的对象也没有限制，只要采取的是金融凭证诈骗的方法，即构成金融凭证诈骗罪。因此，当行为人采用金融凭证诈骗的方法，骗取银行或者其他金融机构贷款的时候，在构成要件上是重合的，形成交互竞合的情形。根据法条竞合理论，交互竞合的两个法条之间存在择一关系。在这种情况下，重法是优位法，应根据重法优于轻法的原则适用重法，排斥轻法。"[③]这里首先涉及的一个问题是，将伪造、变造的金融凭证作抵押，是否属于《刑法》第 194 条规定的"使用"伪造、变造的金融凭证？这个问题留在后面讨论。现在要研究的是，"假定"将伪造的金融凭证作抵押骗取贷款属于"使用"伪造的金融凭证，能否认

---

① 当然，如果对有价证券作广义的解释，认为金融票据、金融凭证等也属于有价证券，那么，《刑法》第 197 条便与第 194 条存在普通法条与特别法条的关系。但是，就金融诈骗罪而言，只能将第 197 条的有价证券解释为《刑法》第 194 条至第 196 条规定之外的有价证券。因此，第 197 条与第 194 条至第 196 条之间不存在普通法条与特别法条的关系。

② 处理结局可能没有很大区别，即如果主张这种情形属于法条竞合，其结局是重法条优于轻法条；如果主张这种情形属于想象竞合或者牵连犯，其结局也是从一重处罚。但是，理论构造存在区别。

③ 陈兴良：《使用伪造的银行存单作抵押骗取贷款行为之定性研究》，载《刑事司法指南》(总第 17 辑)，法律出版社 2004 年版，第 156 ~ 157 页。

为《刑法》第193条(贷款诈骗罪)与第194条(金融凭证诈骗罪)之间存在法条竞合关系?本书对肯定回答持怀疑态度。

首先,如前所述,法条竞合时,只能认定行为触犯了所应适用的法条的罪名;而想象竞合时,应当认为行为触犯了数个罪名,只是按照一个重罪(定罪)处罚而已。正因如此,法条竞合时仍属单纯一罪,而想象竞合则为科刑上一罪。所以,在排除其他因素的情况下,想象竞合的法益侵害性应当重于法条竞合的情形。应当认为,将伪造的金融凭证作抵押骗取贷款的行为的法益侵害性,重于使用虚假的经济合同等骗取贷款的法益侵害性。所以,从实质上说,将伪造的金融凭证作抵押骗取贷款的行为认定为想象竞合,比认定为法条竞合更合适。

其次,根据牵连犯的理论,当实现目的的手段行为触犯其他罪名时,成立牵连犯。牵连犯也不是单纯一罪,要么是科刑上一罪,要么是数罪。行为人将伪造的金融凭证作抵押骗取贷款的行为,符合"实现目的的手段行为触犯其他罪名"的条件。所以,如果承认牵连犯的概念,将上述行为认定为牵连犯也比认定为法条竞合更合适。

最后,如果认为将伪造的金融凭证作抵押骗取贷款的行为属于法条竞合,那么,可能导致法条竞合的现象无边无际。例如,伪造国家机关公文、证件、印章罪(刑法对伪造目的没有限制)与诈骗罪(刑法对手段没有限制)之间,故意杀人罪(刑法对杀人目的没有限制)与抢劫罪(暴力包含故意杀人)之间,故意杀人罪(刑法对杀人手段没有限制)与盗窃罪(刑法对财物范围没有限制,当然包括窃取心脏病患者急需的救心丸的行为)之间,故意伤害罪(刑法对伤害目的没有限制)与强奸罪(刑法对暴力手段没有限制)之间,都存在法条竞合关系。果真如此,想象竞合、牵连犯、吸收犯等概念几乎没有存在余地了。这可能需要进一步研究。

总之,行为人利用伪造、变造的金融票据、金融凭证等骗取公众集资款或者金融机构贷款的,不宜认定为法条竞合,而应认定为想象竞合或者牵连犯。换言之,《刑法》第192条与第198条之间,不存在进一步的普通法条与特别法条的关系。①

① 当两个法条之间存在交叉关系时,不应认定为特别关系,而应认定为想象竞合。

三、特别法条的适用前提

一般来说,特别法条的适用,以行为符合普通法条为前提。因为特别法条的要素不仅完全包含普通法条的要素,而且通过特别要素的增加,或者概念要素的特殊化,缩小了犯罪构成的范围。特别法条的犯罪构成是较狭义的“种”,普通法条的犯罪构成是较广义的“属”;前者是下位概念,后者是上位概念。因此,特别法条的犯罪构成的满足,必然包含普通法条的犯罪构成的满足。

首先,当特别法条与普通法条表现为完全包容关系时,特别法条的适用以行为完全符合普通法条为前提。所谓特别法条与普通法条的完全包容,是指特别法条所规定的犯罪行为原本完全包含在普通法条规定的犯罪之中,特别法条只是将普通法条中的某一方面或者某几个方面的因素进行特别限定,导致适用特别法条的条件比适用普通法条的条件更为严格,因而特别法条的适用范围比普通法条的适应范围更为窄小。特别法条往往只是重点描述其增加的特别特征或要素,而不注重描述一般要素,故可能导致误解:似乎不符合普通法条的行为,也能符合特别法条。其实不然,只有在符合普通法条所规定的构成要件的基本要素的前提下,才可能进一步符合特别法条。例如,《刑法》第 237 条第 1 款规定了强制猥亵罪,第 2 款规定的“公共场所当众犯前款罪”属于特别法条。第 2 款的适用以行为完全符合强制猥亵罪的构成要件为前提。

由于刑法理论的通说认为,信用卡诈骗罪与普通诈骗罪是特别关系,故本书暂且以此为前提略作说明。

《刑法》第 196 条规定了信用卡诈骗罪,其中包括使用伪造的信用卡、使用作废的信用卡、冒用他人的信用卡、使用以虚假的身份证明骗领的信用卡和恶意透支行为。问题是,信用卡诈骗罪中的使用伪造的、作废的信用卡、冒用他人的信用卡与恶意透支行为,是否包括在自动取款机上的使用、冒用行为?如本书第一章第一节所言,诈骗罪(既遂)客观上必须表现为一个特定的行为发展过程:行为人实施欺骗行为→对方陷入或者继续维持认识错误→对方基于认识错误处分(或交付)财产→行为人获得或者使第三者获得财产→被害人遭受财产损失。诈骗罪中的受骗者必须是自然人,如果没有自然人受骗,就不可能基于认识错误处分财产。诈骗罪与盗窃罪的关键区别在于,受骗人是否基于认识错误处分(交付)财产。但是,机器是不能被骗的,即机器因为没有意识而不会陷入认识错误,更不会基于认识错误处分财产。计算机等出现程序错误时,也并不等于计算机本身陷入了认识错误。因此,所谓向机器"行骗"的行为,不可能成立诈骗罪,只能成立盗窃罪或者其他相关犯罪。既然是信用卡"诈骗"罪,就应当有因为受骗(认识错误)而处分财产的自然人,而机器不可能被骗,所以,《刑法》第196条中的"使用""冒用"应限定为对"自然人"使用、冒用。换言之,利用信用卡从自动取款机上非法取得财物的,不宜认定为"诈骗",认定为盗窃罪可能更为合适。例如,将类似硬币的金属片投入自动售货机中,从而取得自动售货机中的商品的行为,不可能成立诈骗罪,只能成立盗窃罪。同样,将他人的信用卡插入自动取款机中提取现金的,也只成立盗窃罪。①

如果将使用他人信用卡在自动取款机上提取现金的行为认定为信用卡诈骗罪,那就意味着,即使行为不具有诈骗罪的"因受欺骗而处分财产"的本质要素,也成立信用卡诈骗罪,这便导致金融诈骗罪的构成要件要素少于普通诈骗罪的构成要件要素,使金融诈骗罪丧失了特别诈骗罪的性质。果真如此,相对于《刑法》第266条关于诈骗罪的规定而言,刑法关于金融诈骗罪的规定就不是特别规定,而成为补充规定。②当刑法关于金融诈骗罪的规定成为普通诈骗罪的补充规定时,根据法条竞合适用的规则,如果某种行为既符合金融诈骗罪的规定(补充规定),又符合《刑法》第266条的规定(基本规定),就不应适用补充规定(第192条至第198条),而应适用基本规定(第266条),但这本身就违反了第266条关于"本法另有规定的,依照规定"的规定。换言之,由于《刑法》第266条明显将有关金融诈骗罪的条款视为特别规定,所以,只有当某种行为在符合了普通规定的前提下,进一步具备特别规定所要求的特别要件时,才可能适用特别规定。在自动取款机上的使用、冒用他人信用卡的行为并不符合普通诈骗罪的构成要件,因而也不可能符合金融诈骗罪的构成要件,只能认定为盗窃罪。

---

① 当然,如果将自动取款机视为人的意思的延伸,或者是人的代理,进而将行为认定为诈骗罪,也不失为一种思路。但这种思路会导致诈骗与盗窃丧失明确界限。

② 即为了避免向机器"行骗"不构成诈骗罪而形成法益保护的疏漏,特补充规定向机器进行金融诈骗的,以金融诈骗罪论处。

例如，杜某拾到一张银行卡后，插进银行的自动取款机试探。在电脑提示输入密码时，杜某随手摁了几下；接着电脑便提示输入取款金额，杜某又随手输入200元，结果自动取款吐出200元人民币。此后几天，杜某不知疲倦地游窜在城市的大街小巷，寻找自动取款机取款，共取出50余万元。事后查明，杜某拾取的银行卡的磁条账户上出现了识别错误，表现为取现款时密码没有校验，取款后余额增加。某检察机关以信用卡诈骗罪批准逮捕杜某（杜某拾卡取款案）。[①]其实，杜某的行为并不符合“冒用”他人信用卡的要件。杜某持拾取的银行卡从自动取款机中取款时，并没有任何自然人陷入认识错误处分财产，相反，杜某的行为是违反被害人的意志取得财产的。换言之，杜某的行为不符合诈骗罪的构成要件，当然也就不可能进一步符合信用卡诈骗罪的构成要件。所以，对于杜某的行为只能认定为盗窃罪。[②]

其次，当特别法条与普通法条表现为部分包容关系时，就包容部分而言，特别法条的适用仍然以行为符合普通法条为前提。如前所述，就与现役军人配偶结婚而言，第259条属于特别法条，第258条属于普通法条。显然，只有符合第258条“明知他人有配偶而与之……结婚”的构成要件，才可能进一步符合“明知是现役军人的配偶而与之……结婚”的构成要件。但是，就没有包容的部分而言，则不存在特别关系。例如，明知是现役军人的配偶而与之同居的，并不包含在重婚罪的构成要件之内，因而不存在特别关系。

最后，所谓特别法条的适用以行为符合普通法条为前提，只是意味着以行为符合基本的普通法条为前提，而不意味着以行为符合一切可能的普通法条为前提。例如，一般认为，相对于《刑法》第193条关于贷款诈骗罪的规定，不仅第266条关于普通诈骗罪的规定属于普通法条，而且第224条关于合同诈骗罪的规定也是普通法条，因为贷款诈骗必然使用合同方式。倘若这一观点是成立的，那么，贷款诈骗罪的成立是

① 参见张园：《持“魔卡”的淘金青年》，载《法律与生活》2003年2月上、下期合刊，第106页。

② 对于杜某的行为也不可能认定为侵占罪。虽然杜某拾得了银行卡，但导致被害人遭受财产损失的，并不是杜某拾取银行卡的行为，而是持该银行卡提取现金的行为。换言之，本案中侵犯财产的行为并不是拾取银行卡的行为，而是从自动取款机中取款的行为。所以，行为的性质应按后者确定，而非按前者确定。至于对拾得他人现金不归还的行为认定为侵占罪，则是因为拾得且不归还的行为本身导致他人财产损失。

适用。例如,甲已着手持枪抢劫,但在没有压制被害人反抗,也没有造成任何损害的情况下,主动放弃使用枪支,以其他方法劫取财物。对甲的行为原本应适用“持枪抢劫”的特别法条,但由于甲中止了持枪抢劫,因而只能适用普通法条。再如,倘若特别法条规定的是告诉才处理的犯罪,在被害人没有告诉时,如果适用普通法条不违反告诉才处理的法律宗旨时,可能适用普通法条。又如,检察官在审查起诉过程中,发现适用特别法条的事实不清时,只能按普通法条起诉。第二,只要不违背量刑原则,在量刑时就应当考虑被排除适用的法条。例如,《刑法》第236条规定,“在公共场所当众强奸妇女的”,“处十年以上有期徒刑、无期徒刑或者死刑”;第237条规定,在公共场所当众犯强制猥亵罪的,“处五年以上有期徒刑”。显然,前者是后者的特别法条。但是,当行为人在公共场所当众强奸未遂的行为同时构成强制猥亵罪的既遂时,如果按照特别法条认定为强奸罪并适用未遂犯的规定减轻处罚(适用“三年以上十年以下有期徒刑”)时,所判处的刑罚不得低于五年有期徒刑。[1] 第三,在共同犯罪案件中,可能对一部分共同犯罪人适用特别法条,对另一部分共同犯罪人适用普通法条。例如,在正犯持枪抢劫时,帮助犯不知道正犯有持枪行为的,对前者适用特别法条(持枪抢劫),对后者适用普通法条。

五、特别法条内容不周全的处理

特别法条内容不周全,是指特别法条将普通法条中的某种行为予以特别规定时,[2]由于某种原因,其内容相对于普通法条而言,存在缺失。例如,特别法条所规定的行为方式少于普通法条所规定的行为方式,或者特别法条所规定的行为对象少于普通法条所规定的行为对象,如此等等。

特别法条内容不周全的原因,既可能是立法者的疏漏所致,也可能是立法者有意为之,还可能出于其他原因(如因为司法解释导致特别法条不周全)。对此,应区分不同情况,确立不同的处理原则。下面联系

---

① 当然,对于这种情形能否认定为想象竞合,也是值得进一步研究的。

② 作出特别规定后,既可能规定较重的法定刑,也可能规定较轻的法定刑,还可能规定与普通法条相同的法定刑。

具体条文进行分析。

第一种情况：当立法者并非为了限制处罚范围，而是因为特别法条的地位等原因导致特别法条内容不周全时，对不符合特别法条却符合普通法条的行为，应按普通法条处理。特别法条并非必须规定所有的“特别情形”，相反，完全可能只规定某一种特别情形，既然如此，对其他所谓的“特别情形”，理当适用普通法条，而不能以特别法条没有规定为由认定为无罪。

例如，《刑法》第 198 条规定了保险诈骗罪，其表现形式之一是“投保人、被保险人故意造成财产损失的保险事故，骗取保险金”。问题是，单纯的受益人（不同时具有投保人、被保险人身份）故意造成财产损失的保险事故，骗取保险金的，应如何处理？由于单纯的受益人不符合《刑法》第 198 条第 1 款第 4 项的主体条件，故对上述行为不能认定为保险诈骗罪。但不能由此得出受益人的行为不成立犯罪的结论，因为受益人明显具有骗取保险金的故意，而且实施了骗取保险金的行为，完全符合《刑法》第 266 条所规定的构成要件，应以诈骗罪论处（如果符合合同诈骗罪的构成要件，则以合同诈骗罪论处）。

或许有人认为，《刑法》第 266 条规定了“本法另有规定的，依照规定”，而保险诈骗是刑法另有规定的，既然受益人的行为属于刑法另有规定的行为，却又不符合另有规定的构成要件，只能宣告无罪。但笔者不以为然。所谓“本法另有规定的，依照规定”，是指当行为完全符合本法另有的特别规定时，依照特别规定处理；而当行为并不完全符合另有的特别规定而符合普通规定时，当然应适用普通规定。

再如，《刑法》第 197 条前段规定：“使用伪造、变造的国库券或者国家发行的其他有价证券，进行诈骗活动，数额较大的，处五年以下有期徒刑或者拘役，并处二万元以上二十万元以下罚金。”问题是，使用伪造、变造的地方政府发行的有价证券或者外国发行的有价证券进行诈骗活动的应当如何处理？显然，我们不能以法无明文规定不为罪为由，宣告该行为无罪。因为该行为至少完全符合普通诈骗罪的构成要件，所以，应当适用《刑法》第 266 条。此外，如果使用伪造、变造的地方政府发行的有价证券作担保骗取金融机构贷款的，则成立贷款诈骗罪。同样，行为人冒用他人的银行结算凭证骗取财物的行为，虽然不符合金融凭证诈骗罪的构成要件，但应认定为普通诈骗罪。

第二种情况：当立法者由于疏漏导致特别法条内容不周全时，对特别法条没有规定的行为仍应按普通法条处理。即普通法条完整地规定了某种犯罪行为，而特别法条只是规定了普通法条中的部分犯罪行为；普通法条已经规定而特别法条没有规定的行为，并非不值得科处刑罚，而是由于表述疏漏等原因造成特别法条处罚上的空隙；对特别法条没有规定而完全符合普通法条规定的行为，必须适用普通法条。

例如，作为普通法条的第 280 条规定了毁灭国家机关的公文、证件、印章的行为，而作为特别法条的第 375 条没有规定毁灭武装部队公文、证件、印章的行为，可以认为这是立法者的疏漏。但是，由于毁灭武装部队公文、证件、印章的行为完全符合《刑法》第 280 条的构成要件，故对这种行为应适用普通法条。这一解释并不违反罪刑法定原则。如果《刑法》第 280 条第 1 款与第 375 条第 1 款都没有规定毁灭行为，而将毁灭公文、证件、印章的行为解释为盗窃或者抢夺行为，进而以犯罪论处，则属于类推解释，违反罪刑法定原则。可立法现状是，虽然《刑法》第 375 条第 1 款没有规定毁灭行为，但第 280 条第 1 款规定了毁灭行为；而且武装部队的公文、证件、印章完全属于国家机关的公文、证件、印章。既然如此，毁灭武装部队公文、证件、印章的行为就完全符合《刑法》第 280 条第 1 款的构成要件，不仅不存在类推解释问题，而且也不属于扩大解释。从实质来说，对毁灭武装部队的公文、证件、印章的行为适用《刑法》第 280 条第 1 款，也不会损害国民的预测可能性。这是因为，一方面，毁灭武装部队公文、证件、印章的行为可谓自然犯，一般人都能认识该行为的危害性；另一方面，人们在阅读《刑法》第 280 条第 1 款时，都不会认为国家机关的公文、证件、印章不包括武装部队的公文、证件、印章。虽然人们在单独阅读《刑法》第 375 条第 1 款时，不会认为毁灭武装部队的公文、证件、印章是犯罪，但人们是在体系性地阅读刑法，而不是断章取义地阅读刑法。

金融诈骗罪的规定并不明显存在这类情形，值得研究的是使用变造的信用卡的行为。可以肯定的是，使用变造的信用卡骗取财物的行为具有可罚性。如果对刑法用语作相对解释，认为使用变造的信用卡属于使用伪造的信用卡或者属于使用作废的信用卡，那么，《刑法》第 196 条这一特别法条就没有不周全的问题。如果反对上述解释，那就意味第 196 条存在不周全的现象，对使用变造的信用卡骗取财物的行为就只能认定为普通诈骗罪。①

第三种情况：在立法者为了限制处罚范围而使特别规定不周全时，对不符合特别法条的行为不得依普通法条处理。即普通法条的规定比较完整，但为了避免扩大处罚范围，或者为了限制处罚范围，刑法分则条文对普通法条所规定的部分行为作出了特别限制规定，导致符合普通法条的部分行为不成立犯罪。在这种情况下，对不符合特别法条规定的行为，不得依普通法条论处。

例如，前述《刑法》第 280 条第 1 款规定了伪造、变造、买卖、盗窃、抢夺、毁灭国家机关的公文、证件、印章的犯罪，在《刑法修正案（九）》之前其第 3 款又规定："伪造、变造居民身份证的，处三年以下有期徒刑、拘役、管制或者剥夺政治权利；情节严重的，处三年以上七年以下有期徒刑。"本来，居民身份证属于国家机关制作的证件，因而属于国家机关证件。如果没有第 280 条第 3 款，对于伪造、变造居民身份证的行为，应当适用第 280 条第 1 款，以伪造、变造国家机关证件罪论处。但由于《刑法》第 280 条第 3 款特别规定了伪造、变造居民身份证的行为，故对该行为不得适用第 280 条第 1 款。正因为存在处罚漏洞，所以，《刑法修正案（九）》在《刑法》第 280 条第 3 款中增加了"买卖"行为。

第四种情况：刑法本身并不存在特别法条不周全的现象，但司法解释导致特别法条不周全时，在司法解释具有法律效力的情况下，对相关行为可以适用普通法条。

例如，《刑法》第 266 条要求诈骗数额较大；第 192 条至第 194 条、第 196 条至第 198 条关于金融诈骗罪的规定，也要求数额较大；第 195 条虽然没有要求数额较大，但从刑法的谦抑性以及司法实践经验来看，事实上也要求数额较大。但是，根据最高人民法院、最高人民检察院 2011 年 3 月 1 日公布的《关于办理诈骗刑事案件具体应用法律若干问题的解释》第 1 条规定，"诈骗公私财物价值三千元至一万元以上"，应当"认定为刑法第二百六十六条规定的'数额较大'"（以下以 3000 元作为诈骗罪数额较大的起点予以讨论）。但是，根据最高人民法院 2010 年 12 月 13 日公布的《关于审理非法集资刑事案件具体应用法律若干问题的解释》第 5 条的规定，个人进行集资诈骗，数额在 10 万元以上

① 本书第三章第六节将具体讨论这一问题。

的，应当认定为“数额较大”；根据最高人民检察院、公安部2010年5月7日印发的《关于公安机关管辖的刑事案件立案追诉标准的规定(二)》(以下简称《立案标准》)的规定，以非法占有为目的，诈骗银行或者其他金融机构的贷款，数额在2万元以上的，个人进行金融票据诈骗、金融凭证诈骗、有价证券诈骗、保险诈骗，数额在1万元以上的，应予立案追诉。于是，出现了这样的问题：对于贷款诈骗、票据诈骗、金融凭证诈骗、保险诈骗数额8000元的，应当如何处理？

对此，至少可能出现四种方案：第一，最高人民法院的司法解释明显不当，应予废止。换言之，司法解释对金融诈骗数额较大的要求不应当高于普通诈骗罪的要求。第二，对上述行为宣告无罪。理由可能是，既然刑法规定了金融诈骗罪的构成要件，现实行为也属于金融诈骗，在行为没有达到金融诈骗罪的数额的情况下，当然只能宣告无罪。第三，以金融诈骗罪的未遂处罚。因为在行为人实际上没有取得数额较大财物时，也可能以犯罪未遂处罚。第四，对上述行为以普通诈骗罪或合同诈骗罪论处。那么，究竟应如何解决此问题？

第一种方案虽然可谓上策，但在上述司法解释还没有废止和修正的情况下，这一方案不能解决现实发生的案件。而且上述司法解释废止或者修正后，也就不存在本问题了。

第二种方案似乎旨在维护罪刑法定原则，但是本书难以赞成。首先，从整体上说，金融诈骗实际上是比普通诈骗更为严重的犯罪，不管是从法益侵害的角度来考察，还是从刑法的规定方式来考虑，都可以得出这一结论。既然如此，对于采取其他方法骗取3000元以上的便以诈骗罪论处，而对于骗取贷款或者保险金，或者使用伪造的金融票据等诈骗3000元以上没有达到1万元的，反而不以犯罪论处，便有悖于刑法的公平正义性。

其次，或许有人以本书前述“只能在罪刑法定原则的前提下追求刑法正义性”来反驳此处的观点。但是，如前所述，由于金融诈骗罪以符合普通诈骗罪的构成要件为前提，所以，只要金融诈骗数额达到3000元以上，就至少符合了普通诈骗罪的构成要件。既然如此，就不能以违反罪刑法定原则为由，对这种行为宣告无罪。

再次，或许有人认为，在刑法将金融诈骗罪从诈骗罪中抽出来作为独立犯罪规定之后，凡是属于刑法规定的金融诈骗行为，都只能适用刑法关于金融诈骗罪的规定,而不能适用刑法关于普通诈骗罪的规定,否则便违反了特别法条优于普通法条的原则。其实不然。不可否认,金融诈骗罪原本属于普通诈骗罪,在刑法将其从诈骗罪中抽出来作为独立犯罪规定之后,对金融诈骗罪不能认定为普通诈骗罪。但是,这是以行为构成金融诈骗罪或者符合金融诈骗罪的构成要件为前提的。《刑法》第 266 条所说的"本法另有规定的,依照规定",也是指行为符合"另有规定"时,才依照"另有规定"。可是,由于司法解释具有法律效力,又由于司法解释导致金融诈骗数额不满 1 万元的不成立金融诈骗罪,所以,金融诈骗数额不满 1 万元的行为并不符合金融诈骗罪的构成要件,进而不属于第 266 条的"本法另有规定"的情形。既然如此,对虽不符合金融诈骗罪的构成要件,但符合其他犯罪构成要件的行为,依然可能适用相关规定定罪处罚。

最后,刑法规定金融诈骗罪并不是为了限制诈骗罪的处罚范围。刑法将金融诈骗罪从普通诈骗罪中独立出来予以规定,与《刑法》第 280 条第 3 款将伪造、变造、买卖身份证件罪从伪造、变造国家机关证件、印章罪中独立出来作出规定,属于两种不同性质的规定。后者是为了限制处罚范围,即不处罚盗窃、抢夺、毁灭居民身份证件的行为;前者不是为了限制处罚范围,而是为了对特定的诈骗行为给予更严厉的制裁。既然如此,就不能以限制处罚范围为由对上述行为宣告无罪。

第三种方案具有部分合理性。在行为人实施金融诈骗行为,但没有达到数额较大起点的情况下,以金融诈骗罪的未遂定罪处罚,是一种可行方案。对于刑法分则所规定的各种不以危害结果作为构成要件的具体故意犯罪,在什么情形下可以处罚未遂犯,需要进行实质性考虑:对于犯罪性质严重的未遂,如故意杀人未遂、抢劫未遂、放火未遂等,应当以犯罪未遂论处;犯罪性质一般的未遂,如盗窃未遂、诈骗未遂等,只有情节严重时,才能以犯罪未遂论处;犯罪性质轻微的未遂,不以犯罪论处。① 此外,最高人民法院 1996 年 12 年 24 日发布的《关于审理诈骗案件具体应用法律的若干问题的解释》指出:"已经着手实行诈骗行为,

---

① 参见张明楷:《刑法第 140 条"销售金额"的展开》,载《清华法律评论》(第 2 辑),清华大学出版社 1999 年版,第 188 页。

为，被告人廖某某以非法占有为目的，隐瞒真相、虚构事实，骗取“蚂蚁借呗”公司现金人民币 6000 元，数额较大，其行为构成诈骗罪。[①] 显然，廖某某的行为原本属于贷款诈骗，但由于其数额没有达到贷款诈骗罪的定罪标准，而且也不可能认定为贷款诈骗罪的未遂，故认定为诈骗罪是合理的。

回过头来看，司法解释对金融诈骗罪所规定的数额较大的标准高于普通诈骗罪，也并不存在明显的缺陷。因为刑法分则对各种数额较大的金融诈骗罪所规定的法定刑均为“五年以下有期徒刑或者拘役”，而《刑法》第 266 条对数额较大的诈骗罪所规定的法定刑为“三年以下有期徒刑、拘役或者管制”，所以，将没有达到金融诈骗罪数额标准的行为认定为普通诈骗罪，可以防止轻罪重判，实现罪刑协调。

第二节　客观要件

刑法对金融诈骗罪采取了叙明罪状的规定方式，尤其是对金融诈骗罪的手段行为规定得比较具体，而且，刑法对金融诈骗罪的行为与结果等要素的规定方式也有引人注目之处。但这并不意味着金融诈骗罪的客观要件没有丝毫疑问，相反，仍然存在值得研究的问题。[②]

一、客观行为

（一）罪状特点

罪状主要描述犯罪的客观要件，刑法对金融诈骗罪的罪状描述存在不同方式。

第一种方式：虽然可谓采取了叙明罪状的表现形式，但在没有分项的情况下描述诈骗类型。其代表例为《刑法》第 192 条、第 194 条第 2 款、第 197 条。其中，又可分为两种不同类型。

第 194 条第 2 款与第 197 条明文限定了欺骗行为的具体类型，即只

---

① 参见陈德星、吕文洁：《冒用他人身份信息网贷并转移贷款的法律定性》，载《中国检察官·经典案例》2018 年第 12 期，第 70 页。

② 主体要件原本也属于客观要件，但由于内容较多，本书放在下一节单独讨论。

限于使用特定的金融工具实施欺骗行为：第 194 条第 2 款规定的金融凭证诈骗罪，只限于使用伪造、变造的委托收款凭证、汇款凭证、银行存单等银行结算凭证的行为；第 197 条规定的有价证券诈骗罪，只限于使用伪造、变造的国库券或者国家发行的其他有价证券的诈骗行为。因此，使用条文规定以外的其他欺骗方法骗取财产的，都不可能构成金融凭证诈骗罪与有价证券诈骗罪。例如，使用伪造的电话卡的行为，不成立金融凭证诈骗罪；冒用他人银行存单从银行提取存款的行为，不成立金融凭证诈骗罪，只成立普通诈骗罪；骗取他人有价证券的行为，并不成立有价证券诈骗罪，只成立普通诈骗等罪。

但是，《刑法》第 192 条对集资诈骗罪的规定，则没有限定欺骗行为的具体类型，凡是以非法占有为目的，使用诈骗方法非法集资数额较大的，均属于集资诈骗行为。换言之，第 192 条并没有限定集资诈骗的具体手段。刑法之所以将集资诈骗罪从普通诈骗罪中抽出来作为独立的犯罪，是因为其对象的特殊性而非方法的特殊性，因此，《刑法》第 192 条只是对诈骗对象作了明确限定；由于集资诈骗的方法多种多样，刑法不可能具体描述，故使用一般性、抽象性的表述。在这种情况下，对其中的诈骗方法的解释与认定，应根据普通诈骗罪的诈骗方法确定。换言之，只要客观上属于普通诈骗罪的诈骗方法，并且非法集资的，就构成集资诈骗罪。

第二种方式：对欺骗行为的方法（或方式）作了比较详细且封闭式的列举（没有设立避免遗漏的“兜底”规定），其代表例为第 194 条第 1 款、第 196 条、第 198 条。

由于这种规定方式详细列举了欺骗行为的方法，所以，凡是没有采取法定的欺骗方法的行为，都不可能成立相应的金融诈骗罪。例如，《刑法》第 196 条仅规定了四种信用卡诈骗方法：使用伪造的信用卡或者使用以虚假的身份证明骗领的信用卡、使用作废的信用卡、冒用他人信用卡、恶意透支。所以，以此外的欺骗方法骗取财物，即使与信用卡有密切关系，也不能认定为信用卡诈骗罪。于是，某种诈骗行为是否符合《刑法》第 196 条规定的欺骗方法，就成为区分信用卡诈骗罪与普通诈骗罪或其他犯罪的关键。例如，行为人 A 使用伪造的保证人身份证明骗领信用卡并使用，取得信用卡后“恶意透支”。如果认为《刑法》第 196 条所规定的“使用以虚假的身份证明骗领的信用卡”包括使用以虚假的保证人身份证明骗领的信用卡(当然要符合其他要件),那么,A 的行为就成立信用卡诈骗罪,而非成立普通诈骗罪。再如,使用变造的信用卡的行为是否属于“使用伪造的信用卡”或者“使用作废的信用卡”?如得出肯定结论,则成立信用卡诈骗罪;如得出否定结论,就只能认定为普通诈骗罪。保险诈骗罪也是如此。例如,恶意复保险、隐瞒保险危险骗取保险金的行为是否属于“故意虚构保险标的,骗取保险金”?如持肯定结论,那么,该行为成立保险诈骗罪;如持否定结论,则该行为成立普通诈骗罪、合同诈骗罪或者不成立犯罪。

不难看出,第二种方式虽然比较具体,有保证刑法安定性的优点,但从立法论来考察,可能与实际生活脱节,未必是一种理想的立法例。

第三种方式:对欺骗行为的方法作了比较详细的列举,同时以“其他方法”防止刑法描述的遗漏(存在“兜底”规定)。其代表例为《刑法》第 193 条、第 195 条。

从表面上看,个别列举与“兜底”规定相结合的第三种方式与第二种方式只有一点不同,即是否有“兜底”规定。其实不然。由于第二种方式是对欺骗方法的封闭性规定,所以,其规定的欺骗方法不是举例性质;而第三种方式因为存在“其他方法”的规定,所以,其规定或列举的欺骗方法具有举例性质。换言之,《刑法》第 193 条类似于以下规定方式:“以非法占有为目的,使用欺骗方法骗取银行或者其他金融机关的贷款,数额较大的,处……下列方法通常属于欺骗方法:(一)编造引进资金、项目等虚假理由的;(二)使用虚假的经济合同的;(三)使用虚假的证明文件的;(四)使用虚假的产权证明作担保或者超出抵押物价值重复担保的。”这种立法例只是明示常见的欺骗方法,而不限制欺骗方法。所以可以认为,第二种方法是“列举法”,而第三种方法是“例示法”。

与列举法相比,例示法更能对应社会生活事实。可以设想,如果《刑法》第 196 条在列举了四种信用卡诈骗的欺骗方法后,设有“以其他方法进行信用卡诈骗活动”的规定,那么,使用变造的信用卡便理所当然成立信用卡诈骗罪。如果《刑法》第 198 条在列举了五种保险诈骗的欺骗方法后,设有“以其他方法进行保险诈骗活动”的规定,那么,恶意复保险、隐瞒保险危险骗取保险金的行为,就无可争议地成立保险诈骗罪。

与列举法相比,例示法也不一定损害刑法的安定性。就金融诈骗罪而言,一方面,法官要根据普通诈骗的构成要件限定“其他方法”的范围,因为特别法条的适用以符合普通法条的规定为前提。另一方面,法官要将现实案件与法条例示的欺骗方法相比较,判断现实案件是否与法条例示的欺骗方法相类似。所以,法官的自由裁量权受到了有效的拘束,刑法的安定性能够得到保障。

刑法分则条文所规定的罪状,实际上是对具体犯罪类型的描述,而非具体犯罪的定义。类型是立法与法律形成的前身,立法者的任务便是描述各种犯罪类型,因此立法者可能存在一定空间。① 在一定空间内采取何种方式描述犯罪类型,是刑事立法学应当深入探讨的问题。德国学者考夫曼指出:“类型无法被‘定义’,只能被‘描述’。因此,对立法者而言有两种极端情况:或者整个地放弃描述类型而只给予该类型一个名称。例如我们在德国刑法第一百八十五条所看到的,该条仅简单规定:‘侮辱’将如此如此处罚。此方式将使法律的适用上获得较大的弹性,但相对地也换来法律的不安定性。或者试着尽可能精细地(‘列举地’)描述类型——例如德国刑法第二百五十条加重强盗罪之规定。此种方式具有较大法律安定性之优点,但也造成谨慎拘泥以及与实际生活脱节的结果——耗费大而收获小(事倍功半)。前面曾提过的‘例示法’——这在新的刑法典中经常被运用,例如在加重窃盗罪(德国刑法第二百四十三条)——则取二者之间而走中庸之道;立法者只例示性地描述类型,因而明白地指示法官可使用类推的法律发现。”②概言之,例示法是概括条款与个案列举法的一种有机结合,它既能保障刑法的安定性,也赋予法官对此类或类似的案件作出同样处理的任务,既能对应社会生活事实,也能限制法官权力。因此,现代刑事立法越来越愿意采取例示法。③

需要强调的是,在对上述第三种方式所规定的罪状进行解释时,不

---

① [德]亚图·考夫曼:《法律哲学》,刘幸义等译,台北,五南图书出版股份有限公司2000年版,第128页。

② [德]亚图·考夫曼:《类推与“事物本质”——兼论类型理论》,吴从周译,台北,学林文化事业有限公司1999年版,第117页以下。

③ 参见[德]亚图·考夫曼:《类推与“事物本质”——兼论类型理论》,吴从周译,台北,学林文化事业有限公司1999年版,第63页。

可以为“其他方法”无边无际，相反，解释者在确定“其他方法”的范围时，应当遵守以下两个规则：

一是特别法条与普通法条的关系规则。如前所述，通说认为，有关金融诈骗罪的法条与有关普通诈骗罪的法条是特别法条与普通法条的关系，而不是补充关系或者其他关系。既然如此，特别法条的符合性便以普通法条的符合性为前提。因此，在解释“其他方法”时，必须以其符合普通诈骗中的欺骗方法为前提，即以虚构、隐瞒事实或者价值，使他人陷入处分财产的认识错误为前提，而且欺骗方法必须达到足以使一般人陷入认识错误的程度。

二是同类规则。当刑法分则条文在列举了具体的构成要件要素之后，后面使用“等”“其他”概念时，对于“等”“其他”必须作出与所列举的要素性质相同的解释。例如，《刑法》第127条第1款规定：“盗窃、抢夺枪支、弹药、爆炸物的，或者盗窃、抢夺毒害性、放射性、传染病病原体等物质，危害公共安全的，处三年以上十年以下有期徒刑；情节严重的，处十年以上有期徒刑、无期徒刑或者死刑。”根据同类规则，这里的“等物质”仅限于与足以危害公共安全的毒害性、放射性、传染病病原体性质相同的物质，而非泛指一切物质。又如，《刑法》第237条第1款规定：“以暴力、胁迫或者其他方法强制猥亵他人或者侮辱妇女的，处五年以下有期徒刑或者拘役。”根据同类规则，这里的其他方法仅限于与其前面列举的暴力、胁迫性质相同、作用相当的强制方法，而非泛指一切其他方法，否则必然扩大处罚范围，违反罪刑法定原则。① 同样，在解释《刑法》第193条与第195条时，也必须将其中的“其他方法”，限定为与各自条文所列举的欺骗方法性质相同的方法。所以，正当贷款后产生

① 或许有人以《刑法》第246条为例提出异议。第246条规定的侮辱罪的罪状是“以暴力或者其他方法公然侮辱他人”，那么，“其他方法”是否限于与暴力相当的强制方法？在本书看来，即使对此持否定回答，也不与同类解释规则发生矛盾。因为暴力具有不同的属性，在强制猥亵、侮辱罪中，暴力、胁迫的作用是为了征服他人意志，所以，“其他方法”必须也是为了征服他人意志的强制方法。在此意义上说，该“其他方法”与暴力、胁迫完全是同类的。但侮辱罪并不以征服被害人意志为前提，“侮辱，是指对他人予以轻蔑的价值判断的表示”（张明楷：《刑法学》（第5版），法律出版社2016年版，第917页），侮辱罪中的“暴力”只是表示轻蔑的价值判断的一种方式。所以，其他表示轻蔑的价值判断的方式，如言词侮辱、文字侮辱与暴力侮辱也是同类的。因此，认为第246条的“其他方法”包括言词侮辱、文字侮辱并不违反同类规则。

不还本付息的意图,进而不还本付息的,不属于《刑法》第 193 条的“其他方法”。

上述第二种方式与第三种方式都要求解释者对法条作出全面解释,而不能断章取义,尤其不能割裂项中的描述内容与项前的描述内容。例如,《刑法》第 193 条的项中描述内容为:“(一)编造引进资金、项目等虚假理由的;(二)使用虚假的经济合同的;(三)使用虚假的证明文件的;(四)使用虚假的产权证明作担保或者超出抵押物价值重复担保的;(五)以其他方法诈骗贷款的。”项前的描述内容为:“以非法占有为目的,诈骗银行或者其他金融机构的贷款,数额较大”。再如,《刑法》第 195 条的项中描述内容为:“(一)使用伪造、变造的信用证或者附随的单据、文件的;(二)使用作废的信用证的;(三)骗取信用证的;(四)以其他方法进行信用证诈骗活动的。”项前的描述内容为“进行信用证诈骗活动”。面对这样的罪状描述方式,解释者必须将项中的描述与项前的描述结合起来完整地理解。换言之,并不是只要实施了项中描述的行为,就符合金融诈骗罪的客观要件;只有同时符合项中的描述内容与项前的描述内容,才符合金融诈骗罪的客观要件。例如,并不是任何使用虚假的经济合同或证明文件的行为,都符合贷款诈骗罪的客观要件;只有使用虚假的经济合同或证明文件,骗取银行或者其他金融机构的贷款,数额较大的行为,才符合贷款诈骗罪的构成要件。再如,对于“骗取信用证”行为本身是否成立信用证诈骗罪的问题,也只有将项中的描述内容与项前的描述内容作为整体来解释,才可能得出正确结论。

在司法实践中,人们常常只考虑项中的描述内容,而忽视项前的描述内容,这会导致不自觉地减少金融诈骗罪的构成要件要素,因而必然不当扩大金融诈骗罪的处罚范围。例如,《刑法》第 196 条第 1 款第 3 项将“冒用他人信用卡”规定为信用卡诈骗行为。根据相关规定,信用卡只能由持卡人本人使用。在此意义上说,凡是使用他人信用卡的,都是冒用他人信用卡。但是,如果仅以此便认定行为符合信用卡诈骗罪,则不当扩大了信用卡诈骗罪的范围。从法律规定上说,要将“冒用他人信用卡”这一项中规定与“进行信用卡诈骗活动,数额较大”这一项前规定结合起来确定构成要件。从事实来说,冒用他人信用卡并不必然属于信用卡诈骗行为。例如,乙借用甲的手提电脑后一直没有归还,虽然甲多次追讨，但是乙仍不归还，还声称保证归还，并将自己的信用卡交给甲，还对甲说："如果我一周内不还，你有权使用该信用卡。"一周后乙依然没有归还手提电脑，甲便冒用乙签名，利用乙的信用卡购买了一台相同的手提电脑（征得同意使用他人信用卡案）。甲的行为虽然可谓"冒用他人信用卡"，但不能认定其行为属于"进行信用卡诈骗活动"。再如，《刑法》第194条第1款第1项将"明知是伪造、变造的汇票、本票、支票而使用"的行为，规定为票据诈骗罪的一种行为方式。但是，这并不意味着凡是故意使用伪造、变造的汇票、本票、支票的行为，都成立票据诈骗罪。只有故意使用伪造、变造的汇票、本票、支票（项中规定），又符合"进行金融票据诈骗"构成要件的（项前规定），才可能成立票据诈骗罪。因此，行为人与金融机构具有处分权限的人员相勾结，使用伪造、变造的汇票、本票、支票的，由于没有受骗者，财产处分者并非基于认识错误，而是基于相互勾结，只能认定为贪污罪或者职务侵占罪的共犯，而不能认定为票据诈骗罪。

（二）不作为的欺骗

关于金融诈骗罪的客观要件，存在的争议问题之一是，不作为能否成为金融诈骗罪中的欺骗行为？有人认为，金融诈骗罪只限于以作为方式实行；①有人指出："金融诈骗的方法有虚构事实和隐瞒真相两种，虚构事实的诈骗必定是作为，而隐瞒真相的诈骗则既可以是作为，也可以是不作为，应依具体情况而定……但如果进一步从刑事政策上考虑，把不作为的金融诈骗作为犯罪化则不利于交易自由这一现代商法原则的实现，也不合理地扩大了刑事责任的范围，使检察官承担过大的证明压力，容易出入人罪。"②但是，这两种观点过于绝对。

首先，正如第一章第三节所言，诈骗罪中的欺骗方法完全可能表现为不作为。根据特别法条与普通法条的关系规则，只要刑法有关金融诈骗罪的特别规定没有排除不作为的欺骗行为，那么，不作为的欺骗行为就有成立金融诈骗罪的可能性。例如，非法集资罪就不能排除不作为的欺骗行为。易言之，在特别条款没有将欺骗行为限定为作为的情

---

① 高西江主编：《中华人民共和国刑法的修订与适用》，中国方正出版社1997年版，第472页。

② 刘远：《金融诈骗罪研究》，中国检察出版社2002年版，第234～235页。

还是使用伪造的票据作担保从被害人处骗取现金,实际上都会涉及票据权利问题,都会侵犯票据管理秩序。所以,二者均应成立票据诈骗罪。但上述两种观点得出的结论并不同。另一方面,特约商户冒用伪造的信用卡与出卖伪造的信用卡骗取财物,都是欺骗行为直接造成他人财产损失结果;就法益侵害的角度而言,都妨害了信用卡管理秩序并侵犯了财产。虽然这两种行为都可谓直接使用伪造的信用卡,但对于出卖伪造的信用卡的行为,却不能认定为信用卡诈骗罪(见《刑法》第177条之一)。同样,转让伪造的有价证券骗取财物的行为,属于使用;而转让伪造的委托收款凭证的行为,不属于使用。对此,显然不能根据是否"直接"使用作出区分。这表明,上述两种观点不是在焦点上展开争论。

本书倾向于认为,"使用"应是指按照金融工具的功能与通常方式的使用,因而应当根据不同的金融工具的功能及其通常使用方式,确定"使用"的含义。换言之,各种不同金融工具都有其特定的功能与通常的使用方式,对于刑法就金融诈骗罪所规定的各种"使用"行为,也应限定为按照金融工具的功能与通常的方式进行使用。

其一,在某种金融工具可以用于担保的情况下,行为人使用伪造的金融工具作担保骗取他人财物的,成立相应的金融诈骗罪。例如,使用伪造的国库券作担保骗取他人财物的,成立有价证券诈骗罪。同样,如果某种票据可以用于担保,那么,行为人使用伪造的票据作担保骗取财物的,也成立票据诈骗罪。反之,如果某种金融工具不能用于担保,行为人使用伪造的金融工具作担保骗取财物的,不成立金融诈骗罪。例如,信用卡只能供本人使用,不能用于担保。行为人使用伪造的信用卡作担保骗取他人财物的,不成立信用卡诈骗罪,宜认定为普通诈骗罪或者合同诈骗罪。

其二,在某种金融工具可以转让的情况下,行为人转让伪造的金融工具骗取财物的,成立相应的金融诈骗罪。例如,国库券等有价证券可以有偿转让,因此,行为人将伪造的国库券等国家发行的有价证券冒充真实有效的国库券等国家发行的有价证券转让给他人的,成立有价证券诈骗罪。反之,如果某种金融工具不能转让,行为人将伪造的金融工具转让给他人骗取财物的,不成立金融诈骗罪。例如,行为人将伪造的信用卡出卖给他人的,不成立信用卡诈骗罪。行为人出售伪造的支票的,也不成立票据诈骗罪。

其三,行为人以非法占有为目的,单纯以伪造的金融工具显示自己的经济实力,从而骗取财物的,不成立金融诈骗罪。例如,某市一公司急需融资。被告人甲主动上门找到该公司总经理A,称香港某公司有意投放1亿元人民币到该市,并拿出一份伪造的商业承兑汇票给A过目。A求"资"若渴,当即请甲引荐。甲将自称"香港公司商务代表"的乙引荐给A,乙声称他们只能通过银行汇票划账。此后,甲安排丙、丁等人假冒该市某银行支行行长、业务科科长等,纷纷出场洽淡融资事项,最后"行长"以20万元"签字费"为条件,承诺了贴现要求。在支付20万元"签字费"的第二天,A得知上当受骗(假冒行长融资案)。对于甲等人的行为,显然不能认定为"使用"伪造的票据。

笔者注意到,有的国家刑法理论与审判实践将行使伪造的有价证券等罪中的"行使"(相当我国刑法中的"使用")认定得比较宽泛。例如,日本学者在解释行使伪造的有价证券等罪中的行使时指出:"行使,是指将伪造的有价证券等作为真正的或者内容真实的有价证券而使用,与行使伪造的货币不同,不要求置于流通。因此,为了供人观看而呈示支票的场合也包含在内。"①但是,在日本刑法中,行使伪造的有价证券罪并不是作为诈骗罪规定的,而是作为侵害有价证券的公共信用的犯罪来规定的。因此,如果行为人使用伪造的有价证券骗取财物,则成立牵连犯。② 我国刑法将使用伪造的有价证券作为金融诈骗罪来规定,故为了供人观看而呈示有价证券的行为,不可能属于有价证券诈骗罪中的使用行为。所以,我们不能照搬日本刑法理论中的行使概念。

总之,应当根据不同的金融工具的功能及其通常使用方式确定"使用"的含义。因此,在不同的金融诈骗罪中,"使用"的具体含义并不一定完全相同。

---

① [日]山口厚:《刑法各论》(第2版),有斐阁2010年版,第485页。另参见[日]大塚仁:《刑法概说(各论)》(第3版),有斐阁1996年版,第432页;[日]曾根威彦:《刑法各论》(第5版),弘文堂2012年版,第259页;[日]前田雅英:《刑法各论讲义》(第6版),东京大学出版社2015年版,第347页。

② [日]大塚仁:《刑法概说(各论)》(第3版),有斐阁1996年版,第433页;[日]大谷实:《刑法各论》,成文堂2001年版,第291页;[日]井田良:《讲义刑法学·各论》,有斐阁2016年版,第470页。

金融诈骗罪中的使用行为的对方必须是自然人,而不能是自动取款机等机器。如前所述,诈骗罪的成立,以使受骗人陷入认识错误并处分财产进而遭受财产损失为既遂标准;只有自然人才能陷入认识错误,机器是不可能陷入认识错误的。所以,只有针对自然人实施欺骗行为,才可能成立诈骗罪。刑法关于金融诈骗罪的规定相对于有关普通诈骗罪的规定而言,属于特别法条,而特别法条的适用以符合普通法条的构成要件为前提。所以,金融诈骗罪中的"使用"伪造、变造的票据、信用证、信用卡、有价证券等行为,也只限于对自然人使用,而不包括在自动取款机等机器上使用。在自动取款机等机器上使用伪造的信用卡等取得财物的,应认定为盗窃罪。

使用行为不仅要求对方(财产处分者)为自然人,而且要求作为对方的自然人不明知行为人使用的是伪造、变造的票据、信用证、信用卡、有价证券等;换言之,使用的对方必须是不知情的自然人。如果使用的对方明知是伪造、变造的票据、信用证、信用卡、有价证券等而接受,则使用者的行为成立其他犯罪,而不成立金融诈骗罪。如果财产处分者不知情,非财产处分者知情,则不影响金融诈骗罪的成立。所以,需要分清不同情形。例如,行为人甲与某商店的营业员乙相互串通,甲伪装购物将支票交给乙,乙拿着支票交付商店会计,商店会计收下支票后,乙将甲所"购"之物交付给甲。然后,甲与乙分赃。在这种情况下,如果商店除乙之外没有其他陷入认识错误与处分财产的人员,乙是"财产处分者",那么,只能认定乙与甲构成职务侵占罪的共犯。如果商店存在陷入认识错误与处分财产的人员,即乙并没有处分财产的权限或地位,不是财产处分者,而是由甲和乙共同欺骗商店具有处分财产的权限或地位的其他人,则甲与乙构成票据诈骗罪的共犯。

"冒用"也是值得深入研究的一个概念。有关金融诈骗罪,刑法明文规定了"冒用他人的汇票、本票、支票""冒用他人信用卡"的行为;此外,刑法规定的"其他方法"中也可能包含冒用行为。一般来说,冒用是指非合法持有人未得到合法持有人的授权而使用某种金融工具的行为。所以,冒用行为具有以下特征:第一,冒用者不是金融票据、信用卡的合法持有人;第二,冒用行为没有得到合法持有人的授权;第三,冒用者以虚构身份或者隐瞒身份等方式使他人误以为其为合法持有人。

问题是,冒用的对象是否必须具有真实性?即如何认定冒用他人的虚假票据或者冒用伪造的信用卡的行为性质?对此,刑法理论上存在不同看法。本书认为,这可能与事实认识错误的理论有关,留在本章第四节讨论。

使用伪造、变造的票据、信用证、信用卡、有价证券等,是金融诈骗罪的常见行为方式。所以,正确理解和认定伪造、变造的概念,对于正确认定金融诈骗罪具有重要意义。

"伪造"概念的使用率在刑法分则中很高(十多个具体罪名中含有"伪造"概念)。在国外刑法与刑法理论中,"伪造"概念具有不同含义。例如,就与伪造文书相关联而言,伪造具有四种不同含义,最广义的伪造,是指伪造、变造文书,制作虚假文书以及行使伪造、变造或制作的虚假文书的一切行为。广义的伪造,是指伪造、变造文书与制作虚假文书的行为,即只是不包含最广义的伪造中的行使行为。这个意义上的伪造包括有形伪造与无形伪造。有形伪造,是指制作不真正的文书,即没有制作权限的人制作他人名义的文书;无形伪造,是指制作虚假文书,即具有制作权限的人,制作违反真实内容的文书。其中的有形伪造也包括了有形变造,无形伪造包括了无形变造。狭义的伪造,仅指广义伪造中的有形伪造,即没有制作权限的人伪造或者变造他人名义的文书的行为。最狭义的伪造,则是指不包括变造的有形伪造行为。①

我国刑法分则中没有上述最广义的伪造概念,但存在上述广义的、狭义的与最狭义的伪造概念。可是,我国刑法理论与司法实践在理解伪造概念时,常常只是将伪造限定为有形伪造,而无意中将无形伪造排除在外,这便不恰当地缩小了处罚范围。换言之,在我国刑法分则中,伪造的概念可能出现以下几种情况:第一,包括有形伪造与有形变造、无形伪造与无形变造。这往往是因为刑法分则条文仅使用了"伪造"一词,根据刑法理念、处罚的必要性,而不得不将该伪造解释为包括了有

① 参见[日]大塚仁:《刑法概说(各论)》(第3版),有斐阁1996年版,第444~445页。

形变造与无形变造的情况。[①] 第二,包括有形伪造与无形伪造。在刑法分则条文并列规定了伪造与变造概念,或者就同一对象在不同条文中规定了伪造行为与变造行为时,其中的伪造便不可能包含变造,但却包含了有形伪造与无形伪造。[②] 第三,包括无形伪造与无形变造。[③] 至于我国刑法分则中是否存在最狭义的有形伪造,还是需要研究的问题。

---

① 例如,《刑法》第227条第1款规定:"伪造或者倒卖伪造的车票、船票、邮票或者其他有价票证,数额较大的,处二年以下有期徒刑、拘役或者管制,并处或者单处票证价额一倍以上五倍以下罚金;数额巨大的,处二年以上七年以下有期徒刑,并处票证价额一倍以上五倍以下罚金。"本条仅使用了"伪造"概念,而没有将"变造"与伪造相并列。但是,许多变造有价票证的行为,也严重侵害了有价票证的公共信用,值得科处刑罚。所以,最高人民法院2000年11月15日通过的《关于对变造、倒卖变造邮票行为如何适用法律问题的解释》指出:"对变造或者倒卖变造的邮票数额较大的,应当依照刑法第二百二十七条第一款的规定定罪处罚。"据此,伪造、倒卖伪造的有价票证罪中的伪造,包含了变造;而且在本书看来,本条的"伪造"不仅包括有形伪造与变造,而且包括无形伪造与变造。例如,具有邮票制作权限的人,制作虚假的邮票或者对真正的邮票进行加工,数额较大的,也应以犯罪论处。需要说明的是,上述司法解释的结论不是扩大解释,更不是类推解释,只是选择了伪造概念中的广义含义。

② 例如,《刑法》第177条规定了伪造、变造金融票证罪,其中的伪造虽然不包括变造,但包括无形伪造。例如,银行的储蓄工作人员具有制作存单的权限,但是,只有存在储蓄事实时,才能制作相应数额的存单;如果该工作人员在没有储蓄事实的情况下制作存单,则属于伪造存单,成立伪造金融票证罪。再如,《刑法》第280条规定了伪造、变造、买卖国家机关公文、证件、印章罪,其中的伪造也包括有形伪造与无形伪造。即具有制作权限的国家机关工作人员,制作内容虚假的国家机关公文,是无形伪造,应以伪造国家机关公文罪论处。由于行为人是国家机关工作人员,其制作的公文的虚假性难以被识破(特别是当其盖有真实的印章时);与此同时,由于该虚假公文出自国家机关工作人员之手,不仅导致国家机关公文的公共信用丧失殆尽,而且引起人们对国家机关本身的不信任。在此意义上说,无形伪造的危害性重于有形伪造的危害性,因而更值得科处刑罚。但是,就特定的公文而言,如果刑法特别规定了无形伪造,那么,《刑法》第280条的伪造便不包括对该特定公文的无形伪造。

③ 例如,《刑法》第412条第1款规定:"国家商检部门、商检机构的工作人员徇私舞弊,伪造检验结果的,处五年以下有期徒刑或者拘役;造成严重后果的,处五年以上十年以下有期徒刑。"《刑法》第413条第1款规定:"动植物检疫机关的检疫人员徇私舞弊,伪造检疫结果的,处五年以下有期徒刑或者拘役;造成严重后果的,处五年以上十年以下有期徒刑。"这两个条文所规定的"伪造"仅限于无形伪造与无形变造。首先,不符合上述主体要件的人,单独伪造商品检验结果或者检疫结果的,不成立商检徇私舞弊罪与动植物检疫徇私舞弊罪,而应成立伪造国家机关公文、印章罪。其次,国家商检部门、商检机构的工作人员是具有制作商品检验结论的人员,其伪造检验结果的行为,便是无形伪造;同样,动植物检疫机关的检疫人员,也是具有制作检疫结论的人员,其伪造检验结果的行为,也属于无形伪造。最后,当具备上述主体要件的甲工作人员制作了真实正确的商品检验文书、检疫文书后,具备上述主体要件的乙工作人员,对该文书进行加工,使其内容具有虚假性的,则属于无形变造,也应适用上述规定,认定为犯罪。

且包括法人及其他团体。[①] 但是,我国刑法关于金融诈骗罪的规定,并不必然以银行信用为保护法益,因此,即使某种行为没有侵犯银行信用,也不妨害金融诈骗罪的成立。诚然,不可否认的是,有关金融诈骗罪的部分条文会起到保护银行信用的作用,但这只是相关条文的反摄效果,而不能说明银行信用是金融诈骗罪的行为对象和保护法益。将银行信用作为保护法益,表面上有利于维护银行信用,实际上会事与愿违,因为如果将银行信用作为保护法益,便意味着没有侵犯银行信用的行为,不成立金融诈骗罪。果真如此,许多金融诈骗行为便会因为没有侵犯银行信用而不能认定,结局反而不利于保护银行财产与信用。

三、危害结果

一般认为,金融诈骗罪侵犯的是复杂客体,即金融秩序与财产。刑法将金融诈骗罪规定在分则第三章"破坏社会主义市场经济秩序罪"中,表明本罪所属类罪的同类客体是社会主义市场经济秩序;金融秩序是社会主义市场经济秩序的组成部分,它既有利于市场主体维护正常的生产经营秩序与竞争秩序,也有利于维护市场经济所需要的安定社会环境。在此意义上说,金融诈骗罪的主要客体应当是金融秩序,次要客体是财产。如果某种行为只是侵犯了他人财产,而没有侵犯金融秩序,就不可能构成金融诈骗罪。[②] 这种复杂客体决定了本类罪的危害结果表现为两个方面:一是对金融秩序的破坏;二是对他人财产的侵害(骗取财产)。但是,刑法并没有针对前一危害结果作出明文规定,而只是规定了金融诈骗数额较大的危害结果。[③]

那么,刑法为什么没有针对主要客体规定危害结果呢?在本书看来,刑法之所以仅针对财产侵害规定危害结果,主要基于以下几个原因:

第一,只要行为人以刑法规定的方法实施金融诈骗行为,就必然破

---

① 参见[日]山口厚:《刑法各论》(第2版),有斐阁2010年版,第152页以下;[日]井田良:《讲义刑法学·各论》,有斐阁2016年版,第174页。

② 但是,这并不意味着次要客体不具有意义。如果某种行为只是破坏了保险制度,而没有侵犯(包括侵害与威胁)保险人的财产,就不可能构成保险诈骗罪。而且,就金融诈骗罪而言,主要客体是财产还是金融秩序,也有研究的余地。

③ 仅《刑法》第195条没有明文规定"数额较大"。

铁则,所以,超出刑法用语可能具有的含义而得出的结论,为刑法所禁止。但文理解释可能得出多种结论,于是,目的论解释便起决定性作用。不符合刑法目的的解释,即使符合文理,也不能得到采纳。要使刑法解释结论既符合刑法文理又符合刑法目的,就需要采取多种解释方法(如各种逻辑解释、体系解释与历史解释等)。

由于金融机构起先并未严格区分信用卡与借记卡,习惯上信用卡包括借记卡,而且,透支只是信用卡的功能之一,借记卡与典型的信用卡具有其他相同功能,即使后来的相关法规规定银行卡包括信用卡和借记卡,借记卡不再属于信用卡,在刑法上将借记卡解释在信用卡之内,也是文理解释与沿革解释的结论。[①] 相反,将借记卡归入银行结算凭证,反而会产生与“凭证”的通常含义不相符合的感觉。

从体系解释的角度来考察。《刑法》分则第177条与第178条分别规定了伪造、变造金融票证罪与伪造、变造国家有价证券罪,前者依次包括伪造、变造汇票、本票、支票,伪造、变造银行存单等其他银行结算凭证,伪造、变造信用证及其附随的单据、文件,以及伪造信用卡。由于银行结算凭证不仅可以伪造,而且完全可能变造,而信用卡的变造通常没有实际意义(如后所述,当然不排除变造的可能性),所以,《刑法》第177条规定了伪造、变造银行结算凭证,而没有规定变造信用卡,《刑法》第196条也仅规定了使用伪造的信用卡。同样,借记卡的变造通常也没有实际意义,因而不同于完全可能变造的银行存单、存折。既然如此,将借记卡归入信用卡就符合刑法的相关规定。更为重要的是,如果将借记卡视为银行结算凭证,那么,由于《刑法》第195条仅规定了“使用伪造、变造的……银行结算凭证”的行为,就必然出现如下不协调的现象:使用伪造的借记卡骗取财物的,成立金融凭证诈骗罪;使用作废的借记卡、冒用他人借记卡的,成立普通诈骗罪。反之,如果将借记卡

---

① 我国首先规定信用卡诈骗罪的是1995年6月30日全国人大常委会《关于惩治破坏金融秩序犯罪的决定》第14条,1997年《刑法》第196条与前者无本质上的差异。1992年12月29日发布的《信用卡业务管理暂行办法》(已失效),未就信用卡的具体含义进行界定,只是简单地规定了信用卡业务的基本含义。中国人民银行1996年4月1日发布的《信用卡业务管理办法》(已失效)第3条规定:“本办法所称信用卡,是指中华人民共和国境内各商业银行(含外资银行、中外合资银行,以下简称商业银行)向个人和单位发行的信用支付工具。信用卡具有转账结算、存取现金、消费信用等功能。”所以,从立法沿革来看,刑法中的“信用卡”就是指现在的“银行卡”。

归入信用卡,对于使用伪造的借记卡、使用作废的借记卡、冒用他人借记卡的行为,均认定为信用卡诈骗罪,则有利于刑法的协调一致。

尽管从目前来说,将借记卡归入信用卡具有一定的合理性。但是,从长远来看,将借记卡归入信用卡的《立法解释》也可能陷入困境。因为存折与借记卡的功能可能完全相同,即存折也可以消费支付、转账结算、存取现金。存折与借记卡的唯一区别在于:前者为凭证的形式,后者为支付卡的形式。如果存折具有与借记卡完全相同的功能,那么,按照《立法解释》,使用伪造的借记卡骗取财物的行为构成信用卡诈骗罪,而使用功能完全相同的存折骗取财物的行为则成立金融凭证诈骗罪。在功能完全相同的情况下,仅凭外在形式之差(凭证与支付卡),认定为不同的犯罪,显然存在疑问。

近年来,非法获取他人社保卡后盗刷卡内社保金的现象时有发生,当盗刷的金额数额较大时便涉及如何定罪量刑的问题。第一种观点认为,现在的社保卡已经加载了存储、取款、转账等金融功能,可以作为具有借记功能的银行卡使用,属于《立法解释》中的信用卡,拾得社保卡盗刷的行为,应认定为信用卡诈骗罪;第二种观点认为,社保卡不同于信用卡,拾得社保卡盗刷没有秘密窃取,而是通过骗取药店等具体刷卡操作人员致使被害人遭受损失,应当认定为诈骗罪;第三种观点认为,拾得社保卡盗刷社保金是一种在被害人不知情的情况下,通过和平手段秘密窃取行为,应当认定为盗窃罪。①

诚然,社保卡在特定范围内与信用卡的功能相同,如具有存取款、转账、银联消费等功能。但是,社保卡的发放主体不是金融机构,而是人力资源和社会保障部门;卡内的社保款项只能在定点医院、药店就医购药时在 POS 机上刷卡使用,不得提取现金。因此,社保卡不能等同于信用卡。至于非法使用他人社保卡的行为应当如何处理,则取决于其使用方法。如果行为人对自然人使用,则构成诈骗罪。例如,行为人在医院收费处交费时,将他人的社保卡作为自己的社保卡交付给收费员时,就欺骗了医院的收费员,收费员基于自己的权限处分了他人社保卡内的资金,故行为人成立三角诈骗。反之,如果对机器使用社保卡的,

---

① 参见徐艳霞:《拾得社保卡并盗刷应定性为盗窃》,载《检察日报》2018 年 5 月 27 日,第 3 版。

则成立盗窃罪(这种情形目前似乎不可能)。所以,认为盗刷他人社保卡的行为仅成立盗窃罪的观点,并不妥当。

二、使用伪造的信用卡或者使用以虚假的身份证明骗领的信用卡

(一)使用伪造的信用卡

将《刑法》第196条第1款第1项的内容与项前规定作整体理解,使用伪造的信用卡,是指使用伪造的信用卡骗取他人数额较大财物。

1. 使用的含义

使用伪造的信用卡,是指将伪造的信用卡冒充真实有效的信用卡,依照信用卡的通常功能予以使用的行为。

首先,使用伪造的信用卡的行为,必须是一种欺骗他人作出财产处分的行为。例如,甲持伪造的信用卡,在银行柜台通过欺骗银行职员提取现金。在这种情况下,银行职员之所以交付现金,是因为其误以为甲持有的是真实有效的信用卡。再如,乙在特约商户购物时,使用伪造的信用卡支付对价。商场职员之所以交付商品,同意行为人以信用卡支付,是因为其误以为乙使用的是真实有效的信用卡。

持伪造的信用卡在自动取款机上提取现金的,不成立信用卡诈骗罪。诚然,从字面上而言,这种行为也属于"使用";但是,对刑法用语不能望文生义地解释,对刑法的任何一个条文都不能孤立地理解,而应进行体系的解释,从而使解释结论协调一致。信用卡诈骗罪是诈骗罪的特别类型而非补充类型,所以,信用卡诈骗罪的成立以符合普通诈骗罪的构成要件为前提。使用伪造的信用卡,必须是一种使受骗者作出财产处分决定的欺骗行为。而机器是不能被骗的,机器不可能陷入认识错误;不能将伪造的信用卡资料、行为人输入的密码与自动取款机的记载相符合的事实,认定为机器陷入认识错误。否则,将普通铁片投入自动售货机后取出商品的行为,也构成诈骗罪。这是不可思议的。所以,持伪造的信用卡在自动取款机上提取现金的行为,根本不存在欺骗行为。既然如此,就完全不符合诈骗罪的基本构造。换言之,将持伪造的信用卡从自动取款机上提取现金的行为认定为信用卡诈骗罪的观点与做法,既导致信用卡诈骗罪与普通诈骗罪的关系不协调,也导致信用卡诈骗罪与盗窃罪的界限不清晰。因为持伪造的信用卡从自动取款机上提取现金的行为,完全符合盗窃罪的构成要件(行为人违反占有者的意

志,将他人占有的现金转移为自己或第三者占有)。

其次,使用伪造的信用卡,必须是依照信用卡的通常功能与通常的使用方法予以利用的行为。出售伪造的信用卡的行为,虽然在某种意义上也利用了伪造的信用卡,行为人也具有获利的动机与目的,但不属于“使用伪造的信用卡”。《刑法》第177条之一已将这种行为排除在信用卡诈骗罪之外,另成立其他犯罪。

但是,需要注意共同犯罪的情形。例如,甲将伪造的信用卡赠予乙,赠与行为本身不属于“使用”伪造的信用卡。但是,如果甲明知乙想购买大宗商品而缺少现金,便将伪造的信用卡赠予乙并说明真相的,如果乙在购物时使用了该伪造的信用卡,则甲的行为既符合《刑法》第177条之一规定的“为他人提供伪造的信用卡”的要件,也成立“使用伪造的信用卡”的共同犯罪。由于甲只实施了一个行为,故应按想象竞合从一重罪处罚。如果A将伪造的信用卡赠予B,并说明真相,让B在自动取款机上使用的,则A的行为既符合《刑法》第177条之一规定的“为他人提供伪造的信用卡”的要件,也成立盗窃罪的共同犯罪。由于只实施了一个行为,故应按想象竞合从一重罪处罚。概言之,只有在不符合共同犯罪成立条件的情况下,才能独立适用《刑法》第177条之一关于“为他人提供伪造的信用卡”的规定。

使用伪造的信用卡私下质押担保骗取他人财物的,不属于依照信用卡的通常功能予以利用的行为。因为信用卡的正常使用只涉及持卡人、发卡银行与特约商户三者之间的关系,信用卡本身也不能用于质押,所以,使用伪造的信用卡私下质押担保骗取财物的行为,只成立普通诈骗罪,而不成立信用卡诈骗罪。基于同样的理由,使用作废的信用卡私下质押担保骗取他人财物的,也成立普通诈骗罪。

最后,使用伪造的信用卡构成信用诈骗罪,要求行为人明知所使用的是伪造的信用卡。当行为人使用自己伪造的信用卡骗取财物时,容易认定其明知是伪造的信用卡;当行为人使用他人提供的伪造的信用卡时,则需要根据各种事实进行合理判断,得出行为人是否明知是伪造的信用卡的结论。例如,不允许买卖信用卡,所以,对于低价购买信用卡再使用的,如果该信用卡确系伪造,则可以推定行为人明知自己使用的是伪造的信用卡。

2. 伪造的信用卡的范围

刑法理论一般认为，伪造的信用卡包括两种情形：一是完全采用非法材料伪造的信用卡，即模仿信用卡的质地、模式、版块、图样以及磁条密码等制作的信用卡；二是使用真卡材料伪造的信用卡，即信用卡本身为合法制作，但发卡行未将其发给用户正式使用时（即在信用卡面上未加打用户的账户或者姓名，在磁条上也未输入密码等信息），行为人对其进行加工，使其成为已经发行给用户的信用卡。[①] 其实，这只是陈述了伪造的一般形式，并没有阐明伪造的真实含义。

如前（第二章第二节）所述，"伪造"具有多种含义。就排除变造的伪造而言，可以分为有形伪造与无形伪造。没有制作信用卡权限的人所制作的内容虚假的信用卡，没有疑问地属于伪造的信用卡。具有制作信用卡权限的银行职员，所制作的内容虚假的信用卡，也属于伪造的信用卡。至于银行工作人员利用工作之便制作的内容虚假的信用卡，当然也属于伪造的信用卡。所谓"内容虚假"并不是指信用卡的用户名、磁条密码等信息与银行记载的信息不相符合，而是指在不具备获取信用卡条件的情况下通过制作行为获得了信用卡。

例一：行为人没有在银行存款，却制作了可以向银行提取存款的借记卡。该借记卡在刑法上便属于伪造的信用卡。所以，通常所说的复制卡也属于伪造的信用卡。所谓复制卡，是指行为人以他人真实有效的信用卡为蓝本，利用专门的技术设备，输入合法持卡人的密码、签名以及其他信息资料所制作的信用卡。在这种情况下，合法持卡人持有的信用卡与复制卡能够同时使用（被银行视为同一张卡）。这种复制卡属于在不具备获取信用卡条件的情况下通过制作行为获得的信用卡，也属于伪造的信用卡。

例二：银行工作人员甲利用自己掌握的乙的信用卡信息资料，所制作的与乙的信用卡信息资料相同的信用卡，属于伪造的信用卡。例如，2004 年年底，某储蓄所主任项某（国家工作人员）利用职务之便，自制了一张"银联"借记卡，做好了盗取储户存款的准备。其间，储户常某到

---

① 参见郎胜主编：《〈关于惩治破坏金融秩序犯罪的决定〉释义》，中国计划出版社 1995 年版，第 81 页；李文燕主编：《金融诈骗犯罪研究》，中国人民公安大学出版社 2002 年版，第 283 页。

储蓄所取款时,不慎将密码念出声来,被正在值班的项某听到并暗记心间。2005年年初,项某因为购买住房缺少资金,便在常某有高额存款时,利用自制的"银联"借记卡和获取的密码,从农业银行储蓄所通过职员提取现金10万元(自制借记卡并使用案)。项某自制的"银联"借记卡,就属于伪造的信用卡。[①]

我国刑法在通常情况下将变造与伪造相并列。在这种情况下,伪造不包括变造。但有的条文只规定了伪造而没有规定变造。《刑法》第177条、第177条之一以及第196条都只规定了伪造(的)信用卡,而没有规定变造(的)信用卡。于是,刑法理论就使用变造信用卡的行为性质展开了争论。一种观点认为,变造的信用卡属于伪造的信用卡;[②]另一种观点指出,将变造的信用卡解释为伪造的信用卡"缺乏充分的立论依据。首先,它没有解释清楚信用卡与其他金融票证在制作上到底有什么区别。其次,在刑法中,尤其是在同一类型的犯罪中,特定用词的含义应当是一致的。在票据、金融凭证等诈骗罪中,伪造与变造是相互区别的,而唯独在信用卡诈骗罪中两者合二为一,令人费解"。[③] 诚然,如果强调用语的统一性,在我国刑法中,伪造的信用卡难以包含变造的信用卡。但是,为了实现刑法保护法益的目的,为了使刑法整体协调,解释者完全可能对同一用语作出不同的解释(刑法用语的相对性)。[④]况且,在刑法理论上,"伪造"一词具有不同含义,在有些场合不包含变造,在有些场合包含变造,解释者应当适应社会生活事实,选择适当的含义。否则,刑法永远不可能适应社会生活的变化。

问题还在于,我国刑法理论与司法实践一直没有妥当地区分伪造与变造,主要表现在仅凭是否在真实的金融票证上进行加工来区分伪造金融票证与变造金融票证。事实上,即使在真实的金融票证上加工,也完全可能属于伪造。换言之,变更金融票证的实质内容的,属于伪造金融票证。例如,变更票据的收款人的,属于伪造票据,而非变造票据。没有变更金融票证的实质内容的加工行为,则属于变造。如变更票据

① 至于项某的行为是否构成信用卡诈骗罪,则属不同的问题,后面会简单讨论。

② 参见赵秉志主编:《金融诈骗罪新论》,人民法院出版社2001年版,第450页。

③ 王晨:《诈骗犯罪研究》,人民法院出版社2003年版,第208页。

④ 参见张明楷:《刑法分则的解释原理》(下)(第2版),中国人民大学出版社2011年版,第775页以下。